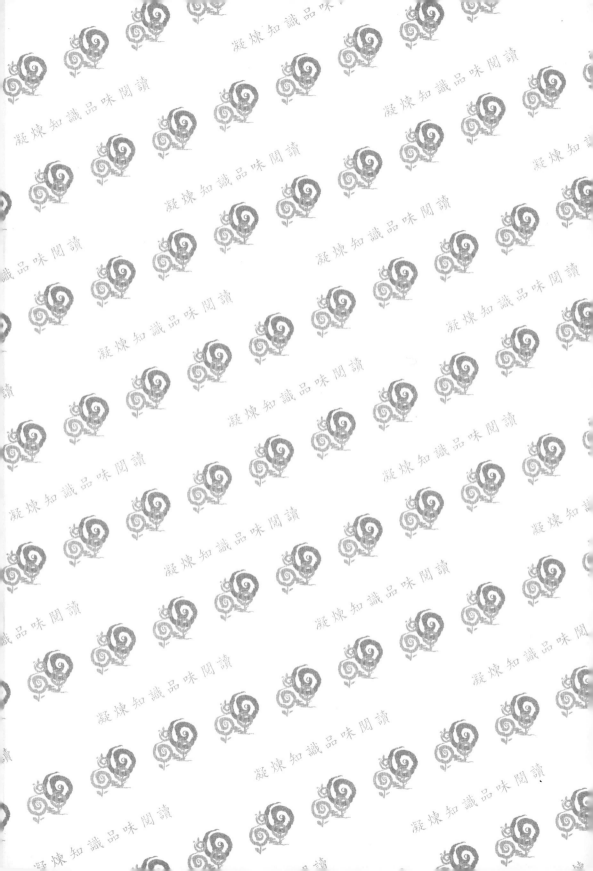

民事法系列

實用民法物權

◆全新第二版◆

五南圖書出版公司 印行

陳榮傳 著

二版序

PREFACE

　　台灣的物權法自民法物權編在2010年完成全面修正以後，即進入一個嶄新的境界，司法實務也開始面臨新的挑戰與問題。舊法的修正及判例制度廢止，舊法時期的實務見解需要進一步去蕪存菁，新法的施行成效端看個別條文被適用的結果評估，也要檢討各條文修正的合理性問題。此次的修訂版即是以新法的適用為主軸，以好讀、易懂、一貫的寫作及學術風格，將2021年7月底以前公布的大法官解釋和最高法院（大法庭）裁判的實務見解，鋪陳在柔順的章節之中，再穿插論述作者多年來的研究心得。

　　對於新法變動較大，司法實務上適用最多的物權通則章、所有權章、抵押權章，作者完全改變原來的寫作方式與格局，讀者會發現這一版已經不只以普法為目標，更有著對未來法律人的深切期盼。法律規定為王，司法實務為后，作者在物權法的御花園裡巡路修枝，希望讀者對本書快速翻閱、俯瞰，都能看到作者描繪的物權發展與實務圖像，也能清楚瞥見作者對未來立法與實務發展，所勾勒的期待軌跡。

　　本書此次修訂多在COVID-19的疫情中進行，新冠病毒給我們上了一堂寶貴的生命課程。面對不斷變異的病毒，我們必須勇敢而謙卑地研發疫苗；在不斷演化的浩瀚物權法裡，作者向學術與實務先進致敬之餘，也期待忠實而質樸的評述與淺見，能激起物權法再進化的浪花。

陳榮傳
謹序於2021年8月28日

目 錄 CONTENTS

第一章　通　則

第一節　物權的意義與種類

第一項　物權的意義

　　民法採取五編制的立法模式，以物權編規定物權的法律關係，並與債之關係區別。在法律制度的整體設計上，也有許多關於物權的特別規定，突顯物權的獨特地位，例如在民事訴訟法上，第10條有「不動產之物權」、第11條有「不動產物權」、第254條第5項有「物權關係」的規定，在涉外民事法律適用法上，第38條第1項至第4項、第39條、第40條、第41條及第43條第2項，也有關於「物權」、「以權利為標的之物權」、「船舶之物權」、「航空器之物權」及「物權之法律行為」的規定。

　　關於「物權」的意義，目前在法律上雖無明文的立法定義，歷次草案的立法理由均有可參考的說明。例如民國18年草案謂：「物權者，直接管領特定物之權利也。此權利有對抗一般人之效力。（即自己對於某物有權利，若人為害及其權利之行為時，有可以請求勿為之力。）故有物權之人實行其權利時，較通常債權及其後成立之物權，占優先之效力，謂之優先權。又能追及物之所在，而實行其權利，謂之追及權。」民國98年民法物權編部分修正條文總說明（通則章及所有權章）則指出：「物權為直接支配特定物，而享受其利益之權利。」

　　物權與債權同為財產權，在涉外民事法律適用法上，由於涉及是否適用關於物權的規定（涉外38），其間的區別乃甚具實益。

　　在學理上，一般都強調物權與債權不同，認為物權是指直接支配特定物，而可以對任何人主張，並享受其利益的財產權。物權為支配權，物權人無須藉助他人的意思或行為，即得實現其權利的內容，例如所有人對其所有物，得自由使用、收益、處分之（民765）。此與債權之為請求權，債權人僅能請求債務人為一定的行為（民199），須待債務人的意思或行為的介入，方能實現其內容者，仍有不同。

在實體法上，某一權利究爲物權或債權，應依其所由規定的法律所屬的體系及各該權利的性質及效力判定。規定在物權編的權利類型，基本上即爲物權，但是因爲物權的侵害、調整或交易而生的權利，則可能爲債權。債權的法律體系中規定的權利，基本上爲債權，但有些權利具有物權的部分特徵（例如承租人對租賃物的使用權不因承租人讓與其所有權而受影響，民425），有的債權人得請求爲物權登記（例如租用基地建築房屋的承租人得請求出租人爲地上權之登記，民422-1），其權利在學理上被認爲已「物權化」，發生權利屬性認定的爭議。

在程序法上，某一權利究爲物權或債權，在決定法院管轄權的階段，就成爲當事人爭議的焦點。例如甲住所在桃園，將其在高雄之A屋出租給乙，後來因乙得否占有使用A屋發生爭議，乙在桃園地方法院對甲起訴；由於關於不動產之物權之訴訟，專屬不動產所在地法院管轄（民訴10Ⅰ），桃園地方法院對本訴訟有無管轄權的問題，即與乙所主張的權利是否爲物權有關：如爲物權，應專屬高雄地方法院管轄，桃園地方法院即無管轄權；如非物權，桃園地方法院即有管轄權。本書認爲，前述例中乙就A屋之租賃權，仍是乙對甲的債權（民421），不是對A屋直接支配的物權，其訴訟並非專屬不動產所在地法院管轄。此外，租賃權在民法第425條的「物權化」，並未使其成爲物權，因爲本條第1項係規定「租賃契約的法定移轉」，即出租人於租賃物交付後，承租人占有中，縱將其所有權讓與第三人，「其租賃契約，對於受讓人仍繼續存在」，此時受讓人之所以受租賃契約拘束，乃因受讓人已成爲租賃契約的出租人，而非租賃契約或租賃權可以對抗「第三人」，而具有「物權效力」。

在實務上，曾有甲、乙、丙三人約定各提供不動產，以共同設立丁鋼鐵公司。三人約定先成立共有關係，再提出一部分財產成立公司。甲提供之不動產出售，得價充爲公司資金，乙提供的土地則保留，仍登記在乙名下。甲心有不甘，請求乙移轉該土地應有部分由三人以同比例共有，乃發生應否專屬該不動產所在地法院管轄的爭議。最高法院指出：「因不動產物權而涉訟者，雖應專屬不動產所在地之法院管轄，然因買賣、贈與或其他關於不動產之契約，請求履行時，則屬債權法上之關係，而非不動產物權之訟爭，應不在專屬管轄之列。」（71台上4722）上述理由，其實並未具體說明何謂物權及訴訟標的是否爲物權關係，其重點是在說明訴訟標的爲債權關係，從而推論其非物權關係。

第二項　物權的客體

一、物權的客體不以物爲限

　　民法未就物權的定義予以明文規定，但物權編規定的是物權關係，而法律上也有上述以「物權」爲基礎的各種規定，故有必要對物權的基本內容及成立要件，爲進一步論述。從形式上來看，物權是對「物」支配的權利，上述立法理由也都強調對「特定物」的支配，不過，民法規定的物權，並未以物爲限，權利抵押權（民882）和權利質權（民900）的標的物都不是物，而是權利。因此，物權不是「物的權利」或「對物的權利」，其核心意義不在於該權利是以動產或不動產作爲其標的物，而在於權利人本於該權利，得對物、權利或其他財產，爲直接支配，而與對人的請求權，有所區別。

　　由於採取後述的物權法定主義，物權的種類、內容及標的物，均受法律的一定限制。例如在民法物權編之中，所有權是以「物」爲標的物的物權（民765），並可分爲不動產所有權（民773）與動產所有權（民801），物以外的其他財產，雖然也可以被擁有，並成立財產權，但權利人就其所成立的，並非所有權，而是「所有權以外之財產權」（民831）。權利人可能擁有債權或其他權利，而可讓與之「債權或其他權利」，也可以作爲質權的標的物（民900），但不能對其成立所有權。

二、物權的客體特定原則

　　民法關於「物」的基本問題，未在物權編之中予以規定，而係在總則編設第三章「物」予以規定，或可認爲是呼應「物」與「物權」可分別思考的法律思維。換句話說，物權的標的物未必是物，只要可以供權利人爲法律上的直接支配，而滿足物權的基本要求的物、權利或其他財產，均可成立物權，既不以物爲限，也不以單一物或單一權利爲必要。

　　相對於債權以債權人對債務人請求爲一定的行爲，物權的目的是要給物權人對財產爲法律上的直接支配，故物權的客體或標的物必須符合「特定原則」（Spezialitätsprinzip），即其標的物無論是物、權利或其他財產，均須具有特定性或獨立性，而得與其他財產區隔。財產是否具有特定性或獨立性，通常是

依物理現象或社會觀念予以認定，所以無法予以具體特定的物，或僅為某物之成分者，即無法作為單一物權的客體。不過，特定性或獨立性其實就是該財產在法律上可以作為物權客體，即具備可以為法律上直接支配的條件，因此，也可以認為當法律規定就某財產可以成立物權時，即等於規定該財產具備法律上的特定性或獨立性。

三、土地或建築物之一部

民法第66條第1項就不動產，定義為土地及土地的定著物。定著物在物理上離不開土地，但法律上既然與土地並列而規定，即具有特定性或獨立性；土地與土地之間在物理上也不可分，但透過法律上的經界劃定，也創設出各土地的特定性或獨立性，其在法律上成為獨立之物。建築物的各部分原來都不是具獨立性的物，不得為所有權的客體，但民法第799條第1、2項規定一個建築物被區分為數部分，各部分雖然都不是獨立的一個物，但如其為在構造上及使用上可獨立的部分，即得作為所有權的客體，即可在法律上具有特定性或獨立性。土地的各個部分或其上下之一定空間，本來也都不具獨立性，不能單獨作為物權的客體，但第841-1條規定得在他人土地上下之一定空間範圍內，設定區分地上權後，該土地上下之一定空間，即成為物權的客體，也具有法律上的特定性或獨立性。

四、違章建築

建築法（民國109年修正）所稱的建築物，是指定著於土地上或地面下具有頂蓋、樑柱或牆壁，供個人或公眾使用之構造物或雜項工作物（建4）。建築物非經申請直轄市、縣（市）（局）主管建築機關之審查許可並發給執照，不得擅自建造或使用（建25），其未經審查許可並發給執照而擅自建造的建築物，一般稱為「違章建築」，得依違章建築處理辦法予以查報並拆除（建97-2），且因所有人無法提出使用執照，依土地登記規則第79條，違章建築不得辦理「建物所有權第一次登記」。

在民法上，只要是土地之定著物，即為不動產，並得作為所有權的客體，並不以已經登記或得辦理所有權第一次登記的不動產為限。違章建築是事實上已經存在的建築物，自應認為其乃讓其「無中生有」的原始建造者的所有物，

但因其不能辦理所有權第一次登記，也無法辦理其後的處分登記，形成所有人雖有所有權，但卻無法就其所有物進一步為處分的特殊情況。

違章建築雖然是違反法規而建造的建築物，但違反建築法規的事實，並未使其喪失作為物權客體的特性，即其仍然具備法律上的特定性或獨立性，得繼續作為所有權的客體。違章建築的原始建築者，依法理即取得其所有權，但該違章建築無法辦理所有權第一次登記，無法辦理後續的處分登記。最高法院認為違章建築之讓與，雖因不能為移轉登記而不能為不動產所有權之讓與，但受讓人與讓與人間如無相反之約定，應認為讓與人已將該違章建築之事實上處分權讓與受讓人（67年度第2次民事庭庭長會議決定）。關於本見解衍生的各項問題，可再參考本書第二章相關部分的說明。

五、屍體

民法總則編第二、三章分別規定「人」及「物」，可以突顯此二者的區別，但隨著生殖科技的發展，在人體之外保存的活體組織及胚胎，已經成為需要特別關注的問題。在司法實務上，近期有繼承人就被繼承人死亡後的遺體，究應如何處理，發生爭議。最高法院對於屍體的性質，認為被繼承人之屍體為物，構成遺產，為繼承人所公同共有，僅其所有權內涵與其他財產不同，限以屍體之埋葬、管理、祭祀等為目的，不得自由使用、收益或處分（107台上2109、109台上2627）。

上述見解，認為人格權原則上隨著權利主體的死亡而消滅，原來為人格權客體的身體，已經成為屍體，對其支配的權利，已經由被繼承人的人格權變更為所有權，屍體也成為被繼承人遺產的一部分，其所有權亦為繼承人共同繼承。本書認為上述見解的重點，是在「其所有權內涵與其他財產不同」，其所有人既然不得自由使用、收益或處分，其內涵僅以屍體之埋葬、管理、祭祀等目的為限，不宜視為有財產價值之物。

最高法院在實例中認為，屍體因殘存著死者人格而屬於「具有人格性之物」，基於對人性尊嚴之尊重，其處分不得違背公序良俗，故繼承人取得其所有權後，因慎終追遠之傳統禮俗而不得拋棄。是繼承人拋棄繼承之效力，不及於被繼承人之屍體（遺骨）（109台上2627）。本書認為，此等見解均顯示，屍體不宜適用財產權的規定，故宜依其本質，制定其適合的規範，不宜將其財

產化，並認爲其屬於財產權的客體。

六、比特幣

（一）加密貨幣的物理本質為電磁紀錄

比特幣（Bitcoin）是一種在公開市場買賣的加密貨幣（cryptocurrencies），以電磁紀錄之形式存在於網際網路上的區塊鏈（blockchain），乃是一種依密碼學（cryptography）與密碼（code）的原理運作的「分散式記帳技術」（distributed ledger technology, DLT）。比特幣是儲存在比特幣系統的總帳本中的分帳本，其本質是網路上的區塊鏈，各個區塊鏈在網路上彼此不同，其相關交易的紀錄均分別記載在各該區塊鏈上，其在網際網路上無法相互代替。換言之，比特幣雖然以「幣」爲名，但不是任何國家鑄造或發行的法定貨幣，但因爲其與許多加密貨幣都已經在公開市場中買賣，其作爲財產的性質已經毋庸置疑，惟其在法律上究竟應如何定性，實務上仍發生不少爭議。

本書認爲，比特幣及其他加密貨幣具有許多功能，其運用的可能性甚廣，但基本上並不是各國的傳統法律在制定時規範的對象，是否可以及應如何適用傳統法律？已成爲各國法律各自的課題。本書認爲，比特幣或加密貨幣的法律性質，在各國法律上均不能一概而論。其是否具有貨幣性質？是否具有財產或商品的性質？是否爲虛擬通貨？是否爲有價證券？此等問題涉及各國的國內法對於貨幣、財產、商品、虛擬通貨及有價證券的定義，應依各國的相關國內法分別決定之。

（二）比特幣非我國之法幣

在台灣，上述法律概念得否包含比特幣及其他加密貨幣在內的問題，固應依各該法律概念的法律規定，例如中央銀行法、刑法、消費者保護法、洗錢防制法、證券交易法等法律決定之。在民法上，比特幣及其他加密貨幣也會發生下列問題：是否爲金錢？是否爲物？是否爲動產？以其爲標的物的契約行爲，也會發生究應如何定性的問題，此時不只涉及法律規定的解釋，也涉及當事人意思表示的解釋問題。

　　例如民法第474條規定，當事人一方移轉金錢或其他代替物之所有權於他方，而約定他方以種類、品質、數量相同之物返還之契約，為消費借貸。在實例中，乙向甲借用當時相當於6萬元的5.83475753顆比特幣，後來發生乙究竟應返還6萬元或5.83475753顆比特幣（約170萬元）的爭議，即與比特幣是否為「金錢或其他代替物」的問題相關。臺南地院106年度訴字第1907號民事判決認為比特幣並非台灣的法幣，而為可代替物，甲、乙成立比特幣之消費借貸契約，乙應依約返還與所借用數量相同之比特幣給甲；臺南高分院108年抗字第123號民事裁定亦採相同見解，認為比特幣之性質，審酌其係為與特定政府組織發行之流通貨幣區隔，藉由比特幣本身表彰一定價值，使比特幣持有者得持以兌換等值之物或貨幣，可知比特幣為權利所依附之客體，其性質應屬「物」，且屬代替物，應依交付代替物之執行方法為之。此等見解，使當時借用6萬元的借用人，面臨須支付數十倍的價款購買比特幣以返還之，是否合理，頗值得商榷。

　　（延伸閱讀：陳榮傳，「論比特幣與比特幣之債」，軍法專刊，第65卷第6期（2019年12月），第1頁至第45頁；「約定貨幣：問比特幣為何物？」，月旦民商法雜誌，第67期（2020年3月），第5頁至第28頁。）

（三）比特幣非屬我國之動產

　　本書認為，在台灣的民法上，比特幣是否為物的問題，須視「物」的定義而定。相對於有些國家的民法明定物為有體物或有形物，有些國家的民法明定物包含無體物或自然力，台灣的民法對於「物」未設立法定義，留下不少空間，學說上也有不同意見，但第67條規定不動產以外之「物」為動產，可見民法之「物」係指不動產及動產。民法規定的動產是得為占有與交付的有體物，由此推論，動產與不動產合稱的物，似應認為以有體物為限。比特幣如果不符合動產的特性，雖然是財產，但不是不動產，又不能歸入動產，即不宜稱之為「物」。但當事人如約定以比特幣或加密貨幣作為計價單位或付款工具，除其應適用的法律予以禁止外，主要仍應以當事人的意思為準。

第三項　物權的種類

一、物權法定主義

民法所採的物權法定主義（Der Numerus Clausus der Sachenrechte），是指物權應依法律的規定成立，雖然物權可以分為法定物權與意定物權，意定物權是以當事人的意思為成立的基礎，但是法律對於意定物權，採取封閉式的種類限制，而非開放式的自由主義，當事人如欲成立物權，僅能就法律所列舉的類型為之。換言之，在債權行為領域居主導地位的契約自由原則，在物權領域中並無適用餘地。此種債權與物權嚴格區別的設計，已經成為整個法律體系的架構，其對於私人財產的處分自由固然形成限制，但也建構出物權明確性及物權交易透明的法制環境，在司法實務上仍應予以切實遵守。「物權」的定義及範圍，對於物權法定主義相關規定的適用，也因此具有絕對的重要性。

（一）舊法採絕對法定主義

修正前民法第757條規定：「物權，除本法或其他法律有規定外，不得創設。」此一規定採物權的絕對法定主義，認為當事人選擇成立的物權，僅在本法或其他法律上已經有規定者。本法是由立法院通過，其他法律（如動產擔保交易法、民用航空法等）亦然，故物權法定主義的「法定」，是指須在「法律」上有明文規定，而其「法律」是指成文法而言，包含民法及其他法律，但不包括行政命令在內，也不包含習慣法。

民國18年的立法理由並指出：「物權，有極強之效力，得對抗一般之人，若許其以契約或依習慣創設之，有害公益實甚，故不許創設。」在此種法制之下，契約自由原則固然不適用於物權，如當事人擬成立的物權，係習慣法承認的物權，但非為法律明文規定的物權，仍違反物權法定主義，不得為之。此時，其理由是習慣法不得作為物權類型及內容的法源，而非該習慣法或該習慣法承認的物權違反公序良俗（民2）。因為絕對法定主義之下的物權類型，僅得由立法者為政策抉擇，習慣法既然不得作為法源，即使其內容與當前公序良俗不牴觸，也因為立法者未予以採納，而不應承認之。

（二）新法採相對法定主義

民國98年1月23日修正的民法第757條規定：「物權除依法律或習慣外，不得創設。」本條在形式上維持舊法「不得創設」的明確規定，具有強行法的性質，屬於法律上的禁止規定，整體而言，仍採物權法定主義。但在實質上，新法已經不採絕對的法定主義，而改採相對的法定主義，規定意定物權的成立，得「依法律或習慣」為之，故即使法律未規定，只要習慣法所承認的物權，當事人亦得依其意思成立該物權。

民法之所以採納物權法定主義，是因為如果物權的體系要單純化，以配合其強大的對世效力，建立明確的物權交易秩序，就必須與債權契約明確區隔。因為債權契約採開放性的契約自由原則，其當事人只要不違反強制或禁止規定、公共秩序及善良風俗，即使是法律上未規定的契約類型，亦得創設或成立之；債權契約重在當事人間的合意，不重視其間關係的對外公開及透明度。相對於此，物權的種類及內容是採封閉性的原則，僅承認法律及習慣上的物權類型及內容，以配合物權的公示方法，維持物權關係的公開與透明，故不容許當事人依其意思增添物權關係的複雜性，禁止其在此等類型之外，另行創設物權。

物權法定主義，無論絕對或相對的法定主義，都對於財產所有人的處分自由構成限制，如果要鬆綁，可以考慮對物權的成立只要求應符合法定方式，而不限制物權的類型和內容，且不規定為「不得創設」，但新法採用的是增加習慣法上的物權清單的方式，其實際適用的結果，仍值得觀察。

（三）物權習慣法的適用問題

1. 物權習慣法的功能

本條的修正，並未揚棄物權法定主義，而是改採相對的「法定主義」，承認在法律之外，習慣法也可以作為物權類型及內容的法源，故立法理由特別指出，本條所稱「習慣」，係指具備慣行之事實及法的確信，即具有法律上效力之習慣法而言。物權的絕對「法定主義」，可以在立法之初整理舊時代的物權，經由立法者的物權類型及內容的抉擇，建立物權應一律以法律規定為準的新法制及新秩序。在剛制定民法典或物權法典的國家，或許因為該國有習慣法制傳統或為從習慣法過渡到法定主義，而對習慣法物權為有限度的承認；對於

已經將物權完全定於一尊的絕對法定主義，本書認為應以快速回應社會經濟需求的立法，增訂適當的物權類型，而非反求諸曾經被否定為物權法源的習慣法。

本條的修正理由指出，「為確保交易安全及以所有權之完全性為基礎所建立之物權體系及其特性，物權法定主義仍有維持之必要，然為免過於僵化，妨礙社會之發展，若新物權秩序法律未及補充時，自應許習慣予以填補，故習慣形成之新物權，若明確合理，無違物權法定主義存立之旨趣，能依一定之公示方法予以公示者，法律應予承認，以促進社會之經濟發展，並維護法秩序之安定，爰仿韓國民法第185條規定修正本條。」

2. 物權習慣法的認定

本條採納相對的法定主義，承認依習慣形成的物權，立法理由並指出，本條的「習慣」是指具備慣行之事實及法的確信，而具有法律上效力的習慣法而言。在司法實務上，習慣法在適用之前，必須先證明、確定習慣法的內容。習慣法在客觀上必須有多年慣行，即不斷重複辦理的事實，在重複辦理者的主觀上必須是基於法的確信，即確信應依多年的慣行重複辦理，始為適法。習慣法的此二要件，在訴訟上應先經法院認定，始得確認其為習慣法。此二要件的存在及習慣法的內容，應由主張之當事人負舉證之責任，但法院得依職權調查之（民訴283）。

本條規定的習慣，不是泛指一般習慣法，而是物權的習慣法，即該習慣法的內容必須是關於物權的類型及成立。因此，習慣法的內容如果不是與物權相關，而是關於債權的習慣法，仍不得認為當事人得以該習慣法為依據，而成立習慣法物權。在物權法定主義之下，每一次物權法的修正，都是立法者對過去及現在物權類型的盤整，立法者未予以明文規定的舊時代習慣法物權，應可認為是立法政策決定予以廢棄的物權，即使其習慣法仍存在，應該僅能適用於舊時代成立的物權，很難據以成立新物權。本條的規範目的，是認為可能會有新物權，在制度上確有予以承認的必要，但法律因故未能配合予以規定，此時即得以當前的物權習慣法，作為該物權的法源。不過，習慣法的形成需要慣行的時間，通常比立法更長，也需要有法的確信，而在法律尚未規定的物權，通常是實務上認為其非物權，而學說上有主張其應為物權（通常也有人反對）者，很難認為已經形成法的「確信」。

3. 物權習慣法與公序良俗

本條規定得適用物權的習慣法，如果該習慣法確實存在，本書認為其內容仍應依民法第2條規定，進行其是否違背公共秩序及善良風俗的審查。在舊法剛實行時，關於舊時代的習慣法物權得否繼續適用習慣法的問題，實務上通常即對此等習慣法的內容，予以審查，並曾認為「賣產應先問親房之習慣，有背於公共秩序，不能認為有法之效力」（30渝上131），或「現行法上並無認不動產之近鄰有先買權之規定，即使有此習慣，亦於經濟之流通、地方之發達，均有障礙，不能予以法之效力」（30渝上191）。嚴格而言，此等見解並不正確，因為舊法關於物權，是採絕對法定主義，物權的習慣法已被排除在適用範圍之外，即使其物權習慣法未違反公共秩序及善良風俗，亦不得適用之。在新法規定的相對法定主義之下，物權習慣法可以適用，該習慣法的內容應予以審查，則上述見解即有值得參考之處。

4. 依習慣法成立物權的標準

在物權的絕對法定主義之下，財產權如未在法律上被規定為物權，即不適用關於物權的規定，也不具有物權的效力，在當事人之間的物權歸屬關係，經常發生與當事人的意思及期待不一致的情況，也有期待藉由物權習慣法的適用，以使該財產權變更性質，而成為物權者。

(1)違章建築事實上處分權

例如前述違章建築的權利歸屬，由於其所有權無法登記，不能辦理移轉登記，無法移轉其所有權，其所有權一直屬於該建築物的原始建築者，但司法實務上承認所有人得讓與其事實上處分權，輾轉取得事實上處分權的人，也可以再將其事實上處分權讓與他人，形成違章建築的所有權與其事實上處分權，長期合法分離。最高法院在實例中認為，事實上處分權具占有、使用、收益、事實上處分及交易等支配權能，長久以來為司法實務所肯認，亦為社會交易之通念，為民法第184條第1項前段所稱之權利（106台上187）。但事實上處分權是否為物權的問題，目前仍屬於法律規定的事項，依法其並非物權，嚴格而言，並沒有與該等法律規定見解相反的物權習慣法，更遑論依據物權習慣法，而承認事實上處分權為一種不動產物權！

(2)讓與擔保

A.與擔保物權的區別

在物權法定主義之下，法律將財產所有權的移轉與設定擔保物權的行為，嚴格加以區別，且未規定財產的所有人得以移轉所有權的方式，作為債權的擔保，故在外國可以成立物權的「讓與擔保」，在我國只能成立債權的擔保約定。在實際的交易之中，如當事人約定以所有權移轉的方式，擔保債權的履行，而成立擔保權，實務上即將所有人移轉所有權的行為，與擔保行為分離。前者為移轉所有權的物權行為，後者為約定擔保債權的擔保行為，各該行為的效力應分別決定之。

依現行法的規定，讓與擔保不是得依法律行為成立的意定物權，當事人為成立讓與擔保而為法律行為，最多只能發生與讓與擔保類似的債權關係，不能成立「讓與擔保」的擔保物權。在這種情形下，讓與擔保的物權習慣法無法發生，也不存在，當事人也無法主張其依讓與擔保的物權習慣法，已成立具有物權效力的讓與擔保。最高法院指出，債務人為擔保其債務，將擔保物所有權移轉與債權人，而使債權人在不超過擔保之目的範圍內，取得擔保物所有權之信託的讓與擔保，並非雙方通謀而為之虛偽意思表示，不能認其為無效（70台上104）。換言之，受讓人因讓與人移轉所有權的行為，而取得所有權，其所有權並不因當事人之間同時有擔保行為的約定，而受影響。

B.承認為擔保物權的新見解

不過，最高法院108年度台上字第2447號民事判決在與主文無關的傍論，謂當事人間已成立擔保物權，再於109年度台上字第3214號民事判決，提出下列論述：

「98年修正民法第757條規定，物權除依法律或習慣外，不得創設。亦即，物權得依習慣而創設。於我國工商社會與一般民間習慣，常見債務人因擔保自己債務之未來之履行，與債權人約定將自己財產所有權移轉於債權人（受讓人），債務履行期屆至，如有不履行該擔保目的之債務時，經債權人實行清算後，除債務人清償該債務得向受讓人請求返還擔保物外，受讓人即確定取得擔保物之所有權。惟該擔保物價值高於應履行債務之價額者，債務人得向受讓人請求償還其差額。此類以擔保為目的而移轉擔保物所有權予債權人之擔保物權設定，即為學理所稱「讓與擔保」（下稱讓與擔保）。民間慣行之讓與擔保

制度，物權法固無明文，惟我國判決先例已承認其有效性，復不違背公序良俗，於讓與人與受讓人內部間，本於契約自由，及物權法已有習慣物權不違背物權法定主義法文，執法者自無否定其有效性之正當事由。讓與擔保之標的以物供擔保者，包括不動產與動產，因讓與擔保具物權效力，爲保障第三人交易安全，與一般物權之取得、設定、喪失及變更同，應有公示方法，不動產以登記、動產以占有爲之，但非不得依一般慣行之公示方法爲之。以票據權利爲標的者，其外觀公示方法，因背書交付移轉『占有』而有公示作用。」

C.物權習慣法似未形成

上述見解基本上認爲司法實務關於讓與擔保的長期見解，已經形成物權的習慣法，只要有公示方法，即可依習慣法成立讓與擔保的擔保物權。不過，司法實務關於讓與擔保的長期見解，都是認爲其僅成立債權性質的擔保權，而爲成立擔保物權，即使已經形成習慣法，也是債權的習慣法，而非物權的習慣法；物權的公示方法是指作爲當事人意思的外觀而言，在讓與擔保的情形，當事人之間的一種登記或交付標的物，在外觀上都不在表彰設定擔保物權的意思，而僅作爲其間移轉所有權的外觀，其間移轉所有權的外觀，似仍不足以作爲其間設定讓與擔保擔保物權的公示方法。本書認爲，讓與擔保的擔保物權設計，仍應以立法方式，回歸法律之規定予以解決。

（延伸閱讀：陳榮傳，「讓與擔保與擔保物權的距離」，月旦法學教室，第219期（2021年1月），第6頁至第8頁。）

5. 習慣法不動產物權的登記

習慣法上的物權，理論上應和法律所規定的物權，具有相同的效力，立法理由並指出其必須「明確合理，無違物權法定主義存立之旨趣，能依一定之公示方法予以公示」。爲配合習慣法上的不動產物權的公示要求，土地登記規則第4條第1項乃增訂土地權利中的「依習慣形成之物權」，其取得、設定、移轉、喪失或變更，應辦理登記。此項權利與地上權、農育權、不動產役權、抵押權、典權等物權並列，得作爲登記的物權名稱。但嚴格而言，「依習慣形成之物權」並非明確的物權，將來依習慣形成具體的物權，宜再修正爲該具體的物權。當事人如向登記機關就「依習慣形成之物權」，申請爲物權登記，爲免爭議，登記機關可待法院確認無虞，始予登記。

本書認爲，物權的效力來自於法律的明文規定，其合理性則在於有公示的

方法，能避免第三人因不知情而受不測之損害。當物權法制發生變更時，如仍局部承認現行法上所無的舊物權，將使物權關係趨於複雜錯亂，並發生適用上的困難，故宜將舊時代的物權，適度轉換為新物權，並一律適用新法，較能貫徹物權法定主義的精神。

（延伸閱讀：陳榮傳，「由最高法院實例論物權法制的變遷」，收錄於民法七十年之回顧與展望（三）（台北：元照，2000年9月），第95頁至第136頁。）

（四）物權法定主義的規範效力

1. 物權之「不得創設」

民法第757條就物權採相對的法定主義，規定當事人僅得依據法律規定或習慣法，選擇其中已經被承認的物權，而成立該物權，不得依據私法自治的原則，自由創設物權。本條雖然承認習慣法作為物權類型的法源，但仍然規定當事人除依法律或習慣法外，「不得創設」物權。在本條規定禁止當事人「創設」物權的原則下，當事人擬成立的意定物權，就僅以法律或習慣法上已經承認的物權為限。所以本條同時具有禁止規定與強制規定的性質：從其禁止當事人創設物權類型的角度來看，本條是禁止規定；從當事人必須嚴格遵守法律或習慣法，物權的類型只能選擇其已經承認類型的角度來看，本條是強制規定。無論是強制規定或禁止規定，當事人的法律行為內容如違反其規定，該法律行為原則上應認為無效（民71）。此時該法律行為，不能發生物權效力，但當事人之間如有發生債之關係的意思時，因債權行為不受本條之禁止，仍可發生債之關係。

2. 物權的類型強制

本條規定法律和習慣法關於物權類型的規定，具有強制性，當事人不得創設物權類型，此乃學說上所稱的「類型強制」（Typenzwang）。因此，外國法上有些物權類型，在外國已經行之有年，例如不動產質權、所有權保留等，但在我國法律及物權習慣法均未予以承認，當事人擬設定此類物權，即屬於被禁止的創設物權類型的行為。前述違章建築的事實上處分權，以及擔保債權的讓與擔保的權利，因為在法律規定及物權習慣法上，都不是已經被承認的物權類型，當事人如果要成立以事實上處分權或讓與擔保為名的物權，亦屬於「創

設」物權類型的行爲。

3. 物權的內容固定

　　與類型強制相關，而屬於立法政策決定的問題，是當事人得否借用法律規定或習慣法上的物權類型名稱，而以雙方協議的內容作爲物權關係，不受法律規定或習慣法關於該類型或名稱的物權，所形成的既有規則或內容的限制？如果強制當事人必須接受既定的物權規則及內容，不得任意與改變，此乃學說上所稱的「內容固定」（Typenfixierung）。本條屬於「類型強制」的明文規定，但「不得創設」物權的規定，除禁止創設物權類型之外，似亦禁止沿用物權的類型及名稱，而創設新的物權內容。換言之，從立法理由及物權法定主義的功能來看，物權的「內容固定」也是本條的規範意旨之一，故當事人對於所選擇成立的物權類型，必須以其所準據的法律或習慣法的規則，決定其內容，不能在其名稱之下，任意修改並約定不同的內容，形成「名同實異」的物權。

4. 物權的內容固定

　　在實務上，類型強制的概念較突出，違反「不得創設」規定的效果，當然無效（民71）。最高法院雖未提及「內容固定」一詞，但也肯定其爲物權法定主義之一環。例如民法第924條本文規定：「典權未定期限者，出典人得隨時以原典價回贖典物。」而當事人的典契載明以訂立租約爲回贖典物之條件，在此項條件未履行前，出典人不能主張回贖，最高法院即指出，典權未定期限者，依民法第924條之規定，出典人自得隨時請求回贖典物，茲經雙方約定非先訂立永遠批約，不得請求回贖，雖非無債權的效力，但變更物權內容即屬創設物權，依民法第757條規定，不能發生物權的效力（38穗上283）。

　　又如民法第832條規定：「稱普通地上權者，謂以在他人土地之上下有建築物或其他工作物爲目的而使用其土地之權。」其權利的性質爲用益物權，如當事人在設定抵押權之外，爲使債權人的債權更受保障，復設定普通地上權，作爲雙重擔保，最高法院即指出，普通地上權係以支配物之利用價值爲內容，使權利人因標的物之使用收益而直接達到目的，與以支配物之交換價值爲內容之擔保物權有別；系爭普通地上權既非以支配物之利用價值爲目的，而以支配物之交換價值爲內容，即與民法第832條所定之普通地上權者不符，依民法第757條規定，自屬不得創設（84台上2385）。

二、物權的分類

　　現行民法物權編依物權法定主義的精神，共規定所有權、地上權、農育權、不動產役權、抵押權、質權、典權及留置權等八種物權，並對占有（性質上屬於事實）設有專章規定。本編原來設有永佃權章，在刪除該章之後，民法物權編施行法第13條之2明定，該法物權編99年1月5日修正之條文公布施行（即99年8月3日）前發生之永佃權仍適用施行前之規定，其存續期限縮短爲自修正施行日起20年，該永佃權存續期限屆滿時，永佃權人得請求變更登記爲農育權。故登記機關自99年8月3日後，當不得再受理申請永佃權設定登記，惟對於99年8月3日前發生之永佃權，其得喪變更仍應辦理登記，並適用修正前之規定。以下簡述一般對於上述物權的分類。

（一）所有權與定限物權

　　此項區分是以對於標的物的支配範圍爲標準。所有權是對其標的物爲全面支配的物權，又稱爲完全物權；定限物權是指僅能於特定限度內，對其標的物爲支配的物權。我國民法所稱的「其他物權」（民762、948）、「所有權以外之物權」（民763），或土地法所稱的「他項權利」（土11），都是指定限物權而言。由於定限物權有限制所有權的作用，又稱爲限制物權，其效力可對抗所有權，例如土地所有人於設定地上權後，地上權人對於土地的用益權限，即得優先於所有人（民832）。

（二）動產物權、不動產物權與權利物權

　　此項區分是以標的物的種類爲標準。物權存於動產之上者，稱爲動產物權，如動產所有權、動產質權及留置權；存於不動產之上者，稱爲不動產物權，如不動產所有權、地上權、農育權、不動產役權、抵押權及典權；存於權利之上者，稱爲權利物權，如權利質權、權利抵押權。

（三）用益物權與擔保物權

　　此項區分是以定限物權對標的物支配的內容爲標準。前者支配物的使用價值或利用價值，其作用在使用收益，如地上權、農育權、不動產役權、典權均

屬之；後者支配物的交換價值，其作用在作爲債權的擔保，如抵押權、質權、留置權均屬之。

（四）主物權與從物權

此項區分是以物權能否獨立存在爲標準。前者不須從屬於其他權利，得獨立存在與處分，如所有權、地上權、農育權、典權均屬之。擔保物權是從屬於債權而存在（民870），如不動產役權須從屬於需役不動產之所有權而存在者（民853）。

（五）有期限物權與無期限物權

此項區分是以物權的存續，有無期間限制爲標準。前者在法律上有存續期間的限制，如農育權、典權、抵押權、質權、留置權皆是。後者無存續期間之限制，而能永久存續，主要爲所有權。永佃權原爲無期限之物權，但永佃權章在民國99年1月民法物權編修正時已被刪除，既存之永佃權雖仍繼續有效，但依民法物權編施行法第13條之2第1項規定，其存續期限縮短爲自修正施行日（民國99年8月3日）起20年，其性質已成爲有期限物權。

第二節　物權的效力

物權因其種類的不同，各有不同的特別效力。以下說明各種物權的共同效力，即因爲物權人對標的物直接支配，而發生的各種效力：

一、排他效力

指一標的物上如已有一物權存在，即不得再成立內容相同或相衝突的物權，也稱爲物權的排他性。例如甲對A古劍有所有權，乙對A古劍即不可能也有所有權。但支配的內容如不相同，即使物權的名稱相同，仍不妨併存，例如甲可以其B地分別爲乙、丙設定第一、第二次序的抵押權。根據此種排他效力，先成立的物權可以排除後成立的物權，而具有後述的優先效力。最高法院曾在實例中指出，物權的特質在對物之直接支配，而有排他效力，故物權人得對任何人主張之，世人以絕對權或對世權稱之；從而因強制執行而拍定取得不

動產所有權者，除該不動產之真正權利人得對之主張其權利，或真正權利人之債權人得代位主張其權利外，任何人不得對該拍定人主張其取得不動產所有權為無效（90台上162）。

二、優先效力

指物權優先於債權，或先成立之物權優先於後成立的物權，也稱為物權的優先性。例如甲將其A地出賣予乙，在未移轉登記以前，又將A地設定抵押權或移轉所有權予丙，此時乙對甲雖有成立在先的債權，但因丙所取得的是物權，乙即不得與之對抗。同一物上，如有二個以上不同內容的物權存在時，後成立之物權之行使，不得妨害先成立之物權，例如甲就其A地設定普通地上權予乙後，再設定普通抵押權予丙，即使後來丙實行普通抵押權，乙的普通地上權仍不因此而受影響。

三、追及效力

指物權成立後，無論其標的物轉入何人之手，權利人均得追及物之所在地，直接支配其標的物，也稱為物權的追及性。物權的追及效力，原來是指物權人得追及標的物或追及標的物之所在地，而行使其物權，但司法實務已經將其引申為追及標的物的受讓人或新所有人，最高法院在實例中指出，抵押權係就抵押物所賣得之價金有優先受償之擔保物權，具有物權之優先效力與追及效力，初不問其不動產所有人之誰屬而有不同（107台抗760）。例如甲為擔保乙的債權，將A地設定普通抵押權予乙後，將A地之所有權移轉予丙，故乙於抵押債權清償期屆至，未獲清償時，即得對丙之A地查封拍賣，而受清償（民873、867）。

四、物上請求權

指物權人於其標的物被侵害或有被侵害可能時，得請求回復物權圓滿狀態，或請求防止被侵害的權利。民法第767條第1項針對所有人，明文規定其有所有物返還請求權、所有權妨害除去請求權及妨害防止請求權，至於所有人以外的其他物權人，因準用其規定（民767Ⅱ），亦有此等物上請求權。

第三節　物權的變動

第一項　物權變動的意義

物權的「變動」，是指物權的「取得、設定、喪失及變更」（民758 I、涉外民事法律適用法38III、41），也稱爲物權的「得、喪、變更」，原來是學術用語，現行民法已增訂「物權變動」爲法條用語（民759-1 II）。一般將物權變動分爲物權的發生、變更及消滅，以下僅再簡要分別說明之。

一、物權的發生

物權的發生，是指物權與特定的權利主體間的結合，包括狹義的物權取得與物權設定。物權的取得，可分爲原始取得與繼受取得。原始取得，是指非依據他人既存的權利而取得物權，又稱爲固有取得。例如甲在深山，以所有之意思，占有無主的珍貴蘭花，而依無主物先占的規定，取得其所有權（民802），或房屋的原始建築人，在土地上建造房屋，讓該房屋因此而存在，並爲所有權的客體，亦取得房屋所有權。繼受取得，是指基於他人既存的權利而取得物權，又稱爲傳來取得，其依繼受方法來區分，又可分爲移轉繼受取得與創設繼受取得。前者是就他人物權，依其原狀移轉而取得之，例如甲因買賣、繼承，而取得乙之物權；後者是指於物權標的物上，創設限定物權而取得之，稱爲設定取得或創設取得，例如地上權人乙就甲所有之土地，因設定而取得地上權是。可見物權設定，就因設定行爲而取得物權者而言，亦屬於廣義的物權取得。

二、物權的消滅

物權的消滅，是指物權與其權利主體分離，也稱爲物權的喪失，依其消滅的結果來區分，可分爲物權的絕對消滅與物權的相對消滅。前者是指物權不僅與原權利主體分離，且客觀地失其存在，終局地歸於消滅，不再歸屬於另一主體，例如甲原有A書的所有權，因拋棄A書的所有權或所有權客體A書被燒毀而滅失，其所有權因而消滅。後者是指物權與原權利主體分離後，權利本身並未終局地消滅，而另歸屬於其他權利主體的情形，例如甲生前有B屋所有權，因

死亡而喪失對B屋之所有權，或乙因讓與其C地所有權給丙，而喪失C地之所有權；上例之甲、乙原有之B屋及C地所有權，均未終局消滅，而是分別由甲之繼承人及乙之受讓人丙繼受取得之。一般所稱的物權消滅，通常是指絕對消滅而言。

三、物權的變更

　　狹義的物權變更，是指物權不失其同一性，但原有的內容發生變化。例如所有權的客體因附合而增加（房屋加蓋屋頂小閣樓）、地上權存續期限有增長或縮短、典權的典價有增加或減少，均屬之。

第二項　物權行為

一、物權行為與物權變動

　　物權變動的原因，可分為「法律行為」及「法律規定」二種。前者是依當事人以物權的發生、變更或消滅為目的的法律行為，稱為物權行為，是物權變動的主要原因；後者是指法律行為以外的法律事實，例如政府因公用徵收而取得所有權（土208）、房屋所有人因抵押物而取得地上權（民876）、物權因混同而消滅（民762）、占有人因取得時效而取得物權（民768至772）等，均係依法律規定而發生物權變動。

二、物權行為的特性

　　物權由於效力強大，並得對抗第三人，物權變動乃有採取「公示原則」的必要。公示原則是指物權變動的情形，須有足以讓社會大眾辨識的外在表徵。民法規定不動產物權變動的公示方法是登記（民758Ⅰ、759），動產是交付（民761）。與公示原則相關的，是對信賴法律規定的公示方法的第三人，特別予以保護的「公信原則」。公信原則是指對信賴該外在表徵而有所作為的善意第三人，縱令其主觀所信賴者與客觀存在的權利歸屬並不一致，法律亦將保護其主觀之信賴，而將善意第三人本來依法律行為無法取得的物權，以法律規定第三人仍可取得之，使原來受法律保護的物權人，因為法律對善意第三人的

特別保護，而蒙受失去其物權的風險。現行民法採納公信原則，從而規定物權善意受讓的條文（土43、民759-1Ⅱ、801、868、948）。故現行民法對物權變動，係採公示原則與公信原則等二大原則。

基於公示原則，現行民法上的物權行為，有下列三大特性：

（一）形式性

物權行為除當事人的意思表示之外，也須要登記或交付的形式，作為物權變動的表徵或公示方法。此等形式，民國18年的立法理由已指出，在立法上有二種主義：1.公示主義：又稱為意思主義，認為物權的變動以當事人的意思為準，公示方法是已經生效的物權行為對抗第三人的要件，欠缺公示方法時，物權行為在當事人間仍屬有效，以法國民法及日本民法為代表；2.要件主義：又稱為形式主義，以德國民法為代表，認為物權的變動，須當事人間獨立於債權行為之外的意思，再加上公示方法，始能生效，如欠缺公示方法，非但不能對抗第三人，即使在當事人之間，物權行為亦不能生效。

現行民法關於不動產物權行為及動產物權行為，分別於第758條第1項規定：「不動產物權，依法律行為而取得、設定、喪失及變更者，非經登記，不生效力。」第761條第1項本文規定：「動產物權之讓與，非將動產交付，不生效力。」可見此二種物權行為，分別是以登記及交付，作為生效要件，立法理由並指出其係分別採登記要件主義及交付要件主義。在要件主義之下，無法具備法定要件的物權行為，即無法生效；個別物權行為應具備的形式要件，乃是將當事人物權行為的意思表示，以法定的外在形式將之形諸於外，物權行為如因形式要件的規定問題，而無法具備法定的形式要件，其物權行為即無法生效。前述違章建築的所有權移轉行為，即因無法具備法定的形式要件，而無法生效。

（二）獨立性

1. 獨立性的法律依據

各國民法對於物權行為的定位，即其與債權行為是否互相獨立，在規定及解釋上並非相同。例如在西班牙民法上，物權變動只須要債權行為的意思表示，再加上公示方法，即可發生物權變動的法律效果，即使認為物權行為是獨

立的法律概念，但其與債權行為共用一個意思表示，欠缺獨立的物權行為意思表示，實際上乃不承認物權行為的獨立性。但多數國家的法律，都承認物權行為的獨立性，即在債權行為之外，另有一個獨立的物權行為，物權行為除要具備公示的方法之外，其意思表示在法律上也與債權行為的意思表示截然不同。

在現行民法上，物權行為當事人，如就物權變動的意思表示合致，民法刻意不稱「契約」，而稱為「合意」（民166-1 II、761 I），以與債權行為的意思表示區隔。此種設計，可認為是物權行為具獨立性的立法表現。物權行為無論單獨行為（如拋棄）或物權契約，均應與僅生債權效力的債權行為區別。此外，第348條第1項規定：「物之出賣人，負交付其物於買受人，並使其取得該物所有權之義務。」依本項規定，已經生效的買賣契約的效力，並不足以使買受人，因而取得買賣標的物的所有權，而僅取得請求出賣人為移轉所有權的物權行為的請求權，可見買賣標的物所有權的移轉行為，並未包含在買賣契約的效力之中，該行為是獨立於買賣契約以外的另一個物權行為。

2. 案例說明

例如甲與乙訂定土地買賣契約，甲同意將A地以1,000萬元出賣給乙，此時乙僅得對甲請求移轉土地所有權（民348），並未取得A地所有權。故例中之乙須待甲、乙完成移轉A地所有權的行為（民758），始能取得A地所有權。在上例中，甲乙間的買賣契約是債權行為，甲乙間移轉A地所有權移轉的行為，是物權行為。即使同為契約，甲、乙間的買賣契約與移轉所有權的契約不同，買賣契約是一種以移轉物權為目的債權契約，與移轉物權之物權契約不同（38台上111）。乙因買賣契約的生效，僅取移轉土地所有權的請求權，須另有移轉標的物所有權的行為，始能取得所有權。可見買賣契約的效力不及於標的物的物權變動，故物權行為是獨立於債權行為（買賣契約）之外，具有獨立性。

（三）無因性

1. 立法政策的抉擇

物權行為的性質，尚有究竟應具「有因性」或「無因性」，即作為物權行為的原因債權行為，如無效或被撤銷而不存在時，欠缺有效的債權行為作為其「原因」，該物權行為是否亦歸於無效的問題。此一問題涉及法律政策，與物權行為的形式性及獨立性，並無直接關連。就物權行為採公示要件主義的國家

中，物權行為在德國民法上具有無因性，但在瑞士民法及奧地利民法上，物權行為則具有有因性。

民國88年通過的民法第166-1條規定：「契約以負擔不動產物權之移轉、設定或變更之義務為標的者，應由公證人作成公證書。」「未依前項規定公證之契約，如當事人已合意為不動產物權之移轉、設定或變更而完成登記者，仍為有效。」（迄今未施行）本條明確區別債權行為及物權行為，肯定物權行為的獨立性，第2項更規定「合意為不動產物權之移轉、設定或變更而完成登記」的物權行為，可以不問債權行為之是否有效，逕自生效，似已肯定物權行為的無因性。但不動產物權行為如具無因性，不動產物權行為之生效本可不論其原因行為之是否有效，本條第2項強調債權行為將因不動產物權行為之生效，而仍為有效，似係認為不動產物權行為之生效，應以債權行為之有效為前提。從此一邏輯來看，本條似係以物權行為有因性為基礎，而未認為物權行為具無因性。

民法第419條第2項規定：「贈與撤銷後，贈與人得依關於不當得利之規定，請求返還贈與物。」本項規定在形式上似為物權行為無因性之體現，其實不然。因為「依關於不當得利之規定」，如為構成要件之準用，即在說明被撤銷者僅債權行為而已，不包含物權行為，受贈人就贈與物為無法律上原因而受利益，與物權行為無因性無關；如為法律效果之準用，則在說明贈與物在受領時雖有法律上原因，贈與撤銷後，無論物權行為是否亦被撤銷，受贈人原則上應僅就現存的利益，負返還之責，此一結果亦與物權行為無因性無關。最高法院在實例中指出，如贈與人依民法第416條第1項第1款規定，對受贈人為撤銷贈與系爭土地之意思表示，乃屬給付型之不當得利（贈與人有目的、有意識的因贈與而向受贈人為給付），則依同法第419條第2項規定，贈與人應依關於不當得利之規定，請求受贈人移轉系爭土地所有權登記，以返還其無法律上原因所受之利益，不發生塗銷登記之問題（106台上2671）。此一見解，係以第419條第2項為依據，故未提及物權行為無因性。

2. 物權行為無因性的作用

物權行為基於其獨立性及無因性，不因為其原因之債權行為之無效、得撤銷或不存在而當然失效；倘原所有權人因物權之變動而喪失所有權，除物權行為本身有不成立、無效或撤銷之事由外，其所有權並不因債權行為之瑕疵（不

成立、無效或具有撤銷之原因）而當然回復（109台上126）。在司法實務的案例中，常見甲有A地，移轉所有權給乙並辦理登記後，再以其間的法律行為違法或有瑕疵，起訴請求乙塗銷登記或返還A地。在物權行為具有獨立性，而且原因的債權行為無效的基礎上，物權行為的有因性或無因性，將直接影響甲的請求權基礎或其訴訟標的。物權行為如屬有因性，物權行為應因債權行為無效，而歸於無效，甲乙移轉A地所有權的物權行為既然無效，乙即未取得A地所有權，甲即得主張其為所有人，依第767條第1項中段請求塗銷A地所有權的移轉登記；物權行為如具無因性，物權行為不受債權行為無效之影響，而仍為有效，即甲乙移轉A地所有權的物權行為有效，乙已取得A地所有權，甲亦喪失A地所有權，故甲不得主張其為所有人，而依第767條第1項中段行使權利，但甲得依第179條規定，請求乙返還不當得利。

由上述說明可知，物權行為是否具有無因性，將影響標的物的返還請求的法律依據，在民法同時規定所有人的物上請求權以及不當得利返還請求權，並均開放適用的情形下，實無法說明現行民法對於物權行為的本質，究竟採取有因性或無因性的立場。目前後述的司法實務及多數學說，基本上皆認為物權行為具無因性，但也承認物權行為無因性未盡合理，而應予以緩和。惟無因性既與有因性相對立，基本上並非優劣的比較，而是法律體系與政策的抉擇問題，二者之間究應如何折衷、緩和，頗值得重視。

（延伸閱讀：陳榮傳，「不動產物權行為的無因性——最高法院一○四年度台上字第一四○二號民事判決評釋」，月旦裁判時報，第44期（2016年2月），第5頁至第13頁。）

3. 司法實務的論述

關於物權行為及其無因性，最高法院在不少晚近的實例中，曾為不同層次的論述。最初是觀念的闡釋，例如「法律行為分為債權行為與物權行為，前者以發生債之關係為目的之要因行為，後者之目的在使物權直接發生變動，避免法律關係趨於複雜，影響交易安全，使之獨立於原因行為之外而成為無因行為。所謂物權行為無因性，係指物權行為不因債權行為不成立、無效或被撤銷而受影響。惟物權行為有不成立、無效或被撤銷之事由時，其物權行為之效力仍應受影響」（95台上1859）。

後來是物權行為無因性為基礎，說明債權行為的不成立、無效或被撤銷，

對物權行為的效力均無影響。例如當事人間就A地所有權的移轉，確已合意並辦理登記，不論其間是否存在買賣、贈與、借名登記等關係，對於獨立於上開債權關係外之移轉登記物權行為，並不因而受有影響，A地之所有權移轉登記物權行為，當已生所有權移轉之效力（97台上1082）；如甲、乙之間的債權行為無效或被撤銷，但物權行為已經生效，即已移轉A地所有權給乙，甲不能主張乙未取得A地所有權，而依民法第767條第1項規定請求塗銷登記，但此時乙無法律上之原因而受利益，致甲受損害者，甲得依民法第179條請求乙返還其利益（97台上1533）。

在物權行為無因性原則之下，即使原因法律關係有瑕疵，讓與人移轉不動產所有權的行為不受影響，故讓與人不得再主張其為所有人。最高法院在近期的實例中，對於物權行為與債權行為的關係，又進一步為下列說明：行使民法第767條第1項中段的請求權之主體，須為所有人或依法律規定得行使所有權之人（諸如破產管理人、遺產管理人、失蹤人之財產管理人、代位權人或國有財產之管理機關之類），始得為之；又當事人透過債權行為（如買賣、贈與）及物權行為（如移轉所有權登記）而完成其交易行為者，該債權行為雖成為物權行為之原因，惟基於物權行為之無因性，該債權行為於物權行為完成後，即自物權行為中抽離，物權行為之效力，尚不因債權行為（原因行為）不存在、撤銷或無效而受影響；易言之，債權行為之效力並不能左右物權行為之效力；於此情形，原所有權人因物權之變動而喪失之所有權，除物權行為本身亦有不成立、無效或撤銷之事由外，僅得依不當得利或其他之規定（如民法第113條）另請求救濟，而不得再行使民法第767條第1項所規定之權利（104台上473、104台上1402、106台上1427）。

（延伸閱讀：陳榮傳，「不動產物權行為的無因性——最高法院一○四年度台上字第一四○二號民事判決評釋」，月旦裁判時報，第44期（2016年2月），第5頁至第13頁。）

4. 物權行為無因性的緩和方案

債權行為與物權行為的區分或物權行為的獨立性，乃是立法政策的抉擇與決定，其與一般社會認為交易是一個整體，物權行為無法獨立於債權行為之外的觀念，差異頗大；物權行為的無因性係在物權行為獨立性的基礎上，純粹從邏輯演繹出來的結果，它偏離「毒樹之果，有毒」的一般觀念，而強調「根歸

根，樹歸樹，有樹可無根」的邏輯可能性，與社會通念的距離甚遠。關於物權行為的特性，現行民法已經為法律政策抉擇，並有明文規定的，是採取形式主義（要件主義）、承認物權行為獨立性，有因性或無因性的抉擇，本可回歸社會通念而採取有因性的立場，但通說卻採取只問邏輯不問國民思維的無因性見解，難怪被認為不符合一般人民之思維常態。

從實體的結果來看，無論採取物權行為有因性或無因性的立場，因債權行為而移轉轉所有權的標的物，在債權行為經確認為無效或被撤銷後，均得請求返還其標的物，只是其請求權基礎不同而已。因此，認為物權行為無因性應予以緩和或修正的見解，其實是認為有因性的結果較合理，即物權行為應歸於無效，較符合常理。為此，也有下列數種見解都被提出，並認為是緩和無因性立場的方案。

(1)法律行為一部說

本說認為民法第111條規定「法律行為之一部無效者，全部皆為無效」，在同一交易的債權行為無效的情形下，物權行為作為該交易的其他部分，亦可認為亦因此而無效。本書認為此說在物權行為不具獨立性的國家，固然可採，但在我國並不可採，因為物權行為係獨立於債權行為之外的另一個法律行為，其既非債權行為的「一部」（一部分），也不是其他法律行為的「一部」（一部分），此二個法律行為的效力應各別獨立認定之，不能適用第111條，也不能因此認為物權行為無效。債權行為無效時，物權行為可能亦屬無效，但物權行為之所以無效是單獨認定的結果，不是因為債權行為無效時，物權行為就當然無效。

在最高法院民事大法庭的裁定實例中，A地為原住民保留地，非原住民乙為經營民宿而出資購買，與原住民丙成立借名登記契約，並以丙之名義與甲簽訂買賣契約，該借名登記契約、買賣契約均因違反禁止規定而無效。關於甲將A地所有權移轉登記予丙的物權係是否有效的問題，原有「乙說」，認為該移轉登記行為，屬無因性之物權行為，並未違反禁止規定，應屬有效，其理由是：物權行為通常係為履行債權行為所生義務而成立，基於物權行為之無因性，其不因債權行為之無效而無效；易言之，物權（處分）行為本可獨立於債權（負擔）行為而生效，且履行義務行為本身，於法律價值判斷，並無違反禁止規定與否問題，自不生違反禁止規定而無效之結果；基此，解釋民法第71條

所稱之法律行為，原則應採限縮立場，認其適用對象僅以債權（負擔）行為為限。

惟民事大法庭係採「甲說」，認為該移轉登記行為因違反民法第71條本文規定，應屬無效，其理由是：民法第71條本文之法律行為原則應包括物權行為在內；乙為遂其經營民宿目的，藉由借名登記、買賣契約，以辦理移轉登記行為，該移轉登記行為係屬其規避山坡地保育利用條例第37條第2項、原民地管理辦法第18條第1項禁止規定之一部，依民法第71條本文規定，應屬無效，否則防止非原住民取得原住民保留地之立法精神與規範目的，勢難以達成（108台上大1636）。

上述民事大法庭裁定未探物權行為無因性的論述，認為物權行為有效，但也未以有因性或緩和的無因性為理由，其認為物權行為之所以無效，亦係因該物權行為本身違反禁止規定，而非其與無效的債權行為，同為一行為的一部分之故。

(2)瑕疵共同說

本說認為物權行為與債權行為同為一個交易的組成行為，如債權行為的意思表示有瑕疵，則物權行為的意思表示也有相同的瑕疵，故與債權行為的效力同為無效或得撤銷。此說在物權行為雖與債權行為獨立，但二者共用一個意思表示的國家，固然合理，但本書認為在我國並不可行，因為民法對當事人的意思表示合致，在物權行為稱為「合意」，以與債權行為的「契約」區別，顯示立法政策上認為物權行為與債權行為並未共用一個意思表示。因此，債權行為的瑕疵未必即為物權行為的瑕疵，如果債權行為屬無效或得撤銷，物權行為未必有共同的瑕疵，不能認為債權行為的意思表示有瑕疵者，物權行為即有相同的瑕疵。換言之，物權行為之是否無效或得撤銷，應獨立於債權行為之外，而單獨認定之。

在實例中，當事人的債權行為及物權行為雖彼此獨立，仍可能有相同的瑕疵。例如表意人與相對人通謀而為虛偽之意思表示者，可能係爭買賣及係爭登記行為均屬通謀虛偽，致該買賣之債權行為及所有權移轉登記之物權行為，均屬無效（109台上3279）。又如進行清算程序之甲公司，未經股東會特別決議，由其清算人為代表，處分甲公司主要財產，與乙簽訂係爭房地之買賣契約，並將係爭房地所有權移轉登記予乙，則係爭房地買賣之債權行為與移轉係

爭房地所有權之物權行為，均未經甲公司股東會特別決議，且均違反公司法第185條第1項第2款規定而無效（109台上461）。

在上述後一案例中，甲公司之債權行為與物權行為未共用一個意思表示，但同有未經甲公司股東會特別決議之「相同瑕疵」，故均屬無效。惟最高法院有類似瑕疵共同說的下列論述：「按當事人透過債權行為（如買賣、贈與）及物權行為（如移轉所有權）而完成其交易行為者，該債權行為雖成為物權行為之原因，各該行為在法律上之評價，固應分別情形加以觀察，不能混為一談。本於物權行為之獨立性，債權行為雖有無效，物權行為並不因此受影響。惟倘債權行為無效時，物權行為基於瑕疵共同原則（物權行為與債權行為同具有無效之原因）亦歸於無效時，自無上開物權行為獨立性之適用」（109台上461）。

(3) 條件關聯說

本說認為物權行為應以債權行為的生效為停止條件，並以此緩和物權行為的無因性。不過，本書認為此一見解以「緩和」無因性之名，行改採有因性之實。因為確立物權行為與債權行為之間的條件關聯，實際上以承認物權行為的有因性。就此而言，在法律許可的空間之內，究竟是否改採物權行為有因性原則，仍值得持續關注。

在司法實務上，晚近仍不乏有裁判藉由早期先例，而提出類似物權行為有因性的見解者。例如最高法院106年度台上字第1427號判決即指出：「不動產之登記原因無效或得撤銷時，在第三人取得該不動產權利前，真正權利人對於登記名義人仍得主張權利，請求登記名義人塗銷其登記（司法院院字第1919號解釋及本院33年上字第4983、5909號、39年台上字第1109號、40年台上字第1892號判例意旨參照）。原審既認兩造間就系爭不動產並無買賣關係存在，則能否謂上訴人就系爭不動產不得主張權利，請求被上訴人塗銷該不動產之所有權移轉登記，即非無疑。」惟上述先例之見解，在物權行為無因性的風潮之中，因認為登記原因之無效或得撤銷，登記名義人仍已得權利，原權利人已非系爭房地真正權利人，似已無法再作為其行使妨害除去請求權的依據（107台上405）。

第三項　不動產物權變動的要件

一、因法律行為而變動

（一）一般要件

使不動產物權發生變動的法律行為，即為不動產物權行為。不動產物權行為須具備一般法律行為的要件，故該法律行為應具有可能性、確定性、合法性及妥當性，當事人須具有使物權變動的意思表示、為物權的處分行為者，亦應有處分權（民118）。不動產物權行為的合法性問題，在司法實務上甚值得重視，特舉最高法院民事大法庭108年台上大字第1636號裁定為例，以供參考。

在前述最高法院民事大法庭的裁定實例中，A地為原住民保留地，非原住民乙為經營民宿而出資購買，與原住民丙成立借名登記契約，並以丙之名義與甲簽訂買賣契約，甲將A地所有權移轉登記予丙，甲於A地為乙設定地上權，發生該所有權移轉行為及該設定地上權行為有無違反禁止規定之疑義。

民事大法庭先就相關法規的性質，認為山坡地保育利用條例第37條第2項規定，原住民取得原住民保留地所有權，如有移轉，以原住民為限；另依上開條例第37條第6項規定訂定之原住民保留地開發管理辦法（下稱原民地管理辦法）第18條第1項亦規定：「原住民取得原住民保留地所有權後，除政府指定之特定用途外，其移轉之承受人以原住民為限。」是為保障原住民生計，避免原住民依法受配取得原住民保留地之所有權，遭他人脫法取巧，以致流離失所；上開就山坡地範圍內之原住民保留地所為之規定，係基於國家保障原住民族地位之政策，權衡各方利益後所為之特別立法，自屬民法第71條本文之禁止規定（107台上90、106台上2538、103台上2279、89台上1714、88台上3075等判決及103台上2394裁定意旨參照）。

關於不動產物權行為是否應受合法性的審查，而適用民法第71條本文關於法律行為的規定？民事大法庭採肯定說，但其標準與債權行為相同，均為上述法規，分別依上述法規予以審查，如有違反，亦依民法第71條決定其效力。乙為逐其經營民宿目的，藉由借名登記、買賣契約，以辦理移轉登記行為，該移轉登記行為係屬其規避山坡地保育利用條例第37條第2項、原民地管理辦法第18條第1項禁止規定之一部，依民法第71條本文規定，應屬無效，否則防止非

原住民取得原住民保留地之立法精神與規範目的，勢難以達成；原住民取得原住民保留地之地上權，除繼承或贈與於得為繼承之原住民、原受配戶內之原住民或三親等內之原住民外，不得轉讓或出租，此觀原民地管理辦法第15條規定即明。職是，非原住民既不得因轉讓而取得原住民保留地之地上權，該設定地上權行為因違反民法第71條本文規定，應屬無效（108台上大1636）。

（二）須以書面為之

關於不動產物權行為的特別成立及生效要件，民法第758條規定：「不動產物權，依法律行為而取得、設定、喪失及變更者，非經登記，不生效力。」「前項行為，應以書面為之。」本條適用於不動產物權行為，如非屬法律行為（為其他法律事實）、非物權行為（為債權行為）或非屬不動產物權（標的物為動產、債權或其他權利）者，均不適用之。違章之建築物為不動產，故其所有權移轉行為亦應適用本條規定（62台上2414）。依本條規定，不動產物權行為須具備書面及登記等二個特別要件。

本條第2項規定的「書面」，係指不動產物權行為的書面，其內容須足以就某特定不動產物權，表示取得、設定、喪失或變更之意思。如該行為為契約行為，須載明雙方當事人合意之意思表示；如為單獨行為，則僅須明示當事人一方之意思表示。不動產物權行為的書面未合法成立者，不能發生物權變動的效力。如當事人訂有將設定或移轉不動產物權的契約（債權契約），嗣後卻拒絕作成物權行為的書面，實務上認為他方當事人，得以法院命其協同辦理物權登記的確定判決，補正其書面之欠缺（57台上1436）。

不動產物權行為的原因行為，例如不動產買賣契約，也有是否應以書面為之的問題。當事人的債權行為承諾將為特定不動產物權行為，而使不動產物權發生變動者，亦宜以書面為之，以昭慎重，前述民法第166-1條第1項甚至規定：「契約以負擔不動產物權之移轉、設定或變更之義務為標的者，應由公證人作成公證書。」但因該條文尚未施行，故其債權行為除有特別規定外，依法仍為不要式行為。

（三）須辦理登記

民法第758條的立法理由指出，為保護第三人之利益及交易安全，民法未採地券交付主義或登記公示主義，而採登記要件主義，於各不動產所在地之政府機關，備置登記簿，於簿上記載不動產物權之得喪變更，使有利害關係之第三人，得就該登記簿推知該不動產物權之權利狀態，而不動產物權之得喪變更，若不登記於該登記簿上，非但不能對抗第三人，即當事人之間，亦不能發生不動產物權得喪變更之效力。此項登記具有創設物權的效力，對於不動產物權的變動具有不可或缺的絕對必要性，故學理上稱之為「設權登記」與「絕對登記」。最高法院也在實例中指出，物權行為係由物權意思表示與外部變動象徵（交付或登記）相互結合而成之法律行為，以物權的得喪變更為直接內容，民法第758條第1項規定即採登記要件主義，凡未經登記於主管機關所設登記簿冊者，不生不動產物權得喪變更之效力（109台再2）。

此項登記，是指將法定的內容，依土地法及土地登記規則，記入於主管機關所備的登記簿或電腦系統，以作為向社會大眾宣示的公示方法，俾昭公信。土地登記規則第6條規定，土地權利經登記機關依本規則登記於登記簿，並校對完竣，加蓋登簿及校對人員名章後，為登記完畢；土地登記以電腦處理者，經依系統規範登錄、校對，並異動地籍主檔完竣後，為登記完畢。若只聲請登記，而尚未載入登記簿，或僅為納稅名義人或建築執照上名義人之變更登記，均不能發生不動產物權變動的效力。

不動產物權行為，依民法第758條第1項是以登記為特別生效要件，而不以交付該不動產為其效力發生要件，故最高法院於實例中指出，如不動產之買受人雖未受交付，而出賣人移轉所有權於買受人之法律行為，依本條項規定已生效力者，自不能因買受人尚未受交付，即謂其所有權未曾取得；不動產之重複買賣，以先辦妥所有權移轉登記者，應受法律上之保護，如果僅以普通買賣契約，即得對抗已辦妥所有權移轉登記者，則本條項之規定將等於具文（59台上1534）。

本條項適用於所有不動產物權行為，且其登記是指物權行為的登記而言。尚未完全竣工之房屋，已足避風雨，可達經濟上之使用目的，即成為獨立之不動產（定著物），向原始建築者買受該房屋者依本條項規定，自須辦理所有權移轉登記手續，始能取得系爭房屋之所有權；實務上認為不能以行政上變更起

造人名義之方式，取得系爭房屋之所有權，故買受人恐出賣人一屋二賣，亦不得起訴請求出賣人將系爭房屋之起造人變更爲買受人之名義（70台上2221）。換言之，買受此種房屋之人，乃係基於法律行爲，自須辦理移轉登記，始能取得所有權。至於違章建築，因其爲不動產，其所有權移轉行爲亦應適用本條項，但因無法辦理登記，乃不可能爲有效的違章建築物權行爲，而違章建築的事實上處分權，因爲不是物權，故不受本條項的限制（69台上696）。

對於合法的建築物，在辦理建物所有權第一次登記以前，其所有權已經由原始建築者取得，其所有權移轉行爲亦爲不動產物權行爲，亦應適用本條項規定，原則上應由原始建築者先辦理建物所有權第一次登記，再接著辦理建物所有權移轉登記，但實務上爲簡化程序，常有直接由受讓人辦理建物所有權第一次登記，以代替所有權移轉登記者。最高法院認爲，如買受人係基於變更建築執照起造人名義之方法，而完成保存登記時，在未有正當權利人表示異議，訴經塗銷登記前，買受人登記爲該房屋之所有權人，應受法律之保護，但僅變更起造人名義，而未辦理保存或移轉登記時，當不能因此項行政上之權宜措施，而變更原起造人建築之事實，遽認該買受人爲原始所有權人（63年度第6次民庭庭推總會議決議）。如原始建築者與受讓人變更建築執照起造人名義，並依土地法及土地登記規則辦理建物所有權第一次登記，但其乃通謀而爲虛僞意思表示，其意思表示無效（民87），原始建築者仍得請求塗銷該登記（109台再2）。

適用本條項的不動產物權行爲，其當事人得爲私人或政府機關，但日本政府就在台灣的不動產所有權，於台灣光復時由中華民國政府繼受取得，並非依不動產物權行爲而取得，故不適用本條項規定。最高法院在實例中指出，國家機關代表國庫接收敵僞不動產，係基於國家之權力關係而爲接收，並非依法律行爲而取得不動產所有權，依本條項規定之反面解釋，既無須登記已能發生取得所有權之效力，自得本其所有權對抗一般人，不能因接收前所有權之取得未經登記，而謂其仍無對抗第三人之效力（本院40年台上字第1912號判例參照）。日治時期之國有林野，台灣光復後，由政府接收，係國家基於公權力行使而取得之財產，與因法律行爲取得者，迥然不同，應屬國有財產，無須登記即能發生取得所有權之效力，中華民國政府得本於所有權對抗無權占有人（107台上1831）。

二、因法律規定而變動

（一）例示規定

不動產物權因法律行為以外的其他原因，而發生變動者，民法第759條規定：「因繼承、強制執行、徵收、法院之判決或其他非因法律行為，於登記前已取得不動產物權者，應經登記，始得處分其物權。」本條例示的上述四種事由，其所導致的不動產物權變動，均是以法律的規定為依據，而不以登記為生效要件，其因法律規定而發生物權變動者，物權變動的具體時點，應依各該規定認定之。例如繼承是以繼承開始，即被繼承人死亡時，為遺產物權變動的時點（民1148）；強制執行是以法院發給權利移轉證書時，為物權變動時點（強98）；徵收是以原所有人應受之補償發給完竣時，為物權變動時點（土235前）。

（二）法院之判決

本條所謂法院之判決，係指依其判決之宣告，即可產生不動產物權變動者，即須法院之宣告本身，已足以使當事人取得某不動產物權之效果者。法院的確認判決僅確認不動產物權如何歸屬，未使其發生變動；命債務人為不動產物權行為的給付判決，其效力是視為自判決確定時，債務人已為意思表示（強130Ⅰ），仍應依法辦理登記，始能發生不動產物權變動；法院的形成判決具有形成力，能直接使不動產物權發生變動，例如共有物的分割判決為形成判決，其確定後即發生共有關係終止及共有人各自取得分得部分的所有權效力（51台上2641），並以判決確定之時，為其物權變動的時點。故本條的法院判決，其範圍應為目的性限縮，僅以形成判決為限（43台上1016），並不包括確認判決及給付判決。

最高法院亦於實例中指出，本條所謂因法院之判決，於登記前已取得不動產物權者，係指以該判決之宣告足生物權法上取得某不動產效果之力，恒有拘束第三人之必要，而對於當事人以外之一切第三人亦有效力者而言，惟形成判決始足當之，不包含其他判決在內；命債務人協同辦理所有權移轉登記之確定判決，性質上既非形成判決，尚須債權人根據該確定判決辦畢所有權移轉登

記後，始能取得所有權，自難謂債權人於該所有權移轉登記事件判決確定時，取得系爭土地之所有權（65台上1797）。此外，有些形成判決的效力內容不在發生物權變動，例如法院撤銷債務人的詐害行為的判決，亦非本條的法院之判決。因為民法第244條第4項前段規定，債權人依同條第1項或第2項之規定聲請法院撤銷時，得並聲請命受益人或轉得人回復原狀，則原屬債務人之財產於法院判決確定撤銷詐害行為後，即非自動回復為其所有（101台抗407）。

（三）其他法律事實

本條例示的繼承、強制執行、徵收、法院之判決等事由之外，尚有其他以法律規定為依據，不以登記為生效要件，即不待登記而發生不動產物權變動的下列情形，亦屬於本條適用範圍：1.因法律之規定而取得不動產物權者，例如因抵押物拍賣而取得地上權（民876）、因不動產分割之補償金額取得抵押權（民824-1IV）、因除斥期間屆滿而取得典物所有權（民923II）；2.因法律事實而取得不動產物權者，例如自己出資建築建築物，於建築完成時，取得建築物的所有權（41台上1039），因為興建新建築物，乃建築物所有權之創造，該新建築物所有權應歸屬出資興建人，不待登記即原始取得其所有權，且與該建物行政管理上之建造執照或使用執照之起造人名義誰屬無涉（101台上127）。

曾經登記的河川土地，沈沒之後被依當時之法律塗銷登記，土地再度浮覆後，尚未再辦理登記的土地，土地法第12條第1項規定：「私有土地，因天然變遷成為湖澤或可通運之水道時，其所有權視為消滅」；第2項規定：「前項土地，回復原狀時，經原所有權人證明為其原有者，仍回復其所有權」。關於存在土地的所有權，最高法院103年度第9次民事庭會議決議認為，土地法第12條第1項所謂私有土地因成為公共需用之湖澤或可通運之水道，其所有權視為消滅，並非土地物理上之滅失，所有權亦僅擬制消滅，當該土地回復原狀時，依同條第2項之規定，原土地所有人之所有權當然回復，無待申請地政機關核准；至同項所稱「經原所有權人證明為其原有」，乃行政程序申請所需之證明方法，不因之影響其實體上權利。最高行政法院108年度上字第688號判決也指出，此為土地所有權依法律規定而喪失或回復，在要件事實發生時，即生所有權在歸屬之變動的物權效力，其在土地登記簿上之記載，僅是公示的方法。

（四）登記為處分要件

因上述原因而致不動產物權變動者，其生效固不以登記為要件，但為貫徹不動產物權行為登記要件主義，權利人在處分其物權以前，須先完成已取得物權的登記，始得處分（民759後）。此項登記的作用，僅在將已發生的物權變動宣示於人，學理上乃稱之為「宣示登記」或「相對登記」。在登記前受法律限制者，係使物權變動的處分行為，故與他人訂立買賣、贈與或其他債權契約，並非不可（74台上2024）。

三、不動產物權登記的效力

關於不動產物權登記制度的憲法上意義，司法院釋字第600號解釋的理由書指出，不動產物權為憲法上所保障之財產權，民法第758條規定：「不動產物權，依法律行為而取得、設定、喪失及變更者，非經登記，不生效力。」同法第759條規定：「因繼承、強制執行、公用徵收或法院之判決，於登記前已取得不動產物權者，非經登記，不得處分其物權。」是不動產物權登記為不動產物權變動或處分之要件。土地法及其授權訂定之法令乃設有登記制度，以為辦理不動產物權登記之準據。依土地法令所設程序辦理上開不動產物權登記，足生不動產物權登記之公示力與公信力（土地法第43條、司法院院字第1956號解釋參照），為確保個人自由使用、收益及處分不動產物權之重要制度，故登記須遵守嚴謹之程序，一經登記，其登記內容更須正確真實，俾與不動產上之真實權利關係完全一致，以保障人民之財產權及維護交易之安全。

由此可知登記已經確立為不動產物權的公示方法，至於其效力，土地法第43條規定：「依本法所為之登記，有絕對效力。」民法修正時亦增訂第759-1條，於第1項規定權利推定力：「不動產物權經登記者，推定登記權利人適法有此權利。」第2項規定權利公信力：「因信賴不動產登記之善意第三人，已依法律行為為物權變動之登記者，其變動之效力，不因原登記物權之不實而受影響。」

（一）權利推定力

1. 推定力的內容

　　本條第1項的立法理由指出，「登記」與「占有」同為物權公示方法，乃仿民法第943條關於占有之規定，規定登記之權利推定效力；此項登記之推定力，乃為登記名義人除不得援以對抗其直接前手之真正權利人外，得對其他任何人主張之；為貫徹登記之效力，此項推定力，應依法定程序塗銷登記，始得推翻。可見本條項是在宣示登記是不動產物權的公示方法，只要其物權經登記，登記權利人即被「推定」為適法有該已登記的權利。

　　本條項規定登記權利人被「推定」為適法有登記之權利，其結果一方面是真正權利人仍得以反證，予以推翻，故登記名義人雖得對其他任何人主張之，惟仍不得援以對抗其直接前手之真正權利人（106台上114）；另一方面則是真正權利人在依法以反證推翻被推定的狀態以前，也被「推定」為無權利，登記名義人除不得援以對抗真正權利人外，得對其他任何人主張之（104台上2287）。例如甲和乙通謀就A地為虛偽的所有權移轉表示，而將甲的A地登記在乙的名下，則乙雖非A地真正的所有人，但仍被推定為所有人，故如A地為第三人丙無權占有，甲在未登記為所有人之前，仍不得向法院起訴請求丙返還A地。

2. 真正權利人與第三人

　　依本條項規定，如登記名義人的直接前手為真正權利人，即登記名義人之登記有無效或應塗銷之情形，於第三者信賴登記而取得土地權利之前，真正權利人雖非不得對登記名義人主張登記原因之無效或撤銷（102台上1577），但於依法定程序塗銷該登記前，該直接前手之真正權利人以外之人，也須依法定程序塗銷登記名義人之登記，始得推翻其登記之推定力，而不得逕否認登記名義人之物權（109台抗514）。例如甲與乙通謀虛偽將A地移轉登記為甲所有，甲既已登記為A地之所有權人，在乙行使權利請求甲塗銷其所有權登記前，甲除不得對其直接前手乙主張其所有權外，非不得對乙以外之第三人主張其所有權。縱A地係丙借名登記於乙名下，丙亦不得未經甲及乙同意，逕將A地移轉登記為自己所有（101台上1828）。

　　在登記實務上，為貫徹登記之效力，已登記之土地權利，除土地登記規則

另有規定外，非經法院判決塗銷確定，登記機關不得爲塗銷登記（土登7）。

（二）登記公信力

1. 登記之「絕對效力」

　　本條第2項的登記公信力，係重述土地法第43條登記有「絕對效力」的意旨，即不動產物權之登記所表彰之物權如與實際狀態不一致，例如無所有權卻登記爲有所有權，或土地有地上權負擔卻未登記該地上權，而出現登記不實的情形時，爲確保善意第三人信賴登記之權益，乃以善意第三人與登記名義人所爲之法律行爲之登記，爲物權變動之結果，以維護交易安全。例如甲之A地，登記爲乙所有，該不動產物權之登記所表彰之物權與實際狀態不一致，如信賴不動產登記之善意第三人丁因信賴登記，而與乙爲交易行爲，無論是移轉A地之所有權或就A地設定抵押權或地上權，並就其物權行爲爲物權變動之登記時，此時乙之處分行爲雖爲無權處分（民118），但爲確保善意第三人丁之權益，以維護交易安全，仍認爲丁已取得各該權利（41台上323）。

　　最高法院在實例中認爲，不動產物權登記之公信力，旨在保障交易之安全，必須依法律行爲而取得物權，始有犧牲眞正權利人之權利加以保護之必要；至依不動產登記事項內容爲法律行爲而非取得物權者，要無不動產登記之善意第三人信賴保護規定之適用（104台上2023）。

2. 第三人的範圍

　　在上述例中，由於是依法律規定取得權利，甲雖原爲眞正權利人，在丁取得權利時，其權利即歸於消滅。在善意第三人信賴登記而取得土地權利之前，不實之登記僅有權利推定力，眞正權利人仍得對登記名義人主張登記原因之無效或撤銷（40台上1892）。本條項保護的是依法律行爲而辦理登記的善意第三人，如第三人辦理之物權變動登記，非以法律行爲爲原因，例如甲、乙通謀爲虛僞之表示，將甲的A地所有權轉移給乙，乙死亡後，其繼承人丙不知其事，辦理A地繼承登記，倘甲向丙主張甲、乙的所有權移轉行爲無效，丙即不得主張登記公信力，亦不得主張土地法第43條謂其登記有絕對效力。換言之，不動產物權之繼承人不知登記之不實，而已辦理繼承之登記者，其概括承受被繼承人的所有財產之權利及義務，並非此處之第三人，亦非本條項所保護的善意第三人（103台上1146）。

3. 第三人須為善意

上述條文規定的不動產登記公信力，係指土地登記名義人為非真正權利人時，為保護第三人交易之安全，將登記事項賦予絕對真實之公信力，使因信賴現存登記而取得權利之善意第三人，不因登記原因之無效或撤銷而被追奪。如為惡意之第三人，則不受保護。惟此之所謂惡意，應係指明知土地登記簿謄本所登記之所有人，非真正之所有人，或明知其所有權之登記有無效或得撤銷之原因而言，在具體個案中，當事人究竟為善意或惡意，應依個案具體情形認定之（108台上1043）。

4. 原登記物權之不實

本條第2項為保護信賴登記而依法律行為為物權變動登記之善意第三人，規定善意第三人之權益，不因原登記物權之不實而受影響，以維交易安全。本條項所稱「原登記物權之不實」，係指物權登記之物權行為，具有無效或得撤銷原因，或登記錯誤或漏未登記等情形，本不應發生物權變動效力，因該物權登記致登記所表彰之物權與實際狀態不一致而言，不包括依適法債權行為所為之物權登記。又不動產借名登記契約為借名人與出名人間之債權契約，就內部關係言，出名人通常固無管理、收益、處分借名不動產之權利，惟既係依適法之債權契約而受登記為不動產權利人，在外部關係上，自受推定其適法有此不動產之物權。倘該不動產物權之登記，並無無效或得撤銷之原因，復無登記錯誤或漏未登記等情形，自難認有何「原登記物權之不實」可言（105台上473）。

5. 違法處分的國有財產

善意第三人因不動產物權行為而辦理登記，如因原登記之不實，原登記權利人無處分權，而真正權利人不予以承認，其無權處分不能生效者（民118），固然可以受登記公信力之保護；但如該不動產物權行為，係因與登記無關之其他原因而無效，例如因標的物為不融通物而無效時，即不受登記公信力之保護。例如國有之房地，前於民國48年間經行政院核准撥予前陸軍裝甲兵司令部為眷舍使用，迄未撤銷撥用，甲為系爭房地之管理機關，因失查未注意其為國有財產法所定之公用財產，不得為任何處分，且具不融通性，不得為交易之客體，而准乙之申購，該於92年3月19日將該房地所有權移轉登記予乙之行為，嗣乙於93年4月2日又以買賣為原因，將該房地所有權移轉登記予丙，由

於系爭房地依國有財產法第28條不得爲任何處分，性質上屬不融通物（不具融通性），故甲將之讓售移轉所有權登記予乙，嗣乙又以買賣爲原因，移轉所有權登記予丙，均違反禁止規定，依民法第71條規定，均屬無效，乙、丙皆未依合法有效之法律行爲取得該房地之所有權，亦均不得主張登記公信力之保護（101台上1412）。

　　最高法院在上述實例中，亦具體表示下列見解：土地法第43條所稱依本法所爲之登記，有絕對效力，係爲保護第三人交易之安全，將登記賦予絕對眞實之效力，此項不動產物權登記公信力之規定，與98年1月23日修正公布、同年7月23日施行之民法第759-1條第2項，增訂「不動產物權登記之公信力，與因信賴不動產登記之善意第三人，已依法律行爲爲物權變動之登記者，其變動之效力，不因原登記物權之不實而受影響」之規範旨趣並無不同。各該信賴登記而受保護之規定，除須爲信賴登記之善意第三人，並有移轉不動產所有權之合致意思，及發生物權變動登記之物權行爲外，必以依合法有效之法律行爲而取得者，始得稱之。若法律行爲之標的係不融通物，因違反禁止之規定（民法第71條），致整個法律行爲成爲絕對無效者，即不生「善意取得」而受信賴保護之問題。於此情形，因信賴不動產登記之善意第三人，縱已依法律行爲爲物權變動之登記，亦無土地法第43條及民法第759-1條第2項規定之適用（101台上1412）。

第四項　動產物權變動的要件

　　動產物權的變動，依其原因不同，可以分爲二類：（一）因法律規定而變動者，（二）因法律行爲而變動者。因法律規定而變動者，須符合各該法律規定的要件，例如民法第768條及第768-1條因時效而取得、第801條及第886條因善意受讓而取得、第802條因先占而取得、第807條第1項因拾得遺失物而取得、第812條至第814條因添附而取得等，分別斷定之。動產物權因法律行爲而變動者，須其法律行爲有效成立，始能發生物權變動，即除須具備一般法律行爲的要件，如當事人須有行爲能力，標的物須爲確定、合法、妥當，意思表示須健全之外，民法第761條亦規定交付爲其特別生效要件，以下謹就本條規定說明之。

一、動產物權行為與交付

本條第1項本文規定：「動產物權之讓與，非將動產交付，不生效力。」動產物權可以包含動產的所有權及其他定限物權，「動產物權之讓與」除就已經發生的動產物權，依法律行為予以移轉之外，也包括就動產設定定限物權的法律行為。

本條「動產物權之讓與」，原則上應適用於所有的動產物權行為，故除法律有特別規定外，例如民用航空法、海商法對航空器、船舶物權行為的規定，動產擔保交易法對列舉的動產擔保交易的規定等，其餘無特別規定的動產，均應適用本條規定。道路交通管理處罰條例及道路交通安全規則規定的各類汽車，亦為動產，除動產擔保交易法規定的動產抵押之外，並無關於其動產物權行為的其他法律特別規定，故關於汽車所有權移轉之行為，亦應適用本條規定（70台上4771）。

道路交通安全規則第22條規定，汽車過戶登記應由讓與人與受讓人共同填具汽車過戶登記書，向公路監理機關申請，並應繳驗證件，公路監理機關於審核各項應備證件相符後，即予辦理過戶登記，換發新行車執照。在實例中，當事人曾就汽車所有權之歸屬及讓與行為，是否應以公路監理機關之登記為準，發生爭議。最高法院認為，道路交通安全規則規定，汽車牌照應由汽車所有人向公路監理機關申請登記，經檢驗合格後發給之，過戶時亦同，此乃交通主管機關基於行政權之作用，管理汽車動態過程之措施，故應申請登記之事項涉及新領牌照、過戶、變更汽車顏色、型式、輪胎雙數及尺寸等，暨停駛、復駛、報廢、繳銷牌照及註銷牌照等各項，不能因道路交通安全規則設有公路監理機關之登記制度，而排除民法第761條規定之適用（70台上4771）。

質言之，汽車行車執照上車主、汽車權利變動過戶登記，僅為行政管理措施，不得據此認定車輛所有權之歸屬，惟一般汽車交易，受讓人均為權利變動之過戶登記，以保障自身權利。因此，此種過戶登記也具有一定的權利推定力，如當事人之一方不能證明汽車為其出資購買，則汽車自應認屬汽車登記名義人之遺產，於汽車登記名義人去世後，由其繼承人取得。

二、現實交付

民法第761條第1項本文規定：「動產物權之讓與，非將動產交付，不生效力」，可見交付乃是動產物權行為的特別生效要件。立法理由指出，占有移轉最能使第三人自外部推知動產物權之權利狀態，本條乃以交付（即占有移轉）為動產物權讓與之公示方法，不採交付公示主義，而採交付要件主義，以占有移轉為動產物權讓與成立之要件，在占有移轉以前，物權之讓與，非但不得對抗第三人，即於當事人間，也不發生效力。依讓與以外之權利變動原因，取得動產物權者，如法律無特別規定，無須占有移轉，即應發生效力，例如因繼承而取得動產物權是。故本條指明讓與，即是針對動產物權行為而規定。

本條項本文規定的「交付」，即為民法第948條第2項所稱之「現實交付」，是指動產物權的讓與人，將其對於動產之現實的管領力，直接移轉於受讓人，例如甲將所騎的自行車，交付給乙占有使用，或甲將汽車的鑰匙或遙控器，交付給乙讓乙取得對汽車的現實管領力是。

三、觀念交付

本條第1項本文規定「交付」為動產物權行為的特別生效要件，第2項及第3項規定「以代交付」的占有改定及指示交付，後二者非屬現實交付，但在法律上規定其可以代替現實交付，同樣可以滿足交付的要件，故一般稱為「觀念交付」。第1項但書並非規定「以代交付」的法律事實，而是規定「即生效力」的特別情形，其規範形式是不以「交付」為生效要件的規定，但一般將其解為「觀念交付」的一種，並稱為簡易交付。如採取此種見解，則動產物權行為是採絕對的交付要件主義，但其交付得為現實交付或觀念交付，而觀念交付則包含簡易交付、占有改定及指示交付等三種。觀念交付固然非現實交付，但為促進動產物權的交易便捷，法律上仍有變通的必要，故在法律上將其與現實交付同視，同為「交付」的類型。

（一）簡易交付

是指如受讓人已占有動產，於讓與合意時，即生讓與動產物權的效力（民761Ⅰ但），以免泥於現實交付，而輾轉反覆交付，致生不便及標的物的危

險。例如甲將手機借予乙後，乙向甲買受該手機，因乙早已直接占有該手機，故於甲、乙間成立讓與合意時，乙即成為該手機新的所有人。

（二）占有改定

是指當事人讓與動產物權，而讓與人未為現實交付，仍繼續占有動產時，讓與人與受讓人間，得訂立契約，使受讓人因此取得間接占有，以代交付（民761 II）。例如甲將汰換之鋼琴出售予乙，為在新琴未到前不中斷練琴，甲乃與乙訂立使用借貸契約，使甲繼續直接占有該琴，並使乙取得出租人的間接占有人地位，以代現實交付（民941）。此種情形，甲一直占有該琴，但在乙取得對琴的間接占有之後，甲的占有即從原來的完全占有，變更成為直接占有，占有「改定」之名，係因此而來。

（三）指示交付

又稱為讓與返還請求權，是指當事人讓與動產物權，如其動產由第三人占有時，讓與人得以對於第三人之返還請求權，讓與給受讓人，以代交付（民761 III）。例如甲將出租予乙使用的耕耘機出售予丙，因租期未滿，暫時無法取回以為現實交付，此時甲即可將對乙的租賃物返還請求權，讓與丙，以代交付。

第五項 混 同

混同在債法上是指債權與債務同歸於一人，而使其債之關係消滅的情形（民344）；在物權法的混同，則是指在同一物之上，原來歸屬於不同人的二個以上的權利，同歸於一人，而無繼續併存必要的法律事實，同時也是使物權消滅的法律上原因。物權混同的原理，是建立在物權「彈力性」或包容性的基礎，認為甲物權人以A物權作為標的物，而成立其他B物權時，B物權的內容原為A物權的一部分，故B物權的物權人須為其他人，如A物權與B物權因故同屬於一人時，應認為B物權原則上應「回填」，而成為A物權的一部分，B物權無須只留其名，乃歸於消滅。民法對物權的混同，有下列二類規定。

一、所有權與其他物權混同

民法第762條規定，同一物之所有權及其他物權（定限物權），歸屬於一人者，其他物權（定限物權）因混同而消滅。但其他物權（定限物權）之存續，於所有人或第三人有法律上之利益者，不在此限。例如甲將其A地，分別為乙、丙設定抵押權及普通地上權，後來乙取得A地之所有權，則乙的抵押權即因混同而消滅，如丙後來取得A地之所有權，丙的普通地上權即因混同而消滅（107台上1651）；但如A地仍有次序在乙之後的抵押權，或丙的地上權已設定抵押權給第三人丁，則為乙之法律上利益，其抵押權應不消滅，為丁之法律上利益，丙之地上權亦不因而消滅。又如甲有B鋼胚的所有權，為擔保乙對甲的債權，設定動產質權給乙，甲將B鋼胚所有權移轉給丙，丙再移轉給乙，此時乙對鋼胚的動產質權的存在，對乙有法律上之利益，縱乙嗣後取得B鋼胚之所有權，其動產質權亦不因混同而消滅（88台上67）。

定限物權與所有權混同，依本條但書存續者，須其存續對於所有人或第三人有「法律上之利益」，如僅有事實上之利益，並非仍得存續之原因。又其他物權因混同而消滅後，除另行取得外，不因任何事由而回復。例如甲有A地所有權，乙就A地有普通地上權及其上房屋，乙將A地的普通地上權設定抵押權給丙，後來乙取得A地所有權，該普通地上權本應因混同而消滅，但因其為丙的抵押權的標的物，故仍應存續；如乙未再就該普通地上權為處分，而丙上開抵押權後來因清償而塗銷，則該普通地上權於上開抵押權塗銷時，所有人或第三人已無任何以之為標的之權利存在，其存續對於所有人或第三人已無「法律上之利益」，即無存續之事由，該普通地上權即應於斯時，因混同而消滅（98台上2102）。

二、所有權以外的物權，及以該物權為標的物的權利混同

所有權以外之物權及以該物權為標的物之權利，歸屬於一人者，其權利因混同而消滅（民763Ⅰ）。但該權利之存續於權利人或第三人有法律上之利益者，不在此限（民763Ⅱ、762但）。例如甲以其A地，為乙設定典權，乙將其典權分別為丙、丁設定第一次序及第二次序的抵押權，如後來由丁取得典權，丁的抵押權即因混同而消滅，但如丙取得典權，為保護丙原有依第一次序受償

之法律上利益，丙的抵押權即例外不因混同而消滅。

第六項 拋 棄

一、拋棄的意義

物權為財產權，本於私法自治的原則，應得由權利人以法律行為消滅之。民法第764條第1項亦規定：「物權除法律另有規定外，因拋棄而消滅。」拋棄是法律行為，指物權人不以其物權移轉於他人，而使其物權歸於絕對消滅的單獨行為（32上6036）。本條項的消滅是指絕對消滅，而非相對消滅，故當事人如稱「拋棄」物權予某人，其究竟為拋棄或讓與，應探求其真意，以為合理之解釋，法院判決自不宜為「拋棄」物權予某人之表述（99台上628）。

二、拋棄的要件

物權人對其不動產物權及動產物權，均得拋棄而消滅之。拋棄為法律行為，將使物權發生變動，故除一般法律行為的成立及生效要件之外，亦應具備被拋棄的物權行為的特別生效要件。如被拋棄者是不動產物權，拋棄即為使不動產物權因而喪失的法律行為，非經登記，不生效力（民758 I），即未經登記者，仍不生物權消滅的法律效果（74台上2322）；拋棄對於不動產公同共有之權利者，亦屬依法律行為消滅不動產物權之一種，如未經依法登記，仍不生消滅其公同共有權利之效果，故若拋棄因繼承而取得之不動產之公同共有權利，則於其拋棄經依法登記前，尚不生權利消滅之效果（99台上628）。拋棄動產物權者，並應拋棄動產之占有（民764III）。最高法院於實例中指出，物權法上之拋棄，係依權利人之意思表示，使物權歸於消滅之單獨行為。在動產所有權之拋棄，僅須拋棄人一方之意思表示，並有拋棄之表徵，即生效力（98台上1928）。其所稱表徵，係指拋棄占有而言。

三、拋棄的限制

（一）基本規則

　　物權人所欲拋棄的物權，有時乃是其他物權的標的物，並有第三人於該物權有其他法律上利益的情形。例如地上權人或典權人以其取得之地上權或典權為標的物，設定抵押權而向第三人借款；質權人或抵押權人以其質權或抵押權連同其所擔保之債權設定權利質權等是。此時如允許原物權人拋棄其地上權等，則所設定之其他物權將因為作為其標的物之物權消滅，而受影響，因而減損第三人之利益，對第三人保障欠周。故民法乃規定物權之拋棄，第三人有以該物權為標的物之其他物權或於該物權有其他法律上之利益者，非經該第三人同意，不得為之（民764 II）。

（二）新法增訂前的法理

　　在實例中，有登記權利人甲明知其所有系爭土地應有部分三分之二中之一半即應有部分三分之一，係屬借名人乙借名登記，並已經法院確定判決判命其為應有部分移轉登記，則借名人乙就該應有部分，難謂無法律上之利益；如甲竟拋棄系爭土地應有部分三分之二所有權，即不宜認為甲就系爭土地應有部分辦理拋棄登記並塗銷所有權登記完畢，已發生拋棄之效力，國有財產署已原始取得該應有部分。最高法院指出，民法第764條第2項規定係於民國98年1月23日增訂，乃本於權利人不得以單獨行為妨害他人利益之法理而設，既係源於權利濫用禁止之法律原則，則所有權人拋棄其所有權，雖發生於新法增訂前，仍有上開規定之適用，即其拋棄有上揭法條規定之情形，非經第三人同意，不得為之，否則對於該第三人應不生效力（106台上978）。

　　上述法理說的見解，最高法院在另一個實例中進一步為下列論述：按民法第1條規定：「民事，法律所未規定者，依習慣；無習慣者，依法理。」所謂法理，乃指為維持法秩序之和平，事物所本然或應然之原理；法理之補充功能，在適用上包括制定法內之法律續造（如基於平等原則所作之類推適用）及制定法外之法律續造（即超越法律計畫外所創設之法律規範）。法律行為發生當時，縱無實定法可資適用或比附援引（類推適用），倘其後就規範該項法律

行為所增訂之法律，斟酌立法政策、社會價值及法律整體精神，認為合乎事物本質及公平原則時，亦可本於制定法外法之續造機能，以該增訂之條文作為法理而填補之，俾法院對同一事件所作之價值判斷得以一貫，以維事理之平。查98年1月23日增訂之民法第764條第2項規定，拋棄物權，而第三人有以該物權為標的物之其他物權或於該物權有其他法律上之利益者，非經該第三人同意，不得為之。乃本於權利人不得以單獨行為妨害他人利益之法理而設，即係源於權利濫用禁止之法律原則。此項規定，斟酌立法政策、社會價值及法律整體精神，應係合乎事物本質及公平原則，為價值判斷上本然或應然之理。對於該條文增訂前，拋棄物權而有上揭法條規定之情形時，自可將之引為法理而予適用，以保障第三人利益，維護社會正義（109台上918）。

（三）私人拋棄土地所有權的效力

對於私人土地，所有人拋棄其所有權後，該土地究竟應成為無主的土地或為國家所有，解釋上可能會發生爭議，惟其應屬於國家土地政策的問題。最高法院在實例中指出，不動產所有權之拋棄，為無相對人之單獨行為，須有拋棄之意思表示，並向地政機關為所有權塗銷登記，始發生拋棄之效力。而私有土地所有權之拋棄，依土地登記規則第143條第1項、第3項規定，應申請塗銷登記，登記機關並應於辦理塗銷登記後，隨即為國有之登記。是拋棄私有土地所有權，經辦理塗銷登記，為國有登記，發生拋棄之效力，即由中華民國原始取得。如第三人於該私有土地上有以該所有權為標的物之其他物權，或於該所有權有其他法律上之利益（如承租權或使用權等）者，因拋棄私有土地所有權將影響或減損該第三人之利益，非經該第三人同意，不得為之，倘未經該第三人同意，該拋棄所有權之效力為何，法律並無明文規定。探究民法第764條第2項規定之規範目的，係在保護該第三人之利益，應僅該第三人得否認該拋棄所有權之效力，而應解釋為相對無效，尚非絕對無效，使任何人均得否認該拋棄所有權之效力，致該私有土地所有權因而回復為原所有權人（109台上918）。

在該實例中，土地所有人於某社區建物起造之初，同意規劃為該社區之私設通道及公園用地，並提供社區住戶使用，其住戶對於系爭土地有法律上之利益。系爭土地所有人後來未經住戶同意，拋棄其所有權，辦理塗銷登記，為國有登記，發生拋棄之效力，並由中華民國原始取得。社區之住戶雖不得主張其

拋棄系爭土地所有權，不生拋棄之效力，系爭土地即非中華民國所有，但其得主張該拋棄所有權之行為，依民法第764條第2項規定，「不得為之」，故即使已由中華民國取得系爭土地之所有權，住戶對系爭土地之使用利益，仍非無權占有，中華民國不得依民法第767條、第179條規定，請求其拆除系爭地上物並返還該占用土地及返還不當得利（109台上918）。

第二章　所有權

　　所有權是對標的物完全而整體支配的物權，也是憲法第15條保障的人民財產權的核心，物權編對其內容規定於第二章，並分爲下列四節：通則、不動產所有權、動產所有權、共有。

第一節　通　則

第一項　所有權的意義

　　所有權在物權編並無立法定義，綜合民法第765條意旨觀察，是指在法令限制的範圍內，對於標的物爲永久、全面與整體支配的物權。所有人對於標的物的占有、管理、使用、收益及處分，並無預定的存續期間，也不侷限於一定的內容，而爲渾然整體的單一權利。此外，所有權也具有彈力性，其內容得自由伸縮，例如就所有物設定農育權、典權或質權後，其全面支配所有物的權能，固將因受限制而大爲減縮，惟一旦所設定的定限物權消滅，則所有權當然立即回復全面支配的圓滿狀態。

第二項　所有權的權能

一、積極的權能

　　民法第765條規定：「所有人，於法令限制之範圍內，得自由使用、收益、處分其所有物，並排除他人之干涉。」本條未規定所有權是什麼，而以有所有權之人具有的權能，說明所有權的內容，其規定的形式與定限物權略有不同。本條不曰「所有權人」，而稱「所有人」，並規定「於法令限制之範圍內」，有各種權能。積極的權能，包括得自由使用、收益、處分其所有物，消極的權能是指排除他人之干涉。

　　占有在民法上不是權利，而是對於物有事實上管領力的事實狀態，故無「占有權」之名，而占有的事實只有「有、無」占有的認定問題，如有占有的

事實，也只有其為「有權占有、無權占有」的認定問題，並無「有占有權、無占有權」的判斷問題。本條未明列占有為所有人「得」為的權能，或為此故。不過，占有乃所有人對所有物全面支配或概括管領所必須，故一般認為其乃當然之權能。

使用是指不毀損物體或變更其性質，而依其用法，以供生活上之需要，例如閱讀書籍、闢地建屋是。收益是指收取所有物的天然孳息或法定孳息，前者如收取五穀，後者如收取租金是。依民法第766條規定，物之成分及其天然孳息，於分離後，除法律另有規定（如民952）外，仍屬於原物之所有人。法定孳息的歸屬，則應依法律規定或契約約定定之（民70參照）。本條的處分是在宣示所有人的處分自由，故為最廣義的處分，包括事實上處分與法律上處分二種，前者是指就標的物為物質上的變形、改造、毀損或消滅等事實行為，例如拆除房屋、製造果醬是；後者是指以法律行為，使標的物的權利發生移轉、限制或消滅等變動的一切行為，故除移轉所有權、設定地上權或拋棄等物權行為之外，也包含訂定買賣、贈與、租賃等契約的債權行為。

上述權能，如法令上有限制，即應受其限制。例如建築基地應留設法定空地，乃建築法第11條之規定，其目的在維護建築物便於日照、通風、採光及防火等，以增進建築物使用人之舒適、安全與衛生等公共利益，故該條第3項明定應留設之法定空地，負有「非依規定不得分割、移轉，並不得重複使用」之使用負擔。最高法院認為，法定空地所有權人，雖於上開規定及意旨之目的範圍內使用權能受有限制，惟既仍保有所有權，對無權占用該土地，受有不當得利者，究非不得對之行使物上請求權，並請求返還不當得利（106台上2035）。

二、物上請求權

（一）基本規則

1. 所有權為核心

所有人於法令限制之範圍內，得排除他人之干涉（民765後）。他人對所有權構成干涉者，所有人排除其干涉的方法，民法第767條第1項規定：「所有人對於無權占有或侵奪其所有物者，得請求返還之。對於妨害其所有權者，得

請求除去之。有妨害其所有權之虞者，得請求防止之。」本條項規定的三種請求權，合稱為所有人的物上請求權，其共同的前提，是行使物上請求權者須為所有人，故所有權歸屬的問題經常成為實務案例的焦點。

本條項的規定形式，均為所有人的「請求權」基礎，屬於私法的規定，無論標的物的性質為私有或國有，其所有人的物上請求權均為私權利。土地所有人依本條項請求的事件，性質上屬私法關係所生之爭議，司法院大法官認為，即使是人民向政府請求返還土地，當事人一方為政府機關，或兩造攻擊防禦方法涉及公法關係所生之爭議，其訴訟仍應由普通法院審判（釋758）。

2. 權利濫用的禁止

被所有人請求排除干涉的他人，於被請求排除時，常就其之所以對所有權或所有物構成「干涉」，提出各種法律上的抗辯，此時法院應權衡相關之利益，而為判斷。最高法院認為權利之行使，是否以損害他人為主要目的，應就權利人因權利行使所能取得之利益，與他人及國家社會因其權利行使所受之損失，比較衡量以定之，倘所有人排除他人干涉權利之行使，自己所得利益極少而他人及國家社會所受之損失甚大者，非不得視為以損害他人為主要目的（101台上1106），並在實例中表示，此乃權利社會化之基本內涵所必然之解釋，準此，本件權利人有無權利濫用情事，應衡量其行使民法第767條第1項中段所有權妨害排除請求權所得之利益，與被相對人因其行使權利所受之損害，兩相比較，始得判斷之（100台上1719）。

3. 消滅時效的問題

(1)已登記不動產所有人的物上請求權

本條項規定的三種請求權，雖是所有人本於所有權而生的權能，與物權的關係非常密切，大法官認為此等請求權，應依其性質的不同，分別認定其消滅時效的問題：A.已登記不動產所有人之回復請求權，無民法第125條消滅時效規定之適用（釋107）；B.已登記不動產所有人之除去妨害請求權，不在釋字第107號解釋範圍之內，但依其性質，亦無民法第125條消滅時效規定之適用（釋164）。

釋字第107號及第164號解釋，係分別針對民法第767條第1項前段及中段的請求權予以解釋，同條項後段的妨害防止請求權，似未解釋。但釋字第164號解釋的理由書指出，所有人的上述三種請求權，均以維護所有權之圓滿行使為

目的，其性質相同，故各該請求權是否適用消滅時效之規定，彼此之間，當不容有何軒輊；如為不同之解釋，在理論上不免自相予盾，在實際上亦難完全發揮所有權之功能。故本書認為，已登記不動產所有人之妨害防止請求權，依其性質，亦無民法第125條消滅時效規定之適用。

(2)未登記不動產所有人的物上請求權

根據上述解釋，已登記不動產所有人之物上請求權，均無民法第125條消滅時效規定之適用，至於其他物，即未登記之不動產及動產的所有人的物上請求權，均應適用民法第125條消滅時效之規定。

不動產究竟為已登記或未登記的判斷標準，有時甚難決定，特別是曾經登記的河川土地，沈沒之後被依當時之法律塗銷登記，土地再度浮覆後，尚未再辦理登記的土地，土地法第12條第1項規定：「私有土地，因天然變遷成為湖澤或可通運之水道時，其所有權視為消滅」；第2項規定：「前項土地，回復原狀時，經原所有權人證明為其原有者，仍回復其所有權」。該土地的所有權如何歸屬，也值得探討。對此，最高法院103年度第9次民事庭會議決議認為，土地法第12條第1項所謂私有土地因成為公共需用之湖澤或可通運之水道，其所有權視為消滅，並非土地物理上之滅失，所有權亦僅擬制消滅，當該土地回復原狀時，依同條第2項之規定，原土地所有人之所有權當然回復，無待申請地政機關核准；至同項所稱「經原所有權人證明為其原有」，乃行政程序申請所需之證明方法，不因之影響其實體上權利。

最高法院在後來的實例中認為，所稱已登記不動產，係指已依我國土地法等法令辦理登記之不動產而言；不動產真正所有人之所有權，固不因他人無權占有或侵奪其所有物或基於無效原因所為之移轉登記而失其存在，然仍須已依土地法等相關法令辦理所有權登記，其回復請求權或除去妨害請求權，始不罹於時效而消滅（109台上1328），即上述土地尚非已登記不動產。故再度浮覆之土地的問題關鍵，已非所有權應如何歸屬，而是其所有權應如何回復登記或其所有權是否已辦理登記的問題。

(3)已登記不動產繼承人的例外

本條項規定的，是物的所有人對其所有物的物上請求權，是以個別的物為其客體，其與繼承人對被繼承人的遺產，是以全部、總括的財產為客體，繼承人概括承受並為總括支配者，並不相同。大法官在解釋中指出，繼承回復請求

權與個別物上請求權係屬眞正繼承人分別獨立而併存之權利，繼承回復請求權於時效完成後，眞正繼承人不因此喪失其已合法取得之繼承權；其繼承財產如受侵害，眞正繼承人仍得依民法相關規定排除侵害並請求返還；然爲兼顧法安定性，眞正繼承人依民法第767條規定行使物上請求權時，仍應有民法第125條等有關時效規定之適用。於此範圍內，本院釋字第107號及第164號解釋，應予補充（釋771）。

　　根據此項解釋的意旨，繼承回復請求權於時效完成後，眞正繼承人繼承之財產如受侵害，雖可依民法第767條規定行使物上請求權，然不論該繼承財產係動產、已登記或未登記之不動產，依107年12月14日公布之司法院大法官釋字第771號解釋，仍有民法第125條等有關時效規定之適用。如已登記的不動產爲遺產的一部分，繼承人本來得依民法第767條規定行使物上請求權，如15年間不行使其請求權，其物上請求權即罹於消滅時效（110台上229）；但如請求權未罹於消滅時效，繼承人請求確認對遺產有繼承權，就遺產中的已登記不動產，對侵害者主張排除侵害（塗銷不動產之繼承登記），並請求返還，即有理由（107台簡上54）。

4. 定限物權的準用

　　民法第767條第2項規定：「前項規定，於所有權以外之物權，準用之。」前項規定的，是所有人的物上請求權，故其規定應準用於「所有人以外之物權人」。依本條項規定，所有權以外之物權的物權人，由於其對標的物係依其權利的內容，而爲直接支配，亦有排他效力，得排除他人對其權利的干涉，乃準用第1項規定，而有物上請求權。故地上權人、農育權人、需役不動產所有人、質權人、典權人及留置權人，均得因其物權而對他人之物爲一定程度之占有，準用所有人的規定而有物上請求權，較無問題，但抵押權人不占有抵押物（民860），似宜依抵押權保護之規定（民871、872），主張其權利，而無準用所有人物上請求權規定之必要。

（二）所有物返還請求權

1. 定義

　　本條項前段規定，所有人對於無權占有或侵奪其所有物者，得請求返還之。故主張所有物之返還請求權者，須爲「所有人」，即有所有權之人，被請

求人須爲無權占有或侵奪其所有物者，即須在「無權占有」的狀態之中，或對其所有物爲侵奪之行爲。

2. 所有人的認定

　　請求人是否爲所有人的認定，應依所有權的歸屬及變動的原則決定之。但在實務上，物權的公示方法具有推定力，即動產占有人被推定爲所有人（民943 I），不動產的登記名義人被推定爲所有人（民759-1 I），提起請求返還所有物之訴之原告，應就其主張訟爭標的物所有權存在之事實，負舉證之責，苟不能爲相當之證明，即難謂爲有所有物返還請求權存在（44台上1543）；動產的眞正所有人，對於現在占有人請求返還占有物者，除應證明其自己之權利存在外，並應證明占有人之權利不存在，方足認爲有推翻此等法律上推定之效力（44台上1172）。

　　就不動產建物之買賣而言，因不動產物權，依法律行爲而取得、設定、喪失及變更者，非經登記，不生效力，而買賣契約的訂定只是債權行爲，出賣人於未爲所有權移轉登記前，已將買賣標的物（建物）交付者，買受人固因此取得使用、收益權，出賣人仍爲所有人，依民法第765條規定，所有人於法令限制之範圍內，得自由使用、收益、處分其所有物，並排除他人之干涉。最高法院在實例中指出，除有特別約定外，不能併認買受人亦有事實上之處分權，而可任意將之拆除，據以排除出賣人（所有人）本於「登記」所享有之處分權能，故買受人苟未經出賣之所有人同意，擅自拆除（事實上處分）該未爲所有權移轉登記之建物，即難謂無侵害該建物所有人之所有權情事，自應負損害賠償責任（98台上1838）。

3. 占有人的認定

　　無權占有是占有的一種，即指占有人無占有的本權，而對占有物實施事實上管領力，故所有人請求的對象，須爲法律上之「占有人」。受僱人對僱用人指示其占有之物，乃是輔助占有人（占有輔助人），其對於標的物雖係物理上之事實支配者，但社會觀念不認爲其係獨立爲事實上管領，此項事實支配或占有，專屬於該爲指示之他人（僱用人），輔助占有人僅係占有人之占有機關，而非占有人（民942）。故在占有人無權占有房屋的情形，其依占有之規定享受利益、受保護或負擔占有之不利益者，原則上僅該占有人而已，故所有人請求遷讓返還占用房屋及返還無權占用所受之不當得利，僅得對「占有人」請

求，而不能對占有輔助人請求。

　　所有人的物上請求權，係為保護其對於個別的「所有物」的所有權，故行使權利時應判斷其「所有物」究竟為何物。最高法院在實例中指出，土地及坐落其上之房屋為各別獨立之不動產（民66Ⅰ），而占有土地者乃坐落於該土地上之房屋，占有房屋者則為該房屋之所有人或使用人，因此倘房屋無權占有土地者，土地所有人固可命對該房屋有事實上處分權之人（已辦理所有權登記之房屋所有人或違章建築之買受人，即有拆除房屋權限者，非必為房屋之所有人）拆屋還地及請求該房屋現占有人（非必為房屋之所有權人）遷出。然遷出行為旨在解除房屋現占有人之占有，以利進行拆屋還地，係拆屋還地之階段行為，僅為完成目的之手段，拆屋還地始為其目的，如該目的已確定不能達成，則遷出之手段行為之請求，應否允許，須視房屋使用人有無法律上遷出之義務而定；又房屋所有人使用其房屋，係本於房屋所有人之地位與基於其對房屋所有權之權能，並非無權占有（民765前），苟土地所有權人尚不得請求房屋所有人拆屋還地時，自無權禁止房屋所有人使用其所有房屋及請求其自該房屋遷出（104台上1939）。

4. 無權占有及侵奪所有物

　　無權占有是指無占有的本權，而仍占有其物，無論自始無權占有，例如甲竊用乙的汽車，仍占有使用中，或嗣後無權占有，即最初為有權占有，因占有權源消滅後仍繼續占有的情形，均包含在內。例如租約終止後承租人仍繼續占有，出租人除得本於租賃物返還請求權，請求返還租賃物外，倘出租人為租賃物之所有人時，即得本於所有權之作用，認為其乃嗣後無權占有，而依無權占有之法律關係，請求返還租賃物（75台上801）。侵奪是指違反所有人的意思，而強行取得其所有物者，例如甲對乙的汽車，無論以強盜、搶奪、竊盜或侵占之方法取得，均屬侵奪，此時乙均得主張所有物返還請求權。

5. 債權作為占有權源

(1)債權的相對性

　　無權占有是指占有人欠缺對物實施占有的權源，如有占有權源，無論其權源為物權或債權，均屬有權占有，但如以債權為占有權源，僅於債權的相對效力範圍內，為有權占有。例如買賣契約僅有債之效力，不得以之對抗契約以外之第三人，如甲向乙買受A地，乙已交付A地給甲，惟在乙將A地之所有權

移轉登記與甲以前，經執行法院查封拍賣，由丙標買而取得所有權，則丙基於所有權請求甲返還所有物，甲即不得以其與乙間之買賣關係，對抗丙（72台上938）。

不動產的買賣契約，其履行包括交付不動產及辦理所有權移轉登記，經常出現不動產占有人並非所有人的情況，也發生買賣契約得否作為占有權源的問題。由於買賣契約僅有債之效力，不得以之對抗契約以外之第三人，故在二重買賣之場合，出賣人如已將不動產之所有權移轉登記與後買受人，前買受人縱已占有不動產，後買受人仍得基於所有權請求前買受人返還所有物，前買受人即不得以其與出賣人間之買賣關係，對抗後買受人（83台上3243）。

(2)占有的本權與標的物的危險負擔

占有的本權涉及該占有是否為無權占有，所有人得否請求返還其所有物；買賣標的物的利益歸屬及危險負擔，乃是出賣人與買受人間，關於標的物的利益及危險如何分配及移轉的問題。大致而言，後者屬於買賣契約的問題，立法上可能以買受人取得標的物所有權、交付標的物、或其他時間點為準，民法第373條規定，「買賣標的物之利益及危險，自交付時起，均由買受人承受負擔，但契約另有訂定者，不在此限。」其中，「契約另有訂定」一詞即顯示即使原則上以交付時為準，買受人之承受利益及負擔危險，並非以占有標的物為要件。

不過，買受人之承受利益及負擔危險與其對標的物的占有，有時仍不易區別，其間的因果關係，也不容易判斷。最高法院在實例中指出，不動產之出賣人在不動產所有權移轉登記於買受人後，交付前，因利益依民法第373條尚歸出賣人享有，其占有該不動產，固不能認係無占有之正當權源；惟若出賣人將該不動產之占有移轉於第三人者，除第三人另有合法占有權源外，亦不得以原出賣人之占有權源對抗買受人（100台上1442）；不動產所有權移轉登記與不動產之交付，係屬兩事，前者為所有權生效要件，後者為收益權行使要件，不動產之出賣人，固負有交付不動產與買受人之義務，惟該不動產之收益權屬於何方，仍應以其已否交付為斷，與所有權是否移轉無涉，觀諸民法第348條第2項及第377條準用第373條規定即明，是出賣人在未交付前繼續占有不動產，僅屬債務不履行，尚難指為無權占有（110台上1341）。本書認為，此等見解實際上是以占有本身，作為占有的權源，並非妥適。

(3)觀念交付與占有的本權

占有的本權在標的物為觀念交付時，有時會發生認定上的問題。例如甲有A地，丙有意就該地申請開設遊樂園，乃委託乙以乙的名義和甲簽訂買賣契約，約定甲將A地交丙使用，並由丙嘗試申請相關之許可證，待獲許可後，再登記於丙之名下。丙在A地上搭建鐵皮屋、停車場、鋅管棚架、水泥製化糞池等設施，發生甲得否請求丙返還其所有物的爭議。

最高法院在實例中指出，甲為物之出賣人，負交付其物於買受人，並使其取得所有權之義務（民348 I）；所謂交付其物於買受人，即移轉其物之占有於買受人之謂，而占有之移轉，得準用同法第761條之規定（民946 II），亦即移轉占有並不以現實交付為限，簡易交付、占有改定或指示交付，均生移轉占有之效力；本例中買受人丙已先占有其物，於買賣雙方嗣後達成讓與之合意時，即生移轉占有之效力（民761 I 但）；本例中土地買賣之情形，雖尚未辦理所有權移轉登記，惟買受人丙之占有土地係出賣人本於買賣之法律關係所交付，無論現實交付抑或簡易交付，均具正當權源，原出賣人不得認係無權占有而請求返還（99台上626）。

(4)債權讓與與占有的本權

物之占有人如係本於債之關係而占有者，倘該債之關係係存在於占有人與債之關係之相對人間，該占有人欲主張其為有權占有，須以該債之關係之相對人對所有人亦有得為占有之正當權源，且得基於該權源，而移轉占有予現在之占有人為前提。如土地所有人依契約提供土地供建商興建房屋，並有配合辦理土地應有部分予建商或其指定之人之義務，在系爭契約解除前，建商有使用系爭土地之正當權源，第三人向建商購買系爭建物，最高法院在實例中認為，該第三人得對土地所有人主張占有系爭土地之正當權源（104台上40）。

值得注意的是，最高法院最近提出「債權物權化」的概念。在實例中，土地所有人將土地特定部分，交付給建設公司，同意永久讓與該部分土地作為系爭社區之私設道路，由房屋之買受人及輾轉受讓人通行路權、設置柏油、連續磚、水溝及空地等使用，不得圍堵，系爭社區建物於85年7月16日建築完成，在系爭斜線土地設有社區牌樓、門柱、花圃，並鋪設柏油供通行，後來發生土地所有人得否請求返還土地的爭議。

最高法院在實例中認為，以不動產為標的之債權行為，除法律另有規定

外，僅於特定人間發生法律上之效力，惟倘特定當事人間以不動產為標的所訂立之債權契約，其目的隱含使其一方繼續占有該不動產，並由當事人依約交付使用，其事實為第三人明知或可得而知者，縱未經以登記為公示方法，不妨在具備使第三人知悉該狀態之公示作用，與不動產以登記為公示方法之效果等量齊觀時，使該債權契約對於受讓之第三人繼續存在，產生「債權物權化」之法律效果。系爭通行契約目的在使系爭社區住戶繼續占有系爭通行土地對外通行，如其已依約交付使用，並有長期供通行狀態之外觀，系爭通行土地長期供通行之事實為第三人明知或可得而知，其知悉狀態之公示作用與登記公示之效果即得等量齊觀（109台上1807）。

6. 占有連鎖

(1)意義

「占有連鎖」（Besitzkette）本來是學術用語，指基於債之關係而占有他方所有物之一方當事人，本得向他方當事人（所有人）主張有權占有之合法權源；如該有權占有之人，將其直接占有移轉予第三人時，除該移轉占有性質上應經所有人同意（如民法第467條第2項規定）者外，第三人受讓占有後，其對讓與占有之人固然為有權占有，其對於所有人，亦為有權占有。此種情形，係將二個各自獨立的有權占有的關係，連成環環相連的一串有權占有，此種有權占有的鏈條，可以對抗各個環節的讓與占有之人及所有人。

(2)典型案例

上述占有連鎖的名稱及概念，目前已為最高法院採納。典型的案例如下：甲經乙之同意在A地上建築B屋，約定B屋有權使用A地，且該約定對雙方之買受人、繼承人、受讓人具同等效力；甲將B屋出售予丙，丙再出租予丁作為汽車保養服務廠使用，則甲將B屋出售並交付予丙時，亦同時將其對於A地之占有（及其權源），移轉予丙，丙再將B屋出租交付予丁時，亦同時將其對於A地之占有（及其權源）移轉予丁，則丙、丁自均取得占有A地之正當權源。最高法院並強調，此種占有連鎖，與債之相對性（該第三人不得逕以其前手對所有人債之關係，作為自己占有之正當權源）係屬二事（101台上224）。

在另一個實例中，最高法院也認為，占有連鎖，為多次連續的有權源占有。倘物之占有人與移轉占有之中間人，暨中間人與所有人間，均有基於一定債之關係合法取得之占有權源，且中間人移轉占有予占有人不違反其與前手間

債之關係內容者，即成立占有連鎖。物之占有人基於占有連鎖，對於物之所有人具有占有之正當權源；此與債之相對性係屬二事。如系爭建物已和平、公然占有系爭土地數十年，系爭土地之全體地主與建物權利人之前手間就系爭建物基地有買賣或租賃契約，並同意該等契約得轉讓予建物權利人，建物權利人嗣輾轉合法取得系爭建物，並基於與前手之契約關係而取得占有系爭建物基地之正當權源，成立占有連鎖而屬有權占有（110台上606）。

(3)買屋未買地的案例

為解決土地所有人未移轉所有權，而同意建商建築房屋，並出售給第三人，當事人再輾轉出售房屋，但自當事人以降均未取得土地所有權的問題，最高法院在實例中指出，不動產之買受人在取得所有權前，將其占有之不動產出賣於第三人，並移轉其占有，雖不違反買賣契約之內容，次買受人係基於一定之法律關係自買受人取得占有，次買受人之占有為連鎖占有，買受人對於次買受人不得主張無權占有；惟不動產所有權為物權，而物權為對於物之直接排他支配權，不動產所有人於所有權存在期間，不斷發生所有物之物上請求權，次買受人向買受人買受不動產，屬債之關係，次買受人僅得本於買賣對買受人主張權利，不動產之所有人則不受該買賣關係之拘束，買受人於交付出賣之不動產予次買受人之後，固不得對次買受人主張無權占有，惟不動產之所有人則得本於所有物之物上請求權請求次買受人返還該不動產（98台上2483）。

最高法院上述見解，係認為房屋及土地之買受人，如僅就房屋取得所有權，就土地僅受交付，而未取得所有權，則其對土地的占有權源乃是土地的買賣契約，僅得由買受人對抗出賣人，對其他第三人原則上均不生效力，買受人對土地的受讓人既然不得主張有權占有，房屋的第三受讓人對土地的現在所有人，更不得主張其為有權占有。

(4)契約解除與買受人的土地

在另一個實例中，買受人向出賣人購買系爭建案基地的應有部分及地上物，買受人支付部分價金並取得基地的應有部分後，經出賣人依法解除買賣契約，並將地上物出售並移轉所有權給第三人。關於基地應有部分的買受人（所有人），得否向地上物的買受人主張物上請求權的問題，最高法院有下列詳細的論述：買賣標的物已辦理所有權移轉登記，尚未交付買受人者，出賣人依民法第348條規定，本負有交付標的物予買受人之義務，倘出賣人其後將該標的

物基於債之關係再讓與第三人，並移轉占有時，因出賣人違反買賣契約之內容，該第三人占有標的物對買受人而言，應無正當占有權源，買受人固得對該第三人行使所有物返還請求權；惟該買賣契約如經合法解除者，溯及訂約時失其效力，與自始未訂契約同，出賣人已不負交付買賣標的物予買受人之義務，則出賣人將其占有之標的物讓與第三人，並移轉占有，即無違反買賣契約之內容可言。於此情形，原基於一定法律關係（尤其債之關係）自出賣人直接取得占有之第三人，因出賣人對於買受人本有合法占有之權利（甚至得向買受人請求回復所有權登記），其移轉占有亦不違反買賣契約之內容，該第三人自得基於「占有連鎖」（Besitzkette）之原理，對於取得所有權之買受人主張有合法占有之權源，初與第三人基於債之相對性（債之關係僅存在於契約當事人之間）不能對抗物之所有人未盡相同（102台上2048）。

在本例中，系爭土地為系爭建案基地之應有部分，尚未交付給買受人占有使用，且出賣人已經合法解除其間之土地買賣契約，則該買賣契約已溯及消滅，出賣人自不負交付系爭土地予買受人占有之義務，而其先前依系爭建案之分配協議，將系爭土地之占有移轉予房屋之買受人，即應認不違反上開買賣契約之內容，房屋之買受人占有系爭土地即有正當權源，而非無法律上之原因可比（102台上2048）。

（三）所有權妨害除去請求權

1. 常見的案例類型

本條項中段規定，所有人對於妨害其所有權者，得請求除去其妨害，一般稱為妨害除去請求權，立法理由稱為保全所有權之請求權。妨害是指以占有以外的方法，侵害所有權或阻礙所有人圓滿行使其所有權的行為或事實，下列情形都是常見的實例：(1)以偽造的證明文件，主張自己是某物的所有人；(2)對於因承辦人員的疏失，登記在自己名下的他人不動產，主張是自己所有；(3)自己土地上的樹木因狂風而倒落在他人土地上；(4)無正當理由將戶籍登記在他人房屋所在地，拒不辦理遷出登記；或(5)在他人土地上建築鹽田模型或堆置石塊等雜物（33上1015）。

2. 拆屋還地請求權

實務上常有土地所有人，對於未得允許在其土地上建築房屋者，請求拆屋

還地之例。土地所有人此項請求，其實涉及二個不同的請求權基礎：「拆屋」請求權是所有人請求排除其妨害的方法，是以本條項中段爲依據；「還地」請求權是所有人請求返還其所有物，是以本條項前段爲依據。在請求拆除土地上房屋的情形，房屋的所有權歸屬於原始建築者，故土地所有人對於妨害其土地所有權者，固然得請求除去其妨害，但妨害的除去往往涉及另一標的物（房屋）的破壞，如何避免權利濫用並平衡各所有人間的利益，在個案中是重要的課題。例如甲的A屋有一部分坐落於乙的B地，對乙而言，該部分的坐落構成對B地所有權的妨害，爲除去其妨害，乙得請求甲拆屋還地，但拆除A屋該部分對甲所造成的損害，與B地的妨害去除使乙所獲得的利益，即有適度平衡的必要。

　　最高法院在實例中認爲，土地及坐落其上之房屋爲各別獨立之不動產（民法第66條第1項參照），而占有土地者乃坐落於該土地上之房屋，占有房屋者則爲該房屋之所有人或使用人，因此倘房屋無權占有土地者，土地所有權人固可命對該房屋有事實上處分權之人（已辦理所有權登記之房屋所有人或違章建築之買受人，即有拆除房屋權限者，非必爲房屋之所有權人）拆屋還地及請求該房屋現占有人（非必爲房屋之所有權人）遷出。然遷出行爲旨在解除房屋現占有人之占有，以利進行拆屋還地，係拆屋還地之階段行爲，僅爲完成目的之手段，拆屋還地始爲其目的，如該目的已確定不能達成，則遷出之手段行爲之請求，應否允許，須視房屋使用人有無法律上遷出之義務而定；又房屋所有人使用其房屋，係本於房屋所有人之地位與基於其對房屋所有權之權能，並非無權占有（民法第765條前段參照），苟土地所有權人尚不得請求房屋所有權人拆屋還地時，自無權禁止房屋所有權人使用其所有房屋及請求其自該房屋遷出（104台上1939）。

3. 不動產登記的名實不符

　　已登記的不動產，實務上也常有眞正所有人請求登記名義人塗銷登記，回歸以前的登記狀態，其所有人所行使的也是除去妨害請求權。此種情形，登記如未塗銷，登記名義人即一直被公示爲所有人，眞正所有人的所有權也一直被妨害。大法官爲求公平，認爲其不適用民法消滅時效之規定，並謂已登記的不動產，其眞正所有人對於登記具有無效原因之登記名義人，依本條項中段得行使塗銷登記請求權，若適用民法消滅時效之規定，則因15年不行使，致罹於時

效而消滅，難免發生權利上名實不符之現象，真正所有人將無法確實支配其所有物，即難貫徹除去妨害請求權之效力（釋164）。惟真正所有人如為真正繼承人，而其繼承回復請求權之時效已完成者，其塗銷登記請求權仍應適用民法消滅時效之規定（釋771）。

4. 國際公約的適用

在實務上，有土地所有人請求地上物的事實上處分權人拆除該地上物，事實上處分權人援引國際公約關於適足居住權保障的規定，而為抗辯者。最高法院在實例中指出，公民與政治權利國際公約第17條、經濟社會文化權利國際公約第11條第1項前段關於適足居住權之規定，具有國內法律之效力，本於基本人權保障之旨，在私有土地所有人依民法第767條規定訴請無權占有人拆屋還地訴訟中，該占有人可援引作為防禦方法，惟因於我國就兩公約上述揭示適足居住權意旨，尚乏對私有土地所有人行使其所有權與適足居住權間相關法律之明確規定，法院僅得在個案中於現行法規範內衡酌保障無權占有人之適足居住權之適當方法，不得逕課私有土地所有人於訴請拆屋還地前應對無權占有人行通知、協商、補償、安置措施等義務，並以土地所有人未履行上述法律未明文規定之義務，排斥其所有權之行使（109台上614）。換言之，如事實上處分權人之地上物占有系爭土地，係屬無權占有，土地所有人請求拆屋還地，無違誠信原則及濫用權利，即無違兩公約揭示適足居住權保障本旨。

（四）防止妨害請求權

本條項後段規定，所有人對於有妨害其所有權之虞者，得請求防止其妨害，一般稱為妨害防止請求權，立法理由稱為預防侵害請求權。有妨害之虞，是指妨害雖未發生，但依一般社會觀念判斷，有可能發生妨害的情形，例如甲的房屋年久失修，已有向乙之土地傾斜的現象，隨時可能傾倒於乙之土地，乙即得請求甲為一定的補強或支撐，以免土地所有權將來受妨害。

第三項　取得時效

一、基本原則

　　取得時效是指無權利人繼續行使某種權利，達一定期間後，法律規定在符合一定要件的情形下，由無權利人取得其權利的制度。此種制度，使無權利人僅因其積極行使權利的事實，而取得權利，原權利人的權利因此被剝奪，與公平原則相違，其採納與否通常是出於是否加速權利變動的政策考量。我國民法採取肯定說，並規定所有權的取得時效是以無權利人對標的物占有的事實為基礎，於符合要件的情形下，得依法律規定取得所有權；所有權以外的其他財產權，也可以準用所有權取得時效的規定（民772）。

　　我國民法規定取得時效的占有，須為以所有之意思、和平、公然、繼續之占有（民768至770）。因取得時效而取得物權者，並非依非法律行為而取得物權，故只須符合法律規定的要件，不以有行為能力及意思表示健全為必要；以占有的事實而言，其主體僅須具有識別能力，即得對標的物為事實上的管領，不以有行為能力為必要。

　　由於占有是一項法律事實，取得時效所要求的占有，乃是須由當事人負舉證責任的事實，其舉證責任的分配或法律對於事實狀態的推定，將顯示法律對於已實施占有的占有人的保護程度。民法第944條規定，占有人被推定為以所有之意思，善意、和平、公然及無過失占有；經證明前後兩時為占有者，推定前後兩時之間，繼續占有。故主張取得時效者，除須證明前後兩時為占有外，其他占有情況無須證明，除非相對人提出反證予以推翻，占有人均得享有其取得時效完成的利益。

二、動產所有權取得時效的要件

（一）基本規定

　　關於動產所有權的取得時效，民法第768條規定：「以所有之意思，十年間和平、公然、繼續占有他人之動產者，取得其所有權。」第768-1條規定：「以所有之意思，五年間和平、公然、繼續占有他人之動產，而其占有之始為

善意並無過失者，取得其所有權。」依上述條文規定，無動產所有權的人，以所有之意思，10年間和平、公然、繼續占有他人之動產者，即取得其所有權；如無權利人占有之始為善意並無過失者，其因時效而取得所有權之期間，即縮短為5年。

上述規定顯示，對他人之動產的占有，如非經該他人（所有人）的同意為之，即形成行使所有權的外觀，而行使所有權的外觀事實的長期存在，已經在物之所在地發生所有權應該歸屬於占有人的集體印象。民法從原所有人未行使所有權，而占有人長期行使權利，為使物盡其用，政策上乃決定使所有權發生變動，讓無所有權的占有人取得所有權，也避免所有人向占有人請求返還其動產，並維持占有關係的安定。上述條文規定的「占有」狀態，「和平」及「公然」為相對性的概念，只要以非暴力的方式實施占有（強暴占有），即為和平占有；只要以非隱匿的方式實施占有（隱秘占有），即為公然占有，並無達到不特定多數人均可共見共聞之程度。以下謹再說明「以所有之意思占有」，其餘部分請逕參閱占有章之說明。

（二）自主占有

上述條文規定動產所有權的取得時效，係因為占有人「占有」「他人之動產」。「他人之動產」表示該動產的所有權歸屬於他人，並非無主物，也不問該他人為私人或國家等公法人。對「他人之動產」，「以所有之意思占有」，即學說上所稱自主占有，與其相對的，是他主占有，即承認他人有所有權，是為該他人占有其動產的事實狀態。占有人的占有，依法被推定為自主占有（民944 I）。國家或地方政府之動產，在外觀上有公用物與非公用物的區別，公務員如依職權予以占有，固非以所有之意思而占有，其他人占有的公有物，如無類似消防車、警車等公用物的外觀，而與一般私人的動產無異者，例如無特別標識的文具、腳踏車等，即可能是「以所有之意思而占有」。對於盜贓的占有，如害怕被發現而予以掩飾、隱匿，通常即非以所有之意思而占有，但如已否認原所有人的所有權，或無所畏懼地據為己有，毫無為他人暫時保管其物之意，仍可認為是「以所有之意思而占有」。例如甲將自乙處竊得的骨董，公然在家中客廳內擺置，如10年內乙均未請求返還，該骨董的所有權於10年期滿時，即歸屬於甲，原所有人乙的所有權亦因而消滅。

一般而言，動產的所有人爲間接占有時（民941），直接占有人的占有即非以所有之意思而占有。最高法院也在實例中指出，自主占有人無任何法律權源而爲物之占有，始得以所有之意思，繼續占有達一定期間之狀態事實，依法律規定之時效，取得該占有物之所有權；倘物之占有人，係基於債權關係或物權關係而占有，自無適用時效取得之法律規定之餘地。蓋物之占有人，如出於一定之基礎權源，其對該物之占有，無論以行使何項權利之意思占有，其繼續一定期間之占有之事實狀態，仍應受其基礎權源法律關係之規範，不應適用時效取得之制度，而破壞原規範之法律效果。基於與他人間的信託關係而占有該他人之動產者，其占有非無法律權源，其繼續一定期間占有該動產，自仍應受其與該他人間信託關係之規範，而無適用民法上開取得時效規定以取得所有權之餘地（92台上2713）。

不動產的所有權狀，係不動產所有權的證明文件，乃爲獨立於不動產以外的動產，但其本身是否有獨立價值，而得適用取得時效規定，仍有疑義。最高法院在實例中認爲，系爭房地所有權狀本質上爲從物及不融通物，不能與該房地所有權分離而單獨成爲民法第768條所定動產取得時效之標的。系爭房地所有權狀之登載名義人爲甲，其所表彰者僅在證明甲對該房地不動產有所有權存在，並非即爲該房地權利之本身，故如系爭房地登記在甲名下，由乙持有表彰系爭房地所有權之權狀，仍應認爲乙係爲所有人，並非以自己「所有」之意思占有該權狀，自不能因時效取得系爭所有權狀之所有權（95台上1617）。

（三）法律效果

民法第768、768-1條規定的法律效果，是占有人「取得其所有權。」占有人是依法律規定取得他人動產的所有權，不適用法律行爲成立及生效的一般規定，亦不適用第761條關於動產物權行爲的規定。無行爲能力人的對他人之動產實施占有，如符合要件，也能取得其所有權。占有人依上述規定取得動產所有權，係以其規定爲獲得所有權的法律上原因，不構成不當得利。動產所有權由占有人依上述規定取得，係民法重新開啓物權關係的新起點，故占有人取得所有權的同時，原所有人的所有權歸於消滅；如第三人對該物權原有其他物權（如動產質權），亦均歸於消滅，以使占有人就該動產所有權，爲原始取得。

三、不動產所有權取得時效的要件

除動產所有權以外，民法對不動產所有權，也規定取得時效的制度。第769條規定：「以所有之意思，二十年間和平、公然、繼續占有他人未登記之不動產者，得請求登記為所有人。」第770條規定：「以所有之意思，十年間和平、公然、繼續占有他人未登記之不動產，而其占有之始為善意並無過失者，得請求登記為所有人。」如與動產所有權取得時效的上述規定比較，除了期間不同之外，此處占有者，是「他人未登記之不動產」，而其法律效果，是占有人「得請求登記為所有人」。

（一）他人未登記之不動產

1.他人之不動產

不動產所有權取得時效的制度，主要是要讓所有人未使用的不動產，在占有人長期占有，並符合法律規定要件的情形下，由占有人取得所有權，使物盡其用、地盡其利。不動產的物權登記，乃是不動產物權的公示方法，其登記為所有人的登記享有權利推定力的保護，與占有人的占有不動產的事實比較，應該更優先受保護，因此上述條文的規定，乃將不動產所有權取得時效的標的物，限定為他人未登記的不動產。

此處之不動產，限定是他人之不動產，即所有權歸屬於他人之不動產，如為無主之不動產，即無取得時效規定之適用。他人之不動產並不以私人為限，國家或其他公法人的不動產，也都可以適用不動產所有權取得時效的規定。不過，森林法第3條及該法施行細則第2條規定，森林以國有為原則，森林所有權及所有權以外之森林權利，除依法登記為公有或私有者外，概屬國有，而森林係指林地及其群生竹、木之總稱。最高法院認為，未依法登記為公有或私有之林地，既概屬國有，則不論國家已否辦理登記，均不適用關於取得時效之規定，俾達國土保安長遠利益之目標，並符保育森林資源，發揮森林公益及經濟效用之立法意旨（森林法第1條及第5條參照），自無民法第769條、第770條取得時效規定之適用（89台上949）。

公同共有的不動產，對於公同共有人而言，是否為他人之不動產？最高法院認為，所有權取得時效係於他人物上取得所有權之方法，在自己物上固

無取得時效之可言，惟公同共有物之所有權，屬於公同共有人之全體，非各公同共有人對於公同共有物均有一個單獨所有權；如公同共有人中之一人以單獨所有之意思占有公同共有物，是將公同共有變為個人獨有，即與占有他人之物無異，如該物係屬不動產，即得適用不動產所有權取得時效的規定（32上110）。大法官解釋就分別共有的共有土地，認為對共有人而言乃是他人土地，亦持類似的見解（釋451）。

2. 未登記之不動產

不動產所有權取得時效的要件，須占有人針對「他人未登記之不動產」實施占有，並具備其他法定要件，至其法律效果，則是得請求登記為所有人。故此處之不動產，應為可登記而未登記之不動產。類似違章建築等不得登記的不動產，因無法請求登記，即不得適用關於不動產所有權取得時效的上述規定。

不動產如已經辦理所有權登記，但並非登記在真正所有人之名下，是否屬於此處「他人未登記之不動產」？似有疑義。本書認為，基於登記的權利推定力，以及登記得對抗占有事實的上述分析，此處的「未登記」，應指從未辦理所有權登記而言。如不動產曾辦理所有權第一次登記，即使確實係占有人以外之他人所有，而且並非登記在該他人的名下，仍非「他人未登記之不動產」。故已辦理所有權第一次登記的不動產，即使目前的真正所有人並非登記上的所有人，無論是錯誤登記、尚未辦理繼承登記、借名登記或有其他登記不實的情形，均不得適用不動產所有權取得時效的上述規定。私有土地如因成為公共需用之湖澤或可通運之水道，依土地法第12條第1項其所有權視為消滅者，並非土地物理上之滅失，如塗銷其登記，所有權亦僅擬制消滅，當該土地回復原狀時，依同條第2項之規定，原土地所有人之所有權當然回復，無待申請地政機關核准（最高法院103年度第9次民事庭會議決議），但在未辦理回復登記以前，即屬於未登記之土地。

（二）自主占有

不動產所有權取得時效的要件，依前述規定，其占有須為以所有之意思而占有，如非以所有之意思而占有，其時效期間即無從進行。所謂以所有之意思而占有，即係占有人以與所有人對於所有物支配相同之意思而支配不動產之占有，即自主占有而言。如占有人以容忍他人所有權存在之意思而占有，即係他

主占有，而非自主占有。在實例中，甲占有未登記的國有A地逾20年，但其受讓占有係因向乙購買該地，因而基於買賣關係占有A地，後來因請求乙辦理A地所有權之移轉登記，經測量結果，始知A地為國有未登錄地，不屬乙所有，最高法院認為甲係以A地為乙所有之意思而占有，與以自己所有之意思而占有者有間，時效期間即無從進行，嗣後知悉A地為國有未登錄地，其占有即非屬善意（81台上285）。

在後來的實例中，國有財產A地原為未辦理所有權登記之積水、雜草叢生廢棄魚池，為甲占有，乙於民國68年8月26日自甲買受，並受讓A地之占有，且即將A地視為己有，而為填土、改良地質等行為，並於其上興建B房屋，供居住及營業使用。丙國有財產局於96年10月間，向地政事務所申辦A地為國有之所有權第一次登記，乙於地政機關公告期間內提出異議，主張其已依取得時效規定得請求登記為所有人。最高法院認為，占有人以占有之事實，而主張占有物之所有權者，倘爭執此所有權之人無相反之證明，或其所提出之反證無可憑信，應生民法第943條規定之推定效力（本院39年台上字第127號判例意旨參照）。換言之，「原告如為占有土地而行使所有權之人，應依民法第943條推定其適法有所有權者，依民事訴訟法第281條之規定，除被告有反證外，原告即無庸舉證」（參見本院29年上字第378號判例）。本件A地尚未辦理所有權第一次登記，甲在A地上興建B房屋居住，並自77年4月21日起設籍，其與前手所為「耕作權」之讓渡（或轉讓），實係在於對受讓土地之使用支配，A地迄仍未辦理所有權第一次登記，尚無從確認屬於何人所有；甲於遠逾20年以上之6、70年間受讓後，即因土地無法耕作，改以建屋居住，並接續申設電力、遷入戶籍及申報房屋稅迄今，似此情形，似應認為甲占有A地，係以行使所有權之意思，即以所有之意思占有（100台上1291）。

比較上述二則案例的見解，本書認為前者（81台上285）似未重視系爭土地未經登記，其出賣人交付土地時，當無保留所有權之意思的事實，且依民法第947條規定，占有之繼承人或受讓人，得就自己之占有或將自己之占有與其前占有人之占有合併，而為主張，出賣人符合取得時效要件的自主占有，亦得由買受人主張其利益；相對而言，後者（100台上1291）的見解較符合取得時效規定的本旨。

（三）占有之始非為善意並無過失者

民法第769條規定，以所有之意思，20年間和平、公然、繼續占有他人未登記之不動產，得請求登記為所有人。本條的適用對象，包括占有之始為惡意，及占有之始為善意，但有過失等二種情形。例如甲以所有的意思，占有乙所建築未遷入居住亦未辦理登記的房屋，經過20年，即得經土地四鄰證明，聲請為所有權的登記（土54參照）。

（四）占有之始為善意並無過失者

民法第770條規定，以所有之意思，10年間和平、公然、繼續占有他人未登記之不動產，而其占有之始為善意並無過失者，得請求登記為所有人。本條僅適用於占有之始為善意並無過失的情形。不動產所有權取得時效的占有人，均為無權占有人，如其不知自己無權占有，即為善意，但之所以善意，仍可區分為有過失及無過失，而本條僅適用於占有之始為善意並無過失的情形。例如甲向乙購買未經登記的房屋，直接登記甲為原始起造人，並遷入居住，後來發現此項所有權讓與行為無效，此時甲不知並無過失，故於經10年後，亦得再請求登記為所有人。

（五）法律效果

不動產所有權取得時效完成後，上述條文並未規定占有人取得所有權，而是規定「得請求登記為所有人」，即不動產所有權未發生變動，所有人仍未該他人，占有人僅取得登記請求權，未完成登記以前，仍未取得所有權；占有人因登記而取得所有權時，其未經登記之原所有權即行消滅。

占有人的此項權利雖然以「請求」為名，但占有人係因占有之事實，而取得其請求權，其進而辦理登記而取得所有權，也是以法律規定為依據，而非依法律行為而取得不動產所有權。故取得時效完成使占有人取得權利，並非使原所有人負擔義務，其並不負擔「應同意占有人登記為所有人」之義務。換言之，占有人「得請求登記為所有人」，非謂得請求原所有人同意登記為所有人之意，係指得請求地政機關登記為所有人（最高法院68年度第13次民事庭會議決議（三））。

因此，土地法第54條規定，得請求登記為所有人的占有人，應於登記期限內，經土地四鄰證明，聲請為土地所有權之登記，即得依其一方之聲請，登記為土地所有人。若地政機關認為不應受理而駁回其聲請，占有人得依土地法第56條規定訴請確認其權利，如經裁判確認，始得依裁判再行聲請登記。地政機關受理聲請，經審查證明無誤者，應即公告之（土55），在公告期間內，如有土地權利關係人提出異議，地政機關應依同法第55條第2項規定予以調處，不服調處者，應於接到調處通知後15日內向司法機關訴請處理，逾期不起訴者，依原調處結果辦理之。此項登記程序為地政機關執掌業務，自無從以判決代之。

最高法院在實例中指出，占有人請求登記為所有人的權利，性質上係由一方單獨聲請地政機關為所有權之登記，並無所謂登記義務人之存在，亦無從以原所有人為被告，訴由法院逕行判決予以准許，此就所有權取得時效之第一要件須以所有之意思，於他人未登記之不動產上而占有，暨依土地法第54條規定之旨趣參互推之，實至明瞭（68台上1584）。

因取得時效完成而取得之利益，乃是基於法律規定而發生，並非不當得利，其所有權之取得乃是原始取得，原所有人之所有權及其他物上負擔，於占有人取得所有權時，均歸於消滅。取得時效所形成的法律關係並非抗辯權，無須當事人援用，法院即可依職權斟酌之（29上1003）。但占有人於未為登記前之占有，實務上認為仍屬無權占有（81台上2592）。

四、時效的中斷

所有權取得時效的要件，是占有人占有他人之物，而且其占有符合法律所規定的要件。如占有本來符合要件，後來變更為不符合要件的占有，其取得時效即中斷。故取得時效的中斷，是指在取得時效進行中，有與取得時效要件相反的事實發生，使已經過的期間失其效力，而必須重新起算其期間。

民法第771條規定：「占有人有下列情形之一者，其所有權之取得時效中斷：一、變為不以所有之意思而占有。二、變為非和平或非公然占有。三、自行中止占有。四、非基於自己之意思而喪失其占有。但依第949條或第962條規定，回復其占有者，不在此限。」「依第767條規定起訴請求占有人返還占有物者，占有人之所有權取得時效亦因而中斷。」本條第1項第1款及第2款，規

定自主占有變爲非自主占有（他主占有）、和平占有變爲非和平占有（強暴占有）、公然占有變爲非公然占有（隱秘占有）。占有人本來爲自主占有，後來承認原所有人的所有權，而自居於他主占有人的地位，或本來的和平、公然占有，變更爲非和平或非公然占有，均足以中斷取得時效。

本條第1項第3款及第4款規定的，是有占有的事實變爲無占有的事實，或占有中斷而未繼續。本來對他人之物的占有事實，無論是占有人自行中止占有，如不繼續占有而將占有物交還所有人或拋棄其占有，或非基於自己之意思而喪失其占有，如遺失占有物或其占有被侵奪，而不能依第949條或第962條規定回復其占有者，均已確定變更爲對該標的物無占有的狀態，故其取得時效中斷。

本條第2項則規定占有人於占有狀態存續中，物之所有人依第767條第1項規定起訴請求返還其所有物，此時占有人之占有已成訟爭對象，即使繼續維持占有，必已成爲他主占有或喪失原有的和平占有之性質，故取得時效即中斷。

五、其他財產權的取得時效

（一）財產權的範圍

占有人得否因其和平、公然、繼續占有，而取得所有權以外的其他財產權，是立法政策的決定問題。民法第772條規定：「前五條之規定，於所有權以外財產權之取得，準用之。於已登記之不動產，亦同。」依本條規定，「所有權以外財產權」之取得，均得準用所有權取得時效之規定，時效期間、時效中斷原因、時效完成的效力等，均屬相同。

本條雖規定「所有權以外財產權」，均得準用所有權取得時效的規定而取得其權利，但得否準用，仍應依其性質而定。例如著作權，最高法院即在實例中認爲應不準用所有權取得時效的規定，其理由指出：時效取得，是以一定時間占有他人之物而取得物權、以尊重長期占有之既成秩序之制度，其與著作權法保障著作人著作權益，調和社會公共利益，促進國家文化發展之立法目的有別，因此著作權不在民法第772條準用之列；著作（work）與著作物（copy）係屬二不同之概念，著作權所保護之標的爲著作，著作權之保護及於該著作之表達，而著作物乃著作依其表現形式所附著之有體物（媒介或載體），爲

物權歸屬之客體；著作之內容一旦以一定形式對外表達後，任何人無須藉由著作人之協力，即得加以利用，具有非獨占性（non-exclusive）、無耗損性（non-rivalrous）、共享性之特質，而與物權所保護之財產標的物具有獨占性（exclusive）、耗損性（rivalrous）、自然稀少性（natural scarcity）之性質迴然有別，著作權無法如物權人僅須占有特定之有體物即可排除他人使用（103台上5）。

（二）用益物權的取得時效

占有他人不動產，而得準用所有權取得時效之規定，請求登記為用益物權人者，其用益物權的存在，是以他人對不動產有所有權為前提，其請求為「他項權利」登記，必須於所有權登記同時或以後為之，即其登記須以他人就不動產已登記為前提，如為未登記的不動產，反而無從為定限物權之登記。所以最高法院判例認為因時效取得地上權，不以他人未登記之土地為限（60台上4159），民法第772條後段之意旨，亦在說明占有他人已登記之不動產者，亦得準用前五條之規定，因時效而取得所有權以外財產權。

因時效取得而請求登記的不動產定限物權，主要為用益物權，但典權之成立以支付當事人約定的典價為要件（民911），較難適用取得時效的規定。不動產役權並非對他人不動產為占有（民851），如何準用頗有問題，民法第852條第1項乃對其進一步限縮為：「不動產役權因時效而取得者，以繼續並表見者為限。」

在公法的實務上，為既成道路之土地，經公眾通行達一定年代，應認已因時效完成而有公用地役關係之存在，其所有權雖仍為私人所有，亦不容其在該公用道路上起造任何建築物，妨害公眾之通行（45判8、61判435），至究須經公眾通行達若干年代，始足取得公用地役關係，司法院釋字第400號解釋理由僅謂「應以時日久遠」，而未指明確切年代，晚近已認為應類推適用民法第772條、第769條及第770條規定，為認定公用地役關係取得時效之年限（92判1124）。

公用地役關係取得時效完成的既成道路，其性質與私有道路仍有不同，最高法院在實例中指出，私人因特定目的，於自己所有之土地自行設置道路，供自己或因私法關係經其同意，提供特定人作為道路使用者，其性質與既成道

路，或因公用地役關係成為一般不特定人得通行使用之所謂既成道路不同。私有道路設置後，土地所有人對該私有道路仍保有所有權及本於所有權而生之各種權能，包括管理權、使用權。又土地所有人因私法關係（如使用借貸關係），經其同意使用通行之特定人之使用權，仍須依該私有關係約定內容行使權利，如無特別約定，該特定第三人僅有通行權，並無管理權。至於非土地所有人同意通行使用之不特定人，非有其他特別情事，要無在該私設道路自由通行使用之權利。另負有道路維護（養護）之行政管理權責機關，本於行政授益性處分或公法上無因管理，於現有道路得為舖設柏油路面、設置道路標線、號誌等行政處分或行政事實行為，以供大眾通行，惟於私設道路，如無特別法令依據，於該私設道路已符合司法院大法官釋字第400號解釋意旨所稱既成道路前，不能任意干涉私有道路所有人之管理權，致有使私有道路形成供不特定多數人通行之可能。行政機關之行為如法無明文，逕於私人所有之私設道路為上開管理行為時，私有道路所有人非不得請求予以除去（109台上2492）。

（三）地上權的取得時效

所有權取得時效的規定準用於其他財產權的取得，在實務上最普遍的是普通地上權。由於其為不動產物權，其要件及法律效果依法應準用的，是第769條及第770條，並準用取得時效中斷的第771條。準用此等規定的結果，和平、公然、繼續占有、占有之始為善意並無過失等要件，以及10年或20年之期間，均與所有權取得時效採相同標準，須特別考量的，是「以所有之意思」、「他人未登記之不動產」及「得請求登記為所有人」等規定，應如何準用的問題。在結論上，上述規定應調整為「以行使普通地上權之意思」、「他人已登記之土地」及「得請求登記為地上權人」。

1. 程序及占有的證明

占有人以行使普通地上權之意思，占有他人已登記的土地達法定期間，並符合其要件者，得向地政機關請求登記為地上權人，為審查並辦理此等登記事件，內政部自民國77年即訂頒「時效取得地上權登記審查要點」（以下簡稱本要點），作為登記機關審查的依據（占有人申請時效取得所有權、農育權、不動產役權之登記者，得準用之）。不過，時效制度係為公益而設，依取得時效制度取得之財產權受憲法保障，而本要點具有法規命令的性質，不得牴觸法律

或限制人民權利（行政程序法158）。

地上權取得時效的實體要件，應以法律的規定為準，其爭議亦應由法院裁判決定。本要點針對地政機關審查部分，於第4點規定：「占有人占有之始，須有意思能力。如為占有之移轉，具有權利能力者得為占有之主體。」第11點規定：「占有人主張與前占有人之占有時間合併計算者，須為前占有人之繼承人或受讓人。」「前項所稱受讓人指因法律行為或法律規定而承受前占有人之特定權利義務者。」關於占有事實的證明，本要點第5點規定：「以戶籍證明文件為占有事實證明申請登記者，如戶籍有他遷記載時，占有人應另提占有土地四鄰之證明書或公證書等文件。」第6點第1項規定：「占有土地四鄰之證明人，於占有人開始占有時及申請登記時，需繼續為該占有地附近土地之使用人、所有權人或房屋居住者，且於占有人占有之始應有行為能力。」

占有人因時效而取得地上權登記請求權者，以已具備時效取得地上權之要件，向該管地政機關請求為地上權登記，如經地政機關受理，最高法院認為，則受訴法院即應就占有人是否具備時效取得地上權之要件，為實體上裁判（80年度第2次民事庭會議決議）。上述見解，是指占有人以已具備時效取得地上權之要件，向該管地政機關請求為地上權登記，地政機關受理後，經土地所有人於土地法第55條所定公告期間內提出異議，地政機關依同法第59條第2項規定予以調處，嗣土地所有人不服調處，於接到調處通知後15日內提起訴訟，主張占有人為無權占有，請求拆屋還地時，受訴法院應就占有人是否具備時效而取得地上權之要件為實質審查而言。倘占有人以時效而取得地上權登記請求權，向該管地政機關請求為地上權登記，已經地政機關駁回確定，於土地所有人另行提起拆屋還地訴訟，受訴法院無須就占有人已被駁回之地上權登記請求是否具備時效取得地上權之要件，為實體上審究。故如占有人就系爭土地向地政事務所申請時效取得地上權登記，經該所以占有人未依通知補正駁回其申請，占有人未聲請行政救濟，該時效取得地上權登記申請案業經駁回確定，法院即無庸審究占有人是否具備時效取得地上權要件之問題（109台上614）。

2. 標的物及登記審查要點

(1)基本規則

普通地上權取得時效的制度，是要讓占有人得因為滿足民法規定的要件，得請求登記為地上權人；而地上權的登記應以占有的土地已為所有權的登記為

前提，故占有人因取得時效而請求為地上權人的土地，不僅不以他人未登記之土地為限（60台上4159），甚至應僅限於他人已未登記之土地。民法第772條後段規定「於已登記之不動產，亦同」，其意旨即在說明占有他人已登記之不動產者，不應因準用「未登記之不動產」之規定，而認為其不符合取得時效的要件。

普通地上權取得時效乃是不動產物權變動的原因，其要件的具備與否，與土地所有人及占有人的利益消長，影響甚大，故應以法律規定的要件為準。內政部前揭要點，就占有人申請因取得時效而請求登記為地上權人的要件，如增訂法律未規定的要件，限制其登記為地上權人者，即違反行政規則不得牴觸法律規定的原則，也將構成對占有人依民法取得的權利，為不當的限制。

(2) 占有人之建築物

對上述意旨，司法院大法官釋字第291號解釋謂：「取得時效制度，係為公益而設，依此制度取得之財產權應為憲法所保障。內政部於中華民國77年8月17日函頒之時效取得地上權登記審查要點第5點第1項規定：『以建物為目的使用土地者，應依土地登記規則第七十條提出該建物係合法建物之證明文件』，使長期占有他人私有土地，本得依法因時效取得地上權之人，因無從提出該項合法建物之證明文件，致無法完成其地上權之登記，與憲法保障人民財產權之意旨不符，此部分應停止適用。」本解釋的理由書指出，民法關於因時效而取得所有權或其他財產權之規定，乃為促使原權利人善盡積極利用其財產之社會責任，並尊重長期占有之既成秩序，以增進公共利益而設，此項依法律規定而取得之財產權，應為憲法所保障。本書認為，該規定的違憲或合憲問題，實際上是其規定是否牴觸上位階的法律規定的問題。

本號解釋的理由書也指出，以在他人土地上有建築物為目的，而因時效完成取得他人私有土地之地上權登記請求權，與該建於他人土地上之建築物，是否為「合法建物」無關。如非「合法建物」，應依有關建築管理法規處理。而地上權之登記與建築物之登記，亦屬兩事。本書認為，此一問題涉及民法第832條規定的普通地上權，「謂以在他人土地之上下有建築物或其他工作物為目的而使用其土地之權」，即占有人只要在他人土地之上下有「建築物」，即可滿足其要件，該建築物為違章建築，並不影響普通地上權的成立或繼續有效，故內政部前揭要點不應限制其應為「合法建物」。

(3)共有人的「他人土地」

內政部前揭要點曾規定共有人不得就共有土地申請時效取得地上權登記，釋字第451號解釋謂：地上權係以在他人土地上有建築物，或其他工作物，或竹木為目的而使用其土地之權，故地上權為使用他人土地之權利，屬於用益物權之一種。土地之共有人按其應有部分，本於其所有權之作用，對於共有物之全部雖有使用收益之權，惟共有人對共有物之特定部分使用收益，仍須徵得他共有人全體之同意。共有物亦得因共有人全體之同意而設定負擔，自得為共有人之一人或數人設定地上權。於公同共有之土地上為公同共有人之一人或數人設定地上權者亦同。是共有人或公同共有人之一人或數人以在他人之土地上行使地上權之意思而占有共有或公同共有之土地者，自得依民法第772條準用同法第769條及第770條取得時效之規定，請求登記為地上權人。上述規定與上開意旨不符，有違憲法保障人民財產權之本旨，應不予適用。

內政部前揭要點的規定，本號解釋認定其違憲，但本書認為，此一問題是土地的占有人為共有人時，得否成立普通地上權的問題，如其答案為肯定，即不應排除其因取得時效而請求登記為地上權人的權利。其中主要的關鍵，是依民法第832條規定，普通地上權應就「他人土地」而成立，故問題是共有之土地對共有人而言，是否為「他人土地」？本號解釋論述共有人得依處分共有物的方式，取得共有土地的普通地上權，其實即係認定共有土地為「他人土地」。在此一前提下，占有人即得就其共有的土地，主張因取得時效而請求登記為地上權人的權利。前揭要點予以不當限制的規定，違反民法的規定，應屬無效。

(4)受限制的土地

占有人因時效而請求登記為地上權人者，為其標的物的土地並非無限制，前揭要點重申其限制須為法律之限制，於第3點規定，占有人占有土地有下列情形之一者，不得申請時效取得地上權登記：A.屬土地法第14條第1項規定不得私有之土地；B.使用違反土地使用管制法令；C.屬農業發展條例第3條第11款所稱之耕地；D.其他依法律規定不得主張時效取得。

對於上述耕地的限制，大法官曾以釋字第408號解釋，認定其合憲：土地法第82條前段規定，凡編為某種使用地之土地，不得供其他用途之使用。占有土地屬農業發展條例第3條第11款所稱之耕地者，性質上既不適於設定地上

權，內政部前揭審查要點規定占有人占有上開耕地者，不得申請時效取得地上權登記，與憲法保障人民財產權之意旨，尚無牴觸。本號解釋的主要理由，是土地法第82條前段規定，凡編為某種使用地之土地，不得供其他用途之使用；農業發展條例第3條第11款規定，耕地係指農業用地中，依區域計畫法編定之農牧用地、或依都市計畫法編為農業區、保護區之田、旱地目土地，或依土地法編定之農業用地，或未依法編定而土地登記簿所記載田、旱地目之土地；耕地既僅供耕作之用，自不適於建築房屋或設置其他工作物，性質上即不符設定地上權之要件，亦無從依時效取得地上權而請求登記為地上權人。本書認為，由於上開耕地依民法第832條規定，不得成立普通地上權，不得依法律行為設定之，占有人也不得因占有而申請時效取得地上權登記，內政部前揭審查要點規定的標準與法律規定一致，並未違反較高位階的規範，故為有效。

3. 行使地上權的意思

　　普通地上權為一種不動產物權，得準用不動產所有權取得時效的規定，大法官釋字第451號解釋的理由書指出，地上權取得時效之第一要件須為以行使地上權之意思而占有他人之土地。若依其所由發生之事實之性質，無行使地上權之意思者，非有變為以行使地上權之意思而占有之情事，其取得時效不能開始進行。從而占有土地之始係基於共有人之地位、公同共有人因公同關係享有之權利、抑或無權占有之意思者，既非基於行使地上權之意思，嗣後亦非有民法第945條所定變為以行使地上權之意思而占有，即不具備取得時效之前提要件。若共有人或公同共有人於占有之共有或公同共有土地，對於使其占有之他共有人或公同共有人表示變為以在他人之土地上行使地上權之意思而占有，自得本於民法第772條準用第769條、第770條，主張依時效而取得地上權，請求登記為地上權人。

　　最高行政法院在實例中指出，依民法第832條之規定，普通地上權係以在他人土地之上下有建築物或其他工作物為目的而使用其土地之權。地上權人對該土地僅得為使用之支配，目的係使用土地之權利，為用益物權的一種，此與就他人之不動產以取得借貸權或租賃權之方法，雖同樣是取得利用他人不動產之權利，惟因民法上債權與物權之不同，仍有物權型態與債權型態之不動產利用權之本質上差異，基於物權法定主義，用益物權之種類及其內容，均應依法律定之，另依民法第772條規定，地上權得因時效而取得，並準用同法第769、

770、771條之規定，據此，主張時效取得地上權者，須爲以行使地上權之意思而占有爲要件。又占有土地建築房屋，有以無權占有之意思，有以所有之意思，有以租賃或借貸之意思爲之，非必皆以行使地上權之意思占有，也可能只是單純的使用土地，而無任何行使權利之意思，客觀之占有事實，尚不足以證明係基於行使地上權之意思而占有，仍應就其係以行使地上權之意思而占有，舉證證明之（108判406）。

最高法院也在實例中指出，占有他人之土地建築房屋者，有以無權占有之意思爲之，有以所有之意思爲之，有以租賃或借貸之意思爲之，非必皆以行使地上權之意思而占有，故如主張以行使地上權之意思而占有土地者，自應就其主張負舉證責任（92台上1169）。若依其所由發生事實之性質，無行使地上權之意思者，非有變爲以行使地上權之意思而占有之情事，其取得時效不能開始進行。但在他人土地上有建築物或其他工作物者，可能係基於侵權行爲之意思，亦可能基於越界建築使用，亦或界址不明致誤認他人土地爲自己所有，或因不知爲他人土地而誤爲占有使用……等等，原因多端，尚難僅以占有人在他人土地上有建築物之客觀事實，即認占有人係基於行使地上權之意思而占有（100台再6）。如占有人占有系爭土地之始，即係基於承租人之意思而非基於行使地上權之意思，嗣後亦非有民法第945條所定變爲以地上權之意思而占有之情事，即不得主張自始即以行使地上權之意思繼續和平使用系爭基地，而請求登記爲地上權人（64台上2552）。若占有人與土地所有人間有租賃契約，且亦約定租賃期間爲2年或3年不等之定期租賃關係，此時則顯無地上權，該占有行爲亦非以行使地上權之意思，占有使用系爭土地，自不生因時效而取得地上權之情形（98台上1978）。

此外，如占有人之先祖曾領有他項權利證明書，載有「地上權利人王○興現取得左記土地地上權業經呈驗證件核明登記合給證明書爲憑此證」、「地上權利人陳○瀨現取得左記土地地上權業經呈驗證件核明登記合給證明書爲憑此證」等語，但爲土地登記所遺漏，最高法院在實例中認爲，倘其占有上揭土地係源自系爭他項權利證明書所示之地上權，其等陸續擴建房屋占有其他土地部分，即得認爲是本於行使地上權之意思而占有（110台上2107）。

4. 時效的中斷

關於地上權取得時效之中斷，是指占有雖已達法定期間，但依民法第772

條準用第771條規定，占有之事實並未符合要件者，例如占有人自行中止占有、其占有爲他人侵奪、變爲不以取得地上權之意思而占有、變爲非和平或非公然之占有者。占有他人地上之建築物係多數占有人所公同共有，而約定由其中部分公同共有人使用，其他公同共有人遷離該建築物時，實務上認爲因房屋性質不能脫離土地之占有而存在，遷離該建築物之公同共有人，對建築物既有公同共有權，依民法第941條規定，仍屬該建築物所占有土地之間接占有人，並不構成取得時效中斷之事由（87台上2277）。

　　土地所有人對占有人訴請返還土地，原非法律所規定的時效中斷事由，但司法實務上認爲，占有人因時效取得地上權登記請求權，向該管地政機關請求爲地上權登記，經地政機關受理，而受訴法院應就占有人是否具備時效取得地上權之要件爲實體上裁判者，須以占有人於土地所有人請求拆屋還地前，以具備時效取得地上權之要件爲由，向地政機關請求登記爲地上權人爲前提（85台上829），且因時效而取得地上權登記請求權者，非經登記不生取得地上權之效力，故占有人在未依法登記爲地上權人以前，爲無權占有，不得對抗土地所有人（92台上2376）。占有人如於土地所有人訴請拆屋還地之後，始向地政機關申請登記爲地上權人，其占有土地無正當合法權源，地政機關亦不認其得請求登記爲地上權人。

　　因此，本要點第12點規定：「有下列情形之一者，占有時效中斷：（一）土地所有權人或管理者，已向占有人收取占有期間損害賠償金，占有人亦已於占有時效日期未完成前繳納。（二）占有時效未完成前，土地所有權人或管理者對占有人提起排除占有之訴。（三）占有人有民法第七百七十二條準用第七百七十一條第一項所列取得時效中斷之事由。」但占有人之取得時效如已完成，並先申請登記爲地上權人，土地所有人再訴請返還土地時，似可參照本要點第9點下列規定，認定其爲有權占有：「占有人具備地上權取得時效之要件後，於申請取得地上權登記時，不因占有土地所有權人之移轉或限制登記而受影響。」

5. 法律效果

　　地上權取得時效完成者，其占有人得請求登記爲地上權人，乃依民法第772條準用同法第769條、第770條規定之當然結果，此項以「請求」爲名的權利，並不是對土地所有人的請求權，而是得單獨聲請地政機關辦理登記的權

利，故土地所有人不負協同占有人取得普通地上權的義務。最高法院指出，依時效而取得不動產所有權或他項權利之人，不能以原所有人爲被告，起訴請求協同其登記爲所有人或他項權利人（68年度第13次民事庭會議決議（三））。

因取得時效完成，而取得地上權登記請求權的占有人，其權利的效力究應如何認定，在實務是曾發生疑義。最高法院認爲，占有人僅取得此項請求權而已，在未依法登記爲地上權人以前，仍不得據以對抗土地所有人而認其並非無權占有（69年度第5次民事庭會議決議）。

在實例中，曾有占有人早經主管機關發給地上權之他項權利證明書，但因不明原因未登載於登記簿冊，後來再主張地上權取得時效。最高法院認爲，占有人於土地所有人起訴拆屋還地前，主張其已因時效取得地上權登記請求權，而向該管地政機關申請爲地上權登記並經受理，或經占有人於該訴訟繫屬中依法提起反訴，請求確認其地上權登記請求權存在及命所有人容忍爲地上權登記者，受訴法院既均應就該占有人是否具備時效取得地上權之要件，爲實體上裁判。而占有人於土地所有人起訴拆屋還地前，倘早經主管機關發給地上權之他項權利證明書，僅因不明原因未登載於登記簿冊，於此情形，若經該占有人於訴訟繫屬中以因時效取得地上權登記請求權爲抗辯者，應與其已於所有人起訴前即向地政機關申請時效取得地上權登記並經受理等價齊觀，法院亦仍應對該占有人是否具備時效取得地上權之要件，爲實體上審究，始爲適法（105台上2209）。

占有人因取得時效完成而經登記爲地上權人者，即取得地上權。此項地上權係依法律規定而取得，故就地上權的內容未與土地所有人磋商決定，故地上權成立之後，應由地上權人與土地所有人再協議決定其內容，如協議不成，應得聲請法院以形成判決予以決定。故釋字第291號解釋指出，此時「如地上權人與土地所有人間如就地租事項有所爭議，應由法院裁判之。」

第二節　不動產所有權

第一項　土地所有權的範圍

土地所有權是一立體的觀念，橫的範圍固應以登記者爲準，縱的範圍雖原

則上不限於地表，但民法基於權利社會化的原則，仍規定土地所有權，除法令有限制外，於其行使有利益之範圍，及於土地之上下。如他人之干涉，無礙其所有權之行使者，不得排除之（民773）。可見土地所有權應受土地法、礦業法及民法有關相鄰關係的規定等法令上限制，且其範圍亦須限定在行使有利益的範圍內，倘依現代科學技術、地理環境及一般社會觀念，認為無行使之利益時，即不得為所有權之主張。

例如制定電業法，有開發國家電能動力，調節電力供應，發展電業經營，維持合理電價，增進公共福利之立法目的，該法第50條、第51條前段對於道路、私有土地係優先於民法之特別規定，屬民法第773條之「法令有限制」。最高法院在實例中認為，台電公司為強化供電可靠度，事前申請挖掘道路，獲許可後於土地上埋設管線、架設電線桿，目的在增進公共福利，或因工程上之必要而在地下埋設管路，符合電業法第50條、第51條前段規定，非無法律上之原因（107台上2451）。

第二項　土地的相鄰關係

相鄰關係是指相鄰不動產的權利人間之權利義務關係。法律之所以須就此為特別規定，乃因各相鄰不動產之所有人，如均互不相讓，彼此排除干涉，必將使不動產難盡其利；為消弭紛爭，調和鄰地利用，促進社會利益與國民經濟，乃規定權利人因不動產相鄰之故，即發生某種法律關係。民法自第774條至第800-1條，均為不動產相鄰關係的規定（第799、800條與建築物區分所有權有關），其中關於所有人的規定（民774至800），於地上權人、農育權人、不動產役權人、典權人、承租人、其他土地、建築物或其他工作物之利用人準用之（民800-1）。茲將其內容，綜合析述如下：

一、鄰地損害的防免

民法第774條規定：「土地所有人經營事業或行使其所有權，應注意防免鄰地之損害。」本條的立法理由指出，土地所有人經營事業或行使其所有權，如有利用鄰地之情形，自不應專謀自己之利益，而致鄰地有所妨害，故應注意防免鄰地之損害。

　　本條的規定是關於土地所有人經營事業或行使其所有權時,應自我克制,防免鄰地損害的注意義務。但最高法院認為,土地所有人或承租人違反此項義務,致鄰地發生損害時,除非土地所有人或承租人能證明於防免鄰地之損害,已盡相當之注意義務,否則即應負侵權行為損害賠償責任(101台上1452)。

　　在實例中,土地所有人主主張,自民國79年初起,所種之番石榴果樹發芽不易,嫩葉經常枯萎,結果率甚低,少數得以結成之果實,又發育不良,且逐漸腐傷脫落,終致全無收成。此項損害,係鄰地所有人於79年初,改以隧道窯燒製紅磚,產生大量廢氣,不依規定有效收集及處理,任其溢放而受污染所致。最高法院認為,土地所有人經營工業及行使其他之權利,應注意防免鄰地之損害,民法第774條定有明文。而空氣污染防制法係行政法,其立法目的,僅在維護國民健康、生活環境,以提高生活品質,此觀該法第1條之規定自明。故工廠排放空氣污染物雖未超過主管機關依空氣污染防制法公告之排放標準,如造成鄰地農作物發生損害,仍不阻卻其違法(83台上2197)。

二、用水關係

　　土地的所有權依前述既可及於土地之上下,自亦及於其上下之水,故水源地、井、溝渠及其他水流地之所有人,除法令另有規定或另有習慣者外,得自由使用其水(民781)。水源地或井之所有人,對於他人因工事杜絕、減少或污染其水者,得請求損害賠償。如其水為飲用或利用土地所必要者,並得請求回復原狀;其不能為全部回復者,仍應於可能範圍內回復之(民782Ⅰ)。此等情形,損害非因故意或過失所致,或被害人有過失者,法院得減輕賠償金額或免除之(民782Ⅱ)。惟土地所有人關於水之權利,仍受下列限制:

　　(一)自然流至之水為鄰地所必需者,土地所有人縱因其土地利用之必要,不得妨阻其全部(民775Ⅱ)。

　　(二)土地所有人因其家用或利用土地所必要,非以過鉅之費用及勞力不能得水者,得支付償金,對鄰地所有人請求給與有餘之水(民783)。

三、排水關係

（一）自然排水

土地所有人不得妨阻由鄰地自然流至之水（民775Ⅰ）。水流如因事變在鄰地阻塞，土地所有人得以自己之費用，為必要疏通之工事。但鄰地所有人受有利益者，應按其受益之程度，負擔相當之費用。上述費用之負擔，另有習慣者，從其習慣（民778）。

在實例中，土地所有人甲主張，乙於興建國道三號高速公路時，以系爭池塘為排水終點，致乙所有管理國道三號南下系爭路段排水均注入該池塘中，使該池塘持續性遭土石漸吞沒，油漬、雨水等排水直接注入系爭池塘，污染水源，致系爭池塘無法養殖魚類，數甲的農地無乾淨水源可灌溉，法院即應查證其是否屬實？乙是否必須排水注入系爭池塘內？有無別處可供排水注入？又乙不將排水注入系爭池塘，將排水注入他處，乙及國家社會損失之程度如何？以為利益之衡量，不宜直接認為甲的請求屬權利濫用（100台上1292）。

（二）人工排水

土地所有人原則上無使用鄰地之權利，故土地所有人不得設置屋簷、工作物或其他設備，使雨水或其他液體直注於相鄰之不動產（民777）。例外的是，土地所有人因使浸水之地乾涸，或排泄家用或其他用水，以至河渠或溝道，除法令另有規定或另有習慣者外，得使其水通過鄰地。但應擇於鄰地損害最少之處所及方法為之。鄰地所有人有異議時，有通過權之人或異議人得請求法院以判決定之。有通過權之人對於鄰地所受之損害，應支付償金。上述情形，如法令另有規定或另有習慣者，從其規定或習慣（民779）。如有工作物之設置時，土地因蓄水、排水或引水所設之工作物破潰、阻塞，致損害及於他人之土地或有致損害之虞者，土地所有人應以自己之費用，為必要之修繕、疏通或預防。但其費用之負擔，另有習慣者，從其習慣（民776）。此外，土地所有人因使其土地之水通過，得使用鄰地所有人所設置之工作物。但應按其受益之程度，負擔該工作物設置及保存之費用（民780）。

在現代社會中，廢（污）水之排放，影響環境至鉅，水污染防治法第7

條第1項明定處理建築物內人類活動所產生之人體排泄物或其他生活污水之設施，排放廢（污）水於地面水體者，應符合放流水標準；水利法第54-1條第1項第6款則禁止水庫蓄水範圍內排放不符水污染防制主管機關放流水標準之污水。如土地、建築物或其他工作物所有人、利用人，為使排放之流水符合環境保護法令規範之用水排放標準，有使用鄰地所有人、利用人排水工作物之必要，而其使用對該工作物原設定之效用並無顯著之損害時，得否依民法第779條、第780條上述規定，使用該排水工作物？工作物所有人得否拒絕？

對於上述問題，最高法院在實例中認為，揆諸民法關於不動產相鄰關係之規範目的，不應任意排除民法第779條、第780條規定之適用。其主要理由包括：1.我國民法關於不動產相鄰關係之制度，旨在調和相鄰不動產之利用上衝突，而擴張或限制相鄰不動產所有權內容，以發揮各不動產之最大經濟機能，其重在不動產利用人間之權利義務關係之調和，不以相鄰不動產所有人間者為限，亦不以各該不動產相互緊鄰為必要。2.民法第779條、第780條關於過水工作物使用權之規定，其立法理由係因鄰地所有人為流水而設置工作物，其他土地所有人如不能使用，必更設置同一目的之工作物，曠廢財物殊甚之故。3.民法第779條第1項既將家用與其他用水併列，則舉凡排泄無用之水，無論家用、農業用均包括在內，自不以已存有建築物為必要。4.依98年1月23日增訂之同法第800-1條規定，上開規定於其他土地、建築物或其他工作物利用人準用之。即不動產之相鄰關係，不僅指相鄰土地之所有人或利用人相互間，建築物之所有人或利用人相互間，甚係土地或建築物之所有人或利用人相互交錯間，原則上亦包括在內（105台上1409、107台上478）。

四、水流的變更與設堰

（一）水流變更權

水流地對岸之土地屬於他人時，水流地所有人不得變更其水流或寬度；兩岸之土地均屬於水流地所有人者，其所有人得變更其水流或寬度，但應留下游自然之水路。上述情形，法令另有規定或另有習慣者，從其規定或習慣（民784）。

（二）堰之設置權與使用權

水流地所有人有設堰之必要者，得使其堰附著於對岸，但對於因此所生之損害，應支付償金；對岸地所有人於水流地之一部屬於其所有者，得使用前項之堰，但應按其受益之程度，負擔該堰設置及保存之費用。上述情形，法令另有規定或另有習慣者，從其規定或習慣（民785）。

五、鄰地的使用

（一）線管設置權

土地所有人非通過他人之土地，不能設置電線、水管、瓦斯管或其他管線，或雖能設置而需費過鉅者，得通過他人土地之上下而設置之。但應擇其損害最少之處所及方法為之，並應支付償金（民786 I）。他土地所有人對於損害最少之處所及方法有異議時，有設置權之人或異議人得請求法院以判決定之（民786IV準用779IV）。設置電線、水管、瓦斯管或其他管線後，如情事有變更時，他土地所有人得請求變更其設置。變更設置之費用，由土地所有人負擔。但法令另有規定或另有習慣者，從其規定或習慣（民786II、III）。

在實例中，系爭房屋設置管線使用天然氣，符合現代生活之民生需求，系爭房地無天然氣管線之接管點，必須通過他人之土地與最近天然氣管線接管。最高法院認為，房屋所有人得審酌道路與四鄰現況、管線長度及曲折情形、日後維護難易、施工方式、位置及施工期間對四鄰與交通之影響等因素，選擇對鄰地損害最少之處所與方法，請求鄰地所有人容忍其設置及維護天然氣管線，並應依民法第800-1條準用第786條第1項但書，支付償金予鄰地土地所有人，惟房屋所有人就此項償金無先為給付或同時履行之義務，鄰地土地所有人不得以房屋所有人未給付償金為由，拒絕被上訴人通過上開土地設置天然氣管線（104台上1026）。

（二）袋地通行權

土地所有人對其土地，得自由使用、收益（民765），而土地所有權效力所及的範圍，原則上為該土地之上下（民773）。所有人對土地的使用、收

益，必須以得出入其土地爲前提，但有些土地完全被周圍的土地包覆，與公路無聯絡，即學說上所稱的「袋地」，在周圍地的所有權的屏障之下，被阻絕於公路之外，該土地即無法使用、收益。解決之道，可考慮重新調整各相關土地所有權的內容，使每一筆爲獨立所有權客體的土地，均得爲使用、收益，以使稀有的土地，皆能盡其地利。立法政策上，也可以考慮有將不是袋地，但與袋地有相同問題的其他土地，爲相同處理，此等土地即爲「準袋地」。民法就此等土地，規定其所有人得通行周圍地，而非僅得通行鄰地，但實務上多以「鄰地通行權」稱之，本書認爲其非妥適，而且該權利是袋地所有權擴張的結果，故認爲袋地通行權之名稱較能呼應其意義及內容。此項通行權，其有通行權人有應支付償金及無須支付償金者，前者的通行權爲有償通行權，後者爲無償通行權，以下分別說明之。

1. 有償通行權

(1)定義及性質

關於有償通行權，民法第787條規定：「土地因與公路無適宜之聯絡，致不能爲通常使用時，除因土地所有人之任意行爲所生者外，土地所有人得通行周圍地以至公路。」「前項情形，有通行權人應於通行必要之範圍內，擇其周圍地損害最少之處所及方法爲之；對於通行地因此所受之損害，並應支付償金。」「第七百七十九條第四項規定，於前項情形準用之。」

A.土地所有權的擴張與限制

本條第1項規定「土地所有人」「得通行周圍地以至公路」，表面上對周圍地有通行權的，是「土地所有人」，惟其並非指哪一個特定的個人，而是指對該土地的土地，有所有權的所有人，其重點在土地的所有權擴張，不在特定人取得通行權。因爲土地所有權依民法第765條及第773條規定，僅及於該土地之上下，土地所有人本來只能對土地爲使用或通行，不得通行周圍地以至公路，但爲使土地得爲通常使用，乃突破所有權的邏輯，重新調整各土地的所有權的範圍，使該土地的所有權擴張及於對周圍地的通行。故「土地所有人」的周圍地的通行權，實際上是土地所有權擴張的規定形式，並非該所有人才有此項的通行權。

最高法院曾在實例中指出，上述通行權的性質，爲土地所有人的所有權之擴張，與鄰地所有人的所有權之限制，是以土地所有人或使用權人，如確有

通行鄰地之必要，鄰地所有人或使用權人，即有容忍其通行之義務，此爲法律上之物的負擔（70台上3334）。此種關係之內容，雖類似不動產役權，但其乃基於相鄰關係而受之限制，係所有權內容所受之法律上之限制，並非受限制者之相對人因此而取得一種獨立的限制物權（63台上2117）。本條第1項所定之通行權，其主要目的，不僅專爲調和個人所有之利害關係，且在充分發揮袋地之經濟效用，以促進物盡其用之社會整體利益，不容袋地所有人任意預爲拋棄（75台上947）。

B. 準用於其他權利人

最高法院上述見解，與本書上述論述一致，至爲正確。可惜後來又將上述規定，誤解爲關於「土地所有人」個人的通行權，而作成下列決議：民法第787條規定土地所有權人鄰地通行權，依同法第833條、第850條、第914條之規定準用於地上權人、永佃權人或典權人間，及各該不動產物權人與土地所有權人間，不外本此立法意旨所爲一部分例示性質之規定而已，要非表示於所有權以外其他利用權人間即無相互通行鄰地之必要而有意不予規定。從而鄰地通行權，除上述法律已明定適用或準用之情形外，於其他土地利用權人相互間（包括承租人、使用借貸人在內），亦應援用「相類似案件，應爲相同之處理」之法理，爲之補充解釋，以求貫徹（79年度第2次民事庭會議（二））。

民法修正時，上述準用之規定均被刪除，並增訂第800-1條規定：「第七百七十四條至前條規定，於地上權人、農育權人、不動產役權人、典權人、承租人、其他土地、建築物或其他工作物利用人準用之。」本條規定的前提，是土地相鄰關係的條文規定的，是「土地所有人」的個人權利，故將其準用於其他權利人，但其規定的重點既係土地與土地的關係，而非人與人、或人與土地的關係，似可認爲本條旨在闡釋經土地所有人許可而使用土地者，其權利的範圍與土地所有人的所有權相同，故各權利人對於相鄰之土地，有與土地所有人相同的權利與義務。

（延伸閱讀：陳榮傳，「法定通行權」，收錄於蘇永欽主編，民法物權實例問題分析（台北：五南，民國90年1月初版），第71頁至第98頁。）

(2)要件

A.袋地及準袋地

土地所有人對周圍地有通行權者，須該土地「因與公路無適宜之聯絡，

致不能為通常使用」，故無論該土地為與公路完全無法聯絡的「袋地」，或雖有聯絡，但其聯絡並非適宜的「準袋地」，土地所有人均有通行權（53台上2996）。因為民法之所以規定土地所有人有通行權，即藉此建立該土地與公路的適宜聯絡，以恢復土地的通常使用，避免社會經濟的損失，故不以地理上陷於絕境的「袋地」為限，至於「準袋地」，則以其與公路「無適宜之聯絡，致不能為通常使用」為要件，即以土地的使用功能的障礙為重點。

土地所有人對周圍地有通行權，理由不是該所有人的個人原因，也不是周圍地的客觀因素或周圍地所有人的個人原因，而是該土地「因與公路無適宜之聯絡，致不能為通常使用」。由於「與公路無適宜之聯絡」，解釋上包含「與公路全無聯絡」的袋地，而袋地必然「不能為通常使用」，故可認為本條規定的袋地，並非「地理上」的袋地，而是功能上或「使用上」的袋地。「與公路無適宜之聯絡」是袋地的客觀狀態，「致不能為通常使用」則是袋地的使用上障礙，二者都是袋地的要件，但因為前者的「適宜之聯絡」，乃是不確定的法律概念，必須就個案情形分別判斷其與公路之聯絡是否為適宜，所以最主要的要件乃在後者，即該土地是否不能為通常之使用？

土地的「通常使用」的具體內容，經常與該土地的性質及法規的限制有關，有時也涉及其與公路的聯絡方式，何種情形始得認為土地「不能為通常使用」，在實務上乃發生不少爭議。在實例中，最高法院曾認為此項通行權的目的並不在解決土地之建築上之問題，故不能僅以建築法或建築技術上之規定為立論之基礎，如土地已有通路且能通行汽車，要不能以該通路與建築法或建築技術之規定不合，即認為其無適宜之聯絡，從而要求通行周圍地（83台上1606）；也曾認為通行權成立的要件，非以土地與公路有聯絡為已足，尚須通行權能使土地為通常之使用，而是否為通常使用所必要，除須斟酌土地之位置、地勢及面積外，尚應考量其用途，故土地為建地時，倘縱使准許通行周圍地，仍不敷該土地建築之基本要求時，不能謂該通行權已使土地能為通常之使用（85台上3141、87台上2247）。

B.類推適用袋地的規定

本條通行權的要件，是土地為前述使用上的袋地，但對於不是袋地，但與袋地的情形類似，而有承認其通行權的必要者，得否依本條規定予以承認？例如：一、甲、乙為A土地之共有人，甲依分管契約管理未臨公路之A1部分，主

張其有必要通行乙分管之A2部分，以至公路。二、丙、丁參加法院之拍賣，分別拍得同一大樓之地下一樓B1與地下二樓B2，丁須通行丙之地下一樓B1，始得自其地下二樓B2，出入該大樓。此二案例的A1及B2，分別是共有人的分管部分及建築物區分所有人的專有部分，都不是袋地，而A2及B1也都不是周圍地，不能直接適用本條規定。上述二種情形應該考慮的，是得否類推適用本條的問題。

a. 各共有人的分管部分

關於共有土地的各共有人的分管部分，最高法院於舊法時期的實例中，即認為應類推適用袋地通行權的規定，其理由謂：「民法創設鄰地通行權之目的，原為發揮袋地之利用價值，使地盡其利，以增進社會經濟之公益，是以袋地無論由所有人或其他利用權人使用，周圍地之所有人及其他利用權人均有容忍其通行之義務。民法第787條規定土地所有人鄰地通行權，依同法第833條、第850條、第914條之規定準用於地上權人、永佃權人或典權人間，及各該不動產物權人與土地所有人間，不外本此立法意旨所為一部分例示性質之規定而已，要非表示於所有權以外其他土地利用權人間即無相互通行鄰地之必要，而有意不予規定。從而鄰地通行權，除上述法律已明定適用或準用之情形外，於其他土地利用權人相互間，亦應援用『相類似案件，應為相同之處理』之法理，為之補充解釋，以求貫徹」（82台上580）。

上述類推適用的見解，係延續前述79年度第2次民事庭會議（二）的見解，將土地所有人的規定，類推適用於其他利用權人，如依現行法，即得以第800-1條為依據。但本書認為，此處仍應類推適用關於土地及周圍地的規定，且在各共有人的分管部分之間，因其係彼此約定而發生類似袋地的分管部分，故似宜類推適用第789條規定。

（延伸閱讀：陳榮傳，「法定通行權」，收錄於蘇永欽主編，民法物權實例問題分析（台北：五南，民國90年1月初版），第71頁至第98頁。）

b. 區分所有建築物的專用部分

關於區分所有建築物的各所有人的專用部分，最高法院亦於實例中認為應類推適用袋地通行權的規定。在88年度台上字第1305號民事判決中，系爭建築物之地下一樓及地下二樓之區分所有權，原同屬於數人共有，嗣因分割共有物事件及訴訟上和解，以變賣方式分割，經法院執行拍賣，由丙、丁拍定分別

取得地下一樓B1、地下二樓B2建物及其對應之基地應有部分所有權,雙方就乙得否無償通行甲之地下一樓之車道,出入其地下二樓,發生爭議。本判決指出,「丁所有地下二樓B2停車場,與外界無適宜之聯絡,必須通行系爭車道,因而發生類似相鄰關係袋地通行權之問題,基於調和區分房屋相互間之經濟利益之法理,自得類推適用民法第787條第1項規定,丙請求丁支付補償金,自屬有據。」

上述類推適用的見解,值得肯定。因為區分所有建築物的各所有人的專用部分彼此之間,並非土地與土地之間的關係,自不能直接適用土地及周圍地的規定,但區分所有建築物之專有部分,如為其他專有部分圍繞,與共同部分無適宜之聯絡,致不能為通常之使用者,其與前述袋地之情形類似,如區分所有人無法協議解決其通行問題,亦有調整其專有部分之區分所有權之必要,故應類推適用關於袋地的規定。但本書認為,本判決中之通行權問題,是因為本來同屬一人所有的地下二樓B2及地下一樓B1,分別賣給丁、丙二人,如類推適用民法第787條,則B2所有周圍之專有部分,不論其區分所有人原來是否為相同,均應忍受通行,為適度限制通行之專有部分之範圍,似宜類推適用民法第789條第1項之規定,肯定其通行權,同時限定通行之範圍,較為妥當。(請再參閱無償通行權部分的說明)

C. 不眞正的袋地、準袋地

袋地、準袋地的要件,是「因與公路無適宜之聯絡,致不能為通常使用」。下列案例的土地,並非袋地、準袋地,卻具有類似袋地、準袋地的某些特質,乃是「不眞正的袋地、準袋地」,應不得適用袋地通行權的規定:

a. 任意行為造成的袋地、準袋地

民法第787條第1項設有除外條款,規定袋地、準袋地係「因土地所有人之任意行為所生者」,即無本條項的適用,立法理由並指出,所謂任意行為(willkürliche Handlung),係指於土地通常使用情形下,因土地所有人自行排除或阻斷土地對公路之適宜聯絡而言,例如自行拆除橋樑或建築圍牆致使土地不能對外為適宜聯絡即是;惟土地之通常使用,係因法律之變更或其他客觀情事變更,致土地所有人須通行周圍地者,則不屬之。不過,土地如原非袋地、準袋地,其所有人以任意行為造成的袋地、準袋地現象,通常可以回復(如修築橋樑或拆除圍牆),而不具有固定性,此時似應認為其非屬袋地、準袋地,

而由其自行排除任意行爲之結果，或自行尋求其通行之道，不應承認其通行權，而限制周圍土地的所有權。如係任意爲法律行爲，而造成袋地、準袋地者，則係第789條的問題，即仍應承認其通行權，但限制其通行的土地範圍。

在最高法院103年度台上字第505號民事判決中，甲承租乙的A地，A地與公路原有聯絡，後來甲與乙約定減縮承租土地面積，致承租之土地成爲袋地，而與公路無適宜之聯絡，甲請求通行丙的B地，以至公路。本案中之租賃物不具備袋地、準袋地之要件，但最高法院認爲甲的請求無理由，因爲甲係以任意行爲自行排除對公路之適宜聯絡，應自己承受該後果。

b. 通行地的通道被封閉

在最高法院105年台上字第1439號民事判決中，甲有A地，原通行乙的B地以至公路，後來因乙在B地興建車庫，並以鐵皮圍籬圍住B地，致A地無法通行至公路，甲另外請求通行丙在周圍的C地。此時甲的A地因依法得通行B地以至公路，得爲通常之使用，對C地而言，應非袋地，最高法院本判決正確地指出：「倘周圍地所有人非法妨阻土地與公路之聯絡，致土地不能爲通常之使用者，土地所有人得請求除去之，尙不得捨此逕請求通行其他土地。」

c. 土地利用之最大化

土地如與公路已有聯絡，且能通行汽車，即使該通路與建築法或建築技術之規定不合，使該土地僅得爲其他利用，而無法建築時，該土地仍非袋地、準袋地。在最高法院105年台上字第187號民事判決中，甲有A地，位於都市計畫農業區內，地目「建」，現爲果園，種植木瓜等果樹，原來是通行平房聚落內之私設巷道，以至公路，甲爲在A地建築房屋，請求通行乙的B地，直接連通公路。最高法院本判決指出：「鄰地通行權爲土地所有權之擴張，目的在解決與公路無適宜聯絡之土地之通行問題，如僅爲求與公路有最近之聯絡或便利之通行，尙不得依該規定主張通行他人土地，其目的既不在解決土地之建築問題，自不能僅以建築法或建築技術上之規定爲立論之基礎。」此一問題，涉及上述土地「通常使用」的具體內容，本書認爲，土地「通常使用」本應受法規及其周圍環境的限制，似無理由爲滿足一土地的最大「通常使用」，而令周圍地的所有權受不合理的限制。

（延伸閱讀：陳榮傳，「不眞正的袋地、準袋地」，月旦法學教室，第174期（2017年3月），第13頁至第15頁。）

(3)通行權的內容及土地權利調整

A.得通行周圍地

關於袋地或準袋地，本條第1項規定「土地所有人得通行周圍地以至公路」，土地所有人允許其使用土地之人，無需準用或類推適用第1項關於土地所有人的規定，即為「有通行權人」。有通行權人的通行權，實務上雖多稱之為「鄰地通行權」，但其得通行的土地，其實是「周圍地」，而非特定或不特定的「鄰地」。此項周圍地，並非以與不通公路土地直接鄰接為限；如果不通公路之土地，與公路之間，有二筆以上不同地主土地之隔，為達通行公路之目的，此二筆以上之土地，均為「周圍地」（69台上266）。

最高法院也在實例中指出，民法第787條第1項有關「袋地必要通行權」之土地所有人得通行周圍地以至公路之規定，其「周圍地」並非僅指以與不通公路土地直接相毗鄰者為限；如不通公路之土地，與公路之間，有二筆以上不同所有人之土地相鄰，為達通行公路之目的，自亦得通行該周圍地；於此情形，袋地所有人若能證明該周圍地中某筆土地通行權已明確無爭執，只須對有爭執之周圍地所有人提起確認通行權之訴，不以對所有周圍地之全部所有人一同起訴為必要；惟袋地所有人若未能證明周圍地通行權已明確無爭執，則仍應對有爭執之周圍地所有人起訴，始有確認利益（109台上2451）。

B.應擇損害最少之處所及方法

袋地所有人或有通行權人的通行權，乃是周圍地所有權受限制的結果，故該權利本身也負有義務。故有通行權人應於通行必要之範圍內，擇其周圍地損害最少之處所及方法為之；對於通行地因此所受之損害，並應支付償金（民787II）。周圍地所有人有異議時，有通行權人或異議人得請求法院以判決定之（民787III準用779IV）。

在訴訟上，周圍地所有人可能抗辯限制土地不是袋地或準袋地，如確定其為袋地或準袋地，尚可能爭執通行之處所及方法。最高法院認為，民法第787條規定之袋地通行權，規範目的在使袋地發揮經濟效用，以達物盡其用之社會整體利益（78台上947），擴張通行權人之土地所有權，令周圍地所有人負容忍之義務，故二者間須符合比例原則，是通行權人須在通行之必要範圍，擇其周圍地損害最少之處所及方法為之；自實質觀之，包含頗強之形成要素，法院應依職權認定（109台抗1556）。

　　最高法院強調本條項的適用，不以土地絕對不通公路（即學說上所稱之袋地）為限，土地雖非絕對不通公路，因其通行困難致不能為通常之使用時（即學說上所稱之準袋地），亦應准其通行周圍地以至公路，但應擇其周圍地損害最少之處所及方法為之，故如通行系爭周圍地至公路的距離與面積較鉅，即非損害最少之處所及方法（106台上2717）。故法院對本條項所定之通行權，應考量其通行就位置、範圍及方法上，受通行土地之所有權所受壓抑程度並注意其對相關土地將來之發展，以衡平雙方利益，並應審認原告所有之系爭土地如何通行至公路，屬對周圍地損害最少之處所及方法。

　　C.開設道路與支付償金

　　民法第788條第1項規定：「有通行權人於必要時，得開設道路。但對於通行地因此所受之損害，應支付償金。」最高法院認為，民法第787條、第788條所稱之償金，係指通行權人之適法通行行為致通行地所有人不能使用土地所受損害之補償而言，該償金之計算標準與支付方法，民法雖未設有規定，惟核定該給付，仍應先確定通行地之位置與範圍，並斟酌通行地所有人所受損害之程度，即按被通行土地地目、現在使用情形，以及其形狀、附近環境、通行以外有無其他利用價值、通行權人是否獨占利用、通行期間係屬永久或暫時等具體情況而定，至通行權人因通行所得之利益，則非考量之標準（94台上2276）。

　　D.通行地及畸零地購買請求權

　　民法第788條第2項規定：「前項情形，如致通行地損害過鉅者，通行地所有人得請求有通行權人以相當之價額購買通行地及因此形成之畸零地，其價額由當事人協議定之；不能協議者，得請求法院以判決定之。」本條項規定的通行地所有人的購買請求權，乃是形成權，被請求者不得拒絕。惟本條項的立法目的，應在使袋地或準袋地所有人，此後即不須通行他人之周圍地，以至公路，故請求權的行使對象，似應為土地所有人，而非「有通行權人」，比較合理，否則，袋地或準袋地的性質並未改變，原來的「有通行權人」如喪失其通行權，土地所有人仍須通行他人的周圍地，顯非立法本旨。

2.無償通行權

　　(1)定義

　　民法第789條規定：「因土地一部之讓與或分割，而與公路無適宜之聯絡，致不能為通常使用者，土地所有人因至公路，僅得通行受讓人或讓與人或

他分割人之所有地。數宗土地同屬於一人所有，讓與其一部或同時分別讓與數人，而與公路無適宜之聯絡，致不能爲通常使用者，亦同。」「前項情形，有通行權人，無須支付償金。」此處的有通行權人，無須支付償金，故稱爲無償通行權。依本條第1項規定，土地所有人之所以有通行權，是因爲其土地「與公路無適宜之聯絡，致不能爲通常使用」，即爲袋地或準袋地，但因其形成袋地或準袋地的原因特殊，故本條雖然仍以袋地通行權爲土地與周圍地之間所有權之調整，但調整的內容與第787條的規定不同。

(2)與有償通行權的比較

民法第787條第1項及第789條第1項所規定的通行權，有下列差異：

A.袋地或準袋地形成的原因不同：從條文來看，前者僅排除「任意行爲」所形成者，其餘都包含在內；後者僅限於「因土地之一部讓與或分割」所形成者，但司法實務上認爲後者的「因土地之一部讓與或分割」只是例示，民法第789條第1項的適用範圍，應包含因土地所有人之任意行爲所形成的袋地或準袋地，因爲當事人均得預期並事先安排通行之權利及義務，故應爲相同之處理。

B.通行權人得通行的土地不同：前者得通行者，爲未限制範圍的「周圍地」，周圍地的所有權因此而受限制；後者得通行者，僅爲受讓人或讓與人或他分割人之所有地，即只能就此等當事人之土地，調整其所有權，其他周圍地的所有權，不因此而受限制。

C.通行權人應否支付償金不同：前者的通行權人，對於通行地因此所受之損害，應支付償金（民787II、788I）；後者的通行權人，無須支付償金（民789II）。因爲前者的袋地或準袋地，非因當事人的任意行爲所形成，法律爲恢復其通常之使用，乃對「通行地」所有權強加限制，其因而致「通行地」受損害，乃以償金予以填補。後者雖是因當事人的任意行爲所致，法律仍規定袋地或準袋地所有人有通行權，以期地盡其利，其規定通行權人無須支付償金，乃認爲因參與任意行爲，致形成袋地或準袋地者，其他土地應提供通行之便宜，使所有土地均能地盡其利，且不得向有通行權人請求償金，以藉此遏制以任意行爲形成袋地或準袋地的情況。

(3)要件之認定

A.袋地及準袋地

依本條第1項規定，此處的土地亦須爲袋地或準袋地。在司法實務上，被

請求通行的周圍地所有人，可能抗辯土地並非袋地或準袋地，故土地所有人無通行權；也可能承認其有通行權，但抗辯其為民法第789條第1項的通行權，而該周圍地不在其可通行的範圍之內；如該周圍地必須忍受通行，則可能請求償金；最後不得已，始接受無償的通行權。換言之，司法實務上有關鄰地通行權的的爭議，有時雖在通行權的有無（57台上901）；有時在於通行的範圍應受何種限制，以及是否應支付償金；有時在通行的處所及方法是否損害最小。

B. 因土地一部之讓與或分割

a. 立法理由

本條第1項規定的袋地或準袋地，僅限於「因土地一部之讓與或分割」所形成者，以與有償通行權（民787 I）區別，故如係因其他原因而形成的袋地或準袋地，即無本條項之適用，但仍應適用有償通行權的規定。立法理由指出：因土地之一部讓與或分割，致生不通公路之土地者，其結果由當事人之任意行為而然。故其土地之所有人，祇能不給報償而通行於受讓人取得之公路接續地，或讓與人現存之公路接續地，或已屬於他分割人之公路接續地，其他之鄰地所有人，不負許其通行之義務。

土地所有人固得本於其所有權，就土地任意為一部之讓與或處分，但如該土地本來並非袋地或準袋地，無須通行周圍地以至公路，所有人為「土地一部之讓與或分割」時，應得為預見其結果是否造成任何袋地或準袋地，並應予以避免，倘若容任其發生，則應先作安排，不得損人利己，造成其他周圍地的負擔。最高法院也在實例中指出，土地所有人就土地任意為一部之讓與或處分，不得因而增加其周圍土地之負擔，倘土地所有人就土地一部之讓與，而使土地成為袋地或準袋地，為其所得預見，或本得為事先之安排，即不得損人利己，許其通行周圍土地，以至公路（99台上1151）。

b. 任意行為

土地所有人就土地任意為一部之讓與或分割，乃係土地所有人之任意行為，其因此形成的袋地及準袋地，依本條規定，有無償通行權，但民法第787條第1項復規定因「任意行為」所造成的袋地及準袋地，不適用有償通行權的規定，此二條文之間的關係，頗值得關注。本書認為，本條條文並無任意行為的用詞，立法理由之用語似係指適用私法自治原則的法律行為而言，第787條第1項的任意行為，似專指土地所有人任意而為的事實行為，即將橋樑破壞或

圍堵通道或出入口等行為。惟無論土地所有人以任何任意行為，造成袋地或準袋地，該袋地或準袋地所有人均應有通行權，以使地盡其利，避免土地不能為通常使用的情形。

土地一部之讓與與協議分割，固然為任意行為，而應適用民法第789條規定，但如土地之一部經強制執行（96台上1413）、共有的土地因法院裁判分割（99台上2025），致形成袋地或準袋地者，實務上認為並非任意行為所致，應適用民法第787條第1項，而通行權人亦須支付償金。此一結果，同時意味該袋地或準袋地的所有人，得通行「周圍地」以至公路，而不以原來共有的土地為限。果如此，因強制執行、裁判分割等所形成的袋地或準袋地，其風險全部均由周圍地承擔，其合理性似有待商榷。本書認為，解釋上似宜將通行的範圍仍限制於受讓人或讓與人或他分割人之所有地，較為合理。

c. 政府徵收土地之一部

民法第789條規定土地一部之分割或讓與，得否適用或類推適用於政府徵收土地之一部之問題，在最高法院之判決實務上曾發生爭議。最高法院在實例中認為本條之適用應從嚴解釋：「政府依土地法之規定徵收私有土地者為原始取得，此與讓與乃不變更原權利之同一性而僅變更主體者不同；與分割係原共有人由共享一所有權而變更為分別單獨享有一所有權者亦異」，從而認為因徵收而有不通公路之土地者，不適用民法第789條之規定。此一見解應屬可取，主要原因係徵收並非任意行為，政府徵收取得之土地，通常有特定之用途（如闢為高速公路），調整其所有權而容許鄰地所有人之通行，即無法達成徵收之目的，故因此不通公路者，其所有人宜依第787條之規定，通行其他周圍地，並支付償金。其他如因都市計劃，而形成的袋地或準袋地者，也非屬任意行為所致（102台上75），亦應為相同之處理。不過，本書認為袋地所有人因此應支付之償金，乃是徵收所生之損害，亦應由政府一併予以補償，始為合理。

C.因土地一部之讓與或分割

本條第1項後段規定：「數宗土地同屬於一人所有，讓與其一部或同時分別讓與數人，而與公路無適宜之聯絡，致不能為通常使用者，亦同。」換言之，相鄰之數筆土地中有不通公路者，但因同為一人所有，未發生通行他人之土地以至公路之問題，後來因讓與其中之一筆或數筆，而發生該問題者，亦應適用本條規定。立法理由指出，數宗土地同屬於一人所有，而讓與其一部（包

括其中一宗或數宗或一宗之一部分）或同時分別讓與數人，而與公路無適宜之聯絡，致不能為通常使用者，土地所有人因至公路，亦僅得通過該讓與之土地；又所謂「同屬於一人」非指狹義之一人，其涵義包括相同的數人。

法定通行權之發生，並非因一筆土地分割為數筆，而當然發生，必須至土地「與公路無適宜之聯絡，致不能為通常使用」時，始得通行鄰地。如土地所有人將其一筆土地分割成數筆，即使其中有不通公路者，其所有人通行自己之鄰地，並無問題，自尚未發生法定通行權之問題，但如因讓與，致不通公路之土地與通行地異其所有人時，即應以法定通行權及償金調整其所有權，而無論如何調整，應不得影響其他周圍地之所有權。

(4)通行權的內容及土地權利調整

A.通行的土地及償金問題

民法第789條第1項規定的袋地或準袋地，「土地所有人因至公路，僅得通行受讓人或讓與人或他分割人之所有地。」「有通行權人，無須支付償金。」此種通行權既為無償，又僅得通行受讓人或讓與人或他分割人之所有地，與第787條第1項通行權之為有償，並得通行周圍地，差異甚大。實務上經常成為爭議焦點者，即系爭通行權究應適用第787條或第789條，一旦確定適用第789條，即僅得通行受讓人或讓與人或他分割人之所有地，且為無償。

惟本書認為，民法第789條規定的上述二個重點，乃是出自不同的邏輯，似應依立法本旨分別判斷，比較合理。因為任何土地的所有人，其土地所有權固受保障，但其因任意行為而形成袋地或準袋地時，應自求通行的解決之道，不應增加周圍地的負擔，故僅得通行受讓人或讓與人或他分割人之所有地；至於是否須支付償金，則應以當事人在為任意行為時，是否已經考量對通行地的損害而決定之。如土地是因其所有人的任意行為，而成為袋地或準袋地，然僅得通行受讓人或讓與人或他分割人之所有地，但如通行地所受之損害在任意行為中未經當事人之考量斟酌，似應許通行地的所有人請求償金，較為合理。

例如在前述區分所有建築物的專有部分類推適用袋地通行權的案例中，如某區分所有建築物的地下一樓B1及地下二樓B2之區分所有權，原同屬於數人共有，嗣因分割共有物事件及訴訟上和解，以變賣方式分割，經法院執行拍賣，由丁、丙拍定分別取得地下二樓B2、地下一樓B1建物及其對應之基地應有部分所有權，丁固應類推適用第789條，僅得通行B1，但仍應支付償金，比

較合理，但最高法院似爲達此一目的，而認爲丁的地下二樓B2停車場，與外界無適宜之聯絡，必須通行丙的地下一樓B1車道，發生類似袋地通行權之問題，基於調和各專有部分相互間之經濟利益之法理，得類推適用民法第787條第1項規定通行之，但應支付償金（88台上1305）。

（延伸閱讀：陳榮傳，「法定通行權」，收錄於蘇永欽主編，民法物權實例問題分析（台北：五南，民國90年1月初版），第71頁至第98頁。）

B.應擇其損害最少之處所及方法

民法第789條僅規定無償通行權，未規定有通行權人對於通行地，應擇其損害最少之處所及方法爲之。但最高法院在實例中認爲，關於鄰地通行權之規定，係以調和土地利用，促進地盡其利爲目的，令周圍地所有人負有容忍被通行之義務，民法第787條第2項就鄰地通行權人應於通行必要範圍內，擇其周圍地損害最少之處所及方法爲之之規定，於第789條第1項所定之情形，亦有其適用，法院於適用第787條或第789條規定，均應擇其周圍地損害最少之處所及方法。故無償通行權的有通行權人，於通行必要範圍內，仍應擇其周圍地損害最少之處所及方法（109台上45）。

C.開設道路仍應支付償金

民法第789條第2項就無償通行權，規定有通行權人，無須支付償金。本條項的適用，本書認爲在立法論上宜與第1項分別考量，已如前述，司法實務似亦限制其適用。最高法院在實例中指出，關於民法第789條通行權人無須支付償金的規定，係指單純通行無須開設道路之情形，若有開設道路之必要者，依同法第788條第1項規定，對於通行地因此所受之損害，仍應支付償金，且有同條第2項之適用。是爲利紛爭一次解決，法院宜行使闡明權，賦予供通行之土地所有人得提起反訴以請求支付償金之機會，俾免於通行權經勝訴判決確定後，兩造另生支付償金之爭訟（106台上2937）。

六、所有權內容的調整

（一）他人侵入地內的禁止與容忍

土地所有人基於所有權排除不法干涉的權能，原則上得禁止他人侵入其地內。第790條規定：「土地所有人得禁止他人侵入其地內。但有下列情形之

一，不在此限：一、他人有通行權者。二、依地方習慣，任他人入其未設圍障之田地、牧場、山林刈取雜草，採取枯枝枯幹，或採集野生物，或放牧牲畜者。」本條的立法理由指出，土地之所有人，得禁止他人入其地內，以維持其所有權之安全。惟依地方之習慣，任他人入其未設圍障之田地、牧場、山林刈取雜草，採取枯枝、枝幹，或採集野生物，或放牧生畜者，或他人有通行權者，或依特別法之規定，他人能入其地內者，均不得禁止，蓋不背於公益之習慣，及特別法之規定，無須以本法限制之也。

（二）尋查取回其物的容忍

第791條規定：「土地所有人，遇他人之物品或動物偶至其地內者，應許該物品或動物之占有人或所有人入其地內，尋查取回。」「前項情形，土地所有人受有損害者，得請求賠償。於未受賠償前，得留置其物品或動物。」本條的立法理由指出，因風力、水力或其他天然力使他人之物，至自己所有地內，或他人之鳥獸魚類，至自己之所有地內時，若他人欲進入地內，從事尋查及取回者，該土地之所有人應許之。至土地所有人因他人之物品，或動物偶至其地受有損害者，得請求賠償，並於未賠償之先，應許其有留置物品或動物之權。蓋一方保護占有之利益，一方復顧及所有人之利益也。

（三）供鄰地營造或修繕的使用

第792條規定：「土地所有人因鄰地所有人在其地界或近旁，營造或修繕建築物或其他工作物有使用其土地之必要，應許鄰地所有人使用其土地。但因而受損害者，得請求償金。」本條的立法理由指出，各土地之所有人，在其地界或其旁近營造修繕建築物者，應許其使用鄰地，否則應於地界線上酌留空地，備日後修繕之用。棄地既多，於經濟上所損實大，故應於鄰地之所有權，略加制限，以防其弊。惟事實上鄰地所有人營造或修繕者，不以建築物為限，尚有其他工作物例如圍牆等是，其於營造或修繕時，有使用鄰地土地之必要，土地所有人均應許其使用，以達經濟利用之目的。

（四）氣響等的侵入禁止

1. 基本規定及其解釋

民法第793條規定：「土地所有人於他人之土地、建築物或其他工作物有瓦斯、蒸氣、臭氣、煙氣、熱氣、灰屑、喧囂、振動及其他與此相類者侵入時，得禁止之。但其侵入輕微，或按土地形狀、地方習慣，認為相當者，不在此限。」本條的立法理由指出，土地所有人，於自己之土地內設工場，其瓦斯、蒸氣、臭氣、煙氣、熱氣、灰屑、喧囂、振動等，或其他與此相類之情事，發散煩擾，累及鄰地之所有人，致使其不得完全利用其土地者，鄰地之所有人，自應有禁止之權。然其侵入實係輕微，或依其土地之形狀地位及地方慣習，認為相當者，應令鄰地所有人忍受，不得有禁止之權。

在實務上，本條係氣響「侵入」禁止之規定，目的在排除噪音、異味等的侵害（108台上1642）。關於氣響之侵入，按土地形狀，地方習慣可否認為相當，最高法院認為，應參酌主管機關依法所頒布之管制標準予以考量，俾與事業之經營獲得衡平，以發揮規範相鄰關係積極調節不動產利用之功能（99台上223）。

2. 本條在環保案例的適用

在實例中，系爭工廠因違反空氣污染防制法及噪音管制法，遭主管機關裁處罰鍰，附件居民主張其污染之空氣及噪音侵入，損及其居住安寧等人格法益，依民法第195條第1項規定，請求精神上損害賠償，發生爭議。最高法院引用民法第793條等規定，建構居民的請求有理由的法律基礎，甚具啟示意義。其內容包含下列各點：

(1)民法第793條規定於民法物權編不動產所有權關係章節，雖與不動產之利用價值有關，惟本條立法含有保護居住安寧與生活環境之目的，依規範目的解釋論，條文文義所指土地所有人，不以與加害人之土地、建築物或其他工作物相鄰接者為限，如因加害人所生之瓦斯、蒸氣、臭氣、煙氣、熱氣、灰屑、喧囂、振動及其他與此相類者之侵入，其侵入非輕微，或按土地形狀、地方習慣，與一般社會通念顯不相當者，被害人之土地位置縱未與之相連接，仍應認屬本條規定之適用範圍，得請求禁止之。又依民法第800-1條規定，第793條之規定於地上權人、農育權人、不動產役權人、典權人、承租人、其他土地、建

築物或其他工作物利用人準用之。依此，民法第800-1條所稱之利用人，乃指本於上開原因，而有正當使用權源之人（108台上2437）。

(2)民法第195條第1項前段規定，不法侵害他人之身體、健康或不法侵害其他人格法益，而情節重大者，被害人雖非財產上之損害，亦得請求賠償相當之金額，此所謂之人格法益，除身體權、健康權外，尚包括人格權之衍生法益。而環境權源於人格權，同屬人格權之衍生人格法益。環境權固以環境自然保護維持為目的，有公益性，具公法性質，但已藉由環境法相關法規之立法，具體化其保障一般人得以獲得一適合於人類生活環境，完成維護人類之生命、身體、健康等。具體化後之環境權，其享有者固為一般公眾，非特定人之私法法益，但生活於特定區域之可得特定之人，因環境權相關法規之立法，得以因此過一舒適安寧之生活環境，亦係該可得特定之人享有之人格利益，而具私法法益性質，同受民法規範之保障。民法第793條、第800-1條，已明示並界定得享有該生活環境利益之主體範圍，劃定標準係以區域為定，依此，凡生活於該特定區域者，即享有該人格法益。據此，現行民法第195條之權益主體及受保護之人格法益，亦應同解為含居住於該特定區域人之居住安寧與生活環境之人格法益（108台上2437）。

(3)不動產之所有人或利用人，其所有或所利用之不動產，如在系爭工廠之緊臨周界，僅以道路相隔，即屬同法第793條、第800-1條所指之權利主體地位，自得據以請求排除系爭工廠所生氣響之侵入。生活於系爭工廠區域之人，其身體、健康如分別受有損害，系爭工廠因違反相關法令，遭主管機關為裁罰處分，雖加害行為與損害結果間有無醫學上之因果關係，證明顯有困難，但其身體、健康之受損而就診期間，與上訴人受主管機關裁罰處分發生事由時間，緊密關連，難排除兩者間因果關係之存在，有合理之蓋然性，即可推認兩者因果關係之存在。被害人之居住安寧生活環境等人格法益受損害，此項人格法益與身體、健康同列於民法第195條所指之法益，故得依本條第1項規定，請求精神上損害賠償（108台上2437）。

（五）開掘土地或為建築的義務

第794條規定：「土地所有人開掘土地或為建築時，不得因此使鄰地之地基動搖或發生危險，或使鄰地之建築物或其他工作物受其損害。」本條的立法

理由指出，土地所有人，在其所有土地範圍之內，開掘土地或為建築時，此屬土地所有人固有之權能，本可毋庸限制。然因開掘土地或建築一切工作物，致鄰地之基地搖動，或至發生危險，或使鄰地之工作物有受其損害之情事，則不得不謀救濟之方法，以資保護。故本條規定土地所有人開掘土地或建築時，不得使鄰地之基地搖動，或發生危險，或使鄰地之之建築物或其他工作物受其損害，所以維持社會之公共利益也。

在實例中，最高法院認為，本規定係以保護相鄰關係中鄰地地基及工作物之安全，維持社會之公共利益，避免他人遭受損害為目的之法律，土地所有人如有違反，自應按其規範旨趣，依民法第184條第2項規定，對被害人負侵權行為之損害賠償責任（100台上1012）。不過，本條的適用，是以開掘土地或為建築時，行為人是土地所有人為前提，如系爭工程開工時，行為人並非土地之所有人，即無本條之適用，亦不得以其違反本條規定為由，依侵權行為之法律關係，請求賠償損害（108台上2036）。

（六）傾倒危險的預防

第795條規定：「建築物或其他工作物之全部，或一部有傾倒之危險，致鄰地有受損害之虞者，鄰地所有人，得請求為必要之預防。」本條的立法理由指出，建築物或其他工作物之全部或一部，如有損壞，或年久失修，致有傾倒之危險時，則有累及鄰地之虞，鄰地所有人，自可就其一部或全部有傾倒危險，將受損害之程度，請求此項所有人為必要之防禦，以維公益，而免危險，此當然之理也。

七、越界的相鄰關係

（一）越界建築

1. 基本規定

房屋為土地上的定著物，為單獨的不動產所有權的客體，但其在物理上不能離開土地，故必須有其坐落的基地。土地所有人建築房屋，則在土地所有權之外，也將因原始建築而取得房屋所有權。如房屋有部分在鄰地之上，鄰地所

有人得依民法第767條第1項規定，請求拆除越界部分的房屋並返還原來占用的鄰地，但房屋爲一整體，拆除一部分可能使全屋的功能與價值盡失，故如何從社會經濟的角度，權衡鄰地所有人與土地所有人（即房屋所有人）的利益，乃成爲重要的立法課題。

　　爲此，民法第796條規定：「土地所有人建築房屋非因故意或重大過失逾越地界者，鄰地所有人如知其越界而不即提出異議，不得請求移去或變更其房屋。但土地所有人對於鄰地因此所受之損害，應支付償金。」「前項情形，鄰地所有人得請求土地所有人，以相當之價額購買越界部分之土地及因此形成之畸零地，其價額由當事人協議定之；不能協議者，得請求法院以判決定之。」第796-1條規定：「土地所有人建築房屋逾越地界，鄰地所有人請求移去或變更時，法院得斟酌公共利益及當事人利益，免爲全部或一部之移去或變更。但土地所有人故意逾越地界者，不適用之。」「前條第一項但書及第二項規定，於前項情形準用之。」第796-2條規定：「前二條規定，於具有與房屋價值相當之其他建築物準用之。」

　　上述三個條文規定的，都是土地所有人越界建築的法律事實，第796條及第796-1條規定建築房屋，第796-2條規定建築具有與房屋價值相當之其他建築物，至於其法律效果，第796條規定以法律重新調整土地所有權的內容，第796-1條規定亦得由法院以判決調整土地所有權，第796-2條則準用前二條的土地所有權調整機制。因此，第796條第1項的「非因故意或重大過失」，其實是發生該條法律效果的要件之一部，但一般仍多認爲其乃越界建築的定義內涵。

2. 越界建築的定義及要件

　　土地所有人建築房屋或具有與房屋價值相當之其他建築物，而逾越地界者，爲越界建築。上述條文規定，越界建築的事實行爲的行爲人，爲土地所有人，乃是因爲土地所有人本來即可在自己的土地上爲建築行爲，並取得房屋或建築物的所有權，即使其逾越地界而爲建築，仍取得取得房屋或建築物的所有權，只是鄰地所有人得行使物上請求權而已。上述三個條文規定的，是鄰地所有人的物上請求權依法律規定或法院判決，被限制行使的例外情形。因此，土地所有人依據上述三個條文規定，主張權利時，應負擔舉證責任（45台上931），即先證明其事實行爲符合越界建築的定義，且滿足各該條文規定的要件，再請求確認其土地及鄰地的所有權已經依法律規定重新調整，或請求法院

以判決調整其所有權的內容。

(1)須越界建築房屋或建築物

民法第796條原來僅規定建築「房屋」逾越地界的情形，但因土地所有人所建築者雖非房屋，卻為具有與房屋價值相當之其他建築物，例如倉庫、立體停車場等，亦發生類似的情況，後來乃增訂第796-2條規定其亦準用關於越界建築房屋的規定。最高法院在實例中認為，建築越界者，苟屬非房屋構成部分之牆垣、豬欄、狗舍或屋外之簡陋廚廁，即不適用越界建築的規定（59台上1799），就牆垣部分，更進一步指出其非房屋構成部分，如有越界建築，縱令占地無幾，不論鄰地所有人是否知情即提出異議，鄰地所有人均無容忍之義務，要無民法第796條之適用，即非不得請求拆除（62台上1112）。

(2)須房屋或建築物逾越地界

A.房屋或建築物的構成部分

民法第796條及第796-2條從行為的角度，規定土地所有人建築房屋或建築物逾越地界的行為，如從結果來看，則是房屋或建築物逾越地界，即主要在自己的土地上，但房屋或建築物本身的構成部分，有部分坐落在鄰地。換言之，逾越地界者如非房屋或建築物的構成部分，而為其從物，例如前述豬欄、狗舍或屋外之簡陋廚廁等，或其他可視為鄰地成分者，例如樹木或農作物等，如完全在鄰地之上，固不適用上述條文，即使部分在鄰地之上，因其非房屋或建築物，也不適用越界建築的規定。

在實例中，最高法院認為上開規定，旨在維護房屋之社會經濟利益，故雖非房屋本體，但為房屋所依附，而為其建築基礎之地上物，自應視為房屋之一部。例如系爭建物坐落之土地，位處高坡度山坡，為防止其坐落基地及後方山坡崩滑，而陡直設置駁崁，作為安全設施，如予拆除，影響系爭建物之基礎安全重大，則該駁崁雖為擋土營造物，仍應認其為系爭建物之構成部分（105台上2211）。

B.逾越地界

土地所有人建築房屋逾越疆界，係指土地所有人在其自己土地建築房屋，而逾越自己土地的地界，侵入鄰地，即僅其一部分逾越疆界者而言，若其房屋之全部建築於他人之土地，則無上述條文之適用。最高法院在實例中指出，如建築者在該房屋基地之四週，並無自己的土地，則其對於該房屋基地，顯無鄰

地關係，其在該基地上建築房屋，自無民法第796條之適用（28渝上634）；如土地共有人未經共有人同意，在共有的土地上建築房屋，該房屋係全部建築在共有之土地上，由於未經共有人協議分管之共有物，共有人如未經他共有人同意而占有共有物之一部或全部，他共有人得為全體共有人之利益，本於所有權之作用請求回復共有物（民821），故其與全部建築於他人之土地之情形無異，自無越界建築規定之適用（103台上365）。

逾越地界的前提，是有以「地界」為界的土地及鄰地，故如無分屬二人的土地及鄰地，即不適用上述條文。最高法院在實例中指出，共有人就共有不動產訂立協議分割契約者，僅各共有人對他共有人取得依分割方法而為履行之請求權，在未依分割結果辦畢分割登記前，尚不能單獨取得分得土地之所有權，自無分得土地間已有疆界之可言，更無共有人建築房屋逾越該疆界之問題（88台上764）；各共有人之間的相互請求，由於其非屬「土地和土地」間的關係，即不適用越界建築的上述規定（86台上211）。

越界建築的規定，是在規範土地所有人的房屋或建築物，部分坐落在鄰地，而發生鄰地所有人行使物上請求權的問題，其目的在解決土地所有人與鄰地所有人之間因越界建築所生之紛爭，不適用於其他情形。例如土地所有人的土地及房屋，係向原始建築者購買並取得其所有權，但其房屋逾越地界，部分在鄰地之上，而鄰地之所有人亦係向原始建築者購買並取得其所有權的情形，由於該二筆土地本來均屬於同一人所有，房屋在建築時並無土地所有人與鄰地所有人之關係，即不生相鄰土地越界建築之問題，亦無民法第796條等規定之適用（89台上1902）。

值得注意的是，越界建築的條文所規定者，是土地所有人和鄰地所有人間的法律關係，其中「鄰地」並不限於直接相鄰的土地，只要是土地所有人的房屋逾越地界，不論被逾越的土地為一宗或數宗土地，且法律上未限制其逾越的程度，故被越界而占用的土地，也不論為鄰地的全部或一部，均屬於越界建築的範圍（58台上120）。

C.綜合判斷

適用越界建築的條文時，土地所有人逾越疆界而建築在鄰地的部分，固應判斷其是否為越界建築的房屋或建築物的構成部分，及其是否逾越地界，但實務案例有時僅依條文的規範功能，為綜合判斷。例如最高法院在67年台上字第

800號民事判例中，土地所有人於自己土地上建築的房屋整體之外，乘隙利用鄰地違章搭建廚房一所，關於鄰地所有人得否行使物上請求權的問題，最高法院認為民法第796條所定鄰地所有人之忍受義務，係為土地所有人所建房屋之整體，有一部分逾越疆界，若予拆除，勢將損及全部建築物之經濟價值而設；倘土地所有人所建房屋整體之外，越界加建房屋，則鄰地所有人請求拆除，原無礙於所建房屋之整體，即無該條規定之適用；本件土地所有人所越界建築者，既為房屋整體以外之廚房，依上述明，鄰地所有人自得對之為拆還之請求。但本書認為，本案例的廚房似係整體搭建於鄰地，如該廚房具有獨立性，其之所以不適用民法第796條，乃是因為其為房屋以外的建築物，而整體搭建在鄰地之上，並無廚房逾越界界的問題，也非房屋之部分逾越地界，其拆除自然也無礙於所建房屋之整體。

最高法院根據上述判例的見解，進一步於實例中認為，系爭土地上之建物，係房屋本體外，在該房屋之南邊另行搭建之鐵架石棉瓦突出建物之一部分，系爭建物係土地所有人於原有房屋整體之外，越界所加建，予以拆除，尚無礙於原有房屋之整體，故無民法第796條之適用（86台上651）。

越界建築的條文規定的，是土地與鄰地的關係，最高法院在實例中似將其規定與前揭判例的見解，直接適用於區分所有建築物的專有部分，而認為：建築物之中庭、空地，既屬全體共有人共有，如果區分所有人未經全體共有人同意，擅自據為己用，即非法之所許。如在空地上增建關為浴室，應考慮是否有民法第796條規定適用的問題（81台上158）；由一樓通往二樓的系爭樓梯，未在原設計圖內，係事後加建，一樓所有人主張系爭樓梯無權占用其房屋，請求拆除，二樓所有人抗辯該樓梯為其房屋之從物，與該房屋均屬其所有，但系爭樓梯在一樓，難謂係二樓之部分，不適用越界建築的規定（86台上813）。

(3)建築者須為土地所有人或其他權利人

上述三個條文規定，越界建築的建築者為土地所有人，其「土地所有人」乃是該土地所有權的內容或一切權利人的權利總稱，也為土地所有權的調整，埋下伏筆，並與「鄰地所有人」呼應。但如前所述，將此等規定解釋為該所有人的權利規定，而非相鄰土地之間地的關係的結果，越界建築的規定，即被理解為專為土地所有人建築房屋而規定的條文，而其規定於建築房屋者為地上權人、農育權人、不動產役權人、典權人、承租人、其他利用人時，亦準用之

（民800-1）。

依上述說明，越界建築的建築者，須爲「土地所有人」或其他有利用土地權利之人，始足當之，此項身分的認定，應以爲建築行爲之時爲準。最高法院在實例中指出，倘建築房屋之初，尚非「土地所有人」或其他有利用土地權利之人，應屬單純之「無權占有」，不生該條所定「鄰地所有人」是否即時提出異議之問題，即爲該建築行爲之人不得依民法第796條規定，對抗所謂「鄰地」之所有人（86台上2103）。

3. 土地與鄰地所有權的法律調整

民法第796條規定：「土地所有人建築房屋非因故意或重大過失逾越地界者，鄰地所有人如知其越界而不即提出異議，不得請求移去或變更其房屋。但土地所有人對於鄰地因此所受之損害，應支付償金。」「前項情形，鄰地所有人得請求土地所有人，以相當之價額購買越界部分之土地及因此形成之畸零地，其價額由當事人協議定之；不能協議者，得請求法院以判決定之。」本條第1項規定的要件，首先是應爲前述之越界建築，即應先具備上述要件；其次尚須符合下列二個要件，即土地所有人須「非因故意或重大過失」而越界建築，鄰地所有人須「知其越界而不即提出異議」；如具備此等要件，即發生應依本條規定調整其所有權的法律效果。

(1)要件

A.土地所有人須「非因故意或重大過失」而越界建築

本條的法律效果，是土地所有權將擴張，而鄰地所有權將受限制，故土地所有人如未能自我克制，不爲越界建築，而竟故意爲之，或因重大過失而越界，即不值得予以保護，也不應因越界建築而限制鄰地所有權的內容。土地所有人之越界建築，如無過失或僅有輕過失，仍符合本項要件。

B.鄰地所有人須「知其越界而不即提出異議」

立法理由指出，發生越界建築情事時，鄰地所有人如知其越界，應即提出異議，阻止動工興修，若不即時提出異議，俟該建築完成後，始請求移去或變更其建築物，則土地所有人未免損失過鉅，無論鄰地所有人是否存心破壞，有意爲難，而於社會經濟，必大受影響，法律乃不許其請求移去或變更。鄰地所有人須於土地遭越界建築「當時」，明知而不即時反對，始不得於事後請求拆除建築物，如其於興建房屋時，並非知悉越界建築而不爲反對，即不受上述規

定之限制（101台上86）。

　　C.其他權利人之準用

　　依民法第800-1條規定，本條關於「土地所有人」、「鄰地所有人」的規定，於其他權利人亦準用之，故如逾越地界建築房屋者為土地承租人，「故意或重大過失」之有無、即應就該承租人判斷之；鄰地如已設定普通地上權，「知其越界而不即提出異議」之要件，似應就就該普通地上權人判斷之。土地承租人如不否認越界建築，僅就鄰地所有人於該房屋建築當時，知其越界而不即提出異議一事為抗辯者，自應就此利己事實負證明之行為責任（103台上505）。

　　(2)調整後的內容

　　A.基本原則

　　依民法第796條上述規定，符合本條第1項規定要件的越界建築，將發生三個法律效果：a.鄰地所有人不得請求移去或變更房屋或建築物；b.土地所有人對於鄰地因此所受之損害，應支付償金；c.鄰地所有人得請求土地所有人，以相當之價額購買越界部分之土地及因此形成之畸零地，其價額由當事人協議定之；不能協議者，得請求法院以判決定之。

　　上述法律效果，使土地與鄰地所有權的內容重新調整，不再是民法第765條及第773條的原貌。以鄰地所有人不得請求移去或變更房屋或建築物而言，即土地所有人的所有權擴張，而鄰地所有人的所有權因而受限制；土地所有人支付償金的義務及鄰地所有人的購買請求權，則是雙方的土地所有權再進一步調整。

　　最高法院在實例中指出，土地所有人建築房屋逾越疆界者，鄰地所有人如知其越界而不即時提出異議，不得請求移去或變更其建築物，此項土地相鄰關係致一方之土地所有權擴張，而他方之土地所有權受限制，該權利義務對於嗣後受讓該不動產而取得所有權之第三人仍繼續存在。倘鄰地原所有人於土地原所有人建築系爭房屋時，知悉其越界情事，而不即為異議，後來土地及鄰地之所有權均經移轉，現在的所有人仍得主張越界建築規定之適用（85台上119）。

　　B.鄰地所有人的容忍義務

　　本條的立法理由指出，土地所有人建築房屋，遇有逾越疆界之時，鄰地所

有人如知其越界，應即提出異議，阻止動工興修。若不即時提出異議，俟該建築完成後，始請求移去或變更其建築物，則土地所有人未免損失過鉅，姑無論鄰地所有人是否存心破壞，有意為難，而於社會經濟，亦必大受影響，故為法所不許。

鄰地所有人對於房屋或建築物的越界部分，本來得依民法第767條第1項規定，請求移去或變更該房屋或建築物，但如符合第796條第1項規定的要件，即不得為之，而負有容忍房屋或建築物坐落的義務。故符合此等要件的事實，應由土地所有人負擔舉證責任。

C. 土地所有人的償金支付義務

土地所有人越界建築，鄰地所有人原得行使其物上請求權，但依上述特別規定，竟依法律規定或因法院裁量，而不得行使，自受有損害，如由其承擔此一法律政策之風險，並非公平，民法乃規定，土地所有人對於鄰地因此所受之損害，應支付償金（民796Ⅰ但、796-1Ⅱ準用）。本項償金係仿民法第787條袋地通行權而增訂，其乃法律調整土地所有權內容的方法之一，故鄰地所有人雖然不得請求移去或變更房屋或建築物，土地所有人仍應支付償金。

D. 鄰地所有人的購買請求權

土地所有人為越界建築的行為，鄰地所有人依規定喪失其物上請求權時，立法者認為未免失之過酷，故許鄰地所有人對於越界部分之土地，得以相當之價格請求土地所有人購買。如使鄰地所有人之土地因此成為畸零地者，該畸零地每不堪使用，亦應賦予鄰地所有人請求土地所有人購買權，乃仿民法第788條在通行地開設道路之例，增訂明文，以符實際。故鄰地所有人得請求土地所有人，以相當之價額購買越界部分之土地及因此形成之畸零地，其價額由當事人協議定之；不能協議者，得請求法院以判決定之（民796Ⅱ、796-1Ⅱ準用）。立法理由特別指出，本條規定不排除債法上不當得利請求權及侵權行為請求權。

E. 鄰地所有人容忍義務與購買請求權的關係

在最高法院83年台上字第2701號民事判決中，土地所有人建築11層樓高之國際觀光旅館房屋，越界占用全部面積僅3平方公尺的鄰地中的2平方公尺，該鄰地係政府徵收為道路地時，徵收剩餘之畸零地，其所有人台北市政府對越界建築，無知悉而不異議之情事，並無依民法第796條容忍其坐落的義務，但

其請求土地所有人拆屋還地，被法院認定為違反民法第148條第1項「權利之行使，不得……以損害他人為主要目的」的規定；本案的鄰地所有人，在有容忍房屋坐落義務的情形下，請求土地所有人以相當之價額，購買越界部分之土地（2平方公尺）及因此形成的畸零地（1平方公尺）。最高法院肯定原審判決，認為鄰地所有人「雖非知情而不異議，與該條文所定得請求購買越界部分土地之要件不符，但查知情而不異議，不得請求移去或變更建物者，尚且得請求土地所有人購買越界部分之土地，舉重以明輕，並依衡平原則，不知情而得請求移去或變更建物之鄰地所有人，當然更得（類推適用該條之規定）不請求土地所有人移去或變更建物而請求其以相當之價額購買越界部分之土地」。

本書認為，本案的法院未嚴格區別「不得請求」及「得請求」移去或變更建築物的情形，類推適用購買請求權的規定，並非妥適。因為鄰地所有人依上述規定，請求土地所有人以相當之價額，購買越界部分之土地之權利，原是鄰地所有人依法律規定或因法院裁量，而不得行使物上請求權時，在法律上所為之調整措施；如鄰地所有人之物上請求權未受限制，即得以請求移去或變更建築物的物上請求權為後盾，達到要求土地所有人購買越界部分之土地及因此形成之畸零地之目的。

在本案中，如土地所有人先提出要約，表示購買越界部分之土地及因此形成之畸零地之意思，待鄰地所有人承諾後始成立契約，並非鄰地所有人行使前述購買請求權的結果；如由鄰地所有人提出要約，土地所有人不願為承諾之表示，則因鄰地所有人的物上請求權並未被限制，得依法請求移去或變更建築物，土地所有人除非價額過高，否則通常會選擇予以購買。但此等情形，均與上述購買請求權的行使無關，也無類推適用其規定的必要。

本書認為，本案如果要類推適用上述規定，並非因為「舉重以明輕，並依衡平原則，不知情而得請求移去或變更建物之鄰地所有人，當然更得（類推適用該條之規定）」，而是因為購買請求權的要件，依修正前第796條規定，是「土地所有人建築房屋逾越疆界者，鄰地所有人如知其越界而不即提出異議」，而「不得請求移去或變更其建築物」，本案例的情形本來與其要件不符合，但因為法院認定鄰地所有人行使物上請求權為權利濫用，其結果是鄰地所有人「不得請求移去或變更其建築物」，與法律規定的要件類似，而且均有以購買請求權解決其問題的必要，故亦得類推適用之。

（延伸閱讀：陳榮傳，「離開土地的房屋——最高法院九十一年度台上字第三六號民事判決評釋」，台灣本土法學雜誌，第51期（2003年10月），第31頁至第42頁；第52期（2003年11月），第47頁至第60頁。）

4.土地與鄰地所有權的司法調整

(1)基本意旨

民法第796-1條規定：「土地所有人建築房屋逾越地界，鄰地所有人請求移去或變更時，法院得斟酌公共利益及當事人利益，免為全部或一部之移去或變更。但土地所有人故意逾越地界者，不適用之。」「前條第一項但書及第二項規定，於前項情形準用之。」本條第1項主要規定者，是「土地所有人建築房屋逾越地界，鄰地所有人請求移去或變更時」，法院得「免為全部或一部之移去或變更」，即針對法院介入私權利調整的權力，賦予其明文的依據。相對於第796條於越界建築符合其要件時，依該條就土地所有權的內容，進行法律調整的情形，本條的規定即為法院對土地所有權的內容，為司法調整的明文。依第796-2條規定，土地所有人建築逾越地界者，如為具有與房屋價值相當之其他建築物，也準用本條規定。

(2)要件

本條第1項規定法院得對土地所有權的內容，為司法調整的要件為：A.土地所有人建築房屋或建築物逾越地界；B.鄰地所有人請求移去或變更房屋或建築物；C.土地所有人非故意逾越地界。

A.土地所有人建築房屋或建築物逾越地界

本要件所規定者，即為前述越界建築的要件，包含下列三個內容：a.須越界建築房屋或建築物；b.須房屋或建築物逾越地界；c.建築者須為土地所有人或其他權利人。最高法院在實例中指出，民法第796-1條規定土地所有人越界建築「房屋」，故非屬房屋構成部分之牆垣，並無該條規定適用之餘地（100台上1329）。其餘，請逕參閱在法律調整部分的說明。

B.鄰地所有人請求移去或變更房屋或建築物

本條第1項增訂的立法理由指出，對於不符合第796條規定者，鄰地所有人得請求移去或變更逾越地界之房屋，然有時難免對社會經濟及當事人之利益造成重大損害；為示平允，宜賦予法院裁量權，爰參酌最高法院67年台上字第800號判例，由法院斟酌公共利益及當事人之利益，例如參酌都市計畫法第39

條規定，考慮逾越地界與鄰地法定空地之比率、容積率等情形，免為全部或一部之移去或變更，以顧及社會整體經濟利益，並兼顧雙方當事人之權益；但土地所有人故意逾越地界者，不適用上開規定，始為公平。

由上述立法理由可知，本條項規定的「鄰地所有人請求移去或變更時」，其實是指鄰地所有人，非「不得請求移去或變更」房屋或建築物時，即鄰地所有人的土地所有權，並未因第796條第1項而受限制，土地所有權內容未依該條項而調整，即仍得依第767條第1項主張物上請求權的情形。換言之，此二條文涇渭分明，互相排斥，彼此平行；土地所有權的內容的調整，宜嚴格區別究竟是第796條的法律調整或第796-1條的司法調整。

在最高法院100年度台上字第1329民事判決中，當事人對越界建築的變電所及設備得否請求移去或變更，發生爭議；最高法院指出民法第796-1條，係針對於不符合第796條規定，而鄰地所有人「得」請求移去或變更逾越地界之房屋時，賦予法院裁量權，免為全部或一部之移去或變更，以顧及社會整體經濟利益，並兼顧雙方當事人之權益。本件原審似謂上訴人「不得」依民法第796條第1項之規定，請求被上訴人除去或變更系爭地上物，又謂原「得」請求除去、變更，僅因違反公共利益，而不許除去或變更；究係「不得」請求除去、變更，或「得」請求除去、變更，前後論述並不一致，即有未洽。

C.土地所有人須非故意逾越地界

本條項排除土地所有人故意逾越地界，故土地所有人聲請法院就土地及鄰地的所有權進行司法調整時，應證明自己並非故意逾越地界，至於因重大過失而越界建築者，本條項未如第796條第1項予以排除，法院仍得進行司法調整。但本書認為，法院對於相關土地的所有權進行司法調整，本係依據法律規定而介入私法關係的調整，其行使此一職權時，仍得考量土地所有人越界建築的重大過失或輕過失，從當事人利益平衡的角度，作成公平的判決。

最高法院在實例中指出，本條項後段另有：「但土地所有人故意逾越地界者，不適用之。」之規定，即對於故意越界建築之人，不予保護；如土地所有人所有之系爭地上物，為第二次施工興建，非與原建築一併施作，則其於第二次施工興建系爭地上物時，應知悉增建之系爭地上物非屬合法建物；果爾，則依上開但書規定，即不得主張有同條項前段規定之適用（107台上418）。

(3)調整的原則

A.禁止違反公益及權利濫用的原則

在民法增訂本條規定以前，民法第148條第1項已經規定：「權利之行使，不得違反公共利益，或以損害他人為主要目的。」被越界建築的鄰地所有人，如其物上請求權未受法律限制，依法應得請求拆屋還地，但由於房屋被請求拆除所受的損害，有時與鄰地所有人所獲得的利益相比，實不符合比例原則，司法實務乃強調鄰地所有人之行使權利，不得違反禁止權利濫用的原則。

例如在立法理由引述的最高法院71年台上字第737號判例中，鄰地之全部面積僅有0.0005公頃，作為土地所人越界建築的4層樓房之主柱使用，如拆除該部分，整棟4層樓房即有倒塌之虞，將導致土地所有人所受之損失甚大，反之，鄰地為三角型畸零地，全部面積未達1坪半，對鄰地所有人亦無利用價值的情形，最高法院即謂：「權利之行使，是否以損害他人為主要目的，應就權利人因權利行使所能取得之利益，與他人及國家社會因其權利行使所受之損失，比較衡量以定之。倘其權利之行使，自己所得利益極少而他人及國家社會所受之損失甚大者，非不得視為以損害他人為主要目的，此乃權利社會化之基本內涵所必然之解釋」（71台上737）。

民法第796-1條第1項規定符合上述要件的越界建築，法院得斟酌公共利益及當事人利益，免為全部或一部之移去或變更。本條項在實質上，乃是重述第148條第1項及上述判例的意旨，但形式上已經成為特別規定，故法院決定是否進行司法調整及如何調整時，應就公共利益及當事人利益等二方面，予以仔細斟酌。

B.公共利益

公共利益的概念，在法律上雖然常見，但其在個案中的具體內容，仍應由法院詳細說明。例如在前述變電所越界建築的案例中，最高法院即認為越界建築的變電箱是否因公共利益，而得免去鄰地所有人的除去（遷移）請求權的問題，應就實際情形仔細予以認定，其見解認為：如圍牆係附連於建物之側邊，而未將「變電箱」圍繞在內，即非屬防護變電箱安全及電磁波干擾之必要設施，不因其與變電箱相關，即不得請求拆除；況該變電箱規模不大，如認為鄰地所有人請求除去，乃違反公共利益，則應說明何以將之除去（遷移），將影響苗栗縣全境居民生活及工廠用電之具體依據，亦應酌量予以遷移之成本效

益等，不應因爲涉及用電及供電，即認爲請求除去乃違反公共利益（100台上1329）。

又如在前述駁崁越界建築的案例中，法院即審酌系爭建物坐落基地之地形、地質等相關使用限制狀況；系爭駁崁陡直設置，爲系爭建物基地之必要安全設施；拆除系爭駁崁對於兩造及公眾利益之影響等一切情形，從而認定鄰地所有人不得請求拆除系爭駁崁返還系爭土地（105台上2211）。

C.當事人利益

本條項規定的當事人利益，主要是土地所有人及鄰地所有人的利益，其判斷的具體標準，可參考第148條第1項關於禁止權利濫用原則的實務案例。例如在前述最高法院83年台上字第2701號民事判決中，最高法院肯定原審判決認定鄰地所有人行使物上請求權，請求拆除越界部分爲權利濫用的見解：鄰地全部面積僅3平方公尺，鄰接於馬路之紅磚人行道，土地所有人占用其中2平方公尺者，爲11層樓高之國際觀光旅館房屋（大柱子）；準此，鄰地所有人索回該2平方公尺土地，須拆除土地所有人高達11層樓之房屋（大柱子），而其取回該2平方公尺土地後又非可供大用，可認爲其結果鄰地所有人所得極少，土地所有人受損害甚大，鄰地所有人有權利濫用之情形，故其不得請求土地所有人拆屋還地。

不過，鄰地所有人物上請求權之行使，是否自己所得利益極少，而土地所有人及國家社會所受之損失甚大，涉及事實之認定，應由當事人負舉證責任。在國畫大師張大千故居「摩耶精舍」越界建築，鄰地所有人請求拆除越界部分的實例中，最高法院認爲：「權利人得爲權利之行使爲常態，僅於其權利行使將造成自己所得利益極少，而他人及國家社會所受之損失甚大之變態結果時，始受限制。而何謂『利益極少』『損失甚大』，應就具體事實爲客觀之認定，且應由主張變態情事者，負舉證之責」（94台上632）。

在土地所有人的系爭地上物（均屬騎樓範圍），非因故意而越界占用鄰地時，最高法院認爲應衡酌系爭地上物若予拆除，鄰地所有人所獲個人經濟利益，是否小於系爭建物、緊鄰建物結構及所在區域住民安全、財產之公共危險，如爲肯定，則以免土地所有人移去系爭地上物爲允當（107台上1801）。

此外，土地承租人非故意逾越地界建築房屋時，依民法第800-1條準用第796-1條關於土地所有人的規定。最高法院在實例中認爲；如土地承租人未能

證明拆除越界部分之建物將影響建物之整體結構，且鄰地所有人主張，越界部分建物早逾耐用年數，土地承租人復有另二棟建物可用，將之拆除，不甚損害其利益，且可使鄰地得完整使用土地，所有權不受侵害，鄰地所有人即得請求拆除或移去（103台上505）。

(4)調整的內容

A.增訂條文適用的溯及既往

依民法第796-1條上述規定，符合本條第1項規定要件的越界建築，法院得免為全部或一部之移去或變更；第2項規定第1項的情形，準用第796條第1項但書及第2項規定，其結果是：a.土地所有人對於鄰地因此所受之損害，應支付償金；b.鄰地所有人得請求土地所有人，以相當之價額購買越界部分之土地及因此形成之畸零地，其價額由當事人協議定之；不能協議者，得請求法院以判決定之。

民法第796-1條係於民國98年1月23日增訂，依民法物權編施行法第8-3條規定，上開規定於98年民法物權編修正前土地所有人建築房屋逾越地界，鄰地所有人請求移去或變更其房屋時，亦適用之。實務上有許多案例，均由法院依據此項溯及既往的原則，依第796-1條第1項進行司法調整。例如在最高法院110年台上字第621號民事判決中，系爭建物係98年修法以前，即興建完成，系爭建物確有越界建築，最高法院即謂依前開物權編施行法之規定，自有現行民法第796-1條規定之適用。

B.法院得免為全部或一部之移去或變更

a. 鄰地所有權的限制

民法第796-1條第1項規定，符合本條項規定要件的越界建築，法院得免為全部或一部之移去或變更。本條項賦予法院甚大的權限，因為對於鄰地所有人物上請求權的行使，法院於民法第796條第1項規定其不得請求移去或變更者，法院即應判決其請求有理由，但對於不符合其要件者，法院得判決其請求為有理由（鄰地所有人仍得請求移去或變更）、無理由（免為全部之移去或變更）、或部分有理由（免為一部之移去或變更）。本條項規定的結果，使鄰地所有人的所有權受到更大的限制，因為其先受法律的限制，再受司法調整的限制，而且將禁止權利濫用的例外規定，增訂成為司法應予介入審查及調整所有權的基本原則，在鄰地所有人無任何可歸責的情形下，是否過苛，仍值得探

究。

　　b. 所有權司法調整的效力

　　法院如依土地所有權的司法調整原則，免為全部或一部之移去或變更，即是以形成判決，改變法律原來規定的私法關係，故調整效力發生的時間點，應為該法院判決確定之時，而非可以直接否定鄰地所有人的物上請求權。在實例中，最高法院指出，修正民法第796-1條規定，雖於系爭執行名義成立即前案判決確定後始為施行，惟觀諸上開修正條文內容，係賦予法院在審理鄰地所有人請求移去或變更越界建築房屋訴訟時，得予免除土地所有人移去或變更越界建築房屋義務之斟酌權，並非當然、直接消滅或妨礙鄰地所有人之請求；至民法物權編施行法第8-3條就修正民法第796-1條規定所規定之溯及效力，亦僅係指法院審理上開訴訟時，就修正施行前越界建築之房屋，應溯及適用上開修正規定，予以斟酌而已；因依民法第796-1條修正條文溯及適用之結果，不足以當然、直接消滅或妨礙債權人之請求，而須藉由法院審判過程為之，但已無從經由終結之審判程序，消滅或妨礙執行名義確定判決債權人之請求者，自不得據以提起債務人異議之訴（104台上2502）。

　　c. 土地所有人對鄰地的占有權源

　　土地所有人越界建築時，鄰地所有人行使物上請求權，是因為土地所有人就越界部分，對於鄰地並無占有權源，如法院對土地所有權進行司法調整，其內容依法是「免為全部或一部之移去或變更」，其對於鄰地的占有權源是否發生影響的問題，也很值得重視。

　　最高法院在實例中指出，基於相鄰關係而受限制，係所有權內容所受之法律上限制，並非受限制者之相對人因而取得獨立的限制物權，是土地所有人免除移去越界房屋返還土地，要係法院衡酌公共利益及土地、鄰地所有人利益之結果，始要求鄰地所有人容忍不予拆除請求返還越界之土地，尚非謂土地所有人就越界之土地取得占用之正當權源；為平衡彌補鄰地所有人越界土地之權益受損，立法者賦予鄰地所有人有價購請求權及（不當得利及侵權行為之）償金請求權；如土地所有人的系爭地上物（均屬騎樓範圍），非因故意而越界占用鄰地，土地所有人未舉證證明其等有占用系爭土地之私法權源，然衡酌系爭地上物若予拆除，鄰地所有人所獲個人經濟利益小於系爭建物、緊鄰建物結構及所在區域住民安全、財產之公共危險，以免土地所有人移去系爭地上物為允

當，則土地所有人越界占用系爭鄰地，本屬無權占有，縱法院依民法第796-1條第1項規定行使裁量權，免被上訴人移去系爭地上物之義務，俾顧全社會整體經濟利益，惟尙非謂被上訴人在價購或支付償金前，因而取得占用系爭土地之法律權源，而變爲有權占用（107台上1801）。

C.償金支付義務與購買請求權

民法第796-1條第2項規定：「前條第一項但書及第二項規定，於前項情形準用之。」嚴格而言，「前項情形」乃是法院「得」「免爲全部或一部之移去或變更」，或不符合第796條第1項本文的情形，似難以準用該條第1項但書及第2項規定，故「前項情形」應指「已經」法院「免爲全部或一部之移去或變更」的情形，因其與鄰地所有人「不得請求移去或變更」的情形類似，乃設此準用之規定。

在準用的情形下，土地所有人對於鄰地因此所受之損害，應支付償金；鄰地所有人得請求土地所有人，以相當之價額購買越界部分之土地及因此形成之畸零地，其價額由當事人協議定之，不能協議者，得請求法院以判決定之。土地所有人的償金支付義務與鄰地所有人的購買請求權，均爲法院「免爲全部或一部之移去或變更」的判決確定之後，當然發生的法律調整的結果，故不待法院另以判決決定之，但如對於數額或範圍的問題雙方無法達成協議，則另外可以聲請法院決定。

不過，由於土地所有人的償金支付或購買鄰地越界部分，涉及對鄰地的占有權源，故實務上也朝紛爭一次解決的程序目標，予以簡化。故最高法院在實例中認爲，土地所有人既陳明：願依民法第796-1條第2項規定，以保建物之完整，則法院以違反公共利益等詞，改判駁回鄰地所有人拆屋還地之請求時，爲利紛爭一次解決，宜曉諭上訴人是否協議價購，倘價額協議不成，亦得訴請法院以判決定之，俾免於拆屋還地訴訟確定後，另生訴訟（110台上621）。

（二）竹木枝根及果實的越界

土地所有人遇鄰地植物之枝根，有逾越地界者，除於土地之利用無妨害者外，得向植物所有人，請求於相當期間內刈除之。植物所有人不於該期間內刈除者，土地所有人即得刈取越界之枝根，並得請求償還因此所生之費用（民797）。果實非因人力，而自落於鄰地者，視爲屬於鄰地所有人。但鄰地爲公

用地者，不在此限（民798），即仍依天然孳息之規定決之。

第三項　區分所有建築物

一、區分所有建築物的意義

建築物是獨立於土地之外的不動產（民66Ⅰ），其作為民法上的一個「物」，原則上也是「一個」所有權的標的物（即「所有物」，民765）。民法在一般建築物之外，另再規定「區分所有建築物」，並定義為：「數人區分一建築物而各專有其一部，就專有部分有單獨所有權，並就該建築物及其附屬物之共同部分共有之建築物」（民799Ⅰ）。

上述規定在傳統的物權體制之外，承認數人對於一建築物有所有權時，不必然應拘泥於一物一權主義，僅以整個建築物為一個所有權的客體，並由數人共有一個所有權，而可以「數人區分一建築物而各有其一部」。其中，被區分的是「一建築物」，每一所有人的「各專有其一部」，乃是對於該建築物的「一部」有單獨的所有權，而不是對於整個建築物，由數人共有而各有其應有部分，也不是將「一建築物」，在法律上區分為「數物」，而「各有其一物」。這種立法政策，其實是「一物數權」或「一部一權」主義。

（延伸閱讀：陳榮傳，「公寓大廈管理條例與民法新舊條文的適用關係」，月旦法學雜誌，第226期（2014年3月），第16-30頁。）

區分所有建築物的區分方式，包括（一）分層橫切，例如將四層的樓房區分為一至四層；（二）同層縱切，例如將大樓之一層區分成四戶；（三）縱橫區分，即既分層橫切又同層縱切。不論為何種區分，只要所有權的客體，不是「一建築物」的整體，而僅為建築物的一部分者，即為「區分所有權」。同一建築物的區分所有人，以「數人」為原則，但民法第799-2條規定：「同一建築物屬於同一人所有，經區分為數專有部分登記所有權者，準用第七百九十九條規定。」換言之，如各專有部分及共有部分的所有權均屬於同一人所有，並經區分為數專有部分登記所有權者，可謂係「準區分所有」。

在區分所有建築物中，各區分所有人就建築物各有其專有部分，並就其共用部分，按其應有部分有所有權，關係相當複雜。本條的立法理由指出，公寓大廈管理條例第1條之立法目的係為加強公寓大廈之管理維護，提升居住品

質，該條例原係為行政機關基於管理之目的所制定，其規範重點在住戶之權利義務、管理組織及管理服務人等，與民法重在建築物各住戶所有權之物權關係有異。又以區分所有建築物之一部為客體之區分所有權乃所有權之特殊型態，民法應設有原則性規範，俾建立所有權制度之完整體系。民法與行政法規兩者於性質、規範範圍及功能有其不同，應屬私法與公法之協力關係，此種雙軌規範體系之建構，應能有效率規範和諧之社會生活，並滿足其不同制定目的之需求。故除本書就民法條文的說明外，可再參考民國84年6月制定之該條例的相關規定。

此外，住宅法第3條第1款明文規定住宅的定義，係指「供居住使用，並具備門牌之合法建築物」。在其第六章「居住權利平等」中，第53條規定：「居住為基本人權，其內涵應參照經濟社會文化權利國際公約、公民與政治權利國際公約，及經濟社會文化權利委員會與人權事務委員會所作之相關意見與解釋。」第54條規定：「任何人不得拒絕或妨礙住宅使用人為下列之行為：一、從事必要之居住或公共空間無障礙修繕。二、因協助身心障礙者之需要飼養導盲犬、導聾犬及肢體輔助犬。三、合法使用住宅之專有部分及非屬約定專用之共用部分空間、設施、設備及相關服務。」上述規定的重點在住宅的使用，其對於民法物權編條文解釋的影響，值得關注。

二、專有部分、共有部分及基地

（一）專有部分

1.構造上及使用上的獨立性

區分所有建築物被區分而成的各部分，依其所有權為區分所有人專有或共有，可分為專有部分及共有部分。民法第799條第2項前段規定：「前項專有部分，指區分所有建築物在構造上及使用上可獨立，且得單獨為所有權之標的者。」本條第1項所稱「就專有部分有單獨所有權」者，係指對於該專有部分有單一之所有權而言，與該單獨所有權係一人所有或數人共有者無關，故數人亦得按其應有部分，共有一專有部分，此時似得將一個專有部分，視為一個物，且為一個不動產，而直接適用關於共有一個物或一個不動產的規定（民817、土34-1）。

本條第2項前段規定的「得單獨為所有權之標的」，是從結果來看，指專有部分得作為區分所有權的客體，並得為不動產物權登記，至於其申請登記以前，除須具有使用之獨立性外，並以具有構造上之獨立性為必要，以符物權客體獨立性之原則。此二項要件，內容並非完全確定，故立法理由指出，建築物經區分之特定部分是否具備構造上之獨立性，其需求嚴密之程度因客體用途之不同而有差異，隨著未來建築技術之發展，與社會生活之演變亦有寬嚴之不同。

區分所有建築物的專有部分，是所有權的客體，基於所有權標的物獨立性之原則，須具有構造上及使用上之獨立性，並以所有權客體之型態表現於外部。最高法院在實例中指出，其中所謂構造上之獨立性，尤應具有與建築物其他部分或外界明確隔離之構造物存在，始足當之。就區分所有建築物所設的市場攤位，如位於專有部分之內，彼此之間無明確隔離之構造物，僅屬共有建築物之分管部分，並非專有部分（99台上1150）。

2. 登記作為要件

專有部分在物理上只是區分所有建築物的一部分，是否得作為單一所有權的客體，在客觀上不容易判斷，由於專有部分作為所有權的客體，是一物一權主義的例外，因此應該在辦理區分所有建築物的登記，並就被區分而成的各個部分，分別登記以後，始得確定其專有部分的範圍、內容與權利。不過，司法實務似曾認為，專有部分只要符合要件，即應承認其為所有權的客體。

例如最高法院在102年度台上字第1703號民事判決指出，民法第66條第1項所謂定著物，指非土地之構成部分，繼續附著於土地，而達一定經濟上目的，不易移動其所在之物而言。凡屋頂尚未完全完工之房屋，其已足避風雨，可達經濟上使用之目的者，即屬土地之定著物。又依同法第799條第1項規定，稱區分所有建築物者，謂數人區分一建築物而各專有其一部，就專有部分有單獨所有權，並就該建築物及其附屬物之共同部分共有之建築物。再公寓大廈管理條例第3條規定，公寓大廈：指構造上或使用上或在建築執照設計圖樣標有明確界線，得區分為數部分之建築物及其基地；區分所有：指數人區分一建築物而各有其專有部分，並就其共用部分按其應有部分有所有權；專有部分：指公寓大廈之一部分，具有使用上之獨立性，且為區分所有之標的者。故如建築物為地下一樓地面六樓之集合住宅設計，地下層、第一及第二樓層由甲建造，嗣由

乙出資繼續建築完成第三至第六樓層，則第三至第六樓層即屬定著於土地上之集合住宅，該該部分建物即屬公寓大廈管理條例所稱之區分所有建物，具有使用上獨立性，且得單獨為交易客體。不過，本書認為，上述見解重點係在認為先後就一集合住宅建築物，原始建造各部分者，各自取得該部分將來登記為專有部分及共有部分的權利，似與專有部分的所有權，仍有不同。

3. 專有部分所有權的權能

在物權關係上，專有部分是不動產所有權的客體，故公寓大廈管理條例第4條第1項規定：「區分所有權人除法律另有限制外，對其專有部分，得自由使用、收益、處分，並排除他人干涉。」在區分所有建築物被區分而成的各部分中，有些得作為專有部分的基本資格，有些則不具備；具有構造上及使用上之獨立性者，只是其「得作為」專有部分，並非必然就是專有部分。因此，仍須從各部分的屬性的整體規劃，與各該部分的功能分別判斷之。從各部分的功能來看，專有部分必須能像所有物一樣，被其所有人依法支配（民765），故公寓大廈管理條例第7條本文規定，「共用部分」不得獨立使用供做專有部分，乃是對規劃各部分屬性者的基本限制。

（二）共有部分及基地

1. 基本規定及用語

民法第799條第2項後段規定：「共有部分，指區分所有建築物專有部分以外之其他部分及不屬於專有部分之附屬物。」區分所有建築物被區分而成的各部分，在物權關係上，可分為共有部分與專有部分，二者涇渭分明，不得作為專有部分者，即為共有部分。區分所有建築物如有附屬物，在該附屬物不具獨立性，而僅為該建築物的一部分（成分）時，由於其非為專有部分，當然為共有部分，其實無須再予以規定；如該附屬物係獨立於建築物之外，其本身即為獨立的所有權的客體，按理即非區分所有建築物的一部分（成分），即使是區分所有人共有，也是「共有物」，而非「共有部分」。

本條第1項規定專有部分所有人，「就該建築物及其附屬物之共同部分共有」，似認為該建築物及其附屬物係二個物，且均有其共同部分，並僅就其共同部分，有共有關係；就此而言，其實是以共同部分，為其共有部分，第2項對共有部分的定義，未與第1項完全配合，尚可改進。本書認為本條項的重

點，在建築物的各個部分，如非專有部分，即為共有部分，建築物的附屬物如非歸屬於特定的區分所有人，即應為全體區分所有人共有，其應有部分與「共有部分」的分配相同。

2. 建築物的附屬物的認定

由於區分所有建築物的附屬物，依上述規定，當然為區分所有人共有，在實務上，並未單獨辦理所有權第一次登記的地上物，如與該建築物有密切關係，即可能發生其是否為附屬物的爭議。

對此，最高法院於105年度台上字第1119號民事判決認為：按公寓大廈管理條例第53條規定，多數各自獨立使用之建築物、公寓大廈，其共同設施之使用與管理具有整體不可分性之集居地區者，管理及組織準用本條例之規定，其立法目的在便利共同事務之推展及自主性管理，至於該共同設施之所有權歸屬，仍應依民法及相關規定決之，尚不得僅因該共同設施由集居地區之區分所有人共用或管理，即推論其屬附屬物而為該區分所有人共有。次按基於所有權對物直接支配之特性，所有權之客體，自須具獨立性。所謂獨立性，並非物理上之觀念，而係社會交易之觀念，主要係依其使用方式或特定目的判斷之，倘具構造上之獨立性，並有獨立之經濟效益，即應認具獨立性。職是，附著於土地之工作物，如非土地之構成部分，且繼續附著於土地，而達一定經濟上目的，依社會交易觀念認其為獨立之物者，即屬民法第66條第1項所稱之定著物，而為獨立之不動產；否則，該工作物或屬動產，或為土地之一部分，或為其他定著物（例如建築物）之附屬物，而分別由該動產、土地或定著物之所有人取得所有權。又民法第799條第1項所稱之附屬物，或公寓大廈管理條例第3條第3款所稱之附屬建築物，係指附屬於區分所有建築物，效用上與其附屬之建築物具有一體之關係，無獨立經濟效益之建築物或設施而言；附著於土地之工作物究為獨立物或附屬物，應以該工作物現實存在之狀態判斷之。

故如自來水加壓站設置於秀岡山莊社區內，屬開發興建秀岡山莊社區自來水公共設施之一部分，秀岡山莊社區內需要之自來水，係接取台北自來水事業處之自來水，途經多段加壓揚水抵第八加壓站後，再依序加壓至各水池；社區內各戶供配水管網，則分別自各水池接出配水幹管，但系爭加壓站係秀岡公司為興建大台北華城，於68年至88年間所施作雜項工作物之一，為鋼筋混凝土造立體工作物，有構造上之獨立性；其具有貯水及加壓功能，有獨立之經濟效

益，雖其分別附著於如附表所示土地，但非屬土地之構成部分，屬土地上之定著物，爲獨立之不動產，於興建完成時即由起造人秀岡公司取得其所有權。依法律行爲而取得不動產物權者，非經登記，不生效力，此觀民法第758條第1項規定自明。系爭加壓站未辦理建物所有權第一次登記，東興公司不能以移轉登記方式取得其所有權，故系爭加壓站仍屬秀岡公司所有（107台上306）。

3. 應有部分的分配比例

區分所有建築物的區分所有人，在專有部分的所有權之外，對於共有部分須有其應有部分，作爲其共有人，對於建築物坐落的基地，也必須對於坐落的權源有應有部分，即亦應爲其共有人。至於各區分所有人的應有部分比例究爲若干，應有原則性之規範，俾供遵循，本條第4項乃規定：「區分所有人就區分所有建築物共有部分及基地之應有部分，依其專有部分面積與專有部分總面積之比例定之。但另有約定者，從其約定。」按理而言，對於共有部分與基地的坐落權源，區分所有人依法應爲共有，此種法定共有關係的成立，其標的物在法律上應有原則性的規定，本條項對其應有部分的分配，亦應爲原則性的規定，以使其與專有部分得爲合理的搭配。上述規定，在本條項施行以後，可以作爲區分所有建築物的所有權第一次登記的規範，但對於本條項施行以前已經建造完成，並辦理區分所有建築物的所有權第一次登記者，即無法適用，因此也形成不少新、舊法適用上的爭議。

實務上也認爲，區分所有乃就建築物而言，亦即就一建築物之特定部分（專有部分）各自得成爲單獨所有權之標的，該專有部分與其他該建築物專有部分所有人全體共有之共同部分組合而成爲一區分所有權。故一建築物得原始或繼受而由數人各自取得建物區分所有權，亦得由一人原始取得後就建築物爲區分所有權之登記（民799-2）。又建築物不能與其坐落基地分離，同一基地上各區分所有建物均應有相對應使用基地比例即應有部分（至區分所有建物與坐落基地應有部分之使用權源係基於所有權或地上權或租賃關係或使用借貸關係，爲別一法律問題），僅其應有部分究應如何計算？98年1月23日修正公布、同年7月23日施行之民法第799條第4項規定，除當事人另有約定外，應依區分所有建物專有部分面積與專有部分總面積之比例定之，此項原則性之規範於該條項修正施行前，本於公平正義、社會通念、誠實信用或事物之本然，亦均當如此，自應引爲法理而予適用。因此，建築物由一人原始取得而以區分所

有型態爲所有權第一次登記時，其各專有部分所屬共有部分及基地應有部分之分配，仍應按各專有部分面積與專有部分總面積之比例定之（101台抗788）。

4. 共有部分的認定

在舊法時期，區分所有建築物的各部分究竟應如何區分，並無明確規範，因此乃有數個特殊的現象：建築物的有些部分未經登記、共同部分被登記爲專有部分、共同部分未依專有部分的比例分配及登記、基地的坐落權源未依專有部分的比例分配及登記，如何認定系爭部分是否爲共有部分，頗有爭議。實務上認爲，樓梯間、電梯間、公共走廊、共用之排水空調設備、各種配線及配管設備等，都是共有部分。施設共用機電之管道間及其設備，係屬有固定使用方法，並屬區分所有人生活利用上不可或缺之共用部分，依公寓大廈管理條例第7條規定，非但不得獨立使用供作專有部分，且亦不得爲約定專用部分，應得認其爲法定（當然）共有（用）部分（101台上1834）。

最高法院在109年度台上字第927號民事判決中，認爲區分所有建築物之專有部分，係指區分所有建築物在構造上及使用上可獨立，且得單獨爲所有權之標的者；共有部分，指區分所有建築物專有部分以外之其他部分及不屬於專有部分之附屬物，固於98年1月23日修正民法第799條第2項時始明定，然揆其立法理由揭櫫：「區分所有權客體之專有部分，除須具有使用之獨立性外，並以具有構造上之獨立性爲必要，爰就此予以明定，以符物權客體獨立性之原則」，足見區分所有建築物之專有部分，原雖無規定，惟具備構造及使用之獨立性爲其事物本質，斯時始將要件及定義明文化而已。又有關區分所有建築物之專有部分及共有部分之（私權）爭議，法院有調查審認之職權，不受地政機關所爲專有、共有部分登記之拘束。系爭大樓建竣於61年間，系爭空間雖登記在甲所有系爭一樓建物所有權範圍，惟該空間位處車道進出口，原始即設計規劃爲連接地下層停車場，供車輛進出通行之車道，不具備構造及使用之獨立性，不符區分所有建築物專有部分之要件，應屬系爭大樓共用部分。

此外，在實例中，A大樓與B大樓共用樓梯間，且依同一建築執照同時興建，計有八戶區分所有建築物，對於A大樓上方屋頂平台上之增建物的性質，發生爭議。最高法院指出，大樓屋頂平台爲建築物之主要結構，係供作逃生避難之用，以維護建築之安全與外觀，性質上不許分割而獨立爲區分所有之客體，應由全體住戶共同使用，自係大樓各區分所有人之共有部分，縱未經登

記，仍不失其共有之性質。上揭二大樓之屋頂平台，倘係八戶區分所有人為逃生避難而共同使用，無從區分者，依民法第799條第1項、第2項上述規定，宜認為其屬於八戶區分所有人共有，不應因二大樓坐落之土地為不同地號，即謂各大樓之屋頂平台分屬各大樓之區分所有人共有（105台上294）。

5. 共有部分的測量與登記規則

　　民法第799條、第817條第2項關於共用部分及其應有部分雖設有推定之實體法原則規定，但為確保登記內容正確真實，關於規定不動產物權登記與測量程序之不動產物權登記程序法，就其登記程序自非不得為較具體之技術性規範。易言之，區分所有建築物之共用部分若尚未登記或有爭執者，區分所有人之權利固受民法上開規定之保障，然若辦理登記時，為求登記權利內容之詳實，則仍應依不動產物權登記程序法所設之登記程序為之。

　　內政部87年2月11日修正發布之地籍測量實施規則，於第279條第1項規定：「申請建物第一次測量，應填具申請書，檢附建物使用執照、竣工平面圖及其影本，其有下列情形之一者，並應依各該規定檢附文件正本及其影本：一、區分所有建物，依其使用執照無法認定申請人之權利範圍及位置者，應檢具全體起造人分配協議書。二、申請人非起造人者，應檢具移轉契約書或其他證明文件。」前者（第1款）係在建築物使用執照無從確定申請人之建築物區分所有權、共用部分之客體範圍及位置時，由建築物區分所有人全體依協議確認各該客體之權利範圍及位置，以確定各建築物區分所有權及共用部分分別共有之內容；後者（第2款），則係為確定建築物區分所有權如具有移轉原因後，其所有權之歸屬狀態，均在以之作為地政機關實施測量與登記時客觀明確之程序依據。

　　內政部84年7月12日修正發布之土地登記規則第75條第1款（90年修正為第81條第1款）規定：「區分所有建物之共同使用部分，應另編建號，單獨登記，並依左列規定辦理：一、同一建物所屬各種共同使用部分，除法令另有規定外，應視各區分所有權人實際使用情形，分別合併，另編建號，單獨登記為各相關區分所有權人共有。但部分區分所有權人不需使用該共同使用部分者，得予除外。」係在規定區分所有建築物共用部分之登記方法。至其所稱共同使用部分，應視各區分所有權人實際使用情形，登記為各相關區分所有權人共有之規定，乃在提供認定是否為區分所有建築物共用部分之準據，亦即係以該部

分之固有使用方法,性質上為建築物區分所有人利用該建築物所必要者而言。

關於上開各規定是否違憲的問題,司法院釋字第600號解釋謂:依土地法所為之不動產物權登記具有公示力與公信力,登記之內容自須正確真實,以確保人民之財產權及維護交易之安全。不動產包括土地及建築物,性質上為不動產之區分所有建築物,因係數人區分一建築物而各有其一部,各所有人所享有之所有權,其關係密切而複雜,故就此等建築物辦理第一次所有權登記時,各該所有權客體之範圍必須客觀明確,方得據以登記,俾貫徹登記制度之上述意旨。上開土地登記規則及地籍測量實施規則之規定,並未逾越土地法授權範圍,亦符合登記制度之首開意旨,為辦理區分所有建築物第一次測量、所有權登記程序所必要,且與民法第799條、第817條第2項關於共用部分及其應有部分推定規定,各有不同之規範功能及意旨,難謂已增加法律所無之限制,與憲法第15條財產權保障及第23條規定之法律保留原則及比例原則,尚無牴觸。

本號解釋的理由書亦指出:不動產包含土地及建築物,性質上為不動產之區分所有建築物係數人區分一建築物而各有其一部,各區分所有人不僅對其專有部分享有所有權,並對該建築物專有部分以外之其他部分及其附屬物亦即共用部分,依一定之應有部分而共有之(民法第799條、公寓大廈管理條例第3條第二、三、四款參照),而共用部分不僅因建築物結構、形式或功用之不同致其位置、範圍有異,且又因是否為全部區分所有人所共有,而有全部區分所有人之共用部分及部分區分所有人之共用部分之別;建築物區分所有人對各該所有權之客體,於物理上相互連接,在使用上亦屬密不可分,各所有人所享有之專有部分及共用部分,彼此間之權利關係密切而錯綜複雜。於辦理區分所有建築物第一次所有權登記時,各該所有權客體即專有部分及共用部分之範圍及位置等自須客觀明確,地政機關方得據以登記,俾貫徹登記制度之上述意旨。

6. 共有部分及基地不能分割

建築物區分所有人對於共有部分的共有關係,係依法成立,誠如前述,按理即不得任意予以分割。對此,司法院釋字第358號解釋的理由書指出:數人區分一建築物而各有其一部者,該建築物及其附屬物之共同部分,推定為各所有人之共有,民法第799條前段定有明文。各共有人得隨時請求分割共有物,但因物之使用目的不能分割者,不在此限,亦為同法第823條第1項所規定。該但書之立法意旨,乃在增進共有物之經濟效用,並避免不必要之紛爭。區分所

有建築物之共同使用部分，為各區分所有人利用該建築物所不可或缺，其性質屬於因物之使用目的不能分割之情形。土地登記規則第72條第2款及第3款規定，區分所有建築物之共同使用部分之所有權，應於各相關區分所有建築物所有權移轉時，隨同移轉於同一人，不得分割，亦在揭示同一意旨。內政部中華民國61年11月7日(61)台內地字第491660號函，關於太平梯、車道及亭子腳為建築物之一部分，不得分割登記之釋示，符合上開意旨，與憲法第15條及第23條尚無牴觸。

　　區分所有建築物就其基地的坐落權源，也屬於全體區分所有人應依法成立共有關係的範圍，公寓大廈管理條例第4條第2項規定，專有部分不得與其所屬建築物共用部分之應有部分及其基地所有權或地上權之應有部分分離而為移轉或設定負擔，可見區分所有人對於基地的坐落權源應屬共有，並不得請求分割。但在整體開發的大社區，建築物或社區與土地究竟應如何對應及對應的範圍如何決定？即發生爭議。

　　因為同條例第53條規定，多數各自獨立使用之建築物、公寓大廈，其共同設施之使用與管理具有整體不可分性之集居地區者，其管理及組織準用本條例之規定。依本條規定，整體社區對應的土地，似為「共同設施之使用與管理具有整體不可分性之集居地區」內的所有土地，而該條例施行細則第12條規定：「本條例第五十三條所定其共同設施之使用與管理具有整體不可分性之集居地區，指下列情形之一：一、依建築法第十一條規定之一宗建築基地。二、依非都市土地使用管制規則及中華民國九十二年三月二十六日修正施行前山坡地開發建築管理辦法申請開發許可範圍內之地區。三、其他經直轄市、縣（市）主管機關認定其共同設施之使用與管理具有整體不可分割之地區。」在實例中，最高法院即指出，法院准就系爭土地為裁判分割之前，應先判斷究竟系爭土地上有無共同設施，在使用及管理上是否具有不可分割之性質？（110台上244）

7. 基地應有部分的優先購買權

　　依上述規定，建築物區分所有人對於共有部分與基地的共有應有部分，都是配合其所屬的區分所有建築物，但在舊法時期，土地與建築物的所有權係依民法第66條第1項予以分離，並非完全對應，更遑論與專有部分的對應及配合，在實務上乃發生在事後應如何去找尋對應的建築物及土地的問題。

　　民法物權編施行法第8-5條第3項規定，民法物權編修正施行前，區分所有

建築物之專有部分與其所屬之共有部分及其基地之權利,已分屬不同一人所有或已分別設定負擔者,建築物之基地有分離出賣之情形時,專有部分之所有人無基地應有部分或應有部分不足者,於按其專有部分面積比例計算其基地之應有部分範圍內,有依相同條件優先承買之權利,其權利並優先於其他共有人。在實例中,第一排至第三排連棟建物的區分所有人,主張本條項規定的優先購買權。最高法院認為,所稱「專有部分之所有人」,係專指區分所有建築物所有人中就區分所有建築物之基地尚無應有部分或雖有應有部分,惟其應有部分不足其按專有部分面積比例計算所應有之權利者而言(參見其立法理由四)。其立法目的在使同一區分所有建築物之區分所有人間,共有部分或基地之應有部分符合修正之民法第799條第4項規定之比例。以故,區分所有人依前開規定主張優先承買權時,所稱「基地」及計算基地之「應有部分範圍」等,應依專有部分所屬建築物坐落之基地定之(102台抗969)。

因此,上開各排建物建築之初雖係整體規劃興建,並由前台北縣政府合併核發一紙使用執照,然關於優先承買權行使之範圍,應以各該建物間是否具有構造上、使用上整體不可分性為斷。系爭三排建物間雖有通道相連,然該通道性質上與陽台相當,僅為各排建物之附屬建物,各排建物已因坐落基地辦理分割為獨立各宗土地而各自獨立,彼此間除通道外並無任何地面或地下構造物連接,各排建物之梯間、通道亦僅與該排建物具有使用上之不可分性,非供全體住戶共同使用,其構造上、使用上已具獨立性。該三排建物並非一個區分所有關係,而係三個區分所有建物,各建物所有權人優先承買權行使之範圍,應以各排建物各自之區分所有關係為限,其專有部分總面積(分母)亦應以各排各戶全部專有部分合計面積為準。復因民法物權編施行法第8-5條第3項之立法目的,係為貫徹建物與基地同屬一人所有之目的。區分所有人所屬建築物如為第一排建物,對於與第一排建物並無構造上、使用上之不可分性的基地,如得優先承買,將排擠第二排、第三排建物所有權人取得其建物坐落基地或法定空地,除使產權益形複雜外,民法物權編施行法第8-5條第3項規定建物與基地同屬一人所有之立法目的更無以貫徹。

8. 未登記的土地坐落權源

在舊法時期,區分所有建築物就其基地的坐落權源,未強制依比例配置給各個專有部分,也無法適應處分上一體性的規則,固如前述,因此,坐落權

源有時只是原始建築者與土地所有人間協議的分管契約。例如在實例中，土地原為甲所有，乙於興建系爭建物時，已取得系爭土地地主甲出具之土地使用權證明書，同意在該土地上興建建物，約定由甲、乙各分得4至6層、1至3層建物，地下室部分則各二分之一，後來系爭建物第一次登記時，系爭建物各區分所有人並非均為系爭土地之共有人，發生應配賦之應有部分短少者，是否應返還不當得利的爭議。最高法院在實例中認為，分管契約係共有人全體就共有物之全部劃定範圍，各自使用、收益或管理共有物特定部分之契約，依修正前民法第820條第1項規定，應由共有人全體共同協議訂定之，如甲於出具該證明書同意建屋時，對嗣後系爭建物各區分所有人之土地配賦情形，並未知悉亦非可得知悉時，系爭建物完成後，亦無如區分所有人有應配賦系爭土地應有部分不足者，仍有權逾越其應有部分使用收益該土地之表示，即不能僅因其曾出具該證明書，即謂系爭土地所有權人已有區分所有人無論取得系爭土地應有部分多寡，就逾越其應有部分使用收益系爭土地，均非無法律上原因之協議存在（109台上2266）。

（三）處分上的一體性

1. 基本原理及規定

區分所有建築物被區分而成的各部分，即專有部分與共有部分，均為所有權的客體，但區分所有人就專有部分有單獨的所有權，就共有部分與其他區分所有人共有。此外，區分所有人對建築物坐落基地的權源，也成立共有關係，並各有其應有部分。因此，區分所有人所支配的標的物，包含專有部分、共有部分及基地，即有三個物權，只是就專有部分有單獨的所有權，就共有部分與建築物坐落基地的權源，僅有共有人的應有部分。

上述三個客體，對於區分所有人而言，為維持法律關係的長期安定，有視為一個不可分離的整體的必要，即區分所有人讓與其專有部分的所有權時，必須將所有附屬於該專有部分所有權的其他物權，即其對共同部分及基地坐落權源的應有部分，視為處分上的一個整體，以求規範精神之貫徹並避免法律關係之複雜化。為確立上述三個物權的處分上的一體性或不可分性的法制，民法於第799條第5項乃重述公寓大廈管理條例第4條第2項，而規定：「專有部分與其所屬之共有部分及其基地之權利，不得分離而為移轉或設定負擔。」

本條項的立法理由指出，所屬之共有部分，僅指區分所有建築物之專有部分所配屬之共有部分，例如游泳池、網球場等公共設施。但「其基地」如發生爭議，亦宜依前述說明，確定建築物所對應的基地的範圍。由於在區分所有權的內容配屬妥當後，各區分所有人的權利，除專有部分的所有權之外，對於其為共有人的共有部分及基地權利，亦各有搭配其專有部分的應有部分，此處所謂「所屬之共有部分及其基地之權利」，乃是指專有部分就此等權利，依其比例計算的「所屬應有部分」而言。

2. 實務見解

(1) 溯及既往

民法本條項是以「不得分離而為移轉或設定負擔」禁止規定的形式，規定處分上一體性的規則，如將專有部分與所屬之共有部分及其基地之權利，分離而為移轉或設定負擔，即違反禁止規定，應屬無效（民71）。本條項為民法舊法所未規定者，其內容雖重述公寓大廈管理條例第4條第2項規定，其適用得否溯及既往，非無疑義。但實務上認為其規定乃是舊法的法理，即使應適用舊法的舊建築物的法律關係，亦應以法理的地位，而適用此一規定的精神（101台上1834），甚至也認為在公寓大廈管理條例第4條第2項施行以前，民法即已有此一法理，土地與建築物的的專有部分，亦不得分離而為移轉或設定負擔（91台上36）。

(2) 離開土地的房屋

在實例中，甲為建設公司，乙為地主，雙方協議合建大樓出售，丙於民國81年3月31日向甲購買在乙之A地上興建之B屋（大樓之一戶），並向乙購買系爭房屋坐落之A地之應有部分，房屋及土地之價金各為新台幣386萬5000元。丙支付土地之部分價金後，乙於81年6月4日即將A地之應有部分移轉登記與丙。嗣丙於82年4月16日將B屋預定買賣契約書之買受人變更為丁，丁並支付部分房屋之價金。84年6月28日公寓大廈管理條例公布施行後，甲仍未將B屋所有權移轉登記與丁，乙亦未付清土地尾款，且依該條例第4條規定，甲不能將B屋所有權單獨移轉登記與丁。甲、乙不甘損失，分別請求丙、丁給付土地及房屋尾款，彼此發生爭執。

最高法院則認為，本件甲、乙既係合建房屋，丙最初分別與甲及乙訂立系爭房屋預買契約及系爭土地預買契約，即係欲達成區分所有建物與基地應有

部分之「互有關係」，故其後丙、丁與甲、乙三方同意，單就系爭房屋之買受人由丙變更為丁，而不及於系爭土地之應有部分，其變更契約之效力是否有效存在，並非無疑，並提出下列具體見解：「按房屋不得離開土地而存在，故區分所有建物所有人必須依其所有建物面積占全部相關區分所有建物之總面積之比例取得建物所在土地之應有部分額而與全體區分所有建物之所有人共有該土地，此項區分所有建物與土地應有部分間之關係，性質上係屬互有，不得分開處分。84年6月28日公布施行之公寓大廈管理條例第4條第2項規定，區分所有建物之專有部分不得與其所屬建築物共同使用部分之應有部分及其基地所有權或地上權之應有部分分離而為移轉或設定負擔，僅係將既有之法理予以明文化而已，不因有無此項規定而有所不同」（91台上36）。

(3)本書淺見

其實，處分上一體性的原則的適用前提，是各區分所有人的專有部分，均已依法律的比例，配置其所屬之共有部分及其基地之權利，為維持法律關係的長期安定，乃予以固定化，規定三個權利在處分上具有一體性或不可分性。對於在舊法時期建築及登記的區分所有建築物，如其專有部分並未依法律規定的比例，就其所屬之共有部分及其基地之權利，配置合理的應有部分，或根本未配置共有部分及其基地之權利時，此項處分上一體性的規則的適用，即可能限制相關權利的重新調整與配置，而產生不合理的結果。

處分上一體性的最重要條件，是專有部分及其所屬之共有部分及其基地之權利，應屬於同一人所有，而在本條例施行以前，並非舊有的區分所有建築物都具備這種條件。最高法院上述見解認為本條例施行以前已經有相同的法理，與當時法律規定容許房屋及土地的所有人互異的情形相左，也與當時有關區分所有建築物的登記規則的規定不符。依據法律行為時的法律規定，本件系爭B屋的買賣契約原來即與土地買賣契約彼此獨立，而且具有可讓與性，再加上A地之應有部分先移轉給丙，丙、丁之間讓與該買賣契約之行為，應認為有效，本條例第4條第2項後來的制定施行，已是在該法律行為生效之後，原則上應不影響該法律行為的效力，所以無論該B屋買賣契約，是否轉換為買賣B屋及A地應有部分的契約之一部分，丁似均不得否認其為B屋買賣契約的買受人。

本書認為類似上述的情形，如處分上一體性的原則不宜適用，實務上應正視土地及其上之建物係屬不同權利客體，得分別讓與的原則及法制環境。例如

在實例中，甲向乙購買區分所有建築物的一樓、二樓及對應之土地持分，乙未依約給付一樓房屋坐落土地之應有部分，僅二樓有對應之土地持分；最高法院即指出，土地及其上之建物係屬不同權利客體，建物所有人如同為坐落基地之土地共有人，其使用之土地，苟超出其土地應有部分比例者，亦不能認建物之特定部分有使用土地之正當權源，其餘建物部分係無權使用，僅能就超出行使權利比例範圍，依相關法律關係資以解決（99台上1357）。

三、區分所有人的規約及約定

（一）規約的作用

1. 約定專有部分供共同使用

　　區分所有人在許多方面都是利害與共，其間所訂定的規約，乃是許多權利義務的重要規範。民法也特別規定有些權利義務的調整，應以規約約定，始為有效。例如第799條第3項規定：「專有部分得經其所有人之同意，依規約之約定供區分所有建築物之所有人共同使用；共有部分除法律另有規定外，得經規約之約定供區分所有建築物之特定所有人使用。」換言之，區分建築物之專有部分，本應由其所有人自由使用及收益，但如經其所有人同意後，得依規約變更其目的，約定供共同使用。

　　對上述約定，公寓大廈管理條例第33條第1項第1款、第23條第2項規定，專有部分經依區分所有權人會議約定為約定共用部分者，應經該專有部分區分所有權人同意；約定共用部分之範圍及使用主體，非經載明於規約者，不生效力。又區分所有權之繼受人，應於繼受前向管理負責人或管理委員會請求閱覽或影印第35條所定文件，並應於繼受後遵守原區分所有權人依本條例或規約所定之一切權利義務事項，同條例第24條第1項亦定有明文。

　　最高法院在實例中指出，區分所有權人專有部分建物雖得約定共用（或稱規約共用），但應於規約訂明，始得對抗該約定共用部分之繼受人。如系爭會議決議系爭專有部分供作共用走道使用，未載明於規約，亦無專有部分約定供區分所有權人共同使用、約定共用部分範圍及使用主體等項之記載，專有部分的受讓人即不受該決議之拘束（107台上1845）。

2. 約定共有部分供專用

區分所有人對於共有部分，雖有應有部分，但不得對其任何部分爲排他對使用，但如在規約載明，即得依規約，約定由特定所有人使用。此等規定的目的，在符合物盡其用之旨，但如其他法律對於共有部分之約定使用，有特別規定者，應從其規定。

上述規約的約定，仍受法律之限制，例如公寓大廈管理條例第7條但書即規定，下列各款除不得供做專有部分外，並不得爲約定專用部分：「一、公寓大廈本身所占之地面；二、連通數個專有部分之走廊或樓梯，及其通往室外之通路或門廳；社區內各巷道、防火巷弄；三、公寓大廈基礎、主要樑柱、承重牆壁、樓地板及屋頂之構造；四、約定專用有違法令使用限制之規定者；五、其他有固定使用方法，並屬區分所有權人生活利用上不可或缺之共用部分。」司法實務上對於公共廁所是否爲上述各款之一，認爲乃是其得否約定爲專用部分之關鍵（102台上103）。

3. 約定修繕費及其他負擔

此外，第799-1條第1項規定：「區分所有建築物共有部分之修繕費及其他負擔，由各所有人按其應有部分分擔之。但規約另有約定者，不在此限。」本條項就共有部分之修繕費及其他負擔，不採「按區分所有人專有部分之價值」負擔之原則，而規定原則上按應有部分比例分擔，但規約如另有約定，則依其約定。第2項規定：「前項規定，於專有部分經依前條第三項之約定供區分所有建築物之所有人共同使用者，準用之。」本項係因爲該專有部分的所有權，雖然歸屬於特定的區分所有人，但其既然已經被約定供全部區分所有人共同使用，其修繕費及其他負擔，即原則上應與共有部分，採用相同的分擔原則，但規約如另有約定，則依其約定。

公寓大廈管理條例第10條第2項規定，共用部分、約定共用部分之修繕、管理、維護，由管理負責人或管理委員會爲之。其費用由公共基金支付或由區分所有權人按其共有之應有部分比例分擔之。但修繕費係因可歸責於區分所有權人或住戶之事由所致者，由該區分所有權人或住戶負擔。其費用若區分所有權人會議或規約另有規定者，從其規定。實務上認爲，準此，規約就共用部分或約定共用部分之管理維護費用定有規定者，應從其約定，管理委員會並無決議之權限（106台上1510）。

以公共電費及管理費爲例，其乃大樓共用部分管理、維護之費用，依上述規定，固應由公共基金支付或由區分所有權人按其共有之應有部分比例分擔之，但如區分所有人的前手由未支付的負擔額，如何處理，頗有疑義。最高法院在實例中指出，應依民法第826-1條第3項規定，即共有物應有部分讓與時，受讓人對於讓與人就共有物因使用、管理或其他情形所生之負擔連帶負清償責任。至於公寓大廈管理條例第24條第1項規定：「區分所有權之繼受人，應於繼受前向管理負責人或管理委員會請求閱覽或影印第三十五條所定文件，並應於繼受後遵守原區分所有權人依本條例或規約所定之一切權利義務事項」，僅係課繼受人於繼受前閱覽或影印相關文件及繼受後遵守該條例或規約之義務，非謂繼受人應承擔前手因共有物管理所積欠債務（106台上1737）。

（二）規約的有效性

規約對於區分所有建築物及其基地之管理、使用等事項，是由區分所有人以決議的方式決定，對於全部區分所有人均有拘束力，爲避免某些區分所有人雖表示不同意，仍無法阻止或改變決議之作成，因此而受不公平待遇，尤其如有顯失公平之情事，宜有救濟之途徑。故第799-1條第3項規定：「規約之內容依區分所有建築物之專有部分、共有部分及其基地之位置、面積、使用目的、利用狀況、區分所有人已否支付對價及其他情事，按其情形顯失公平者，不同意之區分所有人得於規約成立後三個月內，請求法院撤銷之。」立法理由指出，規約之約定是否有顯失公平情事，須就各項具體因素及其他相關情形綜合予以斟酌，以爲判斷之準據；至所謂不同意之區分所有人，包括自始未同意該規約約定或未參與其訂定者在內。

（三）規約的拘束力

關於規約及其他約定的拘束力，民法第799-1條第4項規定：「區分所有人間依規約所生之權利義務，繼受人應受拘束；其依其他約定所生之權利義務，特定繼受人對於約定之內容明知或可得而知者，亦同。」本條項的立法理由指出，區分所有建築物之各區分所有人因各專有該建築物之一部或共同居住其內，已形成一共同團體。而規約乃係由區分所有人團體運作所生，旨在規範區

分所有人相互間關於區分所有建築物及其基地之管理、使用等事項，以增進共同利益，確保良好生活環境為目的，故區分所有人及其繼受人就規約所生之權利義務，依團體法法理，無論知悉或同意與否，均應受其拘束，方足以維持區分所有人間所形成團體秩序之安定。至區分所有人依其他約定所生之權利義務，其繼承人固應承受，但因非由團體運作所生，基於交易安全之保護，特定繼受人僅以明知或可得而知者為限，始受其拘束，爰增訂第4項。又所謂繼受人包括概括繼受與因法律行為而受讓標的之特定繼受人在內；區分所有人依法令所生之權利義務，繼受人應受拘束乃屬當然，無待明文。

在實例中，最高法院認為民法第799-1條第4項的上述規定，雖係於98年7月23日修正施行，但其合於區分所有權之性質，且特定繼受人明知或可得而知始受其他約定之拘束，對特定繼受人保障亦屬合理，是於該規定施行前發生之事實，非不得以之為法理而予以適用。如特定繼受人對區分所有人間依其他約定所生之權利義務，明知或可得而知，則依民法第799-1條第4項後段之法理，即應受該約定之拘束（101台上1834、106台上1040）。

本條項關於規約的上述規定，與公寓大廈管理條例第24條下列規定的意旨近似：「區分所有權之繼受人，應於繼受前向管理負責人或管理委員會請求閱覽或影印第三十五條所定文件，並應於繼受後遵守原區分所有權人依本條例或規約所定之一切權利義務事項。」「公寓大廈專有部分之無權占有人，應遵守依本條例規定住戶應盡之義務。」「無權占有人違反前項規定，準用第二十一條、第二十二條、第四十七條、第四十九條住戶之規定。」

（四）共有部分的分管契約

民法原來對於規約並無明文規定，公寓大廈管理條例的相關規定施行後，規約才確立其法律效力。在該條例以前，實務上認為共有部分的管理，應以民法第820條規定以分管契約約定之，並以司法院釋字第349號解釋，決定其拘束力。

關於規約與前此所訂分管契約的關係，實務上認為二者均屬有效：「公寓大廈管理條例係於84年6月28日公布，同年月30日施行，該條例施行之前，倘系爭大樓地主、建商與各承購戶，就屬地下室作為停車場之管理範圍，訂有分管之約定，此應解該大樓共有人已默示同意成立分管契約，為維持共有物管理

秩序之安定性，若受讓人知悉有該分管契約，或有可得知之情形，仍應受分管契約之約束。該分管契約倘未經全體共有人之同意終止，自不因公寓大廈管理條例施行後區分所有權人會議決議另訂規約而失其效力」（102台上1279）。

　　分管契約是區分所有人意思表示合致的結果，最高法院在實例中認為，意思表示有明示及默示之分，前者係以言語文字或其他習用方法直接表示其意思，後者乃以其他方法間接的使人推知其意思。至若單純之沈默則與默示之意思表示不同，除有特別情事，依社會觀念可認為一定意思表示者外，不得即認係默示之意思表示。又公寓大廈等集合住宅之買賣，建商與各承購戶約定，公寓大廈之共用部分由特定共有人使用，除別有規定外，固可認為共有人間已合意成立分管契約，他共有人嗣後將其應有部分讓與第三人，除有特別情事外，其受讓人對於分管契約之存在，通常即有可得而知之情形，而應受分管契約之拘束。反之，如建商與各承購戶未有共用部分由特定共有人使用之約定，而逕將共用部分違規加建，交由特定共有人使用時，自不得僅因承購戶買受房地未有異議，即推論默示成立分管契約（105台上445）。

　　至於分管契約的成立方式，也可以經由相同的第三人為媒介，在各別的買賣契約之中予以約定。實務上認為，契約固須當事人互相表示意思一致始能成立，但所謂互相表示意思一致，不限於當事人直接為之，其經第三人為媒介而將當事人互為之意思表示從中傳達而獲致意思表示一致者，仍不得謂契約未成立。公寓大廈之買賣，建商與各承購戶分別約定，該公寓大廈之共有部分或其基地之空地由特定共有人使用者，除別有規定外，應認共有人間已合意成立分管契約。倘共有人已按分管契約占有共有物之特定部分，他共有人嗣後將其應有部分讓與第三人，除有特別情事外，其受讓人對於分管契約之存在，通常即有可得而知之情形，而應受分管契約之拘束（91台上2477、96台上2025）。

　　（延伸閱讀：陳榮傳，「建商與預售屋承購戶所訂分管契約的效力——由最高法院九六年台上字第二○二五號判決談起」，台灣本土法學雜誌，第105期（2008年4月），第242頁至第247頁。）

　　依據上述原則，最高法院在後來的實例中也指出，公寓大廈之買賣，建商與各承購戶分別約定，該公寓大廈之共用部分由特定共有人使用者，除別有規定外，應認共有人間已合意成立分管契約，區分所有權人應受該約定之拘束。如共有部分係停車場，登記為該建物內所有汽車停車位買受人分別共有，該全

體共有人已約定依買賣契約所定內容管理使用該建物，則買受該建物內停車位，而取得該建物應有部分者，即嗣後繼受其權利而共有該應有部分者，均應依其約定內容使用建物，即除防空避難外，應依通常使用其停車位之方法使用系爭車道，尚不得以其為建物之共有人，即謂其停放於其他建物之車輛亦得使用系爭車道（108台上445）。

（五）大樓屋頂加蓋的增建物

在舊法時期，共用部分可能被登記為專有部分，共有部分未必均經依法登記，共有部分的使用限制在法律未完全明確予以規定，使用方法係以分管契約約定而非以規約為之，如相關爭議在新法時期涉訟，法律適用的問題相當複雜。

1. 屋頂平台及「頂加」的法律性質

最高法院在109年度台上字第898號民事判決中指出，所有權之標的物須具獨立性，數人區分一建築物而各有其一部分，必須該被區分之部分在構造上及使用上均具有獨立性，始得作為建築物區分所有權之客體成立區分所有權，就專有部分以外之建築物部分，即共同部分，其與區分所有部分，在使用目的上有密不可分之關係，不得與區分所有建物分離，而個別成為單獨所有權之客體，依修正前民法第799條前段規定，推定其為各區分所有人所共有，且附屬於區分所有建物。未經共有人協議分管之共有物，依修正前民法第820條規定，須徵得共有人全體之同意，始得對於共有物之特定部分占用收益，否則即屬侵害他共有人之權利，他共有人得本於所有權除去其妨害。系爭屋頂突出物雖具構造上之獨立性，但其建築之初係供A大廈專有部分水箱、機械房之用，為A大廈附屬物之共同部分，不得成為單獨所有權之標的。

最高法院在104年度台上字第1011號民事判決中也指出，區分所有之公寓大樓，所有權之客體，可分為專有部分及共有部分，其屋頂平台屬該建物之一部，且係為維護大樓之安全與外觀所必要，性質上不許分割而成為專有部分，應由全體住戶共有使用，屬該大樓之公用部分。依民法第799條規定，應推定為大樓各區分所有人之共有，縱未經登記，仍不失其共有之性質。依大樓之使用執照可知，建物第一次登記範圍以該建物之全棟為準，故登記範圍應係區分所有建物之完整結構及其所形成之空間，未列明在建物登記簿及測量成果圖內

之牆面、樑柱、樓地板、頂樓屋頂平台等，仍包含於建物第一次登記範圍內。系爭增建物所占用之系爭屋頂平台，本爲頂樓屋頂平台，結構上與整棟建物並不可分，並非獨立或附屬之建物，無從以獨立之不動產視之，自無所謂須經登記之問題，與其他樓層平台（如露台、陽台）、突出物，或電梯間、發電機室、變電室等建物共用部分，均係結構上獨立、另有建物登記不同。頂樓之屋頂平台屬建物之一部分，已隨同建物辦理登記，本無所謂須另外辦理登記，不得認屬未登記之不動產。

2. 屋頂平台的約定專用

屋頂平台的問題在民法上無特別規定，早期偶有將「屋頂突出物」登記爲專有部分之例，但公寓大廈管理條例已增訂明文。例如第7條第3款規定「屋頂之構造」，爲「公寓大廈共用部分」，「不得獨立使用供做專有部分」，「並不得爲約定專用部分」；第8條第1項、第2項規定公寓大廈「樓頂平台」之「變更構造、顏色、設置廣告物、鐵鋁窗或其他類似之行爲，除應依法令規定辦理外，該公寓大廈規約另有規定或區分所有權人會議已有決議，經向直轄市、縣（市）主管機關完成報備有案者，應受該規約或區分所有權人會議決議之限制」、「住戶違反前項規定，管理負責人或管理委員會應予制止，經制止而不遵從者，應報請主管機關依第四十九條第一項規定處理，該住戶並應於一個月內回復原狀。屆期未回復原狀者，得由管理負責人或管理委員會回復原狀，其費用由該住戶負擔。」

由該條例上述條文可知，屋頂平台的法律性質爲共用部分，不得作爲專有部分，也不得約定爲專用部分，其使用方式受到諸多限制。不過，在該條例施行（民國84年）前已建造完成，並辦理區分所有權登記的大樓，因已依民法的一般原則辦理登記及成立使用權的約定，依法律不溯及既往的原則，自無適用上述禁止規定之餘地。此外，該條例第55條第2項規定，本條例施行前已取得建造執照之公寓大廈，其區分所有權人會議訂定規約前，「以第六十條規約範本視爲規約。但得不受第七條各款不得爲約定專用部分之限制。」故如區分所有人係在舊法時期對於屋頂平台取得專用權，無論是以分管契約或住戶大會之決議決定，均不得認爲違反該條例第7條而無效。

不過，對於屋頂平台取得專用權的區分所有人，得否在屋頂平台上增建屋頂突出物？仍值得探討。對此，公寓大廈管理條例第9條第2項、第3項規定：

「住戶對共用部分之使用應依其設置目的及通常使用方法爲之。但另有約定者從其約定。」「前二項但書所約定事項，不得違反本條例、區域計畫法、都市計畫法及建築法令之規定。」在該條例施行前，最高法院即於82年度台上字第1802號民事判決指出：「區分所有人就共有部分有專用權者，仍應本於共有物本來之用法，依其性質、構造使用之，且無違共有物之使用目的始爲合法。」

屋頂平台，依建築設計既屬平台，自應保持平台之原狀而爲使用，始得謂本於共有物本來之用法，依其性質、構造而爲使用，且依該判決意旨，購買頂層之區分所有人，縱所付價金較他屋買受人爲高，因對屋頂平台享有專用權，代價已屬相當，應認不得任意加蓋違建而破壞建物原始設計及整體景觀。本書認爲，依上述判決意旨，區分所有人如就屋頂平台享有專用權，仍不得增建或保留屋頂突出物，即使大樓之住戶大會作成免予拆除之決議，在沒有具體違反之強制或禁止規定的情形下，亦應認爲牴觸上述判決所揭示的公序良俗，而爲無效（民72）。

（延伸閱讀：陳榮傳，「大樓屋頂加蓋的增建物」，月旦法學教室，第187期（2018年5月），第12頁至第14頁。）

四、正中宅門的使用

（一）基本規定與立法理由

民法第800條規定：「第七百九十九條情形，其專有部分之所有人，有使用他專有部分所有人正中宅門之必要者，得使用之。但另有特約或另有習慣者，從其特約或習慣。」「因前項使用，致他專有部分之所有人受損害者，應支付償金。」本條於民國18年的規定係得「使用他人正中宅門」，細繹其立法理由（其將區分所有人稱爲共有人），似係認爲各區分所有人得自由使用其專有部分，但不得使用其他區分所有人的專有部分，而建築物之正中宅門爲共有部分，其一部分的區分所有人有使用之必要者，即得使用之；若各區分所有人另有特約或另有習慣，則應從其特約或習慣，以適合當事人之意思，否則一部分之區分所有人於必要時，仍得使用正中宅門，惟其使用之時，致其他所有人受損害者，須擔負支付賠償金之責任。故舊法「他人正中宅門」，似係指「與他人共有之建築物正中宅門」而言，但新法將「他人」修正爲「他專有部分所

有人」，似與原條文的意旨偏離，區分所有人得「使用他專有部分所有人正中宅門」，對他專有部分所有人就其自己的正中宅門，似亦形成過度的干涉。

（二）實務見解

在舊法時期，實務上已認為本條適用於「數人區分一建築物而各有其一部者」之情形，樓房之分層所有，即屬其情形之一種，其正中宅門，雖非共同部分，仍有本條之適用，至本條所謂有使用他人正中宅門之必要者，係指依客觀事實，有使用之必要者而言，如非使用他人之正中宅門，即無從通行出外者，自包含在內。例如系爭房屋為二層樓水泥磚造房屋，前門騎樓外即為馬路，屋後與鄰宅毗連無空隙，捨樓下正中宅門外，無法通行，亦無法另闢通道，即得使用之（52台上1056）。

最高法院在新法時期的實例中也指出，依民法第800條第1項本文規定，得請求使用他人正中宅門者，限於同法第799條區分所有建築物之情形。所謂區分所有建築物者，係指數人區分一建築物而各專有其一部，就專有部分有單獨所有權，並就該建築物及其附屬物之共同部分共有之建築物（民法第799條第1項規定參照）。倘為不同建號之建物，而無共有之共同部分者，並非區分所有建築物，即無民法第800條規定之適用。又民法第800條第1項規定之必要使用權，對於住宅性質之他專有部分所有人而言，除負有正中宅門使用之容忍義務外，更須容忍私生活領域之干擾，自不宜過度擴張適用範圍（105台上782）。

第四項　違章建築物

一、意義及性質

違章建築物一般簡稱為違章建築，是指違反法規而建造的建築物。違章建築違反建築法規的事實，並未使其喪失作為物權客體的特性，因為其乃民法第66條第1項規定的定著物，仍然具備法律上的特定性或獨立性，得繼續作為所有權的客體。違章建築的原始建築者，依法理即取得其所有權，但該違章建築無法辦理所有權第一次登記，無法辦理後續的處分登記。有的違章建築是未經允許，建築在他人的土地上，除了在行政法上可能被政府強制拆除外，私法上

也會面臨土地所有人請求拆屋還地的問題。

二、實務上的問題

違章建築具有不動產的性質，實際上可以使用，雖然具有上述被強制拆除或請求拆除的風險，但社會上仍不乏以其作為交易客體之例。但從民法的角度來看，違章建築的買賣涉及債權行為及物權行為，實務上至少應注意下列問題：買賣契約是否有效？違章建築所有人得否讓與其物權？如不得讓與物權，是否有其他權利可讓與？如果有其他可讓與之權利，該權利的交易應如何適用法律？對於上述實務上問題，現行法律並無明文規定，惟司法實務已經形成若干重要的見解。

（一）買賣契約之效力

對於買賣契約是否有效的問題，最高法院認為，違章建築物雖為地政機關所不許登記，但非不得以之為交易之標的，原建築人出賣該建築物時，即負有交付其物於買受人，並移轉所有權於買受人之義務，雖然該房屋係違章建築不能辦理移轉登記，仍有交付違章建築的義務。違章建築的原始建築人，無須登記，即取得所有權（民759），如已移轉違章建築的權利給受讓人，仍應對其負擔保責任，俾能排除侵害以保全其權利（50台上1236）。

（二）原始建築人的所有權

對於違章建築所有人得否讓與其物權的問題，由於違章建築的物權為不動產物權，依民法第758條第1項規定，非經登記，其法律行為不生效力，而違章建築無法登記，目前實務上仍無解決的方案。根據此項見解，如違章建築物所有人甲出售其違章建築給乙，因未為所有權移轉登記，依法既無從發生物權移轉之效力，則該屋所有權即一直屬於甲，如無變通辦法，甲將得訴請判決確認其為所有人，對乙及乙的債權人並不公平，故最高法院早期即認為，解決其訴之有無理由，應以其就系爭屋有無出賣之事實為衡，如該屋由乙買受有年，則甲既負有交付其物於買受人之義務，對於該屋即無權利可言，其竟利用買受人不能登記之機會，事後又起訴為確認該屋屬己之請求，自屬無可准許（48台上

1812）。爲確保交易之安全，在訴訟法上，最高法院認爲此種情形，即屬所謂無即受確認判決之法律上利益，應予駁回（48年12月8日民刑庭總會決議）。

（三）違章建築的事實上處分權

1. 與違章建築所有權並存

對於基地有坐落權源的違章建築，原始建築人的所有權未經登記，後來的受讓人也未登記，一般民眾認爲受讓人雖應承擔一定的風險，但甚難理解其所有權爲何一直歸屬於原始建築人？更何況，原始建築人可能已不認爲自己是所有人，縱使承認其爲所有人，所有人亦欲主張權利，但依上述實務見解，其所有權已無何作用。最高法院因此認爲，違章建築之讓與，雖因不能爲移轉登記而不能爲不動產所有權之讓與，但受讓人與讓與人間如無相反之約定，應認爲讓與人已將該違章建築之事實上處分權讓與受讓人（67年度第2次民事庭庭長會議決定）。

2. 獨立於所有權之外

從實用的角度來看，前述見解至少承認違章建築的受讓人，可以因讓與人交付違章建築，而取得某種權利，並稱爲事實上處分權。不過，所有人對其所有物得自由爲事實上處分，此乃所有權的權能的一部分，能否將其認定爲獨立的權利，而單獨讓與給違章建築受讓人？事實上處分權得否適用保護權利的侵權行爲規定？在理論上非無疑義。前述讓與人得將違章建築之事實上處分權，讓與受讓人的實務見解，藉由其得單獨讓與的立場，似未明示其爲獨立的權利。

但在關於違章建築的事實上處分權的保護，究竟應依民法第184條第1項前段或後段，即應以權利或利益予以保護的問題上，最高法院已經認定其爲該條項所稱之權利。最高法院指出，第184條第1項前段所稱之權利，係指既存法律體系所明認之權利；所謂既存法律體系，應兼指法典（包括委任立法之規章）、習慣法、習慣、法理及判例；受讓未辦理所有權第一次登記之建物，受讓人雖因該建物不能爲所有權移轉登記，而僅能取得事實上處分權，但該事實上處分權，具占有、使用、收益、事實上處分及交易等支配權能，長久以來爲司法實務所肯認，亦爲社會交易之通念，自屬民法第184條第1項前段所稱之權利。事實上處分權被侵害者，即得依上開規定請求損害賠償。加害人侵奪建物

事實上處分權之占有，或違反返還占有之作爲義務，而構成對於不動產事實上處分權之不法侵害，被害人如主張其損害爲占有本身，而請求加害人返還占有以回復原狀時，因是項損害於加害人爲該侵權行爲時，即已確定，自應以請求權人知悉其受該占有損害內容及賠償義務人時，起算其時效，尚不得因加害人持續占有，而謂該占有本身之損害亦不斷漸次發生（106台上187）。

3. 事實上處分權的處分及歸屬

事實上處分權依上述見解，「乃具占有、使用、收益、事實上處分及交易等支配權能之權利」，其內容堪比所有權，也發生另一個問題：事實上處分權是否爲物權？本書認爲應採否定說，因爲違章建築爲不動產，事實上處分權如爲物權，其讓與即應適用民法第758條第1項關於不動產物權行爲的規定，而事實上處分權概念的提出，主要就是要規避該條項的適用，而且在物權法定主義的規則之下（民757），該權利係以「非物權」的權利類型在實務上發展，除非立法予以明文規定，否則仍應認爲其屬於「非物權」的權利。

實務上對於事實上處分權的處分，並不適用不動產物權的規則。最高法院在實例中指出，受讓人只須直接或輾轉自原始建造人處受讓建物，即可取得該建物之事實上處分權；至於受讓人是否實際占有使用，原非所問；設籍或占有之人，亦非必有事實上處分權。例如未辦理所有權第一次登記的A三合院，其原納稅義務人爲甲，歷經接續繼承，而於100年1月因遺產分割繼承移轉，乙爲事實上處分權人，乙並於同年2月出售予丙，縱A三合院現仍由乙以個人身分使用，丙仍因已經向乙購買該A三合院，而輾轉取得其事實上處分權（110台上890）。

三、未來展望

本書認爲，事實上處分權的本質，乃是未辦理所有權第一次登記的建築物的所有權，實務上以「非物權」的權利之名，提出概念及發展相關規則，顯然已經面臨無法突破的瓶頸。解決之道，似應回歸其本質，承認違章建築爲財產，並妥適規定其財產歸屬及交易之規則。如果違章建築確定無法滿足建築物登記的要件，爲肯定其爲財產，並可作爲交易的客體，立法上可以考慮區別不動產爲二種類型，已登記的適用現行登記要件主義的規定，未登記而確爲所有權的客體者，另外以書面方式及交付生效要件，作爲其所有權變動的基本規

則。倘若如此，至少可避免所有權一直爲原始建築人所有，但無任何作用，而事實上處分權則以「非物權」之性質，取代所有權的功能，長期混亂財產權利的體系。

第三節　動產所有權

前面通則部分已就動產物權（含所有權）因法律行爲而變動的情形，有所說明，以下僅再就動產所有權因法律規定而變動的原因，分項析述之。

第一項　善意受讓

民法第801條規定：「動產之受讓人占有動產，而受關於占有規定之保護者，縱讓與人無移轉所有權之權利，受讓人仍取得其所有權。」上述規定的重點，是在「讓與人無移轉所有權之權利」的情形下，受讓人即不得藉「讓與之效力」取得所有權，但仍可藉「占有之效力」取得所有權。如有民法第948條規定的情形，即屬占有動產「受關於占有規定之保護」的情形（31上1904），而該條規定者乃是善意受讓占有，學理上乃稱爲善意取得，另亦稱爲即時取得。

動產之受讓人占有動產，是否「受關於占有規定之保護」，應依民法第948條爲斷，並非僅以善意爲要件，即：「以動產所有權，或其他物權之移轉或設定爲目的，而善意受讓該動產之占有者，縱其讓與人無讓與之權利，其占有仍受法律之保護。但受讓人明知或因重大過失而不知讓與人無讓與之權利者，不在此限。」「動產占有之受讓，係依第七百六十一條第二項規定爲之者，以受讓人受現實交付且交付時善意爲限，始受前項規定之保護。」

動產之善意取得，係指基於移轉動產所有權之合致意思，以爲有效之法律行爲爲目的，由讓與人將動產交付善意之受讓人，縱讓與人實際並無移轉所有權之權利，該善意受讓人仍取得其所有權之謂。倘雙方非本於有效之法律行爲或受讓人非屬善意，應無善意取得（受讓）之適用（87台上1869）。例如甲將骨董寄放在乙處，乙竟宣稱該骨董爲其己有，並出售予丙，此時乙無骨董之所有權或處分權，其處分行爲原須經有權利人之承認，始生效力（民118），但法律爲確保交易上之安全（即「動的安全」），促進交易活絡，乃從丙見該骨

董是在乙占用使用中，得善意信賴乙爲所有人之點著眼，認其善意受讓之占有應受保護，故丙仍取得骨董之所有權。如丙非因法律行爲而受占有、非善意或其善意不受法律保護，即不得主張善意取得。

換言之，上述丙之「占有仍受法律保護」，是指甲不得向善意受讓的丙請求回復其物而言，故尚應參照民法第949條至第951-1條規定認定之。因爲法律之重點，係在衡量動產所有人與善意受讓者間的利益，故在所有人出於自由之意思，將物之占有交付與背信之讓與人時，令所有人承擔因此而生的風險，使所有權歸屬於善意讓人；反之，倘無權處分之讓與人之占有，並非基於所有人之自由意思而取得時，例如動產係因被竊盜、強盜、搶奪、遺失或其他非基於原占有人之意思而喪失其占有的情形，所有人既無過失，即不應苛令所有人承擔一切風險，原占有人自喪失占有之時起2年內，即得向占有人請求回復其物（民949）。餘請參照第十章占有之說明。

第二項　先　占

無主物是指無所有人得對其自由使用收益及處分之物，民法爲使物盡其用，關於無主物，採自由先占主義，使先占有者自由取得無主物所有權，以便予以利用。故以所有之意思，占有無主之動產者，除法令另有規定外，取得其所有權（民802）。例如在溪中撈蝦，或於垃圾堆中撿拾他人拋棄之廢棄動產，而取得其所有權之情形是。先占是法律事實，其占有人依法律規定取得其所有權。由民眾委託環保局清運之巨大垃圾，環保局自回收之時取得巨大垃圾之所有權，故系爭巨大垃圾自清潔隊員以環保局資源回收車載運占有之時起，即已成爲環保局所有之公物。占有人如爲取得所有權，而對無主的野生動物及文化資產實施占有，有破壞生態之虞並不利於文化資產的保存，故法律上已設若干規定，限制其先占者取得所有權，例如野生動物保育法第16條、文化資產保存法第83條等是。

第三項　遺失物的拾得

一、遺失物拾得的意義

　　遺失物的拾得是指發見他人遺失之物，而予以占有的法律事實。遺失物是指非基於原占有人的意思，而脫離其占有，現仍無人占有的動產。民法對於拾得遺失物的法律效果，設有明文規定，並規定拾得漂流物、沈沒物或其他因自然力而脫離他人占有之物者，準用關於拾得遺失物之規定（民810）。其中所謂漂流物，是指漂流水上的遺失物，沈沒品是指沈沒於水底的遺失物而言。

二、遺失物拾得的效果

　　遺失物的拾得是取得動產所有權的一項原因，惟拾得人無法即時取得其所有權，須先履行法定程序，始能取得之。茲就拾得人的權利及義務，分別說明之。

（一）拾得人的義務

1.通知、報告及交存

　　拾得遺失物者應從速通知遺失人、所有人、其他有受領權之人或報告警察、自治機關。報告時，應將其物一併交存。但於機關、學校、團體或其他公共場所拾得者，亦得報告於各該場所之管理機關、團體或其負責人、管理人，並將其物交存（民803 I）。對於財產價值輕微之遺失物，為避免投入之相關成本過鉅，宜適用下列簡易招領程序：遺失物價值在新臺幣500元以下者，除於機關、學校、團體或其他公共場所拾得者外，拾得人應從速通知遺失人、所有人或其他有受領權之人（民807-1 I）。上述受報告者，應從速於遺失物拾得地或其他適當處所，以公告、廣播或其他適當方法招領之（民803 II）。已為前述通知的拾得人或已為招領的公共場所之管理機關、團體或其負責人、管理人，如有受領權之人未於相當期間認領時，拾得人或招領人應將拾得物交存於警察或自治機關；警察或自治機關認原招領之處所或方法不適當時，得再為招領之（民804）。如拾得物易於腐壞或其保管需費過鉅者，招領人、警察或自治機關得為拍賣或逕以市價變賣之，保管其價金（民806）。

2. 保管及返還拾得物

遺失物自通知或最後招領之日起六個月內，有受領權之人認領時，拾得人、招領人、警察或自治機關，於通知、招領及保管之費用受償後，應將其物返還之（民805Ⅰ）。

（二）拾得人的權利

1. 費用償還請求權

所有人認領遺失物，請求返還時，拾得人依前述說明，得請求償還通知、報告及交存等費用（民805Ⅰ）。

2. 報酬請求權

有受領權之人認領遺失物時，拾得人得請求報酬。但不得超過其物財產上價值十分之一（民國101年12月13日以後，改爲十分之三）；其不具有財產上價值者，拾得人亦得請求相當之報酬（民805Ⅱ）。此項報酬請求權，因6個月間不行使而消滅（民805Ⅳ）。有受領權人依上述標準給付報酬，如將顯失公平者，得請求法院減少或免除其報酬（民805Ⅲ）。不過，有下列情形之一者，不得請求此項報酬：(1)在公眾得出入之場所或供公眾往來之交通設備內，由其管理人或受僱人拾得遺失物；(2)拾得人未於7日內通知、報告或交存拾得物，或經查詢仍隱匿其拾得之事實；(3)有受領權之人爲特殊境遇家庭、低收入戶、中低收入戶、依法接受急難救助、災害救助，或有其他急迫情事者（民805-1）。

3. 遺失物留置權及取得權

前述費用之支出者或得請求報酬之拾得人，在其費用或報酬未受清償前，就該遺失物有留置權；其權利人有數人時，遺失物占有人視爲爲全體權利人占有（民805Ⅴ）。遺失物自通知或最後招領之日起逾6個月，未經有受領權之人認領者，由拾得人取得其所有權。警察或自治機關並應通知其領取遺失物或賣得之價金；其不能通知者，應公告之（民807Ⅰ）。拾得人於受前項通知或公告後3個月內未領取者，其物或賣得之價金歸屬於保管地之地方自治團體（民807Ⅱ）。遺失物價值在新臺幣500元以下者，該遺失物於下列期間未經有受領權之人認領者，由拾得人取得其所有權或變賣之價金：(1)自通知或招領之日起逾15日；(2)不能依簡易招領程序辦理者，自拾得日起逾1個月（民807-1Ⅱ）。

三、漂流物、沈沒物的拾得

上述關於拾得遺失物之規定，於拾得漂流物、沈沒物或其他因自然力而脫離他人占有之物者，準用之（民810）。漂流物是指水上之遺失物及因水流至水邊之遺失物也，沉沒品是指由水面沈入水底之物，二者均爲因水之自然力而脫離他人占有之物，此外尚有其他因自然力，例如颱風、大雨等，致使他人之物脫離他人占有之情形，因其與拾得遺失物之情形相同，故一切權利義務，均適用關於拾得遺失物之規定。

在颱風過後，森林中常有漂流木沿溪而下，撿拾者得否適用上述規定或是否構成侵占罪的問題，在司法實務上相當重要。按森林法第15條第5項規定，天然災害發生後，國有林竹木漂流至國有林區域外時，當地政府需於1個月內清理註記完畢，未能於1個月內清理註記完畢者，當地居民得自由撿拾清理；而依照處理天然災害漂流木應注意事項第2點第9目之規定，自由撿拾清理以撿拾枝梢材、殘材及不具標售價值之木材爲原則；同注意事項第3點第7目則規定，公告自由撿拾清理時，應於公告中敘明，若自由撿拾漂流木，發現漂流木上有國有、公有、私有註記、烙印者，由拾得人於撿拾後通報當地林務局林區管理處或直轄市、縣（市）政府保管並依民法第810條拾得漂流物規定辦理；於未公告開放自由撿拾之時、地撿拾漂流木，例如未經主管機關公告，擅自撿拾脫離林區管理處管理之紅檜及台灣櫸木，並予以侵占入己，係犯刑法第337條之侵占漂流物罪（參考高雄地院103簡2096、南投地院103埔刑簡8刑事簡易判決）。

第四項　埋藏物的發現

埋藏物的發現，是指發見埋藏物後予以占有，而取得其所有權的法律事實。民法第808條規定：「發見埋藏物而占有者，取得其所有權。但埋藏物係在他人所有之動產或不動產中發見者，該動產或不動產之所有人與發見人，各取得埋藏物之半。」可見埋藏物是指被埋藏於其他動產（包藏物）或不動產之中，而其所有人不明的動產。例如甲承攬乙舊屋之拆除工程，在其密壁中發現古幣一袋，應由甲乙各取得古幣的一半。惟發見的理藏物，如足供學術、藝術、考古或歷史之資料，其所有權之歸屬即應依文化資產保存法等特別法之規

定（民809）。

第五項 添 附

物的添附，簡稱爲添附，是指民法上規定的附合、混合及加工等三種法律事實。動產發生此等法律事實時，其所有權在一定的條件下，會發生變動。此時發生的物權變動，是一法律規定爲原因，而非因爲當事人之間的法律行爲生效。因此，當事人因添附的法律事實而取得所有權或喪失所有權者，只問是否符合法律規定的要件，而不以有完全行爲能力爲必要，亦無須具有取得所有權的效果意思。

一、附 合

是指二個以上的物互相結合，而成爲一個物。其情形可分爲二種。

（一）動產與不動產附合

1. 意義與要件

民法第811條規定：「動產因附合而爲不動產之重要成分者，不動產所有人，取得動產所有權。」此種附合，是一個動產與一個不動產相結合，該動產成爲不動產的重要成分，不具獨立性，喪失可以作爲所有權客體的資格，而不動產也已經將原來的動產吸收成爲其一部分。如果此二個物屬於同一人所有，即該動產亦爲不動產所有人所有時，其所有權雖然因爲二個物變成一個物，也發生變動，但仍屬於該所有人所有，民法即無須予以規定。本條規定：「不動產所有人，取得動產所有權」，即是以動產所有權原來並非屬於不動產所有人爲前提。

本條規定的添附，是「動產因附合而爲不動產之重要成分」，即原來是獨立之物的動產，因附合爲不動產之重要成分，而失去其獨立性。附合是指將動產加附其上，而合爲一體。「不動產之重要成分」並非專指不動產的哪些成分，其重點是「成分」已成爲不動產的一部分，不再是具有獨立性的動產。例如以磚、瓦、塑膠板等裝修他人之房屋後，磚、瓦、塑膠板即因附合而成爲房屋之成分，無單獨所有權存在（56台上2346）。

附合的動產加附在不動產之上，須達到合爲一體，致動產喪失其獨立性的程度，始有必要考慮其所有權變動的問題。最高法院也認爲，動產與他人之不動產相結合，須已成爲不動產之重要成分，即非經毀損或變更其物之性質，不能分離，且以非暫時性爲必要，始可因附合，而由不動產所有人取得動產所有權。故裝潢之地毯、木板地板、櫃台、碟影片架、圓沙發、壁櫃、錄影帶架、視聽小燈、一樓主燈、走道吊燈、中型吊燈、線路開關、霓虹招牌等設備，如未與房屋結合而失其獨立性，於社會經濟觀念上亦未與房屋結合爲一物，並未成爲系爭房屋之重要成分，自無附合之問題（88台上1526）。

動產如與不動產同屬一人所有，動產因附合而爲不動產之重要成分者，雖無所有權歸屬之問題，即非本條規定的附合。惟該動產已失其獨立性，所有權消滅，不動產所有權範圍因而擴張，其情形與不同規定者類似。最高法院在實例中認爲，此項附合，須其結合具有固定性、繼續性，應依其經濟目的、社會一般交易通念及其他客觀狀況認定之，不能僅憑物理上之觀察爲判斷依據。系爭建物係作爲停車空間使用，設置系爭機械停車設備固定於系爭建物已歷20餘年，以達其經濟目的；依社會一般交易狀況，買受停車位者，通常即包括其機械停車設備，如予分離，將減損其功能及價值，可認定其結合具固定性及繼續性，已附合於系爭建物（102台上2420）。

2. 法律效果

「動產因附合而爲不動產之重要成分者」，本條規定其法律效果爲：「不動產所有人，取得動產所有權」。動產所有權被取得的前提，是該動產所有權人存在，故不動產所有人取得動產所有權的時間點，應在動產因附合而爲不動產之重要成分的「前一刹那」。此一法律效果是因爲本條規定而發生，不動產所有人取得動產所有權的同時，原動產所有人的所有權即歸於消滅，故下一刹那動產失去其獨立性時，不動產所有人，仍爲已有該動產附合其上的不動產的所有人。

最高法院在實例中認爲，在原建築物之上構築「附屬建物」者，依民法第811條之規定，應由原建築所有人取得增建建物之所有權，原建築所有權範圍因而擴張。所謂附屬建物，係指依附於原建築以助其效用而未具獨立性之次要建築而言，諸如依附於原建築而增建之建物，缺乏構造上及使用上之獨立性（如由內部相通之頂樓或廚廁），或僅具構造上之獨立性，而無使用上之獨立

性，並常助原建築之效用（如由外部進出之廚廁）等是。但於構造上及使用上已具獨立性，而依附於原建築之增建建物（如可獨立出入之頂樓加蓋房屋），或未依附於原建築而興建之獨立建物，則均非附屬建物，原建築所有權範圍並不擴張及於該等建物（100台上4、103台上919）。

依上述原則，判斷系爭建物是否爲獨立建物或附屬建物？除斟酌上開構造上及使用上是否具獨立性外，端在該建物與原建築間是否具有物理上之依附關係以爲斷（103台上919）。但本書認爲，民法第811條的「動產因附合而爲不動產之重要成分」，是以在動產附合以前，即有不動產存在爲前提，如原來並無建築物，原始建築者以各種動產及其組合，以建築行爲而創造建築物時，由於原來並無被附合的不動產，即非「動產因附合而爲不動產之重要成分」的法律事實，其原始建築者取得建築物所有權，應與附合無關。故如「附屬建物」不具獨立性，在原建築物之上構築「附屬建物」者，其乃動產附合於原建築物，依本條規定，係由建築物所有人取得動產所有權，該所有人並繼續作爲已有該動產附合其上的建築物的所有人。如「附屬建物」在物理上，是獨立於原建築物之外的另一建築物，即不宜適用第811條附合的規定，而應由原始建築者，先依原始建築的法則取得該建築物之所有權，再依據「附屬建物視爲主建物之一部分」的法理，將原建築所有權範圍，擴張及於該附屬建物。

（二）動產與動產附合

1. 定義與要件

民法第812條規定：「動產與他人之動產附合，非毀損不能分離，或分離需費過鉅者，各動產所有人，按其動產附合時之價值，共有合成物。」「前項附合之動產，有可視爲主物者，該主物所有人，取得合成物之所有權。」動產與他人之動產彼此附合，成爲「合成物」，原來的二個動產，均成爲新物（合成物）的成分，不復爲獨立的動產，而可以各自有其所有權。動產與他人之動產附合後形成的合成物，如非非毀損不能分離爲原來的動產，或分離需費過鉅時，新物（合成物）是一個物，只爲一個所有權的客體，其所有權應如何歸屬，即成爲立法上的課題。

最高法院曾在實例中指出，所有人各異之動產，如互相結合，非毀損不能分離，或分離需費過鉅者，依民法第812條之規定，應由各共有人按其動產附

合時之價值,共有合成物,或由一人取得合成物之所有權。其目的旨在使附合後之合成物,能繼續存在,避免因回復原狀而遭受破壞,以維護社會整體之經濟利益與所有人之權益。是動產與動產因附合之結果,依上開規定即當然發生動產所有權變動之法律效果。而是否達非毀損不能分離,或分離需費過鉅之程度,不能僅根據物理上之觀察決定之,倘分離之結果,影響其經濟上之價值甚鉅者,亦足當之,自應依客觀情形及一般交易習慣認定之。動產與動產附合後如已達非毀損不能分離,或分離需費過鉅之程度,即可發生民法第812條所定動產所有權變動之效果,不因事後拆離或遷移而有所影響。故已拆離或遷移而未鑑定之機器設備,仍應判斷其在拆離或遷移前,是否係無法分離或分離需費過鉅?(102台上70)

2. 成立合成物的共有關係

本條第1項規定,各動產所有人,按其動產附合時之價值,共有合成物。此種共有,是分別共有,即對於該新物(合成物),由原動產的各所有人按其價值的比例,決定其應有部分(例如各三分之一及三分之二),而共有之(民817)。如彼此附合之動產,有可視為主物者,第2項規定由主物所有人,取得合成物的所有權,即整個合成物,均歸其所有,其他原動產的所有人,喪失其動產所有權,對於與合成物不得主張所有權或應有部分。

3. 合成物歸原主物之所有人

民法第68條第1項規定:「非主物之成分,常助主物之效用,而同屬於一人者,為從物。但交易上有特別習慣者,依其習慣。」此處的主物與從物,不以「同屬於一人」為必要,只要求從物須「非主物之成分,常助主物之效用」,故與該條項規定的要件,略有不同。

民法第812條第2項之所以規定該主物所有人,取得合成物之所有權,是在使附合後之合成物,能繼續為其所有,為其所用,避免因原從物所有人請求回復原狀,而遭受破壞,以維護社會整體之經濟利益與所有人之權益。例如甲以乙的油漆,噴塗在自己的汽車,汽車可視為主物,上漆後的汽車價值雖已增加,仍由甲取得所有權。又如甲買受汽車之引擎、機件等,將乙失竊之車殼改裝而附合成汽車之一部分,而以車輛之結構而言,引擎、機件等為汽車之主物,該汽車之所有權應由甲取得。

二、混　合

　　是指動產與他人的動產混合，不能識別或識別需費過鉅的情形，例如甲的金塊與乙的K金塊熔合成為一塊金塊，或甲的胚芽米與乙的糙米已混成一袋混合米皆屬之，此時依法應準用前述動產附合的規定（民812、813）。如混合的動產彼此並無主從之分，不論雙方數量多寡，皆應視為雙方所共有，此乃準用第812條第1項之結果（56台上1803）。

　　上述混合之觀念，不僅以能否識別為準，且應斟酌有無合理方法使其復原為斷，是以同種類、品質之物混合後，若事先知各自數量者，仍非不能按數取回，故此際應不生混合之問題，否則徒使法律關係更趨複雜，於社會經濟亦屬無益。如為金錢與金錢之混合，事先知各自數量，不僅能按數取回，且並無不能識別或識別需費過鉅之情形，應各自取回自己的金額，不適用混合的規定。

三、加　工

　　第814條規定：「加工於他人之動產者，其加工物之所有權，屬於材料所有人。但因加工所增之價值顯逾材料之價值者，其加工物之所有權屬於加工人。」加工是指對他人的動產者，施以勞力，使其成為新物的法律事實。無論對於他人之動產，為製作、圖畫、變形、彩色、印刷、鍍金等事皆屬之，常見者是在他人空白紙扇上題詩作畫，或雕刻他人木材為木雕作品等情形。

　　本條規定將加工前後的動產，分別稱為「材料」及「加工物」，表示此二者並非同一個物。材料如已因加工，而成為加工物，即已經成為另一「新物」時，該新物（加工物）的所有權，即須決定其如何歸屬，此乃本條規定的主要目的。因此，必須「材料」已經成為「加工物」（新物），即不再仍為「材料」時，始有本條規定之適用。

　　「加工物」的所有權歸屬，本條不單純規定其應屬於材料所有人，或應屬於加工人，而是以加工所增之價值，是否顯逾材料之價值為判斷基準，但在進行價值的比較以前，是以屬於材料所有人為原則。例如構成機動帆船之一部的機器，原來是甲所有，但如經乙全部加工造成帆船，其所增價值如顯逾是項機器之價值，依民法第814條但書規定，其加工物之所有權即應屬於加工人（39台上379）。至於所增價值是否超過機器價值，則應依社會觀念及實際情形決定之。

四、其他法律效果

（一）定限物權亦消滅

關於物的添附，法律之所以需要規定其法律效果，乃是因為發生添附以前的各個舊物，雖原為所有權的客體，但在添附以後，已經無法再以原狀，繼續作為該所有權的客體。例如原動產（舊物）因為附合，而成為不動產之重要成分，在法律上已經不存在（民811）；或因為原動產（舊物）彼此附合，成為「合成物」（新物），舊物均成為新物之成分，在法律上已經不存在（民812）；或舊物因為彼此混合，已經不能識別，或識別需費過鉅，而失去其特定性（民813）；或舊物為「材料」，已經因為被加工，而蛻變成為「加工物」（新物），即新物已生，舊物即滅（民814）。

上述條文僅規定新物的所有權如何歸屬，舊物的物權究竟發生何種變化，仍須處理與規定。第815條規定：「依前四條之規定，動產之所有權消滅者，該動產上之其他權利，亦同消滅。」嚴格言之，「前四條」僅規定新物的所有權如何歸屬，並未明文規定「動產之所有權消滅」，惟由民國18年的立法理由觀之：附合及混合，皆以舊物另組織一新物也，為其構成部分之舊物，既不能獨立存在，故其舊物之所有權，及關於其物而成立之他項權利，均當然消滅。可見本條所稱「動產之所有權消滅」，乃是因為其為他人取得（民811），或如前所述，該舊物已經喪失作為動產所有權的客體資格。

因物之添附，而動產所有權消滅者，該動產所有權消滅的原因，是舊物已不復獨立存在，所以本條乃規定，不止舊物的所有權消滅，該動產（舊物）上之其他權利，例如動產質權，亦同消滅。

（二）不當得利問題

1. 基本規定及立法理由

民法第816條規定：「因前五條之規定而受損害者，得依關於不當得利之規定，請求償還價額。」前五條的規定，如前所述，是新物的所有權如何歸屬，以及舊物物權的消滅。此等權利的變動，都是法律規定的結果，其後如何調整各方的損害和利益，亦為法律應規定的事項。本條的規範目的，即在於

此，而具體的調整方法，則是「受損害者，得依關於不當得利之規定，請求償還價額。」

本條於98年修正前的規定為：「因前五條之規定，喪失權利而受損害者，得依關於不當得利之規定，請求償金。」舊法的立法理由是：「因附合混合及加工等事，而受損失者，得依不當得利之法則，向受得利人請求償金，以昭公允。亦可請求不法行為之損害賠償，此屬當然之理，無須另設明文規定也。」

98年的修正理由指出二點：

(1)本條原規定主體為「喪失權利而受損害者」，其規範意旨，在於指出不當得利請求權之權利主體。惟依民法第179條規定，不當得利請求權之權利主體，為「受損害之他人」（受損人）。解釋上，只要「受損害」即可，不以「喪失權利」為必要。蓋不當得利規定之「損害」概念，範圍相當廣泛，除喪失權利外，尚包括單純提供勞務、支出費用或權益歸屬之侵害等。且「喪失權利」等文字，未盡概括完整，其固然可以說明因附合、混合而喪失動產所有權或該動產上其他權利之情形，但無法涵蓋因加工單純提供勞務而受損害之情形。為求精確，爰刪除「喪失權利」等文字。

(2)本條規範意義有二，一為宣示不當得利請求權，縱使財產上損益變動係依法（例如第811條至第815條規定）而發生，仍屬無法律上原因。其二係指明此本質上為不當得利，故本法第179條至第183條均在準用之列，僅特別排除第181條關於不當得利返還客體規定之適用。因添附而受損害者，依關於不當得利之規定請求因添附而受利益者返還其所受之利益時，僅得適用本法第181條但書規定請求「償還價額」，不能適用同條本文規定，請求返還「利益原形」，以貫徹添附制度重新分配添附物所有權歸屬、使所有權單一化、禁止添附物再行分割之立法意旨。為求明確，將原規定「償金」修正為「價額」。又添附行為如該當侵權行為之要件，自有侵權行為損害賠償請求權之適用，乃屬當然，併予指明。

2. 「依關於不當得利之規定」的解釋

(1)二種解釋

上述現行法及舊法的規定，均有「依關於不當得利之規定」，而為請求的用語。所謂「依關於不當得利之規定」，可以有二種解釋：

A.認為不當得利本來即規定在民法債編之中，如果符合其規定的要件，即

可請求返還不當得利，故「依關於不當得利之規定」，是指完全符合其規定的要件，本條未改變不當得利的定義及要件，一切以民法第179條至第183條的規定為準。根據此種見解，「依關於不當得利之規定」是指直接適用其規定，不是準用其規定，但一般仍稱之為「不當得利構成要件之準用」。

B.認為不當得利係規定在民法債編的制度，有其本身的定義與要件；物的添附所生的物權變動，取得所有權者是依據民法第811條至第814條規定而取得，其所有權的取得有法律上原因，故不符合第179條「無法律上原因而受利益」的要件，其喪失權利者，是因為民法第811條至第814條的規定，未取得新物的所有權，並依第815條喪失物權所致，故本來不能適用民法第179條至第183條的規定請求返還不當得利，但法律為求公平，仍規定因法律規定而受損失者，得「依關於不當得利之規定」而請求。換言之，本條的規範重點，是在本來因為不符合要件而「不得」請求，但本條特別規定其「得依」「關於不當得利之規定」請求。故適用本條規定時，其要件是「因前五條之規定而受損害」，符合此要件者即得「依關於不當得利之規定」請求，無須再檢查第179條的要件。本條把原非不當得利的物之添附，規定為得「依關於不當得利之規定」處理，即是準用不當得利的法律效果，故稱為「不當得利法律效果之準用」。

(2)二種立法理由

上述二個見解之中，本書認為，舊法是採「不當得利法律效果之準用」的見解，因為立法理由認為，如果是「不當得利構成要件之準用」，即無明文規定的必要，侵權行為未明文規定，如符合第184條以下之規定者，被害人即得請求賠償，而本條之所以明文規定，即因為不規定即不得請求返還不當得利。關於侵權行為，其謂「亦可請求不法行為之損害賠償，此屬當然之理，無須另設明文規定也。」關於不當得利，則謂「受損失者，得依不當得利之法則，向受得利人請求償金，以昭公允」。

不過，現行法維持「得依關於不當得利之規定請求」的用語，卻在修正理由採「不當得利構成要件之準用」的見解，謂本條規範意義是「宣示不當得利請求權，縱使財產上損益變動係依法（例如第811條至第815條規定）而發生，仍屬無法律上原因」。按照此種見解，本條最多只具有闡釋不當得利規定的功能，本身沒有意義。對照民國18年的立法理由，本條成為贅文，是立法上的浪

費，眞要如此浪費，是否亦應規定「得依關於侵權行爲之規定請求賠償」？此種見解將依法律規定發生的物權變動，解釋爲無法律上原因，使第811條至第815條規定的功能喪失，使本來依此等條文取得所有權的所有人，需要再另尋其獲得所有權的法律上原因，本書認爲在理論上尙難予以贊同。

(3)本書淺見

本書認爲，就理論而言，「不當得利法律效果之準用」的見解較妥。因爲得利人受領利益是否有法律上原因，與該得利人是否應再支付償金或償還價額，並無直接關係。無法律上原因而受利益者，固應依規定返還不當得利，至於非屬不當得利，但依其他規定應再支付償金或償還價額，仍應依其規定支付償金或償還價額。本條的規定即屬於後者，「依關於不當得利之規定」主要在限制其應支付或償還的範圍或數額。此所謂「償還價額」，應以受損人因添附喪失其所有權時，該動產之客觀價值計算之，價額計算之準據時點則以該受益者受利益之時爲準（101台上1618）。

3. 實務案例

(1)未成立添附的案例

甲有A地，交由乙耕種，乙將原爲荒地開墾，種植油桐樹28株、安樹6株、杉木5株、相思樹508株、茶樹2865株，甲死亡後，其繼承人丙依借貸關係，主張乙使用目的業已完畢，訴請返還A地，經執行法院依其勝訴確定判決，實施強制執行，連同上開樹木一併交付與甲的繼承人。乙依民法第816條規定，訴求甲的繼承人返還不當得利。最高法院指出，地上樹木，爲土地之一部分，交付土地，自應連同地上樹木一併在內。丙基於確定判決，由法院強制執行乙交付土地，其取得地上樹木之地上物，即非無法律上之原因。A地上茶樹、油桐樹等，未與土地分離前，爲土地之一部分，並非附合於土地之動產，而成爲土地之重要成分，與民法第811條至第815條所定之情形無一相符。則乙依同法第816條規定，訴求人丙返還不當得利，自非有據（64台上2739）。

添附的法律事實之所以在民法上特別規定，主要是因爲依個案的情形，需要以法律規定，決定原動產所有權的消滅與新物的所有權的歸屬，因此，如當事人是以契約（如承攬契約）作爲其物之添附的依據時，應直接依其契約關係決定其物權變動的相關問題，不宜直接適用添附的規定。在上述案例中，如甲A地上的茶樹、油桐樹等，確實是乙所種植，在種植之後，未與土地分離前，

為土地之一部分，但因為可以移植，未成為土地之重要成分，乙只要移植、取回樹木即可，並非不能分離，或分離需費過鉅，故不適用附合或民法第811條至第815條之規定，亦不適用第816條。換言之，此等樹木之所以為與土地附合，是因為不符合附合的要件，而不是判決所稱，其未與土地分離前，為土地之一部分，故非附合。

此外，如甲乙之間訂有使用借貸契約，則乙返還借用物時，依民法第469條第2項規定：「借用人就借用物支出有益費用，因而增加該物之價值者，準用第431條第1項之規定。」（第431條第1項規定：「承租人就租賃物支出有益費用，因而增加該物之價值者，如出租人知其情事而不為反對之表示，於租賃關係終止時，應償還其費用。但以其現存之增價額為限。」）「借用人就借用物所增加之工作物，得取回之。但應回復借用物之原狀。」乙似應依上述規定主張權利，而非依第816條而為請求。

(2)添附不當得利的案例

A.添附與原因法律關係

關於民法第816條上述規定，無論是本條修正前或修正後，最高法院向來實務均係採「不當得利構成要件之準用」的見解，並多次在實例中為下列論述：民法第816條係一闡釋性之條文，旨在揭櫫依同法第811條至第815條規定因添附喪失權利而受損害者，仍得依不當得利之法則向受利益者請求償金，故該條所謂「依不當得利之規定，請求償金」，係指法律構成要件之準用，非僅指法律效果而言。易言之，此項償金請求權之成立，除因添附而受利益致他人受損害外，尚須具備不當得利之一般構成要件始有其適用，即除當事人一方受有利益，他方受有損害之外，並須當事人間存有無法律上之原因而受利益。至基於給付而生的損益變動，是否有法律上之原因，端視給付目的是否實現以為斷（97台上418、97台上2422、103台上847、104台上1356）。

採取上述見解的結果，是仍須判斷民法對第179條的要件，尤其是取得動產所有權有無法律上原因？在具體的個案中，關於得利人的取得動產所有權，得否以民法第811條至第815條規定為其法律上原因，法院通常未予以說明，而直接跳過，僅討論添附的法律事實發生的原因，在得利人與受損害者之間，有無契約或其他法律關係。例如：材料所有人對建築物為施作行為，致建築物所有人取得動產所有權者，其間有無內部關係？（103台上847）如定作人基於與

施作人間的系爭拓寬工程契約，而受系爭瀝青之舖設，即非無法律上原因受利益（104台上1356）。如甲就系爭房屋所爲之修繕或裝潢，係基於其與乙間之修繕或裝潢契約所爲之給付，而系爭房屋之所有人爲丙時，則甲就系爭房屋所爲之修繕或裝潢，顯係基於其與他人之契約所爲之給付，誠與丙無涉，就丙而言，即屬無法律上原因而受利益；果爾，甲即得依民法第816條所定不當得利之法則向丙請求償金（97台上418、97台上2422）。

B.添附不當得利與契約的請求權

如前所述，當事人如訂定契約作爲其物之添附的依據，並決定動產所有權的歸屬時，應直接依其契約關係，決定其物權變動及相關問題，不宜適用添附及添附不當得利的規定。最高法院也曾在實例中指出，民法第816條係就添附所爲之一般規定，使因添附喪失權利而受有損害者，仍得依不當得利之法則向受利益者請求償金。至承租人於租賃期間就租賃物支出有益費用而發生添附之情形，民法第431條已基於不當得利之法則，特別規定承租人於租賃關係終止後，得請求出租人償還該有益費用，自無再適用民法第816條之餘地（102台上1522）。

不過，由於司法實務採「不當得利構成要件之準用」的見解，本來依據民法第811條至第815條規定發生的動產所有權的變動，在其法律上原因有無的判斷上，反而必須求諸物之添附的原因法律關係，使本來單純依據法律規定，就法律事實而發生的物權變動，也被理解爲因原因法律關係（法律行爲），而發生的物權變動；本來因原因法律關係而爲物之添附者，並非添附的物權變動及不當得利準用條文適用範圍，而應直接依其原因法律關係，決定當事人間的權利義務，但都同時適用原因契約關係、不當得利（民179）及添附（民816）的規定。

例如最高法院110年台上字第1197號民事判決即認爲：因某一社會生活事實，同時符合多數法規範法律要件，因而發生多數法律效果，該法律效果之請求給付目的同一，雖在實體法上存在多數請求權基礎，乃係因法規範規制之故，非請求權人有多數不同之權利存在，而得以爲多數之給付請求。又民法第816條就因添附受有損害者，明定得依關於不當得利之規定，請求償還其價額；添附如因租賃關係而生者，依同法第431條第1項之規定，承租人就租賃物支出有益費用，因而增加該物之價值者，如出租人知其情形而不爲反對之表

示，於租賃關係終止時，承租人得請求出租人償還其有益費用。依此，有關添附有益費用之償還請求，如因租賃關係而生，就償還有益費用之給付目的為同一，於實體法上之請求權基礎，雖有民法第431條、第816條、第179條規定，資以主張，惟其實體上之請求權仍屬單一。再按，上開有關有益費用償還請求權之規定，核其性質非屬強制之規定，本於契約自由及私法自治原則，於不違反公序良俗或顯失公平之情形下，非不得以特約方式，予以排除，而不予適用。

展望未來，本書認為將來「如能」變更實務見解，改採「不當得利法律效果之準用」說，應能回歸立法原意，並有助於法律適用之單純化。

第四節　共　有

所有權是私法制度的核心之一，民法的目的之一，是透過承認私人所有權，且所有人，於法令限制之範圍內，得自由使用、收益、處分其所有物，並排除他人之干涉的規定（民765），使物皆能盡其用，豐富人民的物質及精神生活。一人對一物有單獨所有權，最能符合此一目的，此所以動產所有權的專節規定（民801至816），以所有權的善意取得、無主物先占、遺失物拾得、埋藏物發現、物之添附等為原因，決定最適當的動產所有人。

在一物一權主義之下，一物只能為一個所有權的客體，如為一人所有，固能實現上述經濟上的效率；如為數人共有，即由二人以上共同享有一物之所有權，同時為使用、收益的狀態，其內部意見難期一致，必然影響物之盡其用。但對於一物的共有，有時是共有人自由選擇的結果，法律仍應適度予以尊重，有時是法律定物之所有人的必要選擇，故民法仍須規範共有狀態中的各種法律關係，以實現最基本的經濟效率。

民法物權編的所有權章設共有的專節，其規定可分為分別共有、公同共有與準共有等三部分。

第一項　分別共有

分別共有不是民法的用語，因為所有權章第四節「共有」規定三種共有關係，而第817條就分別共有規定：「數人按其應有部分，對於一物有所有權者，為共有人。」即是將分別共有，稱為「共有」。由此可見，民法將分別共

有簡稱爲共有。民法稱被共有之一物，爲「共有物」（民818），而依本條規定，在分別共有的法律關係中，權利人爲「共有人」，共有人對共有物的權利，爲「應有部分」。

　　本條的立法理由指出，共有是指一所有權而有多數權利主體之謂；自理論言之，各共有人皆有所有權之全部權能，互相競合，故必須限制共有人之權利範圍，調和其競合，使各共有人皆能享有其權利；而欲達此目的，應依各共有人理想之分割部分使其共有。在分別共有的狀態下的各項權利義務關係，有就其屬於共有人之間或涉及當事人之不同，而區分爲內部關係與外部關係者，本書認爲此乃所有權的一種態樣，重點非在各共有人之間或與第三人間的法律關係，故不採該架構，而集中探討下列問題：各共有人均爲所有人，與單獨所有人不同，則其權利內容爲何？得否處分？共有人彼此之間應如何分享權利？是否應共同負擔義務？共有物的所有權如何行使？共有人意見不合、利益衝突時如何處理？共有物分割而分別共有關係消滅之後，法律關係發生何種變化？

一、應有部分

（一）應有部分的意義與性質

1. 基本概念

　　應有部分是分別共有的核心概念，在社會上常被稱爲「持分」，第817條規定各共有人，是「按其應有部分，對於一物有所有權」，即各共有人必須有其應有部分，且各共有人因爲有應有部分，故對於一物，「有所有權」。對於一物，只有一個所有權；應有部分因爲使共有人「有所有權」，所以其內容不只是所有權的特定權能（例如僅有使用收益或處分的權能），而是包含所有權一切權能的完整所有權，而且其支配的，也是爲所有權標的物的整個物。因此，應有部分的性質就是所有權，只是其乃一個所有權的一定比例（例如八分之一），但在該比例的所有權，仍包含所有權的一切權能，當然，也只有這些權能的一定比例而已。

　　應有部分不是一個物的特定部分，也不是一個物的所有權的特定權能，而是一個所有權的數量上的特定比例；此種概念具有一定的抽象性，與一般物權的標的物必須特定的原則不同，不易理解，也可能發生論述上的錯誤。例如共

有人共同購買土地後，即商妥分管，如有共有人將其分管部分，出租與第三人耕種，故被徵收放領，他共有人分管之地，因係自耕未被徵放，尚保持原狀，因其土地為分別共有，政府徵收放領之對象，係向各共有人全體為之，此項徵收損失，自應由全體共有人共同負擔，其餘土地，仍屬全體共有人所共有（47台上861）。

2. 實務見解

　　最高法院在實例中曾多次就應有部分，予以解釋：所謂應有部分，係指對物之所有權抽象之成數，而非該物具體之某一部分，既不發生占有某物應有部分若干之問題，亦無從為某物應有部分若干之返還，故如共有人請求占有人返還共有之土地應有部分二分之一，即無理由（73台上3388、73台上3488）；共有人之應有部分，乃指共有人權利範圍之抽象比率，並非指共有物量的具體存在之大小，故應有部分不可能為分管之標的（78台上1406）；應有部分，僅係指分別共有人得行使權利之比例，而非指實體物所劃分之範圍，因此分別共有之各共有人，得按其應有部分之比例，對於共有物之全部行使權利。至於在共有物未分割前，各共有人實際上使用共有物者，乃屬一種分管性質，在共有物未正式分割前，尚不因分管而影響共有人對共有物之權利（57台上2387）；所謂應有部分，係指權利所行使之範圍，並非指標的物上所劃分之範圍，故共有人如逾越其應有部分之範圍使用收益時，即係超越其權利範圍而為使用，其所受之超過利益，要難謂非不當得利（55台上1949）。

（二）應有部分的確定

　　共有人的應有部分，是其權利的實體內容，也是其主張權利的根據，但其乃所有權的一定比例或成數，而非共有物的任何特定部分。例如甲、乙各出資300萬元、700萬元購買A地，約定依出資比例共有A地，則甲之應有部分為十分之三，乙為十分之七，甲的應有部分十分之三的客體為A地，乙的應有部分十分之七的客體亦為A地，甲的應有部分十分之三及乙的應有部分十分之七，支配的範圍都是A地的全部，而不是各自管理的部分。

　　民法第817條第2項規定：「各共有人之應有部分不明者，推定其為均等。」立法理由認為，各共有人成立分別共有時，其應有部分均等者多，不均等者少，故以無反證為限，推定其為均等。本條項適用的前提，是各共有人之

應有部分「不明」，即無法證明其確切的成數或比例而言，如果只是未經查證或尚待計算，即不能適用之。

例如合資購買土地建築房屋，對於如何分擔房屋建築費及購地費有爭執，其共同購置房地的出資額，並非無法估計，即不宜以共有人間未有特約，其應有部分屬不明，而推定為均等，逕依人數計算。最高法院而在實例中即指出，各共有人之應有部分不明者，民法第817條第2項固推定其為均等，惟各共有人之應有部分通常應依共有關係發生原因定之，如數人以有償行為對於一物發生共有關係者，除各共有人間有特約外，自應按出資比例定其應有部分（29渝上102）。

本條項的擬制規定，是對各共有人之應有部分，「推定」其為均等，故即使先被推定應有部分為均等，如有反證，即可予以推翻。本條項僅適用於分別共有，如為公同共有（詳後述），各公同共有人雖然各有其在公同關係上的分額，但該分額並非應有部分，且公同共有人之權利義務，依民法第828條第1項，依其公同關係所由成立之法律、法律行為或習慣定之，是公同共有人於分割共有物以前，不得援用民法第817條第2項應有部分均等之推定（86台上3071）。例如祭祀公業的財產，係由其派下員公同共有，據祭祀公業之過去慣例，其派下員之權利義務應以房份為分配標準，非以丁數平均分配之，因此其非屬應有部分不明之情況，也不適用推定應有部分均等的上述規定（100台上604）。

（三）應有部分的權能

1. 使用收益

(1)基本規定

民法第818條規定：「各共有人，除契約另有約定外，按其應有部分，對於共有物之全部，有使用收益之權。」本條原係規定共有人應有部分的權能，故修正前並無「除契約另有約定外」一詞，其內容在重申應有部分的內容，與民法第765條所有權的權能無差別。立法理由謂：「各共有人皆為所有人，故得從其應有部分，就共有物使用或收益之。如共有物之性質，得同時共同使用或收益者，各共有人得同時使用或收益之。例如共有之房屋，共同居住，共有之土地，所生之孳息，共同收益是。若共有物之性質，不得同時共同使用或收

益者,各共有人得依次序使用或收益之。例如共有之車馬,本日輪應甲乘坐,次日輪應乙乘坐是。至其同時次序之方法,以契約或審判定之。」增訂「除契約另有約定外」一詞的立法理由,是認為本條意旨在規定共有物使用收益權能之基本分配,若共有人在此基礎上已有分管協議,法律自應尊重。縱使各共有人依該協議實際可為使用或收益之範圍超過或小於應有部分,亦屬契約自由範圍。至其效力是否拘束應有部分之受讓人,則應依修正條文第826-1條而定,爰仿修正條文第820條第1項加以明定。

(2)按其應有部分

本條明定各共有人「對於共有物之全部,有使用收益之權」的目的,在說明應有部分的權能與所有權同,其支配的範圍也同為「共有物之全部」,但其真正的權利內容及重點,其實是在「按其應有部分」一詞,即只要有應有部分的共有人,每一共有人均得對共有物之全部,為使用收益,但只能「按其應有部分」為之。分別共有之各共有人,係按其應有部分對於共有物之全部,有使用收益之權,而應有部分,僅係指分別共有人得行使權利之比例,而非指實體物所劃分之範圍,因此分別共有之各共有人,得按其應有部分之比例,對於共有物之全部行使權利(57台上2387)。故如共有物依其性質,可供二人以上同時使用,共有人自得共同使用收益之,例如數人共有之滑梯即可供數人同時溜滑玩耍,但如共有物的性質不能同時供數人使用時,其使用收益即須由共有人協議定之。

本條規定應有部分的權能,即為所有權的權能,但共有人只能「按其應有部分」行使之。共有人如就共有物的使用收益,已有分管協議或依法作成決定(民820),即當然不受其應有部分的限制,縱使各共有人依該協議或決定實際可為使用或收益之範圍,超過或小於其應有部分,本於私法自治原則,仍應以其協議或決定為準,而為使用收益。換言之,倘共有人就共有物已為分管之約定,共有人只能就各自分管部分而為使用、收益。是以,共有物既經共有人為分管約定而由特定人單獨使用,則該特定人,就其分管部分,即有單獨使用、收益之權。

本書認為,民法第818條舊法旨在說明各共有人之應有部分之本質為所有權,故對於共有物之全部,有使用收益之權。新法對其修正,是否應增訂「除契約另有約定外」一詞,可再商榷,如要增訂,似宜以第820條之約定、決定

或法院裁定為其除外情形，新法雖漏未規定之管理決定或法院裁定，解釋上仍應為相同之處理。

(3)實務詮釋

本條上述規定，係指各共有人得就共有物全部於無害他共有人之權利限度內，可按其應有部分行使使用權，勿須徵求他共有人之意見而言（55台上1949），並非謂其當然得排除他共有人的使用收益。共有人如欲對共有物之特定部分使用收益，仍須徵得他共有人全體之同意，非謂共有人得對共有物之全部或任何一部有自由使用收益之權利，如共有人不顧他共有人之利益而就共有物之全部或一部，任意為使用收益，即屬侵害他共有人之權利（62台上1803），共有人除得依同法第767條第1項前段、第821條規定，請求除去其妨害及向全體共有人返還共有物外，並得依侵權行為法律關係，請求該無權占有之人按共有人就共有物之應有部分比例，賠償共有人所受損害（109台上2037）。

如共有人未達成分管協議或依法作成決定，而共有人逾越其應有部分之範圍使用收益，致其所受利益超過其應有部分比例，即應對他共有人負返還不當得利之責（97台上1790），如構成侵權行為，並應賠償被害人之損害。換言之，未經共有人協議分管或依法作成決定之共有物，共有人對共有物之特定部分占用收益，須徵得他共有人全體之同意，如未經他共有人同意而就共有物之全部或一部任意占用收益，他共有人得本於所有權請求除去其妨害或請求向全體共有人返還占用部分，但不得將各共有人之應有部分固定於共有物之特定部分，並進而主張他共有人超過其應有部分之占用部分為無權占有而請求返還於己（74年度第2次民事庭會議決定（三）、70台上3549、71台上1661、70台上2603）。

2. 處分

(1)第819條第1項及第2項的區別

民法第819條規定：「各共有人，得自由處分其應有部分。」「共有物之處分、變更、及設定負擔，應得共有人全體之同意。」第1項係規定「各共有人」對「其應有部分」的處分，得自由處分。」第2項係規定「共有物之處分、變更、及設定負擔」，二者規定的法律行為不同，第1項得自由處分，第2項得共有人全體之同意，差異頗大，在實務上其區別的實益甚大。最高法院在

實例中認為，共有人固得自由讓與其應有部分，惟讓與應有部分時受讓人仍按其受讓之應有部分，與他共有人繼續共有關係，若將共有物特定之一部分讓與他人，使受讓人就該一部分取得單獨所有權，則非民法第819條第1項所謂應有部分之處分，而為同條第2項所謂共有物之處分，其讓與非得共有人全體之同意不生效力（32上11、40台上1479）。此處先探討第1項的規定。

(2)設定負擔的疑義

在實例中，丙就與甲、乙共有之房地，未得甲、乙同意，私擅設定抵押權，則丙得依民法第819條第1項處分其應有部分，但得否就應有部分為抵押權之設定，發生爭議。肯定說認為各共有人既得自由處分其應有部分，設定抵押權亦為處分行為之一種，似無禁止之理；否定說認為本條之兩項條文，第1項僅言處分，而未及於設定負擔，第2項則處分與設定負擔併列，就規定之體例言，第1項應不包含設定負擔在內。司法院釋字第141號解釋採肯定說，謂：「共有之房地，如非基於公同關係而共有，則各共有人自得就其應有部分設定抵押權。」其理由書指出，按「各共有人得自由處分其應有部分」，為民法第819條第1項所明定；除基於公同關係而共有者另有規定外，如共有物為不動產，各共有人本於前開規定，既得自由處分其應有部分，則遇有不移轉占有而供擔保之必要時，自得就其應有部分設定抵押權；至於同條第2項所謂「共有物之處分、變更、及設定負擔，應得全體共有人之同意」，係指共有人以共有物為處分、變更、或設定負擔之標的，並非就各共有人之應有部分而言；此比照第1項得自由處分之規定，法意至為明顯。

(3)處分的意義

分別共有的共有人必定有其應有部分，應有部分具有所有權的權能，故本條第1項規定各共有人，不論其應有部分的比例多高或多低，均得自由處分。「處分」一詞在民法的不同規定中，定義及範圍並未盡相同：第765條的處分包含法律上的處分及事實上的處分，第68條的處分是指法律上的處分，即包含債權行為、物權行為及準物權行為，第118條的處分是指狹義的處分行為，僅指物權行為及準物權行為而言。本條第1項的「處分」究竟應如何解釋，在實務上亦發生爭議。

本書認為，上述解釋的結論並無問題，因為本條第1項既在說明應有部分具有所有權的處分權能，其「處分」即不宜解釋過嚴，而其下列立法理由亦表

示應有部分得供擔保；各共有人，於不害他共有人之權利範圍內，得行使其權利，故共有人得將其應有部分讓與他人，或以其應有部分供擔保之用，且共有人之債權人，得扣押其應有部分。不過，第2項既然將「處分」與「變更及設定負擔」並列，其「處分」即未包含「設定負擔」在內，乃是最狹義的處分之意，僅指將其應有部分移轉或讓與他人之行為而言。同一法條的第1項及第2項的「處分」，似無採取不同解釋之理，但採取此種解釋的結果，則必須承認第1項並未明定共有人得就其應有部分自由設定負擔。本書認為，民法上的未明文規定，並不能推導出當然不被禁止或當然得自由為之的結論，也不宜採刑法的理論，認為處分係高度行為，設定負擔係低度行為，處分既得自由為之，則設定負擔除性質不相容或有害於其他共有人之利益者外，自無不得自由為之之理；在方法論上，似可認為就應有部分的「設定負擔」係漏未規定，可類推適用關於自由「處分」應有部分的第1項規定。

　　本條項的「處分」，即使是讓與應有部分的意思，因其乃關於權能的規定，故除物權行為之外，債權行為似亦包含在「處分」之內。最高法院在實例中也指出，買賣契約屬於債權關係，而債之關係為特定人間之權利義務關係，不及於契約以外之第三人；又各共有人得自由處分其應有部分，為民法第819條第1項所明定；如土地的共有人與買受人就系爭土地之應有部分簽訂買賣契約，且已約明買賣標的及各期價金，則該共有人於出賣系爭土地應有部分予買受人時，縱未得其他共有人全體同意，亦不影響雙方買賣契約之有效成立，該共有人不得抗辯買賣契約之效力在全體土地共有人簽立以前尚未發生（103台上2479）。

　　(4)土地法的特別規定

　　民法第819條第1項規定共有人得「自由處分」其應有部分，是指其處分的「自由」不得予以限制，不容當事人另以契約為相反之約定，禁止非共有人的第三人購買，而妨害第三人之利益（33上3768），其處分也無須得其他共有人同意，或讓其他共有人或第三人享有優先購買權。不過，土地法第34-1條第4項採不同的規則，規定：「共有人出賣其應有部分時，他共有人得以同一價格共同或單獨優先承購。」本條依第1項規定，僅適用於「共有土地或建築改良物」，就此而言，即為前述民法規定的特別規定，應優先適用之。區分所有人就共有部分及基地權利的應有部分，因與專有部分具有處分上之一體性，不適

用共有人優先購買權的規定。

共有人出賣其應有部分時，他共有人依土地法第34-1條第4項，以同一價格共同或單獨優先承購時，優先承購權人一經表示以同一條件優先承購，則該共有土地或建築改良物之買賣契約即當然於出賣之共有人與優先承購之共有人間成立，且爲實現應由優先承購之共有人優先購買之立法目的，於該共有人行使優先承購權之後，原承買人自不得請求出賣之共有人移轉所有權（105台上1533）。

二、共有物

（一）共有物的處分

1. 基本規定

民法第819條第2項規定：「共有物之處分、變更、及設定負擔，應得共有人全體之同意。」依立法理由，處分是指將共有物讓與他人，變更是變更物之本質及其用法，設定負擔主要是以其供擔保之用，凡此都必須他共有人同意，始能爲之。因爲共有人的應有部分，及於共有物的每一部分，而共有物的處分、變更及設定負擔的標的物，已涉及所有共有人的應有部分，故如共有人未經全體共有人的同意，專擅爲之，對其他共有人即不生效力（40台上1479）。

2. 處分的意義

除了整個共有物的處分之外，共有人將共有物特定之一部，讓與他人，亦爲共有物之處分，其讓與非得共有人全體之同意，對於其他共有人不生效力。但本條項的「處分」，是指處分行爲而言，不包含債權行爲在內。最高法院在實例中指出，債之契約，並非處分行爲，共有人中之一人或數人，未得他共有人全體之同意，訂立債之契約讓與共有物，僅對他共有人不生效力，在締約當事人間，非不受其拘束（107台上24）。如共有人未經他共有人同意，與買受人就其分管的部分，訂定買賣契約，買受人得對於締約之共有人，依據債權法則而請求使其就該一部取得單獨所有權，對於不履行之締約人，除要求追還定金或損害賠償外，亦得犧牲自己之利益，而請求使其取得按該一部計算之應有部分，與他共有人繼續共有之關係（55台上3267）。

本條項的「處分」，既然係針對讓與行爲而規定，似不包含事實上處分。

但實務上似認為，地目為墓之土地，依土地法第2條第1項第一類亦屬建築用地，共有人變更使用土地建屋等，亦有本條項之適用，並應適用土地法第34-1條的特別規定（67台上949）。此外，建物之拆除，為事實上之處分行為，未經辦理所有權第一次登記之建物，僅所有人或有事實上處分權之人，方有拆除之權限。最高法院在實例中認為，該建物如為共有者，其拆除依民法第819條第2項規定，應得共有人全體之同意；土地所有權人請求拆除占用其地之建物，該建物如為共有者，須以建物全體共有人為被告，其被告當事人始為適格（105台上1836）。

3. 共有物的範圍

本條項規定「共有物」的處分等行為，對於區分所有建築物的專有部分，因其為單獨所有權的客體，亦得適用之；但對於共有物的應有部分，再共有的（應有部分）共有人，實務上似認為亦得適用之。在實例中，A地的應有部分二分之一，係由甲、乙等六人共有，甲與第三人丙訂定買賣契約，同意移轉系爭土地應有部分二分之一予丙，則縱其同意移轉之系爭土地應有部分二分之一為其與乙等6人所共有，因未得他共有人之同意，對他共有人不生效力，惟在甲與丙間仍應受拘束，丙得依該買賣契約請求甲為給付（107台上24）。

4. 土地法的特別規定

(1) 與民法第819條第2項的關係

共有的土地或建築物，往往因共有人眾多或部分無法聯絡，而無法經全體共有人同意而予以處分，致難以發揮其經濟上作用，為解決此等問題並促進國民經濟發展，土地法第34-1條乃規定：「共有土地或建築改良物，其處分、變更及設定地上權、農育權、不動產役權或典權，應以共有人過半數及其應有部分合計過半數之同意行之，但其應有部分合計逾三分之二者，其人數不予計算。（第1項）」「共有人依前項規定為處分、變更或設定負擔時，應事先以書面通知他共有人；其不能以書面通知者，應公告之。（第2項）」「第一項共有人，對於他共有人應得之對價或補償，負連帶清償責任。於為權利變更登記時，並應提出他共有人已為受領或為其提存之證明。其因而取得不動產物權者，應代他共有人申請登記。（第3項）」本條第2項及第3項都是第1項的輔助規定，以下僅集中探討第1項的問題。

如果與前述民法第819條第2項對照觀察，可見本條第1項規定其僅適用於

「共有土地或建築改良物」，並非只要是「共有物」，即可適用；本條第1項適用於其處分、變更及設定地上權、農育權、不動產役權或典權，而非如「處分、變更、及設定負擔」之廣泛；本條第1項採雙重多數決原則，規定「應以共有人過半數及其應有部分合計過半數之同意行之，但其應有部分合計逾三分之二者，其人數不予計算」，而非「應得共有人全體之同意」。故本條第1項係就特別的共有物的特別處分行為，為特別或例外的規定，個案事實如發生本條第1項與民法第819條第2項競合的情形，即應優先適用本條第1項規定。

(2)處分的解釋

本條項的性質，既然為民法第819條第2項的特別規定或例外規定，似宜在解釋上從嚴認定其適用範圍。最高法院在實例中也認為，本條項對於共有土地或建築改良物之處分、變更及設定地上權、永佃權、地役權或典權，得以多數決之方式為之，乃民法第819條第2項之特別規定，影響少數共有人之權益甚鉅，在適用上不宜擴大其範圍；是共有物之管理行為，應依民法第820條第1項規定為之（89台上1332，但第820條修正後，適用的結果已經近似）。

本條第1項的「處分」如採與第819條第2項的解釋，應指讓與共有物所有權的物權行為而言，但實務上認為應就本條整體規定的規範精神，為目的性限縮。例如最高法院在實例中，認為本條項依其立法目的，應僅限於有償行為，俾兼顧少數共有人之利益，避免對不同意共有人之所有權造成過大之侵害，始符合憲法關於對人民財產權之保障及比例原則之要求；故如系爭地上權登記，已載明登記原因為設定，無地租或預付地租，顯係無償設定系爭地上權，如未得全體共有人同意，為同意的共有人即得依法訴請塗銷該地上權登記（105台上1533）。

共有人就共有物的協議分割，性質是雖為共有物的處分（民824-1Ⅰ），解釋上並不適用本條項規定。最高法院在實例中認為，部分共有人依本條第1項規定處分共有土地之全部，對於未同意處分共有人之應有部分，係依法律規定而有權處分，惟仍應兼顧其權益，並符公平原則。此項處分不包括分割，其承受人雖不以共有人以外之人為限，惟倘同意處分之共有人兼為承受人，其應有部分實際未為處分，乃竟得就未同意處分共有人之應有部分強制予以處分，並參與其價格之決定，即有利害衝突顯失公平情形，難認正當。況承受人既為共有人，他共有人即無優先承購權，則處分之結果，不啻將共有土地全部分割

歸其取得，且依其決定之價格補償未同意處分之共有人，要非法之所許。是共有人爲承受人時，其人數及應有部分不得計入同意處分之共有人數及應有部分（103台上2333）。

(3)建築改良物

本條第1項適用於「共有土地或建築改良物」，區分所有建築物的專有部分、共有部分及基地的權利，均有獨立的所有權，似可適用之。不過，專有部分與其所屬之共有部分及其基地之權利，依民法第799條第5項，不得分離而爲移轉或設定負擔，其共有部分及其基地之權利之共有，均係依法律規定而共有，其應有部分乃依專有部分的比例而配置，不得任意調整，故應無土地法本條第1項之適用。但專有部分的共有，因專有部分有道理的所有權，並非強制共有的標的物，故可認爲是「共有建築改良物」的一種，得適用土地法本條第1項規定。

最高法院也在實例中認爲：建築物區分所有與分管之區別，在於前者係數人區分一建築物而各有專有部分，就專有部分有單獨所有權，並就該建築物及其附屬物之共同部分共有。基於所有權標的物獨立性之原則，其專有部分須具有構造上及使用上之獨立性，並以所有權客體之型態表現於外部。其中所謂構造上之獨立性尤應具有與建築物其他部分或外界明確隔離之構造物存在，始足當之。至於後者乃建築物共有人，就該共有建築物之使用、收益或管理方法所作之約定。前者因並非共有之狀態，故無土地法第34-1條規定之適用，後者則因不失共有之本質，自仍有上開規定之適用（99台上1150）。

（二）共有物的的管理

1. 新舊法的對照及性質

(1)本條規定的性質

共有物的管理，性質上屬於共有物的事實上處分，故各共有人均得按其應有部分爲之，但也無法排除他共有人的管理，如何處理，確實爲法律上的重要課題。民國18年制定的民法第820條原規定（以下稱本條舊法）：「共有物，除契約另有訂定外，由共有人共同管理之。」「共有物之簡易修繕及其他保存行爲，得由各共有人單獨爲之。」「共有物之改良，非經共有人過半數並其應有部分合計已過半數者之同意，不得爲之。」即共有人除非已訂定共有物的分

管契約，否則即不得排除他共有人之共同管理。

現行民法第820條規定（民國98年修正，以下稱本條新法）：「共有物之管理，除契約另有約定外，應以共有人過半數及其應有部分合計過半數之同意行之。但其應有部分合計逾三分之二者，其人數不予計算。」「依前項規定之管理顯失公平者，不同意之共有人得聲請法院以裁定變更之。」「前二項所定之管理，因情事變更難以繼續時，法院得因任何共有人之聲請，以裁定變更之。」「共有人依第一項規定為管理之決定，有故意或重大過失，致共有人受損害者，對不同意之共有人連帶負賠償責任。」「共有物之簡易修繕及其他保存行為，得由各共有人單獨為之。」

本條新、舊法的規定，都在宣示共有物的管理規範，保障共有人的權利，新法以「應以……行之」的方式規定，尤有強制規定之意味。在實例中，曾有就共有物之管理可否依習慣法上的不同規則決定，發生爭議者，最高法院認為，民法第1條規定，習慣僅於法律無明文規定時有補充之效力；各共有人按其應有部分，對於共有物之全部，有使用收益之權。又共有物除契約另有訂定外，由共有人共同管理之，民法第818條、第820第1項（舊法）既定有明文，則共有人對共有物之特定部分使用收益，因涉及共有物使用收益方法之決定，屬共有物管理權能範疇，自有民法第820條第1項規定之適用，而無習慣適用之餘地（81台上2183）。

(2)本條新、舊法的比較

對於本條新、舊法規定的演變及比較，最高法院於106年度台上字第151號民事判決，有下列說明及論述，值得參考：

A.按98年1月23日修正前之民法第820條第1項規定：共有物，除契約另有訂定外，由共有人共同管理之。是未經共有人協議分管之共有物，共有人對共有物之特定部分占用收益，須徵得他共有人全體之同意。如未經他共有人同意而就共有物之全部或一部任意占用收益，他共有人得本於所有權除去妨害或請求向全體共有人返還占用部分。惟為促使共有物有效利用，立法例上就共有物之管理，已傾向依多數決為之，98年1月23日修正之民法物權編，乃仿多數立法例，將該條項修正為：共有物之管理，除契約另有約定外，應以共有人過半數及其應有部分合計過半數之同意行之。但其應有部分合計逾三分之二者，其人數不予計算。而所謂共有物之管理包括共有物之保存、改良及利用；共有人

以分管契約約定各自占有共有物之特定部分而爲管理者，該分管契約之成立，固須經全體共有人之同意，但未能成立分管契約時，於上開規定修正，98年7月23日施行後，共有人亦得以多數決爲共有物管理之決定，此項決定對於爲決定時之全體共有人均有拘束力，僅不同意之共有人得聲請法院以裁定變更之，俾免多數決之濫用，且爲保護不同意該管理方法之少數共有人權益，明定共有物管理之決定，有故意或重大過失者，應負連帶賠償責任（同條第2項、第4項參見）。是新法修正施行後，共有人對於共有物之管理，除得經共有人全體同意以契約約定外，亦得以多數決決定，甚由法院裁定之。

B. 至於修正之同法第818條規定，各共有人，除契約另有約定外，按其應有部分，對於共有物之全部，有使用收益之權。旨在規定共有物使用收益權能之基本分配，並肯認共有人就該分配得依契約另爲約定，即共有人依契約之約定，其使用收益之範圍超過或小於應有部分，或利益分配不依應有部分定之，均無不可；此與對共有物使用收益之方法，屬民法第820條第1項共有物管理之範疇，尚有不同。故如主張共有人間有分管決定，即應證明其所指分管決定發生於何時？具體內容爲何？

(3)共同管理原則

對照觀察新舊法的上述規定，可以發現新舊法都規定共有物的「管理」，但對於「管理」一詞的定義，新舊法都沒有進一步規定，可以確定的是，共有物的保存及改良，都是「管理」的範圍。對共有人而言，共有物的管理涉及各共有人的權利行使（民818），但因爲他共有人也按其應有部分而有相同的權利，管理者其實是管理他人之物，故也涉及對他共有人的義務。本條舊法規定的「由共有人共同管理之」，宣示共有人共同享有利益並承擔風險的移轉，乃是重要的底線與原則，本條新法僅規定多數決原則，刪除對於未達成多數決的共有物管理原則，本書認爲，並非妥適。

最高法院在實例中認爲，共有物之出租或出借，屬共有物之管理行爲，屬於民法第820條第1項規定的適用範圍（106台上148）。惟共有人爲是項管理行爲，不僅須符合本條新法或舊法關於分管契約或多數決之規定，尚須有爲全體共有人管理共有物之意思，始足當之。倘共有人未經全體共有人同意占有共有物之全部或一部後，爲自己用益將之出借或出租，既非基於管理共有物意思所爲，縱其人數及應有部分合計超過新法的上開規定，亦不得謂其爲管理共有物

之行為（106台上100）。

2. 分管契約

(1)定義及功能

本條新、舊法均有「除契約另有訂定外」的規定，其中舊法的「契約」一詞，實務上稱為分管契約。在舊法時期，共有人如對共有土地、共有建築改良物、區分所有建築物的共有部分等，有排他的管理權，均是以分管契約為依據。最高法院在實例中指出，依民法第818條規定：各共有人按其應有部分，對於共有物之全部，有使用、收益之權；故共有人全體就共有物之全部劃定範圍，各自使用特定之共有物者，非法之所不許，是為共有物之分管契約；共有人於分管範圍，對於共有物有使用收益之權，固非無權占有，即共有人將自己分管範圍，同意他人使用收益者，該他人亦非無權占有（79台上2336）。

共有物分管契約係共有人就共有物管理方法所成立之協議，必以數人共有一物為前提，倘彼此間就該物無共有關係存在，即無從就該物成立分管契約，如非土地的共有人，即使是共有房屋，而占有他人共有的土地，亦不得謂係基於分管協議而為有權占有（105台上890）。但如共有人分管之特定部分，因不可歸責於雙方當事人之事由致不能為使用收益，且已不能回復者，依民法第225條第1項、第266條第1項規定，各共有人即免其提供共有物特定部分予他共有人使用收益之義務，分管契約當然從此歸於消滅。故如共有人分管的土地被徵收，就該部分的分管協議即歸於消滅（108台上340、109台上15）。

(2)分管契約的訂定

分管契約係共有人全體就共有物之全部劃定範圍，各自使用、收益或管理共有物特定部分之契約，應由共有人全體共同協議訂定之（106台上148、109台上2266）。故分管契約的訂定，須由全體共有人對其內容表示同意，即各共有人的意思表示必須合致（民153），但其目的不在發生物權變動，故性質為債權行為。最高法院也在實例中指出，分管契約係以在共有關係存在之前提下，定共有物暫時使用狀態為目的，故除契約有特別約定外，基於債之相對性原則，分管契約之效力不及於締約之共有人以外之人；探求當事人之真意時，如兩造就其意思表示真意有爭執，即應從該意思表示所植基之原因事實、經濟目的、社會通念、交易習慣、一般客觀情事及當事人所欲使該意思表示發生之法律效果而為探求，並將誠信原則涵攝在內，藉以檢視其解釋結果是否符合公

平原則（105台上211）。

　　共有物分管之約定，固不以訂立書面為要件，惟須全體共有人對共有物之占有、使用、收益，達成意思表示一致，始能成立。共有人的意思表示，明示或默示均無不可，然默示之意思表示，係指土地共有人之舉動或其他情事，足以間接推知其效果意思者而言，若單純之沈默，則除有特別情事，依社會觀念可認為一定意思表示者外，不得謂為默示之意思表示（106台上2029、109台上2118）。故如認為共有人成立分管契約，即應說明其係於何時、如何明示或默示意思表示一致，而成立分管契約（110台上277）。

　　最高法院在實例中曾指出，共有物分管之約定，不以訂立書面為要件，倘共有人間實際上劃定使用範圍，對各自占有管領之部分，互相容忍，對於他共有人使用、收益，各自占有之土地，未予干涉，已歷有年所，即非不得認有默示分管契約之存在，例如共有的土地上之四合院古厝，係前清時所建祖堂，西廂房由於年久破損，由共有人照原址改建為木屋使用，該共有人占有系爭土地，在地上建築房屋延續達數十年或百年之久，而他共有人從無異議，即可認為其已經原共有人同意（83台上1377）。

　　(3)與協議分割契約不同

　　共有人就共有物訂定的分管契約，通常是將共有物區分為數部分，而各自管理其中之一部，形成「各管各的」現象。此種情形，與共有人預先就共有物未來之分割，所達成的分割協議或分割契約，雖有其近似之處，但仍應予以區別。最高法院在實例中指出，分管契約，係共有人就共有物之使用、收益或管理方法所訂定之契約，而共有人請求分割共有物，應解為有終止分管契約之意思；是系爭土地之分管契約，已因被上訴人提起本件分割共有物訴訟，而當然終止；且分管契約與協議分割契約不同，前者以共有關係繼續存在為前提，後者以消滅共有關係為目的，故裁判上分割共有土地時，並非必須完全依分管契約以為分割，而應斟酌土地之經濟上價值，並求各共有人分得土地之價值相當，利於使用（85台上53）。

3. 管理決定

　　(1)多數決與分管契約

　　本條新法第1項規定：「共有物之管理，除契約另有約定外，應以共有人過半數及其應有部分合計過半數之同意行之。但其應有部分合計逾三分之二

者,其人數不予計算。」立法理由認為此乃為促使共有物有效利用,仿外國立法例就共有物之管理,向依多數決為之。此種多數決,既須共有人過半數,其應有部分合計亦須過半數,乃是雙重多數決,如應有部分合計逾三分之二,則共有人的人數不以多數為必要。此種方式,比分管契約更容易達成,但如仍未能達此多數,本書認為,仍應回歸舊法所規定的「由共有人共同管理之」。

本條新法第1項係規定「共有物之管理」,而共有人就共有物之管理所為同意之意思表示,為所有權權能之行使,必已取得所有權應有部分之共有人,始得為之。準此,受讓不動產應有部分之新共有人,固得自其取得所有權應有部分後,參與管理方法之決定,惟就其加入共有關係前不符上開規定所為之管理,尚無從事後予以追認,使之溯及適法(109台上2032)。

在新法之下,第1項的「除契約另有訂定外」的契約,似與舊法相同,一般也認為其係指分管契約。不過,本書認為,共有人依新法既然得以多數決為管理決定,分管契約的成立門檻更高,當然符合多數決的要件,因無關於其效力的特別規定,即使是分管契約,也只要認定是合法的多數決決定,無須再單獨予以討論。不過,本條舊法對於共有人在舊法時期就共有物之管理,仍應適用之,即除非已訂定分管契約,否則均應共同管理之。在關於區分所有建築物的共有部分管理的實例中,最高法院即指出,未經共有人協議分管之共有物,依修正前民法第820條規定,須徵得共有人全體之同意,始得對於共有物之特定部分占用收益,否則即屬侵害他共有人之權利,他共有人得本於所有權除去其妨害(109台上898)。

就規定的內容而言,本條新法第1項的「除契約另有訂定外」,是針對其多數決的原則而規定,其意義應該是如有契約,即得不適用多數決原則的例外條款,而非如舊法之規定其為擺脫共同管理的方法。但實際上,多數決原則乃強制規定,不得由共有人以契約予以限制或變更,故其規定文字似仍有商榷的空間。

(2)多數決的輔助規定

本條新法第2項,是針對共有人以多數決或應有部分超過三分之二所為的管理決定,在對少數不同意之共有人顯失公平時,規定不同意之共有人得聲請法院以裁定變更該管理,俾免多數決之濫用,並保障全體共有人之權益。本條新法第3項,是針對共有人以多數決或應有部分超過三分之二所為的管理決

定，或法院依第2項變更原管理的裁定，規定其管理嗣因情事變更，致難以繼續時，任何共有人均得聲請法院變更之。

本條新法第4項，是針對參與多數決或應有部分超過三分之二所爲的管理決定的共有人，規定其如有故意或重大過失，致共有人受有損害者，爲保護不同意該管理方法之少數共有人權益，應負連帶賠償責任。共有人依本條項應負的責任，並非因契約或侵權行爲而生，故爲法定責任，且不排除侵權行爲規定之適用。

(3)未同意共有人之保護仍待加強

本條新法使不同意的共有人，蒙受法律上的不利益，本文認爲其多數決雖爲民主形式，仍有若干值得再仔細商榷之處。因爲本條新法第1項仿土地法第34-1條第一項所採之多數決，但未採同條其餘各項保護其他共有人的事前措施：即共有人爲此等決定時，未被要求應「應事先以書面通知他共有人；其不能以書面通知者，應公告之」；爲決定之共有人，未被要求「對於他共有人應得之對價或補償，負連帶清償責任」；他共有人未被規定「得以同一價格共同或單獨優先」承受管理契約。其結果是以眾凌寡，並不符合法律行爲應具備的公平性。

比較本條新、舊法的差異，本書認爲舊法貫徹保護所有共有人的意旨，不以分管契約難以成立爲意，輔以共有人得隨時請求分割共有物的制度（民823），符合分別共有關係具有臨時性的精神；新法容許以多數決的方式作成分管決定，犧牲部分共有人的權益，不符合保護應有部分的原則（民818），雖然輔以損害賠償的規定（民820Ⅳ），但僅以決定者有故意或重大過失爲限，不僅增加共有人的權利保護及行使的障礙，也違反應有部分作爲物權、絕對權，應予以充分保護的基本原則。

4. 區分所有人的規約

區分所有建築物的共有部分及其基地的管理，本來也適用民法第820條規定，但第799條第3項後段已有下列規定：「共有部分除法律另有規定外，得經規約之約定供區分所有建築物之特定所有人使用」，即應優先適用其規定，並以規約之約定爲準。但如前所述，在公寓大廈管理條例制定以前，仍適用本條舊法之規定。

最高法院在實例中也認爲，公寓大廈等集合住宅之買賣，建商與各承購

戶約定，公寓大廈之共用部分或其基地之空地由特定共有人使用者，除別有規定外，應認共有人間已合意成立分管契約（97台上909）；大樓建商與各承購戶，就屬地下室作爲防空避難室兼停車場之管理範圍，訂有分管之約定，此應解爲該大樓共有人已默示同意成立分管契約（99台上1191）。

此外，區分所有人間就共有部分，依規約或分管契約所爲的管理決定，關於其效力，法律已有特別規定，應依其特別規定。故區分所有人間依規約所生之權利義務，繼受人應受拘束；其依其他約定所生之權利義務，特定繼受人對於約定之內容明知或可得而知者，亦同（民799-1IV）；區分所有權之繼受人，應於繼受前向管理負責人或管理委員會請求閱覽或影印法定相關文件，並應於繼受後遵守原區分所有權人依本條例或規約所定之一切權利義務事項（公寓大廈管理條例24 I ）。

5. 共有物的簡易修繕及改良

本條新法第5項規定：「共有物之簡易修繕及其他保存行爲，得由各共有人單獨爲之。」（舊法第2項同）保存行爲是指以防止共有物的滅失、毀損或其他維持其價值的行爲，例如牆面油漆、換修門窗、玻璃等行爲，均屬之。簡易修繕與保存行爲，均爲共有物管理的必要之事，而且費用通常不多，爲避免蹉跎，致生損害於共有物，本條項乃規定各共有人均得單獨爲之。不過，共有物的所有權屬於全體共有人，共有物的利益及危險均應由其他共有人享受及負擔，如共有人單獨爲之，其費用仍應由全體共有人分攤之。

本條舊法第3項原規定：「共有物之改良，非經共有人過半數並其應有部分合計已過半數者之同意，不得爲之。」本條新法認爲「管理」爲上位概括規定，下位概念「改良」已被包含在內，乃予以刪除。共有物之改良，對共有物雖屬有益，並非必要，且費用通常甚鉅，故有必要使各共有人雖不得單獨爲之，但得在與他共有人共同管理的情形下，以較低的標準，即得爲之。舊法認爲改良共有物於經濟上甚有裨益，故特別規定雖未取得共有物的管理權，仍得以較簡易的雙重過半數的同意，而爲之。新法認爲其被包含在管理之中，故須有排他的管理權，始得改良共有物，可能錯失共有物改良的契機，本書認爲就此而言，仍可再商權。

6. 管理費用及負擔的分擔

民法第822條規定：「共有物之管理費及其他負擔，除契約另有約定外，

應由各共有人按其應有部分分擔之。」「共有人中之一人，就共有物之負擔爲支付，而逾其所應分擔之部分者，對於其他共有人得按其各應分擔之部分，請求償還。」本條適用於任何共有物，目的在規範各共有人對共有物之管理費及其他負擔的分擔比例，第1項「按其應有部分分擔之」，即指各共有人在其內部之間，應按照各應有部分的數量比例予以分擔，但在對外關係上，共有人爲一體，故共有人中之一人，就共有物之負擔爲支付，他共有人的支付義務即一同消滅，故第2項規定其對於其他共有人，得按其各應分擔之部分，請求償還。

關於區分所有建築物及其附屬物之共同部分之修繕費及其他負擔，民國98年修正前的民法第799條規定，應由各共有人按其所有部分之價值分擔之。此一規定係就區分所有建築物及其附屬物之共同部分之修繕費及其他負擔，所作之規定。民法第822條第1項的上述規定，則係對於分別共有共有物之管理費及其他負擔，所作之規定。最高法院在實例中指出，所謂「按其所有部分之價值分擔」與「按應有部分分擔」，意義並不相同，此觀98年1月23日修正公布之民法第799-1條之立法理由自明；因此，修正前民法第799條應係民法第822條之特別規定，關於區分所有建築物共同部分之修繕費及其他負擔，在法律之適用關係上，應優先適用民法第799條之規定，由各共有人按其所有部分之價值分擔之（99台上1770）。

此外，共有物應有部分讓與時，爲避免其他共有人因其讓與而受不利益，讓與人就共有物因使用、管理或其他情形所生之負擔，應由受讓人連帶負清償責任（民826-1Ⅲ）。上述關於連帶責任之規定，是爲保護其他共有人，故共有物應有部分讓與時，受讓人對讓與人就共有物因使用、管理或其他情形（例如協議分割或禁止分割約定等）所生之負擔，均由受讓人與讓與人連帶負清償責任。如讓與人就共有物應支付之管理費或其他負擔，於應有部分讓與之後由受讓人予以清償，受讓人應得向讓與人求償，其求償之數額得依民法第280條決定之。

7. 分管部分

(1)法律性質

共有人對共有物，如未依本條舊法訂定分管契約，或依本條新法以多數決予以決定，即應共同管理之，已如前述。共有人雖有應有部分，但對於共有物

的任何特定部分，除非依上述方法約定或決定，均不得擅自爲排他性的管理，但依分管契約或分管決定，特定共有人得就共有物的一部分（或全部），單獨管理、使用收益或占有，其他共有人就該部分即不得再依民法第818條使用收益。此一部分，即稱爲分管部分。

分管部分是依據共有人間的分管契約或分管決定，確定的範圍，其只是共有物的一部分，而非一個獨立之物，但該共有人就該部分，得依分管契約或分管決定，排除其他共有人而管理並使用之。但有管理權的共有人的管理及使用，仍受該部分的功能及本質上的限制。例如共有物分管契約係以共有土地之專用權爲其內容，而該專用權之成立復約定爲一定之使用目的時，專用權人之使用應受其拘束，不得逾越其範圍而擅自變更用途，否則即難對其他共有人主張其爲有權占有（105台上1677）。

區分所有權人就區分所有建築物的共有部分，雖依約定或決定得爲專屬的使用，其使用應依該共有部分設置目的及通常使用方法與約定，不得任意改變其設置目的及使用方法（106台上2029）。換言之，區分所有人就共有部分有專用權者，仍應本於共有物本來之用法，依其性質、構造使用之，且無違共有物之使用目的，始爲合法。例如，建物樓頂原建築設計係屬平台，維持平台之原狀，依其性質及構造而爲使用，始得謂本於共有物本來之用法，如在建物屋頂平台違法加蓋增建物，即違反該平台之使用目的（105台上937）；屋突屋簷下方無牆面，與四周屋頂平台連爲一體，得互相通行而無任何阻隔，非屬足以遮蔽風雨之定著物，其本質及目的與騎樓相近，爲開放空間，供全體住戶共用，屋簷權利人不得將其下方空間視爲專屬區域而比照建築物專有部分有專屬使用權利，並排除其他住戶使用（107台上2130）。

最高法院在實例中認爲，法定空地依建築法第11條規定，係屬建築基地之一部分，其於建築基地建築使用者，應留設一定比例面積之空地，旨在維護建築物便於日照、通風、採光、防火等，以增進建築物使用人之舒適、安全、衛生等公共利益。而土地所有人出具土地使用權同意書提供土地與他人作爲建築物法定空地，無非係爲維護建築物符合上開公共利益之規定及意旨，其權利之行使於此目的範圍內固受限制，惟仍保有所有權之權能。倘該建築物所有人於法定空地上增建或添設其他設施，違背留設法定空地之目的，土地所有人究非不得對之行使妨害除去請求權（107台上1164）。法定空地之留設，應包括建

築物與其前後左右之道路或其他建築物間之距離，不得作爲違章建築基地之使用，如共有人在所屬公寓之法定空地（供防火巷使用）內，搭蓋廚房，已變更法定空地之目的，該土地之他共有人，即得請求拆除並返還占有之土地（106台上2651）。

(2)分管部分、共有物的出租

共有人間就共有物之全部，劃定範圍，得各自占用共有物之特定部分，而爲管理者，各部分即爲典型的分管部分。共有人就其共有土地的分管部分，出租與承租人時，乃是對其分管部分的利用行爲，除共有人間另有約定或決定外，應無問題。但最高法院之實例中強調，共有土地之出租，乃典型之利用行爲，而屬民法第820條第1項規定管理權能之範圍，故共有人如就共有土地已訂有分管契約者，對各分管部分即有單獨使用、收益之權，其將分管部分出租他人，自無須得其餘共有人之同意（100台上1776），共有人的租金收益並非不當得利，其他共有人尤不得指承租人爲無權占有而請求返還土地（98台上1087）。

共有人就共有物的全部或一部，未經與他共有人訂定分管契約或爲管理決定，擅自任意占用收益，即屬侵害他共有人的所有權，他共有人得本於所有權請求除去其妨害或請求向全體共有人返還占用部分，並得依侵權行爲之規定，行使其損害賠償請求權（81台上1818）。此種共有人倘若將其共有土地出租，因租賃契約爲債權契約，不問承租人是否就租賃物有無處分權或管理權，在其與承租人之間，均爲有效；但最高法院在實務中認爲，因出租屬共有物管理行爲，倘未依修正前民法第820條規定由共有人全體共同爲之，或未得修正後民法第820條第1項所定共有人數及應有部分之同意者，該租賃契約對於未同意之共有人固不生效力，惟於契約當事人間仍屬有效，同意出租之共有人自應受其拘束（110台上424）。此一見解認爲，共有人就共有物的全部或一部，經與他共有人訂定分管契約或爲管理決定，再將其出租者，其租賃契約即存在於全部共有人與承租人之間，此與債權契約的相對性原則，似有出入，值得再商權。

(3)共有物的使用借貸

在實例中，甲、乙、丙共有A屋，各有應有部分各三分之一，甲、乙未得丙的同意，將A屋無償提供給丁使用，訂定使用借貸契約。丙不甘心，請求丁返還A屋各全體共有人，丁抗辯其依本條新法第1項之規定，爲有權占有。最

高法院認為，本條新法第1項採多數決，又為避免多數決之濫用及保障全體共有人之權益，各共有人除得依同法第823條第1項規定，請求分割共有物外，本條第2項至第4項並明定：共有人依上開規定就共有物所定之管理，對少數不同意之共有人顯失公平時，不同意之共有人得聲請法院以裁定變更之；對共有人原定之管理嗣因情事變更致難以繼續時，任何共有人均得聲請法院變更之；共有人依前開規定為管理之決定，有故意或重大過失，致共有人受損害者，對不同意之共有人連帶負賠償責任。甲、乙同意丁無償使用A屋，屬對該建物之管理行為，依上開規定得與庚公司成立使用借貸關係，丁占有使用A屋，非無法律上原因，亦非無權占有。甲、乙等二人利用上開建物逾越其應有部分之範圍，或涉不當得利或侵權行為損害賠償等問題，惟於前揭認定不生影響（108台上789）。

就本實例的丙而言，其本於應有部分就A屋所得主張的用益利益，確實已經被剝奪，其原因可能是甲、乙的管理決定，也可能是無償的使用借貸權源所致。本書認為，共有人甲、乙對外與丁訂定使用借貸契約的行為，乃是獨立於共有人內部管理決定的另一個行為，其當事人的認定宜依契約成立的原則，即僅限於為明示或默示同意之意思表示者，始為當事人。甲、乙與丁所訂定的使用借貸契約的效力，應與共有物的管理決定無涉；丁得否依其與甲、乙間的使用借貸契約，而使用A屋的各部分，其使用借貸契約除得對貸與人甲、乙主張之外，得否對抗借用物的共有人丙的問題，應依使用借貸契約的法律關係決定，並非民法第820條的問題。

共有人內部的管理決定與對外的契約，雖然在時間及內容上有時不易區別，但二者的成立及效力仍有不同，而應予以區別：內部的管理決定無效，少數共有人對外訂定的契約並非當然無效；內部的管理決定有效，未必使所有共有人都成為對外契約的當事人。換言之，本案的甲、乙如共同決定排除丙就共有物A屋的管理使用，甲、乙即應對丙負責，無論其係自己使用收益，或再將A屋出借給丁，或以多少租金出租給他人，結果均相同。甲、乙就A屋為管理決定，丙雖然依本條新法已無法再置一詞，但甲、乙再共同無償將A屋交付給丁使用，並不意味丙亦同意該使用借貸契約，因此本於契約自由的原則，如丁的使用借貸契約對甲、乙有效，但對丙無效，似應認為丁就丙的應有部分，構成侵權行為及不當得利，丙仍得按其應有部分對丁行使權利，較能符合共有的

本質及目的。

　　最高法院本判決認定丁、戊共同與庚公司訂定使用借貸契約，即係就共有物為管理之決定，不但混淆共有人的內部關係與個別共有人的對外行為，也讓丁獲得最大的利益，使丙因為甲、乙的對外行為而蒙受不利益，留下甲、乙的決定是否亦代理丙為之？丙是否為當事人，得否終止該契約？等疑問。相較而言，本書認為宜將共有人內部的管理決定與對外的契約區分，較為妥適。

　　（延伸閱讀：陳榮傳，「共有物的管理、使用借貸與公同共有債權：最高法院108年度台上字第789號民事判決評析」，月旦裁判時報，第107期（2021年5月），第19頁至第32頁。）

　　(4)分管部分的暫時性

　　分管契約是共有人全體就共有物之使用、收益或管理方法所訂定之契約，乃是依附於共有關係的法律關係，故共有關係消滅時，分管契約亦當然終止。分管契約具有暫時性，分管部分亦因而具有暫時性。最高法院在實例中認為，共有人請求分割共有物，應解為有終止分管契約之意思；又裁判分割共有物，屬形成判決，故於判決確定時即生分割效力，共有關係原則上消滅，惟如係命變價分割者，係賦予各共有人變賣共有物，分配價金之權利，共有人得自行變賣或以判決為執行名義聲請強制執行，故共有人之共有關係應於共有物變賣，由第三人取得所有權後始歸消滅；據此，法院判決分割共有物確定者，無論所採行分割方法為何，均有使原分管契約發生終止之效力；僅分割方法採行變價分割時，因於該判決確定時，不當然發生共有物變賣之效果，共有物之所有權主體尚未發生變動，共有人間之共有關係應延至變賣完成時消滅而已（107台上879、107台上2074）。

　　上述實務見解，尚有值得探討之處。請逕參考共有物分割的效力的說明。

　　（延伸閱讀：陳榮傳，「分管契約的暫時性-最高法院107年台上字第879號民事判決」，月旦裁判時報，第97期（2020年7月），第14頁至第21頁。）

（三）共有人的物上請求權

1. 條文及立法理由

　　共有人按其應有部分，對於一物有所有權（民817），故共有人均為所有人，但均只有應有部分，只能按其應有部分，享有所有權的權能；使用、收益

及處分如是，所有人的物上請求權，亦復如是。但物上請求權是以所有人為主體，共有人只有應有部分，但共有物的所有權也同樣有受保護的必要，如何在共有的基礎上，貫徹所有權的效力，並保護全體共有人的利益，乃成為法律的重要課題。

民法第821條規定：「各共有人對於第三人，得就共有物之全部為本於所有權之請求。但回復共有物之請求，僅得為共有人全體之利益為之。」立法理由指出：各共有人，既為所有人，即應與所有人受同一之保護，故共有人對於第三人得為一切行為，與單獨所有人同。然關於請求回復其共有物，非為共有人全體而為之，恐害及共有人利益，至為共有人全體請求回復共有物，應依何種方法，則依當事人之意思及法院之意見為最適當。例如請求交付標的物，於各共有人之代理人，為各共有人請求提存或於不得為提存時，請求將標的物交付於法院所選定之保管人，皆為實際上最適當之方法。總之，各共有人祇能依其應有部分，向他共有人主張所有權而已，此事理之所當然，故於此不另設明文也。

2. 本文及但書的規範意義

本條的重點，在只有應有部分的共有人，應如何像單獨所有人一般，「為本於所有權之請求」？「本於所有權」對於第三人之請求，主要是指「本於全體共有人之所有權」，而對第三人之請求，主要是指所有人的物上請求權的行使而言。共有物是單一所有權的客體，所有權的效力及於共有物的全部，故共有人對於第三人，「本於所有權」之請求的客體，乃是「共有物之全部」，而非其分管部分，或其應有部分。

本條本文先確立「各共有人」對於第三人，均得行使物上請求權的原則；再於但書規定「回復共有物之請求」，即民法第767條第1項前段的共有物回復請求權，其關於「僅得為共有人全體之利益為之」的規定，並非「須得共有人全體同意」之意思，而是指「各共有人」仍得對於第三人為之，但「僅得為共有人全體之利益」而為，不得為共有人一己的利益或部分共有人的利益，而為之。例如甲、乙、丙共有的土地，被丁擅自占用，堆放廢棄物，此時甲無須取得乙、丙的同意，即可請求丁移去該廢棄物，並將土地交還給甲、乙、丙三人。

在實例中，土地共有人甲，未得他共有人全體之同意，在共有土地內之特

定土地圍以墙垣使用，最高法院認爲，如他共有人乙提起訴訟，僅在請求甲拆除墙垣，以回復原有巷道之寬度，並非請求甲交還其占用之土地，即不必爲共有人全體之利益爲之（71台上1661）。

3. 訴訟程序上的意義

本條規定在訴訟程序上，也有重要的意義。最高法院在實例中指出，本條本文規定，共有人對於第三人，得就共有物之全部，爲本於所有權之請求，此項請求權既非必須由共有人全體共同行使，則以此爲標的之訴訟，自無由共有人全體共同提起之必要；所謂本於所有權之請求權，係指民法第767條第1項所規定之物權的請求權而言，故對於無權占有或侵奪共有物者，請求返還共有物之訴，得由共有人單獨提起（28渝上2361）；共有人依民法第821條規定，就共有物之全部爲本於所有權之請求，除請求回復共有物須爲共有人全體利益爲之外，非不得僅由其中一人起訴請求（109台上2990）。

依本條但書規定，各共有人對於第三人，回復共有物之請求，「僅得爲共有人全體之利益爲之」，實務上認爲即應求爲命被告向共有人全體返還共有物之判決（28渝上2361）；各共有人對於無權占有或侵奪共有物者，請求返還共有物之訴，依民法第821條但書之規定，應求爲命被告向共有人全體返還共有物之判決，即起訴的聲明事項，應求爲命被告將共有物返還「原告與其他全體共有人」，不得請求僅向自己返還（41台上611），其請求僅向自己返還者，應將其訴駁回（37上6703）。

共有人對於第三人，依本條規定起訴時，係就共有物之全部而請求，故被告應返還的標的物價額，則是該共有物的全部價額，而非僅原告的應有部分的價額。

4. 本於所有權之請求

由上述可知，本條所謂各共有人對於第三人，得就共有物之全部，爲本於所有權之請求，係指民法第767條第1項所規定之所有人物上請求權，即「物權」請求權而言，不包含共有人基於債之法律關係對於第三人得爲之請求。例如甲、乙協議以乙的名義買受系爭建物，並以乙爲登記名義人，甲終止該借名契約後，乙仍登記爲系爭建物之所有人，最高法院認爲，甲既未因終止借名契約即當然取得系爭建物之所有權，即不得依民法第821條本於共有人之地位，行使所有物返還請求權，請求乙將系爭建物返還予全體共有人（107台上

403）。

共有人未得其他共有人之同意，擅自出賣共有土地之特定部分，可能發生他共有人本於所有權，而請求買受人返還共有土地給全體共有人的情況。最高法院認為，買賣契約並非無效，僅對於其他共有人不生效力而已。出賣人將特定部分土地交付予買受人占有使用後，買受人對於其他共有人固不得主張係有權占有，惟對於該出賣人，非不得依買賣契約關係主張其有占有權源（109台上3061）。買受人的抗辯雖係以買賣契約為依據，惟他共有人係本於所有權而請求，故仍有本條規定之適用。

但在實例中，共有人以終止租約為原因，而求為命承租人返還租賃物於其共有人全體之判決，最高法院認為以回復共有物之請求權為標的之訴訟，無由共有人全體提起之必要，無論實際上是否與其他共有人之意見相左，即為共有人全體之利益而起訴，即使承租人否認共有人就共有物全部對第三人為請求之權利，共有人的起訴為不合法，此時法院祇應就其起訴原因事實是否真實，即兩造間之租賃關係是否果已因租約之終止而消滅之問題，從實體上而為裁判（38台上62）。本例中共有人的訴訟標的，似係租賃契約終止後的租賃物返還請求權，其與第767條第1項之所有人物上請求權，似仍有性質上的差異。

5. 第三人的範圍

本條規定的是「各共有人對於第三人」的請求，第三人是指共有人以外之人而言，並不包含其他共有人在內，立法理由也指出，「各共有人祇能依其應有部分，向他共有人主張所有權」。不過，司法實務上似已形成「其他共有人亦為第三人」的見解。

在第820條修正前，各共有人按其應有部分，對於共有物之全部雖有使用收益之權，惟共有人對共有物之特定部分使用收益，則仍須徵得他共有人全體之同意，非謂共有人得對共有物之全部或任何一部有自由使用收益之權利。如共有人不顧他共有人之利益，而就共有物之全部或一部任意使用收益，實務上認為，即屬侵害他共有人之權利（62台上1803），如共有人未經他共有人同意而就共有物之全部或一部任意占用收益，他共有人自得本於所有權請求除去其妨害或請求向全體共有人返還占用部分，因甲共有人所占有者，係共有土地之特定部分，既未徵得共有人全體同意，即屬侵害他共有人之權利，乙共有人自得為共有人全體為回復共有物之請求（84台上339）。

最高法院在實例中，認為公寓大廈之共有人主張他共有人逾越應有部分或違反約定，使用收益共有物，而對於該共有人就共有物全部為本於所有權之請求及為共有人全體之利益為回復共有物之請求，係共有人基於民法第767條、第821條規定之權利，如以此二條規定為其訴訟標的，法院即就原告主張之訴訟標的，審查其構成要件事實是否已經充足？（105台上2071）

6. 共有人的回復與損害賠償

依上述見解，如共有人不顧他共有人之利益，而就共有物之一部或全部任意占有收益，即屬侵害共有人之權利，共有人除得依同法第767條第1項前段、第821條規定，請求除去其妨害及向全體共有人返還共有物外，並得依侵權行為法律關係，請求該無權占有之人按共有人就共有物之應有部分比例，賠償共有人所受損害（109台上2037）。各共有人基於共有人之地位，為全體共有人之利益，請求回復共有物時，因其並非僅為自己利益而為請求，且除另有依法所為的管理決定或約定外，該共有人得按其應有部分，對於共有物之全部，有使用收益之權（民818），故其就該排除侵害訴訟所得受之利益，自應以回復共有物之全部價額為計算基準，不因被請求人亦為共有人，而有不同（101台上722）。

四、共有物的分割

共有關係的發生，有依法律行為取得者（如所有人贈與應有部分），有依法律之規定規定者（如動產的附合、混合等），其形成數人按其應有部分，而對一物有所有權，對共有物的使用、收益及處分，增加困難，對社會經濟實屬不利。共有關係的消滅，使物盡其用的可能性增加，回歸單獨所有的經濟效率規則，自為法律之所企盼。

不過，共有關係的消滅原因，在私法自治的原則下，除依法律基本原則發生者，例如共有物滅失而所有權消滅外，亦可係能因法律行為的結果所致，例如共有人之應有部分，均讓與給共有人之一人或第三人時，原來的共有關係亦當然消滅。此外，民法特別規定分割共有物的制度，使共有人得以協議或聲請法院分割共有物，消滅共有關係。

法院介入共有物分割事件，顯示共有關係的消滅，已非私法自治的範疇。因為共有關係的存在，對共有物的利用、改良及處分均有阻礙，所以民法規定

共有物分割制度，目的在盡量使共有關係消滅，回歸使一個物僅歸屬於一人，藉由單獨所有的所有人的權能行使（民765），提高物的用益及處分的效率。民法的立法理由謂，共有爲所有權之變體，不能無特別喪失之原因，即在說明此一制度的設計與目的。

（一）分割請求權

1. 分割請求權的規定及性質

(1)規定及立法理由

民法第823條規定：「各共有人，除法令另有規定外，得隨時請求分割共有物。但因物之使用目的不能分割或契約訂有不分割之期限者，不在此限。」「前項約定不分割之期限，不得逾五年；逾五年者，縮短爲五年。但共有之不動產，其契約訂有管理之約定時，約定不分割之期限，不得逾三十年；逾三十年者，縮短爲三十年。」「前項情形，如有重大事由，共有人仍得隨時請求分割。」

本條第1項規定各共有人，「得隨時請求分割共有物」，此一權利依其規定的文字，被稱爲共有物分割請求權。立法理由指出，因分割而消滅共有關係的制度，在理論上及實際上均關係重要，各國皆詳定於民法，本法亦從之。分割者，以共有關係消滅爲目的之清算程序也，共有於改良共有物不無妨礙（例如甲共有人欲改良，而乙共有人不欲），且於共有物之融通亦多阻窒（例如欲處分共有物非各共有人同意不得爲之，而得各共有人同意，其事甚難），國家經濟既受損害，並易啓各共有人彼此之爭論，故法律不能不予各共有人以隨時請求分割之權，使共有之關係容易消滅，於公私皆有裨益。

本條規定「各共有人」均有共有物分割請求權，即只要標的物係共有物，請求人爲共有人，而無後述該權利被限制的情形，共有人即得請求分割共有物。在實例中，兩造均係向原共有人購買持分，最高法院認爲，其分管分收，不過定耕作之暫時狀態，既無消滅共有關係之特約，即與分割有間，縱其中曾有部分土地被水流失，亦難謂共有人不得請求按持分分割（50台上2531）。

(2)分割請求權的性質

A.判例要旨值得商榷

共有人的共有物分割請求權，一般都引最高法院29年渝上字第1529號民事

判例的要旨，認為其乃「分割共有物之權利，非請求他共有人同為分割行為之權利，其性質為形成權之一種，並非請求權，民法第125條所謂請求權，自不包含共有物分割請求權在內。」但本書認為，其效力相當微弱，並非形成權，最多只是請求權。

上述判例，裁判全文仍可查考，雖未停止適用，其效力與未經選編為判例之最高法院裁判相同（法院組織法57-1），但其所謂「要旨」的內容，實際上並非出自該判例的判決理由，似應盡可能回歸原判決的內容。在該判例中，甲、乙共有A田房，甲請求乙分割A田房，為乙拒絕，乙抗辯：甲的前手因對乙的前手欠款，無力償還，曾於民國11年將該田房之共有權，移轉與乙的前手，作為抵還欠款本息之用，約定其後子孫，永遠不能過問，但法院認為乙提出的證據無法證明其抗辯的事實，故甲的請求有理由。該判例的法律上理由，只有一句：「關於分析共有產業之請求權，並無民法第125條消滅時效之適用」，判例「要旨」中「其性質為形成權之一種，並非請求權」之句，顯非當時法院判決的內容，似不應再引用。惟木已成舟，似僅能再論述說服，期待未來實務及學說見解的改變。

B.本書淺見

本書認為，共有物分割請求權的性質決定，應從該權利的內容及本質予以判斷。私法上之權利，依其功能之不同，可分為支配權、請求權、抗辯權及形成權。請求權是一人得向另一人請求為特定行為之權利，形成權是指依權利人一方之行為或意思表示，即足以使法律關係發生、變更或消滅之權利。共有人之共有物分割請求權之存在，表示共有關係具有暫時性，該權利之內容，只是共有人得「隨時」向其他共有人，表示不願繼續共有關係之意思而已。

分別共有之共有關係，僅建立於共有人互相信賴之基礎，此一信賴基礎尚未達於法律關係之程度，故共有人因信賴基礎動搖時，得自由處分應有部分，以退出共有關係，亦得請求分割共有物，終局消滅共有關係。可見共有人請求分割共有物時，其他共有人不得主張維持已不存在之信賴關係，亦不得拒絕其分割之請求。換言之，由於共有具有暫時性，共有人既不得強制他人，與其成立或維持共有關係，其脫離或消滅共有關係之自由，亦受法律之保障。

基於契約自由之原則，被請求分割之共有人，並未因他人先為請求分割之意思表示，而負應同意請求者所提分割方法之義務。在共有關係無法維持，

而共有人又無法就分割之方法達成協議時，法律爲提供不得已之救濟途徑，乃得聲請法院以判決定其分割之方法。法院之決定分割方法乃本其職權，公平判斷，先爲請求之表示者或原告，並無先發制人之特權，法院不得強制被請求者，屈就請求分割之共有人之提議。由於共有物之分割，是以共有人之同意或取代共有人同意之法院判決爲基礎，在共有人完成分割行爲或法院之判決確定以前，共有關係尚未歸於消滅，可知共有物分割請求權之行使，不足以發生權利變動之法律效果，故其權利之性質應非形成權。該權利之行使，是以請求其他共有人，就共有物之分割方法，達成一定之協議之方式爲之，性質上應爲請求權。

　　共有關係維持的時間如超過15年，各共有人的共有物分割請求權是否依民法第125條規定，而罹於消滅時效？本書認爲應採否定說，但理由並不是共有物分割請求權爲形成權，不是請求權，而無民法第125條的適用；而是因爲：本條規定各共有人「得隨時請求分割共有物」，其中「得隨時請求」的「隨時」一詞，表示此項分割請求權不問已經存在多久，均「隨時」可以行使，乃是不適用民法第125條的請求權，另一方面，也可以認爲「隨時」可以行使，表示各共有人都不會陷入「請求權不行使」的狀態，故即使適用第125條，其消滅時效的期間不會起算，不會有「請求權15年間不行使」的事實發生，其請求權當然也不會罹於消滅時效。

　　（延伸閱讀：陳榮傳，「共有物分割請求權是否爲形成權？」，收錄於蘇永欽主編，民法物權爭議問題研究（台北：五南，1999年1月初版一刷），第193頁至第250頁。）

2. 分割請求權的限制

　　本條第1項對共有物分割請求權，設有雙重除外條款，一爲本文「除法令另有規定外」的用語，二爲但書「因物之使用目的不能分割或契約訂有不分割之期限者，不在此限」的規定。故各共有人非得隨時請求分割共有物的情形有三：(1)法令有不得分割的限制、(2)因物之使用目的不能分割、(3)有禁止分割共有物的期限約定。所謂依法令或因使用目的、契約不能分割，實務上認爲當包括原物分割（含分歸一人及價格補償）與變價分割在內（109台上2485）。

　　(1)法令有不得分割的限制

　　有些共有物因爲性質特殊，依法令不得再予以細分，此種限制，在98年本

條第1項本文修正前，乃是但書「因物之使用目的不能分割」的一種。關於法令是否限制共有人的分割請求權，實務上時有發生疑義之例，值得關注。

A.建築法

建築法第11條第1項前段、第3項前段規定：「本法所稱建築基地，爲供建築物本身所占之地面及其所應留設之法定空地」、「應留設之法定空地，非依規定不得分割、移轉，並不得重複使用；其分割要件及申請核發程序等事項之辦法，由中央主管建築機關定之」，爲所明定。而「建築基地之法定空地併同建築物之分割，非於分割後合於左列各款規定者不得爲之。一、每一建築基地之法定空地與建築物所占地面應相連接，連接部分寬度不得小於二公尺。……三、每一建築基地均應連接建築線並得以單獨申請建築。四、每一建築基地之建築物應具獨立之出入口」、「建築基地空地面積超過依法應保留之法定空地面積者，其超出部分之分割，應以分割後能單獨建築使用或已與其鄰地成立協議調整地形或合併建築使用者爲限」、「申請建築基地法定空地分割，應檢附直轄市、縣市主管建築機關准予分割之證明文件。……」，建築基地法定空地分割辦法第3條第1、3、4款、第4條、第5條分別定有明文。最高法院認爲，上揭規定即屬「法令另有規定」之情形。故法定空地原則上不能分割，必須符合法定空地分割辦法規定之情形，即併同建築物分割或建築基地空地面積超過依法應保留之法定空地面積，且取得主管機關准予分割之證明者，始得爲之。共有人訴請法院裁判分割具法定空地限制之共有土地，亦應遵守上揭規定。倘因上開法令限制無法分割，法院即不得准許分割，自無定分割方法之餘地（106台上467）。

B.農業發展條例

農業用地興建農舍辦法（下稱農舍辦法）第12條第2項明定已申請興建農舍之農業用地，直轄市、縣（市）主管建築機關應於地籍套繪圖上，將已興建及未興建農舍之農業用地分別著色標示，未經解除套繪管制不得辦理分割，最高法院認爲，本條項即屬民法第823條第1項所稱因法令不得分割之限制。又農舍辦法第12條第2項規定，係內政部、行政院農業委員會依農業發展條例（下稱農發條例）第18條第5項所會衛訂定之行政命令，其目的除在落實農發條例第18條第4項規定，確保農舍與其坐落農地面積、比例符合法令（即農舍用地面積不得超過農地面積10%）外，亦在使已興建農舍所餘農業用地仍確供積極

農業生產使用，保障基本農業經營規模及農地完整性，避免農舍與農業用地分由不同人所有，造成農地未確供農業經營利用、過度細分問題，達成農發條例第1條所定確保農業生產環境及農村發展之立法目的，依整體規定之關聯意義為綜合判斷結果，並無逾越母法之授權範圍。另農舍辦法第12條第2項後段「未解除套繪管制不得辦理分割」之規定，雖係102年7月3日修正時所增訂，但該項規定並無類如同辦法第16條規定：101年12月14日前取得直轄市、縣（市）主管機關或其他主管機關依同辦法第2條或第3條核定文件之申請興建農舍案件，於向直轄市、縣（市）主管建築機關申請建造執照時，得適用102年7月1日修正施行前規定辦理，而不適用修正後農舍辦法等語，且依89年1月修正施行之農發條例第18條第4項規定，限定農舍應與其坐落之農地併同移轉或抵押，既係因農舍與農業經營有不可分離之關係（農發條例第3條第1項第10款規定參照），甚且在此之前，規定興建農舍僅限於自耕農身分（實施區域計畫地區建築管理辦法第6條第1項規定參照），避免發生以分割或買賣方式造成農地無法農用、細分等有違國策之情形，則依不真正溯及既往原則，關於修正施行前已興建農舍之農業用地，自仍有該項規範之適用（109台上2485）。

C.公寓大廈管理條例

公寓大廈管理條例第4條第2項規定，區分所有建築物的專有部分，不得與其所屬建築物共用部分之應有部分及其基地所有權或地上權之應有部分分離，而為移轉或設定負擔，可見區分所有人對於基地的坐落權源應屬共有，並不得請求分割。同條例第53條規定，多數各自獨立使用之建築物、公寓大廈，其共同設施之使用與管理具有整體不可分性之集居地區者，其管理及組織準用本條例之規定。依本條規定，整體社區對應的土地，似為「共同設施之使用與管理具有整體不可分性之集居地區」內的所有土地，而該條例施行細則第12條規定：「本條例第五十三條所定其共同設施之使用與管理具有整體不可分性之集居地區，指下列情形之一：一、依建築法第十一條規定之一宗建築基地。二、依非都市土地使用管制規則及中華民國九十二年三月二十六日修正施行前山坡地開發建築管理辦法申請開發許可範圍內之地區。三、其他經直轄市、縣（市）主管機關認定其共同設施之使用與管理具有整體不可分割之地區。」其中第3款，可謂為民法第823條第1項所稱因法令不得分割之限制。在實例中，最高法院認為，法院准就系爭土地為裁判分割之前，應先判斷究竟系爭土地上

有無共同設施,在使用及管理上是否具有不可分割之性質?(110台上244)

(2)因物之使用目的不能分割

本條第1項但書所謂因物之使用目的不能分割,最高法院認為,係指該共有物現在依其使用目的不能分割者而言。倘現在尚無不能分割之情形,則將來縱有可能依其使用目的不能分割情事,亦無礙於共有人之分割請求權。依都市計畫法第42條、第50條、第51條之規定,道路預定地屬於公共設施用地。於一定期限內以徵收等方式取得之,逾期即視為撤銷,且於未取得前,所有權人仍得繼續為原來之使用或改為妨礙指定目的較輕之使用,並得申請為臨時建築使用。故經都市計畫法編為道路預定地而尚未闢為道路之共有土地,其共有人非不能訴請分割(75年度第5次民事庭會議決議(三)、70台上260)。故分割後土地是否與建物分離,係分割之結果,與因物之使用目的不能分割,兩者內涵不同(97台上1593)。

本條第1項但書所謂物之使用目的,乃是不確定的法律概念,應就個案情形認定之。在判例中,共有人請求分割共有物,他共有人抗辯房屋係祖先遺下之共有物,且係聚族而居,性質上不宜分割;最高法院認為,系爭房屋係按各共有人之應有部分為分別共有之登記,而所謂因物之使用目的不能分割,係指共有物繼續供他物之用,而為其物之利用所不可缺,或為一權利之行使所不可缺者而言,僅因聚族而居之傳統關係,究難認有不能分割之情形存在(50台上970)。

上述判例所指因他物之用,而為其物之利用或使用目的,係指共有物因本身之分割,造成他物之利用或使用目的不能完成而言。苟共有物土地之分割,分割後之各筆土地之所有權人及所有權範圍,雖與分割前有所變動,然如分割後之各筆土地所有權人,仍受分割前即已存在之法律關係之拘束,該法律關係之權利人得繼續對分割後各筆土地所有人主張權利者,即不能遽謂為將因共有物之分割,致他物之利用或使用目的不能完成。例如系爭土地為兩造所共有,依使用借貸關係,供社區之公共設施使用,系爭土地之分割各筆土地之所有權人,其權利範圍雖有不同,惟如該使用借貸關係仍繼續存在於分割後之各筆土地上,得以繼續提供系爭公共設施用,即不能謂因該使用借貸關係存在,致共有物有因使用目的,有不能分割之情事(109台上93)。

本條但書所稱「不能分割」,當包括原物分割與變價分割在內,故界標、

界牆、區分所有建築物之共同部分等均屬之。共同道路,除請求分割之共同人,願就其分得部分土地為他共有人設定地役權外,原則上不得分割(58台上2431)。如系爭建物之主要用途雖為防空避難室、室內停車間及一般零售業,設有停車位及車道,然性質上如非不得為變價分割,則非有不能分割之情事(109台上1403)。

土地法修正前第30條(舊法)規定,農地承受人應能自耕,農業發展條例修正前第22條(法舊)為防止農地細分,限制現有之每宗耕地不得分割,依其立法意旨,係指限制共有耕地以原物分配為分割而言。最高法院認為,共有物裁判分割的分割方法,依民法第824條第2項規定,可以原物分配或變價分配(變賣共有物分配其價金),故只要共有物得予以變賣,縱使其原物不得再細分,亦得請求法院予以分割。現行法律並無禁止耕地買賣之規定(僅),倘將共有耕地整筆變賣,以價金分配各共有人,並不發生農地細分情事,應不在前開限制之列,是以共有耕地,共有人仍可請求分割,但分割之方法,僅限於變賣共有物分配價金(63年度第2次民庭庭推總會議決議(一))。

(3)契約訂有不分割之期限

各共有人,依本條第1項規定,均得隨時請求分割共有物,以消滅共有關係。此一立法政策,雖然明確地宣示分別共有關係具有暫時性,共有人想分割就可以分割,但如其契約訂有不分割之期限,仍應適度予以尊重,在該期限內,不得隨時請求分割。不過,為回歸基本政策,第2項乃再強調約定不分割之期限,不得逾5年;逾5年者,縮短為5年,以便利分割。98年增訂但書,就共有之不動產,其契約訂有管理之約定時,將約定不分割之期限,放寬至30年。立法理由指出,不動產利用恆須長期規劃且達一定經濟規模,始能發揮其效益,若共有人間就共有之不動產已有管理之協議時,該不動產之用益已能圓滑進行,共有制度無效率之問題足可避免,是法律對共有人此項契約自由及財產權之安排,自應充分尊重。

不過,共有人對共有不動產的管理約定,是以共有關係存在為前提,其管理約定也具有暫時性;而共有不動產的分割對問題的解決及效率之提升,乃是一勞永逸的上策,故相對而言,其實不必因管理約定之存在,而限制共有人請求分割共有物。最高法院也在實例中認為,共有物係屬全體共有人所共有,在分割前,各共有人得約定範圍而使用之,但該項分管行為不過定暫時使用之狀

態，與消滅共有關係之分割情形有間，是共有物之分管契約與共有物之不分割約定有異（108台上1693）。

本條第3項因此規定，如有重大事由，共有人仍得隨時請求分割，即得不受原來約定之拘束。所謂「重大事由」，依立法理由之說明，係指法院斟酌具體情形認為該共有物之通常使用或其他管理已非可能，或共有難以繼續之情形而言，例如共有人之一所分管之共有物部分已被徵收，分管契約之履行已屬不能或分管契約有其他消滅事由等是。

共有人上述不分割共有物期限之約定，又稱為「禁止分割之約定」。依民法第826-1條規定，不動產共有人間關於共有物禁止分割之約定，於登記後，對於應有部分之受讓人或取得物權之人，具有效力；動產共有人間就共有物為禁止分割之約定，對於應有部分之受讓人或取得物權之人，以受讓或取得時知悉其情事或可得而知者為限，亦具有效力；共有物應有部分讓與時，受讓人對讓與人就共有物禁止分割之約定所生之負擔，連帶負清償責任。

（二）協議分割

共有物的分割方法，民法規定有協議分割與裁判分割等二種，前者是各共有人於審判外為分割之方法，有省費、和諧、迅速之利益，後者是在協議決裂時，所設的補救之法，目的在使欲分割之共有人，得向不欲分割之他共有人提起訴訟，聲請法院為同意分割並予以分割之判決，以免共有人欲分割而不得分割之弊。

無論是協議分割或裁判分割，均是以共有關係存在為前提，而且只要是共有物的共有人，除其分割請求權受上述限制之外，均得隨時請求分割共有物。最高法院因此在實例中指出，在共有物未分割前，各共有人實際上使用共有物者，乃屬一種分管性質，在共有物未正式分割前，尚不因分管而影響共有人對共有物之權利。最高法院因此在實例中認為，在共有人分管中被政府徵收放領之土地，縱有可歸責於該共有人之事由，仍不得視為該共有人之應有部分或共有權消滅，而不許其再就未徵收放領部分之共有物請求分割（57台上2387）。

1. 協議分割的性質與要件

(1)基本規定

民法第824條第1項及第2項規定：「共有物之分割，依共有人協議之方法

行之。」「分割之方法不能協議決定，或於協議決定後因消滅時效完成經共有人拒絕履行者，法院得因任何共有人之請求，命爲下列之分配……。」第1項是協議分割，第2項是裁判分割。對照此二項條文，可知共有人如已協議決定分割之方法，除因消滅時效完成經共有人拒絕履行者外，即不得請求法院裁判分割，故共有物之分割，原則上應有共有人協議分割之，即共有物之分割，原則上應依共有人協議之方法行之，須共有人不能協議分割，始得訴請法院裁判分割，故在共有人已達成協議分割後，即不得再訴請分割（95台上985）。

　　共有人協議分割的目的，是要消滅共有關係，故必須就分割的方法達成協議，決定其具體內容。例如甲乙丙三人共有一筆300坪的A地，三人就A地的分割方法達成協議，其內容是將A地分爲A1、A2、A3等三筆土地，由每個人各取得其中的一筆土地的所有權。無論三人就A1、A2、A3，是以完全協議的方式，確定其分別由何人取得土地所有權，或協議以抽籤的方式，確定各共有人取得何筆土地的所有權，都是協議分割。共有人之間的此種協議，稱爲分割契約或分割協議。

　　(2)法律行爲

　　由上述可見，協議分割是要以法律行爲，消滅共有的法律關係，其內容包含共有人彼此同意分割共有物，共同決定將如何分割共有物的方法，以及依其約定的分割方法，使共有物的物權發生變動。故在實例中，最高法院指出，共有人協議分割共有物，爲法律行爲之一種，須有行爲能力者始得爲之，如無行爲能力人未由法定代理人爲之代理，限制行爲能力人未得法定代理人之允許而參與協議者，前者之意思表示無效（民75），後者之意思表示非經法定代理人之承認不生效力（民79）（40台上1563）。

　　實際上，協議分割是由數個法律行爲組合而成，「協議」是指其以法律行爲爲基礎，而非由法院裁判決定，「分割」是指其最終的法律效果。發生法律上拘束力的共有人間的協議，乃是決定「分割之方法」的協議，共有人不反對或同意分割，而未就分割方法達成協議者，在法律上並無拘束力，也無法請求履行。民法第825條有「各共有人……因分割而得之物」的規定，第824-1條規定：「共有人自共有物分割之效力發生時起，取得分得部分之所有權。」可見發生物權變動的，是「分割」，共有物分割之效力發生，共有物的物權即發生變動。分割協議或「分割之方法」的協議，雖然是以共有物的物權變動爲目

標，實際上只能請求他共有人履行，共同再以「分割」的物權行為，使共有物的物權發生變動，並消滅共有關係。因此，分割協議的性質是決定如何分割的債權行為，其功能一方面讓共有人得據以請求履行，他方面則依民法第824條第2項，成為共有人不得請求法院裁判分割的消極要件。

2. 分割協議的效力

(1)實體效力

由於分割協議具有上述特別的效力，與共有人之間的其他協議和契約不同，在實務上自有仔細予以定性的必要。最高法院認為，共有人以消滅共有關係而使各共有人取得特定部分土地之意思訂立協議者，為分割共有物之契約，與使共有人管理使用特定部分土地，而無消滅共有關係之意思，所訂立之分管契約不同；如共有人所訂立者為分割共有物契約，要不因於訂約後未即辦理分割登記，或共有人將應有部分讓與他人，而受影響（83台上658）。

民法第824條第1項所指之協議分割，係指共有人全體對於其所有之共有物，於渠等間應如何分配所達成之債權契約的合意，土地共有人協議之方法，並不包括各共有人與第三人互易土地之債權契約合意。在實例中，A地的共有人與B地所有人達成協議，同意為土地互易之契約，再就互易之結果為分割之協議，但A地的共有人未就A地為協議分割，最高法院認為其法律行為，並非就A地「依共有人協議之方法，行共有物之分割」。故共有人就共有物已訂立協議分割契約者，當事人固僅得依約請求履行是項登記義務，而不得再訴請法院為裁判分割，然本件之情形，既與共有人就A地訂立協議分割契約之情形有間，如無前述分割請求權受限制的情事，共有人間又不能就A地達成分割協議，各共有人即均得請求裁判分割（93台上652）。

最高法院也在實例中認為，分割協議是協議分割的一環，是以當事人協議為基礎，依私法自治的原則，其具體方法無論是原物分割或搭配金錢補償，幾乎無何限制（57台上2387）。故共有人分割共有物時，如確實以消滅共有關係為目的，即使共有人之一，願就分得之土地與其他共有人之一維持共有，並將共有土地分歸一部分共有人，創設新的共有關係，仍為協議分割。故共有人就原十筆土地分成二組，由二批共有人各分得其中一組，各批共有人就各自分得之土地維持共有，於未辦理分割共有物之登記前，乃是有效的分割協議。共有人如依分割登記後之面積依持分（應有部分）比例計算找補，參酌民法第824

條第3項「以原物爲分配時，如共有人中，有不能按其應有部分受分配時，得以金錢補償之」之規定，多分得者以金錢補償少分得者，亦爲理所當然（89台上960）。共有人如經協議以抽籤方法實行分割，即生分割協議之效力，不因共有人未在分鬮書上加蓋名章而受影響，各共有人均應履行因協議分割契約所生之義務（43台上952）。

協議分割的「分割之效力」（民824-1），實際上是物權行爲之效力，故在物權變動的部分，應適用物權行爲的規定。如依現行民法，共有不動產之協議分割，非經登記，不生登記之效力（民758Ⅰ），但台灣在日據時期的不動產協議分割，因適用日本民法，分鬮書上的記載，即可發生物權變動的效力。在分割協議與分割行爲之間，按理是債權行爲與物權行爲的關係，也有類似物權行爲獨立性與無因性的問題值得討論，但在實務上似多以協議分割的概念予以兼括。最高法院在實例中即認爲，協議分割係私法自治下的法律行爲，祇須共有人全體同意協議所定之分割方法，即生協議分割之效力，不因共有人中之一人或數人未因協議分割取得利益，而受影響；分割之後，部分共有人即使對分割的結果不滿意，也不得因而主張協議分割爲無效（68台再44）。

(2)程序意義

如將協議分割，區分爲分割協議及分割行爲，則分割協議是債權行爲，共有人因此而生的請求權，即是債權的請求權，其效力比民法第823條的共有物分割請求權強大。分割協議既爲債權行爲，即屬債權契約，共有人起訴請求他共有人履行分割協議，其目的固在消滅共有關係，但更直接的目的，係在請求他共有人履行已經生效的協議或契約。如係共有人之請求法院分割共有物，雖然目的亦在消滅各共有人就共有物之共有關係，但其乃請求法院以形成判決，消滅舊的法律關係，創設新的法律關係，與共有人的協議無關。故二者應嚴予區別。如各共有人起訴請求他共有人履行協議分割契約，訴訟上所爲應受判決事項之聲明，應爲命各共有人（包括原告及被告全體），依協議分割契約所訂分割方法協同辦理分割登記（90年度第11次民事庭會議決議）。

實務上早期所使用的概念甚不一致，有協議分割、協議分割契約、分割協議等，並未爲類似的嚴謹區分，閱讀時仍宜區辨之。例如：最高法院認爲，共有人就共有物已訂立協議分割契約，並依之分別占有管理、使用、收益者，縱使拒絕辦理分割登記，當事人亦僅得依約請求其履行是項登記義務，而不得

訴請法院按協議之方法，再爲分割共有物之判決（59台上1198）。其中之協議分割契約，即與分割協議同義。再如：協議分割後，共有人並未取得分得部分之單獨所有權，僅取得履行協議之請求權，故共有人如不按已成立之協議履行者，他共有人得訴請履行，此際爲給付之訴，而非爲分割共有物之形成之訴。系爭共有土地既未辦理分割登記，仍屬共有人所共有，部分共有人主張在協議分割契約訂立後，伊等即取得系爭土地單獨所有權，委無可取（95台上985）。其中之協議分割，係指分割協議而言。

在訴訟上，如甲、乙就共有之土地一筆，達成協議分割，並辦理分割登記完畢。嗣乙不願將甲分得部分中之一小部分土地交付甲（其上早已蓋有乙之房屋），甲乃以乙無權占有訴請乙交付土地，甲之訴有無理由？最高法院認爲：甲、乙共有之土地，經協議分割並辦理分割登記完畢後，甲分得之土地原由乙占有，乙不願交付甲時，甲可比照其51年台上字第2641號判例請求乙交還土地。（該判例謂：共有物之分割，經分割形成判決確定者，即生共有關係終止及各自取得分得部分所有權之效力。共有人對於他共有人分得之部分，既喪失共有權利，則其占有，除另有約定外，即難謂有何法律上之原因）（80年度第1次民事庭會議（一）決議）。本書認爲，共有人甲、乙就共有之土地達成分割協議，並依協議辦理分割登記完畢後，甲依物權行爲已取得分得部分之單獨所有權，乙仍占有不放，應依民法第767條第1項前段請求返還其所有物，對占有利益之請求返還，始爲不當得利之問題；且協議分割與裁判分割不同，共有人取得分得部分之單獨所有權的原因，尤有差異，似不應比照關於裁判分割的判例見解或規則。

3. 消滅時效問題

共有人協議分割的分割協議，所生的分割協議履行請求權，與民法第823條的共有物分割請求權不同，已有如前述，因其乃債權的請求權，理論上即應適用民法第125條消滅時效的規定。最高法院爲此於64年度第4次民庭庭推總會議，作成下列決議：共有人依協議成立不動產分割契約後，其分得部分所有權移轉請求權，乃係請求履行協議分割契約之權利，自有民法第125條消滅時效規定之適用。在民法第824條第2項增訂「於協議決定後，因消滅時效完成，經共有人拒絕履行」的規定之後，此一問題應已無疑義。

（三）裁判分割

1. 基本規定

民法第824條規定：「共有物之分割，依共有人協議之方法行之。（第1項）」「分割之方法不能協議決定，或於協議決定後因消滅時效完成經共有人拒絕履行者，法院得因任何共有人之請求，命爲下列之分配：一、以原物分配於各共有人。但各共有人均受原物之分配顯有困難者，得將原物分配於部分共有人。二、原物分配顯有困難時，得變賣共有物，以價金分配於各共有人；或以原物之一部分分配於各共有人，他部分變賣，以價金分配於各共有人。（第2項）」「以原物爲分配時，如共有人中有未受分配，或不能按其應有部分受分配者，得以金錢補償之。（第3項）」「以原物爲分配時，因共有人之利益或其他必要情形，得就共有物之一部分仍維持共有。（第4項）」「共有人相同之數不動產，除法令另有規定外，共有人得請求合併分割。（第5項）」「共有人部分相同之相鄰數不動產，各該不動產均具應有部分之共有人，經各不動產應有部分過半數共有人之同意，得適用前項規定，請求合併分割。但法院認合併分割爲不適當者，仍分別分割之。（第6項）」「變賣共有物時，除買受人爲共有人外，共有人有依相同條件優先承買之權，有二人以上願優先承買者，以抽籤定之。（第7項）」

本條第1項規定協議分割，已如前述；第2項規定裁判分割的要件及基本方法，第3項及第4項規定原物分配的輔助條文，第5項及第6項規定合併分割的要件，第7項規定共有人的優先承買權，均爲裁判分割的規定。

2. 裁判分割的聲請權

依本條第2項上述規定，法院在下列情形，得因任何共有人之請求，爲裁判分割：(1)分割之方法不能協議決定，或(2)於協議決定後因消滅時效完成經共有人拒絕履行者。本條項的「請求」，是指向法院請求，即聲請法院爲裁判分割之意，並非謂共有人對法院有民法上的對人請求權。

(1)分割之方法不能協議決定

民法的立法政策，是鼓勵共有人以分割共有物的方式，盡量回歸一物爲一人所有的常態，故以簡便、和諧、省費、快速的協議分割爲原則，但在其不可行或有障礙時，再輔以法院的裁判分割，以實現法律的政策。故所謂「分割之

方法不能協議決定」，是指共有人間就共有物的分割方法不能達成協議，並依分割協議消滅共有關係的情形。協議是全體共有人意思表示一致，因此不問有部分共有人不同意分割，或雖均同意分割，但有些部分仍有岐見，未能全部同意，均屬於「分割之方法不能協議決定」。如果已經全部同意，但事後該協議被確認為無效或被撤銷，亦屬於「分割之方法不能協議決定」。

(2)消滅時效完成並經共有人拒絕履行分割協議

民法第824條第2項修正以前，僅規定：「分割之方法，不能協議決定者，法院得因任何共有人之聲請命為左列之分配」，顯然共有物之分割，原則上應依共有人協議之方法行之，須共有人不能協議分割，始得訴請法院裁判分割，故在共有人已達成協議分割後，即不得再訴請分割。但在實務上發生一個問題，即：不動產共有人協議分割後，已逾15年，迄未辦理分割登記，嗣共有人甲請求依協議辦理分割登記，其他共有人乙以時效為抗辯。甲能否訴請為裁判上分割？最高法院認為：依民法第823條第1項前段規定，各共有人得隨時請求分割共有物，以利融通與增進經濟效益，不動產共有人協議分割後，其請求辦理分割登記之消滅時效完成，共有人中為拒絕給付之抗辯者，該協議分割之契約，既無從請求履行，以達原有分割之目的，揆諸分割共有物之立法精神，自應認為得請求裁判分割（69年度第8次民事庭會議決議（一））。

對上述意旨，最高法院後來在判例更進一步闡釋謂：「各共有人得隨時請求分割共有物，為民法第823條第1項前段所明定，此項規定，旨在消滅物之共有狀態，以利融通與增進經濟效益。不動產共有人協議分割後，其請求辦理分割登記之消滅時效完成，共有人中有為消滅時效完成之抗辯而拒絕給付者，該協議分割無從請求履行，協議分割之目的無由達成，於此情形，若不許裁判分割，則該不動產共有狀態將永無消滅之可能，揆諸分割共有物之立法精神，自應認為得請求裁判分割」（81台上2688）。民法第824條第2項增訂上述規定，係將上述決議之意旨予以明文化，以解決上述問題。

不過，在後來的實例中，又發生另一個難題：即上述決議例中的甲請求履行分割協議，而乙以時效為抗辯，致甲受敗訴判決確定後，乙得否請求法院為裁判分割？最高法院在實例中認為，上述決議及實例均係指共有人請求依協議辦理分割登記，其他共有人為時效抗辯後，請求分割登記之同一共有人得訴請裁判上分割，並非謂其他共有人得訴請裁判上分割，其與本件訴訟之情節不

同，不得比附援引，故應僅限甲始能訴請裁判分割系爭土地，如乙訴請裁判分割，並無該決議及判例之適用，即不得訴請裁判分割（93台上1952）。後來在確認只有甲得得訴請裁判分割的情形下，認為共有係數人共有一所有權，依一物一權之原則，在共有數物時，此共有人之所有權自係分別存在每一共有物之上，故法院為分割時，原則上僅能就每一共有物為分割，而不能將之併為一共有物，當作一所有權予以分割，如甲、乙共有數物，達成分割協議後，甲僅就乙請求履行分割協議，而乙以時效為抗辯，致甲受敗訴判決確定後的共有物，得請求法院為裁判分割，其餘之共有物，仍不得為之，乙未請求履行分割協議，即不得請求法院為裁判分割（95台上985）。

在現行民法上，第824條第2項「於協議決定後因消滅時效完成經共有人拒絕履行者」的規定，既係將上述決議之意旨予以明文化，似仍無法解決上述乙的聲請權的問題。不過，本書認為，共有人甲、乙已有分割協議，甲請求履行，而乙以時效為抗辯，顯然不願意再履行，最高法院上述見解，雖可懲罰以時效完成為理由而拒絕履行分割協議的乙，但消滅時效的利益是法律所規定，乙的抗辯權乃其應受保護的權利，似應回歸消滅共有關係的立法政策的目標，承認甲、乙皆得請求法院為裁判分割，比較合理。此外，本條項既規定「法院得因任何共有人之請求」，似可以此為依據，認為只要「於協議決定後因消滅時效完成經共有人拒絕履行者」，則「任何共有人」（包含例中的甲及乙），均得請求法院為裁判分割。

3. 分割共有物之訴

(1)訴之性質

法院依民法第824條第2項規定，接受各共有人之請求，而為裁判分割者，是法院依法律規定所為之行為，其目的不在為當事人解決紛爭，而在實現民法消滅共有關係的政策目標。故嚴格而言，共有人之請求不具有訟爭性，法院之審理應為非訟事件，但在我國法制中，長期以來共有人都是以提起訴訟的方式，向法院為裁判分割之「請求」。共有人向法院請求分割共有物，是以訴訟方式為之，由同意分割的共有人全體共同起訴，並以反對分割的其他共有人全體為共同被告。分割共有物之訴，係使共有關係，變為單獨所有，就結果而言，其判決具有形成效力，乃是形成判決，其訴訟為形成之訴。

依本條項規定，「各共有人」均得請求法院為裁判分割。最高法院在實例

中指出，提起分割共有物之訴，參與分割之當事人，以共有人爲限。請求分割之共有物，如爲不動產，共有人爲何人，以及應有部分各爲若干，以土地登記總簿登記者爲準。又共有物分割訴訟判決屬形成判決，於法院判決確定時，即發生共有物分割之法律效果，而關於命一造當事人辦理所有權移轉登記之確定判決，性質上屬於給付之訴而非形成判決，尚須他造當事人根據該確定判決辦畢所有權移轉登記後，始能取得所有權，在辦妥所有權移轉登記前，仍不得以共有人身分，參與共有物之分割（67台上3131、107台上532）。

(2)法院判決問題

共有人訴請法院分割共有物時，應由法院依民法第824條命爲適當之分配，不受任何共有人主張之拘束，除應斟酌各共有人之利害關係，及共有物之性質外，尚應斟酌其共有物之價格，其分配方法不受當事人主張之拘束（29上1792），亦不得以原告所主張分割方法之不當，遽爲駁回分割共有物之訴之判決（49台上2569）。原告所主張之分割方法，僅供法院參考而已，設未採其所主張之方法，亦非其訴一部分無理由，故毋庸爲部分敗訴之判決（69年度第8次民事庭會議決議（二））。

分割共有物之訴，係以共有物分割請求權爲其訴訟標的，法院認原告請求分割共有物爲有理由，即應依民法第824條第2項定其分割方法，毋庸爲准予分割之諭知，不可將之分爲「准予分割」及「定分割方法」二訴。故如當事人對於「定分割方法」之判決，聲明不服，提起上訴，其上訴效力應及於訴之全部（准予分割及定分割方法）（73年度第2次民事庭會議決議（二）、104台上2422、106台上2941）。

不動產共有人之一人或數人，經法院判准爲原物分割確定者，當事人之任何一造均得依該確定判決單獨爲全體共有人申請分割登記。毋待法院特爲判命對造協同辦理分割登記而後可（參看土地登規則第26條第4款、第81條規定）。故共有人之一人或數人訴請命對造協同辦理分割登記部分係欠缺權利保護要件，法院於判准爲原物分割時，應將該部分之訴予以駁回，其併訴請對造交付分得之土地者，依同一法理，亦應駁回（80年度第1次民事庭會議決議）。

(3)共有人對共有物的處分權

共有物分割裁判分割與協議分割均以共有關係存在爲前提，除共有人的分

割請求權須未受前述之限制外（民823），不動產的共有人是否應經登記，始得訴請裁判分割或列為當事人？在司法實務上也很值得重視。

實務上對於繼承人繼承不動產的應有部分，在未為繼承登記以前訴請分割遺產，能否准許？曾發生疑義。最高法院在實例中認為：共有物之分割，性質上為處分行為，依民法第759條規定，因繼承，於登記前，已取得不動產物權者，非經登記，不得處分其物權，故不動產所有權之共有人死亡者，在其繼承人未經辦理繼承登記以前，不得請求分割共有物。法院裁判分割共有物而以原物分配於各共有人時，係使共有關係變更為單獨所有，其性質為共有人間應有部分之交換，自屬處分行為，如係變賣共有物，而以價金分配於共有人，即係以處分共有物為分割之方法，均以共有人之處分權存在為前提，如果共有人間就共有物並無處分權可資行使，法院即無從基此為裁判分割（69台上1134、68年度第13次民事庭庭推總會議決議（二））。

就訴訟程序而言，法院准為裁判分割共有物，性質上乃共有人間應有部分之交換，自屬處分行為，應以各共有人之處分權存在為前提，而此處分權必須於事實審言詞辯論終結時存在，否則法院即無從准為裁判分割。故提起分割共有物之訴，參與分割之當事人以全體共有人為限，而各共有人之應有部分應以土地登記簿上所記載者為準。倘於第二審言詞辯論終結前發生共有人亡故之情形，其繼承人因繼承關係，固於登記前已取得不動產物權，惟非經登記不得處分該物權，是以在辦畢繼承登記前，繼承人仍不得以共有人身分參與共有物之分割。繼承人並未辦妥繼承登記，不具分割共有物之處分權，雖經其承受訴訟，法院仍無從准為裁判分割（96台上2835、102台上1774、108台上1693、109台上226、109台上2067、110台抗401、110台上1315）。

共有物之應有部分經查封後，共有人得否請求分割共有物？最高法院認為：共有物之應有部分經實施查封後，共有人（包含執行債務人及非執行債務人）仍得依民法第824條規定之方法，請求分割共有物。惟協議分割之結果有礙執行效果者，對於債權人不生效力，至於裁判分割，係法院基於公平原則，決定適當之方法而分割共有物，自不發生有礙執行效果之問題，債權人即不得對之主張不生效力（69年度第14次民事庭會議決議）。

4. 原物分配與變價分配

(1)條文及立法理由

共有人依法請求法院裁判分割時，本條第2項規定法院得「命為下列之分配：一、以原物分配於各共有人。但各共有人均受原物之分配顯有困難者，得將原物分配於部分共有人。二、原物分配顯有困難時，得變賣共有物，以價金分配於各共有人；或以原物之一部分分配於各共有人，他部分變賣，以價金分配於各共有人。」

本條項第1款規定原物分配，第2款規定變價分配。立法理由指出，原條文第2項規定之裁判上共有物分割方法，過於簡單，致社會之經濟或共有人個人利益，常無以兼顧，實務上亦頗為所苦，為解決上述問題，爰參照德國民法第753條第1項、瑞士民法第651條第2項及日本民法第258條第2項等立法例，將裁判上之分割方法作如下之修正：原則上以原物分配於各共有人。以原物分配如有事實或法律上之困難，以致不能依應有部分為分配者，得將原物分配於部分共有人，其餘共有人則受原物分配者之金錢補償；或將原物之一部分分配予各共有人，其餘部分則變賣後將其價金依共有部分之價值比例妥為分配；或變賣共有物，以價金分配於各共有人。法院為上述分割之裁判時，自應斟酌共有人之利害關係、共有物之性質、價格及利用效益等，以謀分割方法之公平適當。

(2)分配方式的順序

由本條的規定形式來，本條第2項規定的分配方式有二：A.原物分配：可分為a.分配於各共有人，及b.分配於部分共有人；B.變價分配：分為a.變賣共有物，分配於各共有人，及b.原物之一部分變賣，以價金分配於各共有人。第3項及第4項的規定，都是原物分配的輔助規定，第7項是變價分配的輔助規定。法院的分割方式選擇，依此等規定，至少有順序上的限制，即：第2項第2款規定變價分配的要件，是「原物分配顯有困難時」，故應以適用第1款的原物分配為優先；第2項第1款但書規定，各共有人均受原物之分配顯有困難者，始得將原物分配於部分共有人，故第1款本文的適用，優先於其但書。至於變價分配的二種方式，第2項第2款並未規定其先後之別，法院似得自由選擇，惟本書認為，對照原物分配的優先次序規定，似應盡量保留原物分配於各共有人，即應僅就原物一部分之變賣為優先。

關於上述原則及順序，以原物分配優先於變價分配最突出。最高法院在

實例中也指出，共有物之裁判上分割，係以原物分配為原則，必須以原物分配有事實上或法律上之困難，例如原物性質上無法分割或分割將減損其價值之情形，始得依變賣之方法分配價金，以維護共有物之經濟效益，及兼顧共有人之利益與實質公平。倘共有物在性質上並無不能分割或分割將減損其價值之情形，僅因共有人各執己見，難以整合其所提出之分割方案者，法院仍應斟酌共有物之性質、共有人之利害關係、經濟價值及利用效益，依該條所定之各種分割方法為適當之分配，尚不能逕行變賣共有物而以價金分配於各共有人（102台上1366）。換言之，依本條第2項規定既應以原物分配為原則，縱共有人所提的分割方案不妥，法院仍應探究有無其他原物分配之分割方案？以原物分配是否顯有困難？不應直接採變價分割的方式（109台上226）。

換言之，共有人因共有物分割之方法不能協議決定，而提起請求分割共有物之訴，應由法院依民法第824條命為適當之分配，不受任何共有人主張之拘束。但共有物之裁判分割，以原物分配於各共有人或部分共有人為原則，於原物分配顯有困難時，始得將共有物全部或一部變賣，以價金分配於各共有人，以維護共有物之經濟效益，及兼顧共有人之利益與實質公平（102台上1774）。法院如認為依建物使用共有土地之現狀，該土地無法為原物分配，因共有物之分割，非定出於原物分配一途，尚可為原物分配以外其他方式分配，仍應就系爭土地得否依其他方法分割，予以審究（105台上2056）。

(3)舊法採自由裁量主義

民法第824條第2項修正前原規定：「共有物分割之方法不能協議決定者，法院得因任何共有人之聲請命為左列分配：一、以原物分配於各共有人。二、變賣共有物以價金分配於各共有人。」可見舊法雖亦有原物分配及變價分配，但無優先順序的規定，故最高法院在實例中認為，於裁判上定共有物分割之方法時，分配原物與變賣之而分配價金，孰為適當，法院本有自由裁量之權，不受任何共有人主張之拘束（29渝上1792）；不問係以原物分配於各共有人，抑變賣共有物，而以價金分配於共有人，皆係合法處置，不生違法之問題（51台上428）。

在舊法時期，最高法院在實例中亦曾認為，共有物分割之方法，原則上須就原物分配，必於原物分配有困難時，始予變賣，以價金分配於各共有人，而就原物分配時，如發見共有人中有不能按其應有部分受分配者，亦得以金錢補

償之,並非定出於變賣之一途(51台上271)。但本書認為,此項見解不僅在舊法上欠缺明文依據,甚至與舊民法第824條第2項的規範意旨相違,以當時的法律而言,並非妥適。

最高法院也認為:請求分割共有物之訴,應由法院依民法第824條命為適當之分配,不受任何共有人主張之拘束。審判上共有物分割方法,在德、日、瑞民法,固以原物分割為原則,價金分配為例外,但我民法對於二者,則無分軒輊,均應由法院斟酌當事人之聲明,共有物之性質、經濟效用及全體共有人之利益等公平決定之。其分割方法縱使選擇兩者之一或併用兩者,亦屬無妨。但就同一共有物對於全體共有人,應採相同之分割方法(最高法院74年度第1次民事庭會議決議(二))。

本書認為,法院是因民法第824條的明文規定,而以裁判分割,消滅共有關係,故法院的職權行使,仍應符合法律規定的原則。舊法未規定分割方式的優先順序,法院得自由裁量;新法既然已經就分割方式,規定其優先順序的規則,法院自應依其規定的順序,決定應採用的分割方法,僅在法律未規定分割方法的順序,或規定各分割方法的順序相同時,始得自由裁量抉擇。

不過,新法施行以後,民法第824條第2項對原物分割優先的上述規則,在實務上有時被忽略,並以其他抽象原則予以取代。例如在實例中,最高法院認為系爭土地為建地,使用地類別為乙種建築用地,而法院就共有物之分割方法本有自由裁量之權,惟應斟酌當事人之聲明、各共有人之利害關係、共有物之性質、價格、利用價值、使用現況,及分割後之經濟效益,為適當分配,且以維持全體共有人之公平為其判斷之基準(103台上2065)。

此外,在107年台上字第547號民事判決中,最高法院認為:定共有物分割之方法,固可由法院自由裁量,但亦須以其方法適當者為限。又依民法第824條第2項、第3項規定為裁判分割共有物之方法有三:A.以原物分配於各共有人。B.變賣共有物以價金分配於各共有人。C.以原物為分配時,如共有人中,有不能按其應有部分受分配者,得以價金補償之。是法院為裁判分割時,需衡酌共有物之性質、價格、經濟效用及公共利益、全體或多數共有人利益等因素,並兼顧公平之原則。若原則上認原物分配對全體或多數共有人有利,須先就原物分配,必於原物分配有困難者始予變賣,以價金分配於各共有人,且就原物分配時,如共有人中有不能按其應有部分受分配者,亦得以金錢補償之,

並非定出於變賣之一途（107台上547）。雖然本判決的結論與民法第824條第2項大致相符，不過本書認為，仍應直接適用原物分割優先的上述規則，始為妥適。

(4)原物分配的原則

法院確定採取原物分配的方法以後，共有物究竟應如何分割，現行民法並未對其設有明文規定，依上述說明，自應屬於法院自由裁量的範圍。目前實務見解，基本上均沿用舊法時期的判例，認為「定共有物分割之方法，固可由法院自由裁量，但亦須以其方法適當者為限」（51台上1659）。該判例的兩造共有之土地，一方請求按其所提出之圖樣分割，他方非絕對不願分割，祇求按各人占有形勢以為分割，最高法院認為將原物分配於各共有人之原則，兩造已有同意，惟應如何按其持分割分地區分配於各共有人，或對不能按其應有部分受分配者，如何酌以金錢補償之，在審理事實之法院，非不能定一適當之方法以為分割，若遽將土地予以變賣，則兩造在系爭地上建築居住之房屋，勢非拆遷不可，其方法自非適當。

本書認為，上述判例是就原物分配的方法，提出可由法院自由裁量，但亦須以其方法適當者為限的見解，其原意或許牽涉較廣，本書認為，如涉及民法第824條第2項修正後原物分割優先的上述規則，即無參考價值，但如單純為原物分配的方法之決定，則仍可採用。法院以原物分配於各共有人時，除應顧及均衡之原則外，並須就各共有人應行分得之範圍，例如面積多寡、交還位置等等予以確定，否則名為判決分割，實際仍難收判決分割之效果，自非法之所許（55台上1982）。

最高法院引錄上述「定共有物分割之方法，固可由法院自由裁量，但亦須以其方法適當者為限」要旨的實例不少，也有對其再為延伸性的說明者。例如：法院裁判分割共有物，須斟酌各共有人之利害關係、使用情形、共有物之性質及價值、經濟效用，符合公平經濟原則，其分割方法始得謂為適當（103台上1539、105台上1790、105台上2056、110台上1641）；法院為裁判分割時，需衡酌共有物之性質、價格、經濟效益，各共有人之意願、利害關係，共有人分得各部分之經濟效益與其應有部分之比值是否相當，俾兼顧共有人之利益及實質公平，始為適當公平（110台上1614）。

在具體事實的認定上，許多實例有相當深刻的論述。例如：A.共有人若

就共有物在生活上有密不可分之依存關係，倘法院全然不顧，判命變價分割或分歸未使用之他共有人單獨所有，其所定分割方法，是否符合公平原則？即值推求（103台上1539）。B.分割共有物，就分配相同土地面積，分得臨公路或臨公路較近者，其取得土地之價值通常較分得不臨或臨公路較遠者高，為眾所周知之事實。且如共有人於毗鄰有單獨所有或共有之土地，為使土地能合併使用，發揮最大經濟效用，宜將鄰近毗鄰土地部分分歸該共有人取得（110台上1614）。C.系爭土地之分割，並非全體共有人均可分得臨道路之土地，部分共有人需分在裡地，而有開設道路必要，為平衡共有人間之利益價值，由分得臨道路土地之共有人共同分擔道路用地，亦符事理公平。系爭土地的分割方法是否妥適，應審酌共有人之意願、共有物之性質、土地整體之利用價值、並兼顧使用現狀及公平等因素（104台上1304）。D.法院宜調查確認地上各建物之所有權歸屬，參酌建物之使用狀況、耐用年限、是否合法登記或經共有人全體同意建築或分管使用、占用土地面積與共有人應有部分折計面積是否相當、共有人間維持共有或分配位置合併之意願、分割後各位置之經濟價值等節，將系爭土地原物適當的分配於各共有人（102台上1774）。E.依B方案分割結果，各共有人所取得之土地，地界多數為直線，形狀則近似L型或長方形，難認該分割結果有害於土地之開發利用。故系爭土地依B方案分割，確能平衡各組共有人之利益，並於土地之經濟效益無礙，應屬適當（106台上201）。

(5) 變價分配

　　法院裁判分割的變價分配，依民法第824條第2項第2款規定，僅限於「原物分配顯有困難時」，始得為之，已如前述。最高法院在實例中，似未注意此一規定，仍依舊法時期的判例見解，而為論斷。例如：定共有物分割方法，屬於事實審法院之自由裁量權，若其所定分割方法非顯不適當，即不許任意指摘其不當；原審本其採證、認事及定分割方式之職權行使，認定兩造共有之系爭房地，無使用目的不能分割，亦無不分割之約定，被上訴人因以兩造未能協議分割方法，依法請求裁判分割，無權利濫用情事；審酌系爭房屋之主要用途、面積、形狀，及共有人數，暨被上訴人無繼續維持共有之意願等一切情狀，認以原物分配於兩造顯有困難，爰以變價方式分割，將價金按各共有人應有部分比例分配於兩造，核屬適當（108台上1693）。

　　「原物分配顯有困難時」一詞，乃是不確定的法律概念，宜在具體個案就

其各別的事實情況而認定之，期待未來實務案例能多予以闡釋，使法律的適用逐漸明確。

5. 金錢補償

(1)條文規定及立法理由

民法第824條第3項規定：「命以原物為分配時，如共有人中有未受分配，或不能按其應有部分受分配者，得以金錢補償之。」本條項的規定，係在舊法「有不能按其應有部分受分配者」的規定，配合本條第2項第1款但書的規定：「但各共有人均受原物之分配顯有困難者，得將原物分配於部分共有人。」增訂「如共有人中有未受分配」，亦為金錢補償的原因。立法理由指出，以原物分配於部分共有人，未受分配之共有人得以金錢補償之，始為平允。至於按其應有部分受分配者，如依原物之數量按其應有部分之比例分配，價值顯不相當者，自應依其價值按其應有部分比例分配。

本條項的規定，是公平原則的重要體現。因為法院之裁判分割，具有消滅舊的共有關係，形成新的權利義務的法律效果，新、舊權利義務是否均衡，即為法院判決是否公平可信的關鍵。採原物分配時，如共有人中有未受分配，對該共有人即不公平，如共有人均受分配，但其中有不能按其應有部分受分配者，對該共有人亦不公平。本條項規定法院得以金錢補償之，即在化解此等不公平的現象。

對於上述規則及其理論依據，最高法院曾在實例中予以論述：共有物之原物分割，依民法第825條規定觀之，係各共有人就存在於共有物全部之應有部分互相移轉，使各共有人取得各自分得部分之單獨所有權。故原物分割而應以金錢為補償者，倘分得價值較高及分得價值較低之共有人均為多數時，該每一分得價值較高之共有人即應就其補償金額對於分得價值較低之共有人全體為補償，並依各該短少部分之比例，定其給付金額，方符共有物原物分割為共有物應有部分互相移轉之本旨（85台上2676）。

(2)以原物為分配時

本條項的適用條件，是「命以原物為分配時」，此處涉及「以原物為分配」的定義及範圍。最高法院在實例中認為，如依原物之數量按其應有部分之比例分配，價值顯不相當者，依其價值按其應有部分比例分配，仍不失為以原物分配於各共有人。否則不顧慮經濟上之價值，一概按其應有部分核算之數

量分配者，顯失公平。惟依其價值按應有部分比例分配原物，如有害經濟上之利用價值者，應認為有民法第824條第3項之共有人中有不能按其應有部分受分配之情形，得以金錢補償之（63台上2680、63年度第6次民庭庭推總會議決議）。例如甲、乙共有二層樓房一幢，各有應有部分二分之一，樓上樓下面積相等，但樓下房屋價值較樓上房屋為高，如依價值之二分之一分配，則分得樓上房屋者將更分得一部分樓下房屋，導致無法為經濟上之利用，此際可由甲、乙二人分別分得樓上及樓下房屋，而由分得樓下房屋者以金錢補償分得樓上房屋之人。

定共有物分割方法，除依法應遵守的順序規則之外，屬於事實審法院之自由裁量權。法院命以原物為分配時，並非必須同時命為金錢補償，如其本於認事、採證之職權行使，並綜合兩造對系爭土地之發展利用計畫，考量分割後各土地均可對外通行及土地發展之經濟效益，且共有人無需互相找補金錢，不致再因補償事宜衍生其他糾葛，因而定其原物分配的分割方法，當事人即應予以接受（108台上1740）。

根據上述順序原則的說明，故除當事人協議外，將共有物分配部分共有人，而以價金補償他共有人者，須以共有人均受原物之分配顯有困難為其前提。最高法院在實例中認為，上述所謂各共有人均受原物之分配顯有困難，當依社會一般之觀念定之，包括法律上之困難（如法律上禁止細分），以及事實上之困難（如共有人按其應有部分分配所獲分配之共有物極少，致難以利用），如系爭建物及系爭土地面積不小，以兩造各四分之一分割，面積似不致過少，法院擬將系爭不動產分歸一方，再由其以金錢補償他方，即應說明各共有人均受原物之分配究竟有如何法律上或事實上之困難？（104台上1792）

(3)按其應有部分受分配

嚴格而言，本條項「共有人未受分配」，也是「共有人不能按其應有部分受分配」的一種，比例為0或偏低的法律效果相同，一般乃甚少予以區別。故「不能按其應有部分受分配」是法院依本條項規定，得以金錢補償的最主要原因，但何謂「按其應有部分受分配」？在實例中，最高法院認為，法院裁判分割共有物，除應斟酌各共有人之利害關係，及共有物之性質外，尚應斟酌共有物之價格，倘共有人中有不能按其應有部分受分配，或所受分配之不動產，其價格不相當時，法院非不得命以金錢補償之，此觀本院歷來判例至明。故法院

所定之分割方法，究竟兩造所分得之土地，其經濟價格是否完全相當？以及有無以金錢補償之必要？均應予以論述（57台上2117）。

所謂共有人不能按其應有部分受分配，不是指其不能就原物之數量，按其應有部分之比例分配，而是指其就價值而言，未受按其應有部分比例的分配。最高法院認為，只要於原物分配時，共有人有不能按其應有部分受分配，或縱按其應有部分之比例分配，價值顯不相當者，為兼顧經濟上之價值與維持公平，即應以金錢補償之，此與部分共有人是否繼續保持共有無涉（105台上542）。因此法院於命以原物分割時，應就各共有人分得部分的價值，予以說明及比較，不能遽謂因應有部分比例因素，造成分得土地面積較小因而價值較低之結果，應由各該共有人自行承受，不得請求其他共有人為價差補償（108台上1857）。

關於各共有人分得部分價值的說明及比較，最高法院已經於不少案例，就其事實有所論述。例如：系爭共有地北面較為平坦，價值高，南面較為陡峭，價值低，如依原物之數量按其應有部分之比例分配，顯失公平，則應依其價值按其應有部分比例分配，如未依其價值按應有部分比例分配，即有害該共有人的經濟上利用價值，即應命以金錢補償（63台上2680）；同一筆土地上，面臨較寬敞道路部分，價值高於面臨狹窄道路或在裡地部分，乃眾所周知之事實，如不顧價值差異，僅依面積為原物分配，即應折計價值相互補償，始為公平（102台上1354）；同一筆土地，其面臨道路部分土地之價值，通常較坐落內側部分土地之價值為高，而面向較寬道路部分之土地，其價值通常亦較面向狹窄道路部分之土地為高，為眾所周知之事實。系爭土地面向之道路，南側較窄，西側較寬，如果有人有分得之土地均在內側，有分得之土地大部分面向南側，有分得面向西側之土地者，其經濟上之價值是否相當，即應仔細論述（85台上2676）；分割共有物，就分配相同土地面積，分得臨公路或臨公路較近者，其取得土地之價值，通常較分得不臨或臨公路較遠者高，如分割的結果，各共有人分得土地位置，並非均鄰近東邊之馬路，似此情形，即足以認定共有人有不能按其應有部分受分配，而得以金錢補償之情形（105台上1083）。

(4)以金錢補償

法院於命以原物分割時，如依原物之數量按應有部分之比例分配，價值不相當，而須以金錢補償時，應依原物分割後之總價值，按各共有人應有部分比

例算出其價值，再與各共有人實際分得部分之價值相較，由分得價值較高之共有人，就其超出應有部分價值之差額部分，對分得價值較低之共有人全體爲補償，並依各該短少部分之比例，定其給付金額，方爲公允（106台上2941、108台上1857、110台上859）。金錢補償既屬分割方法之一部分，除參考市場價格外，法院仍應本於職權綜合各共有人之利益、審酌一切情狀以爲定奪（103台上1539）。倘分得價值較高及分得價值較低之共有人均爲多數時，該每一分得價值較高之共有人，即應就其補償金額對於分得價值較低之共有人全體爲補償，並依各該短少部分之比例，定其給付金額（93台上1089）。

　　在訴訟上，最高法院認爲，原物分配加上金錢補償的分割方法，學者謂之價格補償。法院如採價格補償爲共有物之分割方法，則原物分配及補償金錢已合併爲分割方法之一種，兩者有不可分割之關係，若當事人僅對命補償金錢之判決提起上訴，關於原物分配部分，亦爲上訴效力所及，第二審法院如認價格補償之方法不當，而改採其他分割方法，仍非法所不許（69台上1848）。

6. 共有物一部維持共有

(1)法院裁量權

　　本條第4項規定：「以原物爲分配時，因共有人之利益或其他必要情形，得就共有物之一部分仍維持共有。」立法理由指出，法院爲裁判分割時，固應消滅其共有關係，然因共有人之利益或其他必要情形，就共有物之一部，有時仍有維持共有之必要。例如分割共有土地時，需保留部分土地供爲通行道路之用是，爰增訂第4項，賦予法院就共有物之特定部分不予分割之裁量權，以符實際並得彈性運用。又此項共有，應包括由原共有人全體或部分共有人維持共有之二種情形。

　　在本條項增訂以前，最高法院即曾在實例中認爲，分割共有物，以消滅共有關係爲目的。法院裁判分割共有物土地時，除因該土地內部分土地之使用目的不能分割（如爲道路）或部分共有人仍願維持其共有關係，應就該部分土地不予分割或准該部分共有人成立新共有關係外，應將土地分配於各共有人單獨所有。如共有人中之二人不願成立新共有關係，法院即不應仍將部分土地分配給該二人共有（69台上1831）。

　　在實例中，系爭土地爲建地，使用地類別爲乙種建築用地，最高法院認爲，如法院經考量兩造占有系爭土地之現況，共有人意願及分割後土地適當之

聯外方法等一切情狀，系爭土地適當之分割方法，首應按目前供人實際使用之地上建物，以各該建物權利歸屬狀態，將其占用之基地分歸各該權利人單獨所有，並就現無人占用之地上建物，尊重當事人意願而為分配，至當事人同意維持共有者，宜尊重當事人意願分歸共有，如依其性質及使用目的，不宜分割為單獨所有者，亦仍保持共有（103台上2065）；如綜合相關事證，認定分割兩造共有之系爭房地，兼顧實際使用狀況，符合兩造利益，在共有人同意下，就其等分得之房地依應有部分各三分之一比例，繼續保持共有，核屬適當（107台上850）。

(2)裁量的依據

本條項乃以「因共有人之利益或其他必要情形」為條件，賦予法院裁量權，得就共有物之一部分仍維持共有，即就共有物之特定部分不予分割，以符實際並得彈性運用，惟非謂無該項所定情形時，法院得違反共有人之意願，令其等仍維持共有關係（108台上1693）。如在裁判分割的訴訟繫屬中，共有人分為維持共有者與不願維持共有的群組，法院即不應使該群組之共有人，再與其他共有人就土地維持共有（107台上282）。

本條項所謂「因共有人之利益」、「其他必要情形」，多為不確定的法律概念，故應就具體個案的情形，分別認定之。最高法院也認為，法院於判命部分共有人就共有物之一部分仍維持共有時，應說明其裁量之具體理由，不得僅為抽象論述（102台上101）。例如系爭土地臨現成道路或道路預定地，於分割前已使用該等土地通行至公路，則系爭土地內是否有因部分土地之使用目的，而應就該部分土地不予分割之情形，即應予以深究、釐清，詳為查明土地有無作道路使用之必要，不應將該土地逕畫為道路用地而不予原物分割（103台上369）。

(3)維持共有的效果

就裁判分割的原物分配而言，法院應消滅共有關係，使各共有人取得各自分得部分之單獨所有權（93台上1089），故本條項乃在規定其例外情形，說明法院除因共有人之利益或其他必要情形，得就共有物之一部分仍維持共有外，應將共有物分配於各共有人單獨所有（102台上704）。最高法院在實例中認為，分割共有物以消滅共有關係為目的，其分割方法，除部分共有人曾明示就其分得部分，仍願維持共有關係，或有本條項規定情形外，不得將共有物之一

部分歸部分共有人共有，使創設另一新共有關係（110台上859）。換言之，法院於分割時，如就共有物之一部分仍維持共有，該共有關係乃是原共有物分割的結果，而原來的舊共有關係已經因法院的裁判分割而消滅。

　　本條第4項適用的前提，是「以原物為分配時」，但本條第2項第1款規定的原物分配方式，包含二種：即A.分配於各共有人，及B.分配於部分共有人，第2項第2款又規定C.兼採原物及價金分配，即共有物部分原物分配，他部分變價分配的方式，本條第4項究竟是否均得適用，非無疑義。最高法院在實例中認為：民法第824條第2項規定前後文所稱之「各共有人」，均係指全體共有人。準此，法院兼採原物分配與變賣價金分配之分割方法時，務必全體共有人均分配到部分原物及變賣部分原物後之價金，始符法意。至法院為裁判分割時，為彈性運用以符實際需求，如需保留部分共有土地供為通行道路之用等因共有人之利益或其他必要情形，就共有物之一部，仍有維持共有之必要時，民法第824條第4項規定乃賦予法院於此特別情形下，有就共有物之特定部分不予分割之裁量權，並可由部分共有人維持該特定部分之共有，非謂法院於依同法條第2項第2款規定兼採原物及價金分配之分割方法時，亦得就各該分配方法僅對部分共有人為分配（107台上1791）。換言之，最高法院認為本條第4項的「以原物為分配」，是指就共有物全部為原物分配的情形，不包含「以原物之一部分分配於各共有人」的情形。但如該部分，確實有本條第4項規定得行使裁量權的必要，本書認為，似宜賦予法院此項裁量權。

　　法院如依本條項規定行使裁量權，就共有物之一部分仍維持共有，其他關於「以原物為分配」的規定，例如本條第3項的金錢補償，是否得適用之？也有疑義。最高法院在實例中採肯定說，認為：以原物為分配時，如共有人中，有不能按其應有部分受分配者，得以金錢補償之，民法第824條第3項定有明文。而法院裁判分割共有物，除應斟酌各共有人之利害關係，及共有物之性質外，尚應斟酌共有物之價格，倘共有人中有不能按其應有部分受分配，或所受分配之不動產，其價格不相當時，法院非不得命以金錢補償之（本院57年台上字第2117號判例參照）。是於原物分配時，共有人有不能按其應有部分受分配，或縱按其應有部分之比例分配，價值顯不相當者，為兼顧經濟上之價值與維持公平，即應以金錢補償之，此與部分共有人是否繼續保持共有無涉。如共有人分割前應有部分價值比例與分割後之分配價值比例不同，該價值比例的差

距，雖與分割後部分共有人保持共有有關，但其乃因法院以原物爲分配所致，法院仍得命以金錢補償之（105台上542）。

7. 數筆土地的合併分割

分別共有是數人按其應有部分，對於一物有所有權（民817），所以每個物的共有關係，都彼此獨立。如果數人按其各自的應有部分，分別對於數物有所有權，乃是數個共有關係，其共有物分割，理論上應就各個共有物，分別爲之。不過，共有物分割的目的，是在消滅共有關係，回復單獨所有的經濟效率，如果共有人同意，即不妨將數物集中，而以協議分割之。但在裁判分割，法院既非以共有人的協議爲基礎，得否合併數共有物，而同時爲分割，理論上似有問題。

(1)共有人相同

本條第5項規定：「共有人相同之數不動產，除法令另有規定外，共有人得請求合併分割。」共有人相同之數筆土地，同一共有人對其均有分割請求權，本得各別訴請法院裁判分割，不以他共有人的同意爲必要，自亦得合併爲之，故本書認爲，重點不在得否請求合併分割，而在得否將數不動產綜合分割，不將原共有之不動產細分。立法理由也指出，本項規定的目的，是避免此等不動產因不能合併分割，致分割方法採酌上甚爲困難，且因而產生土地細分，有礙社會經濟之發展；但法令有不得合併分割之限制者，如土地使用分區不同，則不在此限。

依本條項的規定及其立法理由，此處之「共有人」並未限制需全體共有人，實務上乃認爲自無需由全體共有人一同請求（100台聲933）；數宗共有土地併同辦理共有物分割者，不以同一地段、同一登記機關爲限。故凡共有人相同之數不動產，除法令另有不得合併之限制規定外，不問各不動產之地理位置是否相鄰，共有人均得請求合併分割（103台上722）。上述合併分割的限制，僅爲依法令不得合併分割之情形，如法院認定土地應以合併分割爲宜，且將共有人每人可分得之面積土地均分割爲一筆，其面寬已逾規定之面寬，即不得未顧及共有人不維持共有之意願，而以共有人各按其應有部分所分得之土地，係不能單獨建築之畸零地爲由，而認共有人應維持共有（102台上704）。

本項規定的適用對象，是「共有人相同之數不動產，除法令另有規定外」，故合併分割的各土地，各共有人土地之應有部分是否相同、是否相鄰，

並非所問。不相鄰之兩筆建地，雖不得合併爲一宗土地，予以複丈、測量而分割，但因合併分割後之分割方法，係以民法第824條第2項規定之各種方法辦理，其合併分割之方法，得將兩人共有之建地各分配於一共有人取得，其性質上屬於共有人土地應有部分之交換，乃是可行，其合併分割自無不得之理（103台上1195）。

(2)共有人部分相同之相鄰數不動產

本條第6項規定：「共有人部分相同之相鄰數不動產，各該不動產均具應有部分之共有人，經各不動產應有部分過半數共有人之同意，得適用前項規定，請求合併分割。但法院認合併分割爲不適當者，仍分別分割之。」本項同樣是爲促進土地利用，避免土地過分細分，爰增訂相鄰各不動產應有部分過半數共有人之同意，即得請求法院合併分割。立法理由並指出，各該不動產均具應有部分之共有人始享有訴訟權能。其於起訴後請求合併分割者，原告可依訴之追加，被告可依反訴之程序行之。共有物分割方法如何適當，法院本有斟酌之權，故法院爲裁判時，得斟酌具體情形，認爲合併分割不適當者，則不爲合併分割而仍分別分割之。

本條項的規定使法院的裁判分割，更具彈性，但適用時仍應符合其條文的規定。最高法院在實例中指出，本條項所謂合併分割，係指法院得將相鄰數宗不動產分歸各共有人一宗，或將其合併計算後，各按應有部分計算分得土地之一部而言，如分割的數宗土地仍分別由原來共有人按其應有部分分割，即無合併分割情形（105台上542）。相鄰之數不動產，僅部分共有人相同者，僅各不動產均有應有部分之共有人，始有請求以裁判就數不動產爲合併分割之權能；倘非就各不動產均有應有部分之共有人，尚不得僅以其他共有人同意，即認其得請求法院就無應有部分之不動產爲合併分割（109台上2288）。

至於分割的方法，最高法院也在實例中指出，定共有物分割之方法，固可由法院自由裁量，不受共有人主張之拘束，但亦須以其方法適當者爲限。法院爲裁判分割時，需衡酌共有物之性質、價格、經濟效益，各共有人之意願、利害關係，共有人分得各部分之經濟效益與其應有部分之比值是否相當，俾兼顧共有人之利益及實質公平，始爲適當公平。又分割共有物，就配相同土地面積，分得臨公路或臨公路較近者，其取得土地之價值通常較分得不臨或臨公路較遠者高，爲眾所周知之事實。且如共有人於毗鄰有單獨所有或共有之土地，

為使土地能合併使用，發揮最大經濟效用，宜將鄰近毗鄰土地部分分歸該共有人取得（110台上1614）。

8. 共有人的優先承買權

本條第7項規定：「變賣共有物時，除買受人為共有人外，共有人有依相同條件優先承買之權，有二人以上願優先承買者，以抽籤定之。」立法理由認為，共有物變價分割之裁判係賦予各共有人變賣共有物，分配價金之權利，故於變價分配之執行程序，為使共有人仍能繼續其投資規劃，維持共有物之經濟效益，並兼顧共有人對共有物之特殊感情，爰於增訂上述規定。但為避免回復共有狀態，與裁判分割之本旨不符，爰仿強制執行法第94條規定，有二人以上願優先承買時，以抽籤定之。又買受人為共有人時，因本項規範目的已實現，且為免法律關係之複雜化，故明定於此種情形時，排除本項之適用。

依本條項規定，執行法院依變價分割拍賣共有物，如由第三人得標買受，各共有人均有優先承買權，故執行法院應通知共有人是否願優先承買，如有二人以上願優先承買者，由執行法院以抽籤定之，於法律增訂施行後，已無爭議。但關於本條項之適用，最高法院認為，因法律並未規定其可溯及既往，對於98年7月23日前已發生之事件，依民法物權編施行法第1條規定，不適用該規定。此類事件，於第三人拍定之情形，仍應認共有人有優先承買之權，如有二人以上願優先承買者，應類推適用強制執行法第94條第1項規定，由執行法院以抽籤定之，以期民法修正增訂本條項規定前後所持見解一貫（98年度第6次民事庭會議（二）決議）。

（四）分割的效力

共有物分割的目的在消滅共有關係，並因此發生新的法律關係。關於新法律關係的內容，民法分別就物權變動、瑕疵擔保及證書保存等三方面，予以規定。但由於共有關係消滅，以共有關係存在為前提的法律關係，例如共有人間關於共有物使用、管理之約定、依第820條第1項規定所為之決定或法院所為之裁定，亦將歸於消滅。

1. 物權變動

民法第824-1條規定：「共有人自共有物分割之效力發生時起，取得分得部分之所有權。（第1項）」「應有部分有抵押權或質權者，其權利不因共有

物之分割而受影響。但有下列情形之一者，其權利移存於抵押人或出質人所分
得之部分：一、權利人同意分割。二、權利人已參加共有物分割訴訟。三、
權利人經共有人告知訴訟而未參加。（第2項）」「前項但書情形，於以價金
分配或以金錢補償者，準用第881條第1項、第2項或第899條第1項規定。（第3
項）」「前條第三項之情形，如為不動產分割者，應受補償之共有人，就其補
償金額，對於補償義務人所分得之不動產，有抵押權。（第4項）」「前項抵
押權應於辦理共有物分割登記時，一併登記，其次序優先於第二項但書之抵押
權。（第5項）」本條第1項規定共有人取得所有權，第2項及第3項規定原應有
部分的抵押權或質權，第4項及第5項規定法定抵押權。

(1)單獨所有權的取得

本條第1項上述規定的立法理由指出，共有物分割之效力，究採認定主義
或移轉主義，學者間每有爭論，基於第825條之立法精神，爰增訂第1項，本法
採移轉主義，即共有物分割後，共有人取得分得部分單獨所有權，其效力係向
後發生而非溯及既往。又本條所謂「效力發生時」，在協議分割，如分割者為
不動產，係指於辦畢分割登記時；如為動產，係指於交付時。至於裁判分割，
則指在分割之形成判決確定時。

由上述可知，共有不動產分割的「效力發生時」，在協議分割，因其是
以法律行為使物權發生變動，故非經登記，不生效力（民758Ⅰ），倘他共有
人訂立協議分割契約後，拒不辦理分割登記，共有人僅得依分割契約或分割協
議，請求其履行是項登記義務而已（59台上1198），故應以辦畢分割登記時，
為效力發生時；在裁判分割，因法院所為的判決是形成判決，故於判決確定時
即生不動產分割的效力，不以登記為生效要件，但依民法第759條規定，應經
登記，各共有人始得處分其分得之物的物權（43台上1016）。

(2)應有部分的擔保物權

A.擔保物權不受影響及其例外

a. 條文及立法理由

民法第824-1條第2項規定：「應有部分有抵押權或質權者，其權利不因共
有物之分割而受影響。但有下列情形之一者，其權利移存於抵押人或出質人所
分得之部分：一、權利人同意分割。二、權利人已參加共有物分割訴訟。三、
權利人經共有人告知訴訟而未參加。」其立法理由指出，分割共有物之效力，

因採移轉主義，故應有部分原有抵押權或質權者，於分割時，其權利仍存在於原應有部分上，爰增訂第2項。但為避免法律關係轉趨複雜，並保護其他共有人之權益，另增訂但書三款規定，明定於有但書情形時，其抵押權或質權僅移存於抵押人或出質人所分得之部分。第1款明定於協議分割時，權利人同意分割之情形。此所謂同意係指同意其分割方法而言，但當事人仍得另行約定其權利移存方法，要屬當然，不待明文。第2款、第3款係指於裁判分割時，權利人已參加共有物分割訴訟或已受告知訴訟之情形。權利人於該訴訟中，有法律上之利害關係，故適用民事訴訟法有關訴訟參加之規定，權利人於訴訟參加後，就分割方法陳述之意見，法院於為裁判分割時，應予斟酌，乃屬當然。若權利人未自行參加者，於訴訟繫屬中，任何一共有人均可請求法院告知權利人參加訴訟。如其已參加訴訟，則應受該裁判之拘束。至若經訴訟告知而未參加者，亦不得主張本訴訟之裁判不當。

b. 權利人之同意分割

依上述立法理由，本條項第1款所稱權利人同意分割，係於協議分割時，權利人同意分割之情形，所謂同意係指同意其分割方法而言，但當事人仍得另行約定其權利移存方法，要屬當然，不待明文。在實例中，權利人於共有不動產分割事件的言詞辯論時，以抵押權人之身分同意於法院裁判分割土地後，其抵押權只存在抵押人分得之土地上，最高法院認為，本條項第1款所稱權利人同意分割，包括於共有人協議分割及法院裁判分割時為同意之情形，故該抵押權自應移存於抵押人分得之土地上（104台上2467）。

c. 土地登記規則第107條

在本條項第1款增訂以前，土地登記規則第107條（90年9月14日修正發布）規定：「分別共有土地，部分共有人就應有部分設定抵押權者，於辦理共有物分割登記時，該抵押權按原應有部分轉載於分割後各宗土地之上。但經先徵得抵押權人同意者，該抵押權僅轉載於原設定人分割後取得之土地上。」限於分割前已先徵得抵押權人同意之情形，始以原設定人分割後取得之土地為抵押權之客體。

上述條文於99年經司法院釋字第671號解釋，認定其合憲。解釋文謂：憲法第15條關於人民財產權應予保障之規定，旨在確保個人依財產之存續狀態行使其自由使用、收益及處分之權能，不得因他人之法律行為而受侵害。分別共

有不動產之應有部分,於設定抵押權後,共有物經分割者,其抵押權不因此而受影響(民法第825條及第868條規定參照)。於分割前未先徵得抵押權人同意者,於分割後,自係以原設定抵押權而經分別轉載於各宗土地之應有部分,為抵押權之客體。是強制執行時,係以分割後各宗土地經轉載抵押權之應有部分為其執行標的物。於拍定後,因拍定人取得抵押權客體之應有部分,由拍定人與其他共有人,就該不動產全部回復共有關係,其他共有人回復分割前之應有部分,經轉載之應有部分抵押權因已實行而消滅,從而得以維護其他共有人及抵押權人之權益。

惟土地登記規則第107條為配合民法本條項第1款,已修正為:「分別共有土地,部分共有人就應有部分設定抵押權者,於辦理共有物分割登記時,該抵押權按原應有部分轉載於分割後各宗土地之上。但有下列情形之一者,該抵押權僅轉載於原設定人分割後取得之土地上:一、抵押權人同意分割。二、抵押權人已參加共有物分割訴訟。三、抵押權人經共有人告知訴訟而未參加。」「前項但書情形,原設定人於分割後未取得土地者,申請人於申請共有物分割登記時,應同時申請該抵押權之塗銷登記。」「登記機關於登記完畢後,應將登記結果通知該抵押權人。」

d. 應有部分查封的影響

在本條增訂前的舊法時期,最高法院曾在實例中認為,債務人就查封物所為移轉,設定負擔或其他有礙執行效果之行為,依強制執行法第51條第2項規定,僅對於債權人不生效力而已,並非絕對無效;裁判分割,既係法院基於公平原則,決定適當之方法分割共有物,自不發生有礙執行效果之問題,債權人即不得對之主張不生效力;且債務人之應有部分,經實施查封以後,因裁判分割,其權利即集中於分割後之特定物,此為債務人原有權利在型態上之變更,當為查封效力之所及,於假處分亦無影響(72台上2642)。

本書認為,本條施行後,共有人的應有部分被查封後,共有人就共有物協議分割者,因其為共有人間移轉應有部分的物權行為,應適用依強制執行法第51條第2項規定。如共有人訴請法院裁判分割,而由法院依法予以分配,因其非債務人的行為,則不適用同條項之規定;但該債務人(即共有人)所分得之物,仍為查封的效力所及,乃是因其為法院依同法第131條點交給債務人(即共有人)的分得部分,即為原應有部分的代替物或代替利益之故。查封之權利

如非在行使擔保物權，即與應有部分的擔保物權無關，自無適用民法第824-1條第2項規定之餘地。

B.擔保物權的物上代位性

在買受人欲取得完整的所有權，該抵押權或質權無法存續時，為保護抵押權人或質權人的利益，本條第3項乃規定：「前項但書情形，於以價金分配或以金錢補償者，準用第八八一條第一項、第二項或第八九九條第一項規定。」本條項的立法理由指出，共有人將其應有部分抵押或出質者，嗣該共有物經分割，抵押人或出質人並未受原物分配時，該抵押權或質權應準用第881條第1項、第2項，或第899條之規定，由抵押人或出質人所受之價金分配或金錢補償，按各抵押權人或質權人之次序分配之，其次序相同者，按債權額比例分配之，並對該價金債權或金錢債權有權利質權，俾保障抵押權人或質權人之權益。

共有人之中如有就其應有部分設定抵押權或質權的情形，在共有物的分割係採變賣而分配其價金的方法時，如該抵押權或質權不因變賣而受影響，勢必影響買受人之購買意願及價金之數額，惟如順利變賣，則各共有人分配的價金，自應依各應有部分的實際價值比例決定之。但基於抵押權或質權的物上代位性，抵押物或債務雖非滅失，致使抵押權或質權歸於消滅，而是因為法院於裁判分割採變價分配的方式，致該抵押權或質權消滅，但因有準用第881條第1項、第2項或第899條第1項規定的明文，故原抵押權人或質權人仍就原抵押人或出質人受分配的價金，優先受清償。

(3)法定抵押權

A.法定抵押權的成立

為保障因不動產之裁判分割，在原物分配不均時應受補償之共有人之權益，本條第4項規定：「前條第三項之情形，如為不動產分割者，應受補償之共有人，就其補償金額，對於補償義務人所分得之不動產，有抵押權。」即應受補償人對於補償義務人之補償金債權，就補償義務人分得之不動產，有法定抵押權。例如甲對價值3000萬元的A地有應有部分三分之二，裁判分割時所分配的A-1地價值僅有1500萬元，他共有人乙的應有部分原為三分之一，分得的A-2地價值亦為1500萬元，甲對乙有得請求補償500萬元的債權，該債權依法對A-2地有抵押權。

　　本條項的立法理由指出，為保障因不動產之裁判分割而應受補償共有人之權益，爰於第4項增訂應受補償人對於補償義務人之補償金債權，就補償義務人分得之不動產，有法定抵押權。本項僅適用於不動產分割之情形。蓋因動產，請求法院裁判分割之案例甚少，且動產質權之設定，必以占有質物為要件，如分割時，共有物由補償義務人占有，則與動產質權之精神不符；又動產有善意受讓問題，如予規定，實益不大，故本項適用範圍不及於動產。

　　本條項所規定的抵押權，是因為共有不動產經法院裁判分割，並採原物分配的方法而發生，其目的是在於補償共有人，標的物是補償義務人所得之不動產，係屬於因法律規定而當然發生的法定效果，不待法院以判決予以宣告。故最高法院有實例中指出，法院除於判決理由中說明外，無庸依當事人聲明於判決主文內諭知（109台上3156）。

　　B.法定抵押權的登記及次序

　　前述法定抵押權的成立，須具備法律所規定的要件，為確保應受金錢補償之共有人之利益，並兼顧交易安全，同條第5項規定：「前項抵押權應於辦理共有物分割登記時，一併登記，其次序優先於第二項但書之抵押權。」

　　本條項的立法理由指出，前項法定抵押權，於辦理共有物分割登記時，由地政機關併予登記。其次序應優先於因共有物分割訴訟而移存於特定應有部分之抵押權，始足以確保應受金錢補償之共有人之利益，並兼顧交易安全，爰增訂第5項。至此項法定抵押權與其他抵押權之次序，仍依第865條規定定之。又不動產分割，應受補償者有多數人時，應按受補償金額比例登記為共有抵押權人，併予指明。

　　法院就不動產為裁判分割時，如採原物分配，並將原物僅分配於部分共有人，而未受原物之分配，而應受補償的共有人有數人時，上述法定抵押權即為其共有的抵押權，應按受補償金額比例登記為抵押權共有人。準此，為明法定抵押權所擔保債權之範圍，法院就多筆土地為裁判分割時，就各筆土地分別為原物分配，並命金錢補償時，應就各筆土地之金錢補償分別諭知，以明法定抵押權所擔保債權之範圍，於辦理共有物分割登記時一併登記；不得就各筆土地之金錢補償互為扣抵後，諭知部分共有人應給付他共有人之金額（101台上815、100台上1055、108台上2014）。

2. 瑕疵擔保責任

(1)移轉主義的立法原則

共有物分割使共有人的物權發生變動，分割前的應有部分，成為分割後的分得之物。應有部分是所有權的明確數量上比例，分得之物係由原共有人各自取得單獨所有權，分割之後，即難以還原，前後二者之間的價值，也不易比較。設有共有人分得之物，與原應有部分在價值的比例，存在不合理的落差，如何救濟，乃成為法律是的重要課題。

民法第825條規定：「各共有人，對於他共有人因分割而得之物，按其應有部分，負與出賣人同一之擔保責任。」立法理由謂：各共有人應有部分為之，若因分割而歸屬於共有人中一人之物，依分割前發生之原因，被第三人追奪或發見藏有瑕疵，是分割之部分與應有部分不符矣。故本條使各共有人依其應有部分，與賣主負同一之擔保，以昭公允。

本條規定的前提，是各共有人之間，雖無出賣人與買受人之法律關係，但各共有人就其分得之物，之所以有單獨的所有權，就他共有人分得之物，之所以喪失其應有部分，乃因各共有人就各自分得之物，將原有的應有部分，互相移轉，故就所分得之物的所有權，其內容除自己原有的應有部分之外，其餘的應有部分，皆來自他共有人所移轉的應有部分。此種規範模式，即是移轉主義；倘若規定共有人分得之物，乃是原應有部分直接變化而成，二者具有同一性，則稱為認定主義。

採取移轉主義的結果，不動產共有人得依協議分割結果，請求他共有人履行協議，移轉應有部分，辦理登記，但對於他共有人分得部分的登記，訴訟上則有些限制。最高法院在實例中認為，依民法關於分割共有物之效力，乃採移轉主義，即各共有人因分割而成為單獨所有人，係由於彼此相互移轉讓與部分權利所致。因而，訴請辦理分割登記性質上為給付之訴，共有人僅得就自己分得部分請求他共有人為移轉，如併同請求將他共有人分得部分登記與他共有人所有，無異請求將自己所有權應有部分移轉於他共有人，尚無訴訟之必要，是共有人請求他共有人協同辦理分歸他共有人部分之分割登記，即難准許（85台上16）。

(2)出賣人之擔保責任

依本條規定，「共有人因分割而得之物」，在各共有人之間，應按其原有

的應有部分，負與出賣人同一之擔保責任。所謂出賣人之擔保責任，是指出賣人對其移轉所有權並交付給買受人之標的物，應擔保其無權利之瑕疵，亦無物之瑕疵，否則，雖已履行出賣人之義務，仍應負債務不履行之責及其他法定責任（民349至360）。依此規定，共有人因分割而取得分得之物的單獨所有權，係自分割完畢後發生效力，並不溯及既往。

在實例中，最高法院認為，各共有人對於他共有人因分割而得之物，按其應有部分，負與出賣人同一之擔保責任，民法第825條定有明文。共有土地經協議分割並辦竣登記後，各共有人就其分割所得部分，有單獨之所有權；如其中一共有人之建築物所占有之土地，分歸他共有人取得，他共有人即不能完全使用其分得之土地，依民法第354條規定，該共有人應負不減少該地通常效用之擔保責任，應拆除房屋，他共有人本於其所有權，自得請求除去該建築物（87台上2894）。

(3)應有部分擔保物權的移存

民法第824-1條第1項的立法理由亦指出，移轉主義乃是共有人取得分得之物所有權的基礎。根據移轉主義的精神，原以共有土地之應有部分為標的所設定之抵押權，於共有物分割後，仍以應有部分之抵押權，存於各共有人分得部分土地上，即不獨原設定抵押之共有人其分得部分上，有抵押權之存在，其他共有人分得部分，亦有抵押權之存在（97台上875）。在增訂民法第824-1條第1項以前，就共有之土地，於分割前就應有部分上成立之抵押權，於共有物分割後，除有修正前土地登記規則第107條但書之情形，即先徵得抵押權人之同意，將其抵押權轉載於原設定人分割後取得之土地外，抵押權仍按原應有部分轉載於分割後各宗土地之上，抵押權人得就全部土地之應有部分行使其抵押權（98台上135、參考本書關於該條之說明）。

(4)裁判分割的補償金額

本條的「共有人因分割而得之物」，並未限定其分割原因，故無論係協議分割或裁判分割，均採相同的原則。最高法院在實例中認為，法院關於分割方法之判決，一經確定則各共有人對於他共有人因分割而取得之物，按其應有部分，即應負與出賣人同一之擔保義務，不得於判決後再行爭執（50台上919）；經判決分割共有物之各共有人，所負交付分得部分及辦理分割登記之義務，已為分割共有物確定判決所涵攝，他共有人於分割共有物判決確定後，

既不得另行起訴請求交付分得部分或協同辦理分割登記,則以辦理分割登記為目的之其他行為,自亦不得再據以起訴請求。共有人依該條規定,就他共有人分得部分,固應負瑕疵擔保責任,惟瑕疵之有無,應以共有物分割時之現狀為準(99台上1657)。

法院為裁判分割時,透過金錢補償(民824III)及應有部分擔保物權的移存設計(民824-1 I),已經落實本條的立法精神。但在實例中,最高法院仍多援引第825條的立法精神。例如:共有物之原物分割,依民法第825條規定觀之,係各共有人就存在於共有物全部之應有部分互相移轉,使各共有人取得各自分得部分之單獨所有權。故原物分割而應以金錢為補償者,倘分得價值較高及分得價值較低之共有人均為多數時,該每一分得價值較高之共有人即應就其補償金額對於分得價值較低之共有人全體為補償,並依各該短少部分之比例,定其給付金額,方符共有物原物分割為共有物應有部分互相移轉之本旨(85台上1467、85台上2676、86台上2765、87台上28、87台上2342、89台上1493、92台上1139、93台上1089、101台上1270、102台上101、102台上1354、108台上2014)。

3. 證書的保存及使用

共有物分割後,如被分割的共有物原來有相關的證書,仍應予以保存,並在一定程度內開放使用。為避免爭議,民法第826條乃規定:「共有物分割後,各分割人應保存其所得物之證書。」「共有物分割後,關於共有物之證書,歸取得最大部分之人保存之。無取得最大部分者,由分割人協議定之。不能協議決定者,得聲請法院指定之。」「各分割人,得請求使用他分割人所保存之證書。」

4. 分管契約的終止

共有人間關於共有物使用、管理之約定、依第820條第1項規定所為之決定或法院所為之裁定,均是依附於共有關係的法律關係,故共有物分割致共有關係消滅時,亦均將歸於消滅。以下僅就有關分管契約的案例事實,及最高法院的具體見解,再予以說明:

(1)案例事實

甲、乙、丙均為繼承C地應有部分的共有人(尚有其他10位共有人),應有部分各為250分之19、250分之59、250分之69,三人之被繼承人及其他共

有人協議，由乙、丙的被繼承人在C地上的C1、C2，分別興建A屋及B屋，已辦理建物所有權第一次登記，後來由乙、丙分別繼承而取得A屋及B屋的所有權。後來C地的共有人請求分割C地，無法協議分割，經法院分割共有物判決確定應予變價分割，判決確定後執行法院拍賣C地，由甲一人拍定買受，而取得C地所有權全部。甲請求乙、丙拆除A屋、B屋並返還其使用C地的利益，乙、丙則抗辯其與甲間成立分管契約，係有權占有，C地經法院拍賣而由甲拍得，仍應視為已有地上權之設定，或推定在系爭房屋得使用期限內有租賃關係。試問：甲的請求有無理由？

(2)最高法院見解

最高法院在107年度台上字第879號民事判決中認為（110台上409有類似見解）：

A.按分管契約，係共有人就共有物之使用、收益或管理方法所訂定之契約，共有人請求分割共有物，應解為有終止分管契約之意思。是經法院判決分割共有物確定者，無論所採行分割方法為何，均有使原分管契約發生終止之效力。僅分割方法採行變價分割時，因於該判決確定時，不當然發生共有物變賣之效果，共有物之所有權主體尚未發生變動，共有人間之共有關係應延至變賣完成時消滅而已。而分管契約既經判決分割共有物確定而消滅，共有物之用益及管理回復原來之關係，除非經共有人協議或依民法第820條第1項規定為決定，共有人不得任意占有使用共有物之特定部分。查乙、丙的A屋、B屋坐落於C1、C2部分，係基於分管協議，然判決既係分割共有物之判決，並於103年6月4日確定，依上說明乙與他共有人間所訂之原分管契約，即因而消滅，其就A屋、B屋坐落的C1、C2部分，即失其占有權源，不因嗣後係由同屬原共有人之甲拍定取得共有物所有權而有所不同。

B.此與民法第425-1條及第838-1條乃在規範房屋及土地因同屬一人情形時，土地所有人無從與自己所有之房屋約定使用權限，倘因而異其所有人，基於房屋一般價值甚高及其既有之使用權保護之考量，為調和土地與建物之利用關係，承認在房屋得使用期限內，有租賃關係或擬制有地上權存在之情形尚難謂為相同。原審認乙、丙無民法第425-1條或第838-1條之適用或類推適用，並判准甲請求乙拆屋還地，並給付自分割共有物判決確定時起至變賣完成時止按其應有部分計算相當租金之不當得利，及自變賣完成時起相當租金之不當得

利，於法並無不合。

(3)本書淺見

A.分管契約的暫時性

分管契約是共有人就共有物之使用、收益或管理方法所訂定之契約，是以共有關係持續爲前提。分別共有的共有關係既具有暫時性，其分管契約亦當然具有暫時性。共有物分割依民法第825條係採移轉主義，分割的效力係向後發生，而非溯及既往，其效力內容主要是共有關係消滅，發生物權變動，也使分管契約當然終止。在本案例中，乙、丙的A屋、B屋是以分管契約爲依據，而坐落於C1、C2部分，在分割共有物之判決確定時，共有關係及分管契約即均歸於消滅，如採原物分割的方法，基地的分得人甲得依民法第767條請求乙、丙拆屋還地；如採行變價分割的方法，共有物的第三買受人取得共有物所有權時，共有關係及分管契約均已消滅，該買受人亦得請求乙、丙拆屋還地。本案例的甲爲共有人，在變賣分割的變賣程序中，依民法第824條第7項得爲買受人，並有依相同條件優先承買之權，其承買而取得共有物所有權後，共有關係亦歸於消滅，分管契約亦當然終止。故乙、丙的A屋、B屋已經喪失坐落權源，甲得請求拆屋還地。

B.分管契約終止的時點

乙、丙的A屋、B屋喪失坐落權源的確切時間點究竟爲何？共有物分割判決確定時或共有物變賣完成時？此一問題涉及乙、丙就A屋、B屋的坐落，自何時開始獲有不當得利，至關重要。由於法院變賣分割共有物的判決確定時，祇是可以進行變價的程序，在共有物完成變賣以前，共有物之所有權主體尚未發生變動，共有人間之共有關係自應持續至變賣完成時，始歸於消滅。問題是：分割共有物判決確定後，共有物變賣完成以前，共有人得否本於分管契約繼續管理並使用共有物？最高法院本判決採否定說，認爲「分管契約既經判決分割共有物確定而消滅，共有物之用益及管理回復原來之關係，除非經共有人協議或依民法第820條第1項規定爲決定，共有人不得任意占有使用共有物之特定部分」。

本書認爲，上述見解一方面認爲共有關係仍持續，另一方面卻認爲分管契約已終止，形成共有物無法持續使用收益的「空窗期」，值得商榷。共有物分割的效力是共有關係消滅及物權發生至變動，在變價分割的情形，共有關係既

然持續至買受人取得所有權，即變價完成之時，原共有人間的分管契約似亦應持續至同一時間，較爲合理與單純。

C.共有的土地與他人土地

對於原來以基地的所有權爲坐落權源的房屋，如因爲房屋或土地所有權移轉而發生坐落權源問題時，民法第425-1條規定：「土地及其土地上之房屋同屬一人所有，而僅將土地或僅將房屋所有權讓與他人，或將土地及房屋同時或先後讓與相異之人時，土地受讓人或房屋受讓人與讓與人間或房屋受讓人與土地受讓人間，推定在房屋得使用期限內，有租賃關係」；第838-1條規定：「土地及其土地上之建築物，同屬於一人所有，因強制執行之拍賣，其土地與建築物之拍定人各異時，視爲已有地上權之設定，其地租、期間及範圍由當事人協議定之；不能協議者，得請求法院以判決定之。其僅以土地或建築物爲拍賣時，亦同。」

上述二條文的基礎，都是以「土地及其土地上之房屋同屬一人所有」爲前提，即房屋原來坐落在房屋所有人自己的基地上。本案例的情形是房屋所有人是基地的共有人，是否符合「同屬一人所有」的前提？即是否應認定房屋坐落在自己的土地或他人的土地上？此一問題可能會有肯定說及否定說，由釋字第451號解釋的見解觀察，由於地上權只能在「他人」的土地之上下存在，共有人得就共有的土地取得地上權，顯見其認爲共有的土地對共有人而言，乃是他人的土地。

最高法院本判決指出：「民法第425條之1及第838條之1乃在規範房屋及土地因同屬一人情形時，土地所有人無從與自己所有之房屋約定使用權限，倘因而異其所有人，基於房屋一般價值甚高及其既有之使用權保護之考量，爲調和土地與建物之利用關係，承認在房屋得使用期限內，有租賃關係或擬制有地上權存在」，故認爲房屋的所有人爲基地的共有人時，不得直接適用或類推適用此二條文。上述見解或許忽略分管契約是共有人間的內部協議的本質，共有人也可能認爲共有的土地是自己的土地，而希望以分管契約代替租賃關係或地上權的事實。本書認爲，此項結論可資贊同，但其主要的理由乃是分管契約具有暫時性，因共有物分割而終止，故如共有人基於分管契約而建築房屋，應自行承擔房屋將因基地分割而喪失坐落權源的風險。

（延伸閱讀：陳榮傳，「分管契約的暫時性——最高法院107年台上字

第879號民事判決」，月旦裁判時報，第97期（2020年7月），第14頁至第21頁。）

五、共有人約定、決定及法院裁定對應有部分受讓人的效力

　　共有人間的約定及決定，其內容涉及甚廣，有的與共有物無涉，有的則與共有物直接相關。前者性質上是人與人間的關係，僅具有對人效力的債權行為，基於債之相對性原則，對第三人原不生效力；後者如果是就共有物的物權所為的約定或決定，如何兼顧其對於第三人的拘束力，適度維持法律關係的穩定，即成為重要的法律課題。尤其在共有人讓與其應有部分時，受讓人是否受其拘束？備受爭執及矚目。

　　民法第826-1條規定：「不動產共有人間，關於共有物使用、管理、分割或禁止分割之約定或依第八百二十條第一項規定所為之決定，於登記後，對於應有部分之受讓人或取得物權之人，具有效力。其由法院裁定所定之管理，經登記後，亦同。（第1項）」「動產共有人間就共有物為前項之約定、決定或法院所為之裁定，對於應有部分之受讓人或取得物權之人，以受讓或取得時知悉其情事或可得而知者為限，亦具有效力。（第2項）」「共有物應有部分讓與時，受讓人對讓與人就共有物因使用、管理或其他情形所生之負擔連帶負清償責任。（第3項）」本條就共有人間，關於共有物使用、管理、分割或禁止分割之約定、依第820條第1項規定所為之決定、法院所為之管理裁定，規定其對應有部分受讓人的效力。第1項及第2項分別針對不動產及動產共有人予以規定，第3項規定就共有物因使用、管理或其他情形所生之負擔，在應有部分讓與後的清償責任。

（一）本條增訂前的規則

　　在民法修正增訂本條以前，舊法第820條規定，共有人就共有物的管理，得訂定分管契約，否則即共同管理之。當時即發生共有人讓與其應有部分給第三人時，其受讓人是否應受分管契約拘束的爭議。

1.判例、判決與大法官解釋

　　在實例中，甲與其他兄弟共有11筆土地，並訂有鬮分契約證書，約定其

中A地「現在係母親養贍之額，依照現在以母親使用……俟待母親百歲年終之時，即照前記各房應得之業各業各管……」，A地的收益歸屬於母親乙，作為其生前的養老地。甲將應有部分出售與外人丙，丙至A地，割去稻草、稻穀及砍伐竹林，與乙發生爭議。乙主張A地不屬甲分管及出賣之範圍，請求丙賠償其損害。最高法院認為乙的請求有理由，其理由是：「共有人於與其他共有人訂定共有物分割或分管之特約後，縱將其應有部分讓與第三人，其分割或分管契約，對於受讓人仍繼續存在。」此等理由並成為最高法院的判例要旨（48台上1065）。

在後來的實例中，X購買項前手購買某大廈專有部分所有權，並受讓作為停車位的大廈法定空地的應有部分，但Y建商在66年間，預售合建房屋時，依契約第5條約定，與房屋訂購人簽訂房屋預定契約書，即訂明：「背面空地為出售之停車場，凡未購買車位者，不得占用」。X之前手及X均未購買車位，主張Y所發之車位使用同意書無效，應將該空地交還全體共有人共同使用，Y抗辯X之前手於買受房屋時，均簽訂房屋預定契約書，於契約就系爭停車場土地之分管，已有約定，對於簽訂上開契約之受讓人X，為維護分管契約約定之效力，仍有拘束力。最高法院維持原審判決，認為X的前手係經由預售方式買受房屋與系爭土地所有權應有部分，現有合建建物共有人123人，均應同受上開分管契約之拘束。共有人與其他共有人訂立分管之特約後，縱將其應有部分讓與第三人，其分管契約對於受讓人仍繼續存在（最高法院48年台上字第1065號判例參照）。準此，雖分管契約係債權契約，為維護共有關係之安定性，受讓人仍應受分管契約之拘束（81台上505）。

針對上述判例在上開判決的適用，司法院於83年作成釋字第349號解釋，認為：最高法院48年度台上字第1065號判例，認為「共有人於與其他共有人訂立共有物分割或分管之特約後，縱將其應有部分讓與第三人，其分割或分管契約，對於受讓人仍繼續存在」，就維持法律秩序之安定性而言，固有其必要，惟應有部分之受讓人若不知悉有分管契約，亦無可得而知之情形，受讓人仍受讓與人所訂分管契約之拘束，有使善意第三人受不測損害之虞，與憲法保障人民財產權之意旨有違，首開判例在此範圍內，嗣後應不再援用。至建築物為區分所有，其法定空地應如何使用，是否共有共用或共有專用，以及該部分讓與之效力如何，應儘速立法加以規範，併此說明。

2. 本書淺見

(1)共有物分割是解決之道

從結果來看，最高法院48年台上字第1065號判例及司法院釋字第349號解釋，無疑乃是舊法時期二個具有里程碑意義的重要實務見解。不過，前者的事實顯示，丙似未辦理受讓土地應有部分的登記，尚非應有部分的受讓人，乙非A地的共有人，故乙、丙之間的爭議本質，在判決中似未獲得充分論述，作為判例要旨的原則，與該案的爭議的解決，似無直接關係。後者的爭議，是公寓大廈所屬的法定空地，是否必須由其共有人共同管理，不得以分管契約排除部分共有人的使用收益？大法官認為此一問題具有特殊性，非屬一般共有物的管理問題，應儘速立法加以規範，可惜未能為其作出未來立法的合憲性準則，而僅對一般共有物的分管契約，作成解釋。

本書認為，分管契約的設計是共有關係的一環，分管契約只是在不效率的共有關係，在法律上被承認可以暫時存在的情形下，容由共有人以私法自治方式，促成共有物的基本利用的一種方式而已，並非對該不效率的缺點的治本良藥。促使共有人分割共有物，始為其治本之方。但在共有物不得分割時，分管契約應該是退而求其次的一種效率機制。換言之，如共有物並非不得分割，共有人就共有物的管理或利用無法達成協議時，即為實現民法第823條各共有人得隨時請求分割共有物的政策的時刻，不應捨分割之途，而強制共有人成立某種分管契約，或受已經成立的分管契約的拘束。

舊法關於共有物的管理，規定僅得以分管契約排除共有人共同管理的規定（民820），因為有共有人得隨時請求分割的共有暫時性制度配合（民823），實際上乃是合理的安排；分管契約無論對應有部分受讓人有無拘束力，在共有人得隨時請求分割的前提下，分管契約也當然具有暫時性，即使認為可以拘束應有部分的受讓人，只要其以新共有人之姿，請求分割共有物，分管契約亦將當然終止。

(2)不得分割時的分管契約

共有人就該共有物，不得請求分割時，例如公寓大廈的法定空地或共有部分，分割既然已經不可行，如共有人協議不諧時，即將陷入物不能盡其用的困境，其解決方法即須在法律上，以較低之合意標準，促使共有人就共有物之管理或利用，達成一定協議，甚至應就法院介入其管理或使用之要件，妥為規

定。

　　分管契約之訂定，既應經全體共有人之同意，表示舊法關於分別共有之設計，並未摻入團體主義之精神。在達成不易，且未容許法院介入決定共有物之管理之情形下，舊法實際上是以自由讓與應有部分及請求分割，作為解決共有人間爭議的解藥良方。分別共有具有明顯之暫時性，理應與公同共有及區分所有建築物之所有人之共有關係，適用不同之法律原則。前述實務見解乃因後二類共有關係之爭議而為，結果卻被一般解釋為分別共有之原則，本書認為在方法論上頗值得省思。

(3)實務見解值得商榷

　　分管契約如得對抗應有部分的受讓人，即是犧牲應有部分受讓人的契約自由。在別無其他救濟途徑之情形下，此乃一種不得已的措施，其根據並非分管契約的物權效力，也非出於共有人間法律關係安定性的要求，而是法律漏未規定救濟方法時的一種補充方法。分別共有物的分割，既為立法者之優先期待，在應有部分受讓人就僅具債權效力之分管契約，有不同意見時，實無必要強制其受拘束的必要。上述判例要旨，當然值得檢討。

　　釋字第349號解釋認為，應有部分之受讓人若不知悉有分管契約，亦無可得而知時，得不受讓與人所訂分管契約之拘束。對於得隨時請求分割共有物的受讓人而言，既然能分割共有物，分管契約的拘束只是一時，本解釋其實意義不大；對於不得請求分割共有物的受讓人而言，只因其不知悉有分管契約，亦無可得而知，即得不受分管契約之拘束，而使其他122人或更多共有人所訂定，未來不太可能再全體協議訂定的分管契約，因而喪失效力，忍教其他眾多的共有人飽受不能使用分管部分之苦，其實是最不效率的結果。

　　相對而言，對共有人不得請求分割的共有物，如區分所有建築物的共有部分及法定空地等，實不如認為其分管契約對應有部分受讓人一律有拘束力，使受讓人承擔未知悉其內容的風險，再向其前手請求負擔標的物的瑕疵擔保責任（民354）。在實例中，最高法院也曾認為，民法第825條規定，各共有人對於他共有人因分割而得之物，按其應有部分負與出賣人同一之擔保責任，因此共有物於分割以前，共有人間縱訂有分管契約，亦因分割共有物而失其效力（82台上2566）。

　　往者已矣。區分所有建築物之所有人之共有關係，已有公寓大廈管理條例

之規定可依，但對於分別共有具有暫時性的規定及整體政策，即共有人得自由處分應有部分，並得隨時請求分割，法律仍以分割共有物，作為共有人就共有物之管理及利用協議不諧之解決方法。此種區別，似應更加重視。

（延伸閱讀：陳榮傳，「分管契約得否對抗應有部分之受讓人？」，收錄於蘇永欽主編，民法物權爭議問題研究（台北：五南，1999年1月初版一刷），第193頁至第250頁。）

（二）共有不動產

1. 新法的適用

民法第826-1條第1項規定：「不動產共有人間，關於共有物使用、管理、分割或禁止分割之約定或依第八百二十條第1項規定所為之決定，於登記後，對於應有部分之受讓人或取得物權之人，具有效力。其由法院裁定所定之管理，經登記後，亦同。」立法理由指出：共有物之管理或協議分割契約，實務上認為對於應有部分之受讓人仍繼續存在（最高法院48年台上字第1065號判例參照）。使用、禁止分割之約定或依本法修正條文第820條第1項所為之決定，亦應做相同之解釋。又上述契約、約定或決定之性質屬債權行為，基於債之相對性原對第三人不生效力，惟為保持原約定或決定之安定性，特賦予物權效力，爰參照司法院釋字第349號解釋，並仿外國立法例，於不動產為上述約定或決定經登記後，即對應有部分之受讓人或取得物權之人，具有效力（德國民法第746條、第1010條第1項、瑞士民法第649-1條參照）。又經由法院依第820條第2項、第3項裁定所定之管理，屬非訟事件，其裁定效力是否及於受讓人，尚有爭議（最高法院67年台上字第4046號判例參照），且該非訟事件裁定之公示性與判決及登記不同，故宜明定該裁定所定之管理亦經登記後，對於應有部分之受讓人或取得物權之人始具有效力，爰增訂第一項，以杜爭議，並期周延。

本條項的不動產，包含區分所有建築物的共有部分與基地，其共有人間約定及決定均適用之，但所謂共有人或應有部分受讓人，是指已經依法取得共有物應有部分之人，如僅有請求移轉應有部分的債權，尚無本條項的適用。在實例中，甲登記為祖產A地所有人，與乙達成分產協議，但未辦理分割登記，最高法院認為其間法律關係為債權關係，並無本條項或其增訂前上述實務見解

之適用：分產協議為特定人間就一定財產之分配所為之協議（約定），屬債權契約，基於債之相對性原則，僅於締約當事人間或其繼承人間發生拘束力。觀諸民法第826-1條第1項規定，不動產共有人間關於共有物使用、管理、分割或依第820條第1項規定所為之決定，須於登記後，始對於應有部分之受讓人或取得物權之人，具有效力尤明。至司法院釋字第349號解釋固謂共有人間訂立共有物分割或分管之特約後，在其應有部分受讓人明知或可得而知之情形下，該受讓人仍受分割或分管契約之拘束。惟本件系爭土地原登記為甲一人名義，尚未移轉所有權登記為分產協議當事人所共有，核與該解釋係就締約共有人間訂立共有物分割或分管特約後之效力所為闡釋尚有不同，自無援引並論之餘地（104台上2212）。

2. 舊法的適用

新法增訂的本條條文，其適用並無溯及既往的明文規定，故舊法時期的分管契約，仍應適用上述實務形成的規則。最高法院在實例中指出，所謂分管契約係指共有人間約定各自分別占有共有物之特定部分而為管理之契約，不動產共有人間關於共有物使用、管理之約定，對於應有部分之受讓人或取得物權之人，以受讓或取得時知悉其情事或可得而知者為限，始具有效力，業經司法院大法官會議著有第349號解釋。故在民法第826-1條規定修正施行前成立之分管契約，對共有物應有部分之受讓人有無效力，應依第349號解釋意旨，以受讓人是否知悉有分管契約，或有無可得而知之情形為斷（105台上1733、107台上70、108台上1632）。

關於舊法的適用，最高法院在實例中認為，共有物分管之約定，不以訂立書面為要件，倘共有人間實際上劃定使用範圍，對各自占有管領之部分，互相容忍，對於他共有人使用、收益，各自占有之土地，未予干涉，已歷有年所，即非不得認有默示分管契約之存在。又公寓大廈之買賣，建商與各承購戶分別約定，該公寓大廈之共用部分或其基地之空地由特定共有人使用者，除別有規定外，應認共有人間已合意成立分管契約。又倘共有人已按分管契約占有共有物之特定部分，他共有人嗣後將其應有部分讓與第三人，除有特別情事外，其受讓人對於分管契約之存在，通常即有可得而知之情形，而應受分管契約之拘束（99台上2278）。反之，如建商與各承購戶未有共用部分由特定共有人使用之約定，而逕將共用部分違規加建，交由特定共有人使用時，自不得僅因承購

戶買受房地未有異議，即推論默示成立分管契約（105台上445）。

因此，如系爭大廈建商與各承購戶，就屬地下室作爲防空避難室兼停車空間之系爭二建物管理範圍，訂定由共有人各就特定停車位爲使用、收益之分管約定，堪認系爭大廈之系爭二建物共有人已同意成立分管契約，爲維持共有物管理秩序之安定性，若系爭二建物應有部分之受讓人知悉有該分管契約，或有可得知之情形，仍應受分管契約之約束（109台上1449）；如共有人係本於系爭建物起造人間之分管契約而占用屋頂平台，向來分攤系爭建物電梯保養費用，即可認爲他共有人非不知或非可得而知分管契約存在，而得不受其拘束（108台上1632）。

（三）共有動產

民法第826-1條第2項規定：「動產共有人間就共有物爲前項之約定、決定或法院所爲之裁定，對於應有部分之受讓人或取得物權之人，以受讓或取得時知悉其情事或可得而知者爲限，亦具有效力。」立法理由認爲，共有人此等約定、決定或法院所爲之裁定，在不動產可以登記之公示方法，使受讓人等有知悉之機會，而動產無登記制度，法律上又保護善意受讓人，故以受讓人等於受讓或取得時知悉或可得而知其情事者爲限，始對之發生法律上之效力，方爲持平。

（四）共有物負擔之連帶責任

民法第826-1條第3項規定：「共有物應有部分讓與時，受讓人對讓與人就共有物因使用、管理或其他情形所生之負擔連帶負清償責任。」立法理由指出，共有物應有部分讓與時，受讓人對讓與人就共有物因使用、管理或其他情形（例如協議分割或禁止分割約定等）所生之負擔（民822），爲保障該負擔之共有人，應使受讓人與讓與人連帶負清償責任，惟爲免爭議，俾使之明確，爰增訂第3項。又所積欠之債務雖明定由讓與人與受讓人連帶負清償責任，則於受讓人清償後，自得依第280條規定定其求償額。

第二項 公同共有

一、公同共有的意義

公同共有是指依一定原因成立一公同關係的數人，共同享有一物的所有權的狀態，其權利人稱為公同共有人。第827條規定：「依法律規定、習慣或法律行為，成一公同關係之數人，基於其公同關係，而共有一物者，為公同共有人。」「前項依法律行為成立之公同關係，以有法律規定或習慣者為限。」「各公同共有人之權利，及於公同共有物之全部。」占有乃對於物有事實上管領力之事實，並非權利，故無公同共有可言（104台上2123）。

（一）公同關係與公同共有財產

本條民國18年的立法理由指出：數人依法律之規定（例如共同繼承是）或依契約之訂定（例如合夥契約或夫妻共有財產制是），而為公同結合，且因此而以物為其所有者，此數人既非依其應有部分，所有其物，即不為共有人，而為公同共有人；各公同共有人之權利，於物之全體，皆有效力，非僅就其應有之部分，有效力也。由上述立法理由可知，公同共有的重點，是在公同共有人之間的公同關係，共同共有的標的物不是一個物，而是物及其他財產權集合而成的財產集合體。所以，本條第1項的「共有一物」，並非指公同共有人對於各個公同共有物，均成立一個公同共有關係，相反地，公同共有是因為公同關係而當然成立，成立一個公同關係，就對於該公同關係下的全部財產，成立一個共同共有。

（二）公同關係的成立

公同關係是公同共有的根源，本條項規定其成立，係「依法律規定、習慣或法律行為」為之，表面上包含甚廣，惟由其立法理由觀之，其「法律規定」是指第1151條規定的數人共同繼承的關係：繼承人有數人時，在分割遺產前，各繼承人對於遺產全部為公同共有。至於「法律行為」，不是泛指得任意成立公同關係的法律行為，18年立法理由以合夥人訂定的合夥契約及夫妻約定採用的夫妻共有財產制，予以說明，且二者均有法律規定為其依據，民法第668條

規定：「各合夥人之出資及其他合夥財產，爲合夥人全體之公同共有。」第1031條規定：「夫妻之財產及所得，除特有財產外，合併爲共同財產，屬於夫妻公同共有。」此外，信託法第28條第1項規定：「同一信託之受託人有數人時，信託財產爲其公同共有。」此時，數個受託人是因爲契約信託或遺囑信託（信託2），而成立同爲受託人的公同關係，論其性質，也是依法律行爲而成立公同關係。

「習慣」是指習慣法而言，98年修正時增訂其爲公同關係的依據，並增訂第827條第2項規定：「前項依法律行爲成立之公同關係，以有法律規定或習慣者爲限。」立法理由指出，最高法院已於裁判實例中，確認祭祀公業（39台上364）、同鄉會館（42台上1196）、家產（93台上2214），在台灣習慣法上爲公同共有財產；而依法律行爲而成立之公同關係，其範圍不宜過廣，爲避免誤解爲依法律行爲得任意成立公同關係，爰增訂第2項，明定此種公同關係以有法律規定（例如第668條）或習慣者爲限。由此可見，公同關係除法律規定或有習慣外，不得創設，與民法第757條類似，故公同關係的成立，實際上是採法定主義，而非契約自由原則。

(三) 習慣法上的公同關係

習慣法上的公同關係，通常是因爲某些財產，在習慣法上非屬無主物，也非國家所有或私人所有，而應該爲一定的目的而繼續存在，在無法就其成立財團法人，而有獨立的法律人格的情形下，實務上乃認定其應由數人依據公同關係，而公同共有其財產，其目的在避免財產流入私人之私囊，或說明其非法人，並無獨立的法律人格。在現行民法規定之下，同屬於一公同關係的數人，在其個人財產之外，亦有其依公同關係，而對於與他人公同共有的財產，僅得依關於公同共有的規定處理。某一財產，究竟爲個人財產或個人的公同共有財產，影響個人權利及法律效果甚鉅，在物權變動應符合公示原則的情形下，習慣法上的公同關係已經發生者固得承認其有效，但得否再以法律行爲成立之，本書認爲頗值得探究。

1. 同鄉會館的公同共有

在最高法院42年台上字第1196號判例中，兩廣會館乃前清光緒年間，廣東、廣西兩省出身來台人士協議建築充作兩廣人士之會議場所，係以敦睦鄉誼

爲目的,依當時法令不能認爲財團法人,最高法院認爲,訟爭基地既係由兩廣旅台人士捐贈與兩廣會館,其所有權即已移轉於兩廣會館,而兩廣會館既係兩廣旅台多數同鄉所組織,而非限於少數捐資設立人爲其構成之份子,則兩廣會館縱經解散,而其財產仍應歸屬於兩廣旅台多數同鄉所共有,自不能仍由少數捐資設立人取得其所有權。在現行法制之中,同鄉會館本身如不具有法律人格,已經不可能作爲其基地的所有人,如果要登記爲基地的所有人,應該成立法人;如果採借名登記的方式,只能論以借名登記的法律關係。因此,已經不可能成立此種習慣法上的同鄉會館的公同關係。

2. 祀產的公同共有

在最高法院39年台上字第364號民事判決中,主要的爭議是林裕發之祭祀公業得否列爲訴訟上的當事人,最高法院認爲其非法人,其財產屬於林裕發後裔公同共有,其判決理由並指出,台灣之祭祀公業,在日治時期得成立爲法人者,依大正十一年9月18日敕令第407號第15條之規定,準用日民法施行法第19條規定之結果,須以具有日民法第34條所揭,有獨立財產之社團或財團而以公益爲目的(即不計社員或捐助人本身之利益而以謀一般社會之公共利益爲目的如神社之類),並經依法定事項作成書面,呈請主管官署核准者爲限,若其祭祀公業僅屬於某死亡者後裔公同共有,並無獨立財產且與一般社會之公共利益無直接關係者,自不包含在內,此就各該法條所定之文義觀之甚明。最高法院認爲原法院誤解民法第1條規定之意義,適用與民法相反之台灣習慣,仍認該祭祀公業具有法人之性質,而列爲當事人,於法顯有未合,應予糾正。此外,最高法院65年度第2次民庭庭推總會議決議(三)也認爲:台灣之祭祀公業並非法人,僅屬於某死亡者後裔公同共有祀產之總稱,其本身無權利能力,不能爲權利之主體,其財產應爲祭祀公業派下公同共有,不因土地登記簿記載其所有人名義爲祭祀公業,而異其性質,故該不動產仍應認爲其派下公同共有。

祭祀公業基本上是民法施行以前依習慣法設立,民國96年12月12日祭祀公業條例公布施行以後,該條例第59條規定:「新設立之祭祀公業應依民法規定成立社團法人或財團法人。」「本條例施行前,已成立之財團法人祭祀公業,得依本條例規定,於三年內辦理變更登記爲祭祀公業法人,完成登記後,祭祀公業法人主管機關應函請法院廢止財團法人之登記。」第6條第1項規定:「本條例施行前已存在,而未依祭祀公業土地清理要點或臺灣省祭祀公業土地清理

辦法之規定申報並核發派下全員證明書之祭祀公業，其管理人應向該祭祀公業不動產所在地之鄉（鎮、市）公所（以下簡稱公所）辦理申報。」第21條第1項規定：「本條例施行前已存在之祭祀公業，其依本條例申報，並向直轄市、縣（市）主管機關登記後，爲祭祀公業法人。」「本條例施行前已核發派下全員證明書之祭祀公業，視爲已依本條例申報之祭祀公業，得逕依第二十五條第一項規定申請登記爲祭祀公業法人。」「祭祀公業法人有享受權利及負擔義務之能力。」「祭祀公業申請登記爲祭祀公業法人後，應於祭祀公業名稱之上冠以法人名義。」所以，祭祀公業的設立，應依該條例的規定爲之，目前已經不可能再依習慣法，成立習慣法上的祭祀公業。

（延伸閱讀：陳榮傳，不問祭祀問繼承：祭祀公業和釋字第728號解釋，月旦法學雜誌，第243期（2015年8月），第5頁至第21頁。）

3. 家產的公同共有

(1)遺產作爲家產

在最高法院93年度台上字第2214號民事判決中，當事人之爭議主要是父親劉日旺名下有家產若干，五個兄弟於55年間簽立鬮分字時，系爭共有土地登記爲父親劉日旺名義，五個兄弟以拈鬮方式析分財產，各自分門別戶，按鬮分字內容使用收益迄今，該鬮分字分析家產契約之法律關係，究竟爲分割協議？或爲分管協議？最高法院維持原審判決的下列理由：「台灣之家產自清朝以降即屬父祖子孫所構成家屬之公同共有，日本割據後，社會制度並未立即改變，仍然維持家產制度。關於家產分析，通常以鬮分方法爲之，故通稱爲鬮分，本質上與共有物分割相同，鬮分之效果在於終止共有關係，使各繼承人就其應得部分成爲單獨所有人。」「被上訴人主張鬮分字屬協議分產契約，上訴人應受拘束，尚非無據。又被上訴人等五兄弟於55年間簽立鬮分字時，系爭共有土地雖登記爲父親劉日旺名義，惟因係屬家產，性質上仍屬父祖子孫所構成家屬之公同共有，自得予以協議分割。」

上述判決主要的爭議爲父親劉日旺的遺產的分割問題，並未涉及其個人財產與家產的區別，由於當事人以拈鬮方式析分財產，涉及其鬮分字的定性問題，法院是藉由鬮分方法在習慣法上的意義，解釋當事人的意思表示，重點在內容鬮分字在習慣法上的定性，不在是否有獨立的家產，也不在家產爲何人公同共有。民法第1148條規定：「繼承人自繼承開始時，除本法另有規定外，承

受被繼承人財產上之一切權利、義務。但權利、義務專屬於被繼承人本身者，不在此限。」「繼承人對於被繼承人之債務，以因繼承所得遺產爲限，負清償責任。」被繼承人財產依本條規定，已經不再區別爲個人財產或家產，也無法以法律行爲指定特定財產爲家產，並僅指定男丁爲其公同共有人。故實際上，現在已經不可能再依習慣法，就家產成立公同關係，使其成爲公同共有財產。

(2)個人所得作爲家產

在一個實例中，系爭鬮書所列財產爲旅居高雄之陳清祥（陳榮意之父）、陳添祥、陳增祥三兄弟共同打拼所得，並記載「……右記所有權承租權各係所得三分之一之權，分鬮即分耕分餐之意，若係後來誰一個人名義之自耕之土地需要出賣，出賣之金錢即三分之一分配，將來三人之土地再平均分配一次，平分耕作及所有權也是三分之一各取得。不動產、動產若係出賣，方式由三分之二之人決定通過爲原則出售，以上條件絕不虛言」。關於依系爭鬮書成立的法律關係的性質，最高法院104年度台上字第642號民事判決認爲，依民法第827條第1項至第3項規定觀察，公同共有人之應有部分係屬潛在，與分別共有人之應有部分爲顯在者，迥然不同，公同共有人不得主張公同共有物有其特定之部分，亦不得單獨處分其公同共有物之權利，系爭鬮書記載除陳榮意等三人各自取得之土地地號之所有權及承租權及建物管理使用部分外，並未明文約定成立公同共有關係，又分別陳榮意等三人各人登記之土地，明載各有三分之一之權利，且得處分各人名下之財產（經三分之二之人決定通過），似與前述公同共有關係之特質不符。

最高法院105年度台上字第1697號民事判決指出：「依台灣民事習慣，家產係家長與家屬公同共有，應分人於未分析前，不得任意處分家產中之任何財產，又不得讓與其應分額與他人。家產之處分行爲應得全體之同意，但父祖之處分不受此限。」原審似認系爭鬮書所列財產爲渠三人之家產，依台灣民事習慣，爲渠等公同共有。則陳榮意等三人有無必要再就該等財產約定爲公同共有，並確認個人潛在持分均爲三分之一？即滋疑義。再者，在台灣民事習慣舊制中，鬮書乃分家、分財的文書契據，一般用以家主、家屬間分耕分爨，系爭鬮書中亦載明「右記所有權、承租權各係所得三分之一之權，分鬮即分耕分餐之意」，乃原審未遑推闡明晰，遽認該鬮書爲成立公同共有關係之約定，即嫌速斷，究竟鬮書之性質如原審所認係成立公同共有關係之約定，抑或爲公同

共有關係之分析，及各權利人與登記名義人互為借名登記，自應由原審詳為推研。

　　臺灣高等法院高雄分院後來以105年度重上更二字第28號判決，認定陳榮意等三人簽立系爭鬮書，係將家產之公同共有關係為分析，併各權利人與登記名義人間互為借名登記。則陳清祥等三人原公同共有之家產既經陳榮意等三人以鬮分方法為分析，以鬮分在本質上與共有物分割相同，鬮分之效果在於終止共有關係（最高法院93年度台上字第2214號裁判意旨參照），原家產之公同共有關係於簽立系爭鬮書時，自已因協議分割而消滅。準此，系爭鬮書所列家產既已經分割，且各該家產性質上亦非遺產，或合夥財產，並無應再為遺產分割或準用合夥財產分析之清算程序之餘地。陳榮意等三人暨其繼承人即應依借名登記關係及系爭鬮書分配之約定為三房權義之依據。（後來經上訴，最高法院以109年度台上字第2396號民事判決，就陳新貴是否已獲授與代理權處理系爭鬮書借名登記家產所生分配權義，提出代理權授與行為的法律適用見解。）

　　本書認為上述判決的三兄弟，將共同打拼所得，約定不分彼此，作為家產，將來分產時依據各自貢獻的程度或各得三分之一，其約定在日據時期因適用日本民法的規定，固可發生物權變動的法律效果，如依現行民法規定，其性質應為債權契約，屬於私法自治的範圍。依現行民法，如果三兄弟的財產均在各自名下，且各自管理，並自己以所有人的名義單獨處分，本書認為，在欠缺類似民法第668條規定的情形下，單純因為以前的習慣法認定家產為公同共有，即認為其成立公同關係，對所有財產均公同共有，不但使法律關係過度複雜，也與現行法扞格。

　　本書認為，公同共有是物權關係，財產的物權外觀應有公示方法，顯示其為數人依公同關係而共有，或應有法律的明文規定可據，至少不宜登記在兄弟的個人名下，形成名實不符的現象。兄弟維持共財的家產公同關係，通常不是各自提供財產成立獨立的家產，而是表現為對共同繼承的遺產暫不分割。就現行法而言，三兄弟如要成立獨立於個人財產以外的家產，並對其公同共有，本書認為應以設立信託的方式為之，而非依舊習慣法，認為當然成立公同關係，其財產當然為三兄弟公同共有，再依習慣法，認為訂定鬮書即可終止公同關係。

（四）公同共有財產

民法第817條及第827條對於分別共有和公同共有，都是規定數人共有「一物」的情形。但嚴格而言，公同共有不是對一個特定物或一個權利予以肢解或瓜分，與分別共有在本質上完全不同。因為公同共有人是因公同關係，而針對一堆財產（包含物和權利在內），而成立公同共有，如果公同共有人有應有部分（潛在的應有部分），其客體也是那一堆財產，而不是各別的物或權利。各別的物或權利，如被公同共有包含在其中，其性質或內容並未因為被納入公同共有，而有改變。所謂就一特定物或一權利的公同共有（個別公同共有），其實是在對於所有公同共有財產的「總括公同共有」之下，個別呈現出來的外觀或表象，其真正的法律關係內涵，其實是公同關係或「總括公同共有」。各公同共有人之權利，民法第827條第3項規定「及於公同共有物之全部」，而更重要的是，「及於全部之公同共有物」。

例如甲死亡，遺產為A地二分之一應有部分、B屋、現金5000萬元、C公司股票145萬股、對戊有債權400萬元，由乙、丙、丁繼承，各有應繼分三分之一。乙、丙、丁的公同共有，是依民法第1151條規定：繼承人有數人時，在分割遺產前，各繼承人對於遺產全部為公同共有。本條的公同共有，是「對於遺產全部」，即為「總括公同共有」，不只是對「一物」的公同共有，所以乙、丙、丁對A地二分之一應有部分的公同共有、B屋的公同共有、現金5000萬元的公同共有、C公司股票145萬股的公同共有、對戊的400萬元債權的公同共有，都是在「總括公同共有」之內的「個別公同共有」。

（五）公同關係的份額

分別共有是數人按其應有部分，對於一物有所有權（民817Ⅰ），各共有人對於共有物，均有的自由處分的應有部分（民819Ⅰ）。公同共有是依法律規定、習慣或法律行為，成一公同關係之數人，基於其公同關係，而共有一物（民827Ⅰ），但如前所述，公同共有人基於其公同關係，通常是共有一堆財產，各公同共有人對於所有公同共有財產得主張的股份或份額，是依其公同關係決定。公同關係的份額，不是對特定物的應有部分，而是以公同關係為基礎，對納入公同共有範圍的一切財產及義務的概括性關係，而且只能在公同關

係得移轉的情形下，隨公同關係而移轉，不能自由處分。

因此，公同共有人對於特定的公同共有物，並無應有部分，如果認為其全部的公同共有財產，有「潛在的應有部分」，其實也就是公同關係的份額，並不是法律上的應有部分（89台上81）。由於公同共有人的權利，係以全部公同共有物為其客體，即使在公同共有人之間亦有一定之份額，例如對夫妻對夫妻財產的權利各為二分之一、共同繼承人對遺產的應繼分各為三分之一、各合夥人對合夥財產的股份各為五分之一，其與分別共有的共有人係以一物為共有物，對其共有物有應有部分的情形，並不相同。

最高法院也在實例中認為，民法第819條第1項所謂各共有人得自由處分其應有部分云云，係指分別共有，即同法第817條規定數人按其應有部分，對於一物有所有權者而言，其依同法第827條第1項基於公同關係而共有一物者，依同條第2項之規定，各公同共有人之權利，既係及於公同共有物之全部，則各該共有人自無所謂有其應有部分，從而公同共有人中之一人如無法律或契約之根據，亦未得其他公同共有人之同意，而就公同共有物為處分者，其處分自屬全部無效（37上6419）。此外，合夥為二人以上互約出資以經營共同事業之契約，合夥財產為合夥人全體公同共有，各合夥人之權利及於合夥財產之全部，並無所謂應有部分存在（97台上216）。

對於因共同繼承而成立的公同關係及其公同共有，最高法院在100年度台上字第1439號民事判決中，也有下列論述：繼承人有數人時，在分割遺產前，各繼承人對於遺產全部為公同共有，而各公同共有人之權利，及於公同共有物之全部，故各共有人無所謂有其應有部分可言，此觀民法第1151條及第827條第2項之規定即明。又應繼分與應有部分，二者之概念不同。應繼分係各繼承人對於遺產之一切權利義務，所得繼承之比例，並非對於個別遺產之權利比例；而應有部分乃各共有人對於該所有權在分量上應享有之部分。各繼承人於遺產分割前，尚不得按其應繼分之比例行使權利。矧分割遺產時，非必完全按繼承人之應繼分分割，尚有民法第1172條、第1173條規定之扣除項目，如許部分繼承人將其應繼分轉換為應有部分，其獲得之應有部分恐較諸依法分割遺產所得者為多，或較少，有違民法就遺產分割之計算所設特別規定。

由上述說明可知，公同共有人基於公同關係，有其個人的份額，但對於特定的公同共有物，並無應有部分。民法對於應有部分的規定，也因此不得適

用於公同共有人的公同關係份額。土地法第34-1條第1項至第4項,均是就「一物」的分別共有及應有部分的規定(詳後述),其第5項卻規定「前四項規定,於公同共有準用之」。本書認為,該條其使公同共有「分別共有化」,就理論及上述實務見解而言,並非妥適。司法院釋字第652號解釋認為應有部分的公同共有,亦得依該條第5項準用其第1項至第4項規定,雖然是以該條的規定為依據,也有類似的問題。

二、公同共有人的權利義務

關於公同共有人的權利義務,民法第828規定:「公同共有人之權利義務,依其公同關係所由成立之法律、法律行為或習慣定之。」「第八百二十條、第八百二十一條及第八百二十六條之一規定,於公同共有準用之。」「公同共有物之處分及其他之權利行使,除法律另有規定外,應得公同共有人全體之同意。」民國98年的立法理由並指出,就法條適用順序而言,應先適用第1項,其次依第2項,最後方適用第3項所定應得公同共有人全體同意之方式。

(一)公同關係為依據

在公同共有的內部關係方面,各公同共有人的權利,及於公同共有物的全部(民827III),其實,亦及於全部的公同共有物。公同共有人基於其公同關係而成立的公同共有,其公同共有物通常並非一物,而是由眾多物所組成的財產集合體,例如遺產、夫妻財產、合夥財產等,通常是指包含在公同關係中的所有物,而非指某一特定物而已。公同共有人對個別的公同共有物並無應有部分,其權利只能回歸公同關係的份額及公同關係,故公同共有人的權利及義務,應依其公同關係所由成立之法律、法律行為或習慣定之(民828 I)。

(二)公同共有物的管理

1. 管理應先依公同關係

民法規定的公同共有,原則上是對於一堆財產成立的總括公同共有,以對一物的個別公同共有為例外。在公同關係下,為保護公同共有人的權利,基本上乃採取所有權與管理權分離的模式。公同共有人公同關係中的管理,是對

全部的公同共有物，進行管理的安排。其管理的內容，未必只有財產的使用收益，也可能包含義務的履行，管理人的財產管理，也可能針對數個同為公同共有物的財產為之。

例如，關於夫妻共同財產制，第1032條規定共同財產，由夫妻共同管理，但約定由一方管理者，從其約定，即無須再全體同意。關於各合夥人之出資及其他合夥財產，民法第671條規定合夥之事務，除契約另有訂定或另有決議外，由合夥人全體共同執行之，合夥之事務，如約定或決議由合夥人中數人執行者，由該數人共同執行之，合夥之通常事務，得由有執行權之各合夥人單獨執行之，但其他有執行權之合夥人中任何一人，對於該合夥人之行為有異議時，應停止該事務之執行；關於公同共有之遺產，第1152條規定得由繼承人中互推一人管理之，第1150條規定關於遺產管理之費用，原則上由遺產中支付之。

2. 管理關係並非所有權

上述公同共有財產的管理，乃是公同關係的一環，目的在保護全體公同共有人的權利與利益，管理人應依其管理關係及公同關係，即使其為公同共有人之一，仍應對全體公同共有人負責。此種公同關係的規範，在公同共有人之間，是其法律關係發生的根源，也應該優先適用，民法第828條第1項規定公同共有人之權利義務，依其公同關係所由成立之法律、法律行為或習慣定之，與上述原則基本相符，應屬可取。就遺產的繼承而言，雖然被繼承人死亡時，其所有權即已移轉，並成立公同共有，但誰是繼承人？每人可分得多少及哪些遺產？在遺產分割以前均未明朗，民法第1152條規定得由繼承人中互推一人管理之，即是為使其為全體繼承人之利益，保護遺產並行使相關權利。

民法第1152條規定由繼承人「互推」管理人，本文認為，其目的是係在遺產分割前，即個別遺產的所有權未終局確定以前，為保全及管理遺產，保障所有公同共有人的利益，而決定管理之人，故除經全體繼承人同意的情形以外，如經已承認繼承的多數繼承人以多數決予以決定，似宜從寬認定，以避免少數繼承人未表態或表示反對，陷入「有人繼承、無人管理」的情況；至於管理人應對已知及未知的所有繼承人負責，乃是當然。

3. 分別共有物管理規定的準用

民法第828條於民國98年修正時，增訂第2項，規定第820條及第826-1條規

定，於公同共有準用之。立法理由指出，關於共有物之管理、共有物使用、管理、分割或禁止分割之約定對繼受人之效力等規定，不惟適用於分別共有之情形，其於公同共有亦十分重要，且關係密切，故應準用其規定。公同共有物之管理，並非公同共有物之處分行為，亦非對公同共有物之其他權利行使行為（54台上2035）。但公同共有人之間必定有公同關係，其內容應該都已包含所有的公同共有物的管理，所以，第820條及第826-1條的準用，應該只能針對未成立管理關係的情形，如其公同關係已可解決公同共有物的管理問題，即無再準用之餘地。值得注意的是，對於依公同關係而受委託的管理者而言，無論其本身是否為公同共有人之一，其乃為全體公同共有人管理財產，並非以公同共有人的身份，行使自己的所有權。

　　最高法院在實例中指出：各合夥人之出資及其他合夥財產，為合夥人全體之公同共有，民法第668條定有明文。而依民法第828條第2項準用第820條第5項之規定，公同共有物之保存行為，得由各公同共有人單獨為之。所謂保存行為，係指以防止公同共有物之滅失、毀損或其權利喪失、限制等為目的，維持其現況之行為。是否為保存行為而得由公同共有人單獨為之，須就該行為對公同共有關係之影響及程度等各種情事綜合判斷之，尚難一概而論。而於公同共有人僅存二人，公同共有物被一共有人所侵害而處分，且法院已判決命該公同共有人賠償全體公同共有人確定時，因另一公同共有人事實上無法取得其同意受領賠償，於合夥清算前，自得為公同共有人全體之利益計，單獨就公同共有物為受領之保存行為（109台抗1198）。

4.屍體的公同共有與管理

　　民法總則編第二、三章分別規定「人」及「物」，可以突顯此二者的區別，但隨著生殖科技的發展，在人體之外保存的活體組織及胚胎，已經成為需要特別關注的問題。最高法院對於屍體的性質，在實例中認為，被繼承人之屍體為物，構成遺產，為繼承人所公同共有，僅其所有權內涵與其他財產不同，限以屍體之埋葬、管理、祭祀等為目的，不得自由使用、收益或處分（107台上2109、109台上2627）。

　　上述見解，認為人格權原則上隨著權利主體的死亡而消滅，原來為人格權客體的身體，已經成為屍體，對其支配的權利，已經由被繼承人的人格權變更為所有權，屍體也成為被繼承人遺產的一部分，其所有權亦為繼承人共同繼

承。本書認爲上述見解的重點，是在「其所有權內涵與其他財產不同」，其所有人既然不得自由使用、收益或處分，其內涵僅以屍體之埋葬、管理、祭祀等爲目的爲限，不宜適用財產權的相關規定。

最高法院在實例中認爲，屍體因殘存著死者人格而屬於「具有人格性之物」，基於對人性尊嚴之尊重，其處分不得違背公序良俗，故繼承人取得其所有權後，因愼終追遠之傳統禮俗而不得拋棄。是繼承人拋棄繼承之效力，不及於被繼承人之屍體（遺骨）（109台上2627）。本書認爲，此等見解均顯示，屍體不宜適用財產權的規定，故宜依其本質，制定其適合的規範，不宜將其財產化，並認爲其屬於財產權的客體。

最高法院上述見解，係爲解決屍體在實例中的處理爭議，並認爲屍體與其他遺產，同爲繼承人公同共有（民1151，不因拋棄繼承影響），其管理問題，依民法第828條第2項準用第820條第1項前段，除契約另有約定外，應以共有人過半數及其應有部分合計過半數之同意行之（107台上2109、109台上2627）。本書認爲，根據此項規定，如主張土葬及主張火葬的繼承人各爲二分之一，各方既不得主張土葬，亦不得主張火葬，致先人的屍體無法爲任何處理，實未能有效解決爭議。

本書認爲，將屍體火化成爲骨灰，或予以海葬、樹葬、天葬，或爲其他處理，基本上已經超越「共有物之管理」範圍。與其認爲先人遺骨屬全體繼承人公同共有，並認爲將之安葬於家族墓園，嗣撿骨後予以火化，遷葬至紀念園區，僅係基於埋葬、管理及祭祀等目的，對遺骨之管理方法（109台上2627），似不如認爲其應依習慣法決定，並依習慣法予以處理。

（三）公同共有物所有權的行使

1. 準用第821條

民法第828條第2項亦規定，第821條於公同共有準用之。準用其規定的結果，是各公同共有人對於第三人，得就公同共有物之全部或一部，爲本於所有權之請求；但回復公同共有物之請求，僅得爲公同共有人全體之利益爲之。換言之，各公同共有人對於第三人，如就公同共有物爲本於所有權之請求，均得單獨爲之，回復公同共有物之請求，亦得單獨爲之，只是其僅得爲公同共有人全體之利益爲之而已。除此之外，公同共有物之處分及其他之權利行使，依第

828條第3項規定，除法律另有規定外，應得公同共有人全體之同意。故「本於所有權之請求」及「回復公同共有物之請求」的定義及適用範圍，對法律適用的結果，影響甚大。

分別共有的共有人之間沒有公同關係，是對於「一物」按其應有部分而共有，其共有關係具有暫時性，各共有人等隨時請求分割（民823），但為保護共有人，民法仍設有第821條，使各共有人得就共有物之全部為本於所有權之請求，不讓第三人漁翁得利。公同共有是依法律規定成立的關係，只要公同關係存續，各公同共有人，即不得請求分割其公同共有物（第829條），本文認為，這種必要的共有關係，按比例原則，法律更應超越分別共有，而強化公同共有人對第三人的權利保護機制。故比較而言，分別共有的民法第821條規定是最低度的保護，公同共有人自有準用其規定的必要。

最高法院也在實例中指出，因繼承於登記前已取得不動產物權者，應經登記，始得處分其物權，固為民法第759條所明定，惟共同繼承之遺產在分割以前，依民法第1151條規定，為各繼承人公同共有，倘被他人強制執行而受侵害時，各繼承人依民法第828條第2項之規定準用同法第821條前段規定，均得就共有物之全部為本於所有權之請求，對於該他人單獨或共同提起第三人異議之訴，以排除對該公同共有物之強制執行（107台上2333）。

2. 公同關係的管理機制

公同共有是以公同關係為基礎，應有更方便公同共有人對第三人行使權利的機制，準用第821條規定只是達到保護公同共有物所有權的結果的方法之一。本書認為，應回歸公同關係的管理機制，因為管理人就公同共有物，行使所有人的物上請求權，乃是保護公同共有人權利的重要方法，也是管理的目的之一。在公同共有人已決定公同共有財產的管理關係時，因為有公同關係為基礎，而且是對一堆財產或一個物的整體為管理，所有人物上請求權的行使屬於管理事項，按理也宜由管理者為之，再由其就未行使或如何行使的結果，對全體公同共有人負責。此時，目的既已達到，似無再準用民法第821條之必要。

三、公同共有物的處分及其他之權利行使

（一）公同共有物的處分

1. 處分行為

(1)民法的規定

民法第828條第3項規定公同共有物之「處分及其他之權利行使」，除法律另有規定外，應得公同共有人全體之同意。「公同共有物之處分」在立法理由中，並無定義性的說明，但其特別強調，「非各公同共有人意思一致，不得行使權利，否則必至害及公同共有物之權利」，似可認為其乃對公同共有物，為處分行為，即該行為將使被處分的公同共有物，脫離公同共有以及公同關係之外，始足以當之。如未得公同共有人全體之同意，其處分及其他之權利行使，因違反強制規定，應屬無效（民71）。

最高法院也在實例中指出，第828條第3項所謂處分，係指直接使權利移轉、變更、增加負擔及消滅之行為而言，一般負擔行為（債權行為）並不包括在內（106台上2616）；買賣由於其係債權行為及負擔行為，而非處分行為，繼承人中之一人或數人未得其他繼承人之同意，出賣遺產者，其所訂立之買賣契約雖對他繼承人不生效力，而其關於買賣債權契約則非無效，在締約當事人間仍非不受拘束（71台上5051、101台上1346）；但如共同繼承人共同出賣繼承之公同共有遺產，其所取得之價金債權，仍為公同共有，並非連帶債權，即屬單純之債權。而公同共有人之一人或數人受領公同共有債權，除得全體公同共有人之同意外，應共同為之，無單獨受領之權（74台上748）。

此外，公同共有人的公同關係如設有管理機制，並授權管理人得處分其公同共有物時，即不適用第828條第3項規定。在實例中，依系爭公業於21年（昭和7年）訂立迄今仍有效之原始規約之約定，該公業就其祀產之處分及權利之行使，除有管理人進行統籌外，採派下代表制，由派下代表取代派下員決議公業大小事務，一般派下員不得直接參與公業事務之管理或決議；最高法院認為，系爭公業管理人於68年間經全體派下代表改選變更為吳長輝，並同意授權管理人吳長輝全權處理出售土地事宜，吳長輝以該公業管理人名義出售系爭土地，並辦理所有權移轉登記，自屬有權處分（108台上432）。

(2)土地法的特別規定

公同共有不動產的處分，土地法第34-1條第5項規定：「前四項規定，於公同共有準用之。」即「共有土地或建築改良物，其處分、變更及設定地上權、農育權、不動產役權或典權，應以共有人過半數及其應有部分合計過半數之同意行之。但其應有部分合計逾三分之二者，其人數不予計算。（第1項）」「共有人依前項規定為處分、變更或設定負擔時，應事先以書面通知他共有人；其不能以書面通知者，應公告之。（第2項）」「第一項共有人，對於他共有人應得之對價或補償，負連帶清償責任。於為權利變更登記時，並應提出他共有人已為受領或為其提存之證明。其因而取得不動產物權者，應代他共有人申請登記。（第3項）」「共有人出賣其應有部分時，他共有人得以同一價格共同或單獨優先承購。（第4項）」此一規定，成為民法第828條第3項的特別規定，應優先適用之。

由於公同共有人並無對於公同共有物的應有部分，此項準用在理論上並非妥適，已如前述，但其準用第1項的結果，是：公同共有土地或建築改良物，其處分、變更及設定地上權、農育權、不動產役權或典權，應以公同共有人過半數及其公同關係份額合計過半數之同意行之；但其公同關係份額合計逾三分之二者，其人數不予計算。最高法院在實例中認為，合於上開規定之共有人出賣共有土地時，得由出賣人處分移轉者，包括其自己之應有部分，及依法律授權得一併處分之他共有人之應有部分；共有人如係出賣共有物，而非出賣其應有部分，則主張優先承購之共有人自應就共有物全部按同一價格為承購，不得主張僅承購其中若干應有部分，而按該應有部分計其價金（109台上39）。

最高法院在實例中認為，本條第5項準用第4項：「共有人出賣其應有部分時，他共有人得以同一價格共同或單獨優先承購」，係指他公同共有人於公同共有人出賣公同共有土地潛在之應有部分時，對於該公同共有人有請求以同樣條件訂立買賣契約之權而言。其立法意旨在於第三人買受共有人之潛在應有部分時，承認其他共有人享有優先承購權，簡化共有關係，以促進土地之有效利用。此與金錢債務或拍賣抵押物之強制執行程序，由債權人或抵押權人聲請拍賣債務人公同共有土地所有權全部，尚屬有間，自難謂此際公同共有人對執行標的之公同共有土地全部有優先承購之權。抵押權人為使其抵押債權得以滿足受償，聲請強制執行拍賣屬系爭祭祀公業全體派下員公同共有之系爭土地全

部,即與出賣部分公同共有人潛在應有部分之情形有別,系爭土地公同共有人無從依土地法第34-1條第5項準用第4項規定,主張對系爭土地有優先承買權(109台上3247)。

祭祀公業為派下員公同共有祀產之總稱,有關祭祀公業財產之處分,即應依民法關於公同共有物處分的規定,是以祭祀公業之祀產如非土地,其處分即無土地法第34-1條之適用,除規約另有規定,或另有習慣可認該祭祀公業派下有以此為契約內容之意思外,應得全體公同共有人同意為之。最高法院在實例中指出,系爭土地出售後,所得買賣價金仍屬系爭祭祀公業之祀產,即派下員公同共有關係應繼續存在該讓與後之對價,並非當然應分配予各派下員所有,是就該價款之使用、分配,自屬處分行為,除依公同關係所由規定之法律或契約另有約定者外,應得全體公同共有人同意為之(100台上604)。

2. 事實上處分

民法第828條第3項的處分,係指狹義的處分行為,但在土地所有人請求未登記的建築物的案例中,最高法院似認為其包含事實上處分。例如在實例中,土地所有人請求被告拆除其祖父所建築,未辦理登記的建築物,最高法院認為,建物之拆除,為事實上之處分行為,僅所有人或有事實上處分權之人,方有拆除之權限;又繼承人有數人時,在分割遺產前,各繼承人對於遺產全部為公同共有;公同共有物之處分及其他之權利行使,除法律另有規定外,應得公同共有人全體之同意;民法第1151條、第828條第3項分別定有明文;土地上之系爭建物為繼承人之祖父所興建,其死亡後,繼承人未辦理遺產分割,繼承人因繼承取得該建物之事實上處分權或所有權,應以其全體繼承人為被告,始得拆除該建物(105台上2134),土地所有人請求拆屋還地,應以其全體繼承人為被告,當事人之適格始無欠缺(108台上809)。如遺產已經分割,則應以分割後之特定繼受人為被告,當事人適格始無欠缺(106台上1832)。

上述見解似認為違章建築的事實上處分權,得直接適用關於所有權的規定,與前此所見的實務見解不同,且似係認為,未登記建築物的所有人或事實上處分權人,如非本於所有權或事實上處分權而為主張,而是作為被請求的對象或被告,亦為「公同共有物之處分及其他之權利行使」,邏輯上未區分權利人與義務人,似仍有商榷之餘地。

（二）公同共有物其他之權利行使

「其他之權利行使」一詞的解釋，是指發生類似公同共有物之處分之法律效果的情形，例如發生權利的變動，影響整體公同共有資產的評價者而言；如單純地對第三人行使權利，未涉及免除等事項，並將利益歸屬於所有公同共有人者，與個別的公同共有物的處分，相去甚遠，本書認爲，並無爲相同處理之理。目前司法實務將許多權利的行使，都套用民法第828條第3項規定，其結果往往因爲涉及「其他之權利行使」，就以公同共有人中有人未同意爲理由，使系爭權利陷入不能行使的狀態，偏離管理公同共有財產，以及保護所有公同共有人權利的原則，實非合理。

四、公同共有物的分割

（一）分割的限制

1. 基本原則

民法第829條規定：「公同關係存續中，各公同共有人，不得請求分割其公同共有物。」由於公同共有是公同關係的一環，如依法成立的公同關係尚存在時，自須繼續維持公同共有，立法理由指出，不宜使各公同共有人得請求分割公同共有物，亦不宜使其有處分公同共有人所有之權利，所以維持公同之關係。本條規定各公同共有人，不得請求分割其公同共有物，是以「公同關係存續中」爲要件，只要公同關係消滅，各公同共有人，即得請求分割其公同共有物。

2. 公同關係的消滅

公同關係得否隨時予以消滅，應依其據以成立的法律關係決定。例如依民法第668條及第682條第1項規定，合夥財產爲合夥人全體之公同共有，合夥人於合夥清算前，不得請求合夥財產之分析。但對於遺產，民法第1164條則規定繼承人得隨時請求分割之。最高法院在實例中認爲，如公同關係之存續非不可終止，則公同共有人中之一人或數人於訴訟外或於起訴時，以訴狀向其他公同共有人表示終止公同關係之意思，而請求分割公同共有物，在審理事實之法院，自應審認其所爲終止公同關係之意思表示是否正當，能否認爲已有合法之終止，爲適當之裁判，如可認終止爲合法，則其公同關係已不復存續，即無適

用民法第829條之餘地（37上7357、80台上394）。

不過，關於同一信託的共同受託人的公同共有，信託法規定，同一信託之受託人有數人時，信託財產為其公同共有（信託28 I）；信託關係不因委託人或受託人死亡、破產或喪失行為能力而消滅，但信託行為另有訂定者，不在此限（信託8 I）。故信託行為有效成立後，即以信託財產為中心，而有其獨立性，除當事人另有訂定外，不宜因自然人之委託人或受託人死亡、破產或喪失行為能力等情事而消滅。最高法院在實例中認為，該法雖係於85年1月26日始經公布施行，但上開規定，對於在該法施行前成立之信託行為，仍應以之為法理而予以適用。本案的信託人將其所有財產，分別移轉登記予16位受託人名下，依信託備忘錄第4條「本備忘錄基本精神受配子女不得將其本事業之所有股份及其持分全部或部分讓出他人或藉口要求兌現」之記載及綜觀備忘錄全文，足認該備忘錄之精神為保存委託人事業及財產永續經營，共同合作努力為委託人事業隆盛大展鴻圖，寓有委託人子孫禁止分析家產之目的。準此，系爭房地既係信託備忘錄所列財產之一部，應屬信託財產，為公同共有物，依民法第829條之規定，公同關係存續中，各公同共有人，不得請求分割其公同共有物（100台上1454）。

（二）公同共有物分割的方法

1. 以全部公同共有財產為對象

公同關係消滅後，公同共有人即得請求分割公同共有物。第830條第2項規定：「公同共有物之分割，除法律另有規定外，準用關於共有物分割之規定。」故公同共有物的分割方法及分割的效力，除應依公同關係所由生之法律之特別規定（如民1165）外，其餘均應準用關於分別共有的共有物分割的規定（民830 II）。

公同共有人係基於其公同關係，而對法律所規定的財產（如合夥財產、夫妻共同財產、遺產、祭祀公業財產等）成立公同共有，故依前述說明，所謂公同共有物，通常是一堆財產，而不是一個特定的物。公同共有的公同共有物既非僅限於特定之物，其分割亦非單一物的分割可比擬。因此，相對於分別共有的共有物分割係對於一個物進行分割，公同共有物的分割其實是對於所有的公同共有財產，在公同共有人之間進行分配。

最高法院也多次在涉及遺產分割的實例中指出，民法第1164條所定之遺產分割，係以遺產爲一體，整個的爲分割，而非以遺產中個個財產之分割爲對象，亦即遺產分割之目的在遺產公同共有關係全部之廢止，而非各個財產公同共有關係之消滅（86台上1436、88台上2837、98台上79、104台上1077、107台抗917、109台上1957、110台抗318）。不過，最近也有實例認爲民法第830條第2項所定公同共有物之分割，係對個別公同共有物爲分割者，而與遺產分割不同者（109台上1957）。惟本書認爲，該條項的公同共有物是指全部公同共有財產而言，如公同共有財產僅爲一物時，公同共有人固僅就該物爲分割，如公同共有人僅就個別的公同共有物爲分割，其實並非分割，而是就該物爲處分行爲（民828 II），故應經全體公同共有人同意。最高法院也認爲，繼承人請求分割遺產，除非經全體公同共有人同意，僅就特定財產爲分割，否則依法應以全部遺產爲分割對象（88台上2837）。

2. 協議分割與裁判分割

公同共有是依公同關係而成立，故公同共有人分割公同共有物時，須事先或同時終止其公同關係，再進行公同共有財產的分配。最高法院在實例中也指出，在公同共有遺產分割自由之原則下，民法第1164條所稱之「得隨時請求分割」，依同法第829條及第830條第1項規定觀之，自應解爲包含請求終止公同共有關係在內（93台上2609）。

以繼承人共同繼承而成立的公同共有爲例，由於民法規定繼承人有數人時，在分割遺產前，各繼承人對於遺產全部爲公同共有（民1151），繼承人得隨時請求分割遺產（民1164前），而除法律或契約另有規定外，公同共有物之處分及其他權利之行使，應得公同共有人全體之同意（民828 II）。最高法院認爲，繼承人得以分割遺產的方式，使繼承人之公同共有關係歸於消滅，而成爲分別共有，始不致與同法第829條所定之旨趣相左，庶不失繼承人得隨時請求分割遺產之立法本旨（93台上2609）。

公同共有物的協議分割，爲公同共有人間的法律行爲，並且爲對公同共有物所爲之處分行爲，最高法院在實例中認爲，如得公同共有人全體之同意，即可就遺產之全部或一部爲分割，故共同繼承人得將遺產之公同共有關係，以協議變更（即分割）爲分別共有關係，此與裁判分割應以遺產爲一體爲分割，而非以遺產中個個財產之分割爲對象者，尚屬有間。故如全體繼承人成立分割協

議，縱令未以全部遺產為協議分割內容，繼承人仍受該分割協議之拘束（98台上79）。

公同共有人得準用分別共有人的規定（民824），於分割之方法不能協議決定，或於協議決定後因消滅時效完成經共同共有人拒絕履行時，聲請法院以判決分割之。公同共有物分割遺產既以消滅整個遺產之共有關係為目的，除法律另有規定或繼承人另有約定外，固不容於遺產分割時，仍就特定遺產維持公同共有，但非不得終止遺產之公同共有關係，變更為分別共有關係，作為分割遺產之方法。倘經法院判決以該方法分割遺產時，非屬公同共有人之處分行為，尚無適用民法第828條第3項規定之餘地，自不以經全體繼承人同意為必要（109台上1957）。

公同共有人協議分割公同共有物時，是對公同共有物為處分行為，應依物權行為之規定為之。最高法院在實例中認為，繼承人請求分割公同共有之遺產，性質上為處分行為，如係不動產，應依民法第759條規定辦妥繼承登記，始得為之。如繼承人主張未喪失繼承權，且已依法行使扣減權，回復其特留分權利，而按其特留分比例與他繼承人公同共有系爭遺產，倘若他繼承人已依系爭遺囑辦理繼承登記，且侵害繼承人之特留分，則應併為請求其塗銷該繼承登記，並經全體繼承人辦理繼承登記後，始得為遺產分割之裁判。分割遺產之訴，法院以原物為分配時，如共有人中有未受分配者，經法院依民法第824條第3項規定，命以金錢補償者，究應依原物市場交易之價格抑或依被繼承人死亡時之遺產核定價值（即按土地公告現值、房屋評定價格核算）為計算基準，應由法院斟酌一切情形比較衡量後予以公允酌定（110台上1634）。

五、公同共有的消滅

公同共有是以公同關係為基礎而成立，故公同共有的消滅原因，除與一般與分別共有相同者外，尚有下列二種特殊消滅原因：

（一）公同關係的終止，例如合夥之解散（民692）、夫妻合意廢止共同財產制契約（民1012），在公同共有遺產分割自由之原則下，民法第1164條規定之「得隨時請求分割」，應解為包含請求終止公同共有關係在內，俾繼承人之公同共有關係歸於消滅而成為分別共有（93台上2609）。

不過，公同關係是否終止，有時涉及物權登記，須待完成物權登記，始

爲終止。最高法院於86年度台上字第3071號民事判決指出，公同共有關係終止後，依民法第830條第1項之規定，公同關係歸於消滅，如同時就公同共有物予以分割，轉化爲分別共有，乃屬物權內容之變更，此項因法律行爲而生之變更，依民法第758條第1項規定，須經登記始生效力。又按分割共有物既對於物之權利有所變動，即屬處分行爲之一種，凡因繼承於登記前已取得不動產物權者，其取得雖受法律之保護，不以其未經繼承登記而否認其權利，但繼承人如欲分割其因繼承而取得公同共有之遺產，因屬於處分行爲，依民法第759條規定，自非先經繼承登記，不得爲之，此爲本院所持之見解。故如土地仍登記爲公同共有人公同共有，而尚未分割登記爲分別共有，復未辦妥繼承登記，即仍屬於公同共有。

（二）公同共有物的讓與（民830Ⅰ）：公同共有物依法讓與給第三人後，即脫離公同關係支配的範圍，故其上的公同共有關係，應歸於消滅，但其餘未經讓與第三人者，公同共有關係仍未消滅，仍屬公同共有物。

第三項　準共有與準公同共有

一、基本規定

民法第831條的規定：「本節規定，於所有權以外之財產權，由數人共有或公同共有者準用之。」所有權以外的其他財產權，原則上也應由一人爲其權利人，但依本條規定，也可以由數人分別共有或公同共有，其法律關係則準用關於所有權的規定，一般也分別稱之爲準共有及準公同共有。

本條規定的「財產權」，範圍甚廣，例如數人對一個定限物權、著作權、礦業權等，按其應有部分而分別共有，或基於公同關係，而對上述權利公同共有時，其共有狀態與所有權並無二致，故均應準用關於數人對於物之所有權，分別共有或公同共有的規定。對於債權，一般認爲其亦爲本條所規定的「財產權」，也應與準用關於所有權的規定，但本書認爲，債權的性質及效力與物之所有權差別甚大，且民法債編設有「多數債務人及債權人」的專節規定（民271以下），是否仍應準用所有權的規定，值得再仔細探究。

在實例中，一典權爲數人準共有，關於出典人向典權準共有人之一，提出原典價回贖的效力問題，最高法院認爲：典權爲數人所準共有者，出典人僅

就共有人中一人之應有部分，向該共有人回贖得其同意時，依民法第831條、第819條第1項規定固應認為有效，惟出典人向共有人中之一人回贖全部者，雖得該共有人之同意，依民法第111條之規定，亦屬全部無效。本件典權係上訴人所準共有，被上訴人僅向上訴人甲一人為全部回贖，如果未得上訴人乙之同意，而上訴人甲與被上訴人間，又無專就上訴人甲應有部分成立回贖行為之意思，依照上開規定，其回贖自屬全部無效（32上168）。

前述「準公同共有」的用語，本書認為可再商權。因為公同共有人並非僅對一物為公同共有，對於遺產、夫妻共同財產、合夥財產的公同共有，均為「總括公同共有」，故公同共有人對於其中的物及權利，均為公同共有，權利的公同共有，無須稱為準公同共有。例如被繼承人的遺產中，B屋是「一物」，其他財產如A地二分之一應有部分、現金、C公司股票、債權等，如由數繼承人公同共有，依民法第1151條均為「公同共有」，似無必要再依民法第831條，謂其對股票、債權為「準公同共有」（提存法第4條第4項規定「公同共有債權」）。

因此，民法第831條關於公同共有的財產權的準用，應僅限於個別的公同共有財產權。在無特別規定的情形下，準用關於個別公同共有物的所有權共有的規定。如果準用，也是「公同共有權利」準用「公同共有物」的規定，即準用物權編關於個別的「公同共有物」的所有權的規定，並不是「準公同共有的財產權，再準用「公同共有物」的規定。

二、公同共有債權行使的實務問題

（一）最高法院決議及後續實務案例

1.最高法院決議

關於公同共有債權，實務上認為乃財產權的公同共有，應準用對物的所有權公同共有的規定。最高法院在104年度第3次民事庭會議討論下列問題：於民國98年1月23日民法物權編修正（同年7月23日施行）後，數繼承人繼承被繼承人對第三人債權而公同共有該債權，該公同共有債權人中之一人或數人，得否為全體公同共有債權人之利益，請求債務人對全體公同共有債權人為給付？該會議的決議為：「公同共有債權人起訴請求債務人履行債務，係公同共有債權

之權利行使，非屬回復公同共有債權之請求，尚無民法第821條規定之準用；
而應依同法第831條準用第828條第3項規定，除法律另有規定外，須得其他公
同共有人全體之同意，或由公同共有人全體爲原告，其當事人之適格始無欠
缺。」

2. 繼承人請求返還不當得利

繼承人因繼承取得之遺產，如包含被繼承人生前的債權，即爲公同共有
債權，如其遺產被侵害所生得請求返還不當得利者，該債權亦爲公同共有債權
（102台上382）。在最高法院作成上述決議之後，最高法院的裁判都直接以決
議爲依據，檢查公同共有債權人起訴請求債務人履行債務，是否已得其他公同
共有人全體之同意，或由公同共有人全體爲原告，否則其當事人之適格即有欠
缺。例如甲以繼承人身分向台北市政府領取許被繼承人所遺系爭土地之徵收
補償款，對乙及其他繼承人構成不當得利，該不當得利債權爲全體繼承人公
同共有，則乙本於不當得利之法律關係起訴請求甲返還系爭補償款，係屬權
利行使，非屬回復公同共有債權之請求，須得其他公同共有人全體之同意，或
由公同共有人全體爲原告，其當事人之適格始無欠缺（104台上2022、106台上
2621）。

3. 繼承人請求返還被繼承人的出資額

合夥人死亡後，其繼承人向他合夥人請求返還出資額之不當得利債權，亦
屬全體繼承人公同共有，繼承人基於該公同共有債權訴請他合夥人爲給付，既
非爲回復公同共有物之請求，自屬固有之必要共同訴訟，應由公同共有人全體
起訴，當事人始爲適格（106台上1680）。

4. 繼承人請求返還借名登記的土地

借名人死亡後，其借名登記契約即終止，出名人於未將系爭土地移轉登
記返還借名人之繼承人前，該土地之所有人仍爲出名人，借名人之繼承人所繼
承者係系爭土地之返還請求權，而非所有權，則其繼承人不得依民法第767條
第1項、第828條第2項規定，請求將系爭土地所有權移轉登記與借名人之全體
繼承人。繼承人主張借名人死亡後，其繼承人向出名人請求返還系爭土地之不
當得利債權，亦屬全體繼承人公同共有，其非爲回復公同共有物之請求，自屬
固有之必要共同訴訟，應由公同共有人全體起訴，當事人始爲適格（106台上
139）。

5. 繼承人請求確認公同共有債權

公同共有債權人起訴請求確認與他人間有該公同共有債權之法律關係存在，乃公同共有債權之權利行使，非屬回復公同共有債權之請求，並無民法第821條規定之準用，應依民法第831條準用第828條第3項規定，除法律另有規定外，須得其他共有人全體之同意，或由公同共有人全體爲原告，其當事人之適格始無欠缺（109台上2484）。

民法第828條規定：「公同共有人之權利義務，依其公同關係所由成立之法律、法律行爲或習慣定之。」「第八百二十條、第八百二十一條及第八百二十六條之一規定，於公同共有準用之。」「公同共有物之處分及其他之權利行使，除法律另有規定外，應得公同共有人全體之同意。」被繼承人的債權，如因繼承而由數繼承人公同共有時，最高法院上述決議認爲應依第831條準用公同共有的規定。本書認爲，準用第828條時，應先準用第1項，而依其公同關係；其次再準用第2項時，應考慮如何再準用第820條、第821條及第826-1條規定；準用第821條時，也應考慮該條本文及但書應如何準用的問題；最後才準用第828條第3項的規定。

公同共有債權如準用第821條規定，本書認爲其結果是：各公同共有人對於第三人，得就公同共有債權之全部爲本於該債權之請求；但回復公同共有債權之請求，僅得爲公同共有人全體之利益爲之。不過，公同共有人請求債務人清償其公同共有債權時，上述決議認爲債權的行使，只涉及是否爲回復的問題，而且其非債權之回復，故應準用第828條第3項的規定。本書認爲此一見解對債權的公同共有人過苛，將探討如後述。上述實例的見解（109台上2484），將請求確認與他人間有該公同共有債權之法律關係存在，也完全不考慮第821條本文的準用問題，直接準用第828條第3項規定，實非妥適。

（二）準用的本旨與規範功能

民法第831條「所有權以外之財產權」的用語，與民法第772條「所有權以外之財產權」（準用所有權取得時效的規定）相同，按照民國18年立法理由的下列說明，主要是指定限物權而言：「謹按數人有所有權以外之財產權，如地上權、永佃權、抵押權之類，無論依其應有部分爲數人共有，或公同共有，均使適用本節之規定。蓋權利之性質雖殊，而其爲共有則一，故仍得用同一之

規定也。」定限物權與所有權具有共同的物權通性，法律上也未對其共有設特別規定，從規範的體系角度來看，其準用所有權的規定固然沒有問題，但對於其他財產權而言，尤其是債權，是否均適合準用關於物的分別共有及公同共有的規定？即值得進一步探討。在民法物權編之外，許多法律都已經針對不同權利的共有，設計或詳或簡的特別規定，是否應再準用關於物之所有權共有的規定，應視整體法制的配置而定。

　　本書認為，民法債編已經對多數債權人的債權，有特別規定，公同共有人對於公同共有的財產，也有公同關係作為其基本架構。一債權由數人共有的相關問題，民法債編已有特別規定者，本文認為其共有的問題不應準用物權編關於物的共有的規定，而應適用債編的特別規定，如債編有應規定而未規定的法律漏洞，再類推適用民法物權編關於共有的規定，以填補其漏洞。至於債權的公同共有，其發生乃是因為公同關係，此時其債權的所有公同共有人已成為一個團體，其權利義務應依其公同關係或團體法的原則處理，即回歸其公同關係所由發生的法律、習慣或其他規範處理，其次再依債編的規定處理。

　　換言之，即使債權確實是民法第831條的所有權以外之財產權，其再準用物權編關於物的所有權共有的規定，問題其實不在「應如何準用？」，而是在於「是否應準用？」公同共有債權，如果一定要依民法第831條準用第828條，最高法院上述決議棄第828條第1項而不準用，復棄同條第2項也不準用，而堅持擁抱第828條第3項，而予以準用，在方法上頗有檢討的必要。

　　本書認為，最高法院上述決議將債權的公同共有人向債務人請求給付，定性為民法第831條規定的「其他權利之行使」，因此認為應得全體公同共有人的同意。不過，「其他權利之行使」係指與「處分」發生類似法律效果的情形，單純對第三人行使權利，並將利益歸屬於所有公同共有人，與公同共有物之處分相處甚遠，並無為相同處理之理。否則，公同共有人中有不同意或無法聯繫時，整體債權均將限入無法行使，亦無法中斷時效之狀態，極不合理。

（三）債權的準共有

　　民法債編就「數人有同一債權」時，債權人應如何行使權利的問題，已經分別針對可分之債權、不可分之債權及連帶債權，設有明文規定。第271條規定：「數人負同一債務或有同一債權，而其給付可分者，除法律另有規定或

契約另有訂定外，應各平均分擔或分受之；其給付本不可分而變為可分者亦同。」關於不可分之債的共有，第293條：「數人有同一債權，而其給付不可分者，各債權人僅得請求向債權人全體為給付，債務人亦僅得向債權人全體為給付。」「除前項規定外，債權人中之一人與債務人間所生之事項，其利益或不利益，對他債權人不生效力。」「債權人相互間，準用第二百九十一條之規定。」關於連帶債權，第285條規定：「連帶債權人中之一人為給付之請求者，為他債權人之利益，亦生效力。」

上述三個條文，均就「數人有同一債權」的情形，予以規定，實務上為決定適用何一條文，即須先就被數人共有的單一債權，予以定性。連帶債權的定性比較容易，因為其乃「數人依法律或法律行為，有同一債權，而各得向債務人為全部給付之請求者」（民283），而且「連帶債權之債務人，得向債權人中之一人，為全部之給付」（民284）。其他債權，其給付可分者，債權人可分受其利益，分別共有的債權人可就自己的應有部分予以請求；如其給付不可分，各分別共有的債權人均得請求債務人向債權人全體為給付。

債權非如不動產及動產所有權之具有完整性及完全性，相反地，其權利如果是可分的，本來就可以細分為數份，由數人各別所有的權利，是否適宜準用所有權共有的規定？仍值得從權利的本質予以探討。民法第271條以下既有關於多數債權人之規定，其係針對數人「有同一債權」而設，未區分分別共有、公同共有或其他關係，如一體予以適用，固然可以解決權利行使的問題，如果認為債權也有準用共有規定的問題，準用之前，仍應就各種債權的本質，分別予以判斷。

債權之給付可分者，各債權人各自的應有部分，其實上彼此獨立的債權，與數人共有一物的情形完全不同，實不應理解為民法第831條的「所有權以外之財產權」，也不應準用物權編關於共有的規定。連帶債權的債務人，得向債權人中之一人，為全部之給付，其與一債權被數人共有的情形不同，也不應準用物權編關於共有的規定。債權之給付不可分者，其「有同一債權」的數人與債權的分別共有人相當，可以直接適用民法第293條；如果認為其屬於民法第831條的規定，準用之前還是要優先適用債編的規定。

（四）公同共有債權的權利行使

1. 實務見解的檢討

公同共有的債權，是數人依其公同關係，而共同為一債權的債權人。由於公同共有人的潛在的應有部分，是針對全部的公同共有財產，對於公同共有範圍內的各個公同共有物或公同共有權利，並無對應的應有部分。公同共有的債權與分別共有的債權不同，因為其非債權應有部分之集合，而是單純的原有債之關係。因此，共同繼承人對於全部遺產雖有應繼分，對於包含在遺產之內的各個物或權利，似難認為具有相同比例的應有部分或其他支配權。

被公同共有的債權，其性質與其被公同共有以前，應無差別，公同共有人之行使其權利，應依其公同關係予以決定；所以，原來債權的給付為可分或不可分，不會因為被繼承或公同共有而改變，原來分別共有的債權的應有部分被繼承而公同共有，其債權的分別共有的性質也不會因此而變更。公同共有人的債權與其他同為公同共有的物及權利，都應納入其公同關係之中，因此本書認為，債權的公同共有人究竟應該如何行使權利，應回歸其公同關係予以解決，不宜直接準用關於公同共有物的規定。最高法院上述決議的見解，使一個公同共有人的不願或未能配合，整個債權均無法行使，並非妥適，故宜尋求其他合理的法律適用之道。

民法債編關於數人「有同一債權」的規定，形式上包含數人「有同一債權」的所有型態，所以分別共有、公同共有或其他型態，均在其中。性質上可以分別共有的債權，僅限於不可分的債權，固已如前述，但由於公同共有是依據法律而成立，故不論何種債權，均得納入公同共有之中。故如公同共有的財產中有給付不可分的債權時，應優先依其公同關係的規範決定，公同關係的規範無規定者，本書認為可以直接適用民法第293條，如對條文中的「數人」採狹義見解，認為其規定僅適用於分別共有的債權人，本書認為可類推適用民法第293條規定，使各債權人僅得請求向債權人全體為給付，債務人亦僅得向債權人全體為給付，以解決相關問題。

（延伸閱讀：陳榮傳，「公同共有債權的權利行使─最高法院決議的評析與建議」，台灣法學雜誌，第400期（2020年9月28日），第75頁至第93頁。）

2. 案例研析

在最高法院108年台上字第789號民事判決中，乙有B屋及停車位使用權，於98年3月28日死亡，由丙、丁、戊繼承，應繼分各三分之一。甲得丁、戊同意，於98年6月24日占用B屋及停車位，經營餐廳，使用迄今，丙主張甲構成侵權行為，並獲有不當得利，與甲發生爭議。最高法院本判決認為，繼承人有數人時，在分割遺產前，各繼承人對於遺產全部為公同共有，為民法第1151條所明定。繼承人因繼承而取得之遺產，於受侵害時，其所生之損害賠償或不當得利債權，乃公同共有債權。此損害賠償或不當得利債權既為全體繼承人公同共有，繼承人即公同共有人中一人，請求就自己可分得部分為給付，非法所許。本件B屋及系爭停車位使用權，於乙死亡後，由丙、丁、戊等三人繼承而為公同共有，丙請求甲及庚公司就其占有使用丙因繼承而取得之遺產，即B屋及該建物分管使用之共有部分、系爭停車位，所生之侵權行為損害賠償、不當得利等債權，按其應繼分計算可分得金額對其為給付，於法自有未合。

本案的丙對甲主張的請求權，乃是公同共有的侵權行為損害賠償請求權，或不當得利返還請求權。此二權利的性質均為債權，如丙就其與丁、戊公同共有的債權的全部，請求給付，即有上述條文及決議的適用。不過，丙僅請求按其應繼分計算可分得的金額，問題已經不再是公同共有債權整體應如何行使，而是丙有無「按其應繼分計算可分得金額」的請求權？

由於公同共有人的潛在的應有部分，是針對全部的公同共有財產，對於公同共有範圍內的各個公同共有物或公同共有權利，並無對應的應有部分。公同共有的債權與分別共有的債權不同，因為其非債權應有部分之集合，而是單純的原有債之關係。因此，共同繼承人對於全部遺產雖有應繼分，對於包含在遺產之內的各個物或權利，似難認為具有相同比例的應有部分或其他支配權。最高法院本判決認為，丙並無「按其應繼分計算可分得金額」的請求權，似乎是認為應繼分並非存在於個別的債權之上，故不得為此項主張；但也可能是本於最高法院104年度第3次民事庭會議的上述決議，認為該債權的任何一部分，均應由全體公同共有人共同起訴，始屬合法。不過，此等見解的前提，是公同共有人對甲有公同共有債權，即因甲占有使用B屋，而發生侵權行為或不當得利，其債權的性質似為可分之債，但因屬於公同共有，應依其原因關係，即繼承的公同關係處理。

本案的B屋及系爭停車位為丙、丁、戊公同共有，依民法第828條第2項準用第820條規定，本案的丁、戊既可決定此等公同共有物的管理，並可就其等標的物與甲訂定使用借貸契約，則甲似未成立侵權行為或獲有不當得利，即並無公同共有債權存在。倘若如此，其認為丙不得單獨就其公同共有債權的應繼分請求的見解，不但突兀，更屬矛盾。

如果認為丁、戊僅就對應其應繼分的範圍，同意甲得無償使用B屋及系爭停車位，而甲確實使用其全部，則丙本於其應繼分就B屋及系爭停車位得享有之權利，確實已被侵害，甲並因此獲有利益，則丙之侵權行為損害賠償請求權或不當得利返還請求權，即均與丁、戊無涉，得單獨請求之。此外，如公同共有人丙、丁、戊已決定其各自的分管部分，似仍不妨認為各公同共有人就其各自分管部分被占有使用所生之債，得單獨請求，倘若如此，法院似可考量丙得單獨請求相當於其應繼分的金額。最高法院本判決未為必要的論述，斷然否認公同共有人對第三人，就占有使用公同共有物所生之債單獨請求之權利，並非妥適。

（延伸閱讀：陳榮傳，「共有物的管理、使用借貸與公同共有債權：最高法院108年度台上字第789號民事判決評析」，月旦裁判時報，第107期（2021年5月），第19頁至第32頁。）

第三章 地上權

　　物權依其對於標的物的支配程度的不同，可分爲完全物權及定限物權，前者爲所有權，後者在民法上稱爲「其他物權」（民762）或「所有權以外之物權」（民763），並可依其支配內容的不同，再分爲用益物權及擔保物權。用益物權乃以支配物之利用價值爲內容，使權利人因標的物之使用收益而直接達到目的，實務上強調此與以支配物之交換價值爲內容之擔保物權，尚屬有別，不容混淆（98台上1175）。用益物權之成立受物權法定主義的限制，其標的物依現行法僅以不動產爲限，其種類包括地上權、農育權、不動產役權及典權（民國99年8月3日前發生之永佃權繼續有效）。

　　地上權是指以在他人土地之上下或其中之一定空間，有建築物或其他工作物爲目的，而使用其土地或一定空間的權利，民法將其分爲普通地上權及區分地上權，並分別予以規定。

第一節　普通地上權

第一項　普通地上權的意義

　　普通地上權是指以在他人土地之上下有建築物或其他工作物爲目的而使用其土地的權利（民832）。例如甲有區段甚佳之A地，不願出售，但願意由乙在A地上建築房屋長期使用，乙可考慮與甲就A地設定普通地上權。民法爲規定當事人於普通地上權設定後的權利義務，將例中享有對他人土地的用益權的乙，稱爲「地上權人」，其土地所有權因此受有限制的甲，仍稱爲「土地所有人」。

　　普通地上權是以標的物的具體使用收益作爲支配內容的用益物權，而非以標的物的抽象交易價值作爲債權擔保的擔保物權，故如土地所有人甲爲擔保其債權人乙的債權，將其土地爲乙設定抵押權，再依約定「補辦」地上權登記予乙，更聲明該土地於設定抵押權時，無任何租賃關係存在，並承諾於抵押權設定後，不將該不動產出租他人，但甲於該地上權設定登記後，並未交付該不

動產予乙，則該地上權之設定，將發生是否違反物權法定主義的疑義。因為地上權的類型及內容，均應以法律的規定為準，如當事人設定的地上權不符合法律及習慣法關於設定地上權的目的，該地上權的設定，即有違反民法第757條「不得創設」的規定之虞，並可能因而應歸於無效（98台上1175）。

第二項　普通地上權的取得

一、普通地上權的要件

1. 他人土地之上下

地上權人所使用者，應為「他人」土地之上下。土地所有人本於所有權，已得對其土地之上下為使用收益（民765），依法即不得對自己之土地，設定普通地上權給自己（103台上1383）；土地所有人因繼受取得，而對自己土地有普通地上權者，該普通地上權原則上將因混同而消滅（民762）。但對土地僅有應有部分之共有人，對於共有之土地之全部或特定部分，仍不妨設定普通地上權（釋451），此時即是對於自己為共有人之土地，視為「他人」之土地。

2. 有建築物或其他工作物

設定普通地上權的目的，僅限於在他人土地之上下有建築物或其他工作物，如為其他目的，無論是為在他人土地之上下為農作、森林、養殖、畜牧、種植竹木或保育，均不得設定普通地上權，而應設定農育權。供普通地上權設定之土地，以適於建築房屋或設置其他工作物者為限，如土地依法不得供建築房屋或設置其他工作物之使用者，例如耕地，即不得就其設定普通地上權，其因時效取得地上權而請求登記者亦同（釋408）。

（延伸閱讀：陳榮傳，「地上權的目的變更」，月旦法學教室，第60期（2007年10月），第10頁至第11頁。）

建築物一詞在民法上並無定義之規定，如將其解為民法第66條第1項之定著物，則是指非土地之構成部分，繼續附著於土地，而達一定經濟上目的，不易移動其所在之物而言，例如屋頂尚未完全完工之房屋，其已足避風雨，可達經濟上使用之目的者，即屬土地之定著物（63年度第6次民庭庭推總會議決議）。此外，建築物依建築法第4條的規定，是指定著於土地上或地面下具有

頂蓋、樑柱或牆壁，供個人或公眾使用之構造物或雜項工作物。地上權人只要是以在他人土地上有建築物，無論該建築物是合法之建築物或違章建築，均可成立地上權（釋291）。工作物的範圍較大，包含建築物和其他在地表、土地上空與地下之一切設備。池埤、水圳、深水井、堤防等引水、防水或蓄水之建造物，橋樑、隧道、高架陸橋等交通設備，鐵塔、紀念碑、地窖、銅像等，均屬於工作物。地上權與地上權標的之建物或其他工作物，為不同物權客體，無禁止先設定地上權，而後在該地進行建築，或先有地上建物嗣後才設定地上權之必要（48台上928、105台上1731）。

二、普通地上權的取得

地上權人取得普通地上權的原因，主要是普通地上權的設定，此外，繼承、取得時效或其他法律之規定（如民876），也可以作為取得普通地上權的原因。占有人在他人土地上有違章建築，並符合取得時效之要件，實務上認為仍不妨礙占有人之依時效而取得普通地上權（釋291）。

（一）因法律行為而取得

因普通地上權的設定和受讓而取得普通地上權者，均屬此類，其合意固應以書面為之（民758II），且應依法辦理土地權利變更登記（民758I、土73、土登33）。如於一宗土地內就其特定部分，申請設定普通地上權登記時，依法並應提出位置圖（土登108I）。設定普通地上權時，原則上應由當事人為具體之意思表示，但在租用基地建築房屋的情形，立法者為使房屋的坐落權源，得以普通地上權補租賃權之不足，乃規定承租人於契約成立後，得請求出租人為普通地上權之登記（民422-1、土102），此時似係認為租用基地建築房屋時，當事人間除有租賃契約之合意外，亦有設定普通地上權之合意。

地上權之成立，不以支付地租為要件，地租既非地上權之必要內容，則關於地租之約定，如未經登記，自僅發生債之效力，其經登記者，始為地上權之內容，而有物權效力。又不動產物權，係以登記表現其內容，而有公示與公信力，是登記之內容，自應特定、明確（101台上1970）。

因房屋坐落於土地而有法定租賃關係者（民425-1），承租人於租賃關係成立後，亦得請求出租人為普通地上權之登記。國家如就私有土地以公共建設

（例如大眾捷運、高速鐵路等）為目的而成立之普通地上權，未定有期限者，以該建設使用目的完畢時，視為地上權之存續期限（民833-2）。

（二）因法律行為以外的原因而取得

因法律行為以外之原因而取得普通地上權的情形，包括下列各項：

1. 時效取得

土地之占有人，以行使普通地上權的意思，和平、公然、繼續占有他人的土地達20年者，依民法第772條規定，得請求登記為地上權人，其占有之始為善意並過失者，則縮短為10年（民772準用769、770）。地上權非以地上權人交付地租為必要，故占有人無償使用土地，並非不得主張因時效取得地上權（67台上3779）。取得時效完成時，仍應向地政機關請求登記為地上權人，地政機關則依內政部訂頒之「時效取得地上權登記審查要點」辦理。其詳可再參考第二章所有權關於取得時效的說明。

2. 繼承

地上權人死亡時，其普通地上權即由繼承人共同承受（民1147、1148），但須經登記，始得處分（民759）。

3. 徵收

國家因公益需要，除得與土地所有人設定普通地上權外，亦得實施普通地上權的徵收，惟目前關於徵收的明文規定，係以後述之區分地上權為主。

4. 法定地上權

(1)基本規定

土地及其土地上之建築物，原來如同屬於一人所有，而無建築物之坐落權源問題，後來卻因故而不屬於同一人所有時，現行民法主要是以法定租賃關係（民425-1）和法定地上權，作為建築物之坐落權源問題。土地及其土地上之建築物，同屬於一人所有，因強制執行之拍賣，其土地與建築物之拍定人各異時，視為已有地上權之設定，其地租、期間及範圍由當事人協議定之；不能協議者，得請求法院以判決定之。其僅以土地或建築物為拍賣時，亦同（民838-1 I）。

上述規定與民法第876條下列規定相仿：「設定抵押權時，土地及其土地上之建築物，同屬於一人所有，而僅以土地或僅以建築物為抵押者，於抵押物

拍賣時，視為已有地上權之設定，其地租、期間及範圍由當事人協議定之。不能協議者，得聲請法院以判決定之。」「設定抵押權時，土地及其土地上之建築物，同屬於一人所有，而以土地及建築物為抵押者，如經拍賣，其土地與建築物之拍定人各異時，適用前項之規定。」可再參閱第六章關於抵押權實行部分之說明。

(2)實務案例

在實例中，最高法院認為尋繹民法第838-1條之立法理由謂：土地及其土地上之建築物，同屬於一人所有，宜將土地及其建築物，併予查封、拍賣，為強制執行法第75條第3項、辦理強制執行事件應行注意事項40(7)所明定。如未併予拍賣，致土地與其建築物之拍定人各異時，因無從期待當事人依私法自治原則洽定土地使用權，為解決基地使用權問題，自應擬制當事人有設定地上權之意思，以避免建築物被拆除，危及社會經濟利益。法定地上權係為維護土地上之建築物之存在而設，而該建築物於當事人協議或法院判決所定期間內滅失時，即無保護之必要，爰增訂第2項，以杜爭議等詞，顯見該條規定旨在維護社會經濟秩序及利益，保全建築物之價值，側重建築物所有權與基地利用權一體化。基此，適用上開法定地上權關係規定時，自應審酌該建築物是否具有相當之經濟價值（107台上558）。

此外，最高法院認為民法第838-1條規範於土地及房屋分別拍賣，致土地及房屋所有權人互異時，其基地使用法律關係之必要。惟共有人在分管之特定部分土地上所興建之房屋，於共有關係因分割而告消滅，該特定部分如未分歸於共有人，房屋有無繼續占用系爭土地之正當權源，依現行法律已可決定房屋所有人與土地所有人間權利義務之內容，即非屬民法第838-1條所欲規範之對象，而無民法第838條之1適用或類推適用之餘地（107台上879）。

對於上述實務見解（107台上879），本書認為，房屋所有人原為他的共有人，依分管契約而使用土地，土地分割後，其分管契約亦隨共有關係之消滅而終止；因共有之土地對共有人而言，參照釋字第451號解釋意旨，乃是他人之土地，不符合本條規定之要件，故無法定地上權。

（延伸閱讀：陳榮傳，「分管契約的暫時性—最高法院107年台上字第879號民事判決」，月旦裁判時報，第97期（2020年7月），第14頁至第21頁。）

第三項　普通地上權的效力

一、地上權人的權利

　　地上權人是指對他人土地已取得地上權的人。地上權可分為定有期限及未定期限者，至於地上權之存續期間，在民法或其他法律並未設有最短期間之限制，故當事人關於期間之約定雖短，亦屬有效（42台上142）。

　　地上權人其在地上權有效的期間內，依法有下列權利：

（一）使用收益權

　　地上權人應依設定之目的及約定之使用方法，為土地之使用收益；未約定使用方法者，應依土地之性質為之，並均應保持其得永續利用。前項約定之使用方法，非經登記，不得對抗第三人（民836-2）。在非依法律行為取得者，則宜依各該取得原因之內容（如取得時效時占有人的占有之範圍）定之。地上權人如不自己使用土地，而將土地出租或出借給第三人使用，由於對於土地所有人之權利並無影響，且在法律上亦無限制之規定，解釋上宜承認該租賃契約或使用借貸契約的效力，但其因此所發生的損害及其他風險，均應由地上權人承擔。

（二）相鄰權及物上請求權

　　地上權人為占有、使用土地之當事人，就土地之相鄰關係言，可謂已部分取代土地所有人的地位，因此民法第774條以下關於不動產相鄰關係之規定，於地上權人，應準用之（民800-1）。地上權為物權，地上權人準用關於所有人物上請求權的規定（民767Ⅱ），故地上權人對於無權占有或侵奪其標的物者，得請求返還之，對於妨害其地上權者，得請求除去之，有妨害其地上權之虞者，得請求防止之。

（三）權利處分權

　　地上權人在他人土地上，有自己的建築物或其他工作物，如能連同地上權一併予以處分，在土地所有人擬保留所有權，並藉由他人之財力開發土地時，

當可協議創造雙贏的條件，並提高地上權的設定率。地上權在現行民法上，乃是不具專屬性的財產權，並得為下列三種處分：

1. 地上權的讓與

地上權人得將其權利讓與他人或設定抵押權。但契約另有約定或另有習慣者，不在此限（民838 I）。此處關於地上權之可讓與性之規定，並非強制規定，故當事人得以契約為不同之約定，但因其將改變地上權的性質，應以物權行為為之，故其契約約定，非經登記，不得對抗第三人（民838 II）。

地上權之社會作用，係在調和土地與地上物間之使用關係，建築物或其他工作物通常不能脫離土地而存在，兩者必須相互結合，方能發揮其經濟作用。故地上權與其建築物或其他工作物之讓與或設定其他權利，應同時為之，以免地上物失其存在之權源，有違地上權設定之目的。民國99年民法第838條增訂第3項規定：「地上權與其建築物或其他工作物，不得分離而為讓與或設定其他權利。」

民法增訂第838條第3項以前，於民國88年參酌最高法院43年台上字第479號、48年台上字第227號、52年台上字第2047號判例之意旨，增列第426-1條「租用基地建築房屋，其租賃契約對於房屋受讓人仍繼續存在」之規定。上述規定均側重於房屋所有權與基地利用權一體化之體現，並基於房屋對基地既有的使用權保護原則之考量，進一步肯定其對基地的使用權，不因房屋物權之嗣後變動而受影響。

司法實務上認為在他人土地上有建築物而設定地上權時，如無相反之約定，地上權人本得將其地上權隨同建築物而讓與他人，該地上權人於民法增訂第838條第3項前，縱僅將建築物及地上權為讓與，而未辦理地上權移轉登記，惟參照上開規定及判例意旨，亦仍應解為受讓人經原地上權人授予行使地上權，而得對土地所有權人主張其所受讓建築物對於占用基地之合法使用權源，藉以調和土地與建物之利用關係，庶符社會正義之要求（103台上1117）。

2. 地上權的拋棄

地上權為用益物權，為財產權的一種，故除法律另有規定外，地上權人本得自由拋棄，使地上權歸於消滅（民764 I），但由於其拋棄涉及土地所有人向地上權人收取地租的法律上利益，有地租之約定者，應得土地所有人之同意（民764 II）。地上權無支付地租之約定者，土地所有人並無因其存續而應

受保護的利益，故地上權人得隨時拋棄其權利（民834）。地上權未定有期限者，民法並未規定土地所有人得隨時終止地上權，使地上權消滅，故如地上權並未定有期限，訂約時復未約定得隨時終止，除其無地租之約定外，地上權人不得予以終止（94台上686）。

如地上權設定時，雙方當事人就地租的支付有所約定，為免土地所有人收取地租的期待利益，因地上權人拋棄權利而受不當影響，即應適度限制其拋棄。故民法第835條規定：「地上權定有期限，而有支付地租之約定者，地上權人得支付未到期之三年分地租後，拋棄其權利。」「地上權未定有期限，而有支付地租之約定者，地上權人拋棄權利時，應於一年前通知土地所有人，或支付未到期之一年分地租。」「因不可歸責於地上權人之事由，致土地不能達原來使用之目的時，地上權人於支付前二項地租二分之一後，得拋棄其權利；其因可歸責於土地所有人之事由，致土地不能達原來使用之目的時，地上權人亦得拋棄其權利，並免支付地租。」

3. 就地上權設定抵押權

地上權為具有交換價值的財產權，地上權人依法並得將其權利併同其建築物或其他工作物（民838III），讓與他人或設定抵押權（民838 I）。此種抵押權是以地上權為標的的權利抵押權（民882）。如地上權因有特約或習慣，而依法不得讓與，自不得設定權利抵押權。

與地上權具有處分上一體性關係的建築物或其他工作物，應指地上權設定抵押物時，已建築或建造完成者而言，如為地上權設定抵押權之後始建築或建造者，應非地上權的抵押權效力所及，但依民法第877條規定之精神，似宜認為法院拍賣抵押物時，得併付拍賣之，惟抵押權人對於該建築物或其他工作物賣得之價金，無優先受清償之權。

因地上權之設定而在他人土地上有建築物時，如地上權人僅以建築物設定抵押權，其地上權即為抵押物存在所必要之權利，性質上為該建築物之從物，依民法第862條第1項規定，宜為該抵押權效力所及。如建築物就其基地，原無座落權源，抵押人以該建築物設定抵押權後，始就該基地取得地上權，該地上權應非該建築物的抵押權效力所及，但其為抵押物存在所必要，依民法第877-1條規定，在其得讓與之情形下，應於法院拍賣抵押物時，併付拍賣之，但抵押權人對於該權利賣得之價金，無優先受清償之權。

（四）土地的優先購買權

地上權人因該地上權，而在他人土地上有房屋者，於地上權人出售該地上權及房屋時，土地所有人依土地法第104條第1項後段規定，有依同樣條件優先購買之權，使地上權人之讓與不具絕對之自由。但有優先購買權的土地所有人，於接到出賣通知後10日內不表示者，其優先權視為放棄。出賣人未通知優先購買權人而與第三人訂立買賣契約者，其契約不得對抗優先購買權人（土104Ⅱ）。此種優先購買權，具有物權之效力，與共有人依土地法第34-1條第4項，於他共有人出賣其應有部分時，以同一價格優先承購之權僅有債權效力，並不相同（68台上3141）。

（五）工作物取回權

地上權人因設定地上權，而在他人土地上有工作物時，其地上權乃是地上權人得占有及使用土地之權源，地上權人並因地上權的設定，而得對於工作物有其獨立的所有權。故民法第839條第1項規定地上權消滅時，地上權人得「取回」「其」工作物，但地上權人亦應回復土地原狀，以維持土地的價值。地上權人取回其工作物前，並應通知土地所有人（民839Ⅲ）。

（六）補償請求權

1.條文規定及要件

民法第840條第1項規定：「地上權人之工作物為建築物者，如地上權因存續期間屆滿而消滅，地上權人得於期間屆滿前，定一個月以上之期間，請求土地所有人按該建築物之時價為補償。但契約另有約定者，從其約定。」本文之規定係以不拆除建築物，並使土地所有人取得建築物所有權為前提，故土地所有人並非依該建築物之時價予以購買，而是應按時價為「補償」。第1項之時價不能協議者，地上權人或土地所有人得聲請法院裁定之（民840Ⅲ）。

地上權人的補償請求權的成立，依本條規定應具備下列要件：(1)須工作物為建築物，如為其他工作物，即無本條之適用；(2)須地上權因存續期間屆滿而消滅，如地上權是因其他原因而消滅，如地上權是因被終止、被拋棄或解除條件成就而消滅，即無本條之適用；(3)須無契約另行約定，否則，即應以其約

定為準；(4)須地上權人於期間屆滿前，定一個月以上之期間請求；(5)須地上權人未拒絕延長地上權之請求，否則依本條第2項後段，即不得請求補償。

2. 實務案例

在實例中，原地上權人甲就土地設定有地上權，於其上建有系爭建物，59年間與乙簽訂買賣契約，讓與系爭建物等產權，但未辦理地上權移轉登記，後來就甲或乙得請求補償，發生爭議（109台上491）。最高法院認為：

(1)地上權人之補償權利為請求土地所有權人收買建築物之權，雖規定於民法物權編，惟具有債權請求權之性質，一經地上權人行使權利，土地所有人即有訂立買賣契約之義務。又補償權利規範存在目的，在避免地上權人取回建築物之困難或因拆除致該建築物之經濟價值滅失，造成財產上之損失，由土地所有權人按時價購買，取得該建築物所有權，因而取得財產上利益，同時對地上權人以時價補償，有損失填補原理之實質意義，並構成地上權具體權利內容之一（109台上491）。

(2)受讓地上權之第三人如已辦理地上權移轉登記，即有該項補償權利，僅因未依民法第758條規定完成登記之偶然因素，致該補償權利仍由原地上權人享有。再因原地上權人已將建築物權利移轉於第三人，不致因建築物之拆除未受補償而遭受損失，即有權利之人未受損失，惟受讓該建築物及地上權之人，即未辦理地上權移轉登記之第三人，因建築物之拆除遭受之損失，卻無請求權，該損失之移動，乃因未及辦理地上權移轉登記所致。而地上權移轉登記係因物權公示公信原則，未辦理移轉登記於讓與地上權人與受讓地上權人間不生物權變動效果，並兼以保護第三人交易安全，立法上並無減免原土地所有權人責任之目的，其補償義務不因之而免除。從而，地上權受讓人縱未辦理地上權移轉登記，如因該建築物之拆除受有損害，卻無補償請求權，將與損害填補原理有違，應認其補償請求權存在（109台上491）。

(3)本例中的乙既已受讓甲之系爭地上權人權利，而對系爭建物之補償權利因該偶然因素之損害移動，如因此不能請求損害填補，不符損害賠償填補原理，亦非事理之平。土地所有人如未依修正前民法第840條第2項規定為補償，即訴請乙拆屋還地，即無理由（109台上491）。

二、土地所有人的權利

地上權人除有上述權利之外，亦因普通地上權而負擔若干義務，而其義務所對應者，即為土地所有人的下列權利：

（一）地租請求權

1. 地租的約定及增減

(1)地租的確定性

地上權亦可分為有償及無償者，如為有償，其地租或租金的約定，基本上屬於私法自治的範圍，對當事人均有拘束力。地上權如有地租的約定，土地所有人即得向地上權人請求給付地租的權利。地租的給付內容、數額和方法，均以當事人的約定為準，故得給付金錢或其他實物，也可以一次結清或分期支付。地租經約定後，依民法第837條規定，縱因不可抗力，妨礙其土地之利用，地上權人亦不得請求免除或減少租金。此一規定係為保障土地所有人的利益，而認為地上權人應承擔不可抗力之風險。

(2)地租的增減

民法第837條對於地上權人有時不免過苛，故民法於99年2月3日增訂第835-1條規定：「地上權設定後，因土地價值之昇降，依原定地租給付顯失公平者，當事人得請求法院增減之。」「未定有地租之地上權，如因土地之負擔增加，非當時所得預料，仍無償使用顯失公平者，土地所有人得請求法院酌定其地租」，乃將情事變更原則條文化，於該法條公布施行後，不論地上權設定時間在之前或之後，倘有該法條所定情形，土地所有人均得請求法院酌定其地租（108台上94）。

A.情事變更原則

上述原則亦為有關情事變更原則態樣之一，非謂除土地價值之昇降以外，於有其他之情事變更，非契約成立當時所得預料，而依其原有效果顯失公平者，當事人亦不得聲請法院增、減其租金。蓋民法第227-2條第1項規定，契約成立後，情事變更，非當時所得預料，而依其原有效果顯失公平者，當事人得聲請法院增、減其給付或變更其他原有之效果。上開規定，於物權關係上所為債權約定，亦應適用（109台上3117）。

民法第835-1條第2項之上述規定，參酌其立法理由，該新增規定係基於情事變更法則及公平原則而來，即就無償提供土地所有人，因該土地租稅及其他費用負擔增加，非設定地上權當時所得預料時，該所有人得請求法院酌定地租，以平衡因土地負擔增加之不利益，似難概謂土地所有人除增加負擔之彌補外，更可取得與定有地租地上權相當之無法使用土地對價（102台上1157）。土地所有人如係擁有多筆土地，被累進課徵地價稅，因地價稅採累進稅率，乃基於平均地權之立法原則，故尚不得以其因而加徵之地價稅額列入其增加之負擔，而執為酌定地租之依據（104台上1953）。

B.訴訟上的問題

在訴訟上，土地所有權人訴請法院核定地租之數額，其性質屬形成之訴，為求訴訟之經濟，雖得合併請求給付地租，惟如土地所有權人於起訴前未向地上權人為請求地租之意思表示，即不得溯及請求，或如未經法院核定地租之數額前，土地所有權人亦尚無從請求給付地租（103台上1822）。因為：請求給付地租，屬給付之訴，內容並未含有請求法院核定地租之意，故未定有地租之地上權，土地所有人必先經法院酌定地租後，始得據以請求地上權人如數給付；又該請求法院酌定地租之訴，屬形成之訴，僅得自請求酌定之意思表示時起算，不得溯及請求酌定該意思表示前之地租（105台上875）。

(3)預付地租的登記

地上權有地租之約定，其預付地租之事實須經登記，始能發生物權效力，故土地所有權讓與時，已預付之地租，非經登記，不得對抗第三人（民836-1），如已登記，土地及地上權之受讓人或其他第三人（例如抵押權人），當均受其拘束。

2.地租的具體認定

地上權之成立，不以支付地租為要件，地租既非地上權之必要內容，則關於地租之約定，如未經登記，自僅發生債之效力，其經登記者，始為地上權之內容，而有物權效力。又不動產物權，係以登記表現其內容，而有公示與公信力，是登記之內容，自應特定、明確。土地所有人設定普通地上權時，關於地租之約定，自須登記，且內容特定、明確，始生物權效力，而得對抗第三人。如原地上權人之地上權就地租部分均登載「空白」，並無特定、明確之地租內容，受讓地上權的新地上權人，對於土地所有人並非負有給付地租之義務。此

種情形，與原無地上權存在，因時效而取得地上權或依法律規定取得法定地上權者，並不相同，因為地上權之讓與，受讓人係基於信賴原地上權登記之內容而取得地上權。如租金登記為「空白」之真意，是指免付租金，致使受讓人得無償使用土地，土地所有人就該未定有地租之地上權，可考慮依民法第835-1條第2項規定，請求法院酌定地租（101台上1970）。

3. 權利金與地租的關係

　　地上權的設定實務上，有同時約定權利金與地租者，此時其權利金性質應視其給付目的而定。如權利金交付之目的在設定地上權，其性質應為取得地上權之對價，而與地租無涉；若權利金交付之目的在先行取得部分之租金，則權利金之性質應屬預付之地租（102台上1388、106台上9）。如地上權投標須知已明定地上權之地租為每年按申報地價百分之十，履約保證金則為921萬元，惟就權利金部分則明定：「權利金底價詳附明細表，經公開競標後以實際得標金額計收（外加營業稅）。除契約規定情形外，地上權人不得以任何理由要求返還。」觀其文義，該權利金係作為該地上權之得標金額，核其性質，應屬取得地上權之代價，而非地租的預付額（102台上1388）。

（二）地上權終止權

　　地上權人積欠地租達二年之總額，除另有習慣外，土地所有人得定相當期限催告地上權人支付地租，如地上權人於期限內不為支付，土地所有人得終止地上權。地上權經設定抵押權者，並應同時將該催告之事實通知抵押權人（民836 I）。此處的終止的要件，是多年來所積欠的額數達2年的總數，而非以連續2年未付地租為限。如地上權人因房屋轉讓而使地上權產生共有，各共有人得按其地上權應有部分對土地所有人行使權利，並各自負擔義務，倘其中一人積欠地租，所有人得單獨對其行使終止權，並請求返還積欠之租金及利息（99台上564），此時催告之內容應係針對該地上權的特定共有人為之，而非對全體共有人為之。

　　地租之約定經登記者，地上權讓與時，前地上權人積欠之地租應併同計算。受讓人就前地上權人積欠之地租，應與讓與人連帶負清償責任（民836 II）。上述規定係在兼顧土地所有人及地上權人的利益，關於保護地上權人利益的部分，屬於強行規定，故當事人對於終止權行使的要件，僅可為較嚴格的約定，

而不得放寬之。

地上權人如未依設定之目的及約定之使用方法，為土地之使用收益；其未約定使用方法者，如未依土地之性質為之，或保持其得永續利用，經土地所有人阻止而仍繼續為之者，土地所有人得終止地上權。地上權經設定抵押權者，並應同時將該阻止之事實通知抵押權人（民836-3）。土地所有人終止地上權，應向地上權人以意思表示為之（民836III）。

（三）土地返還請求權

地上權消滅時，地上權人得取回其工作物，但應回復土地原狀（民839 I），並應返還土地於土地所有人。

（四）工作物的取得與購買權

地上權消滅，而地上權人不於地上權消滅後1個月內取回其工作物者，工作物歸屬於土地所有人；其有礙於土地之利用者，土地所有人得請求回復原狀（民839II）。土地及其地上權人的工作物，通常已有一定的調適關係，如能使其屬於同一人所有，即可節省「取回」及「回復」之勞費，並無使其分離的必要，故地上權人通知土地所有人其欲取回其工作物時，如土地所有人願以時價購買者，地上權人非有正當理由，不得拒絕（民839III）。

（五）地上權延長請求權

地上權人之工作物為建築物，而地上權因存續期間屆滿而消滅時，其避免建築物被拆除的方法，除將建築物所有權移轉給土地所有人外，尚可考慮為建築物創設新的坐落權源。民法第840條第2項前段規定：「土地所有人拒絕地上權人前項補償之請求或於期間內不為確答者，地上權之期間應酌量延長之。」土地所有人不願依裁定之時價補償者，適用前項規定（民840III）。此一規定係以不變動建築物所有權，而延長地上權期間的方式，維持原來的法律關係不變，並解決建築物的坐落權源問題。依此等規定延長期間者，其期間由土地所有人與地上權人協議定之；不能協議者，得請求法院斟酌建築物與土地使用之利益，以判決定之（民840IV）。前項期間屆滿後，除經土地所有人與地上權

人協議者外，不適用第1項關於補償請求權及第2項關於延長地上權之規定（民840Ⅴ）。

第四項　普通地上權的消滅

一、存續期限屆滿

（一）不變更為不定期地上權

　　普通地上權定有存續期限者，於其期限屆滿時即歸於消滅。蓋法律關係定有存續期間者，於期間屆滿時消滅，期滿後，除法律有更新規定，得發生不定期限外，並不當然發生更新之效果。地上權並無如民法第451條之規定，其期限屆滿後，自不生當然變更為不定期之效果，因而應解為定有存續期間之地上權，於限期屆滿時，地上權當然消滅（60台上4395、69年度第7次民事庭會議決議（二））。

（二）法院酌定地上權之存續期間

1. 基本規定

　　地上權未定有期限者，地上權雖未定有存續期限，但非有相當之存續期間，難達土地利用之目的，不足以發揮地上權之社會機能，又因科技進步，建築物或工作物之使用年限有日漸延長趨勢，為發揮經濟效用，兼顧土地所有人與地上權人之利益，民法第833-1條乃明定土地所有人或地上權人均得於逾二十年後，請求法院斟酌地上權成立之目的、建築物或工作物之各種狀況而定地上權之存續期間；或於地上權成立之目的不存在時，法院得終止其地上權。本條規定對於本條增訂施行以前所成立的未定有期限地上權，亦得適用之（民法物權編施行法13-1）。

　　法院依本條規定，決定定存續期間或終止地上權之准否，自應綜合地上權成立之目的、建築物或工作物之種類、性質及利用狀況等情形以定之。倘未定有期限之地上權設定之始，並無容任第一次建置之建築物或工作物因老舊汰新，重為第二次以後建置之目的，該以地上權建置之建築物或地上物因經時老

舊,其存在及利用現狀已不合土地之經濟價值,亟待更新利用方式,俾利土地之最大效益利用,即與民法第833-1條規定相符(105台上163)。

不過,國家就私有土地以公共建設(例如大眾捷運、高速鐵路等)為目的而成立之地上權,未定有期限者,以該建設使用目的完畢時,視為地上權之存續期限(民833-2)。

2. 土地共有人的請求

民法第833-1條所定地上權當事人請求定地上權存續期間或終止地上權,乃以形成之訴請求為處分或變更,則於共有土地之情形,倘非依土地法第34-1條第1項規定,經共有人過半數及其應有部分合計過半數,或應有部分合計逾三分之二之同意,就共有土地已取得處分權之共有人,即不得依本條為請求(108台上2684)。

3. 法院的酌定

上述對法院之請求,係變更原物權之內容,法院應以形成判決為之。法院得因當事人之請求,斟酌地上權成立之目的、建築物或工作物之種類、性質及利用狀況等情形,定其存續期間(104台上2157)。此係以形成之訴變更原物權之內容,縱然建築物尚得使用,亦非不得酌定存續期間。而以現代建築技術而言,經由整修工程使建築物長久屹立,並非難事,法院酌定存續期間時,尤不應僅考慮建築物之使用年限,致未能兼顧土地所有權人就土地之完整利用(110台上303)。

(三)法院終止地上權

當事人如依本條規定,請求法院將未定有期限之地上權,予以終止,係屬變更原物權之內容,性質上為形成之訴,在該地上權未經判決終止前,仍不能逕行請求塗銷該地上權之登記。

二、成立之目的已不存在

地上權的設定是否無特定之目的,或其成立之目的是否已不存在,乃法院得否以形成判決變更地上權的關鍵。如地上權係於56年8月8日設定,其上之二層樓建築物係於56年10月16日辦理第一次登記,該地上權似以地上權人在土地

上興建該建築物為目的，則該地上權即非無特定之設定目的。民法第833-1條係規定地上權成立之目的已不存在，至於其成立之目的是否已不存在，應就該建築物之種類、性質、利用狀況、尚得使用之期間如何，其是否已至不堪使用等，而認定之，不宜逕以該建築物係空屋，堆置水塔、招牌等雜物，即認其無特定之設定目的或其目的已不存在（100台上599）。

民法第833-1條係於99年2月3日修正公布，依民法物權編施行法第13-1條，於修正前未定有期限之地上權，亦適用之。如地上權未定期限，惟設定時之建築物，已拆除滅失僅剩系爭磚牆，完全喪失遮風蔽雨之功能，並達不堪使用之程度，可認其地上權成立之目的不存在，該地上權自應予終止（106台上966）。

三、其他原因

普通地上權消滅的其他原因，主要為拋棄（民834、835）和終止（民836），如地上權的標的物（土地）因故滅失，地上權自應歸於消滅，但如僅係其土地上的建築物或工作物滅失，由於其雖係地上權的設定目的，但非地上權的標的物，故地上權尚不因此而消滅。民法第841條亦規定：「地上權不因建築物或其他工作物之滅失而消滅。」

本條的規定，涉及地上權是否依附於建築物或其他工作物的立法政策，最高法院在實例中也認為，99年2月3日修正公布前所稱之地上權係以在他人土地上有建物或其他工作物為目的而使用其土地之權，地上權與地上權標的之建物，為不同物權客體，無禁止先設定地上權，而後在該地進行建築，或先有地上建物嗣始設定地上權之必要（本院48年台上字第928號判例意旨參照）。故受讓地上權及房屋後，如原房屋滅失，再重建新屋，地上權仍未消滅（105台上1731）。

本條規定係指約定有地上權存續期間者，期間屆滿前，縱地上之建築物或工作物滅失，地上權不受影響，依然存續；或未約定地上權存續期間者，依地上權約定存在於地上之建築物或工作物，非因自然因素滅失者（如失火、外力毀壞等），其地上權亦不因而消滅等情形而言。倘當事人間並無第一次之建築物或工作物自然滅失後，仍可為第二次建築物或工作物建置之合意，復無地上權存續期間之約定，則建築物或工作物自然滅失後，尚無上開規定之適用，始

符當事人間設定地上權之目的及法意（105台上163）。

　　不過，民法第838-1條第1項及第876條規定的法定地上權，係爲維護土地上建築物之存在而設，則於該建築物滅失時，其法定地上權即應隨之消滅（民838-1Ⅱ），則屬例外。

第二節　區分地上權

第一項　區分地上權的意義

　　區分地上權是指在他人土地上下之一定空間範圍內設定的地上權（民841-1）。區分地上權的設計，是由於人類文明進步，科技與建築技術日新月異，土地的利用已不再侷限於地面，而逐漸向空中與地下發展，由平面化趨向於立體化，土地的分層利用已成爲現實的情況。爲承認土地所有人得將其土地區分爲數部分，而就各部分設定不同的地上權，或將其土地分層設定不同的地上權，乃規定區分地上權不須以土地的全部爲標的物，而僅以土地上下的一定空間範圍，作爲其標的物。

　　例如甲有面積1000平方公尺的A地，乙因車輛通行的必要，擬在A地的特定部分修築車行地下通道並取得該通道（工作物）之所有權，雙方即得僅就A地面積200平方公尺的特定部分，就其地下10公尺至20公尺的空間範圍內，設定區分地上權。區分地上權與普通地上權的最大區別，是在於其標的物爲他人土地上下之一定空間範圍，其餘與普通地上權並無差異，故除有特別規定外，前述關於普通地上權之規定，依其性質與區分地上權不相牴觸者，均得準用於區分地上權（民841-6）。

第二項　區分地上權的取得

　　區分地上權的取得，亦可分爲因法律行爲取得及因法律行爲以外的原因取得二類，與普通地上權大致相同，惟關於徵收則有若干特別規定。例如大眾捷運法第19條規定：「大眾捷運系統因工程上之必要，得穿越公、私有土地及其土地改良物之上空或地下。但應擇其對土地及其土地改良物之所有人、占有人或使用人損害最少之處所及方法爲之，並應支付相當之補償。」「前項須穿越私有土地及其土地改良物之上空或地下之情形，主管機關得就其需用之空間範

圍，在施工前，於土地登記簿註記，或與土地所有權人協議設定地上權，協議不成時，準用土地徵收條例規定徵收取得地上權。」

　　此外，土地徵收條例第57條亦規定：「需用土地人因興辦第三條規定之事業，需穿越私有土地之上空或地下，得就需用之空間範圍協議取得地上權，協議不成時，準用徵收規定取得地上權。但應擇其損害最少之處所及方法為之。」「前項土地因事業之興辦，致不能為相當之使用時，土地所有權人得自施工之日起至完工後一年內，請求需用土地人徵收土地所有權，需用土地人不得拒絕。」「前項土地所有權人原設定地上權取得之對價，應在徵收補償地價內扣除之。」「地上權徵收補償辦法，由中央目的事業主管機關會同中央主管機關定之。」

第三項　區分地上權的效力

　　區分地上權的效力與普通地上權基本上相同，但因區分地上權的標的物與土地的其他部分並非呈現平面相鄰關係，而是垂直鄰接狀態，乃須特別規定其問題之解決對策。民法第841-2條規定：「區分地上權人得與其設定之土地上下有使用、收益權利之人，約定相互間使用收益之限制。其約定未經土地所有人同意者，於使用收益權消滅時，土地所有人不受該約定之拘束。」「前項約定，非經登記，不得對抗第三人。」

　　上述條文明定區分地上權人與就其設定範圍外上下四周之該土地享有使用、收益權利之人，得約定相互間使用收益之限制，例如限制土地所有人於地面上不得設置若干噸以上重量之工作物，或限制區分地上權人工作物之重量範圍等是。如土地所有人未參與約定亦未同意該約定，該約定對土地所有人應無拘束力，故如參與約定的其他使用權人的使用收益權消滅，無論其為區分地上權或普通地上權，其約定均不得拘束土地所有人。此項約定經登記者，即能發生得對抗第三人的物權效力，此時土地及地上權之受讓人或其他第三人（例如抵押權人），均應受其拘束。

　　區分地上權的標的物僅為土地上下的一定空間範圍，惟為充分利用土地之各部分，就同一空間範圍並非僅得設定一個用益物權，故土地所有人於同一土地設定一個區分地上權後，仍得再設定支配的範圍及於同一空間範圍的用益物權（包括區分地上權）。例如甲就屬於A地的一定空間範圍A1設定區分地上

權給乙之後，仍得就A地之全部設定普通地上權給丙，此時同一土地（A地）上，即同時有區分地上權及其他用益物權（丙的普通地上權）同時存在。

民法對於此等用益物權的優先順序，並未規定區分地上權當然優先，而是應依設定時間之先後，定其優先效力，故第841-5條規定：「同一土地有區分地上權與以使用收益為目的之物權同時存在者，其後設定物權之權利行使，不得妨害先設定之物權。」因此，後設定之區分地上權或其他用益物權不得妨害先設定之其他用益物權或區分地上權之權利行使。但如區分地上權（或用益物權）是獲得先存在之用益物權（或區分地上權）人之同意而設定者，後設定之區分地上權（或用益物權）則得優先於先物權行使權利，蓋先物權人既已同意後物權之設定，先物權應因此而受限制。

第四項　區分地上權的消滅

區分地上權消滅的問題與普通地上權相似，普通地上權的規定基本上均可準用。但因區分地上權的標的物比較特殊，如其為第三人之權利標的或第三人就同一土地有使用收益權，則其延長可能影響該第三人之權利，自宜有兼顧該第三人權益的設計。故民法第841-3條規定：「法院依第八百四十條第四項定區分地上權之期間，足以影響第三人之權利者，應併斟酌該第三人之利益。」此外，如區分地上權的工作物為建築物，依規定以時價補償建築物或延長區分地上權的期間時，有時會影響第三人之權利，例如同意設定區分地上權之第三人或相鄰之區分地上權人，其權利可能因此而必須延長處於睡眠狀態或受限制的情況，對該第三人並不公平原則。故民法第841-4條規定：「區分地上權依第八百四十條規定，以時價補償或延長期間，足以影響第三人之權利時，應對該第三人為相當之補償。補償之數額以協議定之；不能協議時，得聲請法院裁定之。」

第四章　農育權及永佃權

第一節　農育權

一、農育權的意義

　　農育權是指在他人土地為農作、森林、養殖、畜牧、種植竹木或保育的權利（民850-1 I）。例如甲有A地，乙擬利用該地栽種甜玉米及花卉，即可考慮設定農育權，使乙取得使用A地之權。農育權是存在於他人土地的用益物權，且使用他人土地的目的，以現行農業發展條例第3條第12款所規定的上述內容為限。其中所謂「農作」，包括花、草之栽培、菇菌之種植及園藝等，而「森林」是指森林法第3條第1項規定的林地及其群生竹、木的總稱。使用他人土地的內容，包括為達成上開目的所設置、維持的相關農業設施。當事人之間關於上述目的的約定，乃是農育權內容的一部分，故地政機關於辦理農育權登記時，宜將該農育權的設定目的予以配合登記。

　　民法物權編原無農育權之規定，並於第四章規定永佃權，但因永佃權之設定造成土地所有人與使用人之永久分離，影響農地的合理利用，且實務上對於永佃權設定登記案件極少，部分又係基於保障抵押權或保障農地所有權移轉而設定，已扭曲永佃權之本旨，故民國99年1月物權編修正時乃將第四章全部刪除，並於第四章之一增訂「農育權」的規定，逐步將永佃權轉換為農育權。

　　民法物權編施行法第13-2條第1項規定，先前已發生的永佃權，其存續期限縮短為自修正施行日（民國99年8月3日）起20年，此種永佃權存續期限屆滿時，同條第3項規定永佃權人得請求變更登記為農育權，農育權的期限如過於長久，將有害於公益，經斟酌農業發展、經濟利益及實務狀況等因素，民法乃規定「農育權之期限，不得逾二十年；逾二十年者，縮短為二十年。但以造林、保育為目的或法令另有規定者，不在此限」（民850-1 II）。但書是著眼於以造林（人工營造林木、林木撫育等）或保育（主要對野生物或棲地所為之保護、復育等）為目的時，實務上常須逾二十年始能達其目的，其他法令另有規定之情形，也有兼顧事實需求的必要。

農育權未定有期限時，除以造林、保育爲目的者外，當事人得隨時終止之（民850-2Ⅰ）。前項終止，應於6個月前通知他方當事人（民850-2Ⅱ）。至於農育權以造林、保育爲目的而未定有期限者，非有相當之存續期間，難達土地利用之目的，故土地所有人或農育權人得請求法院斟酌造林或保育之各種狀況而定農育權之存續期間；或於造林、保育之目的不存在時，法院得終止其農育權（民850-2Ⅲ準用833-1）。

二、農育權人的權利

農育權與地上權性質近似，均爲使用他人土地的用益物權，民法乃設有農育權準用地上權相關條文的規定（民850-9），故農育權人有類似地上權人的下列權利：

（一）用益權

農育權以土地之農業生產或土地保育爲其內容，一方面應物盡其用，他方面則應維護土地之本質，保持其生產力，俾得永續利用。土地之使用不得爲使其不能回復原狀之變更、過度利用或戕害其自我更新能力，以避免自然資源之枯竭，例如某種殺蟲劑或除草劑之過度、連年使用，有害土地之自我更新能力時，即不得任意施用等，方符農育權以農業使用或保育爲內容之本質。故農育權人應依設定之目的及約定之方法，爲土地之使用收益；未約定使用方法者，應依土地之性質爲之，並均應保持其生產力或得永續利用（民850-6Ⅰ）。上述約定的使用方法，非經登記，不得對抗第三人（民850-9準用836-2Ⅱ）。

土地所有人設定農育權於農育權人，多著重於農育權人能有效使用其土地。如農育權人不自行使用土地或設置於土地上之農育工作物，而以之出租於他人，使農地利用關係複雜化，並與土地所有人同意設定農育權之原意不符。故農育權人不得將土地或農育工作物出租於他人（民850-5Ⅰ）。但農育工作物之出租另有習慣者，例如倉庫之短期出租，從其習慣。

（二）處分權

農育權爲不具專屬性的財產權，農育權人原則上得自由處分其權利，故民

法第850-3條第1項規定：「農育權人得將其權利讓與他人或設定抵押權。但契約另有約定或另有習慣者，不在此限。」此處設定的抵押權是權利抵押權（民882），目的是在擔保債務人履行其債務。惟契約另有約定或另有習慣者，則應從其約定或習慣，以示限制。

當事人以契約限制農育權人的處分權者，須將其約定登記者，方能構成農育權內容的限制，使其發生物權效力，並對抗第三人，故同條第2項規定：「前項約定，非經登記不得對抗第三人。」如其約定已經登記，則土地及農育權之受讓人或其他第三人（例如抵押權人），均當受其拘束。因農育權而設置於土地上之農育工作物，例如水塔、倉庫等，應與農育權相互結合，始能發揮其經濟作用，為避免該權利與其農育工作物之使用割裂，同條第3項乃規定：「農育權與其農育工作物不得分離而為讓與或設定其他權利。」故如農育權人保留其農育權，而單獨將倉庫或其他農育工作物讓與或設定典權給第三人，均屬無效。

（三）出產物及農育工作物取回權

土地上之出產物，為農育權人花費勞力或資金之所得；農育工作物，如係農育權人因實現農育權而設置，皆宜於農育權消滅時由農育權人收回，始合乎情理。故農育權消滅時，農育權人得取回其土地上之出產物及農育工作物（民850-7Ⅰ）。農育權消滅時，農育權人得取回其工作物，但應回復土地原狀；農育權人不於農育權消滅後1個月內取回其工作物者，工作物歸屬於土地所有人；其有礙於土地之利用者，土地所有人得請求回復原狀；農育權人取回其工作物前，應通知土地所有人；土地所有人願以時價購買者，農育權人非有正當理由，不得拒絕（民850-7Ⅱ準用839）。第1項之出產物未及收穫而土地所有人又不願以時價購買者，農育權人得請求延長農育權期間至出產物可收穫時為止，土地所有人不得拒絕；但延長之期限，不得逾6個月（民850-7Ⅲ）。

（四）土地改良費用返還請求權

農育權人除保持土地原有性質及效能外，得為增加土地生產力或使用便利之特別改良；農育權人將前項特別改良事項及費用數額，以書面通知土地所有人，土地所有人於收受通知後不即為反對之表示者，農育權人於農育權消滅

時，得請求土地所有人返還特別改良費用，但以其現存之增價額爲限；前項請
求權，因2年間不行使而消滅（民850-8）。此項費用之請求返還，須農育權人
曾以書面將特別改良事項及費用數額通知土地所有人，土地所有人於收受通知
後不即爲反對之表示，且於農育權消滅時現存之增價額爲限，始得爲之，以兼
顧雙方當事人權益之保障。

（五）終止權

農育權人於下列情形，得終止農育權：

1. 未定有期限

農育權未定有期限時，除以造林、保育爲目的者外，當事人得隨時終止之
（民850-2Ⅰ）。

2. 收益減少或全無

有約定支付地租之農育權，農育權人因不可抗力致收益減少或全無時，而
不能依原約定目的使用者，當事人得終止之（民850-4Ⅱ）。

（六）拋棄權

無約定支付地租之農育權，如因不可抗力致不能依原約定之目的使用時，
農育權人得隨時拋棄其農育權，使其權利消滅（民850-9準用834）。農育權
定有期限，而有支付地租之約定者，農育權人得支付未到期之3年分地租後，
拋棄其權利；農育權未定有期限，而有支付地租之約定者，農育權人拋棄權
利時，應於1年前通知土地所有人，或支付未到期之1年分地租（民850-9準用
835）。

三、土地所有人的權利

（一）地租收取權

農育權經雙方爲支付地租之約定者，農育權人原則上即應遵守其約定，
但如遭遇不可抗力，致其原約定目的之收益減少或全無時，例如耕作因天旱水
災，致收益減少或全無，此種事實既非農育權人故意或過失所致，於有支付地

租約定之農育權，若仍令其依原約定給付全額地租，有失公平。故農育權有支付地租之約定者，農育權人因不可抗力致收益減少或全無時，得請求減免其地租或變更原約定土地使用之目的（民850-4 I）。例如原約定之目的為養殖，嗣因缺水而不能養殖，農育權人即得請求變更原約定土地使用之目的為畜牧，而繼續使用該土地以回復原來之收益。農育權人此種請求權，應屬形成權之性質（71台上2996），一經行使，即生減免地租或變更使用目的的效果。

　　農育權設定後，因土地價值之昇降，依原定地租給付顯失公平者，當事人得請求法院增減之；未定有地租之農育權，如因土地之負擔增加，非當時所得預料，仍無償使用顯失公平者，土地所有人得請求法院酌定其地租（民850-9準用835-1）。農育權人積欠地租達2年之總額，除另有習慣外，土地所有人得定相當期限催告農育權人支付地租，如農育權人於期限內不為支付，土地所有人得終止農育權。農育權經設定抵押權者，並應同時將該催告之事實通知抵押權人；地租之約定經登記者，農育權讓與時，前農育權人積欠之地租應併同計算。受讓人就前農育權人積欠之地租，應與讓與人連帶負清償責任；第1項終止，應向農育權人以意思表示為之（民850-9準用836）。土地所有權讓與時，已預付之地租，非經登記，不得對抗第三人（民850-9準用836-1）。

（二）終止權

　　土地所有人終止農育權的理由有四：

1. 未定有期限

　　農育權未定有期限時，除以造林、保育為目的者外，當事人得隨時終止之（民850-2 I）。

2. 收益減少或全無

　　有約定支付地租之農育權，農育權人因不可抗力致收益減少或全無時，而不能依原約定目的使用者，當事人得終止之（民850-4 II）。無約定支付地租之農育權，如因不可抗力致不能依原約定之目的使用時，土地所有人亦得終止農育權（民850-4 III）。

3. 違法出租

　　農育權人違反規定而將土地或農育工作物出租於他人者，土地所有人得終止農育權（民850-5 II）。

4.違法使用收益

農育權人使用土地的方法違反規定，經土地所有人阻止而仍繼續為之者，土地所有人得終止農育權。農育權經設定抵押權者，並應同時將該阻止之事實通知抵押權人（民850-6II）。

第二節　永佃權

一、永佃權的意義

永佃權是指支付佃租，永久在他人土地上為耕作或牧畜之權（舊民842Ⅰ）。例如甲支付租金於乙，以永久在乙的土地上耕作，而設定永佃權是。此時權利人甲，稱為永佃權人，供給土地的乙，稱為土地所有人。民法未修正以前，永佃權與地上權均為定限物權人用益土地的制度，彼此具有互補的功能，因此永佃權人用益土地的方法，只限於耕作或牧畜。耕作是指以定期收穫為目的，施勞力或資本於土地，以栽培植物（院738參照）；牧畜通常是指飼養牲畜及放牧而言。依舊法規定，依永佃權而使用他人土地，其期間必須為永久，並須支付地租，故如永佃權之設定，定有期限，即與其內容相違，但依法視為租賃，適用關於租賃的規定（舊民842Ⅱ）。

目前土地所有人已不得設定永佃權，但民法物權編施行法第13-2條第2項規定對於已發生的永佃權，仍繼續適用已被刪除之永佃權條文，形成「已刪除、仍適用」的特殊情況，故仍有認識永佃權相關規定的必要。不過，依同條第1項規定，先前已發生的永佃權，其存續期限縮短為自修正施行日（民國99年8月3日）起20年，其性質已成為有期限物權。此種永佃權存續期限屆滿時，同條第3項規定永佃權人得請求變更登記為農育權，故自民國119年8月3日起，我國法律上將不再有永佃權。

二、永佃權人的權利

永佃權是可以對抗第三人的物權，故土地所有人將其土地所有權讓與他人時，永佃權並不因此而受影響（21上1520）。永佃權人基於此項物權，有下列各項權利：

（一）用益權

永佃權人得就設定永佃權之土地，依其設定之目的，爲使用收益。

（二）處分權

永佃權是具有任意處分的權能的財產權，並無專屬性，故永佃權人得將其權利讓與他人（舊民843）。此外，其他較低度的處分行爲，例如永佃權人以永佃權爲抵押權之標的物，而設定抵押權予第三人，亦得爲之（舊民882），但如以永佃權設定典權，則因違反物權法定主義，應屬無效。

（三）取回權

永佃權消滅時，永佃權人對於該土地耕作牧畜所置之工作物，得取回之，但應回復土地之原狀。若土地所有人願以時價購買者，永佃權人亦不得無故拒絕，以期雙方之便宜（舊民848、839）。

（四）相鄰權

永佃權人爲占有、使用土地之當事人，就土地之相鄰關係言，可謂已部分取代土地所有人的地位，因此民法第774條以下關於土地所有人相鄰關係之規定，於永佃權人，應準用之（舊民850、民800-1）。

三、永佃權人的義務

（一）給付佃租的義務

永佃權人有支付佃租的義務，但如因不可抗力，致其收益減少或全無，永佃權人得請求減少或免除佃租（舊民844）。永佃權人積欠地租達2年之總額者，除另有習慣外，土地所有人得撤佃（舊民846）。

（二）返還土地的義務

永佃權消滅時，永佃權人即失去占有的權源，故應返還土地於其所有人。

四、永佃權的消滅

永佃權雖不因存續期間屆滿而消滅,但仍因下列原因而消滅:

(一)撤 佃

撤佃是法律行為的一種,應向永佃權人,以意思表示為之(舊民847),且非經登記,不生效力。依其原因之不同,可分為下列二種:

1.因將土地出租而撤佃

永佃權人依法不得將土地出租於他人,如有違反,而將土地基於租賃契約交與他人使用收益,土地所有人即得撤佃。但舊民法第845條第1項,永佃權人不得將土地出租於他人之規定,係指永佃權人已將此項土地基於租賃關係交與他人為使用收益而言,僅訂有租賃契約,而未經他人使用收益者,仍不得認為違反禁止轉租之規定(舊民845、32上2305)。

2.因積欠地租而撤佃

永佃權人積欠地租達2年之總額者,除另有習慣外,土地所有人得撤佃(舊民846),蓋永佃權人已失其信用,並有害於土地所有人之利益也。

(二)拋 棄

永佃權人得拋棄永佃權,使其權利消滅(民764 I),但非經登記,不生效力。永佃權人放棄其永佃權,應於3個月前向土地所有人以意思表示為之,非因不可抗力繼續1年不為耕作者,視為放棄永佃權(土施30、土115)。

(三)轉 換

依民法物權編施行法第13-2條第1項規定,先前已發生的永佃權,其存續期限縮短為自修正施行日(民國99年8月3日)起20年,此種永佃權存續期限將於民國119年8月2日屆滿,屆時永佃權人依同條第1項規定,得請求變更登記為農育權,其永佃權將因而消滅。

第五章　不動產役權

第一節　不動產役權的意義

　　不動產役權是指以他人不動產供自己不動產通行、汲水、採光、眺望、電信或其他以特定便宜之用為目的之權（民851）。例如甲的A地與乙的B地相鄰，甲在乙的B地開設道路，以供甲出入其A地時通行之用，即可設定通行B地的不動產役權。此種不動產役權是以他人土地供自己土地便宜之用，乃民法修正前所規定者，並稱為「地役權」。此與學理所謂之「人役權」，係以他人之土地供自己便宜之用之權利，並不相同（99台上2076）。

　　不動產役權並不僅限於土地之間的利用關係，例如甲的C建築物坐落在乙的D建築物的正後方，亦可設定不動產役權，使D建築物不得加蓋，以遮擋C建築物高樓層部分的視野，並必須開放其正中宅門及通道且維持暢通，供甲穿越出入。此時甲稱為不動產役權人，其A地及C建築物稱為需役不動產，乙的B地及D建築物稱為供役不動產。甲的不動產因此受有便宜，乙的不動產所有權在不動產役權效力的範圍內，亦因而受到限制。

第二節　不動產役權的類型

一、例示的類型

　　就設定的目的言，常見的不動產役權主要有下列各種：（一）通行不動產役權，其設定的目的在通行供役不動產；（二）眺望不動產役權，其設定的目的在限制供役不動產的使用，以免擋住需役不動產的視線，而得在需役不動產眺望或觀光；（三）引水不動產役權，其設定的目的在使用供役不動產，以開鑿溝渠、鋪設管線，以引導水流。換言之，不動產役權是限制供役不動產所有人的權利，而使需役不動產所有人因而取得一種獨立的限定物權，其與土地之相鄰關係，僅為土地所有權內容所受的法律上限制者，並不相同（63台上2117）。

　　不動產役權係以他人之不動產承受一定負擔，以提高自己不動產利用價值

的物權，具有以有限成本實現提升不動產資源利用效率的重要社會功能，故民法乃例示不動產役權的便宜類型，以利社會運用並便於地政機關為便宜具體內容之登記。條文所稱「通行、汲水」係積極不動產役權便宜類型之例示，凡不動產役權人得於供役不動產為一定行為者，均屬之；至「採光、眺望」則為消極不動產役權便宜類型之例示，凡供役不動產所有人對需役不動產負有一定不作為之義務，均屬之。至「其他以特定便宜之用為目的」，則除上述二種類型以外的其他類型，例如「電信」依其態樣可能是積極或消極，或二者兼具，均依其特定的目的定其便宜的具體內容。不動產役權便宜的具體內容屬不動產役權的核心部分，基於物權的公示原則以及為保護交易安全，地政機關自應配合辦理登記。

二、不動產權利役權及對自己不動產之役權

上述不動產役權的原則性定義，在我國民法上並非絕對，因為需役不動產依法並不限於「自己」所有，供役不動產也不限於「他人」所有。基於以使用收益為目的之物權或租賃關係而使用需役不動產者，亦得為該不動產設定不動產役權（民859-3Ⅰ）。例如甲有A地，設定普通地上權給乙，A地與丙的B地相鄰，乙如因行使普通地上權而有必要在B地開設道路，以供人車出入A地之通行之用時，即可就B地設定不動產役權，其他基於以使用收益為目的之物權或租賃關係而使用A地者，亦均得設定之。但此種不動產役權之存續，應以該使用權利之存在為前提，故如該以使用收益為目的之物權或租賃關係消滅，亦應因而消滅（民859-3Ⅱ）。

隨著社會進步，不動產資源有效運用之型態，日新月異，為提高不動產之價值，就大範圍土地之利用，對各宗不動產，以設定自己不動產役權方式，預為規劃，即可節省嗣後不動產交易之成本，並維持不動產利用關係穩定。例如建築商開發社區時，通常日後對不動產相互利用必涉及多數人，為建立社區之特殊風貌，預先設計建築之風格，並完整規劃各項公共設施，此際，以設定自己不動產役權方式呈現，遂有重大實益。民法就自己不動產役權，乃規定不動產役權，亦得就自己之不動產設定之（民859-4）。

上述二種不動產役權與一般之不動產役權雖有差異，但仍具有相同的本質，故可準用第851條至第859-2之規定（民859-5）。

第三節　不動產役權的特性

不動產役權存在於需役不動產和供役不動產之間，不動產役權人是透過對於需役不動產的權利，而獲得供役不動產的便宜之用，其與地上權、農育權及典權等的用益權人，是對於他人不動產直接支配而使用收益者，性質上不同。不動產役權有下列三項特性：

一、從屬性

不動產役權從屬於需役不動產，乃從權利的一種，故不動產役權不得由需役不動產分離而爲讓與，或爲其他權利之標的物（民853）。例如需役不動產移轉或設定擔保物權時，除當事人另有約定外，不動產役權亦隨同移轉或爲該擔保物權之標的物。

二、不可分性

需役不動產經分割者，其不動產役權爲各部分之利益仍爲存續。但不動產役權之行使，依其性質祇關於需役不動產之一部分者，僅就該部分仍爲存續（民856）。例如需役不動產爲A地，在其角落有一花園庭院，並爲該園庭之借景，就B地設定觀望役權，當A地未分割時，A地全部皆爲需役不動產，但如已分割，只有園庭之土地爲需役不動產，亦僅取得該土地之所有人有不動產役權。

供役不動產經分割者，不動產役權就其各部分仍爲存續。但不動產役權之行使，依其性質祇關於供役不動產之一部分者，僅對於該部分仍爲存續（民857）。例如需役不動產A地須仰賴自B地引水，但供役不動產B地僅一部分設有引水設施者，在供役不動產分割後，不動產役權應僅存在於有設施之土地，其他部分即脫離不動產役權之關係。

三、兼容性（非獨占性）

爲使物盡其用，不動產役權通常不具獨占性，也不拘泥於用益物權的排他效力，即不動產所有人就其不動產，仍得設定不動產役權及其他用益物權（包括不動產役權）。同一不動產上有不動產役權與以使用收益爲目的之物權同時

存在者，其後設定物權之權利行使，不得妨害先設定之物權（民851-1）。即同一不動產上用益物權與不動產役權同時存在時，應依設定時間之先後，定其優先效力。又不動產役權（或用益物權）若係獲得先存在之用益物權（或不動產役權）人之同意而設定者，後設定之不動產役權（或用益物權）則得優先於先物權行使權利，蓋先物權既已同意後物權之設定，先物權應因此而受限制。

第四節　不動產役權的取得

不動產役權的取得原因，可分為下列三項：

一、法律行為

不動產役權因設定或移轉之法律行為而取得者，非經登記，不生效力（民758Ⅰ）。在實例中，最高法院認為，依債之契約同意設定役權之一方，固負有使他方取得該役權之義務，惟他方在登記為役權人之前，仍不得據以對抗不動產所有人，主張有通行等便宜之用之權利存在（104台上1776）。因法律行為而的不動產役權，例如通行地役權，因係以私法自治為基礎，其通行於他人之土地，是否出於必要情形，在所不問，但如其權利已無存續必要，供役不動產所有人得聲請法院宣告其消滅（民859Ⅰ）。

二、繼　承

不動產役權不具專屬性，得因不動產役權人死亡，而由其繼承人取得之，惟繼承人因繼承而取得不動產役權者，應經登記，始得處分其物權（民759）。

三、時效取得

（一）適用的限制

不動產役權係以他人不動產之利用為其目的，而得直接支配該不動產之一種不動產物權，性質上僅為限制他人不動產所有權之作用，而存在於他人所有不動產之上，故有取得時效規定之適用，並不以他人所有未經登記之不動產為

限（54台上698、民772）。由於不動產役權的類型甚多，民法第852條第1項亦明定：「不動產役權因時效而取得者，以繼續並表見者為限。」

根據上述規定，非繼續或非表現的不動產役權，均不得因時效而取得。因為非繼續或非表現的不動產役權，通常不具有權利存在的外觀，不易構成取得時效的要件；且非繼續的不動產役權，其供役不動產所有人所受妨害甚微，常予以寬容，非表見之不動產役權，即使供役不動產之所有人多年未予拒絕，亦無推定其既已設定或讓與之基礎，均不宜因時效而取得。例如不得建築橫牆遮蔽窗戶光線與空氣之地役權，乃係繼續而不表見，汲水地役權之行使，以地役權人每次之行為為必要，則係表見而不繼續，實務認為其與不動產役權因時效而取得之要件，均不符合（32上1527）。

（二）共有不動產的役權時效

不動產役權因時效而取得者，並不因需役不動產或供役不動產為數人共有，而有所差別。但需役不動產為共有者，共有人中一人之行為，或對於共有人中一人之行為，為他共有人之利益，亦生效力（民852 II）。例如數人共有需役不動產時，其中部分需役不動產共有人終止通行，只要仍有需役不動產共有人繼續通行，不動產役權的取得時效即不中斷。

此外，為衡平保護供役不動產所有人的權利，其向行使不動產役權取得時效之各共有人為中斷時效之行為者，對全體共有人發生效力（民852 III）。換言之，如需役不動產為共有，其部分共有人因行使不動產役權，而其取得時效在進行中者，則供役不動產所有人為時效中斷之行為時，僅需對行使不動產役權，而使取得時效在進行中之各共有人為之，不需擴及未行使之其他共有人，其效果即可對全體共有人發生效力；準此，中斷時效若非對行使不動產役權時效取得之共有人為之，自不能對他共有人發生效力。

（三）取得時效完成的效果

不動產役權固有因時效而取得之規定，但依民法第772條準用第769條及第770條之結果，僅使需役不動產人的所有人或用益權人，獲有得請求登記為不動產役權人之權利，其固得請求地政機關登記為通行地役權人，但不動產所有人尚無協同請求登記之義務，在未就不動產役權辦理登記以前，尚無不動

產役權存在之可言，仍不得本於不動產役權的法律關係，而有所請求（60台上1677），即對於供役不動產的所有人，不能本於不動產役權之法律關係有所請求（68台上2994），對於第三人，也不能依民法第767條第2項規定請求排除侵害（63台上1235）。

（四）公用地役關係的時效取得

在公法上，私人所有的土地，如因不特定之公眾長期通行，可能成為既成道路，並因此成立公用地役關係，但其與民法上因時效而取得的不動產役權，仍應予區別。既成道路符合一定要件而成立公用地役關係者，其所有權人對土地既已無從自由使用收益，形成因公益而特別犧牲其財產上之利益，國家自應依法律之規定辦理徵收給予補償，各級政府如因經費困難，不能對上述道路全面徵收補償，有關機關亦應訂定期限籌措財源逐年辦理或以他法補償（釋400）。

公用地役關係並非私法上之權利，乃私有土地而具有公共用物性質之法律關係。既成巷道須具備為不特定之公眾通行所必要，而於公眾通行之初，土地所有權人並無阻止之情事，且經歷之年代久遠而未曾中斷之要件始能成立公用地役關係（89台上1020）。公用地役關係不以登記為成立要件，倘私有土地具有公用地役關係存在時，土地所有權人行使權利，即應受限制，不得違反供公眾使用之目的，排除他人之使用（88台上698），但如特定之人違背公用地役關係，無權占用有上開關係之私有土地，受有不當利得時，土地所有人非不得行使物上請求權，及請求該特定之人返還不當得利（102台上701）。既成道路成立公用地役關係者，土地所有人行使所有權應受之限制，應限於原供公眾通行之既成道路部分，難謂因公眾通行之必要，得任意變更其位置或擴張其範圍（88台上250）。

值得注意的是，依建築法規之規定，提供土地作為公眾通行之道路與因時效而形成之既成道路不同，非屬司法院大法官釋字第400號解釋所指私人土地因成立公用地役關係，特別犧牲其財產上之利益，國家應徵收給予補償之範疇。蓋私有土地依建築法規之規定，提供予公眾使用者，私有土地所有人常因而使他基地得為建築之用或因而提高建築基地之利用價值，與因時效而形成之既成道路有別。是私有土地依建築法規之規定，提供作為公眾通行之道路，雖

非上開解釋所稱之既成道路，其未經徵收者，仍應持續作爲公眾使用，市區道路主管機關依其情形，得依市區道路條例第4條、第5條、第9條第2項等規定爲改善、養護及重修，所有權人負有容忍之義務（102台上1315）。

第五節　不動產役權的效力

一、不動產役權人的權利義務

不動產役權原始的意義，是存在於需役不動產和供役不動產之間的法律關係，不動產役權人實際上是因爲對需役不動產的支配關係，而間接取得某些權利，但一般仍將役權直接歸屬於該主體，而稱其爲不動產役權人。不動產役權人依法有下列權利義務：

（一）供役不動產使用權

不動產役權人應依設定之目的及約定之使用方法，爲供役不動產之使用收益；未約定使用方法者，應依供役不動產之性質爲之，並均應保持其得永續利用；前項約定之使用方法，非經登記，不得對抗第三人；不動產役權人違反前條第一項規定，經供役不動產所有人阻止而仍繼續爲之者，供役不動產所有人得終止不動產役權（民859-2準用836-2、836-3）。

意定不動產役權人使用供役不動產，應依其設定之目的及約定之方法爲之，本爲當然法理，不動產役權人使用供役不動產如違反設定之目的及約定之方法者，應使供役不動產所有人有權予以阻止，若經阻止仍未改善並使其有終止之權，方得維護不動產資源之永續性及供役不動產所有人之權益。故上開條文之增訂並非就不動產役權創設新的權利義務內容，對於增訂以前已經成立的不動產役權，應得作爲舊法的法理，而適用之。

（二）必要行爲權

不動產役權人因行使或維持其權利，得爲必要之附隨行爲。但應擇於供役不動產損害最少之處所及方法爲之（民854）。此必要行爲非指行使不動產役權之行爲，而是行使不動產役權以外的另一行爲，如汲水不動產役權於必要

時，得為埋設涵管的附隨行為，又如為通行供役不動產於必要時，得在其上為修築道路的附隨行為，但仍不得濫行使用此一權利，故應使其所有人因此而受之損失，盡量減至最低。

（三）物上請求權

不動產役權於其不動產役權之範圍內，得直接支配供役不動產，與所有人無異，故民法關於所有人物上請求權的規定，於不動產役權準用之（民767Ⅱ），即對於無權占有或侵奪其不動產役權者，得請求返還之，對於妨害其不動產役權者，得請求除去之，對於有妨害其不動產役權之虞者，得請求防止之。

（四）維持設置的義務

不動產役權人因行使權利而為設置者，有維持其設置之義務；其設置由供役不動產所有人提供者，亦同（民855Ⅰ）。此項規定的目的，即在平衡不動產役權人與供役不動產所有人之利益。

（五）租金給付的義務

不動產役權訂有租金者，不動產役權人即有給付之義務。不動產役權設定後，因供役不動產價值之昇降，依原定地租給付顯失公平者，當事人得請求法院增減之。未定有地租之不動產役權，如因供役不動產之負擔增加，非當時所得預料，仍無償使用顯失公平者，供役不動產所有人得請求法院酌定其地租（民859-2準用835-1）。供役不動產所有權讓與時，已預付之地租，非經登記，不得對抗第三人（民859-2準用836-1）。

（六）役權變更請求權

不動產役權人因行使不動產役權之處所或方法有變更之必要，而不甚妨礙供役不動產所有人權利之行使者，得以自己之費用，請求變更之（民855-1）。

（七）役權拋棄權

不動產役權無支付地租之約定者，不動產役權人得隨時拋棄其權利（民859-2準用834）。不動產役權定有期限，而有支付地租之約定者，不動產役權人得支付未到期之3年分地租後，拋棄其權利。不動產役權未定有期限，而有支付地租之約定者，不動產役權人拋棄權利時，應於1年前通知供役不動產所有人，或支付未到期之1年分地租。因不可歸責於不動產役權人之事由，致供役不動產不能達原來使用之目的時，不動產役權人於支付前二項地租二分之一後，得拋棄其權利；其因可歸責於供役不動產所有人之事由，致供役不動產不能達原來使用之目的時，不動產役權人亦得拋棄其權利，並免支付地租（民859-2準用835）。

二、供役不動產所有人的權利義務

（一）租金收取權

不動產役權訂有租金者，供役不動產所有人即得請求之。

（二）設置使用權

供役不動產所有人於無礙不動產役權行使之範圍內，得使用不動產役權人因行使權利而為之設置（民855Ⅱ）。

（三）費用分擔之義務

供役不動產所有人使用前述之設置時，應按其受益之程度，分擔維持其設置之費用（民855Ⅱ），俾維持公平。

（四）役權變更請求權

供役不動產所有人因行使不動產役權之處所或方法有變更之必要，而不甚妨礙不動產役權人權利之行使者，得以自己之費用，請求變更之（民855-1）。

（五）終止權

　　不動產役權人積欠地租達2年之總額，除另有習慣外，供役不動產所有人得定相當期限催告不動產役權人支付地租，如不動產役權人於期限內不為支付，供役不動產所有人得終止不動產役權。不動產役權經設定抵押權者，並應同時將該催告之事實通知抵押權人。地租之約定經登記者，不動產役權讓與時，前不動產役權人積欠之地租應併同計算。受讓人就前不動產役權人積欠之地租，應與讓與人連帶負清償責任。前述終止，應向不動產役權人以意思表示為之（民859-2準用836）。不動產役權人違法使用供役不動產，經供役不動產所有人阻止而仍繼續為之者，供役不動產所有人得終止不動產役權。不動產役權經設定抵押權者，並應同時將該阻止之事實通知抵押權人（民859-2準用836-3）。

第六節　不動產役權的消滅

一、法院宣告消滅

　　不動產役權除依一般物權消滅的原因而消滅外，如不動產役權之全部或一部無存續之必要時，法院因供役不動產所有人之請求，得就其無存續必要之部分，宣告不動產役權消滅（民859Ⅰ），以保護供役不動產所有人的權益。不動產役權原已支付對價者，不動產役權消滅時，不動產役權人得依不當得利之規定，向供役不動產所有人請求返還超過部分之對價。

　　法院宣告不動產役權消滅，係以不動產役權「無存續必要」為要件，而不動產役權有無存續之必要，並非考量供役不動產所有人與需役不動產所有人間之設定原因關係，而係考量需役不動產對供役不動產有不必存續之情形時，即因不動產役權無存在之必要，或因情事變遷無存在可能之謂。故地役權有無存續之必要，並非考量以供役地所有人與需役地所有人間之設定原因關係，而係考量需役地對供役地有不必存續之情形時，即因地役權無存在之必要，或因情事變遷無存在可能之謂（99台上2076）。準此，買賣標的之需役地在客觀上必需通行供役地始能對外聯絡，則買賣標的之需役地因地役權對供役地之通行，即屬有繼續存在之必要，不因供役地所有人與需役地所有人間之設定原因關係

而受影響（101台上239）。

二、需役不動產滅失或不堪使用

　　不動產役權乃是為需役不動產而存在，故因需役不動產滅失或不堪使用而消滅（民859II）；基於以使用收益為目的之物權或租賃關係而使用需役不動產者，為該不動產設定之不動產役權，因以使用收益為目的之物權或租賃關係之消滅而消滅（民859-3II），因為此種不動產役權乃使用需役不動產者為自己之利益而設定，其設定無須得到需役不動產所有人之同意，故該不動產役權之存續應以其得使用需役不動產之權利存續為前提，故應隨原權利消滅而歸於消滅。例如乙對甲的A地有普通地上權，並因而對相鄰的丙的B地有不動產役權，如乙的普通地上權消滅，則對B地的不動產役權亦歸於消滅。

　　不動產役權消滅時，不動產役權人得取回其所為之設置，但應回復土地原狀。不動產役權人不於不動產役權消滅後一個月內取回其設置者，設置歸屬於供役不動產所有人。其有礙於土地之利用者，供役不動產所有人得請求回復原狀。不動產役權人取回其設置前，應通知供役不動產所有人。供役不動產所有人願以時價購買者，不動產役權人非有正當理由，不得拒絕（民859-1準用839）。

第六章　抵押權

　　民法物權編第六章規定抵押權，並分為三節，即普通抵押權（民860）、最高限額抵押權（民881-1）與其他抵押權（民882），主要是以不動產及不動產物權為標的物的抵押權。特別法上規定的抵押權，主要是以其他財產為標的物的抵押權，例如動產擔保交易法規定的動產抵押權（第15條以下）、海商法規定的船舶抵押權（第33條以下）及民用航空法規定的航空器抵押權（第18條）。

第一節　普通抵押權

第一項　普通抵押權的意義

　　普通抵押權，是指債權人對於債務人或第三人不移轉占有而供其債權擔保之不動產，得就該不動產賣得價金優先受償之權（民860）。例如甲向乙借款1000萬元，乙要求就不動產設定擔保物權，在甲屆期未清償全部債務時，得聲請法院拍賣該不動產，並就該不動產賣得價金優先受清償，如甲提供自有的A屋，設定抵押權，以擔保乙的1000萬元債權，則甲為債務人兼抵押人，乙為債權人兼抵押權人，A屋為抵押物，該債權為抵押債權。如由第三人丙提供B屋以擔保債權，則就物權的關係言，抵押物為B屋，乙為抵押權人，丙為抵押人，有時也被稱為物上保證人，但抵押權是以抵押物擔保債權，與保證人是以人的信用擔保債權，並不相同，似不宜混用「保證人」一詞。

　　普通抵押權與最高限額抵押權，均為抵押權，均以不動產為抵押物，也均有其各自所擔保的債權；但普通抵押權所擔保的債權，是內容具體、特定的債權，而最高限額抵押權擔保的，是債權人對債務人在一定範圍內的不特定債權，包含將來才發生的債權在內，並以最高限額為限，而受抵押權之擔保（民881-1）。故在上述案例中，債權人乙的抵押權所擔保的，如為其發生原因具體且特定的某1000萬元債權，即為普通抵押權，如為甲欠乙的某些債權及將來可能發生的某些債權，在1000萬元限度之內均受其擔保，則為最高限額抵押權。

第二項　普通抵押權的特性

抵押權是以抵押物的抽象交易價值，擔保其所擔保的抵押債權，故抵押權人於債權已屆清償期，而未受清償者，得聲請法院，拍賣抵押物，就其賣得價金而受清償（民873）。基於此項擔保物權的基本功能，抵押權在成立之後，即將被擔保的債權與抵押物結合為一體，以實現其擔保債權的功能。下列三種特性都是擔保物權的共通特性，從屬性著重在抵押權與被擔保債權的結合關係，代位性著重在抵押權與抵押物價值的結合關係，被擔保債權的不可分性著重在抵押權與被擔保債權的結合關係，抵押物的不可分性則著重在抵押權與抵押物的結合關係。

一、從屬性

普通抵押權的目的，是在對於被擔保的原債權（主債權、抵押債權），擔保其屆期將被清償。一般並因此認為，普通抵押權是從屬於抵押債權的從物權，並具有發生上的從屬性、處分上的從屬性（移轉上的從屬性）及消滅上的從屬性。

（一）發生上的從屬性

1. 基本原理

普通抵押權在司法實務被稱為「從物權」，最高法院曾謂，抵押權係從屬於債權而存在，必先有被擔保之債權存在，而後抵押權始得成立，而其債權及抵押權恆屬於同一人，故不可能發生抵押權所擔保之債權不存在，而登記為抵押權人之人得享有該抵押權，甚至拍賣該抵押物而受償的情形（83台上423）。此即普通抵押權的發生上從屬性，其理論及規範依據，是普通抵押權以「擔保債權」為其要件（民860），故其發生及存在，係以抵押債權存在為前提，無抵押債權，即無普通抵押權，縱然已經為普通抵押權之設定登記，該普通抵押權仍因違反物權法定主義，而歸於無效（民757、71），抵押物所有人得請求塗銷其登記。

普通抵押權因具有發生上的從屬性，係為擔保特定債權而發生，故設定時須指明其所擔保的特定債權為何，且以其所指明的抵押債權存在為限，該普通

抵押權始得有效成立。關於抵押債權是否存在的爭議，最高法院曾謂：抵押權
為從物權，以其擔保之債權存在為發生之要件，契約當事人間除以債權之發生
為停止條件，或約定就將來應發生之債權而設定外，若所擔保之債權不存在，
縱為抵押權之設定登記，仍難認其抵押權業已成立，乃抵押權成立上（發生
上）之從屬性；如無被擔保的借款或保證等債權債務關係存在，抵押物所有人
即得訴請塗銷系爭抵押權設定登記（94台上112）。根據此項原則，如為擔保
已發生之債權而設定普通抵押權，於設定登記完畢後，發現所擔保的債權，有
不成立、無效、被撤銷或有其他使債權歸於消滅的情事時，該普通抵押權仍因
不具有發生的從屬性，而不生效力。

2. 從寬適用

　　基於普通抵押權的發生上從屬性，抵押債權必須為特定的債權，甚至將其
理解為抵押債權必須於抵押權設定時既已發生，不得為設定之後始發生之債權
（100台上1648）。後來為承認最高限額抵押權的有效性，司法實務即從寬適
用此一原則，認為在當事人合意並經登記的情形下，只須將來實行抵押權，拍
賣抵押物時，有被擔保之債權存在，即為已足（47台上535、62台上776）。

　　對抵押權從屬性原則從寬解釋後，最高法院再指出，為使抵押權能發揮媒
介投資手段之社會作用，應承認具有獨立性之抵押權，即設定抵押權之目的係
在擔保債權之清償，則只須將來實行抵押權時有被擔保之債權存在即為已足，
故契約當事人如訂立以將來可發生之債權為被擔保債權，亦即其債權之發生雖
屬於將來，但其數額已經預定者，此種抵押權在債權發生前亦得有效設立及登
記；易言之，抵押權惟有在依當事人合意之內容及登記上之記載無從特定其擔
保債權之範圍，或其所擔保之債權有無效、不成立、被撤銷或依其情形無發生
可能時，始得謂違反抵押權設定之從屬性（91台上1955）。

　　上述從寬解釋抵押權從屬性原則的見解，是最高法院針對最高限額抵押
權所提出，現行民法對於最高限額抵押權已設專節規定，並與普通抵押權區隔
後，此等見解即不宜再適用於普通抵押權。最高限額抵押權所擔保的債權，乃
是在最高限額之限度內，債權人對債務人在一定範圍內的不特定債權，除已
經發生或特定的債權外，並包含最高限額抵押權設定後所發生的債權（民881-
1）。由於最高限額抵押權擔保的不特定債權的範圍，仍有一定的限制，即應
以當事人合意之內容及登記上之記載為準，故最高限額抵押權雖然在設定時，

並無對特定債權的發生上從屬性，仍應從屬於當事人的合意及登記內容，其約定的不特定債權並應有發生的可能性，其抵押權始有意義。

（二）處分上的從屬性

1. 不得由債權分離

關於普通抵押權的處分上從屬性，民法第870條規定，抵押權不得由債權分離而爲讓與，或爲其他債權之擔保。抵押權「不得由債權分離」，旨在說明普通抵押權自從設定以後，即與抵押債權結爲一體，本身不具獨立性，不得單獨讓與，也不得轉爲抵押債權以外的「其他債權」的擔保。例如甲於去年1月10日向乙借款1000萬元，並以A屋設定普通抵押權予以擔保，後來又於去年7月10日向甲借款1000萬元，乙於去年12月10日向丙借款1000萬元，則乙雖爲抵押權人，並爲債權人，但不得將其就A屋的普通抵押權單獨讓與給丙，以擔保丙對乙的1000元債權，也不能將其與1月10日的借款債權分離，而作爲7月10日的借款債權的擔保。之所以如此，乃是因爲普通抵押權只爲特定的抵押債權（1月10日）而設定，其他債權即使借款的金額相同，也是不同的債權，而不在其擔保的範圍。本條爲禁止規定，違反其規定，而將普通抵押權由債權分離而爲讓與，或使其作爲其他債權之擔保者，其法律行爲均屬無效（民71）。

2. 隨同債權移轉

民法第870條強調普通抵押權「不得由債權分離」的本質，此外尚有民法第295條關於債權讓與的規定，使普通抵押權應隨同抵押債權而讓與給債權的受讓人。讓與債權時，該債權之擔保及其他從屬之權利，隨同移轉於受讓人；但與讓與人有不可分離之關係者，不在此限（民295Ⅰ）。抵押債權被債權人讓與給第三人時，普通抵押權即爲「該債權之擔保」之一種，故依上述規定，該債權的普通抵押權，即「隨同移轉」予受讓人。例如上述例中的乙，將其去年1月10日貸款給甲的1000萬元債權讓與給丁，丁受讓之債權爲抵押債權，乙原來就A屋取得的普通抵押權，即隨同抵押債權而由丁取得。丁之取得普通抵押權，乃因民法295條第1項規定當然發生，係屬法定移轉，無待登記即發生移轉之效力，與普通抵押權的意定移轉，須經登記始發生移轉效力的情形有異（87台上576）。故抵押債權之讓與人於讓與債權時，縱未將抵押物列入債權擔保品一覽表，其普通抵押權亦隨同債權而移轉予受讓人（98台上1892）。

3. 不適用於最高限額抵押權

民法第870條「不得由債權分離」及第295條「隨同移轉」的上述規定，都是以特定的債權被擔保為前提，故得直接適用於普通抵押權。但最高限額抵押權所擔保的是一定範圍內的不特定債權，在原債權確定以前，尚無特定的抵押債權存在，故無法適用上述原則。民法為此特別將第870條，排除在最高限額抵押權的準用範圍之外（民881-17），並規定最高限額抵押權所擔保之債權，於原債權確定前讓與他人者，其最高限額抵押權不隨同移轉（民881-6 I）。

值得注意的是，最高限額抵押權所擔保之原債權確定事由發生後，債務人或抵押人得請求抵押權人結算實際發生之債權額，並得就該金額請求變更為普通抵押權之登記；但不得逾原約定最高限額之範圍（民881-13）。在此種情形下，抵押權人被擔保的債權，即由原來約定的不特定債權，變更為實際已經發生，並經結算而在約定最高限額之內的債權額，並以此一已經確定及特定化的債權額為限，始得實現抵押權，原來的最高限額抵押權亦因而變更性質，而成為普通抵押權，並適用普通抵押權從屬性的相關規則。

（三）消滅上的從屬性

普通抵押權之設定，在擔保特定的抵押債權之履行，故為從屬於抵押債權之從物權，依抵押債權而存在。債之關係消滅者，其債權之擔保及其他從屬之權利亦同時消滅（民307）。普通抵押權為「債權之擔保」之一種，故如抵押債權因清償、提存、抵銷、免除等原因而全部消滅時，普通抵押權亦同時消滅。此時普通抵押權的消滅，是因為其已經沒有被擔保的債權，不符合其存續的要件，也是依法律規定（民307）而發生的權利變動，所以不以辦理登記為必要，普通抵押權已當然歸於消滅。

抵押權是不動產物權，並不適用請求權消滅時效的規定，也不會隨同抵押債權的罹於時效，而罹於時效，故以抵押權擔保之請求權，雖經時效消滅，債權人仍得就其抵押物取償（民145 I）。上述抵押權的消滅上從屬性原則，對於最高限額抵押權，並無適用餘地，因為最高限額抵押權擔保的債權包含將來可能發生的不特定債權，只要其所擔保之原債權尚未確定，即使原受擔保之原債權均已消滅，最高限額抵押權仍不消滅，而應為將來繼續發生之債權而存在。

不過，最高限額抵押權之存續，仍應以其擬擔保的不特定債權，將來仍有發生的可能性，爲其前提。實務上認爲，最高限額抵押契約定有存續期間者，其期間雖未屆滿，然若其擔保之債權所由生之契約已合法終止或因其他事由而消滅，且無既存之債權，而將來亦確定不再發生債權，其原擔保之存續期間內所可發生之債權，已確定不存在，依抵押權之從屬性，應許抵押人請求抵押權人塗銷抵押權設定登記（83台上1055、92台上1401）。依此一見解，似可認爲最高限額抵押權也具有消滅上的從屬性，只是在原債權確定以前，其非從屬於特定的債權，而是從屬於將來可望被確定的不特定債權，如此等不特定的債權已無發生的可能，亦可解爲該最高限額抵押權的要件已經有所欠缺，或依消滅上的從屬性原則，因當然歸於消滅。

二、不可分性

普通抵押權的目的，是在以抵押物的全部價值，擔保所有的抵押債權均可完全受清償，故普通抵押權設定時，須確定供擔保的抵押物及被擔保的債權，只要是設定時抵押物及抵押債權，均構成抵押權整體的一部分，抵押物的每一部分均擔保債權全部會獲得清償。實務上將此種特性，稱爲「抵押權之不可分性」（66台上250），民法並分爲二種不可分性而分別規定之。

（一）抵押物的不可分性

1.抵押物爲一整體

普通抵押權設定之後，即成爲抵押物的物上負擔，直接支配抵押物，故抵押人如就抵押物，再設定抵押權、地上權或其他用益物權、成立租賃關係，乃至將抵押物讓與他人，其抵押權均不受影響（民865至867）。此項物上負擔存在於抵押物的整體，無論抵押物的任何部分，均無法自外於此項物上負擔，即使抵押物其後在法律上分割爲數物，只要其原來屬於抵押物的一部分，即均仍爲抵押物，不因爲抵押物被分割爲數個物，而影響抵押權的存續。

2.抵押物的部分處分

因此，民法第868條規定：「抵押之不動產如經分割，或讓與其一部，或擔保一債權之數不動產而以其一讓與他人者，其抵押權不因此而受影響。」本條規定下列三種情形：

　　(1)抵押物分割：例如甲、乙共有A地，各有應有部分二分之一，甲向丙舉債1000萬元，徵得乙之同意，以甲、乙共有的A地，爲丙設定普通抵押權，後來甲、乙將A地分割爲A1及A2二筆土地，甲、乙分別取得A1地及A2地之單獨所有權，因A1地及A2地原爲A地之一部分，丙的抵押權仍存在A1地及A2地，並非僅存於債務人甲分得之A1地；

　　(2)抵押物讓與一部：例如甲有A地，並以A地設定普通抵押權，擔保丙對甲的1000萬元債權，後來甲將A地分爲A1及A2二筆土地，自己保留A1地，將A2地讓與給乙，因A1地及A2地原爲A地之一部分，丙的抵押權仍存在A1地及A2地，並非僅存於債務人甲保留的A1地；

　　(3)數抵押物讓與其中之一：例如甲有A1及A2二筆土地，並以A1地及A2地設定共同普通抵押權（民875），擔保丙對甲的1000萬元債權，後來甲自己保留A1地，將A2地讓與給乙，因A1地及A2地均爲抵押物，丙的抵押權仍存在A1地及A2地（民867但），並非僅存於債務人甲保留的A1地。

3. 共有抵押物的分割

　　分別共有之A地設定普通抵押權的情形，與共有人將其應有部分設定普通抵押權，應予區別。例如在前述(1)之例中，甲僅以自己就A地的應有部分二分之一，設定普通抵押權擔保丙的債權，後來甲、乙將A地分割爲A1及A2二筆土地，由甲、乙分別取得A1地及A2地，由於共有物分割係採移轉主義（民825），如甲、乙於分割前，未先徵得抵押權人丙同意，於分割後，仍以原就A地的應有部分二分之一設定的普通抵押權，分別轉載爲A1地及A2地各應有部分二分之一的普通抵押權，抵押權人並得就A1地應有部分二分之一及A2地應有部分二分之一，實行抵押權，即A地雖已分割爲A1及A2二筆土地，就丙的抵押權的行使而言，甲與乙就A地之全部仍回復共有關係。如丙的普通抵押權已經實行，並拍賣A1地應有部分二分之一而獲得債權之全部清償，則乙的A2地經轉載之應有部分二分之一的普通抵押權，宜認爲已實行或抵押債權已消滅而消滅（釋671）。

4. 抵押的應有部分的分割

　　上述共有物分割的規定，也適用於爲抵押物的應有部分的分割。例如在前述(1)之例中，甲僅以自己就A地的應有部分二分之一，設定普通抵押權擔保丙的債權，甲並將其應有部分二分之一讓與給丁，抵押權人丙對於受讓抵押物

之丁之應有部分，仍得就全部債權行使權利（民867但），如丁將其應有部分再分割2個四分之一，分別讓與給戊及庚，則戊及庚自丁受讓的應有部分四分之一，基於抵押物的不可分性，即民法第868條規定，其應有部分均屬抵押物之範圍，抵押權人丙對於自丁受讓抵押物之戊及庚之應有部分，仍得就全部債權行使權利，受讓抵押物應有部分之戊及庚，不得僅支付與受讓部分相當之金額，即抵押債權的二分之一，而免其責任（82台上3153）。

最高限額抵押權與普通抵押權的主要區別，是在於所擔保的債權部分，至於在抵押物的部分，與普通抵押權並無不同，因此民法第868條的規定，於最高限額抵押權亦準用之（民881-17）。換言之，最高限額抵押權的抵押物，在關於抵押物不可分性的部分，也都可以比照上述關於普通抵押權的說明。

（二）抵押債權及債務的不可分性

1. 抵押債權之分割或讓與其一部

普通抵押權所擔保的，是特定的債權，並於抵押權成立時即已確定，並與普通抵押權結合為一體，故只要是抵押債權的任何一部分，都得到普通抵押權的完全擔保，即債權的任何一部分屆期未獲得清償，均得就抵押物的全部，實行抵押權。只要是被普通抵押權擔保的抵押債權，不問其在形式上為一個債權或數個債權，均有上述原則的適用。由於普通抵押權具有前述處分上的從屬性，故抵押權人將其抵押債權的全部或任何一部分，讓與給第三人時，普通抵押權隨同被讓與的抵押債權，均由受讓人取得，故抵押債權無論如何細分或如何讓與，均不改變普通抵押權對抵押債權的擔保，只要原來是抵押債權，即一直受普通抵押權的擔保。

民法第869條第1項因此規定，以普通抵押權擔保之債權，如經分割或讓與其一部，其抵押權均不因此而受影響。抵押債權之此種不可分性，並非指抵押債權不得分割或讓與其一部，而是指以抵押權擔保之抵押債權，雖有分割，而該普通抵押權仍屬完整，即分割後之各債權人，得就分割所得之部分債權，行使其全部抵押權而言（58台抗301）。例如甲向乙、丙共同舉債借款1000萬元，並以自有的A地，設定普通抵押權擔保該1000萬元債權，債權人乙、丙後來分割債權，各自分得500萬元債權，丙且讓與其中200萬元之債權給丁，由於乙、丙、丁的前述債權，原來就是抵押債權的一部分，雖然經過債權分割、讓

與一部分等過程，除非當事人間另有特別之約定，否則其債權都仍爲抵押債權，仍受甲的A地的完全擔保，無論乙、丙、丁的債權中任何一部分未獲得清償，均得實行抵押權。

最高限額抵押權所擔保的債權，在原債權確定以前，乃是在一定範圍內，並以最高額爲限的不特定債權，其與普通抵押權所擔保的特定債權不同，故前述民法第869條第1項規定，無法準用於最高限額抵押權（民881-17）。不過，最高限額抵押權所擔保的不特定債權，是否因其分割或讓與其一部，而溢出其可受擔保的範圍，應以抵押權的設定契約書的約定爲準，即該抵押權原來要擔保其債權的債權人，是否因原債權分割或讓與其一部，而溢出原來約定應受擔保的債權人範圍？故就此而言，至少就讓與債權之一部的情形，就原來的債權人即讓與人的部分，其自己保留的債權應仍在最高限額抵押權擔保的範圍之內。

2. 抵押債權之債務分割或承擔其一部

(1)債權面向與債務面向有其差異

民法第869條第2項規定，「前項規定，於債務分割或承擔其一部時適用之。」立法理由指出，債務之一部承擔與債務分割同屬債之移轉，均有擔保物權不可分性之適用。故以普通抵押權擔保之債權，於債務分割或承擔其一部時，其抵押權不因此而受影響。例如甲與乙共同對丙負債1000萬元，並由丁提供A地，設定普通抵押權予以擔保，因該普通抵押權與丙的抵押債權結合而爲一體，只要該1000萬元債權的如何一部分，都得到該普通抵押權的整體擔保，依上述規定，如甲、乙分割債務，而各負500萬元債務，或第三人戊承擔其中400萬元債務，該普通抵押權均應繼續予以擔保。

普通抵押權主要是爲擔保抵押債權，抵押債權的讓與、分割或讓與一部，其抵押債權的各部分，固然繼續被普通抵押權擔保；不過，抵押債權的債務分割或承擔其一部，涉及債務人的變更，有時會直接影響抵押債權被清償的可能性，如果提高該普通抵押權被實行的可能性，或增加抵押物賣得價金被該抵押權人優先受償的數額，減少抵押人得取回的價金數額，或減少後次序的抵押權人優先清償的數額，得否任由債權人與債務人自由爲之，似值得特別予以考慮。

(2)抵押人及後次序抵押權人的保護問題

就前所舉之設例而言，丁的A地如設定第一次序普通抵押權，擔保丙對甲、乙共同負擔的債權1000萬元，再設定第二次序普通抵押權，擔保庚對丁的1000萬元債權，在甲有充分的償債能力，而乙、戊顯無資力的情形下，乙因債務分割而單獨負擔的債務或戊因承擔債務而單獨負擔的債務，均將因無力清償而就A地的賣得價金優先受清償，而影響第二次序的抵押權人庚優先受清償，或抵押人丁最後取回的剩餘價金的數額，故應特別考慮保護後次序的抵押權人庚及抵押人丁的利益的問題。

因為民法第304條規定，從屬於債權之權利，不因債務之承擔而妨礙其存在，但與債務人有不可分離之關係者，不在此限（第1項）；由第三人就債權所為之擔保，除該第三人對於債務之承擔已為承認外，因債務之承擔而消滅（第2項）。最高法院就本條第2項的適用曾指出，第三人就債權提供擔保，恆係基於其與債務人間之信賴關係，倘債務由他人承擔，原債務人脫離債之關係時，自不能強求該第三人對於承擔人續負擔保責任，故其應適用於免責之債務承擔，惟於併存的債務承擔，因承擔人係加入為債務人，與原債務人同負給付責任，原債務人並未脫離債務關係，該第三人提供擔保之基礎並無變更，自無該項規定之適用（93台上364）。

(3)併存的債務承擔與免責的債務承擔

基於同一理由，第三人的債務承擔，須為併存的債務承擔，始得認為擔保其債權的普通抵押權不因此而受影響，應繼續予以擔保；如為免責的債務承擔，即使只是承擔其一部，原債務人亦就該部分脫離債之關係，就此一部分而言，似應適用民法第304條第2項，認為普通抵押權消滅，較為合理。債務的分割，使數債務人仍由共同為全部負責，變更為各自為一部分負責，使債權受清償的可能性降低，也實質改變債之關係，似亦應類推適用民法第304條第2項之規定，認為原擔保其債權之普通抵押權消滅，較為合理。

第869條第2項關於普通抵押權擔保之債權債務分割及承擔其一部之規定，於最高限額抵押權有應予以準用的規定（民881-17）。不過，最高限額抵押權所擔保之債權，為不特定之債權，且通常第三人已約定其債務人應為何人，如第三人為免責的債務承擔，將變更其債務人，而溢出其被擔保的債權的範圍，故似應以第三人為併存的債務承擔，始得準用之。就此而言，民法第881-6條

第2項的下列規定，似乎成爲整體準用之後的除外規定：最高限額抵押權所擔保之債權，於原債權確定前經第三人承擔其債務，而債務人免其責任者，抵押權人就該承擔之部分，不得行使最高限額抵押權。

三、代位性

（一）抵押權因抵押物滅失而消滅

抵押權是以不動產爲標的物（民860），是典型的物權，其目的在使抵押權人，於債權已屆清償期，而未受清償者，得聲請法院，拍賣抵押物，就其賣得價金而受清償（民860），故具有價值權的性質。物權與價值權的性質有時會發生衝突，特別是在抵押物滅失，但抵押人就抵押物的價值，轉移而成爲其他權利時，從物權的性質來看，抵押權已經沒有抵押物可供支配，其物權應歸於消滅；但從價值權的角度來看，只要其價值仍在，抵押權即轉而支配其價值，不因抵押物滅失而受影響。民法第881條第1項規定：「抵押權除法律另有規定外，因抵押物滅失而消滅。但抵押人因滅失得受賠償或其他利益者，不在此限。」依本項規定，抵押權之標的物滅失時，其抵押權原則上應即消滅，即採取抵押權爲物權的基本原則，輔以價值權的補充規定。

值得注意的是，抵押物滅失因而使抵押權消滅者，是抵押物全部均滅失的情形，因爲抵押物如僅毀損或一部滅失，則抵押物的價值雖然因而減少，仍不失其存在，故抵押權仍然存續。至於抵押物毀損或一部滅失，致抵押物價值減少，而抵押人獲得賠償或其他利益時，爲期公平，亦應使抵押權人取得質權，故宜準用抵押物滅失的規定（民881IV）。所謂抵押物滅失，主要是指事實上之滅失而言，例如抵押物因地震倒塌、被炸毀或燒毀、被河水或土石流沖毀、或抵押之木造房屋被拆除（如有改建之新屋，該新屋並非原抵押權之抵押物，見最高法院57年度第1次民、刑庭總會會議決議（四））等。

抵押人因處分行爲致喪失其抵押物之所有權時，因抵押權不因而受影響（民867但），故不適用抵押物滅失的規則；但抵押物經公用徵收時，徵收機關就徵收物的所有權爲原始取得，原來設定之抵押權亦歸於消滅，則應適用抵押物滅失的規定。實務見解也認爲：此所謂滅失包括法律上之滅失，如抵押物之公用徵收，因抵押物之滅失而得受之賠償金（如徵收補償費），仍受擔保物

權之支配，即就抵押人因抵押物之滅失得受之賠償，抵押權人所得行使之權利不當然消滅，惟其性質已轉換為權利質權（優先受償權），以保障抵押權人之權益（102台上220）。

（二）抵押權的替代權利

抵押物滅失時，立法上為避免抵押權人因抵押權消滅而受損失，而抵押人竟因抵押物滅失而獲得不當之利益，乃設計抵押權人依抵押權物上代位性（或稱代物擔保性）所得行使之權利，惟該權利之性質為何，學者見解不同，有擔保物延長說（日本）與法定債權質權說（德、瑞），為期明確，民法第881條第2項於96年修法時，乃明定係屬權利質權（最高法院認為修訂前之舊法亦可採取同一見解，101台上600）。

換言之，原抵押權人的抵押權因抵押物滅失而消滅時，法律將同時規定原抵押權人取得新的擔保物權，並得繼續支配抵押人獲得之利益之價值。原抵押權人取得的新擔保物權，如規定其仍為抵押權，其實已經不是昔日的抵押權的延長，因為該抵押權的標的物已經不是原來的不動產，甚至不是不動產，而是抵押人因而取得的賠償或其他利益；如規定為質權，則將依抵押人取得的利益的性質，而規定抵押權人取得權利質權或動產質權，而此等質權的功能是在取代原來的抵押權，其標的物不是已經滅失的不動產，而是抵押人因抵押物滅失而取得的權利或動產。

抵押權之所以因抵押物滅失而消滅，乃因為抵押權是以不動產為標的物的擔保物權，其存在的前提是抵押權的要件仍然具備，故抵押物如已滅失，抵押權即欠缺因以不動產為標的物的要件（民860），而應歸於消滅。最高法院判例曾認為擔保物雖滅失，然有確實之賠償義務人者，依照民法第881條及第899條之規定，該擔保物權即「移存於得受之賠償金之上，而不失其存在」，此即所謂擔保物權之代物擔保性（59台上313）。此項見解係認為修正前民法第881條未採抵押權消滅主義，而採抵押權延長主義，衡諸其立法理由，並非正確。在民法第881條第1項維持抵押權消滅的原則，第2項另以權利質權替代抵押權的情形下，原抵押權應不再延長，上述判例見解，似應不再採用。同理，民法第862-1條第1項「抵押物滅失之殘餘物，仍為抵押權效力所及」的規定，係採抵押權延長說，在其第2項已採動產質權說，規定「依質權之規定，行使其權

利」的情形下，亦應回歸抵押權消滅的原則，以求理論上之一貫。

上述質權乃是基於抵押權之物上代位性（代物擔保性），作為原抵押權之代替，係因抵押物之滅失而當然發生，不待抵押權人向義務人主張即已發生（78台上1509），故為保障各抵押權人之權益，各該質權之次序，應與其原抵押權相同。例如甲以A地，分別設定第一次序及第二次序的抵押權給乙及丙，擔保其各自的1000萬元債權，後來抵押物A地被公用徵收，致乙及丙的抵押權均消滅，此時甲對徵收機關取得徵收補償費之請求權，乙及丙對於甲的徵收補償費請求權，則分別有第一次序及第二次序的權利質權。

（三）質權的標的物

抵押物滅失後，抵押權消滅，但如抵押人因滅失得受賠償或其他利益者，抵押權人所得行使之權利不當然消滅，惟其性質已轉換為動產質權或權利質權，並以原抵押權的次序，為該質權的次序。故上述情形的抵押權人，得請求占有該殘餘物或動產，並依質權之規定，行使其權利（民862-1 II）；抵押權人對於前述抵押人所得行使之賠償或其他請求權有權利質權，其次序與原抵押權同（民881 II）。

上述質權的標的物，乃是抵押人因抵押物滅失得受的「賠償或其他利益」，其內容包含抵押人所得受的一切利益及給付物，無論抵押人自義務人受領給付者，為金錢、動產、不動產或其他財產權，均屬之，在義務人未給付前，抵押人對該義務人僅有給付請求權，給付物並未特定，此時即以其給付請求權，為抵押物之代位物。例如抵押人甲將其A屋設定抵押權給抵押權人乙，後來因丙地方政府實施土地重劃，A屋遭拆除，丙地方政府應給付甲地上改良物之補償金，乙的抵押權因抵押物滅失而消滅後，甲對丙雖有補償金請求權，但乙就甲之該請求權，即有權利質權。（平均地權條例第64條第2項規定，就以地上建築改良物設定抵押，因實施市地重劃致不能達其設定目的時，其抵押權視為消滅，此乃為確保建物抵押權人之抵押債權，特別規定建物抵押權人得請求土地所有權人就其因市地重劃分配取得之土地設定抵押權，使建物抵押權人不因市地重劃結果造成損失，此為對建物抵押權人之特別保障之規定，不影響其就補償金請求權有權利質權，見92台上488。）

抵押物如已投保財產保險，當抵押物滅失時，抵押權歸於消滅，其受益人

亦得向保險人請求保險金的給付，此時將發生抵押權人是否就保險金請求權，有權利質權的問題。最高法院對此採肯定說，認為保險金之受益人，一經指定即生取得受益人地位之效力，無須受益人對保險人另為受益之意思表示，蓋保險契約之受益人地位，與民法第269條所定利他契約之第三人，不盡相同；於保險事故發生後，受益人對於保險人之保險金債權，即確定地取得，自非要保人所得任意變更或撤銷；保險金既為賠償金之一種，而民法就上述賠償金或賠償，並未設有任何限制，無論其係依法律規定取得，或依契約取得，均不失其為賠償金或賠償之性質，故保險金解釋上應包括在內（76台上726），即抵押權人就保險金請求權，應有權利質權。

不過，保險金乃是因保險契約而生的給付，並非抵押物滅失當然發生的賠償或賠償金，而且保險契約關於受益人，雖有仍指定為抵押人者，多數已經指定為抵押權人。本書認為，義務人因契約對抵押人所為的給付，如抵押人出售抵押物所得價金，並非此處的賠償金；如果保險金的作用不在填補損害，而是單純附條件的給付，且不影響被保險人的損害賠償請求權時，也非此處的賠償金。財產保險的保險金之所以是「賠償或其他請求權」，主要是因為即使關於抵押的滅失，另有應負賠償責任的第三人，保險人於給付賠償金額後，即得依保險法第53條規定，以不逾賠償金額為限，代位行使抵押人對於該第三人之請求權，抵押人只能在保險金與其他賠償之間選擇其中之一，所以保險金對抵押人而言，是抵押物價值的唯一替代，也因而應作為權利質權的標的。

此外，民法第881條第2項規定抵押權人的權利質權的標的物，是「前項抵押人所得行使之賠償或其他請求權」，故能直接適用本項規定的保險金，似應以指定抵押人為受益人的情形為限。在保險契約指定抵押權人為受益人時，抵押權人自己就是保險金的請求權利人，似無必要再認為其有權利質權。但最高法院認為，抵押人為防抵押物滅失毀損而與保險人締結保險契約，保險契約受益人雖約定係抵押權人，惟該保險金性質仍屬抵押物之代位物，應供全部抵押權人依原抵押權次序分配該保險金，始符公平；惟倘採取此種狹義解釋，認保險契約受益人若非抵押人，保險金即非屬抵押人因抵押物滅失得受之賠償，但保險金性質既屬抵押物之代位物，自仍應類推適用該條項規定，而填補該法律漏洞（101台上600）。

（四）抵押權人對給付義務人的權利

抵押物滅失，致抵押權消滅，而抵押權人對抵押人所得行使之賠償或其他請求權，有權利質權時，參考民法第907條規定之精神，其義務人如向抵押人或抵押權人一方為清償時，應得他方之同意，他方不同意時，義務人應提存其為清償之給付物。

為加強對抵押權人的保護，立法理由認為，負賠償或其他給付義務之給付義務人應向抵押權人給付，始為公允，民法第881條第3項並規定給付義務人如因故意或重大過失已向抵押人為給付，對抵押權人不生效力。此一規定似係將實務上下列見解，予以明文化：抵押權人得逕向賠償義務人請求給付，賠償義務人有對抵押權人給付之義務；有多數抵押權人存在時，應按各抵押權人之次序分配之，此際，賠償義務人即有分配之義務，倘抵押權人或抵押人有爭執時，得依民法第326條規定，將給付物提存之（76台上726），然後由爭執當事人以訴訟解決之。如義務人逕向抵押人給付，此項清償，不得對抗抵押權人，抵押權人仍得向給付義務人請求支付（102台上220）。

值得注意的是，抵押權人之所以得向給付義務人直接請求，乃是因為其具有權利質權人的地位，並且僅以其被擔保的債權額為限，始得行使權利，並非其已經受讓或取得全部權利。因此，抵押權人就其得清清給付之權利，應不得任意拋棄，或任意與給付義務人就給付數額達成和解。因為原抵押權人對於抵押物，原則上僅得實行抵押權，而不得任意處分抵押物；拍賣抵押物之賣得價金，如超過被擔保債權之金額，其餘額亦應返還給抵押人，以供其他債權人分配；抵押權因抵押物滅失而消滅後，抵押人有得受的賠償金之請求權時，該賠償金雖仍為擔保物，但原抵押權人對其僅有擔保物權（權利質權）而已，其本於擔保物權人的身分，仍不得任意處分擔保物或任意使擔保物的價值減少，而生損害於後次序抵押權人、一般債權人或原抵押人。

（延伸閱讀：陳榮傳，「代物擔保性、拋棄擔保權與拋棄擔保物——兼評最高法院101年台上字第600號民事判決」，台灣法學雜誌，第255期（2004年9月），第119頁至第126頁。）

（五）抵押物毀損時的抵押權人權利

如前所述，抵押物如非全部滅失，而僅毀損或一部滅失時，抵押物仍繼續存在，其抵押權即不因而消滅。就此一部分而言，自無第881條前三項之適用。抵押物因毀損或一部滅失，致抵押物價值減少，如抵押人因此獲得之賠償或其他利益，即不受擔保物權之支配，即難謂為公平。立法理由認為抵押人因抵押物毀損而得受之賠償或其他利益，亦應為抵押物毀損部分之代位物，故於第4項規定，抵押物因毀損而得受之賠償或其他利益，準用前三項之規定。

關於第1項的準用部分，由於抵押權是一個整體，無法分割，也不會因為抵押物毀損或一部滅失，而發生抵押權一部消滅的結果，故不宜直接準用之。就抵押人得受之賠償或其他利益，其作為擔保物權支配的客體的方法，除認為抵押權人可準用第2項，而對其有權利質權外，由於抵押權仍持續，也可以仿「抵押物之成分非依物之通常用法而分離成為獨立之動產者」，規定其「仍為抵押權效力所及」，但如單獨就該部分行使權利，亦應依其標的之不同，權利質權或動產質權的規定行使之（民862-1）。

抵押物毀損或一部滅失，必然都發生抵押物之價值減少之情事，民法第872條針對其發生原因，區別是否為可歸責於抵押人之事由，而規定抵押權人之提出擔保請求權（第1項及第4項）。此時，抵押權人仍有上述物上代位權規定之適用，如其權利同時併存，即發生權利競合情形，由於二者的目的均在使抵押權人的擔保物權適度擴張，自得由抵押權人擇一行使之。

第三項　普通抵押權的取得

普通抵押權的取得，可分為依法律行為及依其他原因而取得者，但因普通抵押權從屬於抵押債權，且抵押權人不占有抵押物，故以對標的物的占有事實為基礎的取得時效，其規定並不適用於普通抵押權（民772）。

一、依法律行為而取得

取得普通抵押權的法律行為，包括設定抵押權及讓與抵押權等二種。

（一）抵押權的設定

依抵押權設定行為，而取得的普通抵押權或最高限額抵押權，學說上稱為意定抵押權，以與法定抵押權區別。抵押權是不動產物權，故其設定行為須訂立書面，且非經登記，不生效力（民758），前述書面是指物權行為的書面，通常當事人會為此訂立抵押權設定契約書，並作為登記內容的附件。抵押權人不占有抵押物，故抵押權是以登記為公示方法，設定時抵押人亦無須交付抵押物。

1.登記的內容

抵押權設定時的登記，主要是將抵押權的內容公示。由於抵押權乃是以特定抵押物的價值，擔保抵押債權之被履行，故其需要以登記的方法加以公示的內容，即包含二個部分：(1)哪些不動產構成抵押物？(2)抵押物要擔保哪些債權？最高法院對此也有很深刻的論述：抵押權乃為擔保特定債權而存在，且係就特定物設定之，抵押物與擔保債權應均屬構成抵押權內容之重要部分，是以抵押權需以登記方法加以公示者，不啻著重於標的物之特定（何一不動產有抵押權），尚包括所擔保債權之特定，必該債權「種類及金額」均特定，於確定抵押權人對抵押物所得支配交換價值之限度後，後次序抵押權之設定始不致陷於不安狀態，或阻礙抵押物交換價值之有效利用。因之，已構成抵押權重要內容一部之特定標的物及特定擔保債權「種類暨金額」（標的物及擔保債權均特定），俱應為抵押權登記事項之範圍，各該特定事項非經依法逐一登記後，不生物權之效力，此即為抵押權所揭櫫表裏有密切關係之「公示原則」與「特定原則」（99台上1470）。

抵押權設定行為的「公示原則」，是指其非經登記，不生效力（民758Ⅰ），其「特定原則」是指其登記的內容應具體、確定，而可以發生抵押權的效力而言。上述登記的內容，由於抵押權是不動產定限物權，係就已為所有權登記的不動產，為他項權利的登記，因此對於其抵押物的登記，均在各該不動產的他項權利的欄位記載，判斷上較無問題。但關於被擔保債權的登記，將依其究竟是特定債權或不特定債權，而判斷該抵押權為普通抵押權或最高限額抵押權，此一部分的登記涉對債權的描述，比較複雜，也發生較多疑義。

2. 債權的登記問題

依設定行為而取得抵押權的抵押權人，其被擔保的債權的種類及數額，應以登記的內容為準，如僅有設定抵押權的約定，而未辦理登記，即不發生抵押權的效果；如有抵押權之登記，但未記載被擔保的任何債權，或其所記載的債權始終無法特定，其抵押權無效（99台上1470）；未於登記簿及抵押權設定契約書記載的債權，即不受抵押權之擔保（102台上215）。

(1)將來可發生之債權

民法第861條但書對於普通抵押權擔保的債權範圍，設有得由當事人另行約定，以排除抵押權的法定擔保範圍的規定，但實務上將其解為當事人得自行訂定抵押債權的種類，從而認為當事人除得設定擔保特定債權的普通抵押權外，亦可設定擔保不特定債權的最高限額抵押權，即契約當事人如訂定以將來可發生之債權為被擔保債權者，亦屬有效。例如不動產抵押契約載明將設定抵押權，以擔保債權人對債務人現在及將來所負之票據上，以及其他一切債務，本金以新臺幣15萬元為限度之清償，而登記總簿亦記載債權週轉額新台幣15萬元等字樣，在民法未明文規定最高限額抵押權以前，就其登記的抵押權即為有效（47台上535）。

有經驗的債權人通常會訂定以現在及將來可發生之債權，為被擔保債權，故實務上所見的抵押權登記，多為最高限額抵押權。當事人約定於抵押權設定後，交付借用物，則將來將有返還借用物之債權存在，當事人就借用物尚未交付前之消費借貸契約，設定抵押權，自無不可。故如抵押人甲就抵押的系爭房地，設定登記之債權額200萬元之抵押權，約定由債權人乙借貸200萬元與債務人丙，並以該抵押權為擔保，其中除設定前已存在之借款76萬5,500元外，並於設定後陸續交付借款110萬元及25元，其餘則為丙應付之利息，則不能徒以借款債權係存在於抵押權設定登記之後，即認定其不受抵押權之擔保（85台上1496）。

(2)以附件記載的債權

抵押權所擔保的抵押債權，無論為數個特定債權，或為一定範圍內的多數不特定債權，依前述說明，均屬於抵押權的應登記事項，但登記簿的登記欄位有限，難以充分描述，在抵押權實行階段頗容易發生爭議，最高法院為此乃作成下列決議：抵押權所擔保之債權，其種類及範圍，屬於抵押權之內容，依法

應經登記，始生物權之效力，惟地政機關辦理土地登記時，其依法令應行登記之事項，如因內容過於冗長，登記簿所列各欄篇幅不能容納記載，可以附件記載，作爲登記簿之一部分（參照最高法院74年度第14次民事庭會議決定），關於最高限額抵押權所擔保之債權，如未於土地登記簿一一記載，在目前可以其聲請登記時提出之最高限額抵押權設定契約書，視爲登記簿之附件，在該契約書上記載之該抵押權所擔保之債權，均認爲抵押權效力之所及（76年度第6次民事庭會議決定（一））。

　　民法物權編抵押權章於96年3月28日修正，分設三節，規範普通抵押權，最高限額抵押權及其他抵押權。土地登記規則亦於96年7月31日修正，新增第111-1條規定「申請普通抵押權設定登記時，登記機關應於登記簿記明擔保債權之金額、種類及範圍；契約書訂有利息、遲延利息之利率、違約金或其他擔保範圍之約定者，登記機關亦應於登記簿記明之。」（修正前無此規定）。因此目前抵押權登記的實務，抵押權人聲請登記時，均提出抵押權設定契約書，該契約書並記載爲附件，作爲登記簿之一部分，地政機關提供之契約書及填寫說明，並要求當事人應就其擬設定的抵押權性質，勾選其爲普通抵押權或最高限額抵押權（詳見中華民國內政部地政司全球資訊網，https://www.land.moi.gov.tw/upload/d1-20180615163955.pdf）。完成登記後，抵押債權的種類及數額，即以該契約書的記載爲準。

　　(3)債權敘述的特定性

　　一個抵押權究竟爲普通抵押權或最高限額抵押權，其直接影響的，是抵押權設定之後發生的債權，是否在抵押權擔保的債權範圍之內？此一問題，固應以登記的內容，即當事人對抵押債權的描述，爲判斷基準，在司法實務上，主要係以押權設定契約書及土地登記謄本中，關於「擔保債權種類及範圍」欄的記載爲準：如其記載將來發生之債權，即爲最高限額抵押權，如其記載特定時間發生並有清償日期的債權，即爲普通抵押權。例如「擔保債權種類及範圍」欄記載「98年3月20日之借款契約所生債權之返還擔保」，「債務清償日期」欄記載「99年3月19日」者，即爲擔保特定債權的普通抵押權（100台上1648）。

　　普通抵押權固爲從物權，以其擔保之債權存在爲發生之要件，惟契約當事人亦可約定以特定債權之發生爲停止條件，或就將來發生之特定債權，而設定

普通抵押權（89台上1086）。例如債權人甲所購買之土地係屬農地，甲無自耕能力，乃與出賣人合意指定登記在乙名下，約定俟覓得自耕能力之人或政府變更法令之限制，於可移轉至甲名下時，即應無條件移轉該土地與甲，如有違反該項約定，即應負加倍返還價金之責，前開債務並由乙承擔，亦即乙依據債務承擔對甲同負有移轉所有權義務及違約事實發生時返還雙倍價金之違約債務，故甲對於乙之前開債權，於對出賣人付清買賣價金訂立協議書時即已成立，僅係以乙未依前開約定履行為停止條件，於停止條件成就時所擔保之返還價金債權及違約金債權即發生效力，依此，甲之普通抵押權即未違反抵押權之發生上從屬性，只要登記時予以明確記載即可（93台上1945、94台上1341）。

(4)新、舊登記規則的差異

在民法尚未明文規定最高限額抵押權以前，當事人雖得設定最高限額抵押權，實務上亦承認其效力，但有時難以從登記的外觀，直接判定該抵押權究竟為普通抵押權或最高限額抵押權，而必須就關於擔保債權之登記內容，仔細研析，也發生不少疑義。例如債權人為擔保其對債務人的既有債權，於89年3月16日設定登記普通抵押權，土地登記簿謄本及他項權利證明書所載之登記內容為：「擔保債權總金額：債權額新台幣2,000,000元正」，後來因登記簿未記載抵押權所擔保債權種類，發生其公示內容是否已足以特定所擔保者，為抵押權人債權人對債務人之（消費借貸）債權之爭議。最高法院認為，土地登記機關於（96年7月31日）修正新增土地登記規則第111-1條規定前，抵押權設定契約書並無「擔保債權種類」欄位，當事人亦未記載所擔保債權之種類，倘該設定契約書為土地登記機關之制式例稿，經抵押人及抵押權人持用共同填載用印後，申請設定登記，並經土地登記機關審核後予以登記，似應認為已依法登記，而生物權效力（109台上1059）。

（二）抵押權的讓與

普通抵押權不具獨立性，故不得與其所擔保的債權分離，而單獨讓與給他人，或擔保其他債權，而不再擔保原來的抵押債權（民870）。普通抵押權並非不具融通性，惟依前所述，其具有處分上的從屬性，故債權人（即抵押權人）讓與其抵押債權時，該普通抵押權亦隨同所擔保的抵押債權，移轉給債權的受讓人（民295Ⅰ）。

依民法第870條之反面解釋，抵押權人得就普通抵押權得與抵押債權，一起爲讓與行爲；此種讓與行爲乃使不動產物權發生變動的不動產物權行爲，故須訂立書面，且非經辦理登記，不生效力（民758）。但普通抵押權依民法第295條第1項，因抵押債權的讓與，而「隨同移轉」給受讓人時，其「隨同移轉」乃是法律效果，而非法律行爲，故不適用民法第758條規定，其普通抵押權的登記，屬於第759條的適用範圍。不過，在具體案件之中，抵押債權的受讓人如已辦理普通抵押權的移轉登記，其究竟爲讓與普通抵押權的設權登記或就已經隨同移轉的普通抵押權爲宣示登記，實難以判斷。本書認爲，受讓人如確實已經受讓債權，即已依法律規定取得普通抵押權，本來無須辦理登記，如其爲求愼重，更辦理普通抵押權的移轉登記，似不應反而弱化其保護。故除非當事人另有明確的意思表示，宜將其登記解爲第759條的宣示登記。

抵押債權人讓與部分之抵押債權給受讓人時，該普通抵押權無論是與抵押債權一起讓與或隨同移轉，均僅於受讓之債權額之限度內，始由受讓人取得，如辦理普通抵押權之移轉登記時，誤將普通抵押權之全部登記爲受讓人所有，就超過其受讓之債權額的部分，應認爲受讓人並未取得。例如抵押債權人甲原有對乙的1億元債權，經乙就A地設定普通抵押權予以擔保，後來與丙協議讓與其中3500萬元債權及普通抵押權給丙，但誤將普通抵押權之全部（擔保1億元債權）登記給受讓人丙，則丙之普通抵押權亦僅擔保其對乙的3500萬元債權。最高法院109年台上字第1217號判決並指出：民法第759-1條第1項規定，不動產物權經登記者，推定登記權利人適法有此權利；此項登記之推定力，係爲保護第三人，在第三人尚未信賴該登記而取得權利之前，眞正權利人仍得對登記名義人主張登記原因之無效或撤銷。本書認爲，由於普通抵押權不具獨立性（民870），甲既僅讓與抵押債權3500萬元給丙，其餘抵押債權6500萬元並未讓與，則該普通抵押權仍擔保原來的抵押債權的每一部分，故丙僅就其自甲受讓的抵押債權3500萬元，得實行該普通抵押權，丙的其他債權均不在該普通抵押權的擔保範圍之內，而債權讓與人甲就未讓與之其他部分的6500萬元債權，仍得主張其受該普通抵押權之擔保。

二、基於法律行為以外的原因而取得

（一）繼承

普通抵押權不具專屬性，得為繼承的標的，故抵押權人死亡時，連同其抵押債權，由其繼承人依法承受（民1147、1148）。繼承人無需辦理繼承登記，即取得該普通抵押權，惟應經登記，始得再連同其抵押債權而為處分（民759、870）。

（二）基於法律規定而取得

因法律規定而取得的普通抵押權，通常是法律為特別保護特定的債權人，認為其依法雖取得債權，但義務人卻取得物權或其標的物的價值增加，致使權利義務之間顯然失衡。例如不動產之共有人，如分割其共有之不動產，本可各自取得其分得部分之所有權，但分割的結果，卻有分得不動產而取得其所有權者，也有未分得不動產而得向他共有人請求以金錢補償者，各共有人間的權利義務即屬失衡，故民法乃規定「應受補償之共有人，就其補償金額，對於補償義務人所分得之不動產，有抵押權」（民824-1IV）。此種法定抵押權之取得，不適用不動產物權行為之規定，未登記之前即已經取得，惟為使其權利明確，民法規定其應於辦理共有物分割登記時，一併登記，其次序優先於分割前就應有部分設定的抵押權（民824-1V）。

承攬人承攬之工作為建築物或其他土地上之工作物，或為此等工作物之重大修繕者，承攬人就承攬關係僅取得請求報酬額的債權，定作人卻已取得建築物、工作物之所有權或修繕所增加的價值，權利義務失衡，民法第513條原亦規定承攬人有法定抵押權。但該條修正後，規定：「承攬人得就承攬關係報酬額，對於其工作所附之定作人之不動產，請求定作人為抵押權之登記；或對於將來完成之定作人之不動產，請求預為抵押權之登記。」「前項請求，承攬人於開始工作前亦得為之。」「前二項之抵押權登記，如承攬契約已經公證者，承攬人得單獨申請之。」「第一項及第二項就修繕報酬所登記之抵押權，於工作物因修繕所增加之價值限度內，優先於成立在先之抵押權。」本條規定承攬人得請求請求定作人為抵押權登記，其抵押權已成為意定抵押權，應適用不

動產物權行為的規定，非經登記，不生效力（民758），已非昔日的法定抵押權。

第四項　普通抵押權的效力

　　普通抵押權的成立及其效力，在民法上是二個獨立的問題，前者涉及普通抵押權的要件及如何取得，後者則涉及抵押權人已經取得的普通抵押權，在法律上發生何種效力的問題。物權編抵押權章就普通抵押權的規定，主要是普通抵押權的定義（民860）、效力（民861至872）、實行（民873至879-1）及消滅（民880至881）。此處所探討者，即為其效力的一部分。

第一款　所擔保的債權範圍

　　普通抵押權為不動產物權，其設定非經登記，不生效力，但依法辦理設定登記之後，其抵押債權即受擔保。普通抵押權之抵押權人行使其權利時，應依設定登記之內容，認定哪些債權受該普通抵押權之擔保，而得因其屆期未獲清償，聲請法院拍賣抵押物，並就其賣得價金優先受清償。已經登記的特定債權，其受普通抵押權擔保固無問題，未經登記的債權，如與原債權密切相關，或為原債權所衍生者，如何適度納入其所擔保債權的範圍？乃成為立法上的重要課題。

一、擔保的債權的價值

　　理論上言，普通抵押權所擔保債權的範圍，涉及抵押權人和抵押人的其他債權人利益的平衡，故原債權固應登記，未登記的其他原債權，即不在擔保的範圍之內。以抵押權人10年前設定登記普通抵押權，擔保當時的1000萬元債權為例，其所擔保的債權為「設定時」的該原債權金額，與5年前抵押權人再借給債務人的1000萬元債權無關；而在抵押權人行使權利時的今天，1000萬元的債權與當年的1000萬元的價值已完全不同，故法律在實行抵押權的今天，勢須將若干相關的債權，納入擔保的範圍之內，始能反映設定時的1000萬元債權的價值。

　　對上述問題，民法第861條規定：「抵押權所擔保者為原債權、利息、遲延利息、違約金及實行抵押權之費用。但契約另有約定者，不在此限。」「得

優先受償之利息、遲延利息、一年或不及一年定期給付之違約金債權,以於抵押權人實行抵押權聲請強制執行前五年內發生及於強制執行程序中發生者為限。」本條規定的,不是普通抵押權應如何登記或登記哪些內容,而是規定已經有效成立的普通抵押權,其得優先受清償的債權數額,應於種範圍內加總之。換言之,如果普通抵押權設定時擔保的,是當時已經發生的特定原債權,其在設定後依當事人的約定或法律規定所發生的債權,如果可以登記,而且已經登記,實際上已經成為原債權,當然受該普通抵押權擔保,並無再贅予規定的必要。最高法院於實務案例表示,「除非另有特別排除之約定,否則抵押權擔保效力,當然及於利息、遲延利息、違約金,不以登記為必要」,故不能僅因違約金及遲延利息債權未經登記,即認為其不受抵押權擔保(98台上1594),當係以上述說明為依據。

二、修正前的民法第861條

96年3月28日修正前民法第861條規定:「抵押權所擔保者,為原債權、利息、遲延利息及實行抵押權之費用。但契約另有訂定者,不在此限。」雙方如無同條但書於契約另有訂定之情形,該法條之立法意旨指出,抵押權僅擔保登記之債權額及利息為其原則,然保存不動產之費用,行使抵押權之費用,以及遲延利息(金錢債權因不履行而生之損失賠償是)無須登記,以其普通抵押權擔保其清償,否則不足以保護抵押權人之利益。

上述立法理由所稱應經登記的利息,可能應以約定之利息為限,惟實務上並未為此種區別。其所稱債權之登記,如抵押權所擔保之債權,因其種類及範圍因內容過於冗長,而以附件記載,作為登記簿之一部分者,依前述說明,無論其債權係記載於土地登記簿,或記載於聲請登記時提出之抵押權設定契約書,在司法實務上均認為係已登記之債權。但若系爭債權未於設定契約書上,記載其為抵押權所擔保之債權,僅於其他契約如買賣契約等有此記載,則該債權即非抵押權所擔保。實務上認為上述規定係於當事人設定抵押權時,未表明抵押權所擔保之範圍時所作之補充規定,非謂利息可無須登記,即為抵押權擔保效力所及,故約定之利息,應經登記,始為抵押權擔保效力所及(100台上2198)。

三、遲延利息及違約金

遲延利息乃係基於法律規定而發生，具有因債務人金錢給付義務遲延而生之損害賠償性質，於遲延時即應按法定利率計算其遲延利息，以作為損害賠償（104台上2395），其債權為普通抵押權擔保之範圍，且不以經為登記為限，至為明顯。因此，雖因遲延利息未為登記，不生公示之作用，而認為仍屬抵押權擔保之所及，對一般債權人之利益或有所妨害，惟其乃法律政策之決定，也是普通抵押權的本質使然，難謂為不當。最高法院也認為，在法律未為修正前，仍應從其規定，不容反於其規定而為判斷（73台抗239）。

依修正前民法第861條上述規定，抵押權所擔保債權之範圍，除抵押權設定契約另有訂定外，並不包括違約金在內，故系爭違約金債權如不僅未於土地及建物登記簿上記載為抵押權所擔保之債權，且於兩造所訂之抵押權設定契約書關於違約金一欄亦記載為「無」，實務上即認為其非屬抵押權所擔保之債權（84台上1967）。但如抵押權設定契約書約定擔保之債權，包含借款以外之違約金者，除其金額過高，經訴由法院依民法第252條規定減至相當之數額外，即屬於抵押權擔保的債權（47台上535、50台抗55）。因此，如抵押權登記簿記載「擔保債權總金額：85萬元」、「利息（率）：每百元日息一分計算」、「違約金：依照契約約定（人工登記簿謄本記載為40萬元）」，實務上認為擔保之債權包括本金85萬元、約定之利息及違約金40萬元，其性質為普通抵押權，倘若抵押人僅提存85萬元，則該普通抵押權所擔保之債權，仍未全因抵押人之提存而消滅，抵押權人仍得就抵押物取償（105台上1842）。

四、修正後的民法第861條

96年3月28日修正後之民法第861條，條文已如前述，其第1項增列違約金為抵押權所擔保之債權範圍，並於立法理由指出：「學者通說及實務上見解認為違約金應在抵押權所擔保之範圍內，爰於本條增列之，使擔保範圍更臻明確，並將『訂定』修正為『約定』，改列為第1項。至原債權乃抵押權成立之要件，且為貫徹公示效力，以保障交易安全，連同其利息或遲延利息均應辦理登記，始生物權效力。惟其登記方法及程序應由地政機關配合辦理（最高法院84年台上字第1967號判例參照），併此敘明。」此一修訂，表面上使普通抵

押權所當然擔保的債權種類，擴大到包含違約金債權在內，但立法理由認為原債權、利息、遲延利息及違約金等債權，均應辦理登記，始生物權效力，實際上已經削弱普通抵押權的效力。此種改變，使抵押權登記所記載的原債權的金額，不再是「設定時」的金額，而是「實行時」的金額，使普通抵押權失去其和最高限額抵押權區隔的原有特質。依法律規定取得的法定抵押權，並不以登記為生效要件，其抵押權擔保的債權範圍究應如何決定？在一切均以登記為準的原則下，也因而更增添疑義。

五、最高限額抵押權擔保的債權

普通抵押權係先有被擔保之債權存在，而後抵押權始得成立，其設定登記僅須確定其原債權即可。最高限額抵押權所擔保的債權，係債權人對債務人在一定範圍內，現在已發生及將來可能發生之不特定債權，並受最高限額的金額限制，且原債權、利息、遲延利息及違約金債權之合計金額，均受最高限額之限制（民881-2 II），故應於設定登記時，即將各債權之範圍記載明確。此二種抵押權擔保的債權，本應分別予以規定，民法第861條第1項上述規定，直接準用於最高限額抵押權（民881-17），其實是普通抵押權的特性未被充分重視，直接套用了最高限額抵押權的規則。此外，普通抵押權所擔保的利息、遲延利息及違約金債權，既然均經登記，即與原債權差異不大，但民法仍為避免其範圍過廣，規定得優先受償之利息、遲延利息、1年或不及1年定期給付之違約金債權，以於抵押權人實行抵押權聲請強制執行前五年內發生及於強制執行程序中發生者為限（民861 II）。不過，此一限制性的規定，不在最高限額抵押權準用的範圍之內（民881-17）。

六、登記與約定內容的解釋

抵押權擔保的利息、遲延利息及違約金債權，依法既然應經登記，始生物權效力，如未登記，即不受抵押權之擔保。關於抵押權所擔保之債權，如未於土地登記簿一一記載，雖非不得於抵押權人聲請登記時所提出之抵押權設定契約書記載，視為登記簿之附件，在該契約書上記載之該抵押權所擔保之債權，得視為抵押權效力所及，惟必限於該附件所載內容，與登記之抵押權種類相容，如所設定係普通抵押權，且就「擔保債權種類及範圍」已有特定債權之記

載，其附件所載擔保之債權範圍卻爲最高限額抵押權之不特定債權，該附件記載之債權即不生普通抵押權之物權登記效力。

例如抵押權的「擔保債權種類及範圍」欄，均記載「101年1月12日之金錢消費借貸」，其性質即爲普通抵押權，即使其「申請登記以外之約定事項」欄記載：「1.如附件其他約定事項所載。2.設定原因：借款以及其他債務之擔保」，且所附「其他約定事項」記載：「爲擔保對債權人現在（包括過去所負現在尚未清償）將來所負之借款、票據、保證、損害賠償等以及其他一切債務；即在本抵押權設定契約書所訂債權本金最高限額以內之清償及其利息、遲延利息、違約金、執行抵押權費用以及因債務不履行而發生之全部損害之賠償」等語，因其文義已敘明係擔保本金最高限額之不特定債權，性質上無從適用於普通抵押權，故不因附具該「其他約定事項」而影響該普通抵押權之擔保範圍（109台上220）。

換言之，在抵押權登記實務上，如在利息、遲延利息、違約金的登記欄位內的記載，與抵押權設定契約書的記載不一致，甚至彼此衝突時，可能發生應以何者爲準的疑義。本書以爲，不動產物權的登記主要是指地政機關的登記，當事人的契約書作爲登記的附件存檔，雖然也發生登記的效力，但二者衝突時仍應以地政機關的登記爲準，較爲妥當。

至於地政機關的登記內容，或當事人作爲登記附件的抵押權設定契約書的記載，有時因爲字義模糊或模稜兩可，致難以判斷眞意，而發生爭議，例如利息、遲延利息、違約金的登記欄位內，登記爲「無」或「空白」，究竟應如何解釋？本書認爲應依其表意之機關或表意人之眞意，予以判斷，即如其屬於登記機關的登記權限及登記方法（99台上1470），宜探求爲登記之機關之眞意；如係當事人於抵押權設定契約書上的記載（100台上2198），則應探求當事人之眞意（民98），以貫徹當事人約定自由之原則。至於登記機關在利息、遲延利息、違約金的登記欄位內，登記爲「無」，但在他項權利變更契約欄有關「申請登記以外之約定事項」，又特別載明「交付利息日期及方法」字樣，則其登記之「無」，是否有排除法定遲延利息之眞意？或僅指就利息、遲延利息、違約金未爲約定而已？（104台上2395）因屬登記內容的疑義，本書認爲亦宜探求登記機關之眞意。

第二款 效力所及的標的物範圍

抵押權爲直接支配抵押物的物權，係以抵押物爲標的物，故抵押債權已屆清償期，而未受清償者，抵押權人得聲請法院拍賣，並就其賣得價金而受清償者，即爲抵押物（民873）。但抵押權是價值權，並須以拍賣的方法予以變價，故須考量拍賣行爲的效力所及的物及權利，並須考量抵押權設定時抵押物的價值形態，經歷抵押權存續期間後，在抵押權實行時的價值形態，俾使抵押權的功能得以充分實現。因此，法律上對於抵押物以外的物或權利，究應認爲在何種範圍內，屬於抵押權的效力所及，而得由抵押權人就其賣得價金優先受清償，乃成爲重要的立法課題。

一、從物及從權利

主物之處分，及於從物，乃是民法的基本原則；而所謂從物，是指非主物之成分，常助主物之效用，而同屬於一人之物。但交易上有特別習慣者，依其習慣（民68）。從權利通常附隨從屬於主權利，故隨同主權利之處分而發生權利變動，也是私法的基本原則（民295 I）。民法第862條乃規定：抵押權之效力，及於抵押物之從物與從權利（第1項）。第三人於抵押權設定前，就從物取得之權利，不受前項規定之影響（第2項）。以建築物爲抵押者，其附加於該建築物而不具獨立性之部分，亦爲抵押權效力所及。但其附加部分爲獨立之物，如係於抵押權設定後附加者，準用第877條之規定（第3項）。

抵押物是不動產，從物是獨立於抵押物（主物）以外的物，例如鄉村的平房老厝和具有輔助功能的車庫、廚房、廁所等，因其常助抵押物的效用，故爲抵押權效力所及（民68）。從權利是從屬於抵押物的另一權利，例如以需役不動產設定抵押權時，其就供役不動產已設定的不動產役權，亦爲抵押權效力所及（從權利，民853）。就他人土地設定普通地上權而建造的建築物，民法修正時固已規定二者不得分離，應共同設定抵押權（民838III），如之前僅就建築物設定抵押權，應認爲作爲該建築物座落權源的地上權，其性質亦爲抵押建築物的從權利。

上述從物及從權利，都不屬於抵押物的一部分，但因其具有從屬性，乃規定其爲抵押權效力外溢所及的範圍。從物在物理上具有獨立性，乃獨立的所有

權的客體，也可能被所有人單獨予以處分，而由第三人取得其物權。最高法院認為，從物之認定，應以其有無輔助主物之經濟目的，綜合斟酌物之客觀存在態樣、交易習慣及當事人意思等具體實情而判斷之，尚不能概以廠房建物內存在之機器設備，逕認屬廠房建物之從物，而應個別審酌其性質，以為從物之判斷，進而認定其是否為廠房建物之抵押權效力所及（104台上88）。例如加油站營業站屋的的建築執照及使用執照上均登載用途為加油站，其雜項執照包含五座地下油池，該等油池（地下儲油槽）之設置方式，係在土地之下、繼續密切附著於土地，且需固定於鋼筋混凝土之堅固基礎之上，而不易移動其所在，而具有構造上之獨立性，但由於加油站應具備之基本設施包括地下儲油槽，即應認地下儲油槽設置目的，其構造上雖具有獨立性，然其使用上未具獨立性，而需常助加油站營業站屋之效用，而為加油站營業站屋之從物或附屬物，故加油站建物之處分行為，效力及於地下油槽（台中高分院100上100）。

二、第三人就從物取得之權利

抵押物的從物雖常助抵押物的效用，但在法律上仍為獨立的所有權客體，也可能被抵押人單獨予以處分。例如樓房之所有人甲將獨立而從屬於該樓房的升降電梯，設定動產質權給乙，乙即可就該電梯取得動產質權。如甲後來將該樓房設定抵押權給丙，抵押權的效力亦可及於該電梯從物，致該電梯之上既有乙的動產質權，亦為丙的抵押權效力所及。此時二個擔保物權均屬有效，本條第2項規定，第三人乙於抵押權設定前，就從物取得之權利，不受前項規定之影響，即認為乙的動產質權仍持續，且因其權利取得的時間在先，即應優先於丙的抵押權而受保護。如第三人乙係在抵押權設定之後，始就從物取得動產質權，丙的抵押權即不因乙取得動產質權而受影響。

三、抵押建築物的增建部分及獨立物

（一）附屬建物

社會上常有在建築物上增建、擴建或為其他附加行為之情形，此時乃發生就建築物設定的抵押權，效力是否及於其增建、擴建、附加或加蓋部分的問題，實務上常就該部分究為獨立之從物或不具獨立性的附屬建物，而予以區

別。所謂附屬建物，係指依附於原建築以助其效用而未具獨立性之次要建築而言，諸如依附於原建築而增建之建物，缺乏構造上及使用上之獨立性（如由內部相通之頂樓或廚廁），或僅具構造上之獨立性，而無使用上之獨立性，並常助原建築之效用（如由外部進出之廚廁）等是。此類附屬建物依民法第811條之規定，固應由原建築所有人取得增建建物之所有權，原建築所有權範圍因而擴張。但於構造上及使用上已具獨立性而依附於原建築之增建建物（如可獨立出入之頂樓加蓋房屋），或未依附於原建築而興建之獨立建物，則均非附屬建物，原建築所有權範圍並不擴張及於該等建物。是以判斷其是否為獨立建物或附屬建物？除斟酌上開構造上及使用上是否具獨立性外，端在該建物與原建築間是否具有物理上之依附關係（100台上4）。

（二）與從物的差異

所有人於原有建築物之外另行增建者，如增建部分與原有建築物無任何可資區別之標識存在，而與之作為一體使用者，因不具構造上及使用上之獨立性，即不得獨立為物權之客體，原有建築物所有權範圍因而擴張，以原有建築物為擔保之抵押權範圍亦因而擴張。倘增建部分於構造上及使用上已具獨立性，即為獨立之建築物，苟其常助原有建築物之效用，而交易上無特別習慣者，即屬從物，而為抵押權之效力所及。若增建部分已具構造上之獨立性，但未具使用上之獨立性而常助原有建築物之效用者，則為附屬物，其使用上既與原有建築物成為一體，其所有權應歸於消滅；被附屬之原有建築物所有權範圍，則因二所有權歸於一所有權而擴張，抵押權之範圍亦因而擴張。是從物與附屬物雖均為抵押權之效力所及，惟兩者在概念上仍有不同。如增建部分與原有建築物之間有門相通，在使用上與原有建築物合為一體，不能獨立存在，即使在構造上已具獨立性，但使用上不具獨立性，則應為附屬物而非從物（88台上48）。

（三）附屬建物為抵押物之一部分

不過，附屬建物係因附屬於原建築物而合為一體使用，其所有權附屬於原建築物之所有權，即非為獨立所有權之客體，而被附屬之原建築物所有權範

圍，因其附屬或附合而擴張，如就原建築物設定抵押權，附屬建物亦為抵押物之一部分。例如原建築物有三層，後來增建的第四層建物，如無使用上之獨立性，縱具構造上之獨立性，亦為原建築物的附屬建物，不具物權客體的獨立性，而為原建築物之一部分，故聲請抵押權登記時，雖未一併註明，其仍為抵押物的一部分，即為抵押權的標的物的一部分。司法實務並認為，此附屬建物究於抵押權設定登記前所建，抑於其後所建，在所不問（94台抗656）。就抵押物的一部分與抵押物的從物的區別而言，以建築物為抵押者，其附加於該建築物而不具獨立性之部分，即屬於抵押物之一部分，並非被抵押權外溢的效力涵蓋的從物，則本條第3項本文規定的「亦為抵押權效力所及」，雖係援用先前裁判先例之用語，但在理論上仍有商榷的空間。

本條第3項但書規定：「但其附加部分為獨立之物，如係於抵押權設定後附加者，準用第877條之規定。」此乃屬於抵押權實行的併付拍賣問題，將於併付拍賣之部分論述之。

四、殘餘物及分離成為獨立動產的抵押物成分

（一）抵押物滅失之殘餘物

民法第862-1條規定：「抵押物滅失之殘餘物，仍為抵押權效力所及。抵押物之成分非依物之通常用法而分離成為獨立之動產者，亦同。」「前項情形，抵押權人得請求占有該殘餘物或動產，並依質權之規定，行使其權利。」根據本條第1項，殘餘物及抵押物分離出的動產，均為為抵押權效力所及，第2項規定得請求占有該殘餘物或動產，並依質權之規定，行使其權利。惟本書認為，殘餘物及抵押物分離出的動產，仍值得分別討論。

抵押物滅失時，涉及抵押權的物上代位性的立法設計，本書認為抵押權應即消滅，亦無抵押權的效力外溢，及殘餘物是否為抵押權效力所及的問題，已如代位性的部分所述。故抵押之建築物因倒塌而滅失，經清理而發現仍殘餘木材、石材或鋼材等動產時，由於此等動產具有經濟價值，可認為其乃抵押物價值的殘餘價值，亦可認為其乃抵押物之變形物之一部分，故仍應由抵押權人予以支配。

抵押物之所有成分，均為抵押物價值之所在，在抵押物並未滅失，抵押權

也未消滅的情形下，如有某些成分，非依物之通常用法，而與抵押物分離，成為獨立之動產時，此等動產也是原抵押物價值之所在，故也應由抵押權人繼續支配其價值。例如抵押建築物原有交趾陶或其他裝飾物，被拆除而另行保存，或原來做為抵押物的樑、柱、牆壁或設備的木材、石材或瓷材等，被拆卸下來成為獨立於抵押物之外的動產，無論該部分是否另以其他材料附合而予以代替，該等動產原來既係抵押物的一部分，似可依據抵押物不可分性的原理，認為抵押權不因其分離而受影響（民868），即其仍為抵押物的一部分。但本條第1項的立法理由指出，「其較諸因抵押物滅失而得受之賠償，更屬抵押物之變形物，學者通說以為仍應為抵押權效力所及，始得鞏固抵押權之效用」。

（二）自抵押物分離的動產

對於抵押物的殘餘物及自抵押物分離出的動產，本條第1項均規定其「仍為抵押權效力所及」，但由於其非不動產，亦未經抵押權登記予以公示，即使認為抵押權未消滅，也難以依實行抵押權的規定，行使其權利，故第2項乃規定抵押權人得請求占有該殘餘物或動產，並依質權之規定，行使其權利。由於占有乃動產質權的公示方法，並為避免當事人善意取得物權的重要條件，立法上似宜直接規定：抵押權人對此等動產，取得動產質權，而非僅得依質權之規定行使其權利，較為簡明。

五、抵押物扣押後分離的天然孳息

抵押權設定後，抵押權人不占有抵押物，故在抵押權存續期間，抵押物的占有及使用收益，仍由抵押人自由為之，抵押權人不得予以干涉，以免妨礙抵押人處分其孳息的自由，並保護與所有人就孳息為交易之第三人之利益。不過，抵押權既然為支配抵押物交易價值的價值權，在抵押權人實行其抵押權以後，對於自抵押物分離之孳息，亦應認為其乃抵押權效力之所及。民法第863條因此乃規定：「抵押權之效力，及於抵押物扣押後自抵押物分離，而得由抵押人收取之天然孳息。」

抵押物未分離之天然孳息，乃抵押物之成分，當然為抵押權之效力所及，但如已分離，已非抵押物的成分，而為獨立的動產。例如抵押人以土地設定抵

押權時，該土地上種植的果樹（水梨樹）及未收取的天然孳息，均為抵押物之成分，在土地被抵押權人聲請法院查封後，所收穫的水果（水梨）雖然已非抵押物的成分，宜為抵押權效力所及，比較合理。上述規定考慮到土地之天然孳息，其收取權人未必即為抵押人（民70），認為如非抵押人所得收取的天然孳息，即完全不為抵押權效力所及。基於抵押權是不動產物權、價值權，不因抵押物權利讓與給他人而受影響的原則（民867），抵押人將抵押物連同其天然孳息的收取權，均讓與給他人時，抵押權尚且不因此而受影響，如抵押人僅將天然孳息收取權移轉給他人，抵押權亦應不受影響，故上述規定似應僅適用於抵押權設定時，天然孳息收取權即已屬於第三人，且其收取權得對抗並優先於抵押權的情形（如農育權或租賃權）。否則，只要抵押人將收取權移轉給他人，抵押物扣押後分離之天然孳息，即可免被抵押權支配；此就抵押權的本質及效力而言，似非妥適。

六、抵押物扣押後得收取的法定孳息

法定孳息是指租金等因法律關係所得的收益（民69II）。抵押權人不占有及使用抵押物，故抵押人在抵押權存續期間，得自由就抵押物自己為使用、收益，或將抵押物設定地上權或成立其他權利（例如租賃、使用借貸），交付抵押物給他人使用收益，而收取法定孳息。故法定孳息的收取，亦屬於抵押人收益權的範圍，該法定孳息原則上並非抵押權人支配的價值範圍。不過，抵押權既然為支配抵押物交易價值的價值權，在抵押權人實行其抵押權以後，對於就抵押物的使用收益，所衍生的法定孳息收取權，即應認為在一定範圍內，乃抵押權效力之所及。民法第864條為鞏固抵押權之信用，並兼顧法定孳息給付義務人的利益，乃規定：「抵押權之效力，及於抵押物扣押後抵押人就抵押物得收取之法定孳息。但抵押權人，非以扣押抵押物之事情，通知應清償法定孳息之義務人，不得與之對抗。」

依上述規定，如抵押人甲為擔保乙的債權，將其已設定抵押權的A地，出租給丙，則在抵押物A地被抵押權人乙聲請法院查封前，抵押人甲自丙收取之租金，其處分均不受限制；但在其後，甲所得向丙收取之租金，即為抵押權效力所及，抵押權人乙並得就該租金優先受清償；此時為保護丙的利益，如抵押權人乙未將租賃物已被查封之事情，通知承租人丙，致丙仍將其租金交付與抵

押人甲，抵押權人乙即不得主張其租金債權係抵押權效力所及，如丙逕向出租人甲清償，對乙不生清償之效力。

抵押人就抵押物得收取之法定孳息，在抵押物扣押後，為抵押權之效力所及，其意義是指抵押權人雖非收取權人，但得將該法定孳息，與抵押物之賣得價金合併計算，優先於普通債權而受清償。所以，抵押權人就抵押物扣押後，抵押人就抵押物得收取之法定孳息，固有優先受清償之權利，但非指該法定孳息的收取權發生法定移轉，而由抵押權人取得該法定孳息之收取權（100台上877、102台上44）。

七、抵押人因滅失得受的賠償或其他利益

抵押人因滅失得受賠償或其他利益，即抵押物的代位物，基於抵押權的物上代位性，一般亦認其為抵押權的效力所及，其內容包括侵權行為的損害賠償金、保險金、抵押物被徵收的補償金等（民881）。其詳請逕參照代位性部分之說明。

第三款　抵押人的權利

抵押人仍為抵押物的所有人，且不移轉占有與抵押權人，故其對抵押物的使用、收益及處分，原則上不受抵押權設定的影響，其權利內容包含下列各項：

一、抵押物的使用及收益

抵押人原則上仍得為之，但抵押物扣押（查封）後，所收穫的天然孳息或所得收取之法定孳息，乃抵押權效力所及（民863、864）。

二、抵押物的處分

抵押物設定抵押權後，抵押人在不影響抵押物價值的前提下，仍得為使用收益或事實上處分，例如在抵押的土地上耕作或建築房屋，並得為下列法律上處分：

（一）設定數抵押權

不動產所有人，因擔保債權，就同一不動產，得設定數抵押權，其數抵押權之次序，依登記之先後定之（民865）。不過，此乃針對因法律行爲而取得的抵押權的規定，法定抵押權因不以登記爲生效要件，其決定次序的標準，應依法定抵押權成立的時間先後或以法律的規定爲準。例如不動產的共有人分割其共有物時，以原物爲分配，而共有人中有未受分配，或不能按其應有部分受分配者，得以金錢予以補償（民824III）；此時，應受補償之共有人，就其補償金額，對於補償義務人所分得之不動產，有抵押權；此項抵押權爲法定抵押權，但應於辦理共有物分割登記時，一併登記，其次序並優先於原來就應有部分之抵押權，而移存至補償義務人所分得之不動產者（民824-1IV、V）。

就同一不動產或其應有部分設定二以上抵押權者，始有發生抵押權應以登記次序先後定其優先效力之問題。如區分所有建築物的區分所有人，各自以其就共有部分及基地權利之應有部分爲標的，分別爲他人設定之抵押權，其就共有部分及基地的各該應有部分，乃屬各個不同之抵押權標的內容，各該抵押權人應僅得就其所設定抵押權標的基地之應有部分，行使優先受償之權利，各抵押權人間並不因登記先後，而對爲不同標的之應有部分，享有優先受償之權，初與所有權應有部分按其比例抽象存在於共有物全部之效果無涉（86台上1597）。

（二）設定地上權與其他權利

1. 基本原則

抵押權人不占有抵押物，也不干涉抵押物的使用收益，故同一不動產上之抵押權與用益物權，其內容並未衝突，也不發生性質上互相排斥的作用，而可以彼此相容、並存。不過，物權均具有排他性及優先性，故並存在同一不動產上的各項定限物權，仍應以法律決定其優先次序。爲此，民法第866條規定：「不動產所有人設定抵押權後，於同一不動產上，得設定地上權或其他以使用收益爲目的之物權，或成立租賃關係。但其抵押權不因此而受影響。」「前項情形，抵押權人實行抵押權受有影響者，法院得除去該權利或終止該租賃關係後拍賣之。」「不動產所有人設定抵押權後，於同一不動產上，成立第一項以

外之權利者,準用前項之規定。」

　　本條第1項本文宣示抵押人就抵押物,仍有使用收益及處分之權,故得自己使用收益,亦得設定地上權、農育權、不動產役權、典權等以使用收益為目的之物權,或就抵押物成立租賃關係,使第三人對抵押物得為占有、使用及收益。但書規定「其抵押權不因此而受影響」,並非指抵押權的效力強大,必然優先於其他物權及租賃關係,而是因為抵押權設定的時間在先,依據「成立在先,次序優先」的物權規則,而優先於後次序的其他權利。

2. 執行法院除去權利或終止租賃關係

(1)基本原則

　　本條第1項「抵押權不因此而受影響」,乃是法律效果,如抵押權在事實上已經受影響時,究竟應如何處理?乃成為衍生出來的新問題。抵押權人聲請拍賣抵押物時,執行法院可依法逕予執行,乃因抵押權為物權,經登記而生公示之效力,在抵押權登記後就抵押物取得地上權或其他使用收益之權利者,均不得使登記在先之抵押權受其影響。故所有人於抵押權設定後,在抵押物上所設定之地上權或其他使用收益之權利於抵押權有影響者,在抵押權人聲請拍賣抵押物時,例如發生無人應買或出價不足清償抵押債權之情形,司法院院字第1446號解釋認為,其後設定的物權,對於抵押權人應不生效力,故法院須除去該項權利而為拍賣,並於拍定後解除被除去權利者之占有而點交於拍定人,以使抵押權人得依抵押權設定時之權利狀態而受清償,如該項地上權或其他使用收益之權利於抵押權無影響時,仍得繼續存在。此一規則,並經確認與憲法並無牴觸(釋304)。本條第2項本此規則,進一步規定「抵押權人實行抵押權受有影響者,法院得除去該權利或終止該租賃關係後拍賣之」。

(2)典權之除去

　　在上述條文增訂以前,就同一不動產上設定抵押權後復設定典權,若拍賣所得不足清償抵押債權時,實務上曾發生應如何處理的疑問,嗣經司法院大法官解釋認為:所有人於其不動產上設定抵押權後,復就同一不動產上與第三人設定典權,抵押權自不因此而受影響。抵押權人屆期未受清償,實行抵押權拍賣抵押物時,因有典權之存在,無人應買,或出價不足清償抵押債權,執行法院得除去典權負擔,重行估價拍賣。拍賣之結果,清償抵押債權有餘時,典權人之典價,對於登記在後之權利人,享有優先受償權。執行法院於發給權利移

轉證書時，依職權通知地政機關塗銷其典權之登記（釋119）。

(3)租賃關係之除去

本條增訂上述規定後，執行法院於符合本條規定的情形下，即得除去該權利或終止該租賃關係。法院所為之「除去」處分，性質上係強制執行方法之一種（74台抗227），得因抵押權人的聲請或依職權為之。例如抵押人甲於就抵押物A地設定抵押權給乙後，與第三人丙就A地訂定租賃契約，致A地的拍賣價格降低，無法清償所擔保的債權時，該租賃契約對抵押權人不生效力，若抵押權人因債權到期而未受清償欲行強制執行程序，執行法院得因抵押權人的聲請或依職權，除去甲、丙間的租賃關係，依無租賃狀態，就A地予以強制執行（97台抗579）。

本條第1項之所以規定抵押權不受影響，乃因其設定在用益物權或租賃關係成立之前，而具有優先效力。故如不動產設定抵押前，既已出租，縱其出租人嗣後未能償還債務，債權人應無可終止租賃關係而為拍賣，亦即拍定者需承受該租賃關係（96台抗444、100台上1731）。法院之除去該權利或終止該租賃關係，係以「抵押權人實行抵押權受有影響」為要件，故執行法院倘不依聲請或依職權認為有除去該影響抵押權之租賃關係之必要，而為有租賃關係存在之不動產拍賣，並於拍賣公告載明有租賃關係之事實，則該租賃關係非但未被除去，且已成為買賣（拍賣）契約內容之一部。無論應買人投標買得或由債權人承受，依繼受取得之法理，其租賃關係對應買人或承受人當然繼續存在（60台上4615）。

(4)權利除去之登記

法院依法以裁定除去地上權、農育權、永佃權、不動產役權、典權或終止租賃關係，而拍賣抵押物時，因在該執行程序中，地上權等物權或租賃關係已被除去或終止，故強制執行法第98條第2項但書規定，地上權等物權及租賃關係不隨同不動產而移轉，執行法院發給權利移轉證書時，仍應依職權通知地政機關塗銷地上權等物權之登記（同法第11條第1項），並應認地上權等物權或租賃關係已失其存在。於此情形，法院依同法第99條第2項規定，應於拍定後，解除被除去權利之第三人之占有，而將抵押物點交於拍定人或承受人（93台上2554）；該被除去或終止之地上權等物權人或租賃權人，自不得對抵押權人或拍定人主張地上權等物權或租賃權，進而對抵押不動產之拍賣享有優先承

買權（土104）（100台上802）。

3. 其他權利的準用

不動產所有人，設定抵押權後，於同一不動產上，成立前述權利以外之債權，例如使用借貸關係，致抵押權人實行抵押權受有影響者，為免其影響拍賣時應買者之意願，法院亦得除去該債權後拍賣之（民866III）。法院之除去上述權利而拍賣抵押物，既得依聲請，亦得依職權為之。

4. 建築物的併付拍賣

為維護抵押權人利益，於不動產抵押後，在該不動產上有用益物權人或經其同意使用之人之建築物者，該權利人使用不動產之權利雖得先依第866條第2、3項規定予以除去，惟為兼顧社會經濟及土地用益權人利益，第877條第2項規定應準用同條第1項規定，即抵押權人於必要時，得於強制執行程序中聲請法院將其建築物與土地併付拍賣，但對於建築物之價金，無優先受清償之權。此一問題與抵押人的權利無涉，而屬於實行抵押權、拍賣抵押物的法院程序，將於該併付拍賣的部分，再詳細予以說明。

（三）將不動產讓與他人

不動產所有人設定抵押權後，得將不動產讓與他人。但其抵押權不因此而受影響（民867）。由於抵押權為價值權，抵押權僅支配抵押物的抽象交易價值，抵押人的處分權並未因而受限制，故抵押權設定後，抵押權人僅得就抵押物之賣得價金優先受償，不得阻止抵押人讓與其所有權（22上2117）。抵押物經讓與後，但書規定「抵押權不因此而受影響」，實務上亦因此肯定抵押權具有「追及其物之效力」（74台抗431），例如抵押人甲就A地設定抵押權給乙後，抵押權未因清償或免除等原因而消滅，而甲將A地讓與給丙，抵押權人乙仍得追及其物，就抵押物A地之全部行使抵押權。惟抵押權是物權，抵押權人依其權利內容對抵押物直接支配，無追及其所有人之問題，且其標的物為不動產，所在地固定，故「追及其物之效力」，是指抵押權人得追及其物之所在地，而行使其權利而言。

民法第867條但書所謂「抵押權不因此而受影響」，是指抵押權不因抵押物所有權之移轉而受影響，即抵押權人仍得依原設定的抵押權，行使其權利而言；至於抵押權人的權利的內容，即關於抵押物及抵押權效力所及的物或權

利，以及抵押權所擔保的債權或其種類及金額，仍依抵押權的既有內容爲準。例如最高限額抵押權之抵押物所有權，由原抵押人甲移轉於現所有人丙，抵押權人乙原則上僅得依原權利的內容行使權利，如現所有人約定抵押權義務人及債務人變更爲現所有人並辦理登記，此後現所有人對抵押權人之債務，固依其間之約定，爲該最高限額抵押權所擔保；至於其原來擔保之原債務亦因之確定，其抵押權擔保法效，並不因此而受影響，然抵押權所擔保之原債務，並不當然隨同移轉於不動產之現所有人，而應視現所有人是否承擔該原債務而定；倘現所有人未承擔原債務，該債務仍由原債務人負擔，抵押權人僅可就抵押物追及行使抵押權而已，難謂現所有人爲該原債務之債務人（88台上444、99台上152）。

第四款　抵押權人的權利

一、次序權

（一）次序權的意義

　　不動產所有人，因擔保數債權，就同一不動產設定數抵押權時，各抵押權間即有受償先後的次序問題。原則上登記在先的抵押權，乃先次序的抵押權人，有較後次序抵押權人優先受償之權（民865），此項優先於後次序抵押權的利益，學說上稱爲抵押權人的次序權。

　　（延伸閱讀：陳榮傳，「抵押權的次序讓與及其修法建議」，台灣本土法學雜誌，第49期（2003年8月），第139頁至第147頁。）

（二）次序權的處分

　　抵押權人依其次序所能支配者係抵押物之交換價值，即抵押權人依其次序所得優先受償之分配額。同一抵押物有多數抵押權者，抵押權人得就其抵押權次序，予以讓與或拋棄（含相對拋棄及絕對拋棄），即調整其可優先受償之分配額之全部或一部，但其他抵押權人之利益不受影響。民法第870-1條第1項並就各項處分設有定義：1.次序之讓與：爲特定抵押權人之利益，讓與其抵押權之次序；2.次序之相對拋棄：爲特定後次序抵押權人之利益，拋棄其抵押權之

次序；3.次序之絕對拋棄：為全體後次序抵押權人之利益，拋棄其抵押權之次序。為便於理解，以下僅再舉例說明之。

1. 次序的讓與

抵押權人可為特定抵押權人之利益，讓與其抵押權之次序，即同一抵押物之先次序或同次序抵押權人，為特定後次序或同次序抵押權人之利益，將其可優先受償之分配額讓與該後次序或同次序抵押權人。所謂「特定抵押權人」，係指因調整可優先受償分配額而受利益之該抵押權人而言，不包括其他抵押權人在內。此時讓與人與受讓人仍保有原抵押權及次序，讓與人與受讓人仍依其原次序受分配，惟依其次序所能獲得分配之合計金額，由受讓人優先受償，如有剩餘，始由讓與人受償。

例如債務人甲在其抵押物上分別有乙、丙、丁第一、二、三次序依次為180萬元、120萬元、60萬元之抵押權，乙將第一優先次序讓與丁，甲之抵押物拍賣所得價金為300萬元，則丁先分得60萬元，乙分得120萬元，丙仍為120萬元。又如甲之抵押物拍賣所得價金為280萬元，則丁先分得60萬元，乙分得120萬元，丙分得100萬元。

2. 次序的相對拋棄

抵押權人得為特定後次序抵押權人之利益，拋棄其抵押權之次序，即拋棄其優先受償利益。此時各抵押權人之抵押權歸屬與次序並無變動，僅係拋棄抵押權次序之人，因拋棄次序之結果，與受拋棄利益之抵押權人成為同一次序，將其所得受分配之金額共同合計後，按各人債權額之比例分配之。

如前例，甲之抵押物拍賣所得價金為300萬元，乙將其第一次序之優先受償利益拋棄予丁，則乙、丁同列於第一、三次序，乙分得135萬元，丁分得45萬元，至丙則仍分得120萬元，不受影響。又如甲之抵押物拍賣所得價金為280萬元，則乙、丁所得分配之債權總額為180萬元（如乙未為拋棄，則乙之應受分配額為180萬元，丁之應受分配額為0元），乙拋棄後，依乙、丁之債權額比例分配（3：1），乙分得135萬元，丁分得45萬元，丙仍分得100萬元不受影響。

3. 次序的絕對拋棄

抵押權人得為全體後次序抵押權人之利益，拋棄其抵押權之次序，非專為某一特定後次序抵押權人之利益，拋棄優先受償利益。此時後次序抵押權人

之次序各依次序昇進，而拋棄人退處於最後之地位，但於拋棄後新設定之抵押權，其次序仍列於拋棄者之後。如爲普通債權，不論其發生在抵押權次序拋棄前或後，其次序本列於拋棄者之後，乃屬當然。

　　如前例，甲之抵押物拍賣所得價金爲300萬元，乙絕對拋棄其抵押權之第一次序，則丙分得120萬元，丁分得60萬元，乙僅得120萬元。又如甲之抵押物拍賣所得價金爲480萬元，戊之抵押權200萬元成立於乙絕對拋棄其抵押權次序之後，則丙分得120萬元，丁分得60萬元，乙可分得180萬元，戊分得120萬元。

（三）次序權處分的效力

　　抵押權人之間可優先受償分配額之調整，已涉及抵押權內容之變更，故抵押權次序之讓與或拋棄，非經登記，不生效力，並應於登記前，通知債務人、抵押人及共同抵押人（民870-1Ⅱ），以免債務人或抵押人不知有調整情形，而仍向原次序在先之抵押權人清償，致影響其權益。至於次序權處分之後，其效力內容可分爲下列三點說明之。

1. 實行抵押權的次序

　　抵押權人間可優先受償分配額之調整，對各抵押權人之抵押權歸屬並無變動，僅係使因調整而受利益之抵押權人獲得優先分配利益而已。故因前述調整而受利益之抵押權人，亦得實行調整前次序在先之抵押權（民870-1Ⅲ）。例如債務人兼抵押人甲就其抵押物，分別爲乙、丙、丁設定第一、二、三次序的抵押權，乙將第一優先次序讓與丁，如乙、丁的抵押權均具備實行要件時，丁得實行乙的第一次序抵押權，聲請拍賣抵押物。

2. 抵押權的部分消滅

　　爲同一債權之擔保，於數不動產上設定抵押權者，抵押權人本可就各個不動產賣得之價金，受債權全部或一部之清償。爲避免其他共同抵押人增加負擔，並維持公平，除經該第三人即共同抵押人同意外，調整優先受償分配額時，其次序在先之抵押權所擔保之債權，如有第三人之不動產爲同一債權之擔保者，在因調整後增加負擔之限度內，以該不動產爲標的物之抵押權消滅（民870-1Ⅳ）。

3. 保證人的部分免責

抵押權所擔保之債權有保證人者，於保證人清償債務後，債權人對於債務人或抵押人之債權，當然移轉於保證人，該債權之抵押權亦隨同移轉。調整可優先受償分配額時，除經該保證人同意調整者外，其次序在先之抵押權所擔保之債權有保證人者，於因調整後所失優先受償之利益限度內，保證人免其責任（民870-2），以免因調整可優先受償分配額而使先次序或同次序之抵押權喪失優先受償利益，使該保證人代負履行債務之機會大增，對保證人有失公平。

二、抵押權的保全請求權

抵押權人不占有抵押物，但其支配抵押物抽象交易價值之權利仍應受法律保護，爲使其得以保護抵押物的價值，以保全其抵押權，法律上有下列二項請求權。

（一）抵押物價值減少防止請求權

抵押人之行爲，足使抵押物之價值減少者，抵押權人得請求停止其行爲，如有急迫之情事，抵押權人得自爲必要之處分。因此項請求或處分所生之費用，由抵押人負擔，此一債權的受償次序，優先於各抵押權所擔保之債權（民871）。此乃因爲抵押權所支配的，乃是抵押物於設定時的價值，故如抵押人後來的行爲，有使抵押物價格減少之虞者，抵押權人爲預防起見，有權爲審判上或審判外之適當請求，於急迫時並得自行防禦，以保護其權利。由於所有就抵押物得受清償的債權人，不論其有無物上擔保，均因有抵押權的保全而受利益，故此項保全所生的費用，雖未登記，亦較所有債權人的債權，更優先受清償。

（二）抵押物價值回復請求權

抵押物之價值因可歸責於抵押人之事由致減少時，抵押權人得定相當期限，請求抵押人回復抵押物之原狀，或提出與減少價額相當之擔保（民872 I）。此乃抵押人設定抵押權後，抵押物的價值即受抵押權人支配，如抵押物因故減損、滅失時，其危險仍應由抵押人負擔，抵押人不得藉口抵押物現

狀變更，而要求免責。

抵押人不於前項所定期限內，履行抵押權人之請求時，抵押權人得定相當期限請求債務人提出與減少價額相當之擔保，屆期不提出者，抵押權人得請求清償其債權（民872II），即抵押人與債務人非同一人時，如抵押人不應抵押權人之請求，而增加擔保或回復原狀時，即喪失債務清償的期限利益。抵押人為債務人時，債務人既已受有提出與減少價額相當擔保之請求，抵押權人即得不再為前項請求，逕行請求清償其債權（民872III）。抵押物之價值因不可歸責於抵押人之事由致減少者，抵押權人僅得於抵押人因此所受利益之限度內，請求提出擔保（民872IV），即抵押權人得請求抵押人提出擔保之範圍，不以抵押人所受損害賠償為限，尚應包括不當得利、公法上損失補償等利益在內。

抵押權人依民法第871、872條規定，得請求抵押人停止行為、回復抵押物原狀或提出擔保，其原理是抵押權為價值權，維護抵押物的價值乃擔保債權被履行的重要手段，但尚難憑此即認為抵押權人就抵押物，有監督管理、避免對鄰地發生損害或發生公共危險之義務（107判300）。

三、抵押權的處分權

普通抵押權不具獨立性，甚至具有從屬性，故普通抵押權不得由債權分離，而為讓與，或為其他債權之擔保（民870）。惟普通抵押權不具有一身專屬性，故抵押權人仍得自由處分。抵押權人如將其普通抵押權，與其所擔保的債權，一併讓與給第三人，或為擔保其他債權而一併設定權利質權給債權人，均無不可。此外，抵押權人亦得拋棄普通抵押權，而使其消滅（民764I）。抵押權人就普通抵押權，為拋棄、與抵押債權一起讓與或設定債權質權，均屬於使不動產物權發生變動之行為，故非經登記，不生效力（民758I）。但普通抵押權為抵押債權的從權利，也可能因抵押債權的讓與或處分，而隨同移轉或被處分（民295I但），在此種情形下，普通抵押權係依法律規定而變動，該普通抵押權須經登記，始得再為處分（民759）。

四、抵押權的實行權

抵押權人於債權已屆清償期，而未受清償者，得聲請法院，拍賣抵押物，就其賣得價金而受清償（民873）。抵押權人就其抵押權有實行權，以使抵押

物的抽象交易價值，得以透過拍賣程序變為具體的賣得價金，而讓抵押債權得就抵押物的賣得價金，優先受清償。因此，抵押權的實行，乃是抵押權人的權利，而非其義務，抵押權人是否行使此項權利，乃其自由。抵押權人即為債權人，其同時有債權於抵押權，如其請求債務人清償債務，債務人不得因為有抵押權之擔保，而拒絕清償，也不得主張抵押權人應先就抵押物行使權利，再對債務人請求清償。抵押權人的抵押權實行權，乃其抵押權內容的一部分，只要有抵押權，而且符合要件，即得隨時行使，不會因為得行使而未行使的事實，致其實行權、抵押權或債權因而消滅。

第五項　普通抵押權的實行

普通抵押權的實行，是抵押權人的抵押債權，就抵押物的賣得價金優先受清償的程序。茲就民法關於其要件及方法之規定，依序予以論述。

第一款　實行的要件

民法第873條規定：「抵押權人於債權已屆清償期，而未受清償者，得聲請法院，拍賣抵押物，就其賣得價金而受清償。」本條係就抵押權的實行，規定其要件及主要的實行方法。依本條規定有實行權者，是抵押權人，即須有抵押權之存在，且其聲請者須為抵押權人。此為抵押權本身之要件，其詳可參考抵押權的取得部分的說明。

一、抵押債權已屆清償期

（一）法院的審查

抵押權人之實行普通抵押權，必須有普通抵押權存在，而基於普通抵押權的從屬性，也必須有被擔保的特定抵押債權存在，且該抵押債權的清償期已經屆至，抵押權人得請求債務人清償時，其抵押權始得實行。普通抵押權所擔保的債權為特定債權，所以通常必先有被擔保之特定債權存在，而後普通抵押權始得成立，又抵押權所擔保之債權，其種類及範圍，屬於抵押權之內容，依法應經登記，始生物權之效力，倘抵押權已經登記，且登記之債權已屆清償期，而未受清償，法院始得准許之，否則於法不合，應予駁回。

抵押權人聲請法院拍賣抵押物，性質上屬於非訟事件，衹須其抵押權已經依法登記，並依登記之清償期業已屆至而未受清償時，法院即應為許可拍賣之裁定。至實際上之清償期有否變更，本非所問，倘當事人就此有爭執時，不妨提起訴訟以求解決，殊不容依抗告程序聲明不服（58台抗524）。

（二）清償期

所謂清償期，是指應為清償的時期而言，故除約定的清償期外，亦包括其他債務人應清償的時期。定有清償期者，債權人不得於期前請求清償，如無反對之意思表示時，債務人得於期前為清償（民316）。清償期，除法律另有規定或契約另有訂定，或得依債之性質或其他情形決定者外，債權人得隨時請求清償，債務人亦得隨時為清償（民315）。為避免抵押權實行時發生爭議，普通抵押權始得登記時通常會將約定的清償期，作為抵押債權的內容予以登記。如依民法第315條規定，債權人得隨時請求清償，債務人亦得隨時為清償者，須債權人請求清償，而債務人不為之，始為債權已屆清償期，而未受清償的情形。

如抵押權設定契約書及土地登記謄本之「擔保債權種類及範圍」欄係記載「98年3月20日之借款契約所生債權之返還擔保」，「債務清償日期」欄則記載「99年3月19日」，其抵押權即為普通抵押權，如抵押權人主張的債權，就原因發生日期及債務清償日期言，與上開登記之抵押權內容不同，即令該債權債務關係確實存在，其非屬該抵押權所擔保的債權，抵押權人仍不得實行其登記之抵押權（100台上1648）。

（三）最高限額抵押權的準用

上述內容係就普通抵押權而為說明。民法第873條於最高限額抵押權，亦準用之（民881-17），但抵押權人實行者如為最高限額抵押權，因抵押權成立時，可不必先有債權存在，最高限額抵押權乃未登記具體被擔保之特定債權。其得因實行最高限額抵押權而就抵押物優先受清償的債權，是指經確定之原債權，而最高限額抵押權人聲請裁定拍賣抵押物，乃是所擔保之原債權之確定事由之一（民881-17Ⅰ），故抵押權人不以指明何一特定債權之清償期已屆至，且未受清償為必要。此時，債務人或抵押人得請求抵押權人結算實際發生之債

權額，如債務人或抵押人否認先已有債權存在，或於抵押權成立後，曾有債權發生，而從抵押權人提出之其他文件爲形式上之審查，又不能明瞭是否有債權存在，即該債權是否爲該最高限額抵押權擔保之範圍時，法院即無由准許之（71台抗306）。

二、債權未受清償

（一）清償的意義

普通抵押權經設定登記後，抵押權人實行抵押權時，法院通常即就其登記之被擔保債權爲判斷，如其已屆清償期而未受清償，法院即准許抵押權人之聲請（71台抗306）。抵押權人於其抵押債權未受全部清償前，依本條規定即得就抵押物之全部行使權利，抵押權所擔保之債權，若經一部清償而一部消滅，抵押權仍爲擔保其餘之債權而存在。故即使抵押債權金額已部分清償，仍符合抵押權實行的要件，抵押人無從以異議之訴，排除該拍賣抵押物之部分執行程序（102台上54）。

無論抵押物是由債務人或第三人提供，普通抵押權實行的條件，都是「債權已屆清償期，而未受清償」，即只要有抵押權，且抵押債權已屆清償期，「而未受清償」，即可實行該普通抵押權。但如債權已受清償或因其他原因而消滅，無論是因債務人或第三人之清償行爲，或其原因是否與債務人有關，其普通抵押權均歸於消滅，已登記之抵押權人，亦不得實行該普通抵押權。

（二）清償的責任次序

抵押權人即爲債權人，其實行普通抵押權時，即使抵押物非屬於債務人所有，而是由第三抵押人所提供，該第三抵押人並無抗辯權，不得主張抵押權人應「先就債務人之財產強制執行」，並以其無效果爲前提，始得實行該普通抵押權。故抵押物的清償債務的責任次序，係與債務人相同，只要抵押債權已屆清償期，而未受清償，即有予以清償之義務，抵押權人亦因而即得實行該普通抵押權。

一個債權如同時被二個以上的普通抵押權擔保，即除就A不動產設定普通抵押權予以擔保之外，也就B不動產設定普通抵押權予以擔保（不是A不動產

及B不動產設定一個共同抵押權），此時A不動產及B不動產「分別」以其各自的交易價值，擔保該債權應被完全履行，因為A不動產及B不動產的清償責任的次序相同，抵押權人得任選一個普通抵押權，而予以實行。如果抵押債權同時就動產或權利設定質權，該債權實行的要件也是「債權已屆清償期，而未受清償」（民893 I、906-2），所以為質權標的物的動產或權利，其清償被擔保的債權的責任次序，也與抵押物相同，即均與債務人立於相同的責任次序。此時，債權人為使債權獲得清償，即得任選一個擔保權而實行之，如有不足，再任選另一個擔保權而實行之。

（三）抵押人無先訴抗辯權

抵押人在學理上也稱為物上擔保人或物上保證人，被認為是以抵押物的交易價值為限，對抵押債權負清償之責任，從抵押人的角度而言是「物之有限責任」，從抵押物的角度而言，則是抵押物本身全部價值的擔保責任。保證人係以其全部財產為擔保，對保證之債權負無限的清償責任，即對保證債權負擔「人之無限責任」。

被抵押物設定抵押權而予以擔保的抵押債權，如同時亦為普通保證人所擔保，因普通保證人依法有先訴抗辯權（民745），在未就債務人之財產強制執行而無效果以前，得拒絕清償，抵押物的清償責任次序因與債務人相同，均在普通保證人的前面，第三抵押人在抵押權人實行抵押權時，自然不得主張抵押權人應以債權人的身分，先向債務人或普通保證人請求清償，並先就其財產強制執行。如被普通保證人保證的債權，同時被動產質權或權利質權擔保時，為質權標的物的動產或權利，其清償被擔保的債權的責任次序，也均與債務人相同，係在普通保證人的前面。

須與普通保證人嚴格區別的，是司法實務上承認的連帶保證人。連帶保證人對債權人負擔與債務人相同的責任，其清償責任的次序與債務人相同，即與抵押物相同。由於普通保證人有先訴抗辯權，其清償責任的次序在債務人之後，即在抵押物與連帶保證人之後。因此，普通保證人的先訴抗辯權，應亦可對連帶保證人及抵押物或其他擔保物，而為主張。

第二款　實行的方法

抵押權是價值權，抵押權人須經由實行抵押權的的程序，使抵押物的抽象交易價值，變換爲具體賣得價金，以供抵押債權優先受清償。民法規定下列三種實行的方法：一、聲請法院拍賣抵押物（民873）；二、訂立契約取得抵押物的所有權（民878）；三、以其他方法處分抵押物（民878）。

第一目　聲請法院拍賣抵押物

一、聲請及其裁定

抵押權人，於債權已屆清償期，而未受清償者，民法第873條規定其得聲請法院，拍賣抵押物，就其賣得價金而受清償。法院依本條規定，有義務依抵押權人的聲請，拍賣抵押物。抵押權人實行抵押權而聲請法院拍賣抵押物時，如爲普通抵押權，須有已登記的抵押權及被擔保之債權存在，倘抵押權已經登記，且登記之債權已屆清償期而未受清償，法院即應准許拍賣抵押物，否則於法不合，應予駁回（100台上1648）；如爲最高限額抵押權，須有已登記的最高限額抵押權，及尚待確定的原債權，如債務人或抵押人否認債權人對債務人原無債權存在，於抵押權成立後亦未曾有債權發生，而從抵押權人提出之其他文件爲形式上之審查，又不能明瞭是否有債權存在時，法院自無由准許拍賣抵押物（71台抗306）。

法院於此類事件中，是依本條規定應接受抵押權人之聲請，以實現抵押權的功能，故其程序不具訴訟性質，而屬於非訟事件；法院僅從形式上審查是否符合實行抵押權的要件，如依抵押權人提出之他項權利證明書，已可認爲符合實行抵押權的要件，法院即應爲准許拍賣的裁定。如抵押人或債務人則對抵押權設定契約之成立，尚有爭執，由於法院就聲請拍賣抵押物事件，所爲准許與否之裁定，並無確定實體上法律關係存否之性質，其對於債權及抵押權之存否，並無既判力，故祇須符合要件，法院即應爲准許拍賣之裁定，而對於此項法律關係有爭執之人，爲求保護其權利，不妨提起訴訟，以求解決，不得僅依抗告程序聲明其爭執，並據爲廢棄拍賣裁定之理由（51年第5次民、刑庭總會會議決議）。其他如所擔保的債權是否確實存在，登記的債權清償期是否有變

更，或爲拍賣程序基礎的私法上權利有無瑕疵，例如是否得被撤銷等，亦應由爭執其權利的當事人提起訴訟，以資救濟，抵押權人並無於聲請拍賣抵押物以前，先行訴請確認其權利存在的義務（49台抗244）。

二、拍賣的標的物

（一）抵押物及抵押權效力所及的物或權利

法院依抵押權人的聲請，而裁定准予拍賣時，其目的在使抵押債權得就拍賣物的賣得價金，優先受清償，故除抵押物之外，抵押權效力所及的其他標的物及權利，即抵押物的從物及從權利（民862）、抵押物之成分非依物之通常用法而分離成爲動產者（民862-1）、抵押物扣押後自抵押物分離的天然孳息（民863）、抵押物扣押後得收取的法定孳息（民864）等，其交易價值均爲抵押權人所支配，故抵押權人得就其拍賣所得之價金，優先受抵押債權的清償。

抵押物如已經滅失，抵押權即已消滅，即使抵押人因此得受賠償或其他利益，或仍占有其殘餘物，抵押權人並得就其金錢、權利或物之賣得價金，受抵押債權之優先清楚，但此時應依權利質權或動產質權的予以實行，似得由質權人（原抵押權人）自行拍賣（民893Ⅰ、906-2）。

（二）併付拍賣的物或權利

在法院拍賣抵押物之程序中，法院固得拍賣抵押物，對於非屬抵押物，但爲抵押權效力所及的物或權利，亦得予以拍賣。至於其他的物或權利，因非屬抵押權效力所及，原則上不得於同一程序予以拍賣。但在少數且例外的情形下，民法規定法院得於必要時，將原不得予以拍賣的物或權利，併付拍賣，惟其賣得價金，非屬抵押權效力所及，不得供抵押債權之優先清償。

1. 抵押後在抵押土地上營造之抵押人建築物

(1)土地上的建築物

土地的所有權範圍，除法令有限制外，於其行使有利益之範圍內，及於土地之上下（民66）。建築物爲定著物，在物理上無法與土地分離，但定著物在法律上與土地同爲不動產（民66），故建築物與其基地乃是獨立的二個不動產。因此，土地所有人就土地單獨設定抵押權時，如土地上有建築物，無論該

建築物是在抵押權設定之前或之後建造,也不管該建築物是否爲土地所有人所有,該抵押權的抵押物僅爲土地,該建築物非屬抵押物,也非抵押權的效力所及的範圍。

不過,由於建築物無法離開土地而單獨存在,建築物的價值往往與其基地的坐落區位、形狀、周圍環境等因素息息相關,即使在法律上與土地各自爲不同所有權的客體,在經濟價值上經常是難分難離,不容易各自單獨評價。特別是已經有建築物坐落的土地,因暫時無法再爲其他使用收益,其土地原有的用益價值被吸收殆盡,也將影響土地交易價值的實現。因此,就可建築的空地設定的抵押權,倘若後來該地已營造建築物,在拍賣時已非空地,如何在拍賣時實現其設定時的交易價值,乃成爲重要的課題。

(2)基本規定

爲此,民法第877條第1項規定:「土地所有人於設定抵押權後,在抵押之土地上營造建築物者,抵押權人於必要時,得於強制執行程序中聲請法院將其建築物與土地併付拍賣。但對於建築物之價金,無優先受清償之權。」本條項規定建築物與土地併付拍賣的要件與效力。在要件部分,須爲A.土地所有人先就土地,設定抵押權,B.抵押權設定後,土地所有人在抵押之土地上營造建築物,C.須有併付拍賣之必要,並由抵押權人於強制執行程序中聲請法院,經法院裁定准予併付拍賣。在效力部分,A.建築物將被併付拍賣,B.抵押權人對建築物之賣得價金,無優先受清償之權。

(延伸閱讀:陳榮傳,「物權編修正後併付拍賣的要件」,台灣本土法學雜誌,第97期(2007年8月),第150頁至第154頁。)

(3)立法理由

依本條項被併付拍賣的建築物,並非抵押權效力所及之物,原不得因實行抵押權而予以拍賣,但因抵押之土地因後來有該建築物坐落其上,該建築物復爲獨立之物,致該抵押土地之所有權雖仍存在,卻難以再爲其他使用收益,如僅單就抵押土地予以拍賣,其賣得之價金恐難反映抵押權設定時土地之價值。此時,倘欲貫徹抵押權之效力,似可要求建築物所有人拆除其建築物,回復抵押土地設定抵押權時之原狀;惟因抵押權人不占有並使用抵押物,強制拆除與其本旨相違,且建築物係抵押土地以外之另一物,其所有權應被保護,而將建築物拆除,於社會經濟並非有利。爲兼顧抵押權人利益的保護,社會經濟的維

護，建築物所有人利益的保護，本條項乃以將建築物與土地併付拍賣的方式，充分實現抵押土地之價值，並宣示建築物非為抵押物，其賣得價金應歸其所有人，抵押權人不得優先受清償。

(4)被併付拍賣之建築物

被併付拍賣之建築物，非為抵押物或抵押權效力所及之物，按理應不適用關於抵押物之規定。例如土地所有人甲將其A地設定抵押權給乙後，再於A地營造B屋，並將B屋出租給第三人丙。乙實行抵押權，執行法院裁定准予拍賣A地，並得依聲請將B屋併付拍賣。此時，甲、丙間租賃契約的租賃物是B屋而非A地，B屋並非抵押物，似不得依第866條規定予以終止後再拍賣之。惟實務上認為，抵押權為擔保物權，不動產所有人設定抵押權後，於同一不動產上，固仍得為使用收益，但如影響於抵押權者，對於抵押權人不生效力，故土地所有人於設定抵押權後，在抵押之土地上營造建築物，並將該建築物出租於第三人，致影響於抵押權者，抵押權人自得聲請法院終止該租賃契約，依無租賃狀態將該建築物與土地併付拍賣（86台抗588）。

2. 抵押後在抵押建築物上營造之抵押人建築物

司法實務上對於本條項的適用，向來係從寬認定。例如甲以其所有建地及地上平房，為擔保乙的債權，設定抵押權與乙，嗣乙聲請裁定准予拍賣抵押物，最高法院認為乙於必要時，得聲請執行法院，將甲於設定抵押權登記後，增建未登記之二樓房屋及附屬平房二間，併付拍賣（最高法院53年度第4次民、刑庭總會會議決議（二））。其中，甲增建之未登記二樓房屋，非在土地上營造，而係在平房之上營造者，就方法論而言，似係類推適用本條項的結果。

上述實務見解，民法第862條增訂第3項規定時，亦在但書予以明文規定：「以建築物為抵押者，其附加於該建築物而不具獨立性之部分，亦為抵押權效力所及。但其附加部分為獨立之物，如係於抵押權設定後附加者，準用第八百七十七條之規定。」本條項本文關於「亦為抵押權效力所及」部分，可參閱前面的論述。依本條項但書，抵押權人於必要時，得聲請法院將該附加物，與抵押建築物併付拍賣，但就附加物賣得價金，無優先受清償之權，以保障抵押權人、抵押人與第三人之權益，並維護社會整體經濟利益。不過，但書的附加物非抵押物，也非抵押權效力所及，與其本文所規定的附加部分，性質完全

不同,其實並不適合以同一條項之本文及但書的形式,予以規定。

本條項但書的立法理由,是抵押建築物如為區分所有建築物,其上增建的部分,有可能依法登記而成為有單獨所有權的專有部分,或在法律上為獨立之物,倘若如此,則其非抵押物的一部分,也非抵押物的從物,而有可以單獨予以處分的交易價值,無論是在抵押權設定之前或之後所附加,均非抵押權的效力所及。但如原建築物本有增建、擴建或為其他附加行為之可能性,但抵押權設定之後,已被抵押人附加並取得獨立之附加物之所有權,致原建築物在設定時之價值難以充分實現。

適用本條項但書的規定時,首先要判斷的,是系爭建物是否為抵押權標的物之範圍?是否為抵押權效力之所及?如果是獨立之物,而非抵押權之效力所及,抵押權人得否聲請將系爭建物併付拍賣,則應判斷其是否於抵押權設定後所附加?有無併付拍賣之必要?(103台上2178)

3. 抵押後在抵押土地上營造之他人建築物

民法第877條第1項的建築物之所以被併付拍賣,乃因其為土地設定抵押權之後,為土地所有人所營造,且其所有人即為抵押人。如建築物非為抵押人所營造,而是在其基地設定抵押權之後,始由他人所營造,而該他人有於抵押土地上營造建築物之權利時,究應如何處理,實值得重視。對此問題,本條第2項規定:「前項規定,於第八百六十六條第二項及第三項之情形,如抵押之不動產上,有該權利人或經其同意使用之人之建築物者,準用之。」

換言之,如不動產所有人設定抵押權後,於同一不動產上,設定地上權或其他以使用收益為目的之物權,或成立租賃關係者,抵押權人實行抵押權受有影響者,法院得除去該權利或終止該租賃關係後拍賣之(民866II),不動產所有人設定抵押權後,於同一不動產上,成立第一項以外之權利者,法院得除去該權利後拍賣之(民866III)。此等情形,如抵押之不動產上,有該權利人或經其同意使用之人之建築物者,得準用第877條第1項,即抵押權人於必要時,得於強制執行程序中聲請法院將其建築物與土地併付拍賣,但對於建築物之價金,無優先受清償之權。

抵押權人依民法第877條第2項規定,聲請將該建築物與抵押土地併付拍賣,係以民法第866條第2項及第3項所定情形,即抵押權人實行抵押權受有影響,執行法院因而除去該條所規定之權利或終止該租賃關係為前提(98台抗

909），倘非如此，仍不宜併付拍賣。

4. 抵押物存在所必要之權利

土地與建築物固為各別之不動產，各得單獨為交易之標的，但建築物性質上不能與地上權、租賃權等土地使用權分離而存在，故如單獨就建築物（未含其基地）設定抵押權時，該建築物即以此等權利為坐落其基地的權源，本書認為即應依民法第838條第3項關於一體化原則，併予設定抵押權，或將該權利視為從權利，而認定其為抵押權效力所及（民863），並在實行抵押權時，予以拍賣，並由抵押權人就其賣得價金，優先受抵押債權的清償。

不過，民法第877-1條規定：「以建築物設定抵押權者，於法院拍賣抵押物時，其抵押物存在所必要之權利得讓與者，應併付拍賣。但抵押權人對於該權利賣得之價金，無優先受清償之權。」立法理由認為，土地與建築物固為各別之不動產，各得單獨為交易之標的，但建築物性質上不能與土地使用權分離而存在，故以建築物設定抵押權，於抵押物拍賣時，其抵押物對土地存在所必要之權利得讓與者，例如地上權、租賃權等是，應併付拍賣，始無害於社會經濟利益（民法債編增訂第425-1條、第426-1條及最高法院48年台上字第1457號判例參照）。然該權利非抵押權之標的物，抵押權人對其賣得之價金，不得行使優先權，始為平允，爰增訂本條規定。

上述規定對於抵押物存在所必要之權利之定位，與現行民法的整體體系未盡一致，也忽略被併拍賣的權利，應具備「非為抵押權效力所及」的要件。上述規定所適用的權利，一方面須為「抵押物存在所必要」，另一方面須非抵押物，亦非抵押權效力所及之權利，而抵押權設定抵押權時已經存在的權利，或在抵押權設定之後始由抵押人取得的權利，至少應可認定其為從權利，而為抵押權效力所及，因此，唯一可能適用的，是抵押物所有人在設定抵押權時尚無該權利的情形。此種情形相對罕見，適用的機會甚少，乃是當然。

三、拍賣的效果

抵押物因實行抵押權，而被法院拍賣後，買受人自領得執行法院所發給權利移轉證書之日起，取得拍賣之該不動產所有權（強98Ⅰ）。該買受人係基於強制執行而取得不動產物權，屬於民法第759條規定範圍，一經法院發給所有權權利移轉證書，即發生取得不動產物權之效力，倘非更予處分，則不以登

記爲生效要件，此與民法第758條第1項有間（56台上1898）。此外，原抵押物上的抵押權，因實行而消滅，並發生其賣得價金應如何分配之問題。茲就其內容，再分述之。

（一）抵押權消滅

1.抵押權消滅的原則

抵押權人所支配者，係抵押物之交換價值，此項價值可因法院之拍賣抵押物，而具體化爲賣得之價金，該價金並可由抵押權人依其優先次序予以分配，以清償各抵押債權。如同一抵押物的所有抵押權，其內容均已實現，則實行之抵押權及其他抵押權，均應歸於消滅。故民法第873-2條第1項規定：「抵押權人實行抵押權者，該不動產上之抵押權，因抵押物之拍賣而消滅。」本條項的立法理由並指出，抵押權所支配者係抵押物之交換價值，此項價值已因抵押物之拍賣而具體化爲一定價金，該價金並已由抵押權人依其優先次序分配完畢，是抵押權之內容已實現，該抵押權及其他抵押權自應歸於消滅。上開見解爲學說及執行程序之實務上所採用，復配合強制執行法第98條之規定，爰增訂第1項規定，以資明確。

抵押權係爲擔保債權而發生，也將因抵押權人實行其抵押權，抵押物的抽象價值因拍賣而變成具體賣得價金，而消滅。惟關於抵押權消滅的時間，最高法院曾認爲，在抵押權人實行抵押權且抵押物經拍定的情形，必待拍賣所得價金由抵押權人依其優先次序分配完畢，即其抵押權之內容已實現者，始歸於消滅；於完成分配前，該抵押權及其得優先受償之權利，仍移存於抵押權人對抵押物得受優先分配之價金，且不因抵押權設定登記業經塗銷，而異其結果（104台抗1055）。不過，抵押權人實行抵押權者，該不動產上之抵押權，「因抵押物之拍賣而消滅」，本條項既已明文規定如上，上述見解即難謂爲妥適。本文認爲，抵押物經法院拍定，抵押權即已被實行，買得人取得之不動產，已無原抵押權之負擔，即抵押權已經消滅，至於賣得價金的分配，乃是各抵押債權的清算程序，其實是以其抵押權已消滅爲前提。抵押權消滅以後，原抵押權人對於抵押物賣得價金的支配，似宜認爲得類推適用第881條第2項，即以權利質權爲替代原抵押權的擔保物權。

2.抵押債權視為已屆清償期

因抵押物拍賣而消滅的抵押權，是指其支配的抵押物抽象交易價值，已經實現為具體的賣得價金者，故同一抵押物上，曾先後成立次序不同的數抵押權時，先次序的抵押權，本來即不因後次序抵押權的成立而受影響（民865），也當然不因後次序抵押權的實行而受影響。因此，同一抵押物上的數抵押權，是否應因其中一抵押權的實行，而均歸消滅的問題，乃成為重要的立法課題。民法第873-2條第2項規定：「前項情形，抵押權所擔保之債權有未屆清償期者，於抵押物拍賣得受清償之範圍內，視為到期。」本條項未區分抵押權的次序，規定所有抵押債權均視為已屆清償期，以便進行各抵押債權的結算清償，在立法上乃是呼應抵押權均將歸於消滅的基本原則。

3.例外存續的抵押權

同一抵押物上的抵押權均應歸於消滅的上述原則，對於次序在實行的抵押權之先，且抵押債權未定清償期或清償期尚未屆至的其他抵押權而言，其實並非合理，而應任由抵押物之拍賣，但對先次序的抵押權不生影響（民867）。因此，抵押權均應歸於消滅的上述原則，仍有承認其例外情形的必要。故民法第873-2條第3項規定：「抵押權所擔保之債權未定清償期或清償期尚未屆至，而拍定人或承受抵押物之債權人聲明願在拍定或承受之抵押物價額範圍內清償債務，經抵押權人同意者，不適用前二項之規定。」

本條項之規定，原係強制執行法第98條第3項但書之明文，即在抵押權人同意，而且抵押物的拍定人或承受願意承受的前提下，例外採承受主義，使部分抵押權仍得存續於抵押物之上。對次序在先的抵押權人而言，其抵押權按理應不受後次序抵押權實行之影響，其抵押權應仍存在於拍定人或承受人取得所有權之抵押物之上，或其抵押債權視為已屆清償期，而得優先於實行之抵押權所擔保之債權，故本條項所謂「抵押權人」，應係指先次序的抵押權人而言，其「經抵押權人同意者」之「同意」，應係指其同意抵押債權不視為已屆清償期，其抵押權不因抵押物被拍賣而消滅，並將依其原設定之內容行使權利，即於抵押債權屆清償期而為受清償時，依規定再聲請法院拍賣抵押物（民873）而言。

本條項所稱之「拍定人」，係專指依強制執行程序拍定抵押物之人；「承受抵押物之債權人」，係專指依強制執行程序拍賣抵押物，因無人應買或應

買人所出之最高價未達拍賣最低價額，依強制執行法規定承受抵押物之債權人（強91Ⅰ、71Ⅰ）而言。此二者取得之抵押物，原應仍有先次序抵押權之負擔，並仍以抵押物之交易價值，擔保抵押債權之被履行，本條項如為保護先次序抵押權人之利益，由其選擇決定其抵押權是否消滅，似已經足夠，無須再由此二者為任何聲明。

本條項規定，應由此二者「聲明願在拍定或承受之抵押物價額範圍內清償債務」，實衍生沒必要的下列疑惑與困難：

(1)上述聲明的要求，是否必要？因為先次序抵押權人的抵押權如未消滅，乃是法律規定的結果，上述二者的聲明，如果只是重複法律的意旨，似非必要。

(2)變更為「人的責任」？如上述二者的聲明，將發生債務承擔的法律效果，其結果係將抵押物之物的清償責任，透過此二者的聲明，變更為此二者的人的清償責任，此種變更似非妥適。

(3)變更清償責任的範圍？上述聲明的內容，是此二者「聲明願在拍定或承受之抵押物價額範圍內清償債務」，其中「在拍定或承受之抵押物價額範圍內」一詞，意義頗待釐清。因為「價額」一詞，似指此二者拍定或承受抵押物之「價額」而言，但倘若如此，抵押權存續時，抵押物清償抵押債務之責任，是「以抵押物之賣得價金，清償債務」（民860、873），其負擔清償責任的範圍是抵押物賣得價金的全部，上述聲明將負擔清償責任的範圍，限縮為「在拍定或承受抵押物之價額範圍內」，違反抵押權的本質，似非妥適。如果「價額」一詞，是指抵押物將來之賣得價金，則如要規定，宜採「賣得價金」，以求呼應，但因其只是宣示抵押權的內容，此種聲明，似無必要。

（二）賣得價金的分配

1. 一般情形

抵押物的賣得價金，其性質屬於抵押人的財產，而非債務人的財產，因此其僅負擔清償抵押債權的責任，並非作為清償債務人一般債務的責任財產。抵押債權是否有效成立，涉及到抵押權的從屬性；抵押債權得受清償的數額，則涉及到抵押物賣得價金應清償的範圍。實務上因此認為，第三抵押人或物上擔保人以自己的抵押物，為債務人設定擔保，其法律上地位與保證人類似，對債

務擔保之履行而言，均係以自己之財產清償債務人債務，故民法第742條第1項「主債務人所有之抗辯，保證人得主張之」規定，於第三抵押人或物上擔保人之情形，自可類推適用之（98台上1044）。

抵押物賣得之價金，除法律另有規定，例如稅捐稽徵法第6條第1項（土地增值稅、地價稅、房屋稅）、強制執行法第29條第2項（債權人因強制執行而支出之費用，及其他為債權人共同利益而支出之費用，得求償於債務人者）、民法第870-1、第871條第2項等規定外，按各抵押權成立之次序分配之，其次序相同者，依債權額比例分配之（民874）。例如A地的第二次序抵押權人甲聲請法院拍賣抵押物，於計算在A地的第二次序抵押權人的受擔保權利範圍時，首先應扣除執行費用、土地增值稅及第一順位抵押權人受償金額，再為計算（87台上467）。

2. 共同抵押權的實行

(1)共同抵押權的概念

A.基本原理

抵押權是價值權，在公示原則及特定原則的要求下，如為意定抵押權，其抵押物必須明確予以登記（民758）。一個抵押權的抵押物，不以一個獨立的不動產為限。共有人就共有不動產的應有部分，亦得設定抵押權（民819、釋141）；只要能夠予以明確登記，數個不動產也可以集合成為一個財產集合體，作為一個抵押權的抵押物。

民法第875條規定「為同一債權之擔保，於數不動產上設定抵押權」，即是指為擔保同一債權，而以數不動產共同為一個抵押權的標的物，所設定的抵押權。學理上將此種抵押權，稱為共同抵押權或總括抵押權。例如甲為擔保其欠乙的1000萬元債務，提供自己所有的A、B二筆土地，為乙設定普通抵押權，則乙的1000萬元債權，即獲得A地及B地的共同擔保，得支配A地與B的地的交易價值，並得依實行抵押權的規定（民873），拍賣A地及B地。共同抵押權的設定，可以同時就數個抵押物，設定一個抵押權，如為擔保同一債權，而先後就不同的不動產，分別設定數個抵押權予以擔保，也包含在內（105台上2078、108台上1853）。例如在上述例中，甲先就A地設定抵押權，再就B地設定抵押權，並由丙就其C地設定抵押權，以擔保乙對甲的1000萬元債權，此時，甲、丙也是「為同一債權之擔保，於數不動產上設定抵押權」，也應適用

共同抵押權的相關規定。

B.擔保的債權

共同抵押權得為普通抵押權或最高限額抵押權，其所擔保的債權，得依其當事人約定的設定目的決定，並不限於單一特定債權，無論是多數的特定債權，或一定範圍內的不特定債權，均得以共同抵押權予以擔保。故民法第875條雖規定共同抵押權的目的，是「為同一債權之擔保」，實際上其擔保的範圍，只要為共同抵押權標的物的各個不動產，所擔保的債權均相同即可，不以抵押債權是單一的債權為限。

共同抵押權的標的物包含數個不動產，雖然各個不動產所擔保的債權相同，但各個不動產各自負擔的債權清償責任，還是可以依據當事人間的約定而不同。因此，在不動產與不動產之間，其對整體抵押債權的清償而言，乃是不同的清償單位或責任單位，但其各自的清償責任，究竟是均負全部清償的責任？還是僅就抵押債權的一定比例，負擔清償的責任？仍將回歸抵押權的內容，即應依據抵押人與抵押權人的設定登記，或依其所由發生的法律規定，而分別認定之。

C.各個抵押物的負擔比例

有問題的是，共同抵押權的當事人如未就各個抵押物負擔清償債權的比例，為明確的約定，將發生其抵押權究竟應該如何實行的疑義。民法第875條因此乃規定，為同一債權之擔保，於數不動產上設定抵押權的情形，而未限定各個不動產所負擔之金額者，抵押權人得就各個不動產賣得之價金，受債權全部或一部之清償。換言之，共同抵押權的各個抵押物，其對同一債權的擔保，如有限定本身負擔清償責任的數額，並經登記者，即應依僅負擔其限定的負擔金額，如未限定自身擔保的債權數額，即應視為擔保債權之全部。

D.最高限額抵押權的準用

共同抵押權的規定，除適用於普通抵押權外，於最高限額抵押權亦準用之（民881-17）。當事人也可以為擔保同一範圍內的不特定債權，而就數個不動產設定共同最高限額抵押權，惟民法第881-10條仍沿用普通抵押權的規定，為下列特別規定：「為同一債權之擔保，於數不動產上設定最高限額抵押權者，如其擔保之原債權，僅其中一不動產發生確定事由時，各最高限額抵押權所擔保之原債權均歸於確定。」其中，「為同一債權之擔保」一詞，應指「為相同

範圍內的不特定債權之擔保」。例如同一債務人提供二筆抵押物，先後與同一債權人訂立最高限額抵押契約，擔保同一範圍之不特定債權，則除當事人有特約，對該等不特定債權，限定為其中某一筆抵押不動產所擔保者外，如該二件最高限額抵押契約約定所擔保的不特定債權的範圍相同，抵押權人自得就屬於其範圍內之債權，同時或先後對該二筆抵押物實行抵押權，不因已對其中一筆抵押物拍賣未獲全部清償，而影響就另筆抵押物之優先受償權利，亦即該二筆抵押物對最高限額抵押權人而言，具有共同擔保之性質（92台上925裁定）。

（延伸閱讀：陳榮傳，「最高限額共同抵押權的約定終止」，台灣本土法學雜誌，第93期（2007年4月），第285頁至第289頁。）

(2)拍賣物的選擇自由與限制

A.連帶抵押的原理

民法第875條的上述規定，是因為抵押權具有抵押物的不可分性，故為其標的物的數不動產，就擔保物權而言，乃是一個整體，共同擔保抵押債權的每一部分，在未限定各不動產個別擔保的金額的情形下，抵押權人自得就其債權之全部，對各個不動產行使權利，而受清償。換言之，共同抵押權的各抵押物，如均未限定擔保的債權數額，則其對債權的全部，均負擔清償的責任。在此種情形下，共同抵押權之數抵押物，均須擔保債權之全部，在債權未全部受償前，尚不生抵押權部分消滅之效力（52台上1693）。此時，各個抵押物對於同一抵押債權，均負同一次序的全部清償責任，其情形與連帶債務人對債權的連帶清償責任類似（民273），故可稱為連帶抵押。

（延伸閱讀：陳榮傳，「民法物權實例問題分析：共同抵押權」，收錄於蘇永欽主編，民法物權實例問題分析（台北：五南，民國90年1月初版），第167頁至第186頁。）

B.法定的共同抵押權

共同抵押權是以數不動產，為同一抵押權之標的物，其可適用於普通抵押權與最高限額抵押權，民法第875條固係就意定的共同抵押權的「設定」，而為規定，但如法定抵押權的標的物為數個不動產，在方法論上，亦可類推適用意定共同抵押權的規定。例如甲於民法第513條修正前承建乙所定作之房屋，為集合房屋大樓之全部，其本此承攬關係所生之報酬債權，依修正前該條之規定，得就此項報酬債權之全部，對該集合房屋大樓之全部，有抵押權。如竣工

後，乙將該集合房屋大樓劃爲若干專有部分，分別出賣於他人，並移轉爲各該他人所有；而定作人乙對於甲承建房屋之地下室新建工程、結構工程及部分裝修工程應付之報酬尚未清償，甲即得以此項報酬債權之全部，對由該他人受讓的其中一專有部分，行使其法定抵押權（79年第5次民事庭會議決議、81台上1227）。

爲共同抵押權標的物的數不動產，無論是否爲債務人所有，抵押權人實行其抵押權時，得就抵押物的全部或一部，即其中一個或數個不動產，聲請法院予以拍賣，並就其賣得價金，受抵押債權的清償。由於抵押物的拍賣適用強制執行的程序，故強制執行法第96條的下列規定，仍構成對抵押權人拍賣及現在標的物自由的限制：「供拍賣之數宗不動產，其中一宗或數宗之賣得價金，已足清償強制執行之債權額及債務人應負擔之費用時，其他部分應停止拍賣。」「前項情形，債務人得指定其應拍賣不動產之部分。但建築物及其基地，不得指定單獨拍賣。」

(3)賣得價金的債權清償

A.自由選擇的原則

共同抵押權的抵押權人，除有選擇拍賣物的自由外，就其賣得價金受債權清償原則上也不受限制。最高法院對此曾指出：「共同抵押之抵押權人就何一抵押物賣得之價金，受債權全部或一部之清償，除受強制執行法第96條規定之限制外，有自由選擇之權。此與外國立法例採分擔主義，規定共同抵押權人，如同時就各抵押物賣得之價金受清償時，應按各標的物之價格分擔其債權額者（如日本民法第392條第1項），固有不同，其與代位求償主義，規定共同抵押權如僅就一抵押物賣得價金受償時，該標的物上次順序抵押權人，對他抵押物於該共同抵押權人依分擔比例計算，可得受清償金額之限度內，得代位行使其抵押權者（如日本民法第392條第2項），亦復有異，我民法上之共同抵押，既無相類似之規定，自不能爲相同之解釋。」故共同抵押權的各抵押不動產，除當事人已限定各個不動產所負擔之金額外，抵押權人就各不動產所賣得之價金，如何受債權之清償，即有自由選擇之權，如主張其就特定抵押不動產的賣得價金，僅得依比例受債權之清償，即應證明其當事人間有限定各個不動產所負擔之金額或比例（75台上1215）。

上述見解，是基於抵押物的不可分性，認爲共同抵押權的數抵押物，本

來均對抵押債權負擔全部清償的責任，故抵押權人就拍賣物及抵押債權受賣得價金的清償，均有選擇之自由。但由於對抵押債權負擔最終清償責任的，其實是債務人，如由第三抵押人的抵押物賣得價金，先予以清償，依法仍承受債權（民879Ⅰ），終究仍得向債務人求償。

B.債務人的抵押物賣得之價金

為簡化法律關係，避免將來第三抵押人再向債務人求償，民法第875-1條乃規定：「為同一債權之擔保，於數不動產上設定抵押權，抵押物全部或部分同時拍賣時，拍賣之抵押物中有為債務人所有者，抵押權人應先就該抵押物賣得之價金受償。」例如共同抵押權的抵押物之中，既有屬於債務人甲的A地，亦有為第三抵押人（物上保證人）丙所有的B地，本條並未限制抵押權人選擇拍賣抵押物的範圍或順序，而僅限制拍賣物賣得價金的債權清償順序，即在甲的A地及丙的B地同時被拍賣的情形下，乙就A地及B地的賣得價金，應先就A地的賣得價金受債權之清償，如有不足，方可就B地的賣得價金，受其餘部分的債權之清償。

民法第875-1條的上述規定，使共同抵押權的各個抵押不動產，依其是否屬於債務人所有，而在清償抵押債權的次序上，予以區別，其固然可以減少第三抵押人（物上保證人）再向債務人求償之問題，惟各抵押物既已合為一體，而設定共同抵押權，各抵押物的清償責任次序完全相同，並可能於各自讓與他人後，再設定後次序的抵押權（民865、867），且如抵押權人選擇就有第三抵押人之拍賣物之賣得價金，受債權之清償，第三抵押人已有依法承受債權人債權的制度（民879Ⅰ），可資因應，此一規定似無太大之實益。不過，本條已規定如上，其立法理由並將上述規則視為基本原則，指出其於未限定各個不動產所負擔之金額的共同抵押權，也適用於已限定各不動產所負擔金額的情形。

C.數個應有部分的共同抵押權

本條規定的共同抵押權，是以數抵押物為其標的物，如共同抵押權的標的物，是共有不動產的數共有人各自的應有部分，亦得類推適用之。故共同抵押權的標的物，是債務人對共有不動產的應有部分與第三抵押人的應有部分時，如該不動產被拍賣，抵押權人應先就債務人應有部分的拍賣價金受債權之清償，如有不足，再就第三抵押人的應有部分賣得價金受清償；若有剩餘款項，則應先發還第三抵押人（物上保證人），以減少第三抵押人事後向債務人求償

之問題（台灣高等法院101上易107判決）。本條規定係於96年9月28日增訂施行，實務上認為其對於本條施行前之抵押物拍賣，亦應以之為法理而予以適用（100台上1900）。

(4)各抵押物之間的內部分擔額

A.各抵押物的分擔額

共同抵押權的各個抵押物，對抵押債權均負擔全部清償的責任，故抵押權人就拍賣的抵押物及其賣得價金的受清償，享有一定的自由，固如前述，此即為抵押物的對外責任，即以其本身的交易價值擔保抵押債權的全部清償。在各個抵押物內部之間，由於各個抵押物均為獨立的「責任單位」，即使對外負擔對抵押債權的連帶清償責任，其彼此在內部之間，亦應有其各自分擔額度的計算標準。如無明文規定，本書作者曾認為，不妨類推適用連帶債務的債務人間的分擔法則。

（延伸閱讀：陳榮傳，「民法物權實例問題分析：共同抵押權」，收錄於蘇永欽主編，民法物權實例問題分析（台北：五南，民國90年1月初版），第167頁至第186頁。）

關於各個抵押物內部之間的責任分擔規則，民法物權編抵押權章修正時已增訂第875-2條，規定：「為同一債權之擔保，於數不動產上設定抵押權者，各抵押物對債權分擔之金額，依下列規定計算之：一、未限定各個不動產所負擔之金額時，依各抵押物價值之比例。二、已限定各個不動產所負擔之金額時，依各抵押物所限定負擔金額之比例。三、僅限定部分不動產所負擔之金額時，依各抵押物所限定負擔金額與未限定負擔金額之各抵押物價值之比例。」「計算前項第二款、第三款分擔金額時，各抵押物所限定負擔金額較抵押物價值為高者，以抵押物之價值為準。」

基於各個抵押物均為獨立「責任單位」的法則，本條立法理由指出，共同抵押權之抵押物不屬同一人所有或抵押物上有後次序抵押權存在時，為期平衡物上保證人與抵押物後次序抵押權人之權益，並利求償權或承受權之行使，宜就各抵押物內部對債權分擔金額之計算方式予以明定。如各不動產限定負擔金額之總額超過所擔保之債權總額者，當然依各抵押物所限定負擔金額之比例定之，若未超過總額時，亦應依各抵押物所限定負擔金額計算。

B. 各抵押物賣得價金的分擔額

共同抵押權的各個抵押物，原來各自以其交易價值，擔保抵押債權的全部，在抵押物被法院拍賣後，抵押物各自的交易價值已經具體實現而成為賣得價金，即應以各自的的賣得價金，繼續擔保抵押債權的全部，因此在各自的賣得價金之間，也仍然有其各自的分擔額。為方便計算，民法第875-3條規定：「為同一債權之擔保，於數不動產上設定抵押權者，在抵押物全部或部分同時拍賣，而其賣得價金超過所擔保之債權額時，經拍賣之各抵押物對債權分擔金額之計算，準用前條之規定。」

本條的適用，是以被拍賣的抵押物的賣得價金，已經超過所擔保之債權總額時為限，此時為兼顧抵押權人之受償利益及各共同抵押人之利益，乃準用第875-2條之上述規定。例如甲對乙負有600萬元之債務，由丙、丁、戊分別提供其所有之A、B、C三筆土地設定抵押權於乙，共同擔保上開債權，而均未限定各個不動產所負擔之金額。嗣甲逾期未能清償，乙遂聲請對A、B二地同時拍賣，A地拍賣所得價金為500萬元，B地拍賣所得價金為300萬元，於此情形，A地、B地對債權分擔之金額，應準用第875-2條第1項第1款之規定計算之，故A地對債權之分擔金額為375萬元（600×[500÷(500＋300)] = 375），B地對債權之分擔金額則225萬元（600×[300÷(500＋300)] = 225）。拍賣抵押物之執行法院，自應按此金額清償擔保債權。

在上述例中，如分別限定A、B、C三筆土地所負擔之金額為300萬元、200萬元、100萬元，乙聲請對A、B二地同時拍賣，A地拍賣所得價金為500萬元，B地拍賣所得金為300萬元，於此情形，A地、B地對債權分擔之金額，則應準用第875-2條第1項第2款前段之規定計算之，故A地對債權之分擔金額為300萬元，B地對債權之分擔金額為200萬元。

在上述未限定各個不動產所負擔之金額之例中，A、B抵押物賣得價金清償債權額均已逾其分擔額（第875-2條第1項第1款參照），此際丙、丁對C抵押物可行使後述第875-4條第1款所定之權利。

C. 各抵押物異時拍賣時的求償或承受

a. 基本規定

抵押物異時拍賣時，如抵押權人就其中某抵押物賣得價金受償之債權額，超過該抵押物應分擔之金額時，即發生該抵押物所有人應如何求償或承受權利

的問題。為此，民法第875-4條乃規定：「為同一債權之擔保，於數不動產上設定抵押權者，在各抵押物分別拍賣時，適用下列規定：一、經拍賣之抵押物為債務人以外之第三人所有，而抵押權人就該抵押物賣得價金受償之債權額超過其分擔額時，該抵押物所有人就超過分擔額之範圍內，得請求其餘未拍賣之其他第三人償還其供擔保抵押物應分擔之部分，並對該第三人之抵押物，以其分擔額為限，承受抵押權人之權利。但不得有害於該抵押權人之利益。二、經拍賣之抵押物為同一人所有，而抵押權人就該抵押物賣得價金受償之債權額超過其分擔額時，該抵押物之後次序抵押權人就超過分擔額之範圍內，對其餘未拍賣之同一人供擔保之抵押物，承受實行抵押權人之權利。但不得有害於該抵押權人之利益。」

b.「責任單位」的法則

本條上述規定，係本於各個抵押物均為獨立「責任單位」的法則，故如抵押物同時被拍賣，法院即可按照各個抵押物自身的分擔額，分配其應清償抵押債權的數額，將剩餘的數額，返還給各個抵押物的抵押人。各個抵押物如被法院先後而異時拍賣時，抵押權人倘若就其中某抵押物賣得價金受償之債權額超過其分擔額時，也將發生各個抵押物的抵押人，如何承受權利或彼此求償的問題。立法理由指出，本條係仿民法第281條第2項、第312條、第749條之立法意旨而規定。第一款雖規定物上保證人間之求償權及承受權，惟基於私法自治原則，當事人仍可以契約為不同約定而排除本款規定之適用。第二款係規定同一人所有而供擔保之抵押物經拍賣後，該抵押物後次序抵押權人就超過分擔額之範圍內有承受權；本款所稱之「同一人」所有，除債務人所有之抵押物經拍賣之情形外，亦包括第三抵押人（物上保證人）所有之抵押物經拍賣之情形。至於物上保證人對債務人或對保證人之求償權或承受權，則依第879條規定處理。

最高法院在實例中曾指出，共同抵押權之各抵押物原各有其內部分擔擔保債權之金額，於抵押權人選擇就一個或部分抵押物聲請拍賣，就其賣得之價金受償之債權額，超過該抵押物應分擔之金額時，為謀物上保證人及後次序抵押權人之公平，乃採上揭調整主義，渠等有求償權及承受權。然於債務人為共同抵押人時，其對其他物上保證人無求償權及承受權。如共同抵押權的抵押權人，拋棄對債務人提供的抵押物的共同抵押權時，除將增加其他物上保證人之

負擔，並損及對債務人之求償權及承受權之期待利益。故如抵押權人塗銷債務人所有房地之抵押權，將損及第三抵押人對債務人求償權及承受權（基於各個抵押物的內部關係）之期待利益，即得認為於該限度範圍內，抵押權人不能再對其行使抵押權，以平衡共同抵押權人之利益（99台上1366）。

（三）法定普通地上權的成立

1. 房屋或建築物在基地上的坐落權源

在台灣民法上，由於建築物乃是獨立於土地之外的不動產，土地所有人在自己土地上的建築物，可以直接以對自己土地的使用收益權能，作為建築物的坐落依據。土地上的建築物，其所有權如非屬於土地所有人，建築物所有人即有必要取得其坐落在基地上的權源，避免土地所有人主張建築物所有人無權占有其土地，或因為建築物的坐落在土地上，而對土地所有權構成妨害（民767）。

建築物所有人如就他人土地取得坐落權源，主要是訂定租賃契約承租基地，或就他人土地設定普通地上權。不過，土地租賃契約的訂定必須有雙方當事人，即「一方以物租與他方使用收益」（民421Ⅰ），土地所有人不可能因為在土地上有建築物，而將土地出租給自己；普通地上權是以「在他人土地」之上下有建築物或其他工作物為目的，而使用其土地之權（民832），土地所有人不可能就自己的土地，設定普通地上權，而在土地上有建築物。但是，土地及建築物畢竟是獨立的不動產，所有人可以個別予以單獨處分，也將造成建築物所有權不再歸屬於土地所有人的情形。如何填補房屋或建築物在基地上坐落權源的空缺，乃成為立法上的重要課題。

2. 基地上坐落權源的空缺填補

為此，民法第425-1條規定：「土地及其土地上之房屋同屬一人所有，而僅將土地或僅將房屋所有權讓與他人，或將土地及房屋同時或先後讓與相異之人時，土地受讓人或房屋受讓人與讓與人間或房屋受讓人與土地受讓人間，推定在房屋得使用期限內，有租賃關係。其期限不受第四百四十九條第一項規定之限制。」「前項情形，其租金數額當事人不能協議時，得請求法院定之。」第838-1條規定：「土地及其土地上之建築物，同屬於一人所有，因強制執行之拍賣，其土地與建築物之拍定人各異時，視為已有地上權之設定，其地租、

期間及範圍由當事人協議定之；不能協議者，得請求法院以判決定之。其僅以土地或建築物爲拍賣時，亦同。」「前項地上權，因建築物之滅失而消滅。」

上述條文適用的前提要件，都是土地與土地上的房屋或建築物，原來同屬於一人所有，後來發生土地的所有權與建築物的所有權，不再同歸屬於一人，而分別屬於不同人所有的結果。爲合理解決上述情形中房屋或建築物在得使用期限內或滅失以前，其坐落在基地上的問題，第425-1條針對因所有人的讓與行爲而發生上述結果者，「推定」房屋所有人與土地所有人之間，「有租賃關係」；第838-1條針對因強制執行之拍賣而發生上述結果者，「視爲」「已有地上權之設定」。上述條文雖然均採擬制成立法律關係的方式，但是「推定」「有租賃關係」者，得以反證予以推翻，其租賃關係對土地及房屋的受讓人，分別須以第425條及第426-1條規定，爲其法定移轉的依據，相對而言，不如「視爲」「已有地上權之設定」規定的單純簡明。本書認爲，土地所有人在自己的土地上有房屋或建築物，如果可以爲其安排坐落基地的權源，考慮到將來土地與房屋或建築物的所有人是不同人的情況，一般應該會選擇比較單純簡明的設定地上權，而不是成立租賃關係，把自己的土地出租給自己，因此未來修法時，可以考慮均視爲有普通地上權的設定，較能符合當事人可能的意思，並維持法律關係的穩定。

3. 抵押物拍賣時的法定地上權

(1)基本規定

民法第876條規定：「設定抵押權時，土地及其土地上之建築物，同屬於一人所有，而僅以土地或僅以建築物爲抵押者，於抵押物拍賣時，視爲已有地上權之設定，其地租、期間及範圍由當事人協議定之。不能協議者，得聲請法院以判決定之。」「設定抵押權時，土地及其土地上之建築物，同屬於一人所有，而以土地及建築物爲抵押者，如經拍賣，其土地與建築物之拍定人各異時，適用前項之規定。」本條原來是針對設定抵押權時，抵押人即有土地及其土地上之建築物，後來因爲抵押物拍賣，而發生土地的所有人與建築物的所有人不同的情形，而規定「視爲已有地上權之設定」的法定普通地上權，相當突出。但是在抵押物的拍賣與強制執行的拍賣的程序相同，而且已經有上述第838-1條規定的情形下，本條的特殊性及獨立規定的必要性，已經大幅降低。以下僅再就本條解釋及相關問題，予以論述說明。

(2)法定地上權成立的要件

民法第876條第1項上述規定之立法目的，在使土地及土地上之建築物，得獨立而為抵押權之標的物。若土地及土地上之建築物，屬於一人所有時，得祗以土地或建築物為抵押權之標的物，而拍賣之物為抵押之土地時，其建築物之所有人，視為地上權人，仍得以其建築物利用其土地；拍賣之物為抵押之建築物時，其拍定人視為地上權人，使其得利用該土地，不致因抵押物拍賣結果，形成該建築物所有人無權占有或因而導致地上物須拆除之命運（79台上1834）。本條法定普通地上權成立的要件，包含下列各點：

A.須設定時在土地上有建築物

民法第876條的適用前提，是「設定抵押權時，土地及其土地上之建築物，同屬於一人所有」，故設定時土地上有建築物為限。建築物的範圍，依建築法第4條規定，除定著於土地上或地面下具有頂蓋、樑柱或牆壁，供個人或公眾使用之構造物外，並包括同法第7條所規定之雜項工作物。最高法院認為，本條的法定普通地上權，乃基於對設定抵押人當事人之合理意思及預定為基礎，擬制當事人間已有設定地上權之意思，以維護土地上建築物之存在，避免遭受拆除，造成社會經濟損失，故須以該建築物於土地設定抵押時業已存在並具相當之經濟價值為要件，即在具體個案之中，須判斷土地設定抵押權時，系爭地上物是否為建築物？且拍定人取得土地所有權時，系爭地上物是否仍具相當之經濟價值？（105台上476）故如土地上的房屋係建築於設定抵押權之後，於抵押權設定當時尚未存在，即無適用本條之餘地（57台上1303）。

土地上以鋼筋、水泥、磚塊等所構築的養鰻池及其週邊之集水、排水設備等，非屬定著於土地上或地面下具有頂蓋、牆垣，足以避風雨供人起居出入之構造物，故非本條所稱「土地上建築物」。最高法院認為，養魚池係直接於土地上開挖土壤，形成池狀，再於池底及四壁以石塊堆砌附著於系爭土地，用以蓄養水產品，依社會一般交易狀況，養魚池不能與土地分離為獨立之不動產，而當然含於土地權利變動之對象內；買受養魚池所在之土地，通常包括土地上重要成分之養魚池，如予分離，所買受土地將失其功能及價值，養魚池既與土地密著成為土地之一部，亦不能自土地分開而具有獨立之交易價值，因認堆砌之石塊與土地已結合，且具固定性及繼續性，即石塊附合於土地。養魚池為土地之成分，並無獨立之經濟價值，自無本條之適用（103台上280）。

　　雖然曾有判決認為，養魚池設備既非土地之構成部分，而為繼續附著於土地上具獨立經濟價值之「土地上定著物」，即為與土地並列之各別不動產，分別得單獨為交易之標的，且該附著於土地上具獨立經濟價值之養魚池設備，性質上不能與土地使用權分離而存在，亦即使用養魚池設備必須使用該養魚池之地基，故土地及土地上之養魚池設備同屬一人所有，而將土地及養魚池設備分開同時或先後出賣，其間縱無法定普通地上權，亦應推斷土地承買人默許養魚池設備所有人得繼續使用該土地，並應認該養魚池設備所有人對土地承買人有支付相當租金之租賃關係存在，要非無權占有可比（91台上815）。不過，本書認為，養魚池設備乃抵押的土地的一部分，應由拍定人取得，原土地所有人對池中的動產或可主張有所有權，但對於養魚池設備似不宜認為仍有使用收益之權利。

B. 須設定時土地及其上的建築物屬同一人所有

　　本條規定之法定普通抵押權，係建立在土地與建築物為二物，當其同屬一人時，無法設定地上權，設定抵押權時亦無法就建築物及地上權並為登記，乃規定拍賣時成立法定普通地上權。如設定抵押權時，建築物即與土地非屬同一人所有，不問建築物就土地有無座落權源，均應依設定時之狀態拍賣之，無增亦無減。故如建築物與土地並非同一人所有，即不宜類推適用本條之規定（99台上13）。

　　實務上本上述意旨，即謂法定地上權必須合於法律之特別規定，始能成立，亦即須於設定抵押權時，土地及其土地上之建築物，同屬於一人所有，而僅以土地或僅以建築物為抵押者，於抵押物拍賣時為其成立法定普通地上權要件。倘於設定抵押權時之土地及建物非屬同一人，或土地及建物分別為數人所有或各有多數不相同之共有人，而於拍賣異其所有人之情形時，如仍認有法定普通地上權存在，即逾本條項規定之範圍，其因而造成拍定人之不利益，顯難謂為公允，應無以相類事實為相同處理之法理，而適用本條項規定之餘地（98台上478）。

　　不過，實務上亦曾有案例認為，若在抵押權設定當時，土地及其地上之建築物非屬同一人所有，但在抵押權實行時，該建物與抵押之土地已歸相同之人所有，或雖非完全相同，但建物所有人與土地其他所有人間均具有密切之親屬關係者，為貫徹立法目的，似宜解為仍有本條之適用（97台上1273）。該建築

物與土地在設定抵押權時既非同屬於一人，即不符合本條規定的要件，此一見解未遵守法定物權的準繩，似非妥適。惟在民法第838-1條增訂施行以後，如在抵押權實行時，該建物與抵押之土地已歸相同之人所有，似可認為其拍賣亦屬於強制執行之拍賣，而依該條規定承認所有人之法定普通抵押權。

C.建築物及土地須受本質上限制

法定普通地上權的成立，是因為土地所有人本來應該以設定普通地上權的方式，以使其建築物能以普通地上權作為其坐落的依據，並使建築物的受讓人，也能取得對土地的坐落權源，但因為該土地不是「他人土地」，依法不能設定普通地上權，因而在土地成為「他人土地」時，即依法成立法定普通地上權，以解決建築物的坐落問題。故本條的建築物及土地，仍應具備普通地上權成立的本質上要求。例如土地如為耕地，依法不得有建築物，也不得為地上權之登記，其既有的建築物的所有人，即無從依本條規定，就該土地取得法定普通地上權（99台上1723）。

法定普通地上權之成立，是為了要解決建築物在土地上的坐落權源問題，避免土地所有人主張土地所有權被妨害，而請求建築物所有人予以拆除，造成社會經濟的不利益。因此該建築物除須於土地設定抵押權時業已存在外，並須於拍賣時具有相當之經濟價值。故在設定抵押權以前所建者，乃價值無幾之建築物，例如豬舍等，即使拆除，於社會經濟亦無甚影響，即不因此而成立法定普通地上權（57台上1303）。至於房屋是否具有相當經濟價值之認定，不能僅以房屋課稅現值作為房屋實際之經濟價值，仍須就房屋係何時建築、結構、設備如何、現有無人使用等，予以詳查，不宜以房屋之課稅現值，加上擴建面積，率予認定（102台上610）。

D.須建築物所有人未預先拋棄法定地上權

法定普通地上權是為保障建築物所有人，解決建築物坐落在土地上的權源問題而設，因此實務上認為，若抵押權設定時土地及建築物同屬一人所有，其以土地設定抵押權時，於約定事項中載明「其他未及保存登記之建物自願包括在抵押權內絕無異議」等語，顯見抵押權人原希望實行抵押權時，該建物與土地得合併拍賣，否則應能於土地拍定後拆除。因此，不得認為抵押權人可預見該建物對該土地有利用權存在，以之作為價值之評價基準，而應以雙方抵押權設定之約定視之，在土地被拍賣後，該建築物的所有人對土地應無法定普通地

上權（99台上345）。此種情形，解釋上應認為建築物所有人，無意就土地設定普通地上權作為坐落權源，並已就將來可能成立的法定地上權，預先為拋棄的意思表示，故拍賣土地時，即係以該建築物無任何坐落權源的方式，予以拍賣，建築物所有人亦不得再主張其就土地有法定普通地上權。

E. 須因抵押權設定及抵押物拍賣而發生

本條係針對抵押權設定及抵押物拍賣，所發生的建築物坐落權源問題，而予以規定。第1項規定「僅以土地或僅以建築物為抵押者，於抵押物拍賣時」，第2項規定「以土地及建築物為抵押者，如經拍賣，其土地與建築物之拍定人各異時」，重點顯然是在「設定抵押權時，土地及其土地上之建築物，同屬於一人所有」，後來因為抵押物拍賣，而使其土地與建築物之所有人各異。上述規定係受限於拍賣的抵押物範圍，相對而言，一般強制執行的拍賣範圍較有彈性，而第838-1條並已規定「土地及其土地上之建築物，同屬於一人所有，因強制執行之拍賣，其土地與建築物之拍定人各異時」，本書認為將來似可採取類似的標準，不再強調「設定抵押權時」同屬於一人所有，以免在「設定抵押權」到「抵押物拍賣」之間，就建築物或土地的所有權而為移轉，即直接影響法律的適用及建築物坐落於土地上的權源問題。

4. 法定普通地上權的效力

本條關於法定普通地上權的上述條文，主要是為解決既有的建築物在基地上的坐落問題，故應以原來在土地上坐落的建築物存在為前提，故於該建築物滅失時，其法定普通地上權即應隨之消滅，不適用民法第841條其地上權仍不因而消滅之規定（85台上447）。本條法定普通地上權的成立，是以法律規定為依據，而成立拍定人與土地所有人（建築物實行抵押權拍賣時）或建築物所有人（土地實行抵押權拍賣時）間之建築物利用土地關係，並以法定普通地上權為其坐落權源，故無論該土地的地目為何，建築物縱令係供耕作、漁牧使用，建築物所有人均不得類推適用本條規定，以取得耕地租賃關係或其他權利（89台上221）。

本條規定的法定普通地上權，係在解決建築物對基地的坐落權源，但其並非無償，而係有償，其權利仍有相關內容，尚待決定，故其地租、期間及範圍由當事人協議定之，不能協議者，得聲請法院以判決定之。法院決定此等內容的判決，其性質為形成判決。如土地所有人請求普通地上權人給付地租，其訴

訟屬於給付之訴，其內容即未含有請求法院核定地租之意，故未定有地租之地上權，土地所有人必先經法院酌定地租後，始得據以請求地上權人如數給付；又該請求法院酌定地租之訴，屬形成之訴，僅得自請求酌定之意思表示時起算，不得溯及請求酌定該意思表示前之地租（105台上875）。

（四）求償權的發生

1. 基本原則

　　普通抵押權設定的目的，是為擔保特定的抵押債權的履行。債之關係本來是債權人與債務人之間的法律關係，債務人本來就應該以其全部的財產，作為其所有債務的總擔保，因此，抵押物如由債務人所提供，僅僅是抵押權人得就抵押物的賣得價金，優先於其他債權人而受清償，並不會發生第三人因為抵押權的實行或抵押物的拍賣，而受損害，致債務人因債務消滅而獲得利益的問題。但如果抵押物是由第三抵押人所提供，則會發生債務人究竟應如何償還或返還利益的問題。

　　如果對同一債務的清償責任，責任次序不同的責任單位，應依據其責任次序，決定應優先負責的責任單位；如有後次序的責任單位清償債務，即得向先次序的責任單位請求償還；如為責任次序相同的數個責任單位，其各自有其分擔數額時，就超過本身的分擔數額而為清償者，得向其他責任單位，請求償還其各自應分擔的數額，始符合公平原則。

2. 第三抵押人承受債權人的債權

　　抵押權是不動產物權，抵押權人得直接支配抵押物的交易價值，但除非抵押人即為債務人，否則抵押權人不得請求抵押人以其他財產，清償其債權。故在抵押物並非債務人所有的情形下，第三抵押人（物上保證人）對債權人的責任，僅以供擔保的標的物的交易價值為限，並無保證或其他債務責任，故抵押權人並不得主張第三抵押人有代償債務之責任。

　　保證人是就債之履行，有利害關係之第三人（民312），有代位清償債務之權（民311II）。民法第749條前段規定，保證人向債權人為清償後，於其清償之限度內，承受債權人對於主債務人之債權。由於抵押權人於債權已屆清償期，而未受清償者，得聲請法院，拍賣抵押物，就其賣得價金而受清償（民873），故第三抵押人（物上擔保人）及抵押權設定後取得抵押物之抵押物第

三取得人，亦均屬於就債之履行，有利害關係之第三人，也有代位清償債務之權（民311Ⅱ）。如抵押物第三取得人如以利害關係人的地位，代設定抵押權之債務人，清償債務，於其清償之限度內，承受債權人對於債務人之債權（民312）。此項承受之性質為法定之債權移轉，其效力與債權讓與相同，因第三人為債務人向抵押權人清償後，於其清償之限度內，即承受債權人之身分，倘該債權另有擔保物權，亦隨同移轉於該第三人（民295Ⅰ、107台上768、104台上2312）。

　　民法第879條第1項為宣示上述原則，規定：「為債務人設定抵押權之第三人，代為清償債務，或因抵押權人實行抵押權致失抵押物之所有權時，該第三人於其清償之限度內，承受債權人對於債務人之債權。但不得有害於債權人之利益。」本項本文規定的承受債權，其性質為法定之債權移轉，就債權人因實行抵押權所支出之執行費，因屬實施強制執行不可或缺之費用，如債權人未支付此項費用，強制執行將無從進行，其結果亦無執行金額可供分配，故第三抵押人自亦一併自債權人承受（100台上602）。

3.抵押人向保證人求償的問題

(1)清償責任的次序與求償的關係

　　利害關係人因為清償債務人的債務，依民法第879條第1項及其他上述規定，即承受債權人對債務人的債權。在利害關係人彼此之間，一方得否向他方求償，端看他方是否應先清償而未清償，或是否應共同清償而各有其內部的分擔數額而定。因此，各清償責任單位的責任次序，即成為關鍵的問題。

　　對抵押債權的清償而言，每個抵押物都是一個獨立的清償責任單位，而且抵押物無論是由債務人或第三人提供，抵押權實行的條件，都是「債權已屆清償期，而未受清償」，故誠如前述，抵押物的清償債務的責任次序，係與債務人相同。相對於依法有先訴抗辯權的普通保證人（民745），抵押人雖然在學理上也稱為物上擔保人或物上保證人，其與普通保證人不同，即使債務人有財產可供抵押債權的清償，也無法主張抵押權人在未就債務人之財產強制執行，而無效果以前，得拒絕抵押物之拍賣。

(2)保證人與抵押物的分擔額

　　抵押物的清債責任次序，因與債務人相同，係在普通保證人之前。債權人就同一債權，如有普通抵押權及普通保證人的擔保，普通保證人對於債權人，

應得類推適用民法第745條關於先訴抗辯權的規定，主張在抵押權人未聲請法院拍賣抵押物，就其價金受清償而仍有未清償部分以前，得拒絕清償。在此種情形下，普通保證人可靜待債權人對債務人財產的強制執行或實行抵押權，如有不足，再清償債務，並無與債務人或抵押物分擔清償責任的問題。

　　不過，民法第879條第2項規定：「債務人如有保證人時，保證人應分擔之部分，依保證人應負之履行責任與抵押物之價值或限定之金額比例定之。抵押物之擔保債權額少於抵押物之價值者，應以該債權額為準。」本條項的規範基礎，係抵押物與保證人對同一債權的清償責任次序相同，其立法理由指出：「債務人如有保證人時，物上保證人與保證人實質上均係以自己之財產擔保他人之債務，晚近各立法例對普通保證自由主義色彩之干涉漸增，此亦包括保證人範圍之干預及管制，使物上保證與普通保證不應有不同責任範圍。因之，物上保證人於代為清償債務，或因抵押權人實行抵押權致失抵押物之所有權時，自得就超過其應分擔額之範圍內對保證人具有求償權與承受權，即採物上保證人與保證人平等說。為期公允，宜就物上保證人向保證人行使權利之範圍與方式予以明定，爰增訂第2項及第3項規定。而有關保證人應分擔之部分，依保證人應負之履行責任與抵押物拍賣時之價值或限定之金額比例定之。抵押物之擔保債權額少於抵押物拍賣時之價值者，應以該債權額為準，始為平允。」

　　立法理由並就上述規定的適用，舉例說明：例如甲對乙負有60萬元之債務，由丙為全額清償之保證人，丁則提供其所有價值30萬元之土地一筆設定抵押權予乙。嗣甲逾期未能清償，乙遂聲請拍賣丁之土地而受償30萬元。依本條規定，乙對甲之原有債權中之30萬元部分，由丁承受；保證人丙就全部債務之應分擔部分為40萬元（$60 \times [60 \div (30 + 60)] = 40$），丁就全部債務之應分擔部分則為20萬元（$60 \times [30 \div (30 + 60)] = 40$），丁已清償30萬元，故僅得就超過自己分擔部分對丙求償10萬元。反之，如丁係以其所有價值70萬元之土地設定抵押權予乙，嗣乙聲請拍賣該土地而其60萬元債權全額受清償時，保證人丙之分擔額則為30萬元（$60 \times [60 \div (60 + 60)] = 30$），丁得向丙求償30萬元。

(3)保證人與抵押人的求償權

　　保證人與抵押人（抵押物）對其擔保的債權，如各自有其負擔的清償責任，而其清償的責任次序並不相同時，次序在先的本應先盡清償之責，次序在後的僅於債權「仍未」受清償的部分，分擔清償之責，後次序的清償單位並無

與前次序者，「共同分擔」清償責任之理。但民法第879條第3項規定：「前項情形，抵押人就超過其分擔額之範圍，得請求保證人償還其應分擔部分。」

關於上述求償權的規定，立法理由指出：「前開物上保證人向保證人求償時，應視該保證之性質定之。如爲連帶保證或拋棄先訴抗辯權之保證人時，該物上保證人得直接向保證人求償；如爲普通保證人，因其有先訴抗辯權，如其主張先訴抗辯權時，該物上保證人則應先向債務人求償，於債務人不能償還時，始得向保證人求償，此乃當然法理。至於保證人對物上保證人之承受權部分，則係依民法第749條規定，其求償權則依其內部關係或類推適用民法第281條第1項規定定之，併予敘明。」

(4)檢討與評析

A.清償責任次序值得重視

民法第879條第2、3項上述規定及其立法理由，都是以物上保證人與保證人平等原則爲基礎，並且依此原則，認爲二者應共同分擔清償責任。不過，物上保證人與普通保證人雖然實質上均係以自己之財產，擔保他人之債權的被履行；在台灣的法制設計上，抵押物（物上保證人）與普通保證人的清償責任次序不同，彼此並無內部分擔數額的問題。此二者均非債務人，而爲就債之履行有利害關係的第三人，在清償債務之後，均得承受債權並得請求債務人償還；但其責任次序不同，則在其內部之間，仍應由責任次序在先者，先盡清償之責，如仍不足，再由責任次序在後者，予以清償。

B.連帶保證人與普通保證人的責任次序不同

上述立法理由，在物上保證人向保證人求償的問題上，注意到普通保證人與連帶保證人的不同，認爲如爲普通保證人，因其有先訴抗辯權，如其主張先訴抗辯權時，該物上保證人則應先向債務人求償，於債務人不能償還時，始得向保證人求償，可惜未能據此而發現二者的清償責任次序不同。連帶保證人應與主債務人負同一清償責任，其清償責任次序與抵押物相同，故債權人對於主債務人就實行擔保物權受清償，或起訴請求清償，既有選擇之權，對於與主債務人負同一清償責任之連帶保證人，自亦得選擇行使（69台上1924）。普通保證人的責任次序，與主債務人不同，與連帶債務人及抵押物（抵押人）也都不同，在法律上自須予以分別對待。

C.物上保證人與保證人的平等原則及其例外

民法第879條第2、3項上述規定及其立法理由，係以物上保證人與保證人平等原則為基礎，但此一原則係指其就債務之清償，均屬於有權予以清償的利害關係人而言，故在清償債權之後，對於債務人有相同的權利。不過，在其彼此內部之間的關係，仍應依其對被擔保的債權的清償責任次序，決定其間的關係，不宜因為學理上同擁「保證人」之名，即認為其責任次序必然相同。

故即使物上保證人於代為清償債務，或因抵押權人實行抵押權致失抵押物之所有權時，其對債務人承受債權的情形與保證人清償債務的情形類似，仍應認為該平等原則應有其例外。由於物上保證人的清償責任次序，先於普通保證人，其對於普通保證人，應無求償之權，而普通保證人對於物上保證人，則可類推適用第749條，而承受債權人得就擔保物的賣得價金，優先受清償的權利；由於物上保證人與連帶保證人的清償責任次序相同，則彼此應自有其應分擔額，抵押人就超過其應分擔額之範圍，即可類推適用第281條規定，請求償還各自應分擔的數額。畢竟，平等原則是指：等則等之，不等則不等之。物上保證人與連帶保證人應平等對待，但此二者與普通保證人，就債權清償責任次序而言，均應不等之。

D.責任次序相同者的責任分擔與求償權

無論是第三抵押人或保證人，其以利害關係人的身分清償債權，或因抵押物被拍賣或財產被強制執行，致債務人之債務消滅者，其對債務人承受債權，與其在有共同分擔清償責任者時，得彼此請求應分擔額的權利，即使皆以求償權為名，亦屬不同的權利。最高法院也在實例中指出，保證人向債權人為清償或其他消滅債務之行為後，於清償之限度內，當然取代債權人之地位，而得行使原債權之權利；此與數人保證同一債務，應負連帶保證責任，一保證人基於連帶保證之規定對其他保證人所生之求償權，係不同之權利（105台上333）。

民法第879條第3項的立法理由，認為保證人對物上保證人之承受權部分，係依民法第749條規定，應該以其所稱的「保證人」對債權的清償責任次序，在擔保物的責任次序之後，故其「保證人」應指普通保證人而言；而其認為其求償權，是依其內部關係或類推適用民法第281條第1項規定定之，則是以其與擔保物的責任次序相同的原則為基礎，故此處的「保證人」，應指連帶保證人而言。故上述規定，如以保證人與物上保證人負同一次序的清償責任為前提，

理論上即宜僅適用於連帶保證人。至於普通保證人，因其有先訴抗辯權，宜認為其清償責任次序在抵押物的清償責任之後，不宜適用與物上保證人負同一次序的清償責任的規定。

　　E. 分擔責任的免除

　　a. 基本規定

　　民法第879-1條規定：「第三人為債務人設定抵押權時，如債權人免除保證人之保證責任者，於前條第二項保證人應分擔部分之限度內，該部分抵押權消滅。」本條的立法理由指出，「物上保證人代為清償債務，或因抵押權人實行抵押權致失抵押物之所有權時，依前條第1項之規定，於其清償之限度內，承受債權人對於債務人之債權。如該債務有保證人時，該物上保證人對之即有求償權。故於債權人免除保證人之保證責任時，該物上保證人原得向保證人求償之權利，即因之受影響。為示公平並期明確，爰增訂本條，明定第三人為債務人設定抵押權時，如債權人免除保證人之保證責任者，於前條第二項保證人應分擔部分之限度內，該部分抵押權消滅。」本條上述規定及立法理由，是以其所稱的「保證人」，清償債權的責任次序與抵押物（物上保證人）相同為前提，其適用的對象應以連帶保證人為限，至於普通保證人，因其責任次序在抵押物（物上保證人）之後，本書認為仍應適用民法第751條規定。

　　b. 保證人的債權人拋棄擔保物權

　　民法第751條規定：「債權人拋棄為其債權擔保之物權者，保證人就債權人所拋棄權利之限度內，免其責任。」其規範基礎，是建立在擔保物權的清償責任次序，係優先於普通保證人的原則之上。此項原則，乃是台灣擔保法制的根本，最高法院也曾於80年度台上字第2508號判決提出下列見解：就同一債務有人之保證與物之擔保並存時，其關係如何，法無明文規定，學說上有認為物之擔保責任優先者，有認為二者並無差別者。惟依最高法院19年上字第330號判例意旨謂：「債務關係如於設定擔保物權而外並有保證人者，該主債務人不清償其債務時，依原則固應先盡擔保物拍賣充償，惟當事人間如有特別約定，仍從其特約」云云，係採物之擔保責任優先說。蓋以物之擔保，擔保物之提供人僅以擔保物為限，負物之有限責任；而人之保證，保證人係以其全部財產，負無限責任，其所負責任較重，基於公平起見，使物之擔保責任優先，以保護保證人，並無不當。是依民法第751條規定，債權人拋棄為其債權擔保之物權

者，保證人就債權人所拋棄權利之限度內，免其責任。反之，債權人拋棄其對保證人之權利者，於債權擔保之物權則無影響。二者之責任基礎及責任範圍並不相同，自難類推適用民法第748條有關共同保證、第280條有關連帶債務人相互間分擔義務之規定，使物之擔保與人之保證，平均分擔其義務。又依民法第879條規定，爲債務人設定抵押權之第三人，代爲清償債務，或因抵押權人實行抵押權致失抵押物之所有權時，依關於保證之規定，對於債務人有求償權。故爲債務人設定抵押權之第三人，於代爲清償債務後，僅得依保證之規定，對於債務人有求償權，對於連帶保證人，則無從對之行使求償權。準此，物之擔保應優先於人之保證。於出質人代爲清償債務之情形，基於同一法律上理由，亦應如此解釋。

　　c. 立法論的商榷

　　上述實務見解，除未正確指出第三抵押人的清償責任次序，與連帶保證人相同，二者之間有清償責任的分擔問題之外，其餘認爲物之擔保的清償責任次序，應優先於普通保證人的人之保證的清償責任次序，彼此沒有共同分擔清償責任的問題，均屬正確。相對而言，民法第879條第2、3項及第879-1條上述規定及其立法理由，未能精確區別普通保證人與抵押物（抵押人）及連帶保證人，仍值得改進。

　　此外，同一債權如同時有抵押權及保證人的擔保，如保證人爲連帶保證人時，其清償責任的次序與抵押物（抵押人）相同，應共同負擔同一次序的清償責任，則其內部之間即有各自應負擔的分擔額。此時，抵押債權人無論免除保證人之保證責任或拋棄抵押權，其他責任單位的清償責任即因此而增加，爲符合公平原則，民法第879-1條乃規定「……該部分抵押權消滅」。不過，普通抵押權在設定之後，即已經發生擔保抵押債權的效力，抵押債權的部分消滅，抵押權仍爲擔保其餘部分而存在（105台上1842），並不會發生抵押權部分消滅的法律效果，故本條的法律效果「該部分抵押權消滅」的規定並非妥適，似宜修改爲「該部分不爲抵押權所擔保」。

　　F. 分擔責任的責任單位

　　在實務案例中，同一人對同一債權，同時兼爲保證人與物上保證人時，並未明定應負擔保證人與物上保證人雙重責任，最高法院曾認爲就物上保證人與保證人平等原則而言，應按抵押人及保證人之人數平均分擔主債務，同一人同

時為抵押人與連帶保證人者，因連帶保證人係以其全部財產對債權人負人的無限責任，已包含為同一債務設定抵押權之抵押物，僅須負單一之分擔責任，始為公平（99台上1204、99台再59）。但每一抵押物對抵押債權而言，均是獨立的責任單位，均各自以其交易價值負擔一份物的清償責任，使抵押權人得優先於一般債權人而受清償；保證責任是保證人以其所有財產為擔保，負擔一份人的清償責任，保證的債權人與所有其他一般債權人，得平均受清償，乃是另一個責任單位。故本書認為，此二者仍有區別的必要，似應由其各負擔一份分擔責任，比較公平。

（延伸閱讀：陳榮傳，「抵押人對普通保證人求償權的檢討」，台灣法學雜誌，第238期（2013年12月15日），第117頁至第125頁；「連帶保證與抵押權的共同擔保——物保人保平等原則及最高法院判決的檢討」，收錄於司法院謝前副院長在全七秩祝壽論文集編輯委員會主編，物權與民事法新思維——司法院謝前副院長在全七秩祝壽論文集（台北：元照，2014年1月），第261頁至第296頁。

第二目　訂立契約取得抵押物的所有權

抵押權可實現時，抵押權人除依民法第873條，聲請法院拍賣抵押物，就其賣得價金受清償外，第878條亦規定：「抵押權人於債權清償期屆滿後，為受清償，得訂立契約，取得抵押物之所有權，或用拍賣以外之方法，處分抵押物。但有害於其他抵押權人之利益者，不在此限。」上述抵押權人訂立契約，取得抵押物所有權的方法，亦為抵押權實行的方法，其與流抵契約係於抵押權設定時，約定於債權已屆清償期而未為清償時，抵押物之所有權移屬於抵押權人者，並不相同。因為抵押權人係在債權已逾清償期之後，始與抵押人締結契約，乃在聲請法院拍賣之外的另一選擇，已無強迫抵押人出售予抵押權人的顧慮，故只要價金合理，對抵押人及其他抵押權人之利益均無妨害，自應承認之。

流抵契約係以不動產所有權之移轉為內容，故須經登記，始能成為抵押權之物權內容，發生物權效力，而足以對抗第三人。因抵押權旨在擔保債權之優先受償，非使抵押權人因此獲得債權清償以外之利益，故為流抵契約之約定時，抵押權人自負有清算義務。抵押權人請求抵押人為抵押物所有權之移轉

時，抵押物價值超過擔保債權部分，應返還抵押人；不足清償擔保債權者，仍得請求債務人清償。上述抵押物價值估算之基準時點，為抵押權人請求抵押人為抵押物所有權之移轉時；計算抵押物之價值時，並應扣除增值稅負擔、前次序抵押權之擔保債權額及其他應負擔之相關費用等。於擔保債權清償期屆至後，抵押物所有權移轉於抵押權人前，抵押權及其擔保債權尚未消滅，故抵押人在抵押物所有權移轉於抵押權人前，得清償抵押權擔保之債權，以消滅該抵押權（民873），並解免其移轉抵押物所有權之義務。

第三目　以其他方法處分抵押物

依民法第878條上述規定，抵押權人於債權清償期屆滿後，為受清償，得訂立契約，用拍賣以外之方法處分抵押物，但有害於其他抵押權人之利益者，不在此限。換言之，債權之清償期屆至後，抵押權人即得與抵押人約定，授權抵押權人自行覓主變賣抵押物，或公開標售抵押物等，惟如在抵押權設定時，即於抵押權設定契約書或借款契約中，訂定屆期不償，抵押權人可將抵押物自行覓主變賣抵償之特約，實不啻將抵押物的所有權移屬於抵押權人，仍應類推適用民法第873-1條第1項之規定（40台上223參照），故非經登記，不得對抗第三人。

第六項　普通抵押權的消滅

抵押權之消滅，除有混同、拋棄等一般物權消滅的原因外，尚有下列各項：

一、擔保債權消滅

擔保債權全部消滅時，基於普通抵押權的消滅上從屬性，普通抵押權亦隨之消滅。值得注意的是，消滅時效完成後，僅使債務人取得拒絕給付之抗辯權，至債權人之請求權或債權並不因而消滅。故抵押債權如已罹於時效，亦僅係債務人及抵押人於債權人請求給付時得拒絕付款，然各該債權仍然存在，其以該等債權罹於時效，據以請求確認系爭抵押權擔保之債權不存在，即屬無據（110台上519）。

二、除斥期間的經過

抵押權是物權，原則上不適用有關請求權消滅時效的規定，故以抵押權擔保的債權之請求權，雖罹於消滅時效，債權人仍得就其抵押物取償（民145）。但如抵押債權之消滅時效已完成，抵押權又長期不行使，亦不能使權利狀態永不確定，而有害社會秩序，故民法第880條乃規定：「抵押權擔保之債權，其請求權已因時效而消滅，如抵押權人，於消滅時效完成後，五年間不實行其抵押權者，其抵押權消滅。」

本條所稱「實行抵押權」，於依民法第873條第1項聲請法院拍賣抵押物之場合，係指抵押權人依法院許可拍賣抵押物之裁定，聲請執行法院強制執行拍賣抵押物，或於他債權人對於抵押物聲請強制執行時，聲明參與分配而言，不包括抵押權人僅聲請法院為許可拍賣抵押物之裁定之情形在內。否則，抵押權人只須聲請法院為許可拍賣抵押物之裁定，即可使抵押權無限期繼續存在，顯與法律規定抵押權因除斥期間之經過而消滅之本旨有違（87台上969）。

本條稱「消滅時效完成後」，即非謂有抵押權擔保之請求權，其時效期間均再加上5年，而較15年為長（53台上1391），其乃規定抵押權的除斥期間，與其所擔保債權之請求權之消滅時效完成係屬二事，抵押權因除斥期間的經過而歸於消滅。抵押權為擔保物權之效力，其與主債務人應負清償責任，本非同一，債權人對主債務人之本金或利息請求權，縱罹於時效而消滅，仍得於消滅時效完成後5年間行使抵押權而受償（101台上1110）。本條5年的除斥期間，係從「消滅時效完成後」起算，與債務人是否為拒絕給付的抗辯無關，故如債務人於債權人起訴的訴訟中，就業經時效完成之請求權未為拒絕給付之抗辯，致受敗訴判決確定，其對於已因除斥期間之經過而消滅之抵押權，亦不生影響（89台上1476）。

對於請求權已經罹於時效的抵押債權，其抵押權固然於5年之後歸於消滅，但債權人中斷時效的行為，其效力是否及於抵押權人的問題，最高法院於107年度台上字第85號民事判決有下列論述，值得重視：以抵押權擔保之請求權雖經時效消滅，債權人仍得就其抵押物取償，固為民法第145條第1項所明定，但抵押權人於消滅時效完成後，如長期不實行其抵押權，不免將使權利狀態永不確定，有害於抵押人之利益，為維持社會交易秩序，故同法第880條規定：以抵押權擔保之債權，其請求權已因時效而消滅，如抵押權人於消滅

時效完成後，5年間不實行其抵押權者，其抵押權消滅。又保證，乃在擔保主債務之履行，具有從屬性，是同法第747條規定，向主債務人請求履行，及爲其他中斷時效之行爲，對於保證人亦生效力。惟此僅以債權人向主債務人所爲請求、起訴或與起訴有同一效力之事項爲限，若同法第129條第1項第2款規定之承認，性質上乃主債務人向債權人所爲之行爲，既非同法第747條所指債權人向主債務人所爲中斷時效之行爲，對於保證人自不生效力（本院68年台上字第1813號判例意旨可供參考）。而物上保證人以擔保物爲限負「物之有限責任」，保證人則係以其全部財產負「人之無限責任」，二者在責任本質及成立基礎上雖未盡相同，然物上保證人以自己之所有物，爲債務人設定擔保，其法律上地位與保證人無異，對擔保主債務之履行而言，均係以自己之財產清償主債務人之債務，且擔保物權亦具有從屬性，故於債權人長期不實行其抵押權，而涉及民法第880條規定之適用時，就請求權時效是否消滅，應得類推適用同法第747條規定，即僅以債權人向主債務人請求履行，及爲其他中斷時效之行爲，對於物上保證人始生效力，倘債權人未向主債務人爲中斷時效之行爲，而僅債務人爲承認者，對於物上保證人不生效力。

三、抵押權的實行

抵押權人實行抵押權者，該不動產上之抵押權，因抵押物之拍賣而消滅（民873-2 I），即無論其擔保之債權是否已受全部清償，抵押權均歸消滅。

四、抵押物的滅失

抵押權是不動產物權，抵押權人對抵押物的交易價值得爲直接支配，故如抵押物滅失，抵押權即因其標的物已不存在，而歸於消滅。民法第881條規定：「抵押權除法律另有規定外，因抵押物滅失而消滅。但抵押人因滅失得受賠償或其他利益者，不在此限。」「抵押權人對於前項抵押人所得行使之賠償或其他請求權有權利質權，其次序與原抵押權同。」「給付義務人因故意或重大過失向抵押人爲給付者，對於抵押權人不生效力。」「抵押物因毀損而得受之賠償或其他利益，準用前三項之規定。」本條規定已於抵押權的代位性部分，予以論述，請逕參照之。

第二節　最高限額抵押權

第一項　最高限額抵押權的意義

最高限額抵押權是指擔保在最高限額內的不特定債權的抵押權，原來只是約定抵押權所擔保債權的一種方式，最高法院甚早即認為，如當事人在抵押權設定契約書載明將擔保債權人對債務人現在及將來所負之票據上，以及其他一切債務，本金以新臺幣15萬元為限度之清償，而登記總簿亦記載債權周轉額新臺幣15萬元等字樣，該最高限額抵押權為有效（47台上535）。民法增訂最高限額抵押權之專節後，第881-1條第1項規定：「稱最高限額抵押權者，謂債務人或第三人提供其不動產為擔保，就債權人對債務人一定範圍內之不特定債權，在最高限額內設定之抵押權。」

例如甲以其所有之房屋一棟，為債務人乙提供擔保，與債權人丙設定最高限額抵押權1000萬元，擔保乙因經銷丙的產品，因進貨而不斷發生丙對乙的債權，並因乙陸續支付全部或部分貨款，而不斷發生變化的丙的貨款債權，並以自108年1月1日至117年12月31日止為債權債務的發生期間。此時丙因設定而取得者，即是最高限額為1000萬元的抵押權。本例中的最高限額1000萬元，並非實際的債權數額，其實際的債權額，必待「確定」（結算）或至實行抵押權時，方能確定；若確定的實際債權額，超過約定的最高限額，超過部分並不在擔保範圍內，如實際債權額不及最高限額時，則以實際存在的債權額為其擔保範圍（62台上776）。故最高限額抵押權所擔保者，並非「設定時」的1000萬元，而是原債權「確定」時的1000萬元債權。

第二項　最高限額抵押權的成立

一、登記的問題

最高限額抵押權為不動產物權，其設定行為應以書面為之，且非經登記，不生效力（民758）。至於登記的內容，應符合「公示原則」與「特定原則」，始得發生登記的效力，已如普通抵押權的部分所述（99台上1470、100台上426）。故登記時應明確登記其抵押物為何物，亦應明確登記其所擔保的

債權，究竟爲何種範圍內的不特定債權。

　　最高限額抵押權所擔保者雖爲不特定債權，但其實行時仍將以抵押物之賣得價金特定債權之優先清償，故設定最高限額抵押權時，須將債權登記以爲公示。又按抵押權所擔保之債權，其種類及範圍，屬於抵押權之內容，依法應經登記，始生物權之效力，但如因內容過於冗長，登記簿所列各欄篇幅不能容納記載，可以附件記載，作爲登記簿之一部分（84台上1967）。因此關於最高限額抵押權所擔保之債權，雖未記載於土地登記簿，然於聲請登記時提出之最高限額抵押權設定契約書，有該項債權之記載者，此契約書既作爲登記簿之附件，該債權自爲抵押權效力所及。

　　最高限額抵押權擔保的債權，其「種類及金額」均應爲具體而確定之登記與記載，以確定抵押權人對抵押物所得支配交換價值之限度，使後次序抵押權之設定不致陷於不安狀態，或阻礙抵押物交換價值之有效利用。在實例中，抵押人甲於民國77年11月1日就自己的A地設定第一順位抵押權登記予乙，擔保乙對丙（碾米工廠）之債權，權利價值爲189萬6310元，其抵押權設定契約書附有「抵押權設定契約其他約定事項」，並於第4條載有「提供擔保人所擔保之債權，應依被保證人實際短少之米穀等實物爲準，不受設定金額之影響」。本例在權利價值欄之「189萬6310元」記載，尚屬明確或特定，附件中「應依被保證人實際短少之米穀等實物爲準」，亦可認爲是債權種類之敘述，但「不受設定金額之影響」一詞未特定其擔保債權之總金額（即權利總價值），且屬不確定，更與該抵押權所登記擔保權利總價值特定爲189萬6310元不合，該項約定縱經登記，仍與抵押權之「公示原則」與「特定原則」有悖，而不發生登記之效力（99台上1470、100台上426）。

二、概括最高限額抵押權的禁止

（一）擔保的不特定債權採限制說

　　在土地登記實務上，對於設定最高限額抵押權之擔保債權的範圍，曾有登記爲「全部債權」或「債務全部」，而未提供各個債務契約作爲登記附件者。惟最高限額抵押權所擔保的不特定債權，是否應予以限制，向有限制說與無限制說二說，鑑於無限制說有礙於交易之安全，民法第881-1條採限制說，第1

項規定其為「債權人對債務人一定範圍內之不特定債權」，第2項再為限制規定，明定「最高限額抵押權所擔保之債權，以由一定法律關係所生之債權或基於票據所生之權利為限」。

本條第2項強調被擔保的債權，限於1.由一定法律關係所生之債權，或2.基於票據所生之權利。對於第一類，立法理由指出：「所謂一定法律關係，例如買賣、侵權行為等是。至於由一定法律關係所生之債權，當然包括現有及將來可能發生之債權，及因繼續性法律關係所生之債權，自不待言。」對於第二類，由於票據具有無因性，其範圍幾乎無何限制，為避免最高限額抵押權於債務人資力惡化或不能清償債務，而其債權額尚未達最高限額時，任意由第三人處受讓債務人之票據，將之列入擔保債權，以經由抵押權之實行，優先受償，而獲取不當利益，致妨害後次序抵押權人或一般債權人之權益，本條第3項乃規定：「基於票據所生之權利，除本於與債務人間依前項一定法律關係取得者外，如抵押權人係於債務人已停止支付、開始清算程序，或依破產法有和解、破產之聲請或有公司重整之聲請，而仍受讓票據者，不屬最高限額抵押權所擔保之債權。但抵押權人不知其情事而受讓者，不在此限。」

（二）「一定法律關係」的意義

本條第2項的「一定法律關係」，乃是立法者對於最高限額抵押權，採取限制其設定的標準，就規範功能而言，主要在排除未以「一定法律關係」，限定擔保債權範圍的概括最高限額抵押權。故除票據債權之外，依據抵押權設定登記的特定性或明確性原則，亦須就最高限額抵押權所擔保的不特定債權，其所由發生的原因法律關係，予以特定或明確描述，而為登記。依本條項上述規定，如未限定債權所由發生的基礎法律關係，而僅記載擔保範圍為「債權全部」或「債務全部」，應認為當事人未明確說明其債權之範圍，其最高限額抵押權違反物權法定主義（民757），不得創設或予以登記。

惟本條第1項的「一定範圍」或第2項的「一定法律關係」，並非以單一法律關係為限，只要明確予以具體說明即可。例如甲將A地設定最高限額抵押權給乙，抵押權設定契約書載明甲非僅為抵押義務人（抵押人），並係抵押債務人（即義務人兼債務人），所擔保權利總金額為2000萬元，權利存續期間自105年4月11日起至115年4月10日止，共10年，其所附其他約定事項復載明該抵

押物之擔保範圍，係在2000萬元之債權金額內，就乙對甲將來所負之借據、票據、保證、損害賠償等及其他一切債務（包括過去所負現在尚未清償者）暨利息、遲延利息、違約金、費用暨因債務不履行而發生損害賠償之清償提供擔保（103台上813）。

從承認最高限額抵押權的立法政策來看，被擔保債權的不特定性已經不能作為否定抵押權有效性的理由，但採取限制說的結果，也只是排除了擔保過去、現在及未來所發生的一切債權的擔保，不再給予抵押權人「無所不包」的擔保利益，並不是排除某些法律關係所生之債權的擔保可能性。所以，只要具體說明「一定法律關係」的內容，儘管其包含「數個」特定法律關係所生的的不特定債權，有些法律關係將來是否會發生並不確定，也可以承認其最高限額抵押權的有限性。

（三）最高行政法院判決見解的評析

在物權法定主義之下，當事人如就「由一定法律關係所生」之債權，聲請設定最高限額抵押權予以擔保，並為明確而符合特定原則要求的描述，而可認為其乃「一定範圍內」，且為「由一定法律關係所生」之債權者，地政機關即應准予登記，不應否准其聲請。至於各個被公示的法律關係所包含的範圍，以及將來發生的債權是否係因該法律關係而生的問題，雖在將來債權「確定」時可能會發生疑義，但與最高限額抵押權的有效性，應無關聯。

在登記實務的案例中，曾有甲、乙為丙之父母，丙為奉養甲、乙，同意提供自己所有的A地，設定最高限額600萬元的抵押權給甲、乙。甲、乙、丙申請最高限額抵押權登記登記時，所附的最高限額抵押權登記契約書，在「擔保債權種類及範圍」填載「父母親之受撫養權利（子女之扶養義務）等請求權利，詳如雙方（三人）協議書所記載」、「擔保債權確定日期」載為：「詳如雙方（三人）協議書所記載」。其協議書記載「……一、丙同意，以丙名下之A地，設定最高限額抵押權新臺幣600萬元整於甲、乙，以擔保丙對於甲、乙所應負擔之扶養義務」等語。最高行政法院的判決認為，「最高限額抵押權所擔保之債權，不能是只有上限而概括包括之權利，而系爭協議書之約定是及於一切開銷，且不問給付情形如何，在抵押物被查封時，就擴張抵押債權到擔保上限，自與立法上選擇擔保債權限制說有間」（102判653）。

最高行政法院上述判決的見解，本書認為並非妥適。因為「一定法律關係」的內容疑義，在不動產物權登記的實務上，固將發生得否登記的爭議，登記後也可能發生得否請求塗銷的爭議，實行權利時亦有就已登記的「法律關係」的具體內容，發生爭議的可能。不過，由於無論是否採取限制說，最高限額抵押權所擔保的債權，均不以設定時已發生的特定債權為限，只要將來可確定其具體擔保的債權，即可預先設定最高限額抵押權，擔保設定時尚不知其具體內容的不特定債權。故在設定之時，只要就債權發生的具體原因或其原因的範圍予以界定，即可設定之；至於被擔保的債權何時才會發生？具體的內容為何？在申請為設定登記時，似無必要，也不可能詳細予以說明。

從保障交易安全的角度觀之，無論是否採取限制說，最高限額抵押權所擔保的債權，在登記時均不特定，也無法予以具體描述，而須待將來予以「確定」，始能確定其所擔保的債權為何，因此，只要能藉登記公示其最高限額及債權的範圍，即足以保障交易安全，而應承認其有效。至於債權的範圍是否明確？不特定的債權將在何時發生？其數額是否太大或微不足道？將來確定時是否將發生認定上的疑義？此等問題均屬抵押權的效力或債權「確定」的問題，其解決是以最高限額抵押權有效為前提，故宜與最高限額抵押權的「有效性」問題區別，不應以債權將來「確定」的問題，否定當事人依法設定最高限額抵押權的權利。

本件判決的當事人於協議書表示，丙的給付義務包括每月之扶養費、就醫照顧之費用等生活上一切開銷，原則上每月至少給付甲及乙各1萬元、2萬元，但渠二人有一人生存期間，若抵押權設定之不動產被查封，則協議書約定不問已發生之給付為何，最高限額抵押所擔保之債權即為600萬元。丙的真意是甲、乙對丙總額為600萬元的孝親費或扶養費債權，就丙的A地設定抵押權予以擔保，甲、乙中如一人死亡，另一人得單獨享有600萬元債權，並受抵押權擔保。基於私法自治原則及倫理孝道，此種親子之間的扶養債權約定，應屬有效。如就其設定普通抵押權，應屬無妨；如就其設定最高限額抵押權，應認為600萬元為扶養債權的最高額，並僅以600萬元限度內的債權，享有A地抵押權的擔保。本書認為，此乃甲、乙生前將A地傳承給丙，另就自己的養老及生活需要所為之案排，其意思表示宜被法院尊重，並認為有效，最高行政法院前述判決認為其不符「一定法律關係」的要求，似非妥適。

（延伸閱讀：陳榮傳，「概括最高限額抵押權的認定」，月旦法學教室，第168期（2016年10月），第9頁至第11頁。）

（四）新法施行前的最高限額抵押權不受限制

民法第881-1條第2項係在96年9月28日施行，但在其施行以前，實務上早即肯定最高限額抵押權之設定及登記。依民法物權編施行法第17條規定，本條項於其施行前設定之最高限額抵押權，並不適用，故當時設定的概括最高限額抵押權，仍被認為有效。如當事人當時於設定契約書，約定系爭抵押權擔保範圍包括債權人對債務人過去及將來發生之債權，含債權人總、分行、各處之票據、借款、遠支、墊款、保證等及其他一切債權，其擔保債權的種類及範圍的約定，仍屬有效（110台上1090）。

本條項施行以前的實務見解，認為最高限額抵押權所擔保的債權，係在一定金額之限度內，現在已發生及將來可能發生之債權，凡在存續期間所發生之債權，皆為該抵押權效力所及，於存續期間屆滿前所發生之債權，債權人在約定限額範圍內，對於抵押物均享有抵押權，除債權人拋棄為其擔保之權利外，自無許抵押人於抵押權存續期間屆滿前，任意終止此種契約；縱令嗣後所擔保之債權並未發生，僅債權人不得就未發生之債權實行抵押權而已，非謂抵押人得於存續期間屆滿前終止契約而享有請求塗銷抵押權設定登記之權利（66台上1097）。此種最高限額抵押權所擔保的不特定債權，只有發生及存續期間的限制，債權的種類及所由發生的原因法律關係，均未限制，就本條的適用而言，應不符合「一定範圍」或「一定法律關係」的要求。

第二項　最高限額抵押權擔保的債權

一、債權發生的原因

民法第881-1條第2項的「一定法律關係」，在實務上具有雙重功能，其一是作為判斷最高限額抵押權是否有效的認定標準，其二是作為判斷最高限額抵押權所擔保債權的範圍標準。前者是最高限額抵押權的「有效性」標準，後者是最高限額抵押權的「效力」問題。有效性的判斷應著重在「法律關係」的有無，只要當事人具體載明其「法律關係」的概要，即應認為符合「一定法律關

係」的要件；效力的認定，即判斷某債權是否為其所擔保的「由一定法律關係所生」時，則應具體認定該「法律關係」的內容，再就各個債權分別予以認定。

最高限額抵押權所擔保的債權，為「一定範圍內」的不特定債權，故該「一定範圍」的認定，在實務上即甚具重要性。當事人依第881-1條第2項規定限定「一定法律關係」後，凡由該「一定法律關係」所生債權，無論是直接所生，或與約定之法律關係有相當關連之債權，或是該法律關係交易過程中，通常所生之債權，均為擔保債權之範圍。例如約定擔保範圍係買賣關係所生債權，買賣價金乃直接自買賣關係所生，固屬擔保債權，其他如買賣標的物之登記費用、因價金而收受債務人所簽發或背書之票據所生之票款債權、買受人不履行債務所生之損害賠償請求權亦屬擔保債權，亦包括在內。

在實例中，「一定法律關係」的描述，有時也發生解釋的問題。例如系爭抵押權設定契約書分別記載：「本案係擔保因租賃關係而產生一切債務及損害賠償」、「本案係擔保因支付貨款而產生一切債務及損害賠償」，而債務人依所簽訂融資租賃契約，應按期給付租金予出租人，而該契約約定：承租人遲延付款達7日者為違約，出租人得請求承租人於通知之給付日給付所有依本約未付之租金、標的物剩餘價值以及其他任何違約亦即依本約規定給付款項之和等語。最高法院認為，其既載明違約時出租人得請求「未付之租金」，依其文義，似指承租人原分期給付之租金，因遲延給付構成違約而喪失期限利益，出租人得請求承租人給付未付租金總額，果爾，承租人所負該債務，仍屬原應履行之租金債務，而非債務不履行之損害賠償債務。債務人如給付遲延，應賠償因遲延所生之損害，則債權人究受如何之損害及其損害之範圍為何，即攸關系爭抵押權所擔保之債權存否及其範圍為何（109台上1905）。

又如系爭最高限額抵押權設定契約書，記載其所「擔保債權種類及範圍」為：「債務人（甲）對抵押權人（乙）現在（包括過去所負現在尚未清償）及將來所負之借款、票據、透支、墊款、利息、遲延利息、違約金。」或（其他擔保範圍約定）「因債務不履行之損害賠償」。當事人將來「確定」其被擔保的債權範圍時，須以所登記的法律關係為限，始得納入其債權，故如為買賣不動產契約所生之債權，或乙所屬之合夥對債務人之債權，均不受該最高限額抵押權之擔保（102台上215）。

再如甲以借貸、票據、投資為由，向乙支取款項，甲同意就該支取款項設定最高限額抵押權作為擔保，並辦妥登記，其抵押權設定契約書記載擔保範圍為「債權全部」、「債務全部」。此種概括最高限額抵押權所擔保的債權，並無發生原因的限制，如設定於法律予以禁止以前，仍為有效。最高法院認為其所擔保者，應及於挪用該支取款項所致侵權行為的損害賠償，而甲就支取款項尚未清償，則甲設定該抵押權之目的既在擔保所支取之款項，其等以侵權行為挪用該款項，致乙受有該款項之損害，非與當事人間信用交易全無關連，而為將來偶然發生之債權，難謂不在當時甲與乙所約定系爭抵押權擔保範圍之內（101台上414）。

二、利息、遲延利息或違約金

（一）基本規定

最高限額抵押權所擔保的債權，原來是一定範圍內的不特定債權，但在抵押權人實行抵押權而拍賣抵押物以前，必須先確定抵押債權是否已屆清償期，而未受清償？需要藉由拍賣抵押物，而以抵押物賣得價金優先予以清償的債權，究竟數額多少？因此，哪些債權屬於被擔保的不特定債權？哪些債權可以列入最高限額的額度之內？乃成為抵押權人行使權利以前，必須先予以確定的問題。

民法第881-2條規定：「最高限額抵押權人就已確定之原債權，僅得於其約定之最高限額範圍內，行使其權利。」「前項債權之利息、遲延利息、違約金，與前項債權合計不逾最高限額範圍者，亦同。」本條第1項規定最高限額抵押權當事人約定之最高限額，所限制的是「已確定之原債權」，即其在最高限額範圍內，始得優先受清償。所稱「原債權」，乃指已經登記的「一定法律關係」所生之債權或基於票據所生之權利而言。第2項的規範意旨，是最高限額的限制不只是限制原債權的總額，即除原債權之外，其利息、遲延利息及違約金的數額，也都應予以加總併計，其合計不逾最高限額範圍者，始得行使抵押權。

（二）債權最高限額說的採納

民法第861條第1項規定：抵押權所擔保者，為原債權、利息、遲延利息、違約金及實行抵押權之費用，但契約另有約定者，不在此限。本條項上開規定，依同法第881-17條之規定，於最高限額抵押權準用之。最高限額抵押權的最高限額及其原債權固然應予以登記，如被擔保的債權也包含原債權的利息、遲延利息、違約金及實行抵押權之費用，則將發生此等債權的數額，是否亦應加總併計，而其合計是否亦受約定的最高限額限制的問題。

在未就最高限額抵押權為專節規定以前，登記實務上的當事人如約定並登記為「本金最高限額1000萬元」的最高限額抵押權，其所擔保及應受最高限額限制的債權範圍，即發生爭議：其最高限額之約定額度，係限制原債權及其利息、遲延利息、違約金及實行抵押權之費用的合計總額？或僅限制其原債權的本金數額，而原債權之利息、遲延利息、違約金及實行抵押權之費用，均採「本金最高限額」的外加方式，當然為抵押權所擔保，但不受最高限額的限制？此即債權最高限額及本金最高限額二說的爭議。最高法院75年度第10、22次民事庭會議決議對此係採前者，即債權最高限額說，認為即使抵押權登記為「本金最高限額1000萬元」，亦應解為債權最高限額1000萬元，即原債權的本金連同約定之利息、遲延利息及約定擔保範圍內之違約金等債權，均受最高限額之限制。換言之，債權人的利息、遲延利息、違約金連同本金（原債權）合併計算，如超過最高限額，其超過部分並無優先受償之權利息等項債權，如超過最高限額，其超過部分即非抵押權所擔保之債權範圍。

（三）受最高限額限制的債權

民法第881-2條第2項將債權最高限額說，予以明文化，規定原債權之利息、遲延利息、違約金，與已確定之原債權合計在最高限額範圍內，始受最高限額抵押權的擔保。關於最高限額抵押權所擔保的原債權的範圍，本條項的立法理由亦指出：「當事人依第881-1條第2項規定限定一定法律關係後，凡由該法律關係所生債權，均為擔保債權之範圍。直接所生，或與約定之法律關係有相當關連之債權，或是該法律關係交易過程中，通常所生之債權，亦足當之。例如約定擔保範圍係買賣關係所生債權，買賣價金乃直接自買賣關係所生，固

屬擔保債權，其他如買賣標的物之登記費用、因價金而收受債務人所簽發或背書之票據所生之票款債權、買受人不履行債務所生之損害賠償請求權亦屬擔保債權，亦包括在內。」

　　原債權之外，哪些債權是最高限額抵押權所擔保？如果被抵押權擔保，是否受約定的最高限額的限制？關於前一個問題，在普通抵押權也發生，民法第861條並就此有所規定，而該條依第881-17條規定，亦準用於最高限額抵押權，但第881-2條究竟對其發生的影響為何，仍值得探究。關於原債權之利息、遲延利息、違約金，第881-2條似認為其當然為最高限額抵押權所擔保的債權，並受約定的最高限額的限制。其立法理由謂：「準此觀之，自約定法律關係所生債權之利息、遲延利息與違約金，自當然在擔保債權範圍之內，因此等債權均屬法律關係過程中，通常所生之債權。」「此項利息、遲延利息或違約金，不以前項債權已確定時所發生者為限，其於前項債權確定後始發生，但在最高限額範圍內者，亦包括在內。」

　　關於實行抵押權之費用，第881-2條立法理由指出，其依第881-17條準用第861條之規定，亦為抵押權所擔保的債權。因此，不論債權人聲請法院拍賣抵押物（強29參照），或依第878條而用拍賣以外之方法處分抵押物受償，因此所生之費用均得就變價所得之價金優先受償，惟不計入抵押權所擔保債權之最高限額。

（四）債權的登記問題

　　最高限額抵押權為不動產物權，其設定行為應以書面為之，且非經登記，不生效力（民758）。最高限額抵押權所擔保之債權，其種類及範圍，屬於抵押權之內容，依法應經登記，始生物權之效力，惟地政機關辦理土地登記時，其依法令應行登記之事項，如因內容過於冗長，登記簿所列各欄篇幅不能容納記載，可以附件記載，作為登記簿之一部分，其聲請登記時提出之最高限額抵押權設定契約書，視為登記簿之附件，在該契約書上記載之該抵押權所擔保之債權，均認為抵押權效力之所及（參照最高法院74年度第14次民事庭會議、76年度第6次民事庭會議決定）。

　　最高限額抵押權擔保的最高限額，其所限制者，應為抵押權所擔保的債權，但問題是：最高限額抵押權所擔保者，是否僅限於已登記的債權？本書認

為，第881-2條第2項既然已明定原債權、利息、遲延利息與違約金債權，均納入最高限額的限制，即認為此等債權均為最高限額抵押權所擔保，故此等債權的內容，宜認為是當事人的抵押權設定契約書應明確記載，並予以登記的事項。由於最高限額抵押權的內容，涉及抵押權人對抵押物交易價值支配的具體數額，其最高限額及納入其限制的債權，均為評估抵押物的剩餘交易價值的重要依據，故以當事人約定為基礎的原債權、利息、遲延利息與違約金債權，均應予以登記，始為抵押權所擔保，並受最高限額的限制；如未登記，宜認為非抵押權所擔保的債權，也不納入最高限額的限制。不過，民法第881-2條及其立法理由，對於各項債權是否應經登記始受擔保的問題，並未就最高限額抵押權為明確規定或說明，第881-17條準用第861條的結果，也將該條關於普通抵押權的適用疑義，帶進最高限額抵押權的領域之中。

例如系爭最高限額抵押權設定契約書的利息、遲延利息欄，均記載：「無」，是指按法律規定，無約定的利息、遲延利息？或有約定的利息、遲延利息，但未予以登記？或當事人約定無利息、無遲延利息？最高法院在實例中指出，民法第861條第1項依同法第881-17條之規定，於最高限額抵押權準用之，似認為利息債權應經抵押權登記，始屬抵押權擔保之範圍，法定遲延利息乃係由於法律規定而發生，與其他基於當事人約定之利息、遲延利息，難為他人知悉，而有公示登記必要之情形有別，縱未登記，仍為抵押權擔保之範圍。兩造間就系爭消費借貸關係，約定利息按週年利率5%計算，債務人所為清償，依規定應先行抵充其所欠債務之利息，在清償期未屆至前，應先抵充其所欠債務之利息，在清償期屆至後，仍應抵充法定遲延利息，且未獲償之法定遲延利息，應為系爭抵押權效力所及。故不應徒以系爭抵押權關於利息、遲延利息既均記載為「無」，遂認兩造所約定基於原債權之本金所生之利息及法定遲延利息均非系爭抵押權所擔保之範圍，將99年6月18日以後之利息，均排除於結算金額之外（106台上2622）。

上述案例之系爭抵押權設定契約「利率」欄，無約定利息之記載，其約定利息即非抵押權擔保範圍，惟依民法第233條第1項、第881-2條第2項規定，金錢債務之利息縱未約定，仍得請求法定遲延利息，且屬系爭抵押權擔保範圍（109台上2741）。上述系爭抵押權設定契約書的違約金欄，記載「每逾一日每萬元以新臺幣二十元加計」，最高法院認為當事人已就違約金債權登記，其

於上述違約金外，並列有債務不履行之損害賠償，堪認其違約金約定之性質係懲罰性違約金，則抵押權人於債務人未依約清償時，除得請求支付違約金外，並得請求法定遲延利息，惟系爭違約金之約定相當於年息73%，法院得審酌社會經濟狀況及抵押權人因抵押人未如期清償所生損害等情，酌減至適當之數額（例如15%）（109台上2741）。

第三項　最高限額抵押權的特性

一、抵押物價值支配的有限性

　　最高限額抵押權的性質是價值權，抵押權人所支配的，是抵押物的交換價值，其與普通抵押權人不同的，是最高限額抵押權人對於抵押物的交換價值，並未全面予以支配，而僅以約定的最高限額的限度之內，對抵押物的交易價值為有限的支配。例如抵押人甲之抵押物價值2000萬元，但僅設定最高限額1000萬元之抵押權給乙時，乙實行最高限額抵押權時，抵押物賣得2000萬元，乙仍僅得於1000萬元之限度內優先受抵押債權的清償。

二、擔保債權的不特定性

　　最高限額抵押權所擔保的債權，是債權人對債務人一定範圍內的不特定債權，不以設定時已發生者為限，將來才發生的債權，也可以作為最高限額抵押權擔保的債權。此與普通抵押權從屬於抵押債權而發生，其所擔保之債權，須為設定時即已發生者，固有甚大差異；其與普通抵押權對抵押債權具有消滅上的從屬性，因其所擔保的抵押債權消滅而消滅，亦復不同。普通抵押權之所以具有從屬性，主要是因為其所擔保的債權是特定債權，最高限額抵押權之所以不具有特定債權的從屬性，主要是因為其所擔保的債權是不特定債權，而非特定的債權。故最高限額抵押權存續期間內業已發生的債權，雖因清償或其他事由而減少或消滅，抵押權依然有效，嗣後在存續期間內陸續發生的債權，抵押權人仍得對抵押物行使權利（66台上1097），亦即存續期間內，債權額縱為零，其抵押權仍為擔保將來可能發生的債權，而繼續存在，並不消滅。

三、緩和的從屬性

最高限額抵押權因擔保的債權並非特定的債權，於原債權確定前，並不適用民法第870條關於普通抵押權處分上從屬性的規定（75台上1011）。最高限額抵押權所擔保的債權，係最高限額抵押權人對特定的債務人的不特定債權，故在原債權確定前，如最高限額抵押權之抵押權人讓與其債權，該債權的債權人將不再是抵押權人，如第三人就債務為免責的債務承擔，該債務的債務人將不再是約定的債務人，此二種情形均將使該債權不符合最高限額抵押權設定時的約定，也因此將退出被擔保的債權範圍之外。故最高限額抵押權在其原債權確定，而有具體被擔保的特定債權以前，原則上並不具有處分上的從屬性。

值得注意的是，最高限額抵押權設定契約書，如就其權利訂有存續期間，其所訂期間雖未屆滿，但其擔保之債權所由生之契約，如已合法終止或因其他事由而消滅，將來確定不再發生債權，如完全無既存之債權，而可確定其所訂存續期間內原擬擔保的所有曾發生的債權，均已確定不存在時，基於最高限額抵押權係為其擬擔保的不特定債權而存在的特性，應認為原設定的最高限額抵押權已經消滅，並許其抵押人請求抵押權人塗銷最高限額抵押權的設定登記（100台上1894）。此種特性，實際上仍為最高限額抵押權的從屬性，只是其所從屬的，並非已經發生或將來要發生的特定債權，而是其一定範圍內的不特定債權所由發生的一定法律關係。民法關於最高限額抵押權的變更與處分的後述規定，多數源於最高限額抵押權的獨立性，也與普通抵押權的從屬性大相逕庭。

第四項　最高限額抵押權的變更與處分

最高限額抵押權是抵押權人在最高限額的範圍內，支配抵押物交易價值的價值權。由於最高限額抵押權擔保的是一定範圍內的不特定債權，於原債權確定前，並非擔保特定的債權，也未與特定債權結為一體；抵押權人所支配的抵押物交換價值，在被擔保的債權未確定，並無應該從屬的債權，也沒有應該與其結為一體的債權的情形下，形同對抵押物交易價值的單純支配，其抵押權也因此具有一定的獨立性。因此，如何承認抵押權人對抵押權的處分自由，並予以適當限制，乃成為立法上的重要課題。

一、債權之範圍或其債務人的變更

最高限額抵押權人在原債權尚未確定前，其所擔保之不特定債權雖尚未確定爲特定債權，但其所支配之抵押物交易價值，已因最高限額的登記而已確定其範圍，立法上乃發生是否應允許抵押權人，就其被擔保的不特定債權的範圍或其債務人，進行調整的問題。對於上述問題，民法第881-3條採肯定說，規定：「原債權確定前，抵押權人與抵押人得約定變更第八百八十一條之一第二項所定債權之範圍或其債務人。」「前項變更無須得後次序抵押權人或其他利害關係人同意。」

本條認爲最高限額抵押權的抵押權人，在其最高限額的範圍之內，得變更其所擔保的債權之範圍或其債務人，且其對於後次序抵押權人或第三人之利益，並無影響。此一規定的前提，是抵押權人在設定取得其最高限額抵押權後，無論其擔保的不特定債權是否發生及消滅，均已經取得在最高限額內對抵押物交易價值的支配，並可就其支配的利益，爲一定方式的處分。對於抵押權人而言，此即其權利內容的一部分，亦爲最高限額抵押權獨立性的表現。

最高限額抵押權爲不動產物權，其擔保的不特定債權的範圍與債務人的變更，亦爲其權利內容的變更或物權之變動，故應依關於不動產物權行爲的規定，以書面爲之，且非經登記，不生效力（民758）。如對最高限額抵押權的內容有變更之約定，而經登記者，該登記對於登記在前之其他物權人即有無效之原因，乃屬當然。前述變更既限於原債權確定前，則在原債權經確定後，抵押權所擔保的債權已經成爲特定債權，即應適用普通抵押權關於處分上一體性或移轉上從屬性的規定（民870），自不得再依本條規定而變更之。

二、債權讓與及免責的債務承擔

最高限額抵押權在原債權未確定之前，並無所擔保的特定債權，故不適用民法第295條第1項債權的擔保隨同債權而移轉的規定。同樣地，最高限額抵押權在理論上不受普通抵押權處分上從屬性的限制，故民法第881-6條第1項更進一步規定：「最高限額抵押權所擔保之債權，於原債權確定前讓與他人者，其最高限額抵押權不隨同移轉。第三人爲債務人清償債務者，亦同。」

（一）債權讓與

本條項的重點是在「於原債權確定前」，因為在此之前，最高限額抵押權並無具體擔保的特定債權，嚴格而言，本來就沒有可以讓抵押權隨同移轉的債權，最高限額抵押權原來所擔保的不特定債權，一旦讓與他人，即因為債權人不再是抵押權人，而非屬於被擔保的範圍，所以於原債權確定前，即使認為有「最高限額抵押權所擔保之債權」存在，該債權亦尚未與最高限額抵押權結為一體，最高限額抵押權也未從屬於該債權，當然無「隨同移轉」可言。第三人為債務人清償債務者，例如保證人或其他有利害關係的第三人為清償時，其依第749條或第312條，固然可承受債權人之對債務人的債權，由於該債權的債權人（第三人）已非抵押權人，該債權在被承受以前既未與最高限額抵押權結為一體，第三人承受該債權時，當然也無隨同移轉的抵押權。

（二）免責的債務承擔

民法第881-6條第2項規定：「最高限額抵押權所擔保之債權，於原債權確定前經第三人承擔其債務，而債務人免其責任者，抵押權人就該承擔之部分，不得行使最高限額抵押權。」本條項的重點也是在「於原債權確定前」，因為在此之前，如第三人就債務為免責的債務承擔，該債務的債務人將是第三人，而不再是原來具體約定的債務人，該第三人承擔的部分，隨即脫離被最高限額抵押權擔保的範圍，其最高限額抵押權並不伴隨該債務而往，抵押權人自不得就該債權，行使最高限額抵押權。

最高限額抵押權之抵押物所有權，由原抵押人移轉於現所有人，抵押權人與現所有人約定抵押權義務人及債務人變更為現所有人，並辦理登記者，此後現所有人對抵押權人之債務，固依其間之約定，為該最高限額抵押權所擔保；至於其原來擔保之原債權亦因之確定，依民法第867條規定，其抵押權擔保法效並不因此而受影響，即原債權仍為抵押權所擔保，但如現所有人未承擔該原債務，該原債務即不當然隨同移轉而由不動產之現所有人負擔；倘現所有人未承擔原債務，該債務仍由原債務人負擔，抵押權人僅可追及抵押物，行使抵押權而已，難謂現所有人為該原債務之債務人（99台上152）。但如債權人對債務人的系爭債權係最高限額抵押權所擔保的不特定債權，於抵押權存續期間發

生，尚未清償，第三人受讓抵押之土地，並承擔系爭借款債務，惟該承擔未經債權人承認，則不發生債務承擔的法律效果，該債權仍為最高限額抵押權所擔保（110台上1090）。

三、抵押權人或債務人的法人合併

　　最高限額抵押權之抵押權人或債務人為法人時，而在原債權確定之前與其他法人合併者，其權利義務固應由合併後存續或另立之法人概括承受，但是否視為前述之債權讓與或免責的債務承擔，而適用第881-6條上述規定，仍非無疑問。民法對此採折衷說，於第881-7條規定：「原債權確定前，最高限額抵押權之抵押權人或債務人為法人而有合併之情形者，抵押人得自知悉合併之日起十五日內，請求確定原債權。但自合併登記之日起已逾三十日，或抵押人為合併之當事人者，不在此限。」「有前項之請求者，原債權於合併時確定。」「合併後之法人，應於合併之日起十五日內通知抵押人，其未為通知致抵押人受損害者，應負賠償責任。」「前三項之規定，於第三百零六條或法人分割之情形，準用之。」

　　上述規定，是因為最高限額抵押權所擔保的不特定債權，在設定時已經限定其債權人及債務人為何人，如果債之關係變更，致債權人及債務人變更為其他人，則其債之關係即不再屬於抵押權所擔保的不特定債權的範圍。但債權人或債務人發生法人合併的情形時，合併後存續或另立之法人，固然應概括承受債之關係，但原債權被清償被清償的可能性及原債權所由發生的法律關係，都可能因此發生變化，為保護抵押人利益，乃規定規定合併之法人，負有通知抵押人之義務；違反義務時，則應依民法等規定負損害賠償責任，抵押人得請求確定原債權。原債權確定前，最高限額抵押權之抵押權人或債務人為營業，而與他營業合併（民306），或其為法人並有法人分割的情形，或發生其他類似情事者，於性質不相牴觸之範圍內，準用前述規定。

四、最高限額抵押權的讓與或分割

（一）基本規定

普通抵押權與被擔保債權密不可分，二者具有不可分性（民869），但最高限額抵押權在原債權未確定之前，是為擔保一定範圍內的不特定債權而存在，並無所擔保的特定債權，故不適用此一原則。不僅如此，民法第881-8條更規定最高限額抵押權的讓與及分割：「原債權確定前，抵押權人經抵押人之同意，得將最高限額抵押權之全部或分割其一部讓與他人。」「原債權確定前，抵押權人經抵押人之同意，得使他人成為最高限額抵押權之共有人。」

（二）處分的種類

本條規定的基礎，是已經設定登記的最高限額抵押權，其抵押物的交易價值在最高限額之內，已經為抵押權人所支配，故規定抵押權人於原債權確定前，得經抵押人之同意，依關於法律行為的規定（民758），就最高限額抵押權為若干處分。本條規定抵押權人就最高限額抵押權，得為三種處分：1.全部讓與他人；2.分割其一部讓與他人；3.使他人成為該最高限額抵押權之共有人。

例如抵押人甲提供其所有之不動產，設定最高限額抵押權1000萬元於抵押權人乙，嗣乙經甲同意將最高限額抵押權，全部讓與給丙；乙也可以將最高限額抵押權1000萬元的一部分，如將其中的400萬元最高限額抵押權，單獨讓與第三人丙，使乙、丙各有600萬元及400萬元的最高限額抵押權，成為同一次序之二個抵押權人，其情形與乙先分割為數個較小額度的最高限額抵押權，再讓與其一給第三人，乃是相同；抵押權人乙亦得使第三人丙，加入成為該抵押權之共有人，使乙、丙共享最高限額抵押權1000萬元之擔保，其方式可能係乙讓與應有部分十分之四給丙，使丙成為共有人丙，或單純使丙加入成為共有人，而推定共有人的應有部分均等（民817II）。

（三）本條施行前設定的最高限額抵押權

在本條增訂施行以前，最高限額抵押權的概念已經為司法實務所承認，

但最高限額抵押權的獨立性並未經確立，最高限額抵押權應任何讓與，也有爭議。

1. 應得抵押人同意

例如甲的系爭土地於78年12月6日設定第一順位最高限額5400萬元抵押權予乙，乙於79年10月29日未與甲會同，亦未與被擔保的債權同時讓與，而將該第一順位抵押權以讓與為原因移轉登記予與丙，該第一順位抵押權所擔保之債權於80年4月18日確定。當事人對於丙是否取得該第一順位最高限額抵押權，發生爭議。

最高法院指出，最高限額抵押權雖有一定擔保債權範圍及最高限額之限制，但於最高限額抵押權確定前，抵押權人與債務人間之擔保債權不斷發生，擔保債權不僅未確定，且其金額多寡與債權人之授信、融資等態度及債權管理之寬嚴密切相關，抵押人對之實有相當之信賴因素存在，此於最高限額抵押權抽離其擔保債權範圍而獨立讓與時，擔保債權範圍決定因素之一之債權人既將發生變動，勢必影響抵押人之責任，民法第881-8條上述規定，依民法物權編施行法第17條規定，於民法物權編修正施行前設定之最高限額抵押權，亦適用之。故此項讓與，若未經抵押人同意，自不生物權之效力。故上述實例的丙，即因違反民法第881-8條規定，其受讓最高限額抵押權的物權行為，不能生效（103台上1977）。

2. 不受從屬性規定之限制

在實例中，甲為債務人及提供抵押物的抵押人，丙於95年4月13日在系爭不動產上設定系爭第三順位最高限額抵押權，嗣於同年4月21日將系爭第三順位抵押權讓與乙，乙再於97年1月15日將系爭第三順位抵押權讓與丙，並均辦理抵押權讓與登記。在丙讓與系爭第三順位抵押權予乙前未發生任何債權債務關係，然乙取得系爭抵押權後，乙即取得甲之借款債權2460萬元、返還預付租金之債權216萬元、買回機械之價金債權1121萬3562元，乙再將系爭抵押權讓與丙後，與之簽訂信託契約書，將該等債權委由丙收取、管理、處分。甲、丙在法院涉訟，對於丙取得的上述債權，是否均為系爭最高限額抵押權所擔保，發生爭議。

最高法院就本案指出，最高限額抵押權係債權人對債務人一定範圍內之不特定債權，預定一最高限額，由債務人或第三人提供不動產予以擔保之抵押

權，具有擔保債權之不特定性及從屬性之最大緩和化，亦即最高限額抵押權於確定前，擔保債權如有讓與他人者，最高限額抵押權並不隨同移轉，如擔保債權有由第三人為債務人免責之承擔者，抵押權人就該承擔之部分亦不得行使最高限額抵押權；最高限額抵押權更得與擔保債權分離而為讓與，而民法第881-6條及第881-8條之上述規定，依民法物權編施行法第17條規定，於民法物權編修正施行前設定之最高限額抵押權，亦適用之。本案的丙第一次讓與系爭抵押權予乙時，固未有債權發生，然揆諸前開說明，如其時所擔保之債權尚未確定，該抵押權之讓與仍非無效，乙再讓與丙系爭抵押權，並訂定信託契約委託丙收取、管理、處分上開三項債權等，仍可認為丙已取得系爭第三順位抵押權擔保之債權，不宜遽以系爭第三順位抵押權仍應受民法第870條關於抵押權讓與之從屬性規定之限制，認丙讓與系爭第三順位抵押權予乙及乙讓與丙系爭第三順位抵押權，均屬無效（105台上1357）。

（四）擔保的債權不以受讓者為限

在上述實例（105台上1357）中，系爭最高限額抵押權係用以擔保債務人甲因票據、借款、保證、損害賠償等由一定法律關係所生，對債權人乙負擔之債務，債權人乙再與第三人丙訂定信託契約書，第1條約定信託標的為債權人乙對債務人甲之債權（截至96年11月底為止之本息總額經結算為4013萬6742元）及系爭最高限額抵押權，乙將前開債權及抵押權全部信託讓與給丙，當事人就丙得優先受清償的債權數額是否以當時結算的數額為限，發生爭議。

最高法院指出，民法第881-8條第1項上述規定的最高限額抵押權的讓與，是最高限額抵押權與其擔保債權範圍所生之債權分離，單獨為之；讓與後，原抵押權人對債務人原在擔保債權範圍之債權，無論是讓與前、後所生，於抵押權讓與後，均不在擔保之列；受讓人對債務人若恰有原約定範圍之債權（即符合原擔保範圍及債務人標準），無論是讓與前或後所生，均為該抵押權擔保之範圍。本案中的丙得優先受清償的債權數額，其數額並不限於96年11月底前所發生，並受讓之債權4013萬6742元，只要是在系爭抵押權擔保的不特定債權的範圍之內，均可納入為被確定的原債權（108台上1274）。

三、最高限額抵押權共有人處分其應有部分

　　最高限額抵押權是以抵押物最高限額內的交換價值，擔保抵押權人對特定的債務人基於一定法律關係所生的不特定債權，故並不完全適用普通抵押權的不可分性原則。數人按其應有部分，共有一個最高限額抵押權者，無論是自始即共有，或嗣後依第881-8條前述規定成立共有關係，均準用關於共有的規定（民831）。不過，最高限額抵押權之各共有人間，其優先受償之內部關係，係按確定後其債權額的比例決定，但為使各共有人對抵押物交換價值之利用更具彈性，並調整其相互間之利害關係，共有人於原債權確定前，亦得於同一次序範圍內另行約定不同之債權額比例或優先受償之順序。最高限額抵押權各共有人的應有部分，具體內容為何？各共有人得否自由處分？針對此等問題，民法第881-9條規定：「最高限額抵押權為數人共有者，各共有人按其債權額比例分配其得優先受償之價金。但共有人於原債權確定前，另有約定者，從其約定。」「共有人得依前項按債權額比例分配之權利，非經共有人全體之同意，不得處分。但已有應有部分之約定者，不在此限。」

　　本條第1項規定最高限額抵押權共有人的權利內容，即該最高限額抵押權所擔保的債權，仍是當事人約定的一定範圍內的所有不特定債權，但在抵押權共有人內部之間，其各自優先受償之債權額，應按照其與所有擔保範圍內的債權總額的比例分配之。但為使共有抵押權人對抵押物交換價值之利用更具彈性，並調整其相互間之利害關係，但書乃規定，於原債權確定前，共有人得於同一次序範圍內另行約定不同之債權額比例或優先受償之順序。所謂原債權確定前之約定，係指共有最高限額抵押權設定時之約定及設定後原債權確定前，各共有人相互在其內部之間所為的約定。

　　本條第2項規定最高限額抵押權各共有人權利的性質，其按債權額比例分配之權利，即為各共有人的應有部分，由於共有人在原債權確定以前，並未就抵押物的交易價值為具體比例的支配，而須待原債權確定始得決定其比例，故各共有人所得優先受清償的金額，將因其自己及其他共有人的擔保債權金額之多寡而變動，與一般共有人對於標的物所有權的應有部分，在權利比例已經固定（民818）的情形不同。為宣示不準用民法第919條第1項共有人得自由處分其應有部分的規定的意旨，本條項乃規定除共有人已為應有部分之約定，使其應有部分固定，而得自由處分者外，未為約定之共有人之應有部分，應經全體

共有人之同意，始得為之。

第五項　最高限額抵押權的確定

一、最高限額抵押權「確定」的意義

最高限額抵押權設定時，被擔保之債權為未確定的不特定債權，但於實行抵押權時，則須以抵押物的賣得價金，供已確定的特定債權的優先清償。其間必須有一制度，使最高限額抵押權所擔保的一定範圍內的不特定債權，因一定事由之發生，經由結算，而歸於具體確定，並使原來擔保不特定債權的最高限額抵押權，變更成為擔保特定債權的普通抵押權。此一制度，即為最高限額抵押權的「確定」，在民法上稱為原債權之確定。

二、最高限額抵押權的「確定期日」

（一）約定的「確定期日」

最高限額抵押權所擔保的，是一定範圍內的不特定債權，其被擔保的債權在設定時並未確定，甚至未必有債權存在，抵押權人於實行抵押權時，所能優先受償之範圍，須依實際確定之擔保債權定之，故在實行抵押權時即須先確定有無被擔保的債權，始能決定抵押權人得優先受償之範圍為何。被最高限額抵押權擔保的原債權的確定，影響抵押權人優先受清償的數額，也影響後次序抵押權得受清償的數額，故除法定的確定事由之外，當事人於設定時亦應得定其確定之期日。

因此，民法第881-4條乃規定：「最高限額抵押權得約定其所擔保原債權應確定之期日，並得於確定之期日前，約定變更之。」「前項確定之期日，自抵押權設定時起，不得逾三十年。逾三十年者，縮短為三十年。」「前項期限，當事人得更新之。」本條第1項規定原債權之確定期日，得由抵押權人與抵押人約定之，且在約定之確定期日之前，亦不妨另行約定其他確定期日，而變更其最高限額抵押權。第2項規定約定的確定期日，自抵押權設定時起，不得逾30年，以兼顧現代社會交易活動之需求，並發揮最高限額抵押權之功能。惟第3項復規定當事人對於此期限，得更新之，以符契約自由原則及社會實際

需要。

（二）法定的「確定期日」

由於最高限額抵押權的確定，乃是實行最高限額抵押權的必要條件，故如當事人於設定最高限額抵押權時，未約定確定原債權之期日者，為免其原債權永無確定之日，即須在法律規定其確定期日。民法第881-5條規定：「最高限額抵押權所擔保之原債權，未約定確定之期日者，抵押人或抵押權人得隨時請求確定其所擔保之原債權。」「前項情形，除抵押人與抵押權人另有約定外，自請求之日起，經十五日為其確定期日。」本條第1項規定未約定確定原債權之期日者，抵押人或抵押權人得隨時請求確定其所擔保之原債權，第2項規定除抵押人與抵押權人另有約定外，自請求之日起，經15日為其確定期日，實際上係以抵押人或抵押權人之請求確定，為原債權確定之原因，俾免法律關係久懸不決。

三、最高限額抵押權的概括「確定事由」

最高限額抵押權於設定時，僅就債權人對債務人一定範圍內之不特定債權，約定在最高限額內予以擔保，至於抵押權人實際得優先受清償的債權數額，須待所擔保之原債權確定後，始得決定。最高限額抵押權所擔保之原債權之「確定」，係指最高限額抵押權所擔保之一定範圍內不特定債權，因一定事由之發生，歸於具體特定而言。最高限額抵押權所擔保之原債權確定後，該最高限額抵押權擔保不特定債權之特性消滅，擔保之債權由約定擔保範圍內之不特定債權，變更為擔保該範圍內之特定債權，即具有普通抵押權之從屬性，而無最高限額抵押權前述的獨立性。因此，最高限額抵押權所擔保之原債權確定後，若經讓與他人者，依民法第295條第1項規定，該抵押權亦隨同移轉，最高限額抵押權所擔保之原債權確定後所為之債權讓與，即應回歸民法第870條規定之適用，該抵押權不得由債權分離而為讓與（103台上1977）。

關於最高限額抵押權所擔保的原債權的「確定事由」，民法第881-12條第1項列舉後述七款概括性的規定，另於第881-4條、第881-5條、第881-7條第1項至第3項、第881-10條及第881-11條但書亦有相關規定，以下先就第881-12條第1項各款逐點說明之：

（一）約定之原債權確定期日屆至者

最高限額抵押權之當事人雙方約定原債權之確定期日者，於此時點屆至時，最高限額抵押權所擔保之原債權即基於當事人之意思而歸於確定。至於民法第881-5條規定的法定確定期日屆至時，原債權依該條規定亦當然確定。

雙方約定原債權之確定期日屆至時，原債權即歸於確定，最高限額抵押權即變更為擔保特定債權的普通抵押權，如抵押權人於此後將已經確定的債權，讓與給受讓人，則抵押權即應隨同移轉給受讓人。但如債權係經第三人清償，除合於民法第312條規定，得由第三人主張於其清償之限度內承受債權人之權利外，其債權應認已歸於消滅，再無由原債權人移轉之可言。實例中曾有抵押人簡債務人於93年2月間向債權人清償借款2000萬元，同月20日向第三人借貸2000萬元，由原債權人於系爭2000萬元本票背書，併同系爭抵押權轉讓與第三人，則債權人讓與該抵押權時，約定原債權確定期日業已屆至，第三人受讓該抵押權係擔保受讓自債權人前於該抵押權存續期間對抵押人之2000萬元債權，則債權人之借款債權2000萬元，已因債權人受領清償而消滅，該抵押權亦已因而消滅，無法再由債權人於系爭2000萬元本票背書時，併同讓與給第三人（107台上1058）。

（二）擔保債權之範圍變更或因其他事由，致原債權不繼續發生者

本條項第2款上述規定係指最高限額抵押權所擔保之原債權，因擔保債權之範圍變更或債務人之變更、當事人合意確定最高限額抵押權擔保之原債權等其他事由存在，足致原債權不繼續發生時，最高限額抵押權擔保債權之流動性即歸於停止，自當歸於確定。所謂「原債權不繼續發生」，係指該等事由，已使原債權確定的不再繼續發生者而言，如僅一時的不繼續發生，自不適用。

實例中曾有建商為建案之建築融資貸款，設定系爭本金最高限額抵押權，抵押物所擔保之債權範圍為：債務人建商對抵押權人銀行現在（包括過去所負現在尚未清償）及將來所負在本抵押權設定契約書所定債權最高限額內之各項借款、票據、保證、利息、遲延利息、違約金，及實行抵押權之相關費用，與因債務不履行而發生之損害賠償及其他一切債務等，其權利存續期限為88年9月6日起至118年9月5日止，抵押物所有權於93年8月間移轉登記予受讓人並由

其承擔債務，原抵押借款債務業於95年11月10日清償完畢。最高法院認為系爭抵押權之目的，係為擔保債務人該建案之建築融資貸款，嗣遇該建案之房地分戶出售、移轉登記並清償價金，即陸續減少抵押物，該抵押物已移轉登記，參酌債務人所出具於94年12月31日前塗銷系爭抵押權之承諾書，足證債務人主觀上有不令系爭抵押權繼續發生債務之意，堪認原債權已確定不再發生，依民法第881-12條第1項第2款，系爭抵押權存續期間內原擔保之債權，已確定且此後不繼續發生，則本諸抵押權之從屬性，該受讓人得請求抵押權人塗銷系爭抵押權之登記（105台上197）。

（三）擔保債權所由發生之法律關係經終止或因其他事由而消滅者

最高限額抵押權所擔保之債權，其所由發生的一定法律關係，如終止或因其他事由而消滅，則擔保之債權將不再繼續發生，原債權因而確定。

（四）債權人拒絕繼續發生債權，債務人請求確定者

債權人拒絕繼續發生債權時，例如債權人已表示不再繼續貸放借款或不繼續供應承銷貨物時，原債權即可因債務人之請求確定而確定，以保障債務人之利益。此時，除抵押人與抵押權人另有約定外，自請求之日起，經15日為其確定期日（民881-12II準用881-5II）。

（五）實行最高限額抵押權者

抵押權人如聲請裁定拍賣抵押物，或依第873-1條之規定為抵押物所有權移轉之請求時，或依第878條規定訂立契約者，足見其已有終止與債務人間往來交易之意思，故為原債權確定之事由，原債權乃因而確定。

（六）抵押物因他債權人聲請強制執行經法院查封者

本條項第6款規定：「抵押物因他債權人聲請強制執行經法院查封，而為最高限額抵押權人所知悉，或經執行法院通知最高限額抵押權人者。但抵押物之查封經撤銷時，不在此限。」抵押物因他債權人聲請強制執行而經法院查封，其所負擔保債權之數額，與抵押物拍賣後，究有多少價金可供清償執行債

權有關，自有確定原債權之必要。確定之時點，以最高限額抵押權人知悉該事實（例如未經法院通知而由他債權人自行通知最高限額抵押權人是），或經執行法院通知最高限額抵押權人時為準。如抵押物之查封經撤銷，例如強制執行法第17條後段、第50-1條第2項、第70條第5項、第71條、第80-1條第1項、第2項，即與根本未實行抵押權無異，即非原債權確定之事由，但於原債權確定後，已有第三人受讓擔保債權，或以該債權為標的物設定權利者，縱使查封經撤銷，為保護該第三人，仍應認為原債權已確定（民881-12III）。

　　在實務上，本款的適用關鍵係有在於抵押物之查封是否經撤銷者。例如他債權人對抵押之土地聲請假扣押強制執行，經臺中地院依其聲請，於99年4月23日囑託地政機關為查封登記並通知抵押權人，但該聲請經該債權人於103年5月20日撤回，且查無其他債權人同就系爭土地聲請執行，則系爭土地經該債權人撤回強制執行，撤銷查封並囑託地政機關塗銷假扣押登記，即已符合民法第881-12條第1項第6款但書所定「抵押物之查封經撤銷」之情形，系爭土地與根本未經查封無異，應溯及回復為99年4月23日查封前之擔保債權未確定之狀態，至於該債權人聲請撤銷系爭土地查封之原因、目的為何，均無礙於前開但書規定之適用（109台上2527）。

　　此外，抵押物之查封如未經撤銷，則原債權應於抵押權人受通知時確定。例如最高限額抵押權人於98年5月8日受執行法院通知，而知悉系爭土地遭查封，該抵押債權於斯時確定，如債權人後來讓與其債權，並於99年8月5日通知抵押人，則其債權讓與係在原債權確定之後，抵押權應隨同移轉，如債權讓與係在債權確定之前，但通知抵押人則係在債權確定之後，似宜認為其讓與債權對抵押人直到通知時始生效力，故抵押權亦隨同移轉（101台上1781）。

（七）債務人或抵押人經裁定宣告破產者

　　本條項第7款規定：「債務人或抵押人經裁定宣告破產者。但其裁定經廢棄確定時，不在此限。」債務人或抵押人不能清償債務，經法院裁定宣告破產者，應即清理其債務，原債權即應確定，但其裁定經廢棄確定時，即與未宣告破產同，即非原債權確定之事由。但於原債權確定後，已有第三人受讓擔保債權，或以該債權為標的物設定權利者，縱使其裁定經廢棄確定，為保護該第三人，仍應認為原債權已確定（民881-12III）。

四、最高限額抵押權的其他「確定事由」

（一）法人之合併

　　原債權確定前，最高限額抵押權之抵押權人或債務人為法人而有合併之情形者，抵押人得自知悉合併之日起15日內，請求確定原債權。但自合併登記之日起已逾30日，或抵押人為合併之當事人者，不在此限（民881-7Ⅰ）。有前項之請求者，原債權於合併時確定（民881-7Ⅱ）。抵押人請求確定原債權乃其權利，非其義務，自不得僅因為抵押權人之法人有合併而改變，肇致加重抵押人之責任，則就最高限額抵押權於確定前之擔保物權言，除該法人合併後當事人另有訂定變更擔保債權範圍之契約外，此擔保物權不應及於抵押人在該法人合併前另向抵押權人（例如合併後為消滅法人）以外之人（例如合併後為存續法人）所負未經設定物上擔保之債務，以保護抵押人之利益（96台上927）。

（二）共同最高限額抵押權的抵押物一部確定

　　為擔保同一範圍之內之不特定債權，於數不動產上設定之最高限額抵押權，乃共同最高限額抵押權。此時各個不動產所負擔之金額，其總和固然仍受最高限額之限制，其對外之連帶清償責任、拍賣順序及內部之分擔金額，亦宜準用共同普通抵押權之規定（民875至875-4），但如各不動產擔保之原債權確定之事由不同時，究應如何確定該共同最高限額抵押權所擔保之債權，仍有問題。

　　民法第881-10條規定：「為同一債權之擔保，於數不動產上設定最高限額抵押權者，如其擔保之原債權，僅其中一不動產發生確定事由時，各最高限額抵押權所擔保之原債權均歸於確定。」由於共同最高限額抵押權的所有抵押物，就債權的清償乃是一個整體，故本條採「一部確定，即全部確定」之原則，規定如其中一不動產發生確定事由者，其他不動產所擔保之原債權亦同時確定。其中所謂「同一債權」，主要是指最高限額所擔保之債權範圍（民881-1Ⅰ、Ⅱ）、債務人及最高限額均屬同一的情形，至於債務人相同，擔保之債權範圍僅部分相同時，是否為本條適用範圍，則仍待學說與實務之發展。

（三）當事人死亡經約定為「確定事由」

民法第881-11條規定：「最高限額抵押權不因抵押權人、抵押人或債務人死亡而受影響。但經約定為原債權確定之事由者，不在此限。」最高限額抵押權為不動產物權，其抵押人死亡對該抵押權無影響，乃是當然；抵押權人或債務人死亡時，雖由其繼承人承受被繼承人財產上之一切權利義務，其財產上之一切法律關係，皆於繼承開始時當然由繼承人承受（民1147、1148），但在原債權尚未確定以前，最高限額抵押權擔保的債權仍為債權人對債務人的不特定債權，抵押權人或債務人的死亡將發生債權人或債務人是否變更的疑義，影響該債權得否依原來的約定納入擔保債權範圍的認定，故有予以明文規定的必要。本條規定最高限額抵押權原則上不因抵押權人、抵押人或債務人死亡而受影響，但其死亡如經約定為原債權確定之事由者，原債權即因而確定。

五、最高限額抵押權「確定」的效果

最高限額抵押權所擔保的原債權確定之後，所擔保的債權不再是不特定債權，而是特定的債權，其與普通抵押權擔保特定債權的情形，即屬相當；原債權確定之後，原債權所生之利息、遲延利息與違約金，亦屬於抵押權擔保之債權，但僅以與原債權合計未超過最高限額的範圍內，得優先受清償（民881-2），仍與普通抵押權不同。原債權確定所發生的法律效果，可分述如下：

（一）結算債權額及變更登記請求權

最高限額抵押權所擔保之債權範圍，包含抵押權設定時登記的原債權、原債權之利息、違約金及遲延利息。惟就已確定之原債權，與其債權之利息、遲延利息、違約金之合計，應於不逾約定之最高限額範圍內，始得行使其權利。最高限額抵押權所擔保之原債權於確定事由發生後，其所擔保者由不特定債權變為特定債權，但債權額尚未確定，仍應辦理結算，計算實際之債權額。因此，最高限額抵押權所擔保之原債權確定事由發生後，債務人或抵押人得請求抵押權人結算實際發生之債權額，並得就該金額請求變更為普通抵押權之登記，但不得逾原約定最高限額之範圍（民881-13）。

在實例中，曾有最高限額抵押權約定之最高限額為2億元，原債權確定事

由發生後，債權人請求將系爭抵押權，變更爲以現餘債權數額爲擔保債權之普通抵押權登記。最高法院指出，如經結算後，債務人尚積欠債權人現餘債權數額，債權人如變更爲普通抵押權之擔保債權額，其數額即不得超過2億元之最高限額。倘若債權人請求將系爭抵押權，變更爲以現餘債權數額爲擔保債權之普通抵押權登記，並未限定其合計最高數額，除當事人另有設定新的普通抵押權的合意外，其請求變更即無理由（109台上2741）。此乃因爲抵押權人就抵押物的賣得價金，僅得於約定的最高限額之限度內，受已確定債權的優先清償，故如直接變更爲普通抵押權，其抵押權擔保之債權亦應受此最高限額的限制。

（二）擔保之債權確定

民法第881-14條規定：「最高限額抵押權所擔保之原債權確定後，除本節另有規定外，其擔保效力不及於繼續發生之債權或取得之票據上之權利。」本條上述規定是因爲最高限額抵押權所擔保之原債權一經確定，其所擔保債權之範圍亦告確定，其後繼續發生之債權或取得之票據上之權利，即不在擔保範圍之內。不過，第881-2條規定：「最高限額抵押權人就已確定之原債權，僅得於其約定之最高限額範圍內，行使其權利。」「前項債權之利息、遲延利息、違約金，與前項債權合計不逾最高限額範圍者，亦同。」本條第2項的立法理由更指出：「此項利息、遲延利息或違約金，不以前項債權已確定時所發生者爲限。其於前項債權確定後始發生，但在最高限額範圍內者，亦包括在內，仍爲抵押權效力所及。」

最高法院因此在實例中指出，如當事人已就違約金債權予以登記，民法第881-14條雖規定，最高限額抵押權所擔保之原債權確定後，除本節另有規定外，其擔保效力不及於繼續發生之債權或取得之票據上之權利，而第881-2條第2項即屬「本節另有規定者」，故利息、遲延利息、違約金，如於原債權確定後始發生，但在最高限額範圍內者，仍爲抵押權效力所及（106台上2622）。

（三）抵押權登記的塗銷

民法第881-16條規定：「最高限額抵押權所擔保之原債權確定後，於實際債權額超過最高限額時，爲債務人設定抵押權之第三人，或其他對該抵押權之存在有法律上利害關係之人，於清償最高限額爲度之金額後，得請求塗銷其抵押權。」爲債務人設定抵押權之第三人，即爲第三抵押人（物上保證人），或其他對該抵押權之存在有法律上利害關係之人，例如後次序抵押權人等，依民法第311條規定，原則上應得清償債務，且其爲清償之後，依民法第312條規定，於其清償之限度內承受債權人之權利，但不得有害於債權人之利益。此等人於實際債權額超過最高限額時，均僅須接受最高限額抵押權人，於最高限額爲度之債權優先清償，故如其代債務人清償債務，如債權額低於登記之最高限額，只須清償該實際之債權額即可，於實際債權額超過最高限額時，僅須清償最高限額爲度之金額後，即得請求塗銷抵押權之登記。上開利害關係人爲清償而抵押權人受領遲延者，自可於依法提存後行之，乃屬當然。

第六項　最高限額抵押權的實行

最高限額抵押權的實行，原則上應準用關於實行普通抵押權的規定（民881-17）。故法院對於最高限額抵押權之實行要件，應進行形式上之審查，於認定有擔保債權存在，且已屆清償期而未受清償時，始得准予拍賣抵押物，其對於債權之是否符合擔保債權之資格，亦應一併爲形式上之審查，且只要所擔保之債權中，有任一債權已屆清償期而未受清償，即可聲請實行抵押權，而不以所有債權均已屆清償期而未受清償爲必要（民873準用）。此外，在最高限額抵押權，由於登記時無須先有債權之存在，法院無從依登記資料判斷債權之存否，抵押權人聲請拍賣抵押物後，如債務人或抵押人對於被擔保債權之存否有所爭執，應由抵押權人提起確認之訴，以保護其利益；在其獲得勝訴判決確定前，法院不得逕爲許可拍賣抵押物之裁定。

第七項　普通抵押權規定的準用

最高限額抵押權亦爲抵押權的一種，故其特有之原則外，亦適用普通抵押權的若干共通原則。民法關於普通抵押權已有詳盡之規定，故最高限額抵押

權，除性質上不宜準用的第861條第2項、第870-1條、第870-2條，已有特別規定的第869條第1項、第870條、第880條之規定外，原則上均準用普通抵押權的規定（民881-17）。關於個別條文的準用，實務上有下列案例，可供參考。

一、共同最高限額抵押權

　　共同最高限額抵押權所擔保的，是一定範圍內的不特定債權。最高限額抵押權之抵押權設定契約，定有存續期間者，訂立契約之目的，顯在擔保存續期間內所發生之債權，凡在存續期間所發生之債權，皆為抵押權效力所及，於存續期間屆滿前所發生之債權，債權人在約定最高限額的範圍內，均受抵押物交易價值的擔保，除債權人拋棄為其擔保之權利外，自不許抵押人於抵押權存續期間屆滿前，任意終止此種契約。縱令嗣後所擔保之債權並未發生，僅債權人不得就未發生之債權實行抵押權而已，非謂抵押人得於存續期間屆滿前終止契約而享有請求塗銷抵押權設定登記之權利。

　　民法第875條規定：「為同一債權之擔保，於數不動產上設定抵押權，而未限定各個不動產所負擔之金額者，抵押權人得就各個不動產賣得之價金，受債權全部或一部之清償。」準用本條於最高限額抵押權時，如同一債務人提供二筆抵押物先後與債權人訂立最高限額抵押契約，除當事人有特約，對已發生及將來可能發生之債權，限定為其中某一筆抵押不動產所擔保者外，如該二件最高限額抵押契約均約定所擔保債權包括現在、過去及將來發生之債權，則抵押權人自得就已發生之債權，同時或先後對該二筆抵押物實行抵押權，不因已對其中一筆抵押物拍賣不獲全部清償，而影響另筆抵押物之優先受償權利，亦即該二筆抵押物對最高限額抵押權人而言，具有共同擔保之性質（92台上925）。

　　（延伸閱讀：陳榮傳，「最高限額共同抵押權的約定終止」，台灣本土法學雜誌，第93期（2007年4月），第285頁至第289頁。）

二、第三抵押人的承受債權

　　第879條第1項之規定，依民法第881-17條，於最高限額抵押權準用之。故為債務人設定最高限額抵押權之第三人，代為清償債務，或因最高限額抵押權人實行抵押權致失抵押物之所有權時，該第三人於其清償之限度內，承受債權

人對於債務人之債權。第879條第1項規定之性質爲法定之債權移轉,其效力與債權讓與相同,因此爲債務人設定最高限額抵押權之第三人向債權人清償後,於其清償之限度內,即承受債權人之身分,係以新債權人之身分向主債務人請求,是就債權人因實行抵押權所支出之執行費,因屬實施強制執行不可或缺之費用,如債權人未支付此項費用,強制執行將無從進行,其結果亦無執行金額可供分配,自亦一併自債權人承受(100台上602)。

三、第880條不準用

最高限額抵押權所擔保之不特定債權,如其中一個或數個債權罹於時效消滅者,因有民法第145條第1項之規定,仍爲最高限額抵押權擔保之範圍,該債權倘罹於時效消滅後5年間仍不實行時,因最高限額抵押權所擔保之債權尚有繼續發生之可能,故最高限額抵押權仍應繼續存在,即無民法第880條之適用。民法明定最高限額抵押權所擔保之債權,其請求權已因時效而消滅,如抵押權人於消滅時效完成後,5年間不實行其抵押權者,該債權不再屬於最高限額抵押權擔保之範圍(民881-15)。因此,最高限額抵押權實行時,須先具體確定抵押權所擔保之債權範圍,再核算加總以決定是否已超過最高限額(99台上1700)。

第三節 其他抵押權

民法在本節之規定,主要爲權利抵押權及其他抵押權。民法第882條規定:「地上權、農育權及典權,均得爲抵押權之標的物。」第883條規定:「普通抵押權及最高限額抵押權之規定,於前條抵押權及其他抵押權準用之。」第882條規定者,爲權利抵押權,第883條復規定「其他抵押權」,且二者均準用普通抵押權及最高限額抵押權之規定,故合稱爲準抵押權。一般認爲共同抵押權亦爲特別之抵押權,但因其規定於「普通抵押權」節中(民875以下),實際上亦爲抵押物組合的一種形式,於此不再重述,請逕參照「共同抵押權」部分之說明。民法上的法定抵押權,其法律關係則應依其所由成立的規定決定(例如民824-1IV、V)。

第一項　權利抵押權

權利抵押權又稱為準抵押權，是指抵押人非提供不動產為標的物，而以地上權、農育權、永佃權、典權、採礦權、漁業權等權利為標的物，所設定的抵押權。權利抵押權的標的物，依物權法定主義的原則，以法律明文規定者為限（民757），並非所有的財產權，均得作為抵押權的標的物；民法第882條係規定不動產物權中的地上權、農育權及典權，均得作為標的物，而設定抵押權，舊法時期設定、現在仍有效的永佃權，亦得設定之。此種權利抵押權既以不動產物權為標的物，其設定行為乃是對各該不動產物權為處分之行為，故應以書面為之，且非經登記，不生效力（民758）。此外，採礦權（礦14Ⅱ）與漁業權中之定置漁業權、區劃漁業權（漁24、15），依法亦得設定權利抵押權。其他財產權，如無其他法律的明文規定，尚不得設定權利抵押權。

權利抵押權應與不動產所有人就同一不動產，先設定地上權、農育權、或典權，再設定普通抵押權或最高限額抵押權的情形，嚴格區別。權利抵押權的標的物，是該不動產物權，後者的標的物，則是設定該不動產物權之後的不動產。大法官釋字第139號解釋乃是針對後者，而為解釋，其解釋文謂：不動產所有人於同一不動產設定典權後，在不妨害典權之範圍內，仍得為他人設定抵押權；其理由書指出，按典權乃支付典價，占有他人之不動產，而為使用收益之權，與抵押權之係不移轉占有，有擔保債務之履行而設之擔保物權，其性質並非不能相容，不動產所有人於同一不動產設定典權後，其所有權尚未喪失，在不妨害典權之範圍內，再與他人設定抵押權，民法物權編既無禁止規定，自難認為不應准許。

權利抵押權因準用普通抵押權及最高限額抵押權的規定，故同一權利，亦得先後設定數個權利抵押權，此時各權利抵押權的優先次序，應依其各該抵押權成立的先後定之（民865準用）；數個權利亦得為同一債權之擔保，而設定共同權利抵押權，其抵押權人得選擇為標的物的權利，聲請法院拍賣並就其賣得價金優先受清償（民875準用）。

第二項　承攬人的抵押權

承攬之工作為建築物或其他土地上之工作物，或為此等工作物之重大修

繕者，承攬人就承攬關係報酬額，依88年修正前的民法第513條規定，有法定抵押權，但依其修正後之規定，僅得對於其工作所附之定作人之不動產，請求定作人爲抵押權之登記；或對於將來完成之定作人之不動產，請求預爲抵押權之登記（民513Ⅰ）。此項抵押權爲意定抵押權，故非經登記，不生效力（民758Ⅰ），而且承攬人於開始工作前，亦得請求預爲抵押權之登記（民513Ⅱ），如承攬契約已經公證者，承攬人得單獨申請前述之抵押權登記（民513Ⅲ）。承攬人就修繕報酬所登記之抵押權，由於定作人在未支付報酬以前，即已獲得因修繕所增加之價值，爲維持公平，該抵押權於工作物因修繕所增加之價值限度內，優先於成立在先之抵押權（民513Ⅳ）。

　　對於承攬人於本條修正前，已依修正前本條規定取得的法定抵押權，最高法院曾於實例中指出：按法定抵押權，係指承攬人就承攬關係所生之債權，對於其工作所附之定作人之不動產，有就其賣得價金優先受償之權，倘無承攬關係所生之債權，不能依雙方之約定而成立法定抵押權。又不動產物權，依法律行爲而取得、設定、喪失及變更者，非經登記，不生效力，民法第758條第1項定有明文。是以「承攬人法定抵押權」固不待登記即生效力，然依法律行爲移轉該法定抵押權之處分行爲，仍須先爲法定抵押權登記後，再經該法定抵押權之移轉登記完訖，始生其物權移轉之效力。如系爭建物之地下層委由承攬人施作，對定作人取得興建地下層報酬之法定抵押權，但未經登記，無法將該法定抵押權讓與第三人。如受讓人自承攬人受讓之系爭債權，並非其與定作人間本於系爭新建工程合約之承攬關係所生債權，縱受讓人依該新建工程合約，預爲之抵押權登記，亦將因無實際施作而未發生承攬報酬債權，該抵押權並無擔保之債權（107台上88）。

第四節　不動產讓與擔保：案例演習

　　讓與擔保在有些國家是擔保物權，台灣的民法採物權法定主義，並未將其規定爲物權，惟最高法院108年度台上字第2447號民事判決（下稱「本判決」）謂其爲擔保物權。本書特引錄案例演習之拙著（陳榮傳，「讓與擔保與擔保物權的距離」，月旦法學教室，第219期（2021年1月），第6頁至第8頁），以爲評論。

一、設例與問題

甲5年前向乙借款1500萬元，並將自己所有的A房地（房屋及其基地），為擔保乙的債權，而移轉所有權登記給乙，但仍由甲占有使用A房地。甲3年前再向乙借款1000萬元，並向乙承諾將於去年2月28日以前清償全部借款，如有逾期，願意無條件遷出。甲於去年2月1日清償1300萬元，其餘迄今仍未清償。試問甲得否請求乙遷出A房地？乙得否請求甲返還A房地的所有權？

二、爭點

所有人依信託讓與擔保的約定，而移轉標的物所有權給債權人，是否為讓與擔保的擔保物權設定？

三、解析

（一）最高法院本判決的理由要旨

本判決認為甲、乙間的法律關係為「信託的讓與擔保」，甲乙不得請求乙甲遷出A房地，其理由指出：「按信託的讓與擔保係指債務人或第三人為擔保債務人之債務，將擔保標的物之財產權移轉於擔保權人，擔保權人僅於擔保之目的範圍內，取得擔保標的物之財產權。因屬擔保物權性質，就具有登記公示外觀之不動產，其讓與擔保之成立，僅需辦理所有權移轉登記與債權人為已足，固不以交付不動產擔保物之占有為要件，擔保之債務清償後，標的物應返還於債務人或第三人；債務不履行時，擔保權人得依約定方法就該擔保物取償。」

（二）擔保物權說只是本判決的傍論

本案例的甲、乙間的法律關係，依最高法院依70年台上字第104號民事判例以來的見解，認為是信託讓與擔保，更首度在本判決直言其「屬擔保物權性質」，未來的發展值得關注。不過，本判決的爭議係存在於甲、乙之間，並未涉及第三人或信託讓與擔保是否為物權的爭議，最高法院定性其為擔保物權的見解，並非作成判決結論所必須的主要理由（ratio decidendi），而是附帶提及

的傍論（obiter dictum），既非必要，見解復與現行法制牴觸，其目的為何？頗難索解。

（三）物權行為形式主義的影響

在物權行為採意思主義或折衷主義的國家，類似本案當事人甲、乙合意為信託讓與擔保的情形，如無違反物權法定主義的問題，徒以其合意即可創設讓與擔保的物權。但是在台灣法律上，物權行為具有獨立性，物權行為採形式主義，因此甲、乙如僅就A房地，合意為信託讓與擔保的擔保物權的設定，即使未違反物權法定主義，仍無法如願設定擔保物權；甲、乙之間所謂信託的安排，亦因未能依信託法登記，亦未發生信託的物權效力。在物權行為形式主義之下，不動產物權行為非經登記即不生效力，其登記是指當事人擬設定的物權的登記，不是只要有某一種登記掩護，即可設定取得當事人合意創設的物權。

在本案例中，即使信託讓與擔保為擔保物權，因甲、乙是依法律行為而設定之，但未就該設定行為予以登記，其設定該物權的不動產物權行為，即因未經登記，而不生效力（民758Ⅰ）。本判決的甲、乙協議為信託讓與擔保後，雖已辦理移轉所有權的登記，但因該登記為純粹的所有權移轉登記，未註記乙受讓的所有權不是一般的所有權，而是所有權內容受到限制的擔保物權，因此，該登記並非信託讓與擔保的登記。最高法院本判決卻認為甲、乙已經為信託讓與擔保的登記，此一見解顯然錯誤，亟待改正。

（四）讓與擔保仍非擔保物權

本書認為，信託讓與擔保是以移轉所有權的方式，設定擔保物權，其移轉的所有權，是以所有權為名的擔保物權，不是民法所規定的所有權（民765），其擬設定的擔保物權，台灣民法尚無明文規定，也難認為是「依習慣形成之物權」，在不動產物權登記實務上無法為讓與擔保的物權登記，故即使民法已採較緩和的物權法定主義（民757），仍不宜將不動產信託讓與擔保，定性為擔保物權。最高法院本判決認定其為擔保物權的見解，在現行法之下，實欠缺法律依據。因為在現行法之下，本案例甲、乙之間的不動產信託讓與擔保，並未直接發生擔保物權的效力，在物權行為具有獨立性，並採形式主義及無因性理論的前提下，信託讓與擔保的約定僅具有債權效力，發生物權變動效

力的，是移轉所有權的行為。因此，乙雖已取得A房地的所有權，其所有權亦與一般所有權無異，但甲之占有是以信託讓與擔保的約定為權源，故為有權占有，乙雖有所有權，其請求甲交付或返還A房地，並無理由；而甲在信託讓與擔保的約定未終止前，亦不得請求乙移轉A房地的所有權給甲。

（五）擔保權的本質

本案例的甲、乙信託讓與擔保的約定，無論其性質為債權約定或擔保物權，其所擔保的債權具體為何，需先予以確定；被擔保的債務未清償以前，信託關係尚未消滅，雙方當事人都不得請求回復原狀。

最高法院本判決認定其為擔保物權，進而指出：「至於擔保權人與債務人（擔保義務人）於96年3月28日民法增訂第873-1條規定後，約定債務未清償時，擔保物之所有權移屬於擔保權人者，雖非無效，然讓與擔保既僅以擔保債務清償為目的，參酌增訂該條第2項規定及其立法意旨，若擔保物尚未交付占有，應認擔保權人於清償期屆至而未受債權之清償，請求債務人或第三人交付擔保物之占有時，仍負有清算擔保物價值之義務，且其價值如超過擔保之未償債權，並應返還剩餘價值與債務人或第三人。倘擔保權人應返還清算後擔保物之剩餘價值，與擔保物本身之價值非顯不相當，其所負返還剩餘價值之義務與債務人（擔保義務人）交付擔保物之占有間，尤應有民法第264條關於同時履行抗辯規定之適用，庶符公平。」

本書以為，債務人甲未清償全部被擔保的債權以前，債權人乙不得直接主張其已取得所有權，並排除甲的占有，因為甲、乙的約定內容，並非屬於附買回條款的買賣契約，而是讓與擔保的約定；乙不得對甲主張其已取得所有權的全部內容，而應依擔保權的基本法理（類推適用民873 II），清算擔保物的賣得價金，以清償被擔保的債權，結算餘額再返還給債務人。信託讓與擔保的約定，不符合不動產物權行為的要件，並未發生最高法院於本判決所認定的擔保物權，故僅為關於擔保的意定之債。此種擔保關係的當事人互負債務，其結果與本判決指出者無異，故最高法院實無必要為此一目的，而提出擔保物權說的見解。

四、結論

本案例的甲、乙間的法律關係，乃是信託的讓與擔保，最高法院判決認為其屬於擔保物權，甲不得請求乙交付所有物，乙不得請求甲返還A房地。本文以為上述結論可資贊同，但依現行法制，信託的讓與擔保尚非擔保物權，而是債權性質的擔保權，乙雖已取得A房地的所有權，甲、乙之間關於擔保的債之關係，主要是以其間的約定為依據。依本案例的前揭事實，被擔保的債權應為5年前向乙借款1500萬元所生的債權，該債權尚未全部清償，甲、乙仍受讓與擔保的債權行為約定的拘束。

五、附錄：最高法院108年度台上字第2447號民事判決理由

按信託的讓與擔保係指債務人或第三人為擔保債務人之債務，將擔保標的物之財產權移轉於擔保權人，擔保權人僅於擔保之目的範圍內，取得擔保標的物之財產權。因屬擔保物權性質，就具有登記公示外觀之不動產，其讓與擔保之成立，僅需辦理所有權移轉登記與債權人為已足，固不以交付不動產擔保物之占有為要件，擔保之債務清償後，標的物應返還於債務人或第三人；債務不履行時，擔保權人得依約定方法就該擔保物取償。至於擔保權人與債務人（擔保義務人）於96年3月28日民法增訂第873-1條規定後，約定債務未清償時，擔保物之所有權移屬於擔保權人者，雖非無效，然讓與擔保既僅以擔保債務清償為目的，參酌增訂該條第2項規定及其立法意旨，若擔保物尚未交付占有，應認擔保權人於清償期屆至而未受債權之清償，請求債務人或第三人交付擔保物之占有時，仍負有清算擔保物價值之義務，且其價值如超過擔保之未償債權，並應返還剩餘價值與債務人或第三人。倘擔保權人應返還清算後擔保物之剩餘價值，與擔保物本身之價值非顯不相當，其所負返還剩餘價值之義務與債務人（擔保義務人）交付擔保物之占有間，尤應有民法第264條關於同時履行抗辯規定之適用，庶符公平。原審既認上訴人將系爭房地移轉登記與被上訴人，係為擔保其向被上訴人借款之清償，屬（信託）讓與擔保性質，上訴人逾系爭切結書約定期限未清償債務，依約應點交返還（交付）系爭房屋與被上訴人，則系爭房地於被上訴人請求交付占有時之客觀交易價值為何？上訴人斯時尚積欠擔保債務之金額若干？攸關上訴人於交付系爭房地占有之同時，被上訴人是否

負有將擔保物價值超過擔保債權部分返還與上訴人之對待給付義務。而上訴人於事實審一再抗辯：借款縱尚未還清，被上訴人亦必須透過拍賣或變價程序處分房地產，再以處分之金額來抵償等語，其真意是否非認被上訴人應經由拍賣或變價或其他清算程序以清償擔保債務後，返還擔保物剩餘價值，並與被上訴人請求返還（交付）房屋之占有為同時履行抗辯？原審未遑推闡明晰，即遽為本訴部分不利於上訴人之判決，自屬速斷。上訴論旨，指摘原判決此部分違背法令，求予廢棄，非無理由。末查依系爭切結書之約定，倘上訴人無法依限償還解決債務，願無條件「歸還」系爭房屋，則被上訴人請求上訴人自系爭房屋「遷出」，其所由憑據為何，案經發回，宜由原審法院併注意及之，附此敘明。

第七章　質　權

　　質權是指債權人為其債權之擔保，占有債務人或第三人之物或可讓與之財產權，於債權屆清償期而未受清償時，得就其賣得價金優先受清償的權利。各國關於質權的立法例，大概分為三種：（一）不動產質權；（二）動產質權；（三）權利質權。我國因不動產質權於社會上向不習見，乃未規定之，而認為質權是以動產或權利為標的物的擔保物權，前者稱為動產質權，後者稱為權利質權。

第一節　動產質權

一、動產質權的意義

　　動產質權是指債權人對於債務人或第三人移轉占有而供其債權擔保之動產，得就該動產賣得價金優先受償之權（民884）。例如甲向乙借款50萬元，為擔保此項借款的清償，甲乃提供家傳的骨董瓷瓶一個，交付乙保管，設定動產質權。屆期甲返還50萬元，乙須返還甲的骨董，如甲不能清償時，由乙拍賣甲的骨董，以賣得價金優先清償此項借款，如有剩餘，始由其他債權人分配。此時甲為出質人，乙為質權人。

　　動產質權的標的物應為動產，不動產之所有權狀，不過為權利之證明文件，並非權利之本身，不能為擔保物權之標的。如不動產所有人同意以其所有權狀交與他人擔保借款，自應就該不動產設定抵押權，而非就所有權狀設定質權（49台上235），仍須具備抵押權成立要件，始成立擔保物權。

二、動產質權的取得

　　動產質權的取得原因主要可分以下二類：

（一）依法律行為取得

　　動產質權因法律行為而取得者，可分為下列情形：

1. 動產質權的設定

是指債務人或第三人為擔保債權，而將其動產以設定質權之意思，交付予債權人占有的行為。質權之設定，因供擔保之動產移轉於債權人占有而生效力。為保護第三人免受不測之損害，質權人不得使出質人或債務人代自己占有質物（民885），此時占有的誰屬，應視其事實上管領力屬於何方而定。

質權之設定，以移轉質物於質權人占有，為其生效要件，質權人不得使出質人代自己占有質物。故關於讓與動產物權，而讓與人仍繼續占有動產者，讓與人與受讓人間得訂立契約，使受讓人因此取得間接占有，以代交付之規定，於質權之移轉占有，不得準用（56台上1003、97台上1133）。換言之，占有改定及指示交付雖原亦為占有移轉的一種方式，但因有前述之限制，民法第761條第2項及第3項的部分規定，即不得依民法第946條第2項規定，準用於質物之移轉占有。由於質權人不得使出質人代自己占有質物，如質權人與出質人共同占有質物，亦必質權人對全部質物有事實上之管領力而後可；質權人如未直接共同占有為質物的機器，縱有單純的共同占有情形，仍難謂與質權設定之要件相合，其質權即屬自始並未存在，縱認其曾取得質權，亦因質權人喪失質物之占有，其質權因而消滅（58台上191）。

除上述普通動產質權外，債務人或第三人亦得提供其動產為擔保，就債權人對債務人一定範圍內之不特定債權，在最高限額內，設定最高限額質權。最高限額質權之設定，除移轉動產之占有外，並應以書面為之。最高限額質權並準用關於最高限額抵押權及普通動產質權之規定（民899-1）。

2. 質權與其所擔保的債權一併受讓

質權具有從屬性，不得與其所擔保之債權分開，而單獨讓與，但質權得與其所擔保之債權一併讓與。

（二）非因法律行為而取得

主要可分為三種情形：

1. 繼承

質權不具有專屬性，故被繼承人死亡時，其對第三人之債權若有質權擔保，則債權連同擔保該債權之質權，依法即均移轉為繼承人所有（民1148）。

2. 時效取得

債權人若以行使質權之意思，10年間和平、公然、繼續占有債務人或第三人之動產，或5年間和平、公然、繼續占有債務人或第三人之動產，而其占有之始爲善意並無過失者，得因時效完成而取得質權（民772、768、768-1）。

3. 善意取得

動產之受質人占有動產，而受關於占有規定之保護者，縱出質人無處分其質物之權利，受質人仍取得其質權（民886、948），此乃質權的善意取得。惟此善意取得質權，仍需質權人係善意受讓該動產之占有，亦即質權人於設定質權時不知出質人就該動產無處分權，始符其要件。蓋動產是以占有爲其物權之公示方法，占有即具有權利之外觀，則信賴此種公示方法，而與動產占有人爲交易之第三人，自應受法律之保護，亦即縱占有人就其占有之動產無處分權，該第三人仍取得該質權；反之，如該第三人明知動產占有人非權利人，而自其取得占有，即無上開法律適用之餘地。此時出質人雖無處分權，但因質權人受領質物，確係善意，並無過失，且平穩、公然占有該質物，爲保護質權人及第三人之信賴，即應使其依占有之效力，而取得質權。

所謂受關於占有規定之保護，是指占有的效力中動產占有的善意受讓，其詳情請參閱第十章第四節的說明。

三、動產質權的效力

（一）動產質權所擔保債權的範圍

質權所擔保者爲原債權、利息、遲延利息、違約金、保存質物之費用、實行質權之費用及因質物隱有瑕疵而生之損害賠償。爲避免過度擴大出質人之負擔，此處保存質物之費用，以避免質物價值減損所必要者爲限。但契約另有約定者，例如約定不包括質物之保管費用者，即不在此限（民887）。可見動產質權的效力，原則上與抵押權相同，但因質權人必須占有質物，對於質物隱有之瑕疵所生之損害賠償，例如因被占有之狗咬傷，感染狂犬病而生之損害賠償之債權，亦爲動產質權擔保之範圍。

（二）質權標的物的範圍

質權標的物之範圍與抵押權大致相同，除及於質物本身外，尚及於其從物、孳息及代位物，但從物以已交付者為限，代位物則包括保險金、損害賠償金或質物被徵收之補償金等。

（三）質權人的權利

質權為擔保物權之一，擔保物權需從屬於債權而存在，其成立以債權成立為前提，並因債權之消滅而消滅，其所擔保之債權未受全部清償前，擔保權人得就擔保物之全部行使權利，擔保標的物縱經分割，各部分之擔保物，仍為擔保全部債權而存在（99台上2201）。質權以占有質物為要件，故質權人於其債權受清償前，得繼續占有其物。此外，質權人尚有下列權利：

1. 孳息收取權

質權人得收取質物所生之孳息，但契約另有約定者，不在此限（民889）。質權人有收取質物所生孳息之權利者，應以對於自己財產同一之注意收取孳息，並為計算。質權人收取之此項孳息，先抵充費用，次抵原債權之利息，次抵原債權。孳息如須變價始得抵充者，其變價方法準用實行質權之規定（民890）。此所稱「費用」自包括「保存質物及收取孳息之費用」在內。至於質權其餘擔保範圍，諸如違約金、實行質權之費用及因質物隱有瑕疵而生之損害賠償等，應分別依其性質納入本項相關項目定其抵充順序。孳息包括天然孳息與法定孳息，其為優先受償效力所及，應無疑義。質權人收取之孳息，非當然可抵充，如孳息須變價始得抵充者，其變價方法準用實行質權之相關規定。

2. 質物變賣權

質權存續期間中，因質物有腐壞之虞，或其價值顯有減少，足以害及質權人之權利者，質權人得拍賣質物，以其賣得價金，代充質物（民892I）。蓋質權具有價值權的性質，在上述情形中如不許質權人預行拍賣，不但害及自己之利益，亦將有損於出質人。此外，為保障出質人之利益不因拍賣而受影響，如經出質人之請求，質權人應將價金提存於法院。質權人屆債權清償期而未受清償者，得就提存物實行其質權（民892II）。

3. 轉質權

　　轉質是指質權人爲擔保自己之債務，將質物交付於其債權人的行爲。質權人於質權存續中，得以自己之責任，將質物轉質於第三人；出質人因轉質所受不可抗力之損失，亦應負責（民891），此種轉質稱爲責任轉質。轉質爲質權人之權利，故質權人將一部質物轉質，無論得款若干，不能謂已受清償。質權人非依法定程序拍賣質物，係違背保管質物之義務（民888）而私自出賣，對於出質人另負法律上之責任，與依法定程序拍賣質物而受清償之情形有別，亦難謂其債權已受清償（58台上2260）。

　　轉質是由質權人單獨爲之，學說上有認爲其乃單獨處分質權，可見質權具有一定程度的獨立性，其規定乃爲質權人的利益而設，但因出質人仍有質物之所有權，故轉質不能害及出質人之利益，轉質所擔保的債權，其數額及清償期均不能超過原質權所擔保的債權的範圍，超過部分應歸於無效。

（四）質權人的義務

1. 保管質物

　　質權係支配標的物之交換價值，以確保債權之清償爲目的，爲價值權，與抵押權同屬爲擔保物權之一種，故除當事人間有特約外，質權人並無使用質物之權利。質權人應以善良管理人之注意，保管質物（民888）。此處所謂善良管理人之注意，是指依交易上一般觀念，認爲有相當知識經驗及誠意之人所用之注意。已盡此項注意與否，應依抽象之標準定之，其質權人有無盡此項注意之能力，在所不問，亦即以客觀之注意能力而非以主觀之注意能力爲斷。

　　質權人在此項注意標準下，無論其本身之注意能力與知識如何，均應以上述客觀之注意標準，保管其所占有之質物。質權人若未盡此項注意致出質人受有損害時，自應負賠償責任。此外，質權人對於質物，究爲自行保管或使第三人代爲保管，固有自由決定之權，惟使第三人代爲保管時，應就第三人之選任及其對於第三人所爲之指示，均無過失，負其舉證責任（51台上1890）。

2. 損害賠償

　　質權人之保管質物，違反善良管理人之注意義務，應負損害賠償責任。質權人因轉質而對於質物所生損害，縱屬不可抗力，亦應負責。

3. 返還質物

動產質權所擔保之債權消滅時，質權人應將質物返還於有受領權之人（民896）。質權人返還質物之義務，應於動產質權所擔保之債權消滅時始行發生，故動產質權所擔保之債權未消滅時，出質人尚無返還質物請求權之可言（33永上554）。至於條文所謂有受領權之人，是指出質人或其所指定之人而言（37上6843）。

出質人於「債權消滅」時，始得請求質權人返還質物，此處所謂債權消滅，是指債權全部消滅而言，如債權僅一部消滅，仍不得請求返還質物。因為質權為擔保物權之一，擔保物權需從屬於債權而存在，其成立以債權成立為前提，並因債權之消滅而消滅，其所擔保之債權未受全部清償前，擔保權人得就擔保物之全部行使權利，擔保標的物縱經分割，各部分之擔保物，仍為擔保全部債權而存在。例如出質人以A、B二動產為質權人設定質權，所擔保債權雖已清償過半，仍不能謂其債權已消滅，而請求返還全部或部分質物（99台上2201）。

四、質權的實行

質權的實行是指債權人為受清償，處分質物，就其價金優先受償的行為。實行的方法有下列各項：

（一）質權人自行變賣

1. 自行變賣的要件

質權人於債權已屆清償期，而未受清償者，得拍賣質物，就其賣得價金而受清償（民893 I）。所謂未受清償，不僅指全部未受清償者而言，一部未受清償者亦包含之，故不得以已為債務一部之清償，阻止債權人拍賣質物。條文僅謂質權人於債權屆期未受清償時，有拍賣質物優先受償之權利，並非認其必須負有拍賣之義務。故質權人就質物行使權利或逕向債務人請求清償，仍有選擇之自由，要無因拋棄質權，而債權亦歸於消滅之理（49台上2211）。

換言之，拍賣質物與否，係聽質權人之自由，並非謂屆期未受清償，即須拍賣質物。故質權人不拍賣質物，而向債務人請求清償，仍非法所不許；縱使質權人於債權已屆清償期後，因欲就質物賣得較高之價金而受清償，致未即行

拍賣，亦不能因嗣後價值低落，即謂其應負何種責任（27渝上3102）。

2. 變賣的方法

　　此處之拍賣質物及前述變賣質物，除聲請法院拍賣者外，依民法物權編施行法第19條規定，在拍賣法未公布施行前，得照市價變賣，並應經公證人或商業團體之證明（民法物權編施行法19）。質權人如未依本條規定處分質物，即應對質物所有人負擔賠償責任（司法院院解字第3439號解釋參照）。本條規定係為期變賣程序明確並昭公信，乃保護質物所有人之法律。故質權人如未依本條規定程序，變賣系爭彩鑽，以130萬元價格出賣予他人，遠低於系爭彩鑽鑑定之價值584萬元，出質人即因此受損害，得請求賠償其損害（105台上1910）。

　　如拍賣不由質權人自行為之，而聲請法院準照動產執行程序辦理，亦無不可（41台上1432），因為質權與抵押權均屬擔保物權，抵押權人依民法第873條第1項規定，得聲請法院拍賣抵押物，而以法院所為許可強制執行之裁定為執行名義，至質權人依民法第893條第1項規定，本可拍賣質物，不經強制執行，惟質權人不自行拍賣而聲請法院拍賣質物，則法院自亦應為許可強制執行之裁定（52台抗128）。

　　質權人應於拍賣前，通知出質人，但不能通知者，不在此限（民894）。因為出質人雖不得阻止質物之拍賣，但如出質人不願拍賣其質物，亦應使其知悉，俾得設法清償其債務，爭取迴旋之餘地。若質權人不通知而逕行拍賣，則出質人難免不受意外之損失，質權人違反法律規定致其受損失，應負賠償責任，始屬公平。

3. 流質約款

　　約定於債權已屆清償期而未為清償時，質物之所有權移屬於質權人者，為流質約款，其效力準用第873-1條之規定（民893Ⅱ）。但準用該條「非經登記，不得對抗第三人」之規定時，似宜解為「不得以其約定對抗善意第三人」。此外，如質權人請求出質人為質物所有權之移轉時，質物價值超過擔保債權部分，應返還出質人；不足清償擔保債權者，仍得請求債務人清償；出質人在質物所有權移轉於質權人前，得清償質權所擔保之債權，以消滅該質權。

（二）聲請法院強制執行

質權人如不自行拍賣，而聲請法院拍賣者，則應先聲請法院爲許可強制執行之裁定，作爲執行名義（釋55）。

（三）訂立契約取得質物所有權或以其他方法處分質物

民法第878條關於抵押權的規定，於動產質權準用之（民895）。故動產質權人於清償期屆滿後，爲受清償，訂立用拍賣以外之方法處分質物之契約，自爲法之所許（40台上1303）。質權人於債權清償期屆滿後，爲受清償，得訂立契約，取得動產質物之所有權，或用拍賣以外的其他方法，例如由出質人委請質權人覓主出售質物等，處分質物。

如質權人於設定質權之初，即要求出質人若屆期未清償，同意質權人用拍賣以外之方法處分質物，而非於債權清償期屆滿後，方就同意質權人以拍賣以外方式處分質物，另訂立契約，則其質權設定的約定內容，乃於清償期未屆至前，即約定於債權已屆清償期而未爲清償時，質物之所有權聽由質權人處分，因內容與爲流質契約類似，其約定不得對抗善意第三人；質權人請求出質人爲質物所有權之移轉時，質物價值超過擔保債權部分，應返還出質人，不足清償擔保債權者，仍得請求債務人清償；出質人在質物所有權移轉於質權人前，得清償質權擔保之債權，以消滅該質權（民893II準用873-1）。

質權實行後，即歸於消滅。例如以小汽車設定質權所擔保的債權屆期未獲清償，質權人已因而依法處分爲質物的小汽車時，則質權即已消滅（81台上204）。

五、動產質權的消滅

動產質權的消滅，除物權之共同消滅原因外，尚有下列各項：

（一）債權消滅

質權是擔保物權，原則上從屬於被擔保之債權而存在，若被擔保之債權因清償、抵銷等原因消滅，則質權亦歸於消滅。

（二）返還質物

　　為使第三人免受不當損害，質權以質權人占有質物為成立及存續要件，質權人並不得使出質人或債務人代自己占有質物（民885Ⅱ），故動產質權，因質權人將質物返還於出質人或交付於債務人而消滅。返還或交付質物時，為質權繼續存在之保留者，其保留無效（民897）。例如工程保證金，如其性質為一種質權，即不失為擔保物權，質權人如應依出質人之請求退還保證金，即喪失其擔保物權（69台上2915）。

（三）喪失占有

　　質權人喪失其質物之占有，於2年內未請求返還者，其動產質權消滅（民898）。本條規定動產質權消滅，是因為動產質權人喪失質物之占有，不得向第三占有人請求回復時，其質權存續之要素既已欠缺，若不使其質權消滅，質權人可將動產質權與第三人對抗，第三人將蒙不測之損害，故規定質權人之物上請求權時效期間為2年，其質權固不因占有之一時喪失而消滅，但其時效完成後，質權存續的要件已有欠缺，若不使其質權消滅，即不足以保護第三人。

　　例如出質人以廢鋼設定質權，質權人對質物雖已喪失占有，而依侵權行為之法則仍非不能請求返還時，質權人對該廢鋼之質權難謂已消滅，此項質物喪失占有之原因既係由於第三人之侵權行為而非基於質權人之拋棄，即無民法第751條關於拋棄質權之適用（53台上1610）。

（四）質物滅失

1. 質物滅失或毀損

　　關於質物滅失的法律效果，民法第899條規定：「動產質權，因質物滅失而消滅。但出質人因滅失得受賠償或其他利益者，不在此限。」「質權人對於前項出質人所得行使之賠償或其他請求權仍有質權，其次序與原質權同。」「給付義務人因故意或重大過失向出質人為給付者，對於質權人不生效力。」「前項情形，質權人得請求出質人交付其給付物或提存其給付之金錢。」「質物因毀損而得受之賠償或其他利益，準用前四項之規定。」

2. 動產質權的替代權利

由於質物乃動產質權的標的物，基於標的物特定原則，質物滅失時動產質權固應歸於消滅。但擔保物雖滅失，然有確實之賠償義務人者，該擔保物權即移存於得受之賠償金之上，而不失其存在，此即所謂擔保物權之代物擔保性（59台上313）。質物之代位物，不以賠償爲限，且在賠償或其他給付義務人未給付前，出質人對該義務人有給付請求權，惟給付物並未特定，金錢、動產或其他財產權均有可能，包括危險事故發生時的保險金請求權、侵權行爲的損害賠償請求權、及質物被徵收時的補償金請求權在內。質物滅失後，如出質人因滅失得受賠償或其他利益者，質權人仍有質權，但此一質權應指權利質權而言，且其次序與原質權同。

3. 質權人對給付義務人的權利

質物滅失時，負賠償或其他給付義務之給付義務人應向質權人給付，始爲公允，故給付義務人如因故意或重大過失已向出質人爲給付，對質權人不生效力。易言之，質權人如請求給付，給付義務人仍負給付之義務。在此種情形下，如所擔保之債權已屆清償期，質權人得請求出質人交付其賠償物、給付物或賠償金、給付之金錢；如債權未屆清償期，質權人僅得請求出質人交付其賠償物、給付物或提存其賠償金、給付之金錢。此種提存，係以出質人爲提存人，質權人爲受取人，附以債權屆期未受清償始得領取之條件。至於質物因毀損而得受之賠償或其他利益時，由於質物僅受有毀損，動產質權並未消滅，此時爲保護質權人之利益，亦應爲相同之處理，故基於質權物上代位性原則，應認爲質權人對其賠償或其他利益，亦有質權。

六、其他擔保機制

（一）擔保金

質權係支配標的物之交換價值以確保債權之清償爲目的而爲價值權，與抵押權同屬爲擔保物權之一種，而動產質權人依法須占有質物，惟其僅以移轉標的物之占有爲已足，若併移轉標的物之所有權如以金錢供爲債權之擔保者，此即因金錢於交付債權人時所有權亦隨同移轉予債權人，而返還時僅須歸還同額之金錢並不必返還原物，其即與質權之性質不符而非民法上之質權。

以金錢爲押金或保證金之交付者，因係債務人以擔保債務之履行爲目的而將特定金錢之所有權移轉於受領人即債權人，一般認爲其性質爲信託的所有權讓與行爲：其債權人就此項金錢負有附停止條件之返還義務，而其停止條件爲交付押金或保證金之債務人所負債務之履行完畢，亦即債務人債務履行完畢時停止條件成就，其對受領押金或保證金之債權人所享有之返還請求權發生效力，而得對之請求返還，反之，債權人在自己之債權未全部受清償前，則無返還之義務，且就未履行之債務當然得就押金或保證金抵充之，如有餘額再返還之。依此受領押金之債權人，即可因他債權人對於尚未生效之返還請求權，不能亦無從請求強制執行，而達受優先清償之目的。

例如受委託人依契約約定交付之履約保證金所擔保履約之範圍，除爲履行契約之擔保，亦包括履約期間之修繕及賠償等債務不履行之擔保，契約雖已終止，苟受委託人於契約履行期間，有發生應賠償之事由，而對委託人負有損害賠償義務時，因該履約保證金所擔保之目的尚未完成，委託人自得拒絕返還履約保證金。如委託修繕工程事由發生於契約終止以前，然受委託人應修繕卻未修繕，委託人即得拒絕返還系爭保證金（101台上553）。

（二）法院提存

依民事訴訟法規定，原告於中華民國無住所、事務所及營業所者，法院應依被告聲請，以裁定命原告供訴訟費用之擔保；訴訟中發生擔保不足額或不確實之情事時，亦同（民訴96 I）；法院命原告供擔保者，應於裁定中定擔保額及供擔保之期間（民訴99 I）；被告就依法提存之提存物，與質權人有同一之權利（民訴103 I）。上述供擔保之提存物，得由供擔保人依民事訴訟法第106條、第105條第1項規定聲請法院裁定許其變換。惟受擔保利益人依同法第106條準用第103條第1項規定，就供擔保之提存物與質權有同一之權利。

實務上認爲，上述法定質權標的之效力範圍，應及於提存物之孳息，該受擔保利益人於受有損害後，依法得收取孳息並對該提存物暨其孳息有優先受償之權利（參照民法第884條、第889條、第901條）。是法院爲許可變換提存物之裁定時，自當權衡變換後之新提存物與變換前供擔保之原提存物暨其孳息，在經濟上是否具有相當之價值而後定之。如提存物爲有價證券者，尤應對供擔保後之有價證券所生之法定孳息（如可轉讓定期存單利息、公司股票之現金股

利、盈餘及增資配股……等）併予斟酌其客觀價值，此乃法定質權應為之當然解釋（88台抗118、94台抗256）。

（三）營業質

1. 基本規範

當舖或其他以受質為營業者所設定之質權，通稱為「營業質」。其為一般民眾籌措小額金錢之簡便方法，有其存在之價值。民法為規範營業質權人與出質人間之權利義務關係，規定「質權人係經許可以受質為營業者，僅得就質物行使其權利。出質人未於取贖期間屆滿後五日內取贖其質物時，質權人取得質物之所有權，其所擔保之債權同時消滅。」「前項質權，不適用第889條至第八百九十五條、第八百九十九條、第八百九十九條之一之規定。」（民899-2）

上述條文，是為便於行政管理，減少流弊，而以受質為營業之質權人，以經主管機關許可者為限。鑑於營業質之特性，參酌當舖業法第4條、第21條之精神，本條規定質權人不得請求出質人清償債務，僅得專就質物行使其權利，即出質人如未於取贖期間屆滿後5日內取贖其質物時，質權人取得質物之所有權，其所擔保之債權同時消滅。營業質雖為動產質權之一種，惟其間仍有不同之處，第2項乃明定最高限額質權、質權人之孳息收取權、轉質、質權之實行方法、質物之滅失及物上代位性等，均不在適用之列。

2. 當舖業法

營業質即當舖業法第3條所謂質當，係指持當人以動產為擔保，並交付於當舖業，向其借款、支付利息之行為。據此，當舖業實務上之質當行為，即係民法第884條之動產質權設定，佐以動產質權之成立，以移轉占有為要件，因此持當人以動產為擔保，設定質權，亦須移轉該動產之占有，始生效力，而不得以占有改定移轉動產占有之方式為之（民885），以符上開法律之規定。

3. 民法條文的適用

依民法第899-2條第1項規定，營業質一方面無禁止流質契約之規定，一方面純採物之責任。前者乃當期屆滿後，當戶不取贖者，質物所有權即歸屬於當舖；後者為質物價值超過受當債權額，當舖不負返還餘額之義務，若質物價值不足受當債權額，當舖亦不得請求當戶補足，此為營業質權與民法上動產質權

之最大差異。然是否爲「營業質」仍應探求當事人之眞意，非必當舖業者所收之擔保品皆係「營業質」。

當舖既占有當戶爲擔保債務之履行而移交之物品，於債務未受清償前得留置該物品，屆期當戶不取贖，當舖即取得該物品之所有權資以抵償，是營業質權自屬具擔保物權性質之特殊質權，以質物之占有爲其權利存在之要件。如就汽車成立營業質權，其亦屬擔保物權，再就該汽車成立附條件買賣契約，因其乃在營業質權成立後始行登記，依法不得對抗質權人，則附條件買賣契約買受人之聲請強制執行，取回質權標的之該汽車，自屬侵害質權人之營業質權（86台上1527）。

第二節　權利質權

一、權利質權的意義

權利質權是指以可讓與之債權或其他權利爲標的物之質權（民900）。權利質權之標的物必須爲可讓與，且與質權性質無違之財產權，俾質權人得於所擔保之債權屆期未受清償時，變價及優先受償（104台上1755）。例如甲向乙借款50萬元，爲擔保此項債務，乃提供自己對丙之80萬元貨款債權，設定債權質權。如甲屆期未能清償，乙即得依法對該貨款債權，實行質權。所謂「可讓與之債權」，是指債權依其性質得讓與、當事人無不得讓與之特約，且非禁止扣押之債權（民294Ⅰ）。所謂「其他權利」，是指所有權及不動產用益物權以外之其他一切財產權，包括著作權、專利權及有價證券（例如票據、股票、債券、倉單、提單、載貨證券等）。

關於權利質權，民法第901條規定「除本節有規定外，準用關於動產質權之規定。」依本條所定準用動產質權之規定觀之，不動產物權自不適於爲權利質權之標的物，抵押權爲不動產物權之一種，無從準用關於動產質權之規定，如以抵押權爲權利質權之標的物，不生權利質權之效力（69台上3115）。

二、權利質權的取得

(一) 權利質權的設定

權利質權為擔保物權,亦具有從屬性,得與其所擔保的債權一併受讓或繼承,至於權利質權之設定,除依本節有特別規定者,例如民法第904條關於債權之規定、民法第908條關於有價證券之規定外,並應依關於其權利讓與之規定為之(民902)。所稱「應依關於其權利讓與之規定為之」,係指權利質權之設定應依「權利讓與」之方式辦理,例如權利之讓與應以書面為之,以該權利設定權利質權,亦應以書面為之;權利之讓與應經登記,始得對抗善意第三人,以該權利設定權利質權,亦應經登記,始得對抗善意第三人。設定權利質權後,該權利仍屬出質人所有。非謂需將權利移轉予受質人,始生權利質權設定之效力。以當舖經營權設定權利質權,法律就此並無特別規定,自無不同(102台再16)。由於權利的讓與不以移轉占有為必要,故關於規定動產質權設定方式之民法第885條,並不在民法第901條所稱準用之列(26上823)。

(二) 債權質權的設定

以債權為標的物之質權,其設定應以書面為之。該債權有證書者,出質人有交付之義務(民904)。此項書面之形式,法律並未規定一定之格式,由出質人與質權人同意將設定權利質權之意旨,載明於書面者,即為已足(64台上684)。根據上述規定,凡以債權為標的之質權,其設定應以書面為之,否則其質權尚不成立,出質人雖將租用契約書等交付質權人,但未訂立設定質權之書面契約者,即尚難認為兩造已有權利質權存在(56台上3193)。為質權標的物之債權,如自始無證書者,其設定質權,於書面成時,即生效力,而無應否交付債權證書之問題(74台上1213)。當然,非經質權人或出質人將設定權利質權之事情,通知債務人者,不得對抗債務人(民297、902),其以合夥權利設定質權者,須得合夥人同意(民683)。

將來債權祇要具有讓與及換價之可能者,亦得為權利質權之標的物。如出質人以其將來可以取回之擔保金權利作為質權之標的物,此項權利性質上非不可讓與(受擔保利益人取償後之擔保金餘額,應返還於擔保金提供人),法律

又無明文禁止扣押，即得為權利質權之標的物（80台上1552）。

（三）依法律規定取得

權利質權除因設定而成立者外，亦有依法律規定而發生者，例如抵押物滅失時，抵押權固然因而消滅，但抵押人因滅失得受賠償或其他利益者，抵押權人對於抵押人所得行使之賠償或其他請求權有權利質權，其次序與原抵押權同（民881）。

三、權利質權的效力

（一）所擔保的債權範圍

權利設定質權後，出質人即不得對該權利為任意處分，故為質權標的物之權利，非經質權人之同意，出質人不得以法律行為，例如免除債務或拋棄權利，使其消滅或變更（民903）。此外，權利質權除本節有規定外，準用關於動產質權之規定（民901）。故權利質權所擔保者為原債權、利息、遲延利息、違約金、為避免質物價值減損所必要之保存質物費用、實行質權之費用及因質物隱有瑕疵而生之損害賠償。但契約另有約定者，不在此限（民887）。質權人得收取質物所生之孳息，但契約另有訂定者，不在此限（民889）。

（二）權利質權的標的物

權利質權的標的物，在質權成立後即受質權人之直接支配，出質人不得為任何有害質權人利益之行為。例如以股票設定權利質權時，該股票若經拍賣，由第三人拍定取得，質權人之權利質權將因不能占有股票而歸於消滅，乃屬有害於質權人之權利。故如第三人為對於為其債務人的出質人實施強制執行，聲請法院將該股票實施查封拍賣，即侵害質權人之權利，質權人於強制執行程序終結前本於質權，得依強制執行法第15條規定，提起異議之訴，以排除第三人對該股票之強制執行（78台上165）。

（三）為標的物權利的不可分性

權利質權依民法第901條準用同法第896條之結果：權利質權，所擔保之債權消滅時，質權人應將質物返還於有受領權之人。權利質權爲擔保物權之一，擔保物權需從屬於債權而存在，其成立以債權成立爲前提，並因債權之消滅而消滅，其所擔保之債權未受全部清償前，擔保權人得就擔保物之全部行使權利，擔保標的物縱經分割，各部分之擔保物，仍爲擔保全部債權而存在。因此，權利質權標的物之範圍，依當事人之約定，不容出質人片面縮減，質權擔保之債權未受全部清償前，質權人之質權就其原有標的物之全部持續有效存在，且實行質權與否，悉聽質權人之自由（101台上960）。

例如出質人提供A號、B號存單二紙爲質權人設定質權，所擔保債權包括出質人履行契約期間內所生債務不履行損害賠償債務，而出質人履行系爭契約期間，有短缺、毀損應點交財產物品，對質權人應負81756元之損害賠償責任，倘該債權尚未清償，即難認A號、B號存單所設定之質權已經消滅，基於擔保物權從屬性、不可分性，即不得返還A號或B號存單併塗銷其上質權設定登記（99台上2201）。

四、債權質權的實行

（一）因債權的清償期先後而有差別

爲質權標的物之債權，以金錢給付爲內容，而其清償期先於其所擔保債權之清償期者，質權人得請求債務人提存之，並對提存物行使其質權；爲質權標的物之債權，以金錢給付爲內容，而其清償期後於其所擔保債權之清償期者，質權人於其清償期屆至時，得就擔保之債權額，爲給付之請求（民905）。

爲質權標的物之債權，以金錢以外之動產給付爲內容者，於其清償期屆至時，質權人得請求債務人給付之，並對該給付物有質權（民906）。從而以債權爲標的物之質權，質權人對債務人請求交付質權標的物時，須其債權存在且已屆清償期者，始得爲之（78台上2414）。

債權人以其對於債務人的不動產所有權移轉請求的債權，設定質權給債權人時，質權人的質權標的物爲債權，而該債權係以不動產物權之設定或移轉

為給付內容，如該債權的清償期屆至時，任由其債權人請求並取得不動產的所有權，並消滅為質權標的物的債權，對債權人即顯失公平，故民法乃規定質權人得請求債務人將該不動產物權設定或移轉於出質人，並對該不動產物權有抵押權。此種抵押權係依法律規定而取得的法定抵押權，不適用不動產物權行為之規定，即未登記之前即已經取得。惟為使其權利明確，民法規定其應於應於不動產物權設定或移轉於出質人時，一併登記（民906-1）。上述出質人的債權，因債務人為清償，即為不動產物權之設定或移轉，而消滅，債權質權也因此而消滅，而該不動產物權即為質權標的物債權的代替物，質權人此時取得的法定抵押權，即是債權質權的替代權利。此種情形，乃是債權質權的物上代位性的具體表現（民881參照）。

質權人於所擔保債權清償期屆至而未受清償時，質權人不但得依前三條之規定行使權利，亦得拍賣質權標的物之債權或訂立契約、用拍賣以外之方法實行質權，均由質權人自行斟酌選擇之（民893Ⅰ、895、906-2）。

為質權標的物之債權，如得因一定權利之行使而使其清償期屆至者，例如未定返還期限之消費借貸債權，貸與人依法須定1個月以上之相當期限催告，始得請求返還（民478），質權人於所擔保債權清償期屆至而未受清償時，亦得行使該權利（民906-3）。

債務人為前述之提存或給付時，質權人應通知出質人，但無庸得其同意（民906-4）。為質權標的物之債權，其債務人受質權設定之通知者，如向出質人或質權人一方為清償時，應得他方之同意。他方不同意時，債務人應提存其為清償之給付物（民907）。為質權標的物之債權，其債務人於受質權設定之通知後，對出質人取得債權者，不得以該債權與為質權標的物之債權主張抵銷（民907-1）。

（二）債權抵銷的問題

上述規定，是為保障質權人之權益。因為權利質權為擔保物權之一種，質權人於一定限度內，對該為標的物之債權，具有收取權能，故對該債權之交換價值，應得為相當之支配，方足以貫徹其擔保機能。出質人與債務人自不得為有害於該權能之行為，故第三債務人不得以受質權設定之通知後所生之債權，與為質權標的物之債權抵銷。如為質權標的物之債權，其債務人受質權設定通

知時，對出質人有債權而適於抵銷者，依民法第299條第2項債權讓與之規定，仍得主張抵銷。然其受通知時，如對出質人之債權清償期尚未屆至，自不合抵銷之要件，且一經通知，已對其發生設質之效力，縱該債權日後清償期屆至，苟非經質權人之同意，債務人應不得溯及受質權設定通知時，主張抵銷，否則質權人之權益，勢必無法保障（81台上2860、83台上2540）。為質權標的物之債權，其債務人於受質權設定之通知時，對於出質人有債權，如其債權之清償期，先於為質權標的物之債權，或同時屆至者，債務人自得於同額內主張抵銷（84年度第8次民事庭會議決議、86台上1473）。

但如債務人主張抵銷的債權，係在受質權設定之通知前即已取得者，即不受上述條文的限制。因為債務人於受質權設定之通知者，其對出質人之債權依然存在，不因受質權設定之通知而受影響。實際上債之關係之主體並未變更。且債權質權之設定，乃出質人與質權人間所成立之法律關係，無庸得出質人之債務人之同意，亦非出質人之債務人所得阻止，自不應使出質人之債務人蒙受不利而影響其抵銷權。況依法得為抵銷之債務人，一經向其債權人為抵銷之意思表示，即發生消滅債務之效果，無庸為現實給付之行為，自不生提存問題。故出質人之債務人向出質人為抵銷時，無須得質權人之同意，亦無須為提存之行為。民法第907條規定於此當無準用之餘地（84台上35）。

五、有價證券質權

（一）有價證券質權的設定

質權以未記載權利人之有價證券為標的物者，因交付其證券於質權人，而生設定質權之效力。以其他之有價證券為標的物者，並應依背書方法為之。此項背書，得記載設定質權之意旨（民908）。此項質權稱為有價證券質權，依此特別規定，即無須再以書面為之（29渝上364），其主要的標的物，雖為證券所表彰的權利，而非證券本身，但因證券本身與證券之權利，互相依附，不可分別，故立法上就未記載權利人的證券之質權，乃與以證券其物為標的物之質權（動產質權）同視，規定應交付其證券於質權人，以其他之有價證券為標的物者，應依背書方法為之，即以其入質情形於證券上記明，以鞏固其效力。

有價證券質權的設定，必須以有價證券係可讓與者為限。例如可轉讓之銀

行定期存單，因存單上權利之發生，移轉或行使，須占有存單，其性質應屬有價證券；如存單係不可轉讓，則其性質僅係定期存款之債權憑證，該不可轉讓之定期存款單，因僅係定期存款之憑證，猶如土地所有權狀為土地所有權之證明文件，欲對定期存款設定質權，質權人應通知簽單之存款銀行，此與就土地設定抵押權者，必須對土地為抵押權設定登記，而不能僅占有土地所有權狀者相同。

（二）股票質權的設定

股票為有價證券，得為質權之標的，其以無記名式股票設定質權者，因股票之交付而生質權之效力，其以記名式股票設定質權者，除交付股票外，並應依背書方法為之。如以公司無記名式股票設定質權，因股票之交付而生質權之效果，其以記名式股票設定質權者，除交付股票外，並應依背書方式為之（56台抗444），如未以背書方式為之，尚難認為就股票已有質權之設定。此外，由於適用民法第902條規定之故，公司法第165條第1項關於記名股票轉讓之規定亦有其適用，即非將質權人之本名或名稱記載於股票，並將質權人之本名或名稱及住所記載於股東名簿，不得以其設質對抗公司（60台上4335）。

背書依上述條文，固為記名股票設定質權的方式，但設質之背書應如何記載，法並無明文，只須出質人將背書之記名股票交付於質權人，並有設質之合意為已足，無須於背書處附記表示設質或其他同義之文字（75台上700、83台上389、83年度第2次民事庭會議決議）。在解釋上，亦可比照票據法規定之背書方法辦理，舉凡由出質人（背書人）在證券之背書記載質權人（被背書人）之姓名，並由出質人簽名（即票據法第31條第2項之記名背書），或不記載質權人之姓名，而僅由出質人在證券背書簽名（即票據法第31條第3項之空白背書）為之，應均生合法背書之效力（91台抗475）。

不過，以股票或有價證券為質權之標的者，仍不得違反法律的禁止規定。例如依公司法第167條第1項規定，公司（銀行）不得自將一己公司之股票收為質物，如就貸款以提供該銀行股票交由該銀行保管，尚非依民法第908條所定背書方法為之，不能設定質權，即不成立權利質權，自無擔保物權之優先受償權利（102台上1008、106台上845）。

（三）有價證券質權的效力

1. 質權效力所及的證券

有價證券質權亦為權利質權，依民法第901條準用動產質權的規定，具有類似的性質與效力。關於有價證券質權的效力，民法第910條規定：「質權以有價證券為標的物者，其附屬於該證券之利息證券、定期金證券或其他附屬證券，以已交付於質權人者為限，亦為質權效力所及。」「附屬之證券，係於質權設定後發行者，除另有約定外，質權人得請求發行人或出質人交付之。」

依民法第901條準用第889條規定，除契約另有約定外，質權人自得收取質物所生之孳息。以股票質權為例，股票設定質權後，發行該股票之公司因分派盈餘或由盈餘轉成之增資配股，係屬該股份所生之法定孳息，應為質權效力之所及（86台抗73），如公司未發行附屬性證券，雖未交付，質權人亦得就此行使質權（63年第3次民庭庭推總會決議）。亦即質權之效力，應及於證券設質後所生之孳息。故該附屬之證券如在發行人或出質人占有中，除另有如第889條但書特別約定者外，質權人自得請求交付之，俾質權人得就此附屬之證券行使權利質權。

2. 證券權利消滅後的替代權利

關於物上代位性，權利質權準用同法第899條的結果為：「權利質權因為其標的物之權利消滅而消滅。但出質人因權利消滅得受賠償或其他利益者，不在此限。」「質權人對於前項出質人所得行使之賠償或其他請求權仍有質權，其次序與原質權同。」「給付義務人因故意或重大過失向出質人為給付者，對於質權人不生效力。」「前項情形，質權人得請求出質人交付其給付物或提存其給付之金錢。」「質物因毀損而得受之賠償或其他利益，準用前四項之規定。」

就有價證券質權而言，如出質人以公司股票設定質權，如為質權標的物的股票，經減資後，由150萬股減為105萬股，惟出質人就減資而消滅之45萬股，對公司有減資款450萬元請求權存在，則質權人此部分之質權已移存於該450萬元減資款上。如公司因出於故意或重大過失，竟將減資款逕行交由出質人領回，則質權人即得主張公司雖將減資款給付予出質人，其給付對於質權人不生效力，得依民法第901條準用同法第899條規定，向公司再請求給付減資款（98

台上1301）。

　　換言之，即使減資行為係出質人所為使為質權標的物之股票數量減少或滅失之行為，因其有因此得受之給付存在，該減少或滅失之股票之質權，即移存於該代替物上，亦即質權人就出質人因股票滅失所得向公司行使之請求權，仍有質權存在，公司如因故意或重大過失逕向出質人為清償，其給付對於質權人不生效力，質權人如請求給付，公司仍負給付之義務。

3. 有價證券質權的實行

　　為鞏固質權，民法第909條規定：「質權以未記載權利人之有價證券、票據、或其他依背書而讓與之有價證券為標的物者，其所擔保之債權，縱未屆清償期，質權人仍得收取證券上應受之給付。如有使證券清償期屆至之必要者，並有為通知或依其他方法使其屆至之權利。債務人亦僅得向質權人為給付。」「前項收取之給付，適用第九百零五條第一項或第九百零六條之規定。」「第九百零六條之二及第九百零六條之三之規定，於以證券為標的物之質權，準用之。」

　　本條第1項是考量票據等有價證券，必須在特定期間內為收取，以保全證券權利，故賦予質權人於其債權屆清償期前得單獨預先收取證券上之給付。然有價證券中有須先為一定權利之行使，其清償期方能屆至者，例如見票後定期付款之匯票（票據法第67條參照），出質人須先為匯票見票之提示，或約定債權人可提前請求償還之公司債券，出質人須先為提前償還之請求是。此種情況，若有必要時，質權人得行使該權利。又所謂「有為通知或依其他方法使其屆至之權利」，例如須先為匯票提示以計算到期日或通知公司債之發行人提前清償是。

　　依本條第2、3項準用之條文，則上述收取之給付，其清償期先於其所擔保債權之清償期者，質權人得請求債務人提存之，並對提存物行使其質權，於其清償期屆至時，質權人得請求債務人給付之，並對該給付物有質權；以證券為標的物之質權，質權人於所擔保債權清償期屆至而未受清償時，質權人亦得拍賣質權標的物之債權或訂立契約、用拍賣以外之方法實行質權，如得因一定權利之行使而使其清償期屆至者，質權人於所擔保債權清償期屆至而未受清償時，亦得行使該權利。

　　民法第909條第1項所謂「其他依背書而讓與之有價證券」，係指「未載權

利人之有價證券、票據」以外，其他依背書而轉讓之有價證券，故舉凡以背書交付即生轉讓效力之有價證券均屬之。記名股票，依公司法第164條規定，僅須背書交付即轉讓之生效力，至於有無登載於股東名簿，則屬能否對抗公司及第三人之另一問題。

第八章　典　權

第一節　典權的意義

　　典權是指支付典價在他人之不動產爲使用、收益，於他人不回贖時，取得該不動產所有權之權（民911）。例如甲就乙價值1,000萬元的土地，支付800萬元之典價於乙，設定期間20年的典權，乙將土地交付甲使用，典期屆滿，乙可備齊典價向甲回贖土地，如乙在典期屆滿後2年不以典價回贖時，甲就取得典物的所有權（民923）。其中甲爲典權人，乙爲出典人。上例中的乙將土地交付給甲占有，乃是用益物權以標的物爲使用收益的當然結果，並非典權的成立要件，而是典權效力的一部分。

　　典權是我國固有的習慣與制度，一方面使出典人能取得急需之款項，並同時保留自己現有產業的所有權，他方面使典權人僅用找貼之方法，即可取得所有權。對典權人而言，此乃僅次於所有權的一項物權，兼具擔保與買賣之效用，所以有稱出典爲典賣，以有別於買賣之爲絕賣者。但就性質而言，典權屬於用益物權，與臺灣地區在光復前所發生的不動產質權，性質上乃是擔保物權者，迥不相同（40台上1109）。

　　（延伸閱讀：陳榮傳，「典權新法析論與存廢評估」，月旦民商法雜誌，第28期（2010年6月），第75頁至第90頁。）

第二節　典權的取得

　　典權除因繼承而取得外，主要是因設定而取得，爲避免因典權存續期間漫無限制，而有害於社會上個人經濟之發展，故典權之約定期限，不得逾30年。逾30年者，縮短爲30年（民912）。典權未定期限者，亦僅得於出典後30年內存續（民924）。又因典價通常較典物之價額爲低，爲保護債務人之利益，典權之約定期限不滿15年者，不得附有到期不贖即作絕賣之條款（民913Ⅰ），違反者，出典人仍得於典期屆滿後2年內回贖（34上188）。

　　同屬於一人所有之土地及其上的建築物，爲各別獨立之不動產，所有人得獨立處分，亦得就土地及建築物單獨或分別設定典權，此時建築物所有人與

土地典權人、建築物典權人與土地所有人、建築物典權人與土地典權人間，關於土地之利用關係除當事人間有特別約定外，考量當事人及社會之經濟利益之維護，民法第924-2條第1項乃規定：土地及其土地上之建築物同屬一人所有，而僅以土地設定典權者，典權人與建築物所有人間，推定在典權或建築物存續中，有租賃關係存在；其僅以建築物設定典權者，典權人與土地所有人間，推定在典權存續中，有租賃關係存在；其分別設定典權者，典權人相互間，推定在典權均存續中，有租賃關係存在。

依前述規定，如建築物與土地之所有人只出典土地，於典權存續中推定土地典權人與建築物所有人間有租賃關係，但若建築物先滅失時，租賃關係應歸於消滅；倘所有人只出典建築物，於典權存續中，推定建築物典權人與土地所有人間有租賃關係，若因建築物滅失而未重建致典權消滅者，租賃關係應歸於消滅；倘所有人將土地及建築物出典給不同人，於典權均存續中，建築物典權人與土地典權人間推定有租賃關係，如土地及建築物典權之一先消滅，則回歸適用本條項前段或中段規定。在此等依規定成立法定租賃關係的情形中，其租金數額由當事人協議決定，當事人不能協議時，得請求法院以判決定之（民924-2 II）。

第三節　典權的效力

一、典權人的權利

（一）用益權

典權為用益物權，典權人得就典物為使用收益。但為免自然資源枯竭，維護不動產之本質，使其得永續利用，典權人應依典物之性質為使用收益，並應保持其得永續利用（民917-1 I）。典權人對典物之使用收益應依其性質為之，不得為性質之變更，就建築物之用益不得有不能回復其原狀之變更，土地尤不得過度利用，戕害其自我更新之能力，以保持典物得永續利用。

（二）相鄰權

典權人占有出典人之不動產，而為使用收益，其法律上地位與所有人類似，故民法第774至800條之規定於典權人間或典權人與土地所有人間準用之（民800-1）。

（三）轉典權

轉典是指典權人維持原典權之關係，而以轉典人之地位，再設定新典權，將典物交付轉典權人使用收益的行為。轉典權亦為物權，不僅對轉典權人存在，對出典人亦有效力（40台上1555）。典權存續中，除另有約定或另有習慣外，典權人得將典物轉典於他人（民915Ⅰ）。轉典行為乃典權之再設定（81台上299），性質上屬於不動產物權行為，故應以書面為之（28上1078、民758Ⅱ），且非經登記，不生效力（民758Ⅰ）。土地及其土地上之建築物同屬一人所有，而為同一人設定典權者，典權人就該典物不得分離而為轉典（民915Ⅳ）。

典權定有期限者，其轉典或租賃之期限，不得逾原典權之期限，未定期限者，其轉典或租賃，不得定有期限（民915Ⅱ）。換言之，轉典期限屆滿之時期，不得後於原典權期限屆滿之時期，如原典權人之期限經過一部分後轉典者，其轉典之期限不得逾原典權之殘餘期限，原典權之期限屆滿後轉典者，其轉典不得定有期限（32上3934）。

轉典之典價，不得超過原典價（民915Ⅲ）。典權人對於典物因轉典所受之損害，應負賠償責任（民916）。質言之，轉典期限屆滿之時期，不得後於原典權期限屆滿之時期，如原典權人之期限經過一部分後轉典者，其轉典之期限不得逾原典權之殘餘期限，原典權之期限屆滿後轉典者，其轉典不得定有期限（32上3934）。典權人於其權利存續之期間，雖得以自己之責任逕行轉典於人，但轉典的範圍，應以原典權的範圍為準，如典權人在原典權範圍以外，更指定該典權為他項債權的擔保或加價轉典，其責任即應由原典權人負擔。

（四）出租權

在典權存續中，除另有約定或另有習慣外，典權人得將典物出租於他人。

典權定有期限者，租賃之期限不得逾原典權之期限，未定期限者，其租賃亦不得定有期限（民915 I 至915III）。但典權人對於典物因出租所受之損害，對於出典人，應負賠償責任（民916）。準此，典物經出典人回贖後，承租人與典權人所訂之租約，對於出典人，即不得援用民法第425條規定，主張仍繼續存在（45台上841）。

（五）讓與或處分權

典權為不具專屬性的財產權，故典權人得將典權讓與他人或設定抵押權。典物為土地，典權人在其上有建築物者，其典權與建築物，不得分離而為讓與或其他處分（民917）。土地及其土地上之建築物同屬一人所有，而為同一人設定典權者，典權人不得就其典權分離而為處分（民915IV）。典權的讓與或處分均為不動產物權行為，故應以書面為之（院解3044、民758II），且非經登記，不生效力（民758 I）。典權讓與時，受讓人對於出典人，取得與典權人同一之權利；設定抵押權時，典權人乃是以典權為抵押權之標的物，設定權利抵押權（民882）。

（六）留買權

出典人將典物出賣於他人時，典權人有以相同條件留買之權（民919 I）。此乃在保護出典人之中，兼顧典權人利益之設計，其中所稱留買，是指典權人請求出典人訂定買賣契約之權利，僅限於典權存續中，出典人將典物之所有權讓與他人時，始能適用（29渝上2015）。留買權非僅具有債權的性質，其具有優先於任何人而購買之效果，出典人不得以任何理由拒絕出賣。為兼顧出典人之利益，典權人聲明留買必須條件完全相同，故出典人將典物出賣於他人時，應以書面通知典權人，典權人於收受出賣通知後10日內不以書面表示依相同條件留買者，其留買權視為拋棄（民919II）。出典人違反前述通知義務而將所有權移轉者，其移轉不得對抗典權人（民919III），故留買權具有物權之效力。

（七）優先購買權

典權人於承典之基地建築房屋者，於基地出賣時，典權人有依同樣條件優先購買之權。前項優先購買權人，於接到通知後10日內不表示者，其優先權視為放棄。出賣人未通知優先購買權人而與第三人訂立買賣契約者，其契約不得對抗優先購買權人（土104）。

（八）重建修繕權

典權存續中，典物因不可抗力致全部或一部滅失者，除經出典人同意外，典權人僅得於滅失時滅失部分之價值限度內為重建或修繕。原典權對於重建之物，視為繼續存在（民921）。因滅失而消滅之典權，應於重建之範圍內回復，即就重建之部分，典權人仍有典權，出典人亦仍有回贖權（院1994）。惟該部分重建後之價值低於滅失時之價值者，其消滅之典權及回贖權，僅於重建後之價值限度內回復，不能以該部分原有之典價為典價（院2190）。

（九）費用償還請求權

典權人因支付有益費用，使典物價值增加，或依第921條之規定，重建或修繕者，於典物回贖時，得於現存利益之限度內，請求償還（民927 I）。立法意旨是認為典權人支出此等費用，其數額多於典物回贖時現存之利益額時，不應責令出典人償還費用之金額，故典權人支出之費用如少於現存之利益，即不得按現存之利益額，求償其費用（32上2672）。此項費用償還請求權，不以支出費用先經出典人同意為要件（39台上1052），亦不得以此項費用未償還，作為拒絕出典人回贖典物的理由（32上3164）。

（十）工作物取回權

典物上有工作物者，典權消滅時，典權人得取回其工作物。但應回復典物原狀。典權人不於典權消滅後一個月內取回其工作物者，工作物歸屬於出典人。其有礙於典物之利用者，出典人得請求回復原狀。典權人取回其工作物前，應通知出典人。出典人願以時價購買者，典權人非有正當理由，不得拒絕（民927 II準用839）。

（十一）補償請求權或法定地上權

典物為土地，出典人同意典權人在其上營造建築物者，除另有約定外，於典物回贖時，應按該建築物之時價補償之。出典人不願補償者，於回贖時視為已有地上權之設定（民927Ⅲ）。出典人願依前項規定為補償而就時價不能協議時，得聲請法院裁定之；其不願依裁定之時價補償者，於回贖時亦視為已有地上權之設定（民927Ⅳ）。前二項視為已有地上權設定之情形，其地租、期間及範圍，當事人不能協議時，得請求法院以判決定之（民927Ⅴ）。如出典人未曾同意典權人營造建築物者，除另有約定外，於典物回贖時，出典人得請求典權人拆除並交還土地。

（十二）找貼權

出典人於典權存續中，表示讓與其典物之所有權於典權人者，典權人得按時價找貼取得典物所有權。此項找貼，以一次為限（民926）。

（十三）典物所有權取得權

典權的約定期限如滿15年以上，即得附有到期不贖即作絕賣的條款。典權附有絕賣條款者，出典人於典期屆滿不以原典價回贖時，典權人即取得典物所有權（民913Ⅱ）。絕賣條款將使所有權發生變動，具有物權效力，非經登記，不得對抗第三人（民913Ⅲ），即須經登記始得對抗土地及典權之受讓人或其他第三人（例如抵押權人）。

出典人於典期屆滿後，經過2年，不以原典價回贖者，典權人即取得典物所有權（民923Ⅱ）。典權未定期限者，出典人得隨時以原典價回贖典物。但自出典後經過30年不回贖者，典權人即取得典物所有權（民924）。此時典權人取得典物所有權，是直接基於法律之規定而移轉，與依法律行為取得不動產物權者有別（院2399、院解3908）。如典物經轉典後，原典權人取得典物所有權，轉典權人之權利，仍有效存在。此時原典權人對於轉典權人而言，其地位與出典人無異，而轉典權人對於原典權人取得之權利，亦與典權人相同。從而出典人及原典權人均逾期不回贖時，轉典權人即取得典物之所有權（81台上299）。

土地及其土地上之建築物同屬一人所有，而僅以土地或建築物設定典權或就其分別設定典權者，如出典人未回贖其土地或建築物時，典權人依第913條第2項、第923條第2項、第924條規定取得典物所有權，致土地與建築物各異其所有人時，爲使建築物對基地之使用關係單純及穩定，依法視爲已有地上權之設定。其地租、期間及範圍由當事人協議定之；不能協議者，得請求法院以判決定之；此種地上權，因建築物之滅失而消滅（民924-2III準用838-1）。

二、典權人的義務

典權人依土地法相關規定，有繳納地價稅的義務，且因其可能因此而取得土地所有權，亦有預繳土地增值稅的義務（土172、183、186）。此外，依民法規定，尚有下列義務：

（一）保管典物的義務

典權人應以善良管理人的注意，保管典物，但爲兼顧典權人的利益，亦不宜使其負與一般侵權行爲人相同的責任。故民法規定典權存續中，因典權人之過失，致典物全部或一部滅失者，典權人於典價額限度內，負其責任。但因故意或重大過失致滅失者，除將典價抵償損害外，如有不足，仍應賠償（民922）。因典物滅失受賠償而重建者，原典權對於重建之物，視爲繼續存在（民922-1）。

（二）危險分擔的義務

典權存續中，典物因不可抗力致全部或一部滅失者，就其滅失之部分，典權與回贖權，均歸消滅（民920 I）。例如典物被敵機炸燬全部或一部者，就滅失部分之典權，即歸消滅，典權人不得向出典人請求返還該部分之典價（院2333），如典物因地震或海嘯而滅失時，亦同。前項情形，出典人就典物之餘存部分，爲回贖時，得由原典價扣除滅失部分之典價。其滅失部分之典價，依滅失時滅失部分之價值與滅失時典物之價值比例計算之（民920 II）。例如出典房屋一棟，典價爲90萬元，因不可抗力致房屋一部滅失，經估算滅失時房屋價值爲300萬元，該滅失部分爲180萬元時，滅失時滅失部分之典價爲54萬元

（90×180÷300），回贖金額為36萬元（90－54）即出典人須按比例支付36萬元，始得回贖典物房屋餘存之部分。

（延伸閱讀：陳榮傳，「典物一部滅失後的典價決定——修正草案的商榷」，台灣本土法學雜誌，第100期（2007年11月），第195頁至第202頁。）

三、出典人的權利

（一）典物讓與權

出典人設定典權後，得將典物讓與他人；但典權不因此而受影響（民918）。因為出典人對於典物之使用收益，雖因設定典權而受有限制，但典物之所有權仍屬於出典人，仍得予以處分。此時由於典權的設定在典物所有權讓與之先，本於物權的追及效力，典權人對於受讓人，仍有同一之權利，故得就原典物行使權利，而原出典人之回贖權，亦一併移轉於受讓人（31上1655）。

（二）抵押權設定權

出典人設定典權後，仍未喪失其所有權，故在不妨害典權的範圍內，仍得為他人設定抵押權（釋139）。因為典權為支付典價，占有他人之不動產而為使用收益之用益物權；抵押權則為不移轉不動產之占有，為擔保債權之履行而就之設定之擔保物權，兩者性質上並非不能相容。倘出典人於典權設定後，於典物上設定抵押權，該抵押權所擔保之債權清償期在典權人依民法第923條第2項、第924條之規定取得典物所有權以前，縱抵押物即典物被拍賣，亦係將有典權負擔之抵押物拍賣，基於物權優先之效力，先成立之典權有優於後成立之抵押權之效力，拍定人取得之不動產所有權後，在典權存續期限內，典權人仍得占有使用典物，並不受其影響。故不動產所有人於同一不動產設定典權後，在不妨害典權之範圍內，再與他人設定抵押權，民法物權編既無禁止之規定，自非法所不許（86台上2558）。

（三）典物回贖權

1. 回贖權的意義

回贖權是指出典人於得回贖的期間內，提出原典價，向典權人表示回贖典物之意思，而使典權消滅的權利。回贖權是出典人的權利，出典人並無以原典價回贖典物的義務，典權人對於出典人亦無備價回贖的請求權（29渝上1006、33上6387）。此項權利性質屬於形成權，不適用消滅時效的規定，得行使回贖權的期間，應為除斥期間，而非時效期間（29渝上2034、31上1856），不適用停止時效的規定（院2145、2627）。

2. 回贖的方法

(1)回贖的意思表示

回贖權是形成權，出典人回贖典物時，只須向典權人表示回贖之意思，並提出原典價即可。典權於意思表示生效時，即行消滅（39台上1318），縱典權人對於出典人提出之原典價拒絕收領，出典人亦未依法提存，於典權之消滅亦無影響（32上4090），但如出典人僅向典權人表示回贖之意思，而未提出典價，即無消滅典權的效力（30渝上371）。出典人之回贖，應於六個月前通知典權人（民925）。典權人對典物之使用收益違反規定者，經出典人阻止而仍繼續為之者，出典人得回贖其典物；典權經設定抵押權者，並應同時將該阻止之事實通知抵押權人（民917-1 II）。

典權人如已將典物轉典予他人，其利害關係人除出典人及典權人之外，亦包括轉典權人，典物的回贖問題也比較複雜。出典人行使回贖權時，原應提出原典價為之，然轉典後，可能有多數轉典權存在，出典人如向典權人回贖，可能無法塗銷轉典權，如向最後轉典權人回贖，有可能須再次提出典價向典權人回贖。

(2)經轉典的典物的回贖

為避免增加出典人行使回贖權之負擔及資金風險之不利益，民法第924-1條第1項規定：「經轉典之典物，出典人向典權人為回贖之意思表示時，典權人不於相當期間向轉典權人回贖並塗銷轉典權登記者，出典人得於原典價範圍內，以最後轉典價逐向最後轉典權人回贖典物。」即出典人回贖時，僅須先向典權人為回贖之意思表示，典權人即須於相當期間內，向其他轉典權人回贖，並塗銷轉典權，嗣出典人提出原典價回贖時，典權人始塗銷其典權。如典權人

不於相當期間向轉典權人回贖並塗銷轉典權登記者，為保障出典人之利益，出典人即得提出於原典價範圍內之最後轉典價，逕向最後轉典權人回贖。

出典人回贖典物時，典權人就原典價內相當於轉典價數額之部分，自無受領權，出典人僅向典權人提出典價回贖者，不得以之對抗轉典權人（31上3043）。經轉典之典物，出典人依前述規定向最後轉典權人回贖時，原典權及全部轉典權均歸消滅。惟轉典價低於原典價或後轉典價低於前轉典價者轉典價低於原典價者，出典人向典權人為回贖之意思表示時，典權人或轉典權人得向出典人請求原典價與轉典價間之差額。出典人並得為各該請求權人提存其差額（民924-1Ⅱ）。例如甲將土地一宗以1000萬元出典於乙，乙以900萬元轉典於丙，丙復以800萬元轉典於丁。乙、丙、丁如仍有回贖權時，甲依前述規定以最後轉典價即800萬元向丁回贖者，乙之典權及丙、丁之轉典權均歸消滅，乙、丙就自己與後手間各100萬元之典價差額，均得向甲請求返還。出典人甲並得分別為乙、丙提存典價之差額各100萬元。

轉典為典權人之權利，非出典人所得過問，但如典權人預示拒絕塗銷轉典權登記；行蹤不明或有其他情形致出典人不能為回贖之意思表示者，為避免出典人因轉典而承擔過重的負擔及行使回贖權的困難，自宜比照前述情形處理。民法第924-1條第3項亦因此規定：「前二項規定，於下列情形亦適用之：一、典權人預示拒絕塗銷轉典權登記。二、典權人行蹤不明或有其他情形致出典人不能為回贖之意思表示。」

3. 回贖的時期及不回贖的效果

民法第923條規定：「典權定有期限者，於期限屆滿後，出典人得以原典價回贖典物。」「出典人於典期屆滿後，經過二年，不以原典價回贖者，典權人即取得典物所有權。」第924條規定：「典權未定期限者，出典人得隨時以原典價回贖典物。但自出典後經過三十年不回贖者，典權人即取得典物所有權。」立法理由指出，典權之特質，即在於出典人保有回贖之權利，故典權定有期限者，於期間屆滿後，出典人得以原典價回贖典物，典權人不得拒絕。若出典人於典期屆滿後，經過2年而不回贖者，應使典權人即取得典物所有權，所以使權利狀態，得以從速確定也。未定期限之典權，出典人得隨時以原典價回贖之。但自出典後已經過30年仍不回贖者，是出典人無意回贖，已甚明顯。法律即無再予保護之必要，典權人得即取得典物所有權，蓋使權利狀態得以從

速確定也。

最高法院在實例中指出，出典人依民法第923條第2項之規定取得典物之所有權，係直接依法律規定而取得，無待出典人為所有權之移轉登記。亦即出典人並無為所有權移轉登記之義務，依民法第759條之規定，僅非經登記，不得處分其物權而已。（參閱司法院三十年六月四日院字第二一九三號解釋）。又按土地權利變更登記，原則上固應由權利人及義務人會同聲請之。惟其無義務人者，僅由權利人聲請之。此觀土地法第73條第1項前段規定自明（85台上2341）。現行土地登記規則第27條明文規定「下列登記由權利人或登記名義人單獨申請之」，其第20款為「依民法第九百十三條第二項、第九百二十三條第二項或第九百二十四條但書規定典權人取得典物所有權之登記。」

第九章　留置權

第一節　留置權的意義

　　留置權是指債權人占有他人之動產，而其債權之發生與該動產有牽連關係，於債權已屆清償期未受清償時，得留置該動產之權（民928Ⅰ）。例如甲將電腦交由乙維修公司修理，費用5000元，修畢後，於甲未清償修理費前，乙得拒絕返還電腦，而加以留置是。

　　留置權是法定物權，除本章討論之一般留置權外，尚有依法律之特別規定而成立的特殊留置權，民法稱為「其他留置權」（民939），其成立應以各該特別規定為準。例如民法第445條第1項所稱之留置權，不以該留置物為不動產之出租人所占有，為其發生要件，實務上認為通觀同條至第447條之規定，極為明顯（28渝上687）。

第二節　留置權的取得

　　留置權為擔保物權，但依民法規定，留置權之取得無庸登記，債權人對債務人有無擔保債權，並無依國家機關作成之登記文件可明確證明。如債務人就留置物所擔保之債權之發生或其範圍有爭執時，應由債權人循訴訟方式，取得債權確已存在及其範圍之證明，始得聲請法院裁定拍賣留置物，以兼顧債務人之權益（89台抗541）。

　　留置權為法定擔保物權，但不能由法律行為而取得，其發生須備下列法定要件（民928）：

一、須債權人占有動產

　　留置權以占有屬於債務人之動產為成立要件，但債權人占有的動產非屬債務人所有者，為維護公平及第三人之善意取得，債權人於行使留權時，如已明知該動產的所有人非債務人，基於維護信賴及交易安全，從而自不允許債權人再行使留置權，始符合誠信原則，以兼顧債務人之權益。留置權的標的物

為動產,所有權狀僅屬證明文件,實務上認為不能作為留置權之標的（80台上1146）。

債權人因侵權行為或其他不法之原因而占有動產者,依法不發生留置權（民928II）,例如竊賊為請求返還修理贓物所支出之費用,對贓物並無留置權。但如其他留置權有規定不以占有動產為發生要件者,則應依其規定（28渝上687）。

動產作為留置權的標的物,有其性質上的限制。最高法院在實例中認為,留置權為法定擔保物權,以占有為要件,如債權人於其債權已屆清償期而未受清償時,即得依民法第936條規定實行換價程序,或拍賣留置物,或取得其所有權,就其留置物取償,則留置物應具有財產上價值且可轉讓者為必要。不動產所有權狀僅屬證明文件,其本身無從實行換價程序,在社會觀念上並無經濟上之價值,亦不可轉讓,性質上不適宜為留置標的（95台再10）。

二、須債權已屆清償期或債務人無支付能力

留置權是以督促債務人履行債務為目的,故須債權已至清償期而未受清償,始得留置其物,但債務人無支付能力時,債權人縱於其債權未屆清償期前,亦有留置權。若債務人於動產交付後,成為無支付能力,或其無支付能力於交付後始為債權人所知者,其動產之留置,縱有民法第930條所定之牴觸情形,債權人仍得行使留置權（民931）。是債務人無支付能力時,債權人縱於其債權未屆清償期前,亦有留置權,且留置權擔保之範圍除原債權外,尚包括利息、遲延利息、實行留置權之費用,故債權人得就將來之強制執行費用主張行使留置權。

三、須與該動產有牽連關係

（一）牽連關係的意義

牽連關係是指債權與該動產間的密切關係,包括債權係因就該動產為某事實行為而發生者,及債權與該動產之返還義務,係因同一法律關係或事實關係而生者等二種情形。例如甲將冷氣機出賣予乙,並交付之,嗣後冷氣機因須修護而由甲卸下,運回占有,如乙買賣價金及修護費用均未清償,甲主張對冷

氣機有留置權時，其與冷氣機之占有有牽連關係的債權，僅修護費用而已，原買賣契約之價金債權，與其占有之冷氣機，尚難認有牽連關係存在（62台上1186）。再如甲係因租賃而占有屬於乙之機器設備，而甲對乙所主張之2000萬元債權，乃由甲為乙承擔台灣銀行之原棉貸款債務而發生，兩者之間尚難謂有牽連關係，甲即不得在乙未清償此項債務前留置該機器設備（74台上1447）。

（二）商人間的牽連關係

商人之間因交易頻繁，其留置權的範圍，當較一般為廣，故商人間因營業關係而占有之動產，與其因營業關係所生之債權，視為有牽連關係（民929）。例如顧客將洗衣物交付洗染業者洗染所生之債權，與該洗染業者因營業關係而占有之洗衣物，即被視為有牽連關係，以免除一一證明之困難；與他人簽訂承攬契約並占有他人交付之材料，而他人未於清償期清償因承攬契約所生之債務時，占有該材料與債權間，亦應視為有牽連關係。實務上認為縱其債權與該動產之占有，係基於不同關係而發生，且無任何因果關係，亦無不可（60台上3669）。

證券商對於客戶之股票主張留置權時，須該股票與受留置權擔保之債權，有牽連關係，如係因其代墊客戶因當沖交易股票未依約給付之交割差額，而取得之代墊款債權，其與存於客戶設於證券商處之普通交易帳戶內之股票，即無牽連關係，自不因而得對股票主張留置權。是以，即便同屬普通交易之範圍，因客戶買賣證券仍需依受託契約逐筆委託，則證券商因客戶某一筆委託所取得之證券，與證券商因客戶他筆委託違約所生之債權之間，亦不能解為係同一法律關係，亦不能認為該筆委託違約之債權係由他筆委託所取得之證券所生，故不當然具有牽連關係。

四、須不違背公序良俗

動產之留置，如違反公共秩序或善良風俗者，不得為之（民930前）。例如以買賣價金未支付為理由，留置債務人祖先之遺像及牌位，即非妥當。

五、須不與義務或約定相牴觸

如有上述牴觸，為保全交易上之信用，即不得留置之（民930後）。前一種情形，例如物品運送人甲，負有於約定或其他相當期間內，將物品運送至目的地之義務，運送人甲即不得主張託運人乙之運費未付，而扣留其物，不為運送；甲將布匹交予乙縫製衣服，乙所負之義務，為將布匹縫成衣服，在未縫製完成前，縱乙對甲之債權已屆清償期而未受清償，亦不得對甲所交付之布匹主張留置權，否則，即與乙所承擔之義務相違。後一種情形，例如債務人乙將汽車交債權人甲修理，於交付時言明汽車修復後，須交由債務人乙試用數日，認為滿意，始給付修理費者，債權人甲於汽車修畢後，仍以債務人之修理費未付而留置汽車，即與債權人、債務人間之約定相牴觸。

第三節　留置權的效力

一、效力的範圍

（一）留置權擔保債權的範圍

此項範圍法律上未設明文規定，解釋上包括與被留置之動產有牽連關係之所有債權，例如原債權、利息、遲延利息、違約金、避免留置物價值減損所必要之保存費用、實行留置權之費用及因留置物隱有瑕疵而生之損害賠償等（民887參照）。

（二）留置權效力所及的標的物範圍

留置權之效力除及於被留置之動產外，亦及於被留置的從物，以及被留置的動產及其從物的孳息。

二、對留置權人的效力

（一）標的物的留置

民法第932條規定：「債權人於其債權未受全部清償前，得就留置物之全

部，行使其留置權。但留置物為可分者，僅得依其債權與留置物價值之比例行使之。」本條原無但書，立法理由認為，留置權為擔保權之一種，其效用，即在使債權人速為清償。故債權人於其債權未受全部清償之前，得就留置物之全部，行使其留置權，以保護其利益。96年修正時增訂但書，立法理由謂：留置權因係擔保物權，自具有不可分性。惟留置權之作用乃在實現公平原則，過度之擔保，反失公允，爰仿民法第647條意旨，增設但書規定，以兼顧保障債務人或留置物所有人之權益。

（二）留置物的保管與孳息收取

留置權與質權同為擔保物權，質權存續中質權人對質物之保管義務、使用或出租之限制、孳息收取權及有腐敗之虞時之變價權，在留置權均應準用（民933準用888至890、892）。故留置權人應以盡善良管理人之注意，保管留置物（民933準用888）。所謂善良管理人之注意，係指依一般交易上之觀念，認為有相當知識經驗及誠意之人所具有之注意，其已盡此注意與否？應依抽象之標準定之，亦即以客觀之注意能力而非以主觀之注意能力為斷（91台上2139）。

此外，質權人得收取留置物所生之孳息者，應以對於自己財產同一之注意收取孳息，並為計算，質權人收取之此項孳息，先抵充費用，次抵原債權之利息，次抵原債權；留置權存續期間中，因留置物有腐壞之虞，或其價值顯有減少，足以害及留置權人之權利者，留置權人得拍賣留置物，以其賣得價金，代充留置物。

（三）必要費用償還請求權

債權人因保管留置物所支出之必要費用，得向其物之所有人，請求償還（民934）。蓋動產之所以被留置，乃因債務人不為清償，且留置物仍為債務人所有，而必要費用亦為有利於留置物之費用，即有利於債務人之費用，故不應由留置權人負擔。

（四）留置權的實行權

留置權的實行權是指留置權人得履行法定程序，拍賣留置物，以其價金

受償的權利。債權人於其債權已屆清償期而未受清償者，得定1個月以上之相當期限，通知債務人，聲明如不於其期限內為清償時，即就其留置物取償；留置物為第三人所有或存有其他物權而為債權人所知者，應併通知之。債務人或留置物所有人不於前項期限內為清償者，債權人得準用關於實行質權之規定，就留置物賣得之價金優先受償，或取得其所有權。不能為前述之通知者，於債權清償期屆至後，經過6個月仍未受清償時，債權人亦得依關於實行質權之規定，拍賣留置物，或取得其所有權（民936）。

債權人如未依民法第936條第2項準用關於實行質權之規定，就留置物賣得之價金優先受償，或取得其所有權，致債務人受損害，是否應負損害賠償責任？最高法院在實例中認為，留置權人依關於實行質權之規定，實行留置權，係其權利，而非義務，故未違反法律規定的義務，不負損害賠償責任（100台上436）。

但依我民法規定，留置權之取得無庸登記，債權人對債務人有無擔保債權，並無依國家機關作成之登記文件可明確證明。如債務人就留置物所擔保之債權之發生或其範圍有爭執時，應由債權人循訴訟方式，取得債權確已存在及其範圍之證明，始得聲請法院裁定拍賣留置物，以兼顧債務人之權益（89台抗541）。

三、對留置物所有人的效力

動產被債權人留置後，所有人即無法為使用收益，但其仍未喪失處分權，故仍得以讓與所有物返還請求權的方法（民761Ⅲ），將留置物所有權讓與第三人。

四、對留置物其他物權人的效力

留置物存有所有權以外之物權者，該物權人不得以之對抗善意之留置權人（民932-1）。例如留置物上存有質權時，留置權與質權之優先效力，本應依其成立之先後次序定之，惟留置權人在債權發生前已占有留置物，如其為善意者，應獲更周延之保障，故該留置權宜優先於其上之其他物權。

第四節 留置權的消滅

留置權除因實行而消滅外，尚有二項消滅的原因：

一、債務人另提擔保

債務人或留置物所有人為債務之清償，已提出相當之擔保者，債權人之留置權消滅（民937Ⅰ）。蓋此時債權人即已有所取償，留置權已無存在的必要，應使其消滅。

二、占有的喪失

占有動產乃留置權的成立要件，若債權人喪失占有，留置權的成立要件已有欠缺，當然歸於消滅。留置權，因留置權人返還留置物於債務人而消滅，返還留置物時，為留置權繼續存在之保留者，其保留無效；留置權人喪失其留置物之占有，於2年內未請求返還者，其留置權消滅；留置權，因留置物滅失而消滅，如債務人因滅失得受賠償或其他利益者，留置權人對於債務人所得行使之賠償或其他請求權仍有質權，其次序與原留置權同（民937Ⅱ準用897至899）。

第十章　占　有

第一節　占有的意義及要件

一、占有的意義

　　占有是法律上的重要概念，例如所有人請求返還其物者，僅得對「無權占有」人爲之；以占有被侵奪爲原因請求返還占有物，惟「占有人」始得爲之。請求返還所有物之訴，應以現在占有該物之人爲被告；如非現在占有該物之人，縱令所有人之占有，係因其人之行爲而喪失，所有人亦僅於此項行爲具備侵權行爲之要件時，得向其人請求賠償損害，要不得本於物上請求權，對之請求返還所有物（58台上565）。

　　所謂占有人，係指對於物有事實上管領之力者而言（42台上922），因爲占有乃是對於物，爲事實上管領的法律狀態，對於物有事實上管領之力者，即爲占有人（民940）。有無占有的事實，應依個案具體情形認定之。例如客運公司爲使乘客得在其設置之公車站上、下車，將車輛密集、頻繁併排停放，且併排時會停留在相臨之土地上，則客運公司對於相臨土地如無確定及繼續之支配關係，而僅係短暫路過，即非占有人；倘客運公司對於相臨土地已有確定及繼續之支配關係，縱有不特定人車圖一時便利通行該等土地，亦不能改變其占有之事實（102台上2442）。

　　占有在我國民法上雖具有相當的效力（如民943、953），並受法律的保護，但其性質上仍非屬權利，而是一項法律事實或法律狀態（52台上311）。民法第767條之規定稱「無權占有」，而不稱「無占有權」，當可爲佐證。故強制執行法第15條，所謂就執行標的物有足以排除強制執行之權利者，係指對於執行標的物有所有權、典權、留置權、質權等存在情形之一者而言，占有不過是對於物有事實上管領之力，並不包含在內（44台上721）。

二、占有的要件

占有並非法律行為，故占有人不必具有占有意思，無行為能力人亦不妨為占有人。占有僅占有人對於物有事實上管領力為已足，不以其物放置於一定處所，或標示為何人占有為生效條件。苟對於物無事實上管領力者，縱令放置於一定處所，並標示為何人占有，亦不能認其有占有之事實（53台上861）。占有的要件包含下列二點：

（一）以動產或不動產為客體

占有的標的物以物為限，對於不須占有其物，即可行使權利的財產權，僅能成立準占有（民966）。占有的標的物，不以得為私權客體的物為限，也不必為獨立的物，對於物的一部或全部，均得為占有，例如建築物內的一個房間，雖不具獨立性，亦得為占有的標的物。

（二）對物有事實上的管領力

占有僅須占有人對於物有事實上管領力，即為已足，至於物是否放置於一定處所，或是否標示為何人所有，均與占有之成立無關，此項管領力的有無，應依一般社會觀念決定，不以占有人與標的物有身體或物理上的接觸為必要。例如賽鴿雖飛行在外，終將歸來，即仍為其主人所占有；野獸中彈後，雖尚可暫時奔逃，解釋上應認為獵人已占有之。其他如甲將自己的汽車交給乙，由乙代覓停車位停放之，乙停妥後暫行保管鑰匙，準備隨時交還予甲，此時甲對於該汽車即具有事實上的管領力，為該汽車的占有人。

第二節　占有的種類

占有依其區分標準的不同，可作各種分類，其最重要的是下列各種。

一、有權占有與無權占有

此項區分的標準，是占有的本權之有無。前者是指依法具有某種占有的本權，例如所有權、租賃權、地上權等權利者；後者是指欠缺本權的占有，例如因竊盜或搶奪而占有贓物，或承租人於租賃契約終止後，仍繼續占有租賃物的

情形。此二者區別的實益，是前者只要本權繼續存在，即可拒絕他人交付其占有物的請求，但後者在有權占有人請求交還其占有物時，即應返還之。

二、善意占有與惡意占有

（一）區別的標準

善意占有與惡意占有均為無權占有，其區分的標準是占有人是否知悉其無占有的本權。前者是指占有人主觀上不知其無占有的本權，而實施占有；後者則是占有人明知其無占有的本權，卻占有標的物。占有究為善意或惡意的問題，須自占有人的主觀意思探求之，民法為求簡便，乃設推定占有為善意的規定（民944Ⅰ），以保護占有人。

（二）區別的實益

善意占有與惡意占有區別的實益甚大，此二者的物權取得時效的期間不同（民768至770）、得否受有關善意受讓的規定之保護不同（民801、886、948）、對善意受讓者得否請求回復其物不同（民951-1）、與回復請求人的法律關係不同（民952至958）。

（三）善意占有人轉換為惡意占有人的時點

無權占有人究為善意占有人或惡意占有人，其區別主是要在對於本權欠缺的事實是否知悉，但其對法律關係的影響甚大，法律上自有必要規定其認定的標準。占有人依法被推定為善意占有人，故善意占有人就其占有是否具有本權，本無查證之義務，但如依客觀事實，足認善意占有人嗣後已確知其係無占有本權者，例如所有人已向占有人提出權利證明文件或國家機關對其發出返還占有物之通知，應可以其反證推翻善意之推定，故民法第959條第1項乃規定：「善意占有人自確知其無占有本權時起，為惡意占有人。」

善意占有人於本權訴訟敗訴者，應於何時視為惡意占有人，亦有賴法律的明文規定。由於善意占有人於本權訴訟敗訴時，仍多以其判決為不當，自信自己尚有權利，故不得僅以其於本權訴訟敗訴一事，當然以其為惡意占有人。

但如善意占有人的本權訴訟，已受實體上敗訴的判決確定，即不得不接受其為無權占有之事實，並須依惡意占有人定其法律關係，但究應自何時轉換為惡意占有人，仍待明文規定。由於善意占有人自本權訴訟的訴狀送達之日起，即已得知其可能無占有之權利，為保護回復占有物人之利益，民法第959條第2項乃規定：「善意占有人於本權訴訟敗訴時，自訴狀送達之日起，視為惡意占有人。」

無權占有人即使原來為善意占有人，自其依法被視為惡意占有人後，即應返還占有物上所生之孳息（民958），其他一切權利義務，也均依惡意占有人之規定決定之。

本條第2項的規則，是惡意不受保護原則的體現，亦可類推適用，使債務人加付利息。在實例中，出賣人以買受人有債務不履行情事，依買賣契約約定，沒收其已付買賣價金充為違約金，並解除契約；買受人主張該約定之違約金額過高，聲請法院酌減。最高法院認為，就法院減少之部分，出賣人所受利益即失其法律上原因，買受人得依不當得利法則請求返還，並依民法第182條第2項規定，自出賣人知無法律上原因時起，加付利息，一併償還。該違約金應減少之數額固須待法院判決確定，始能確知；惟出賣人於買受人為此項主張之訴狀送達時，已知其情事，為免訴訟延滯影響當事人權益，應類推適用民法第959條第2項規定，即自訴狀送達之日起，視為惡意受領人而應加付利息（103台上2211）。

三、自主占有與他主占有

（一）區別的標準

此項區別的標準，是占有人是否以所有的意思而占有。前者是指對於物，以所有的意思而占有；後者是指對於物，非以所有的意思而占有。例如所有人對所有物、侵占人對於因侵占而取得之物的占有，均屬自主占有；承租人對租賃物、地上權人對為地上權標的物的土地的占有，則是他主占有。

占有人的占有究為自主占有或他主占有的問題，須自占有人的主觀意思探求之，其證明相當困難，民法乃設有推定占有人的占有為自主占有的規定（民944 I），使占有人就此不必負舉證之責。占有的事實狀態並非當然一成不

變，相關情形改變者，他主占有可能變更爲自主占有，反之亦然。

（二）區別的實益

上述區分的實益，是因時效取得所有權（民768至770）、先占（民802）均以自主占有爲必要，且自主占有人的賠償責任較輕（民953），他主占有人的賠償責任較重（民956）。

（三）自主占有和他主占有的轉換

占有如依其所由發生的事實的性質，無所有的意思者，例如因使用借貸而占有他人之物，其占有人對於使其占有之人，自表示所有的意思時起，爲以所有的意思而占有；其因新事實變爲以所有的意思占有者，例如承租人向出租人買受租賃物，亦爲以所有的意思而占有（民945Ⅰ）。占有人的他主占有變爲自主占有時，如使其占有之人非所有人，而占有人於爲前項表示時已知占有物之所有人者，其表示並應向該所有人爲之（民945Ⅱ）。

占有人占有特定物的意思變更，並不限於他主占有變爲自主占有，也有可能自主占有變爲他主占有，或某種他主占有變爲另外一種他主占有。前者例如以所有之意思占有，變爲以地上權之意思占有；後者例如以地上權意思之占有，變爲以租賃或農育權意思而占有。此等占有狀態的變更及占有人的通知義務，均應與他主占有變爲自主占有時相同，故民法第945條第3項乃規定：「前二項規定，於占有人以所有之意思占有變爲以其他意思而占有，或以其他意思之占有變爲以不同之其他意思而占有者，準用之。」

四、直接占有、間接占有與輔助占有

（一）直接占有與間接占有

對於物有事實上管領之力者，始爲占有人（70台上3927），但占有包含直接占有及間接占有，其區分的標準，是標的物被占有的狀態是否直接。前者是指直接對於物有事實上的管領力者，後者是指自己不直接占有其物，而本於一定的法律關係，由他人代爲管領，而對於直接占有人，享有返還請求權的情

形。故地上權人、農育權人、典權人、質權人、承租人、受寄人，或基於其他類似之法律關係，對於他人之物為占有者，該他人為間接占有人（民941）。換言之，地上權人、農育權人、典權人、質權人、承租人、受寄人為直接占有人，地上權及農育權的標的物及典物的所有人、出質人、出租人、寄託人為間接占有人。

無論是直接占有或間接占有，均為占有，故請求返還占有物之訴，固應以現在占有該物之人為被告，惟所稱占有，不惟指直接占有，即間接占有亦包括在內。貸與人係經由借用人維持其對借用物之事實上管領力，為間接占有人，不失為現在占有人，借用人依其自己之使用目的而占有，則係直接占有人（87台上213、90台上2217）；承租人基於租賃關係對於租賃物為占有者，出租人為間接占有人，出租人係經由承租人維持其對物之事實上管領之力，仍係現在占有人（82台上1178）；甲購買機器設備出租與乙，乙再轉租給丙，則丙現之占有，係由於乙轉租之故，乙對於該機器設備，仍為間接占有人（74台上2716）；委任雖非條文明訂，但受任人基於委任關係對於物有管領之力者，亦為直接占有人（86台上1049）。

間接占有人是為「對於他人之物占有者」，並非民事訴訟法第401條第1項及強制執行法第4-2條第1項第1款所謂「『為』當事人或其繼受人占有請求之標的物」者，貸與人雖為間接占有人，但該借用人占有貸與人之物，乃係為自己之利益而占有，於此情形，自無上揭條項「確定判決既判力或執行力效力所及」之適用（99台抗112）。

（二）占有與輔助占有

在實務上須與占有人嚴予區別者，是民法第942條所規定的占有輔助人。占有輔助人乃受他人指示而為他人管領物品時，僅係占有人之機關，應僅該他人為占有人，其本身對於該物品即非直接占有人（84台上2818、100台上1275、104台上137）。輔助占有人重在其對物之管領，係受他人之指示，至於是否受他人之指示，則應就自為指示之他人與受指示者間之內部關係加以觀之並證明（91台上1388），而所謂內部關係，即民法第942條所指受僱人、學徒、家屬或其他受他人之指示而為占有之類似關係（107台上807、110台上1290），主張自己係他人之占有輔助人者，應從其內部關係證明其使用占有物

係受他人之指示，否則難謂其爲占有輔助人（87台上308）。

占有輔助人於受他人指示而爲他人管領物品時，應僅該他人爲占有人，其本身對於該物品即非直接占有人，與基於租賃、借貸關係而對於他人之物爲直接占有者，該他人爲間接占有人之情形不同（101台上563）。例如甲係乙之妻，房屋係由乙一人承租經營牛肉麵店，甲基於共同生活關係，隨同乙居住於某房屋內時，甲對該房屋，應屬占有輔助人（82台上3057、101台上563）；但如丙雖爲乙之女，並與之住於同一屋內，但其本人如確已結婚成家獨立生活，而無從自內部關係證明其使用該房屋係受債務人之指示時，尚難謂該丙爲乙之輔助占有人（65台抗163）。質言之，從當事人間的內部關係，可認爲一方當事人的占有，是受他方當事人的指示時，例如受僱人、學徒、家屬或基於其他類似之關係，受他人之指示而對於物有管領力者，只是占有人的輔助機關，並非直接占有人，故僅僱用人、師父及家長等指示其占有之人，始爲占有人（民942）。占有輔助人須有爲本人占有之意思，如占有輔助人侵占其管領之物，本人之占有即因而喪失（92台上753）。

占有輔助人，於受他人指示而爲他人管領物時，應僅該他人爲占有人，其本身對於該物並非占有人。故請求權應以占有人爲請求的對象者，例如所有人的所有物返還請求權（民767 I 前），如誤認爲占有輔助人爲占有人，而對其起訴請求，因其本身並非占有人。其請求即無理由（105台上520）。

五、單獨占有與共同占有

此項區分的標準，是占有人的人數。前者是指占有人僅有一人的情形，後者是指數人共同占有一物的情形。倘係共同占有，即數人共占有一物時，各占有人，就其占有物使用的範圍，不得互相請求占有之保護（民965）。

第三節 占有的取得

一、原始取得

是指非基於他人的占有的移轉，而取得既存的占有的情形。例如對於遺失物的占有，無主物的先占均屬之。

二、繼受取得

（一）繼受取得的意義

占有的繼受取得，是指基於他人的移轉，而取得既存的占有的情形。占有的移轉及占有的繼承均屬之。占有之移轉是指占有的受讓人因法律行為而取得占有的情形，依法因占有物之交付，而生效力（民946 I），且因準用民法第761條之規定（民946 II），並非以現實交付為限，而包括簡易交付、占有改定及讓與返還請求權等觀念交付在內。故買賣契約簽約以前，標的物房屋已由買受人占有使用，可認為出賣人簽約同意交付時，即為交付，買受人並即取得房屋之事實上處分權（110台上1843）；苟因租賃物在第三人占有中，而出租人將其對於第三人之返還請求權讓與承租人，使承租人取得間接占有，則租賃物之占有即已移轉承租人（102台上1506）。占有的繼承，是指繼承人依法律規定（民1148），而取得被繼承人的占有的情形。

（二）占有移轉與風險承擔

占有移轉與風險承擔密不可分，其時間的認定宜依民法第946條第2項準用第761條之規定。例如甲向乙買受房屋後，出租與原出賣人乙居住，係以取得間接占有以代交付，即應以租賃契約成立之日期，為該房屋移轉占有之日期（48台上611）；如房屋於甲、乙訂定買賣契約之前，既由甲本於租賃關係而占有，則甲就該房屋自買賣契約成立之日起，即已接受乙之交付（46台上64）；如買賣標的物由第三人丙占有時，出賣人乙得以對於第三人之返還請求權讓與於買受人甲以代交付，故除有出賣人之交付義務，在第三人返還前仍不消滅之特約外，出賣人讓與其返還請求權於買受人時，其交付義務即為已經履行（32上5455）。

占有移轉時，原則上讓與人就喪失占有，並由受讓人取得占有。例如某土地原屬林務局管理，於84年12月19日與景海公司簽訂墾丁森林遊樂區海濱區之遊樂設施投資經營合約後，如先交付景海公司占有，則該公司即已取得該土地之事實上管領力；如未交付景海公司而係交付甲再轉交嗣後成立之景天公司占有，仍於兩造87年4月1日訂立委託管理契約就該土地之移轉占有獲致合意時，

發生占有移轉之效力，而由景海公司取得該土地之間接占有人地位。景海公司於是時取得該土地之事實上管領力，嗣景海公司終止兩造間之委託管理契約，景天公司之占有權源當然隨之喪失（92台上324）。

（三）瑕疵的承繼

無論是占有移轉或繼承，只要是繼受取得占有，無論是占有的繼承人或受讓人，均得就自己的占有，或將自己的占有與其前占有人的占有合併，而為主張。但合併前占有人的占有而為主張者，並應承繼其瑕疵（民947）。而此處所稱的瑕疵，是指對於物的占有，以惡意、有過失、強暴、隱秘或不繼續之方式實施的狀態。例如甲將其對於他人之動產之占有，移轉予乙，乙繼續占有後，主張依時效而取得該動產的所有權時，如乙自行占有已達10年，自無問題（民768），惟如乙係主張其與甲之占有合併計算，已達10年時，則甲的占有具有隱秘、強暴等瑕疵時，均應一律承繼，而可能使取得時效因而中斷。

第四節　占有的效力

占有人除得本其占有的事實，依取得時效的規定（民768至772），取得動產物權或請求登記為不動產物權人的權利外，尚有以下之效力：

一、推定的效力

（一）占有事實的推定

1. 基本原則

占有人推定其為以所有之意思，善意、和平、公然及無過失占有；經證明前後兩時為占有者，推定前後兩時之間，繼續占有（民944）。依一般舉證責任分配原則，占有人不須就常態事實及消極事實，負舉證責任。占有人對於已被法律推定的占有的狀態，均無須負舉證責任，否認之人須提出反證始得推翻之。所謂「無過失」乃係就其善意占有已盡其注意義務，在「善意」已受推定之範圍內，進一步推定占有人為「無過失」，主張其為「有過失」者，應負舉證責任。

2. 舉證責任的分配

上述規定是為以保護占有人之利益而設，使其就占有的若干常例或常態事實，不負舉證責任。對於「以所有之意思」的推定，原為有利於占有人的事實推定，應由相對人就不利於占有人的事實提出反證，故如占有人主張因時效請求登記為地上權人時，似可推定其係以行使地上權的意思而占有。但實務上係採相反見解，認為主張因時效取得地上權者，其占有他人土地是否以行使地上權之意思，因不在民法第944條第1項的推定之列，故須由占有人負證明之責（86台上619、86台上734、87台上1284）。

3. 他主占有的推定

實務上曾認為，占有人在他人土地上有建築物或其他工作物之原因，或係本於所有權之意思或係基於無權占有之意思，或基於越界建築使用，或界址不明致誤認他人土地為自己所有，或因不知為他人土地而誤為占有使用，或基於借用意思，不一而足，非必皆以行使地上權之意思而占有。是故，尚不能僅以占有人在他人土地上有建築物或其他工作物之客觀事實，即認占有人主觀上係基於行使地上權之意思而占有該土地（91台上949）。自主占有的推定基礎，是其對於占有人較有利，如占有人未主張對其最有利的自主占有，而僅主張他主占有，是否應予否定，仍值得商榷。

（二）權利的推定

1. 有權占有的推定

占有人於占有物上行使之權利，推定其適法有此權利（民943 I）。依民事訴訟法第281條規定，法律上推定之事實，無反證者，無庸舉證。是占有人以占有之事實，而主張占有物之所有權者，爭執此所有權之人無相反之證明，或其所提出之反證無可憑信，依民法第943條第1項規定，生推定之效力（109台上1650）。

依上述規定，占有人為有權占有之狀態，為法律所推定。例如占有人於標的物上行使所有權時，即推定其有所有權，於標的物上行使租賃權時，即推定其有租賃權；占有人占有系爭未辦理登記之建物，並主張該建物為其所有，即應推定其適法有所有權，除他人有反證外，占有人並不負舉證責任（103台上1668）。不過，對於已登記之不動產物權，其交易相對人所應信賴者，乃是

地政機關的登記（民759-1），不能依憑不動產的現時占有狀態而為權利的推定。

　　占有人於占有物上，被推定為有權占有，除他造當事人提出反證推翻外，占有人並不須舉證其有適法占有之權利。例如當事人雙方就某土地雖簽定耕作權讓渡契約書，惟契約內容實係在於對受讓土地之使用支配，且該土地並未辦理所有權第一次登記，致所有權歸屬狀態不明，甲於簽訂契約後即以耕作、建屋居住等方式持續占有逾20年，甲得主張是基於行使所有權之意思占有該土地（99台上864）。但如他人提出反證，證明自己有占有之權源，占有人為推翻該反證，自仍須舉證，此乃舉證責任分配原則所當然。再如某股票為記名股票，甲為該股票之所有人，因遺失向台北地院聲請公示催告，則甲已證明其為該爭股票之所有人，而推翻法律之規定，乙為該股票之現占有人，就其主張對該股票有占有之合法正當權源，即應負舉證責任（97台上511）。

2. 具體權利的成立不予推定

　　民法第943條規定占有人推定其適法有其權利，乃基於占有之本權表彰機能而生，並非具有使占有人取得權利之作用，該規定之旨趣在於免除占有人關於本權或占有取得原因之舉證責任，並非使占有人因而取得本權或其他權利。且係指占有人就其所行使之權利，推定為適法，惟究係行使何項權利而占有，則非法律所推定（86台上734），其究為何種權利，應依占有人行使權利當時之意思定之，並非專指所有權而言（73台上2984）。例如占有的房屋於日據時期即民國28年間即由日本政府建竣，供作嘉義縣警察局朴子分局宿舍之用，上開房屋占有土地已歷50年，究竟占有人於占有物上行使之權利為何，即有待認定（80台上920）。

　　根據債權（如租賃或借貸）或限制物權（如動產質權）等所有權以外之權利而占有他人之物者，例如甲將物交付乙占有，嗣甲以所有物返還請求權請求乙返還，乙認為其間有租賃關係存在，主張因租賃權而占有，依訴訟法上舉證責任分配之法則，亦宜認為乙對有權占有之事實應負舉證責任，因此在占有人與使其占有人間，不宜逕為權利適法之推定。故民法第943條第2項乃規定：「前項推定，於下列情形不適用之：一、占有已登記之不動產而行使物權。二、行使所有權以外之權利者，對使其占有之人。」

　　值得注意的是，民法第943條規定，僅為占有權利之推定，非屬完全性條

文，占有人不得以其作爲請求權的基礎，法院也不應作爲判准當事人請求之依據（101台上1747）。

二、動產占有的善意受讓

（一）規範結構與動產占有的法律保護

民法爲強化公示的效力，採公信原則。第801條規定：「動產之受讓人占有動產，而受關於占有規定之保護者，縱讓與人無移轉所有權之權利，受讓人仍取得其所有權。」第886條規定：「動產之受質人占有動產，而受關於占有規定之保護者，縱出質人無處分其質物之權利，受質人仍取得其質權。」此二條文的構成要件中，均有「而受關於占有規定之保護者」，其立法理由均指出，動產的占有人，原擬藉由法律行爲取得動產所有權或動產質權，但因讓與人或出質人竟無讓與之權利或出質之權利，而無法如願時，仍者依「占有之效力」而取得該權利。故其所謂「而受關於占有規定之保護者」，即指法律就占有的事實狀態，規定其具有使占有人，因占有本身，而依上述條文取得動產所有權或動產質權的效力者。

爲確定此種可藉以取得所得權或動產質權的「占有之效力」，民法第948條第1項規定：「以動產所有權，或其他物權之移轉或設定爲目的，而善意受讓該動產之占有者，縱其讓與人無讓與之權利，其占有仍受法律之保護。但受讓人明知或因重大過失而不知讓與人無讓與之權利者，不在此限。」本條項規定的法律效果，是「其占有仍受法律之保護」，所謂「受法律之保護」的實質內涵，其實就是第801條及第886條的要件：「占有動產，而受關於占有規定之保護者」，也就是立法理由所稱的「占有之效力」。

因此，民法第948條是爲第801條及第886條而規定，其內容僅規定「其占有仍受法律之保護」的情況，而未直接規定物權變動。值得注意的是，「其占有受法律之保護」是概括的概念，其具體內容仍然有程度上的差別。故如其占有物，爲「盜贓、遺失物或其他非基於原占有人之意思而喪失其占有者」，民法第949條至第951-1條即規定其與第948條不同的占有保護程度，並以原占有人得回復其占有物的方式，將占有排除在法律保護的範圍之外。此等條文的規範性質，仍屬於法律對占有的保護規定，只是其保護程度較弱而已，但在保護

的範圍之內，仍屬於「其占有受法律之保護」的情形。故在其占有受法律保護的範圍內，占有人仍得依第801條或第886條，而取得動產所有權或動產質權。

換言之，民法第949條至第951-1條是第948條的補充規定，故其僅規定「原占有人」的回復其占有物問題，而非規定動產「所有人」回復其所有物的問題。

（二）動產占有的善意受讓

動產占有人係善意受讓時，該動產之所有人，不得以讓與人或出質人無讓與或出質之權利，即其處分行為屬於無權處分為理由，而對善意（不知讓與人無讓與之權利）之受讓人，請求返還其物。此等原則之目的，係在維護財產交易之安全（動的安全），但如受讓人不知讓與人無讓與之權利係因重大過失所致者，因其本身具有疏失，應排除於保護範圍之外，以維護原有權利秩序的靜的安全。民法第948條的規定，即在成就第801條及第886條的上述立法目的。

就動產占有的受讓人與其所有人或其他權利人之利益而言，上述之設計顯然係將讓與人無權處分的風險，歸由所有人或其他權利人負擔，故必須以所有人或其他權利人，有意思之介入為適用之條件。故如讓與人之取得占有，並非出於所有人或其他權利人之意思，例如標的物係因遺失、被盜或其他類似之原因，而脫離其占有時，即應適度保護原有之財產秩序（靜的安全），不宜再由所有人或其他權利人負擔無權處分的風險。民法第949條至第951-1條關於占有保護程度的考量，即在作為第801條及第886條適用上的安全閥。

對照來看，動產占有如具備民法第948條所定其應受法律保護之要件，而其占有物非屬「盜贓、遺失物或其他非基於原占有人之意思而喪失其占有者」，原占有人即不得再回復其占有物。第949條至第951-1條是第948條的補充規定，其前提是符合第948條動產占有善意受讓的要件，故如占有物並非「盜贓、遺失物或其他非基於原占有人之意思而喪失其占有者」，其原占有人能否回復物之爭執，應適用第948條，就占有人之受讓是否善意為斷（40台上1622），如為善意受讓，原占有人不得請求回復其占有物，善意受讓的動產占有人，並得依第801條或第886條，而取得動產所有權或動產質權。

最高法院在實例中認為，占有人善意受讓魚翅時，如其非屬民法第949條規定的盜贓等物，占有人又為受讓其物之善意占有人，係具有民法第948條所

定應受法律保護之要件,則縱其物之原所有人向占有人請求返還,依同法第949條規定之反面解釋,亦無其物之回復請求權(44台上1042)。本書認為,該魚翅的原所有人及原占有人可能是不同之人,原占有人之請求回復其物,固屬第948條至第951-1條的適用範圍,如原所有人請求回復其所有物,則屬於第767條第1項的適用範圍,此時因現占有人已依第801條取得魚翅所有權,原所有人之魚翅所有權已經消滅,故其請求為無理由。

(三)善意受讓的要件

1. 須因物權行為而受讓占有

　　民法第948條就善意受讓占有,規定其要件為:「以動產所有權,或其他物權之移轉或設定為目的,而善意受讓該動產之占有者」,本條對於所謂「受讓」,是指「受讓」占有而言;第801條規定:「動產之受讓人占有動產,而受關於占有規定之保護者,縱讓與人無移轉所有權之權利,受讓人仍取得其所有權」,其中所謂「受讓」,亦是指「受讓」占有而言。

　　最高法院在實例中曾認為:我國民法為保護交易安全,設有動產善意取得制度,凡以動產所有權或其他物權之移轉或設定為目的,而善意受讓該動產之占有者,縱其讓與人無移轉所有權或設定其他物權之權利,受讓人仍取得其所有權或其他物權。此所謂受讓,係指依法律行為而受讓,如因買賣、互易、贈與、出資等交易行為,受讓人與讓與人間有物權變動之合意與交付標的物之物權行為存在者均屬之(86台上121)。上述見解,既然在解釋「受讓該動產之占有」之「受讓」,卻完全以物權之「受讓」或物權行為作為內容,讀者宜特別留意,免被誤導。

　　換言之,善意受讓占有的占有人,須已經受讓占有,即必須有占有的讓與人讓與其占有,最高法院也認為,是以讓與人對該動產原即已實施占有為前提,否則,即無善意受讓規定之適用(92台上1218)。此外,讓與人及受讓人之間,尚須有物權行為,在善意取得所有權(民801),即須基於移轉動產所有權之合致意思,而為預期有效之法律行為,由讓與人將動產交付善意之受讓人,倘雙方非本於有效之法律行為,或受讓人非屬善意,應無善意取得(受讓)之適用(87台上1869)。

　　例如讓與人甲於去年4月30日將噴洗機交付買受人乙,已履行出賣人之義

務，嗣買受人乙要求解除契約，甲乃與其合意解除契約，並協議將噴洗機交還甲，此乃另一契約行為；最高法院認為，乙已將該物現實交付甲占有，雙方顯有變動物權之合意及交付標的物之物權行為存在，此時甲乃係依法律行為而受讓該標的物，其受讓時既不知乙與第三人丙間有買賣及租賃關係，其占有應受保護，自屬善意取得（86台上602）。

2. 受讓人須為善意占有

　　動產之善意取得，須受讓人為「善意受讓」占有，如讓與人如無讓與其所有權之權利，而受讓人又非善意者，並不因此而取得所有權。實務上認為，依民法第944條第1項之規定，占有人推定其為善意占有者，除有反證足以證明上開推定事實並非真實外，即不能空言否認占有人之善意占有（44台上100）；但依客觀情勢，在交易經驗上，一般人皆可認定讓與人無讓與之權利，而仍受讓者，即應認係惡意（81台上2937）。

　　本條項為保障動產交易之安全，原規定只要受讓人為善意（不知讓與人無讓與之權利），即應保護之，99年修正時認為受讓人不知讓與人無讓與之權利係因重大過失所致者，因其本身具有疏失，應明文排除於保護範圍之外，以維護原所有權靜的安全乃增列但書規定。

3. 占有改定者須善意受現實交付

　　民法第948條第2項規定：「動產占有之受讓，係依第七百六十一條第二項規定為之者，以受讓人受現實交付且交付時善意為限，始受前項規定之保護。」本條項係於99年增訂，立法理由指出，善意取得，讓與人及受讓人除須有移轉占有之合意外，讓與人並應將動產交付於受讓人。讓與人的交付是以現實交付、簡易交付（民761 I）或指示交付（民761 III）為之者，均立即喪失占有，此時發生善意取得的效果較無問題，但如以占有改定（民761 II）的方式交付，因受讓人使讓與人仍繼續占有動產，此與原權利人信賴讓與人而使之占有動產完全相同，實難謂受讓人之利益有較諸原權利人者更應保護之理由，故不宜使之立即發生善意取得效力，參考德國民法第933條規定，於受讓人受現實交付且交付時善意者為限，始受善意取得之保護，以保障當事人權益及維護交易安全。

（四）盜贓、遺失物等物的占有保護與回復

1. 盜贓、遺失物等物的特別規定

(1)盜贓等物

民法第949條第1項規定：「占有物如係盜贓、遺失物或其他非基於原占有人之意思而喪失其占有者，原占有人自喪失占有之時起二年以內，得向善意受讓之現占有人請求回復其物。」本條項的立法目的，是在對於非基於原占有人之意思而喪失其占有之物，特別規定其善意受讓的占有人的占有，受法律保護的程度。故所謂盜贓，並非指刑法上的贓物，而是僅限於非由原占有人自願交付之物，故因竊盜、搶奪、或強盜等行為而被奪取之物，固為盜贓，因被詐欺而交付之物，或自願交付而被侵占之物，雖為刑法上的贓物，卻非本條項的盜贓。最高法院也在實例中認為，所謂盜贓，其意義較一般贓物為狹，係以竊盜、搶奪、或強盜等行為，奪取之物為限，不包含因侵佔取得之物在內（40台上704）。

(2)二年除斥期間

本條項規定原占有人，得自喪失占有之時起2年以內，向善意受讓之現占有人請求回復其物。其中的2年期間，實務上認為係除斥期間，而非時效期間，不適用關於時效中斷之規定（42台上349）。該除斥期間經過，權利即告消滅，縱未經當事人主張或抗辯，法院亦應依職權予以調查審認；於被害人依同法第950條規定，為盜贓或遺失物之有償回復之情形，亦同（91台上1336）。

(3)仍受法律之保護

其實，本條項規定原占有人的回復其物請求權，是在限縮善意受讓之現占有人的占有所受的法律保護。民法第948條規定善意受讓占有者，「仍受法律之保護」，本條項規定原占有人對盜贓等物2年內有回復請求權，更重要的是2年以後不得請求回復，無論自始即得適用第948條規定，或在2年以後才適用，本條項在實質上均屬於「仍受法律之保護」的情形，只是保護的程度較低而已，仍為善意取得的類型。

動產占有的善意受讓人，如其占有物非屬第949條第1項規定的盜贓等物，則不適用民法第949條以下規定，但仍適用第948條規定，如其占有具有該條所定應受法律保護之要件，原占有人即不得請求回復其占有物，原所有人亦因而

喪失其物之所有權，亦無所有物返還請求權。但在實例中，最高法院認為，民法第949條所定盜贓或遺失物之回復請求權，乃善意取得規定之例外，故盜贓或遺失物之現占有人必須符合法律所定善意取得之要件，否則被害人或遺失人儘可依民法第767條、第962條之規定請求回復其物，尚無適用該條規定之餘地（86台上121、86台上2423）。此一見解認為非善意受讓占有之現占有人，亦有民法第949條關於盜贓等物規定之適用，本書認為，值得商榷。

(4)原占有人的善意占有

盜贓、遺失物或其他非基於原占有人之意思而喪失其占有之物，其回復請求權人並不以占有物之所有人為限，其他具有占有權源之人，例如物之承租人、借用人、受寄人或質權人等，亦有回復請求權，但如原占有人無占有之本權，且為惡意的無權占有時，即無使其回復原來的無權占有的必要。故民法第951-1條乃規定：「第九百四十九條及第九百五十條規定，於原占有人為惡意占有者，不適用之。」換言之，原占有人縱無占有之本權，除係惡意占有之情形外，善意占有人所受之保護，依占有章之規定幾與有權占有人同。

2.回復其物的法律效果

對於動產占有的善意受讓人，原占有人之請求回復其占有物，乃是善意受讓占有的例外情形，其依第948條不得回復者，善意受讓人即得依第801條或第886條，取得動產所有權或動產質權，如原占有人在2年尚得請求回復其占有物，即表示在2年內其占有尚未受法律之保護，善意受讓人尚不得依第801條或第886條，取得動產所有權或動產質權。不過，99年民法修正時，增訂第949條第2項規定：「依前項規定回復其物者，自喪失其占有時起，回復其原來之權利。」

本條項的立法理由指出，原占有人行使前項之回復請求權後，回復其物之效果如何，學者間雖有不同見解，惟善意取得占有喪失物之回復乃善意取得之例外，原即重在財產權靜之安全之保障，故以自喪失其占有時起，溯及回復其原來之權利為宜，爰增訂第2項，俾杜爭議。

本書認為，本條是屬於善意受讓占有的規定，原占有人回復其占有物的規定，亦僅涉及善意受讓占有被法律保護的程度，至於原占有人是否有權占有？其占有的本權為何？是否消滅？等問題，均屬於其本權的問題，不宜在本條規定其事項。此由民法第801條及第886條規定本權的問題，第948條僅規

定占有之保護，應屬明確，而原來未規定第2項時，法律關係的判斷似亦無特別問題。增訂第2項的結果，使權利人「自喪失其占有時起，回復其原來之權利」，讓善意受讓人不得依第801條或第886條取得的權利，發生先取得，再喪失的結果，增加法律關係的複雜程度，似有再商榷的必要。惟木已成舟，在現行法上，宜認為盜贓等物的占有人，在善意受讓占有時，其占有即受法律完全之保護，如原占有人在2年內請求回復，則溯及於善意受讓占有時，不受法律之保護。

3. 善意買得者的特別保護

民法第950條規定：「盜贓、遺失物或其他非基於原占有人之意思而喪失其占有之物，如現占有人由公開交易場所，或由販賣與其物同種之物之商人，以善意買得者，非償還其支出之價金，不得回復其物。」本條規定善意受讓占有的占有人，雖占有物是盜贓等特別的動產，但因其是由公開交易場所，或由販賣與其物同種之物之商人，以善意買得者，由於非在秘密交易的「黑市」，而在公開交易之場所，如拍賣或一般商店等之交易，或向販賣與其物同種之物之商人購買，均應為法律之保護與鼓勵，對支付價金而「善意買得者」，其占有應由法律予以特別保護，降低其買到盜贓、遺失物等物時的法律風險。

故本條所謂「非償還其支出之價金，不得回復其物」，是指原占有人本來依第949條第1項規定，自喪失占有之時起2年以內，得向善意受讓之現占有人請求回復其物，但如為第950條規定的情形，即使在2年之內，原占有人的回復其物請求權，須以償還其支出之價金為要件，如未償還其支出之價金，2年一過，原占有人即喪失其回復其物的請求權。如前所述，依第949條第2項規定，現占有人的善意占有，於善意受讓占有時，即受法律完整之保護，如原占有人未在2年之內，償還其支出之價金而回復其物時，現占有人因善意受讓占有而取得的占效力及利益（例如依第801條取得所有權），即歸於確定。

在實例中，最高法院認為，盜贓之被害人依民法第950條規定，非償還買受人支出之價金不得請求回復其物。此乃因買受其物之占有人係由拍賣或公共市場或由販賣與其物同種之物之商人善意買得其物，對其物之來源有正當信賴之情形存在，須特別加以保護之故。是以，被害人之償還價金乃回復其物之要件。倘其物係經警察機關發還被害人者，於被害人未償還價金以前，該占有人之所有權亦不消滅。又被害人上述之價金負擔，乃是衡量被害人與買受其物之

占有人間之相對利益而設。因之，有無上述買得其物之特殊情形，應以占有人本身決之，至占有人輾轉買賣之前手，有無該特殊情形存在，則非所問。準此以觀，買受人於上述已取得買賣標的物所有權而未消滅之情形，出賣人均不負瑕疵擔保之責（77台上2422）。

4. 金錢或有價證券的善意受讓

民法第951條規定：「盜贓、遺失物或其他非基於原占有人之意思而喪失其占有之物，如係金錢或未記載權利人之有價證券，不得向其善意受讓之現占有人請求回復。」因為金錢與未記載權利人之有價證券應依法鼓勵其流通，受讓人即不被課予辨識其來源或是否為有權處分之義務，占有人如係善意占有，應許其即時取得所得權，以確保交易之安全。

關於金錢或貨幣的高度融通性，最高法院在實例中指出，貨幣之所有與占有不能分離，故原則上不能成立間接占有。蓋貨幣之占有一旦喪失，其所有權原則隨之喪失。申言之，除例外之情形（如供觀賞、展示、蒐集用之古幣或紀念幣等特定目的而封裝之物），貨幣之所有權不具追及效力，亦無所有物返還請求權可言（參看民法第951條、第474條、第603條規定）。故主張自己為新台幣之所有權人或占有人者，如其非占有人，即無從本於民法第767條第1項、第962條規定，請求占有人交還（104台上532）。

關於未記載權利人之有價證券的盜贓，善意受讓占有人的占有保護情形，在實例中，受讓顧客支付支票之西裝料出賣人，因是否善意受讓該支票，與其原占有人發生爭議，最高法院認為，其占有的票據記明其為支票，並載有「憑票祈付持票人」字樣，自屬無記名證券之一種，雖係原占有人被盜竊之贓物，占有人推定其為善意占有者為民法第944條第1項所明定，除原占有人有反證足以證明上開推定事實並非真實外，即不能空言否認現占有人之善意占有，依照民法第951條規定，盜贓或遺失物如係金錢或無記名證券，不得向其善意占有人請求回復（44台上100）。

三、被請求回復時的效力

無權占有人返還占有物給回復請求人後，其間有下列三種因占有而生的債之關係，民法債編並有其規定可資適用，即：（一）關於對占有物的使用收益的返還，依不當得利；（二）關於占有物毀損滅失的賠償，依侵權行為；

（三）對占有物支出費用的求償，依無因管理或不當得利。不過，民法第952條至第958條對上述三種問題，仍另設規定，但其規定卻與債編的規定未盡一致。本書認為，無權占有和有權占有均屬占有，但民法第952條至第958條是針對善意占有人及惡意占有人而規定，應僅適用於無權占有，不能適用於有權占有。

（一）孳息收取

1. 善意占有

(1)使用收益

善意占有人於推定其為適法所有之權利範圍內，得為占有物之使用、收益（民952）。善意占有人得就占有物為使用、收益者，不以所有權為限，地上權、農育權、典權、租賃權等，亦得為之，其歷來所收取之孳息，均無須返還。惟善意占有人的權利內容，有得為占有物之使用或收益者，有依其性質無使用收益權者（如質權，民889、890），後者並無適用本條之必要，即其善意占有人不得為占有物之使用及收益。

(2)不當得利

占有人於占有物上行使之權利，推定其適法有此權利（民943）；善意占有人依推定其為適法所有之權利，得為占有物之使用及收益（民952）。實務上認為占有人因此項使用所獲得之利益，對於所有人不負返還之義務，此為不當得利之特別規定，不當得利規定於此無適用之餘地（58台上565）。不動產占有人於其完成物權取得時效並辦畢登記時，就時效進行期間之占有，亦應解為有上述規定之適用，方能貫徹法律保護善意占有人之意旨（77台上1208）。若為惡意占有他人之物之無權占有人，依民法第952條之反面解釋，其對他人之物並無使用收益權能，即欠缺權益歸屬內容，亦不得依不當得利之法則，請求占有該物之第三人返還該使用占有物所受之利益（94台再39）。

(3)出租他人之物

租賃物被他人出租時，其所有人得否向承租人請求返還不當得利，亦應依上述原則決定。租賃契約為債權契約，出租人不以租賃物所有人為限，出租人未經所有人同意，擅以自己名義出租租賃物，其租約並非無效，僅不得以之對抗所有人。至所有人得否依不當得利之法律關係，向承租人請求返還占有使

用租賃物之利益，應視承租人是否善意而定，倘承租人為善意，依民法第952條規定，得為租賃物之使用及收益，其因此項占有使用所獲利益，對於所有人不負返還之義務，自無不當得利可言；倘承租人為惡意時，對於所有人言，其就租賃物並無使用收益權，即應依不當得利之規定，返還其所受利益（91台上1537、104台上2252、109台上2146）。

2. 惡意占有

惡意占有人，負返還孳息之義務，其孳息如已消費，或因其過失而毀損，或怠於收取者，負償還其孳息價金之義務（民958）。此一規定與民法第952條不同，故善意占有人如於本權訴訟敗訴時，自其訴訟繫屬發生之日起，即視為惡意占有人，仍應依本條規定負返還占有物孳息之義務（42台上1213）。

（二）賠償義務

1. 善意占有

善意占有人就占有物之滅失或毀損，如係因可歸責於自己之事由所致者，對於回復請求人僅以滅失或毀損所受之利益為限，負賠償之責（民953）。善意占有人如因不可歸責於自己之事由，致占有物滅失或毀損者，對於回復請求人雖不負損害賠償責任，然善意占有人若因此受有利益者，仍應依不當得利之規定負返還之責。

2. 惡意占有

惡意占有人或無所有意思之占有人，就占有物之滅失或毀損，如係因可歸責於自己之事由所致者，對於回復請求人，負賠償之責（民956）。例如後占有人以恐嚇之不法行為，使原占有人心生畏懼而離開，被迫將系爭資產遺留現場，其後再夥眾顧守在工地，使原占有人不敢亦無法進入將之運走，即屬惡意占有人，如不能舉證證明其離開系爭土地時，系爭資產尚存在，則系爭資產嗣遭盜賣或不知去向，自係可歸責該後占有人之事由所致（104台上1959）。又如惡意占有人將牛仔夾克半成品洗染，將每件牛仔夾克上之產地、貨號標及洗染標等標識一併剪除，再予以重新包裝，對於回復請求人即應負賠償責任。惡意或他主占有人因不可歸責於自己之事由，致占有物滅失或毀損者，對於回復請求人雖無損害賠償責任，但因占有物之滅失或毀損受有利益者，仍應依不當得利規定負返還之責。

（三）費用求償

1. 基本規定及費用類型

　　無權占有人對於他人之物為占有及管理，關於占有人對回復占有物人的費用償還問題，物權編占有章分別對善意占有人及惡意占有人，設有下列明文規定：善意占有人「因保存占有物所支出之必要費用，得向回復請求人請求償還。但已就占有物取得孳息者，不得請求償還通常必要費用」（民954），「因改良占有物所支出之有益費用，於其占有物現存之增加價值限度內，得向回復請求人，請求償還」（民955）；惡意占有人「因保存占有物所支出之必要費用，對於回復請求人，得依關於無因管理之規定，請求償還」（民957）。

　　上述規定依其立法理由所載，係將占有人就占有物支出的費用，依其性質區分為下列各類：(1)通常必要費用：例如占有物之維護費、飼養費或通常之修繕費。(2)特別必要費用：例如占有之建築物因風災或水災而毀損，所支出之重大修繕費用。(3)有益費用：因改良其占有物，致使其價格增加，所支出之費用。(4)奢侈費用：占有人因快樂或便利而出之費用，即超過物之保存、利用或改良之必要，而支出之費用。

2. 善意占有

　　善意占有人對於回復占有物人的費用求償權，其範圍決定涉及占有物的危險負擔及利益歸屬，也與雙方當事人的損益分配有關。善意占有人不知其無權占有，其占有受法律之保護，故應盡量承認其費用求償權；不過，善意占有畢竟仍為無權占有，對於無辜的占有物所有人或回復占有物之人，亦應予以適度保護。以下僅分別探究各種費用的求償問題。

(1)奢侈費用不得求償

　　奢侈費用，即使是善意占有人所支出，法律並未明文規定其得求償。司法實務尋繹立法理由，認為其不得請求償還，並認為其認定應本諸社會觀念審慎為之，結果必將使無權占有人支出的奢侈費用，即使不知其為無權占有，亦不得求償。此一原則對於占有人的支出奢侈費用，將發生一定程度的遏止作用，對於維持簡樸民風，也有一定助益，但在目前的經濟環境中，該原則是否將過度抑制消費及創意支出，仍值得考量。不過，在法言法，仍不宜無視此一原則之存在，也不宜認為其雖不得依第954、955條規定求償，仍得以不當得利或無

因管理的規定為依據，另外求償。至於奢侈費用的要件及範圍，宜從嚴認定，以避免善意占有人求償無門，對其保護不週，乃是當然。

(2)必要費用的求償

物之占有，基本上乃是「物盡其用」的重要元素，物之永續使用與發揮經濟作用及效率，通常即與對物的妥適占有，密切相關。占有人對占有物支出其通常必要費用，無論善意占有人或惡意占有人，均為法律所鼓勵與要求，因此善意占有人得請求償還之，惡意占有人亦得在一定程度內求償。善意占有人依法得對占有物為使用收益，其因占有所獲相當於租金之利益，固無須返還，但其支出通常必要費用者，例如支出日常之飼養、維修或小修繕費等，仍得請求償還，以鼓勵其依需要情形予以支出，以利永續利用。如善意占有人已就占有物取得孳息，由其所收取的孳息支付通常必要費用，應已足夠，故由其取得孳息的利益，亦負擔該費用，故不得再就該費用求償。至於特別必要費用，因其乃保存其物，並使其得永續利用所必須，宜鼓勵善意占有人適時支出，故全部皆得請求清償。

(3)有益費用的求償

有益費用的支出，目的是在改良占有物，以增加其功能及價值。對於回復占有物人而言，改良占有物未必在其經濟計畫的範圍之內，善意占有人所支出的有益費用，也未必已對占有物發揮最佳的改良作用，為平衡雙方當事人的利益，宜由善意占有人承擔部分風險。故民法第955條乃規定，於其占有物現存之增加價值限度內，善意占有人得向回復請求人，請求償還。此一規定，目的在避免回復請求人獲有不當得利，善意占有人此一請求權，與占有物回復請求人的回復請求權，是基於不同的事實所發生，不須同時履行，故占有人不得以請求回復人未償還有益費用為理由，而拒絕其回復之請求（69台上696、80台上2742）。

3. 惡意占有

惡意占有人明知其為無權占有，仍實施占有，在法律上並不值得鼓勵，其就占有物支出費用者，依民法第957條規定，所得求償的範圍亦相當有限。本條對於有益費用及奢侈費用的求償，並未予以明文規定；就惡意占有人對於回復請求人的求償權，僅規定「因保存占有物所支出之必要費用」，「得依關於無因管理之規定」，請求償還。本條對於前述各種費用，究應如何適用，在理

論及實務上衍生不少問題。

(1)奢侈費用不得求償

奢侈費用的支出，在現行法律政策上，並不被鼓勵，即使善意占有人支出奢侈費用，亦不得承認其求償權；惡意占有人明知其無權占有，竟仍支出奢侈費用，如承認其求償權，將使惡意占有他人之物者，無所警惕，並使惡意占有人藉由支出奢侈費用，將其財產「儲存」於惡意占有之物上，自非妥適。反之，如不承認惡意占有人之奢侈費用求償權，將使惡意占有人承擔其支出奢侈費用的風險，使其儘量維持占有物之原狀，如其對無權占有之物之原狀不滿足，自應依法另覓其他之物，取得有權占有，並為適法之用益，始為正辦。故兩者相較，應認為惡意占有人對其支出之奢侈費用，並無求償權。

(2)必要費用的求償

惡意占有人對於回復請求人的求償權，唯一的明文規定是民法第957條，其規定有二項限制，即：A.限於必要費用，即「因保存占有物所支出之必要費用」；B.僅得「依關於無因管理之規定」，求償的範圍不及於善意占有人的求償權。由於惡意占有人須返還孳息，其得求償的必要費用，應包括通常必要費用及特別必要費用，但雙方當事人的孳息返還請求權和通常必要費用求償權，很可能互相抵銷而消滅，故其得求償者，主要仍為特別必要費用。

至於「依關於無因管理之規定」，主要是指無因管理的法律效果而言。故如必要費用之支出，利於本人，並不違反本人明示或可得推知之意思者，或其支出係為本人盡公益上之義務，或為其履行法定扶養義務，或惡意占有人支出必要費用，雖違反本人之意思，但本人之意思違反公共秩序善良風俗者，均得請求本人償還其費用及自支出時起之利息（民176）。至於惡意占有人支出必要費用，不利於本人，違反本人之真意，或可以推知之意思時，甚至惡意占有人為自己之利益支出必要費用者，亦有該請求權，但其數額以本人所得之利益為限（民177）。此時應適用不當得利的規定，故如其利益對回復請求人無意義時，惡意占有人即不得請求償還必要費用。

(3)有益費用的求償

惡意占有人支出的有益費用，其求償權在占有章中並未予以明文規定，但第957條的立法理由中，考慮到若許其求償，惡意占有人可能會於其占有物多加有益費用，增加回復占有物人的負擔及困難，故已明確指出其不在得求償

的範圍。根據此項意旨，惡意占有人固已不得依本條請求償還其支出之有益費用，惟其得否另依不當得利的規定請求返還利益，仍值得探究。

　　本書認為，細繹占有章之整體立法政策，考量區別有權占有人、善意占有人及惡意占有人的法律基礎，基於對於惡意占有人的待遇，應不同於善意占有人的立場，仍應以否定說為當。因為在占有章，無權占有的事實雖被法律予以承認，但無權占有並未受鼓勵。占有章對無權占有人的求償權，係依其為善意占有人或惡意占有人，而為不同的規定，其對於惡意占有人求償權的限制，並非採取概括的數額限制，而是限制其就特定類型的費用支出不得求償。換言之，占有章所採用的立法技術，重點不在認定占有人的請求權究係因無因管理或不當得利所生，其於民法第957條僅規定惡意占有人得「依關於無因管理之規定」請求償還必要費用，即有意排除民法第955條規定的權利，並已排除其依不當得利的規定請求償還有益費用。惡意占有人依民法第957條意旨如已不得請求償還，不問其原來得依任何規定而請求償還者，均已不得請求，故不宜因為未經指明不得依不當得利規定為之，即認為尚得依其規定而請求。

　　占有章關於費用償還的規定，乃是立法者針對善意占有人及惡意占有人的求償問題，依風險分配原則所為的利益衡量，其目的在保護善意占有人，並遏阻惡意占有人之惡意無權占有。立法者強調惡意占有人與善意占有人的區別，並為法律上差別待遇，實有其依據：惡意占有人本來即不應為無權占有，其「明知故犯」，獲取不當利益，並可能侵害他人權利，其不得請求償還有益費用，乃在宣示禁止無權占有，並抑制其支出有益費用；至於未占有其物的第三人，因添附或其他原因，使回復請求人獲得利益，致其受損害的情形，與惡意占有人迥然不同，立法者對其為差別待遇，乃是正確之舉。

　　（延伸閱讀：陳榮傳，「擅自擴建宿舍的費用求償」，台灣法學雜誌，第222期（2013年4月15日），第87頁至第99頁。）

第五節　占有的保護

一、侵權行為的損害賠償請求權

　　占有為事實，並非權利，但究屬財產之法益，民法第960條至第962條且設有保護之規定。侵害占有，即屬「違反保護他人之法律」（民184Ⅱ），具備

侵權行為之違法性，應成立侵權行為（71台上3748、110台上1125）。

值得注意的是，後述民法有關保護占有之規定，於無權源之占有，亦有其適用。故占有事實上管領占有物，縱無合法權源，對其主張權利者，仍應依合法途徑謀求救濟，以排除其占有。如果違背占有人之意思而侵奪或妨害其占有，非法之所許，占有人對於侵奪或妨害其占有之行為，得依民法第960條第1項規定，以己力防禦之。民法第962條規定之占有保護請求權，於無權源之占有人亦得主張之。如果占有被不法侵害，占有人即非不得依侵權行為之法則，請求賠償其所受之損害（74台上752）。

二、占有人的自力救濟權

占有人的自力救濟權，是為保護占有人而設，故除占有人得自己行使外，依民法第942條所定，對於物有管領力之人，即輔助占有人，亦得行使之（民961）。其內容主要可分為下列二項：

（一）占有人的自力防禦權

占有人對於侵奪或妨害其占有之行為，得以己力防禦之（民960I）。例如甲為商業建物之施工單位，則對於其所施作之建物自有事實上之管領力，而為該建物之占有人，因而對於妨害其占有之乙之拆除該建物不銹鋼架及圍牆之行為，自得以己力防禦而阻止之。甲排除乙之侵害行為既屬合法權利之行使，自不構成侵權行為（86台上2190）。

（二）占有人的自力取回權

占有物被侵奪者，如係不動產，占有人得於侵奪後，即時排除加害人而取回之。如係動產，占有人得就地或追蹤向加害人取回之（民960II）。占有是事實，並具有推定力，故實務上認為占有被侵奪，請求回復占有，須先證明原有占有之事實（46台上478）。

三、占有人的物上請求權

民法第962條規定：「占有人，其占有被侵奪者，得請求返還其占有物；

占有被妨害者，得請求除去其妨害；占有有被妨害之虞者，得請求防止其妨害。」立法理由指出，占有人應有保護占有之權能，原與所有人相同，則所有人對於所有物所有主張之權利，占有人亦得主張之。故占有人於其占有被侵奪時，使其得向侵權人或其繼受人，請求返還占有物及請求損害賠償，或占有被妨害時，亦應使其得向妨害其占有之人，及其一般繼受人請求除去其妨害，（即回復原狀）或遇有被妨害之虞時，應使各占有人得向欲加妨害之人，或其繼承人請求預防其妨害，以完全保護其占有。

占有人上述三種請求權，分別為占有物返還請求權、占有妨害除去請求權及妨害防止除去請求權，其權利的成立及行使要件，可再說明如下。

（一）請求人須為物的占有人

1. 占有人

上述物上請求權，是為完全保護占有而設，本條規定的權利人，乃占有人。故以占有被侵奪為原因請求返還占有物，惟占有人始得為之。所謂占有人，係指對於物有事實上管領之力者而言（42台上922），法人之機關為法人行使其對物之事實上管領力者，僅法人為占有人，法人之機關非該物之占有人，不得行使民法本條占有人之占有物返還請求權（103台再58）。民法第962條規定之占有人，並不以實際占有人為限，即間接占有人亦屬之，但在間接占有情形，判斷有無侵害占有事實，仍應以直接占有人定之（99台上1941）。

如非物之占有人，縱對於該物有合法的使用收益權源，得依其權源行使權利，亦不能行使占有人的物上請求權，而本於占有請求返還（64台上2026）。但如所有人請求返還所有物（民767 I），應向現在占有該物之人請求，其訴訟應以其為被告（103台再58）。

2. 第三人

占有人對於占有物所有人以外之第三人之物上請求權，並不因其係善意占有或惡意占有而有差異。占有人對於不動產出產物之取得，雖受有限制，惟占有人既受占有規定之保護，亦不容許所有人以外之第三人對於該占有不動產之出產物加以破壞（84台上46）。物之占有人，縱令為無合法法律關係之無權占有，然其占有，對於物之真正所有人以外之「第三人」而言，依上開法條之規定，仍應受占有之保護。此與該物是否有真正所有人存在及該所有人是否對

其「無權占有」有所主張，應屬二事（85台上1400）。無權占有他人之土地使用收益者，僅該他人得依法排除其侵害，第三人仍無權對其使用收益妄加干涉（86台上3770）。真正所有人以外之「第三人」對其占有倘有侵害，占有人非不得依侵權行為法則請求該「第三人」賠償其損害（96台上188）。

3. 物之承租人

物之承租人須於租賃物交付後，始得行使此項請求權。於未交付前租賃物被侵奪，其被害人為所有人，承租人並無直接請求返還之權（86台上52）。租賃物交付後，承租人於租賃關係存續中，有繼續占有其物而為使用收益之權利，故其占有被侵奪時，承租人自得對於無權占有之他人，行使其占有物返還請求權（43台上176）。承租人於租賃關係終止後，應返還租賃物，民法第455條前段定有明文，於承租人返還租賃物前，尚難逕認出租人已為租賃物直接占有人（99台上1941）。耕地既經前承租人甲與乙之同意移轉丙占有，則丙即為占有人，自得以其占有被侵奪為理由，請求返還占有物，不容乙以其返還請求權不存在為爭辯（42台上984）。

（二）須占有被侵奪、妨害或有被妨害之虞

民法上占有物返還請求權之行使，以占有人之占有被侵奪為要件，所謂占有之侵奪，係指違反占有人之意思，以積極之不法行為，將占有物之全部或一部移入自己之管領而言（99台上1941），並不以其手段具有暴力強制性為必要（110台上1125）。占有人必其占有物被侵奪，始得行使占有物返還請求權。至間接占有是否被侵奪，應以直接占有人之占有是否被侵奪決定之（105台上773）。例如承租人於租賃期間屆滿後，未將租賃物返還者，因租賃物原係基於出租人之意思而移轉占有於承租人，其後承租人縱有違反占有人意思之情形，既非出於侵奪，出租人尚不得對之行使占有物返還請求權（82台上2276、83台上2311）。

（三）須在一年時效期間內行使

此項請求權，自侵奪或妨害占有，或危險發生後，1年間不行使而消滅（民963）。是於占有人之占有被侵奪者，其占有物返還請求權之消滅時效應自侵奪占有時起算；於占有遭妨害者，倘妨害之行為已停止，而該妨害行為所

造成之妨害狀態仍繼續存在者，占有人之占有妨害除去請求權，應自妨害占有之行為發生時起算消滅時效。縱占有人嗣後始知悉其占有遭侵奪或妨害，亦不影響該消滅時效期間之起算（106台上2729）。

此項1年時效期間，僅適用於占有人的物上請求權，如土地由台灣省政府撥交甲管理使用，甲本於管理人地位行使返還請求權，與所有人所得行使者無殊，自應適用15年之長期時效而非本條的1年短期時效（52台上3146）。實務上認為適用本條的1年短期時效者，指以單純的占有之事實為標的，提起占有之訴而言。如占有人同時有實體上權利者，自得提起本權之訴，縱令回復占有請求權之1年短期時效業已經過，其權利人仍非不得依侵權行為之法律關係，請求回復原狀（53台上2636）。

（四）共同占有人皆得行使請求權

數人共同占有一物，即共同占有之占有物受第三人侵害時，各占有人得就占有物之全部，行使第960條或第962條之權利（民963-1Ⅰ）。例如甲、乙、丙共同占有A車，如丁侵奪A車被甲發現，為保障各共同占有人之權益，甲即得以己力防禦或取回，並得以自己的名義向丁請求返還A車。但甲依前項規定，取回或返還之占有物，仍為占有人全體占有（民963-1Ⅱ），即甲、乙、丙的共同占有A車，並不因為甲以己力防禦、取回或單獨向丁請求返還，而有所改變，其所回復者仍是原來的共同占有。

第六節　占有的消滅

占有是對物有事實上的管領力的事實狀態，故如事實上的管領力喪失，占有即歸於消滅。占有消滅的原因，主要有二項：

一、標的物的滅失

例如占有物已被消費或被以物理力毀滅，則原占有人的事實上管領力，亦無從實施。

二、管領力的喪失

占有，因占有人喪失其對於物之事實上管領力而消滅。但其管領力僅一時不能實行管領力者，不在此限（民964），即其占有仍不消滅。例如占有人將占有移轉他人，原占有人的占有即歸於消滅，但如占有物爲他人奪取，經追蹤取回，或土地被洪水淹沒數日後，洪水退去，土地再度露出，則占有人的事實上管領力僅一時不能行使，占有即未喪失。再如向販賣與其物同種之物之商人以善意購得之物，交付之後即屬買受人所占有，如該物被警察局扣押，係暫時停止占有人事實管領力，尚難認爲其占有業已喪失（44台上93）。

再如攤位，倘其占用之土地非占有人所有，但該攤位占用之地區，爲經政府公告指定爲攤位營業地區，並對各攤位辦理登記，發給執照，即應受占有之保護。占有人對於該攤位之使用，因受法令之限制，不能設置固定攤架，只能白天擺攤，夜間收攤。但不能因其收攤，即謂占有人有放棄占有之意思，其爲有照之固定攤販者，其占有攤位應認爲繼續占有不間斷（72台上3674）。

第七節　準占有

準占有是指對不因物之占有而成立之財產權，行使其權利的事實狀態。財產權不因物之占有而成立者，行使其財產權之人爲準占有人。民法占有章中關於占有之規定，於準占有得準用之（民966），即法律予以同等之保護。債權乃不因物之占有而成立之財產權之一種，故行使債權人之權利者，即爲債權之準占有人，此項準占有人如非眞正之債權人而爲債務人所不知者，債務人對於其人所爲之清償，仍有清償之效力，此通觀民法第310條第2款及第966條第1項之規定，極爲明顯（42台上288）。再如行使他人的著作權或專利權者，亦爲該等財產權的準占有人。

國家圖書館出版品預行編目資料

實用民法物權／陳榮傳著. －－二版. －－
　臺北市：五南圖書出版股份有限公司，
　2021.09
　面；　公分
　ISBN 978-626-317-177-0（平裝）

1.物權法

584.2　　　　　　　　110014732

1S19

實用民法物權

作　　　者 ― 陳榮傳（264）

發 行 人 ― 楊榮川

總 經 理 ― 楊士清

總 編 輯 ― 楊秀麗

副總編輯 ― 劉靜芬

責任編輯 ― 林佳瑩、李孝怡

封面設計 ― 王麗娟、斐類設計工作室

出 版 者 ― 五南圖書出版股份有限公司

地　　　址：106台北市大安區和平東路二段339號4樓

電　　　話：(02)2705-5066　　傳　　　真：(02)2706-6100

網　　　址：https://www.wunan.com.tw

電子郵件：wunan@wunan.com.tw

劃撥帳號：01068953

戶　　　名：五南圖書出版股份有限公司

法律顧問　林勝安律師事務所　林勝安律師

出版日期　2014年10月初版一刷
　　　　　2021年 9 月二版一刷

定　　　價　新臺幣550元

經典永恆・名著常在

五十週年的獻禮——經典名著文庫

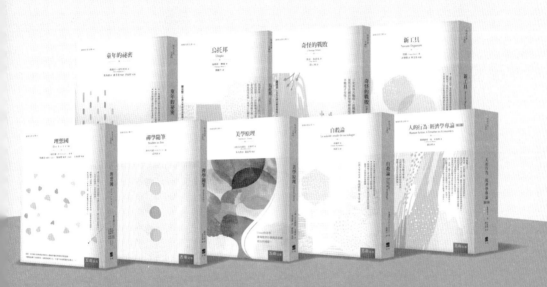

五南，五十年了，半個世紀，人生旅程的一大半，走過來了。

思索著，邁向百年的未來歷程，能為知識界、文化學術界作些什麼？

在速食文化的生態下，有什麼值得讓人雋永品味的？

歷代經典・當今名著，經過時間的洗禮，千錘百鍊，流傳至今，光芒耀人；

不僅使我們能領悟前人的智慧，同時也增深加廣我們思考的深度與視野。

我們決心投入巨資，有計畫的系統梳選，成立「經典名著文庫」，

希望收入古今中外思想性的、充滿睿智與獨見的經典、名著。

這是一項理想性的、永續性的巨大出版工程。

不在意讀者的眾寡，只考慮它的學術價值，力求完整展現先哲思想的軌跡；

為知識界開啟一片智慧之窗，營造一座百花綻放的世界文明公園，

任君遨遊、取菁吸蜜、嘉惠學子！